呼和浩特经济统计年鉴

HOHHOT ECONOMIC STATISTICAL YEARBOOK

2016

（总第二十五期）

呼和浩特市统计局　编

图书在版编目（C I P）数据

呼和浩特经济统计年鉴. 2016/ 呼和浩特市统计局编. -- 北京 : 中国统计出版社, 2016.10

ISBN 978-7-5037-7996-1

Ⅰ. ①呼… Ⅱ. ①呼… Ⅲ. ①区域经济－统计资料－呼和浩特－2016－年鉴 Ⅳ. ①F127.261-54

中国版本图书馆 CIP 数据核字(2016)第 222301 号

呼和浩特经济统计年鉴-2016

作　　者/ 呼和浩特市统计局
责任编辑/ 陈越月
装帧设计/ 综合科
出版发行/ 中国统计出版社
地　　址/ 北京市丰台区西三环南路甲 6 号　邮政编码/100073
电　　话/ 邮购（010）63376909　书店（010）68783171
网　　址/ http://csp.stats.gov.cn
印　　刷/ 河南省诚和印制有限公司
经　　销/ 新华书店
开　　本/ 890mm × 1240mm　1/16
字　　数/ 1506 千字
印　　张/ 31.75
版　　别/ 2016 年 10 月第 1 版
版　　次/ 2016 年 10 月第 1 次印刷
定　　价/ 300 元

如有印装差错，由本社发行部调换。

《呼和浩特经济统计年鉴—2016》编委会

《呼和浩特经济统计年鉴—2016》编辑部

编 辑 说 明

《呼和浩特经济统计年鉴—2016》是一部具有地方特色的系列性的综合信息资料工具书。本书运用大量的统计数据和文字，全面、系统、翔实地反映了2015年呼和浩特市经济、社会发展状况。

本《年鉴》共分四部分：特载、统计资料、法规与规章和社会经济大事记。统计资料由二十二部分组成：行政区划和自然概况、综合、国民经济核算、人口、劳动力和职工工资、固定资产投资、财政税收、物价、人民生活、城市概况、农业、工业、能源消费、建筑业、运输邮电业、批发零售贸易和餐饮业、对外贸易和旅游业、金融保险、教育科技及文化事业、体育卫生及其他事业、旗县区统计资料、省会城市主要指标。每部分统计资料之后都附有主要统计指标解释。

《年鉴》中特载、法规与规章、社会经济大事记三部分由市有关部门提供；统计资料来自政府统计部门和业务部门年度统计数据。《年鉴》中综合部分的价值量指标除说明外均为当年价格，国民经济核算指标、农业总产值、工农业增加值增长速度按可比价格计算。人口部分除特别说明外，所有数据均为公安部门提供的户籍人口数。对外贸易部分的数据取自海关部门。旗、县、区部分的工业、社会消费品零售总额、建筑业的相关指标，都按在地范围统计；固定资产投资，其中按国民经济行业分的投资规模及个数、新增固定资产、财务拨款和房屋建筑面积及价值表中均不含房地产开发；固定资产投资统计口径为城乡500万元以上，2014年数据统计口径也相应调整为500万元以上。本《年鉴》历史资料，对个别数据进行了调整，若与往年数据不一致，概以本《年鉴》为准。部分统计资料的总计数或相对数由于单位取舍不同而产生的计算误差均未做机械调整。《年鉴》中使用的符号："空格"表示没有此项数据、数据不详或数据为零；"..."表示数据不足最小计量单位；"#"表示其中项。

《呼和浩特经济统计年鉴—2016》在编辑过程中，得到了有关部门和单位的大力支持与协助，在此谨致谢意。

《呼和浩特经济统计年鉴》
编辑部 2016年9月

目　　录

第一部分　特　　载

第二部分　统计资料

行政区划和自然概况

综　　合

国民经济核算

人　　口

劳动力和职工工资

固定资产投资

财政税收

物　价

人民生活

城市概况

农　业

工　业

能源消费

建 筑 业

运输、邮电业

批发零售贸易和餐饮业

对外贸易和旅游业

金融、信贷、保险

教育、科技及文化事业

体育、卫生及其他事业

旗、县、区统计资料

CONTENTS

第一部分　特　载

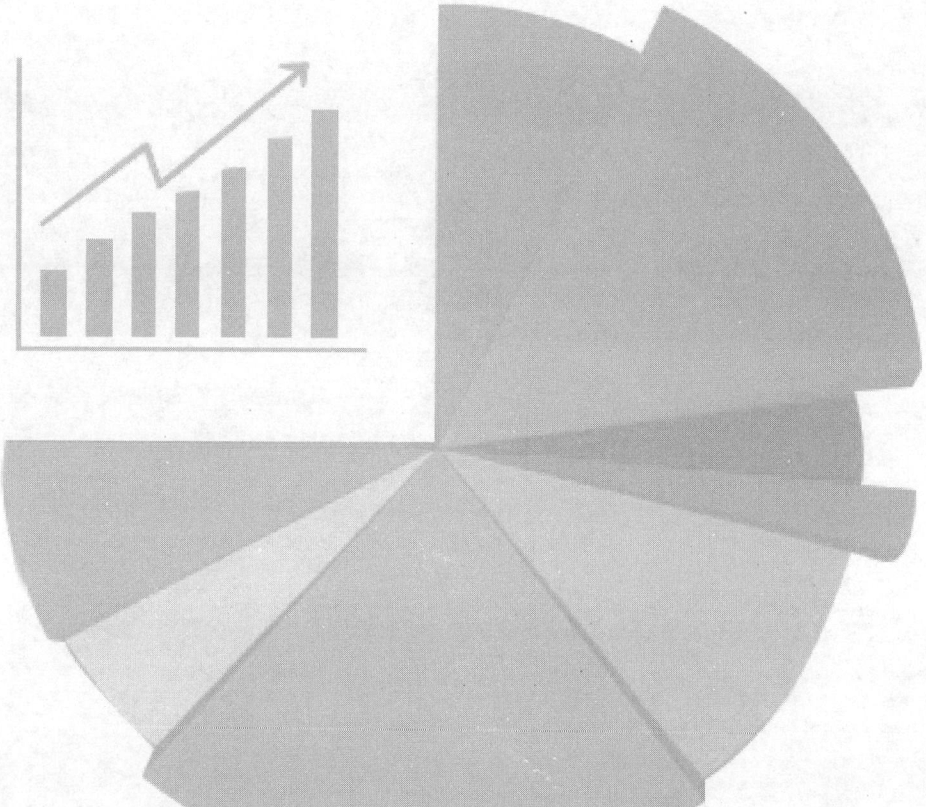

呼和浩特市政府工作报告

——2016年2月25日在呼和浩特市第十四届人民代表大会第四次会议上

呼和浩特市市长　李杰翔

各位代表：

现在，我代表市人民政府向大会报告工作，请连同《呼和浩特市国民经济和社会发展第十三个五年规划纲要(草案)》一并审议，并请市政协委员和列席会议的同志们提出意见。

一、“十二五”时期和2015年经济社会发展回顾

“十二五”以来，市人民政府深入贯彻落实党的十八大和十八届三中、四中、五中全会精神，深入贯彻落实习近平总书记系列重要讲话和考察内蒙古重要讲话精神，深入贯彻落实自治区“8337”发展思路以及建设“五大基地”、打造“六道亮丽风景线”等决策部署，按照市委“打造两个一流、推进三个建设、实现两个率先”总体要求，主动认识新常态、适应新常态、引领新常态，着力稳增长、促改革、调结构、惠民生、防风险，经济社会发展实现重大跨越。

——经济实力显著增强。2010年到2015年，地区生产总值由1865.7亿元增加到3090.5亿元，年均增长9.7%，跨越2000亿元和3000亿元两个台阶。人均GDP由1万美元提高到1.6万美元，位居全国大中城市前列。一般公共预算收入由126.8亿元增加到247.4亿元，年均增长18%，高于GDP增速8.3个百分点。社会消费品零售总额达到1353.5亿元，比2010年翻了近一番，年均增长12.3%。五年累计完成固定资产投资7193亿元，是前11个五年计划投资总量的1.5倍，年均增长17.9%。全面建成小康社会实现程度达到93%。成功入选国家创新型试点城市、国家服务业综合改革试点城市、国家电子商务示范城市、国家新能源示范城市、国家智慧城市试点、“宽带中国”示范城市、全国文明城市提名城市。

——产业结构明显优化。三次产业结构由4.9：36.4：58.7演进为4.1：28.0：67.9，形成了以服务业为主导，多元发展、多极支撑的产业格局。都市型现代农业加快发展，本地蔬菜供应率由36%提高到57.8%，奶牛规模化养殖水平由50%提高到97%，农业产业化水平居全区首位。“五大基地”建设取得重要进展，培育形成了绿色农畜产品加工、清洁能源、光伏材料、生物制药等一批在全国具有明显优势的特色产业集群。伊利、蒙牛两大企业主营业务收入合计超过1000亿元，电力总装机超过1000万千瓦，单晶硅和多晶硅产量分别达到8569吨和4966吨，生物发酵能力达到10万吨，战略性新兴产业占全市工业比重超过30%。新兴服务业蓬勃发展，建成全国最大的云数据基地，各类电商企业达到1600多家，旅游总收入、接待总人数稳居全区首位，自治区级服务业集聚区达到16个，新兴服务业占第三产业比重超过40%。

——城乡面貌发生深刻变化。按照“改造提升中心城区，规划建设东部新区，打造北部生态观光带，建设南部现代产业园”的城市发展思路，加快一流首府城市建设。启动实施了大青山前坡生态保护综合治理、六大出城口及京藏高速两侧绿化整治、“引黄入呼”二期、“气化呼和浩特”、市政道路桥梁管网等一批重点工程，城市发展步入了由外延扩张式向内涵提升式转变的新阶段。建成区面积由2010年的174平方公里扩展到2015年的260平方公里，常住人口城镇化率由62.5%提高到67.5%，市政道路面积从1848万平方米增加到2654万平方米，绿化覆盖面积从9.3万亩增加到14.4万亩，雨污水和供水管网从1900公里增加到2705公里，污水集中处理率从77.1%提高到91.8%，燃气普及率由92.4%提高到98.6%，城市综合承载力和宜居水平显著提升。各旗县城镇持续扩容提质，公共服务能力明显增强。

——发展保障水平全面提升。建成高速公路5条、一级公路7条，公路总里程由6284公里增加到7295公里，路网密度达到42.4公里/百平方公里，居全区首位。完成货运周转量1613.6亿吨公里，比“十一五”增加86%。开工建设呼张高铁、呼准鄂城际铁路，开通运行呼包集城际动车组，结束了自治区没有动车组的历史。国内外通航城市达到64个，运营航线139条，旅客吞吐量2983万人次，比“十一五”增长2倍。新建扩建110千伏及以上等级变电站33座，新增供电线路1054公里，电网架构进一步优化。完成23座病险水库除险加固，对134万亩灌区进行了节水改造，新增有效灌溉面积137万亩。完成林业生态建设208.8万亩，全市森林覆盖率由22.4%提高到24.9%，生态环境持续改善。

——民生社会事业协调进步。五年累计投入民生领域资金 935 亿元，占一般公共预算支出的 63%以上。城乡常住居民人均可支配收入年均分别增长 10.6%和 11.5%，达到 37362 元和 13491 元。城镇登记失业率始终控制在 4%以内。覆盖城乡和各类人群的社会保障体系更加健全，企业退休职工、城乡居民人均养老金分别提高 53.1%、94.6%，城市最低工资标准、城镇和农村低保标准分别提高 82%、66.2%和 91.8%。连续五年提高环卫工人待遇，累计增幅 130%。“三个一”民生实事惠及 24 万农户、5.1 万名贫困家庭大学生和 467 户零就业家庭。新建、改扩建中小学幼儿园 131 所，完成市第一医院、口腔医院迁建及五个旗县中心医院改扩建等一批医疗卫生项目，“入园难”、“上学难”、“看病难”等问题得到有效缓解。

各位代表，刚刚过去的 2015 年，我们圆满完成了市十四届人大三次会议确定的各项任务。地区生产总值增长 8.3%，一般公共预算收入增长 17%，固定资产投资增长 15.8%，社会消费品零售总额增长 7.8%，城乡常住居民人均可支配收入均增长 7.6%，居民消费价格指数上涨 1.8%。

主要指标处于合理区间，位居全区各盟市前列，经济运行总体向好，呈现出结构优化、动力转换、后劲增强的显著特点。今年 1 月 6 日，国务院常务会议决定对落实重点政策成效较明显的 20 个地市、20 个县区予以通报表扬，并在 2016 年实行“免督查”和一系列激励措施，我市是全区唯一受到国务院表扬的地级市。在中央电视台联合国家统计局等单位开展的《中国经济生活大调查》评选中，我市成为全国幸福感较高的十个城市之一。由中国社科院发布的 2015 年《公共服务蓝皮书》中，我市在全国主要城市基本公共服务满意度排行榜上位列第十七，高于北京、济南等城市。一年来，我们主要做了以下工作：

(一)全力稳定经济增长。认真落实各项政策，研究出台加强和规范工业招商引资、加快发展服务业、促进房地产市场平稳健康发展等一系列政策措施，为企业安排和争取产业扶持资金 7220 万元、电价补贴 1.3 亿元，协调落实“助保贷”1.5 亿元，发行小微企业增信集合债 6.5 亿元，对稳定经济增长发挥了重要作用。积极扩大有效投资，实施亿元以上项目 429 个，完成投资 908.3 亿元。中环光伏三期、晶环蓝宝石二期、华夏聚光一期、大唐托电五期、京能盛乐热电等项目有序推进；庆华煤基清洁能源多联产项目获得“大路条”；沙良和城发恼包、亿阳等大型物流园区投入运营；武川至葛根塔拉一级公路建成通车；引进深圳华强、北大青鸟、西部控股、海润在线等一批文化产业项目。创新投融资机制，搭建了城乡建设投资、青山文化旅游投资、成石基金、呼穗基金等平台，融资到位 381 亿元。争取自治区地方政府债券 199.4 亿元、上级专项转移支付 72.7 亿元。争取国家财政部 PPP 项目 3 个，总投资 381.5 亿元。恒泰证券在香港联交所成功上市，9 家企业在“新三板”挂牌，51 家企业在内蒙古股权交易中心挂牌。

(二)加快产业转型升级。全力推进新兴服务业加快发展。云计算服务器能力达到 66 万台，入驻数据应用企业 33 家。新增各类金融机构 12 家，金融机构存贷款余额分别增长 13.6%和 18%，金融业对经济增长的贡献率达到 18.5%。全年网络零售交易额实现 136 亿元，增长 76.6%。快递业收入增长 10.9%。举办各类展会 92 场，成交及意向协议总额超过 100 亿元。接待旅游总人数 3057.4 万人次，实现旅游总收入 508.6 亿元，分别增长 20.2%和 23.1%。文化产业完成增加值 93 亿元，占 GDP 比重超过 3%。服务业增加值增长 8.8%，高于上年 0.5 个百分点，提供的税收突破 210 亿元，吸纳了 83.5%的城镇新增就业，对 GDP 的贡献率达到 68.7%。大力促进工业转型升级。制定出台《工业转型升级引导办法》，实施亿元以上工业重点项目 63 项，新增规模以上工业企业 23 家，新认定国家高新技术企业 22 家、国家级技术创新示范企业 2 家。规模以上工业增加值增长 10%，增速居全区第二位；工业税金同比增长 24.8%，居全区第一位。生物医药、光伏材料等战略性新兴产业实现产值 516.5 亿元，对工业增长贡献率达到 85.4%。大力提升农业生产效益。全市主要农作物良种覆盖率超过 96%，农业综合机械化率达到 86%，农业科技贡献率提高到 61%，建成的温室大棚投产率达到 98%，奶牛平均单产提高到 7 吨，现代农业发展水平显著提升。

(三)不断提升城市建设管理水平。开工建设地铁首开段，机场迁建进入最后审批阶段，历时两年、单体规模和投资最大的城市快速路全线建成通车，极大缓解了城市交通压力，带动了城市快速发展。启动实施拆改建三年行动计划，拆除棚户区、城乡危房 235 万平方米，综合改造老旧小区 300 个，对 85 个老旧小区供排水管网及二次加压设备进行升级改造，打通断头路 13 条，建成便民市场 47 个，城市宜居水平进一步提升。开通公交快线 2 条、微循环线路 4 条、城乡线路 4 条，新建公共自行车站点 130 个，投放公共自行车 5040 辆，城乡居民出行更加便捷。拆并整合及燃气化改造锅炉 133 台，关停污染小企业 178 家，淘汰黄标车 7394 辆，空气质量在北方 15 个省会城市中排名第一。完成辛辛板等 3 座污水处理厂提标改造，排放标准提升至一级 A，污水处理达到国内先进水平。新建改建公园和游园 6 个，新增绿地面积 1.55 万亩，成功创建为国家园林城市。全面开展地下管网地理信息普查，对50多万户燃气用户和30万只液化气瓶进行安全检查，集中开展渣土扬尘、户外广告、交通秩序等专项整治，解决了一批影响城市形象和安全的老大难问题。

(四)全面深化改革开放。坚持以问题为导向，推进了21项改革试点和187项重点改革任务。取消、下放和调整行政审批项目76项，行政权力事项由9547项减至5429项。完善公共资源交易制度，建设工程和政府采购项目实现网上招投标。加快商事制度改革，市场主体和注册资本分别增长28.2%和22.9%。武川县农村土地承包经营权确权登记颁证试点工作基本完成，和林县全国农村土地征收改革试点工作取得重要进展。教育招生考试改革、基层医疗卫生机构综合改革、公共文化服务标准化均等化、政府购买公共服务等领域改革取得阶段性成果。主动融入国家“一带一路”发展战略，成功举办首届中国-蒙古国博览会，区域影响力和对外开放水平显著提升。

(五)着力保障和改善民生。投入资金71.7亿元，完成509个村的“十个全覆盖”工程，改造危房38806户，硬化街巷2023公里，解决18.6万人的安全饮水问题，农村面貌实现新变化。认定国家小微企业创业示范基地1家、自治区众创空间试点基地8家，城镇新增就业4万人，高校毕业生就业率达到91.7%，城镇登记失业率为3.56%，低于年初3.8%的控制性目标。新增环卫工人1200名，为环卫工人全部办理大额意外伤害商业保险，并定向安排公租房145套。投入资金1.05亿元，妥善安置破产企业职工1825名。新建各类保障性安居房2.9万套，下大力解决了近4万户群众回迁房安置遗留问题，为3.7万户居民解决了房屋产权办证问题，涉及群众切身利益的一大批疑难问题得到妥善解决。

(六)全面推进各项社会事业发展。开工建设儿童探索博物馆，新建、改扩建中小学、幼儿园14所，公开招聘教师622名。设立3000万元文化产业奖励扶持资金，大盛魁文化创意产业园获得国家级文化产业示范基地称号。在全国率先开展新农合跨省就医异地即时结算，新农合人均筹资标准提高到504元，在全区排第三位。全民健身中心体育馆、青城公园体育馆、公主府公园体育馆建成使用，呼和浩特中优足球队获得中甲联赛第6名，我市荣获全国体育事业突出贡献奖。启动运行阳光信访信息系统平台，群众来信来访批次和人次分别下降10.8%和11.7%。深入推进平安首府建设，食品药品安全四级监管网络初步形成，刑事案件发案率下降8.7%，安全生产事故起数、死亡人数分别下降23.6%和0.79%。国防建设、民兵应急力量建设、双拥优抚、外事侨务、民族宗教、人防、气象、防震减灾和工会、共青团、妇女儿童、老龄、慈善、红十字、残疾人等各项事业取得新成绩。

(七)进一步加强政府自身建设。认真践行“三严三实”，严厉整治“四风”积弊，全年公开通报违反中央八项规定精神和损害群众利益的典型问题24批125起，曝光181人，立案433件(次)，给予党政纪处分440人。深入开展“勇于担当、攻坚克难”主题活动，242项攻坚克难任务取得重要进展。全面推进依法行政，建立重大行政决策程序制度和政府法律顾问制度，全年完成地方性法规立法计划7件、政府规章1件，宣布废止和失效文件33件。定期向市人大报告工作，向市政协通报工作，全年办理人大代表意见建议220件、政协提案553件。主动回应社会关切，举办新闻发布会、网络发布会、通报会66场。严格落实党风廉政建设“两个责任”，强化行政监察和审计监督，始终保持了预防和惩治腐败的高压态势。

各位代表，经过全市各族人民的顽强拼搏和持续奋斗，实现了“十二五”圆满收官，呼和浩特的发展站在了一个新的历史起点上。回首“十二五”时期的发展，我们深深感到：这五年是我市综合实力提升最快、城乡面貌变化最大、社会建设成就最好、人民群众得到实惠最多的时期之一。“十二五”时期取得的成绩，主要得益于我们始终与以习近平同志为总书记的党中央保持高度一致，坚定不移地贯彻落实党中央国务院、自治区党委政府和市委的决策部署，自觉接受市人大及其常委会的法律监督和工作监督、市政协的民主监督以及社会舆论监督，确保了全市经济社会发展沿着正确的方向行稳致远。得益于我们始终坚持发展第一要务不动摇，主动适应、积极引领经济发展新常态，勇于担当、攻坚克难、真抓实干，牢牢把握了发展的主动权。得益于我们始终把保障和改善民生作为一切工作的出发点和落脚点，以经济发展促进民生改善，充分调动了各方面的积极性主动性创造性，凝聚起了推动发展的强大动力。在此，我代表市人民政府，向全市各族人民，向辛勤工作在各条战线的广大干部群众，向所有关心支持呼和浩特建设发展的朋友们，表示衷心的感谢并致以崇高的敬意!

与此同时，我们也清醒地认识到发展中还存在一些突出问题，面临不少挑战。一是全市整体经济实力还不够强，工农业短板尚未补齐，现代服务业发展不够充分，增长动能转换和产业转型升级仍需加快。二是城市综合承载力和竞争力还不够强，市政基础设施欠账多，城市管理不够精细，农村公共服务体系还不够健全，城乡二元和城区二元、农村二元结构现象交织，推进城乡一体化仍需付出艰辛努力。三是社会建设和管理还存在薄弱环节，部分群众生活还比较困难，在全区率先全面建成小康社会任务艰巨。四是行政审批环节多、效率不高等问题依然存在，一些工作人员依法行政意识和主动服务意识还不强，落实能力有待进一步增强。对存在的问题，我们将首先从政府自身找原因、想办法，不掩饰、不回避，切实加以解决。

二、“十三五”时期的主要任务

“十三五”时期是我市全面建成小康社会的决胜时期，是全面深化改革的攻坚时期，是全面推进依法治市的关键时期。做好“十三五”时期各项工作，必须深刻领会、准确把握“五大发展”理念的基本内涵和实践要求，不断增强贯彻“五大发展”理念的自觉性坚定性，牢牢把握发展的主动权；必须深刻领会、准确把握习近平总书记关于经济发展新常态这一大逻辑的重要论述和具体要求，更加积极主动地适应和引领经济发展新常态；必须深刻领会、准确把握中央关于加强供给侧结构性改革的政策思路和重点任务，坚决打好供给侧结构性改革攻坚战；必须深刻领会、准确把握自治区党委、政府和市委关于“十三五”时期和 2016 年经济社会发展的目标要求，努力实现经济持续健康发展；必须深刻领会、准确把握中央和自治区党委、市委关于推进全面从严治党的部署要求，为打造祖国北疆亮丽风景线提供坚强有力保障。

在此基础上，我们要以高度的政治自觉和责任担当，率先发展，走在前列，努力在自治区调整优化产业结构、保持经济持续健康发展上起带头、作表率；在务实推进供给侧结构性改革、实现全面深化改革新突破上起带头、作表率；在加快推进城市基础设施建设、提高城市管理服务水平上起带头、作表率；在打好脱贫攻坚战、促进城乡统筹一体化发展上起带头、作表率；在落实全面依法治市要求、扎实推进平安首府建设上起带头、作表率；在全面落实从严治党政治责任、提升治政水平上起带头、作表率，切实发挥好首府在全区发展中的龙头带动作用。

按照上述要求和努力方向，今后五年全市主要发展目标是：经济发展实现“两个中高”；在全区率先实现“两个翻番”、“两个脱贫”；城乡面貌、人民生活、生态环境实现明显改善。

“两个中高”：一是经济保持中高速增长。主要指标增速保持在7%以上，其中地区生产总值年均增长 7.5%，一般公共预算收入年均增长 8%，固定资产投资年均增长 10%，社会消费品零售总额年均增长 8%，城乡常住居民人均可支配收入年均分别增长 8%和 9%。二是产业发展迈向中高端。新兴服务业占第三产业比重超过 50%，先进制造业占工业比重超过 20%，战略性新兴产业占工业比重超过 40%，科技创新成为推动发展的新动力。三次产业比重调整为 3∶27∶70。

“两个翻番”：地区生产总值到 2019 年达到 3850 亿元，较 2010 年末翻一番，2020 年迈上 4000 亿元台阶；城乡常住居民人均可支配收入于 2019 年前分别达到 50780 元和 19200 元，较 2010 年末翻一番。这两方面指标率先在全区实现翻番。

“两个脱贫”：到 2017 年，全市农村建档立卡的 25362 人全部实现稳定脱贫，人均可支配收入达到 4000 元以上；清水河和武川两个贫困县全部摘帽。到 2020 年，贫困人口人均可支配收入提高到 10000 元以上。

“三个明显改善”：一是城乡面貌明显改善。完成地铁 1、2 号线、机场迁建等一批重点工程建设，城市空间布局合理，基础设施较为完善，品位特色、宜居水平和管理水平全面提高。常住人口城镇化率达到 75%以上，户籍人口城镇化率达到 60%以上，建成服务全区、辐射西北、对接京津冀、面向俄蒙、民族特色鲜明的区域中心城市。二是人民生活明显改善。全市人均 GDP 突破 2 万美元，居民消费支出占 GDP 比重达到 30%以上，城乡居民收入达到全国中上水平，排在全区前列，基本实现“两个同步”，在全区率先全面建成小康社会。三是生态环境明显改善。二环路内实现“无煤化”，空气优良天数保持在 90%以上；城市规划区内实现分质分类供水，城市污水应收尽收，排放标准优于一级 A，再生水利用率提高到 60%，城区水系碧波荡漾；城市建成区绿化覆盖率提高到 40%，全市森林覆盖率提高到 27.4%，宜居水平和可持续发展水平大幅提升。

围绕上述目标，“十三五”时期主要发展任务是：

(一)坚持创新发展，打造经济升级版。以鼓励引导大众创业、万众创新和文化创意为突破口，优化资源要素配置，促进新技术、新产业、新业态蓬勃发展，在全区率先实现动力转换。以供给侧结构性改革为着力点，围绕绿色食品加工、清洁能源、光伏材料、云计算等优势特色产业，打造一批国家级、世界级产业基地，推动产业向中高端迈进，在全区率先实现产业优化。以打造创新发展高地为目标，大力支持企业品牌建设和质量建设，培育和建设一批实验研究平台，突破和掌握一批关键核心技术，在全区率先形成发展新优势。以强化要素保障为支撑，发挥首府科教资源集中的优势，加快“高精尖”人才的培养和引入，夯实创新创意创业基础，在全区率先建成国家创新型城市。

(二)坚持协调发展，推进城乡发展一体化。以“生活空间宜居适度、生产空间集约高效、生态空间山清水秀”为发展方向，加快调整优化城市空间布局、产业布局和生态布局，提升可持续发展能力。以创造优良人居环境为目标，加快实施城市棚户区(城中村)改造，打通断头路，推进地下综合管廊、智慧城市建设，有效治理交通拥堵、环境污染等“城市病”，提升宜居水平。以补齐农村这块全面建成小康社会的短板为重要抓手，加快推进以人为核心的城镇化，全力实施好以“十个全覆盖”工程为重点的新农村建设，推动城镇公共服务向农村延伸，促进城乡公共资源均衡配置，实现城乡均衡发展。

(三)坚持绿色发展，建设人与人、人与自然和谐共处的美丽家园。更加注重生态建设，加快城市水系、绿带、小微绿地和城外河湖、森林、草原建设，构建完整的生态网络，打造城在林中、绿在城中、水系环绕、文明宜居的城市。更加注重节约资源，严格控制城市开发规模，科学划定城市边界，提升产业土地利用率，实现能源、资源的高效利用。更加注重低碳发展，大力发展循环经济和绿色产业，推进海绵城市和新能源城市建设，提高绿色经济比重。更加注重污染防治，深入实施大气、水、土壤污染防治行动计划，严格控制污染物排放，努力改善空气环境质量，提升污水收集处理率和再生水回用率，推进垃圾减量化、资源化，让首府的天更蓝、水更清、空气更清新。

(四)坚持开放发展，拓展发展新空间。努力扩大对外开放，主动融入国家“一带一路”战略，积极参与中蒙俄经济走廊建设，全力办好中国–蒙古国博览会，加快建设综合保税区和中蒙自由贸易试验区，打造向北开放的“桥头堡”。努力强化区域合作，积极融入京津冀协同发展战略，加强与呼包银榆经济区和呼包鄂榆城市群的协作，加快建设连通区内外的机场、铁路和高速公路，巩固和提升区域中心城市地位。努力创新开放模式，大力发展互联网经济和跨境电子商务，在更高层次、更广范围构建开放型经济。努力扩大开放领域，全面实行准入前国民待遇和市场准入负面清单制度，积极有效引入国内外资金和先进技术，毫不动摇鼓励支持非公有制经济发展，促进各种所有制经济共同发展。

(五)坚持共享发展，推动发展成果全覆盖。更加注重对特定人群特殊困难的精准帮扶，全力打好脱贫攻坚战。坚持就业优先战略，多措并举满足劳动者就业创业需求。坚持“两个同步”，持续增加城乡居民收入。完善社会保障和救助制度，建成覆盖城乡居民、更加公平可持续的社会保障救助体系。加快发展教育事业，全力满足人民群众“上好学”的需求。深化医药卫生体制改革，实现人人享有基本医疗卫生服务和医疗保险全覆盖。深化文化体制改革，促进基层公共文化服务实现均等化，建设民族文化大市。加强和创新社会治理，创建平安首府，让人民群众有更多获得感、安全感和幸福感。

三、2016年重点工作

今年是全面建成小康社会决胜阶段的开局之年，是推进结构性改革的攻坚之年，也是做好迎接自治区成立70周年工作的关键之年。今年政府工作的总体要求是：全面贯彻党的十八大和十八届三中、四中、五中全会和中央经济工作会议精神，全面贯彻习近平总书记系列重要讲话和考察内蒙古重要讲话精神，全面落实自治区党委、政府和市委各项决策部署，坚持“五位一体”总体布局和“四个全面”战略布局，牢固树立和全面落实创新、协调、绿色、开放、共享发展理念，坚持稳中求进工作总基调，坚持稳增长、促改革、调结构、惠民生、防风险工作总要求，认真落实宏观政策要稳、产业政策要准、微观政策要活、改革政策要实、社会政策要托底的总体思路，按照“率先发展、走在前列”、“五个深刻领会、准确把握”和“六个起带头、作表率”的要求，着力在推进转型发展上下功夫，着力在推进供给侧结构性改革上下功夫，着力在去产能、去库存、去杠杆、降成本、补短板上下功夫，着力在加快推进以人为核心的城镇化上下功夫，着力在全面推进改革开放上下功夫，着力在为全市人民谋福祉上下功夫，努力实现“十三五”时期经济社会发展首年开门红。

全市经济社会发展主要预期目标是：地区生产总值增长7.5%，一般公共预算收入增长8%，规模以上工业增加值增长9%，固定资产投资增长12%，社会消费品零售总额增长8.5%，城乡常住居民人均可支配收入分别增长8%和9%，居民消费价格涨幅控制在3%以内。

今年，我们要紧紧抓住受到国务院督查表扬并给予多项激励措施的重大机遇，再接再厉、奋勇争先，全力做好以下工作。

(一)加强供给侧结构性改革，促进经济持续健康发展

全面落实供给侧结构性改革五大任务。因地制宜化解落后产能。以消化过剩产能、淘汰落后产能为重点，研究制定总体实施方案和分类推进措施，实现去产能与促转型协调推进。通过严格环保、安全、能耗标准，推进企业兼并重组、破产清算，积极消化尿素、电解铝、水泥等领域过剩产能。通过实施“互联网+”行动计划及技术改造，强化财政、税收、金融政策保障，推动传统行业、困难企业调整结构、加快转型、拓展市场。扎实有效消化房地产库存。出台购买商品房减税减费政策，适当放宽住房公积金发放条件，培育释放刚性和改善性住房需求；全面推进棚户区(城中村)改造货币化安置，回迁购买一批；激活住房租赁市场，发展创客地产、“三创”社区搞活一批；引导鼓励企业以市场为导向调整商品房户型结构，开发养老、文化、体育、科教等新型房地产业，全力打通供需通道，转型升级一批；积极推进户籍制度改革和住房制度改革，鼓励 农民进城，就业购买一批；加快解决环卫工人、公益性岗位

从业者等相对困难群体住房问题，政策保障一批，有效缓解房地产库存压力。多措并举降低企业成本。扩大大用户直购电范围和电力多边交易市场，切实降低主导产业用电价格和成本。发挥好再生水的低成本优势，提高化工、电力行业竞争能力和公共服务水平，把降成本、去产能和发展新兴产业、公共服务行业有机结合起来。积极推进流通体制改革，完善三级物流配送网络，科学布局大型物流园区、分拨配送中心和末端网点及物流信息服务平台建设，大力发展新型便捷的物流配送模式，构建更加高效快捷的物流配送体系。千方百计补齐发展短板。以“十个全覆盖”、脱贫攻坚工程为抓手，加快推进基本公共服务向乡村延伸。加强政策引导和金融支持，促进发展要素向传统产业改造升级集中，向战略性新兴产业集聚，加快推进产业转型升级。以地下综合管廊、机场迁建、地铁、道路交通、环保整治、生态绿化为载体，扩大有效投资，全面提升基础设施保障和服务水平。全力以赴稳控金融风险。推进全口径政府债务管理，做好政府存量债置换工作，有效化解政府债务风险。认真梳理政府与企业债务关系，扎实做好债务清偿、债权清缴工作，切实保障各类有效投资的合理流动性。强化金融监管，规范各类融资行为，坚决遏制和打击非法集资。加强风险监测预警，妥善处理涉险案件，坚决守住不发生区域金融风险的底线。

着力培育创新环境。强化科技创新引领作用。设立创新奖励扶持资金，围绕重点领域重点行业，加快实施关键技术攻关、实用成果转化、人才培育引进、平台载体建设，年内完成呼和浩特科技创业服务中心建设，培育10家以上国家级高新技术企业，新增后备上市高新技术企业5家。深化高校、科研院所与政府和企业的沟通合作，启动呼和浩特公共实训中心项目，推动重点企业联合高校、科研院所组建研发机构10家以上。推进大众创业、万众创新和文化创意，年内争取5个众创空间试点基地获得自治区认定，集中扶持回民区金海网创、玉泉区大盛魁文创、赛罕区农创、开发区留创等园区和新城区“三创”社区建设，打造众创、众包、众扶、众筹服务平台。加快发展互联网经济。大力实施《中国制造2025》国家战略和“互联网+”行动计划，加快现代信息技术与制造业、服务业、农牧业的深度融合。支持伊利、蒙牛等企业完善大数据共享平台建设，全面实现管理和产品数字化；推动中环光伏实施工业4.0智能化改造，实现产能和功能同步升级；加快传统产业信息化、智能化改造，实现生产用能全过程动态监控和优化管理；结合“宽带中国”示范城市建设，鼓励支持基于大数据和互联网的商贸物流配送体验，推动线上线下就地交易。

加快推动重点产业和基础设施项目建设。组织实施一批打基础、利长远的重大工程，新建续建亿元以上(房地产5亿元以上)项目371个，其中，产业项目68个，基础设施项目11个，城镇化项目209个，生态环境和节能减排项目23个，社会民生项目52个，农林水项目8个，全年力争完成投资1056亿元。完成白塔机场迁建报批并正式开工，加快建设呼张高铁、呼准鄂城际铁路，开工建设老牛湾通用机场。全面启动国道209线呼武段大青山隧道及引线工程、国道110线呼协段改造工程、清水河冯家塔至老牛湾沿黄旅游公路建设，积极推进省道311线武川至杨树坝公路建设前期工作，完成呼塔一级公路二期工程。加快实施一批水利、电力改造建设项目，切实提升城乡发展保障能力。

(二)大力发展现代都市农业，加快补齐农村全面小康短板

按照“绿色安全、服务城市”的定位，突出抓好三类产品有效供给。继续鼓励土左旗、托县、和林县等具备条件的地区大力发展奶牛规模化养殖、优质牧草种植、设施蔬菜等产业，提供优质安全的农畜产品。年内使本地蔬菜供应率提升5个百分点，奶牛单产提高1吨，牧草亩产增加200公斤。大力开发旅游休闲观光产品，在市四区城郊地区培育发展一批高端农创园、采摘园、观赏园、农耕文化园，打造集观光、休闲、体验、美食为一体的农家休闲旅游服务体系，提高农业综合效益，推动农林牧渔结合、一二三产业融合发展。着力培育山水田园、生态绿色产品，加大对森林、湖泊、草原、湿地的保护力度，制定切实可行的保护性开发规划，守住生态红线。重点支持武川县、清水河县等丘陵草原地带在推进移民搬迁的同时，大力发展花草、林果等产业，实现生态与生活共美共赢。

全力打好“十个全覆盖”工程攻坚战，深入推进美丽乡村建设。按照“以人为本、农民主体，保质保量、厉行节约”的原则，投入60亿元以上，对剩余1368个行政村及自然村实施“十个全覆盖”工程，对1170个村庄实施移民搬迁工程，3月底全面启动，9月底基本完工。加大传统村落、民居、历史文化名村名镇保护力度，打造一批具有历史记忆、地域特点、民族风情的美丽宜居乡村。加大村容村貌管理投入，积极开展人居环境综合整治，加快形成“政府引导、社会支持、农民参与、共建共享”的长效管理机制，让乡风文明、村容整洁成为农村发展常态。

全力推进脱贫攻坚计划，提高贫困农民生活水平。坚持精准扶贫、精准脱贫，按照贫困地区和贫困人口的具体情况，深入实施“五个一批”工程。重点实施产业脱贫，选择一批具备产业发展条件和贫困人口相对集中的村实施整村推进。结合易地搬迁、生态恢

复工程，通过转移就业和保护生态安置帮助贫困农民实现脱贫。落实金融扶贫富民工程，积极为有发展意愿和劳动能力的困难群众解决资金难题。继续加大教育扶助力度，扩大社会保障覆盖范围，提高医疗救助水平，全年确保14890人实现精准稳定脱贫。

全面深化农村综合改革，激发农村发展活力。加快培育新型职业农民队伍和农业经营主体带头人，引导农村青年、返乡农民工、农村大中专毕业生等加入职业农民队伍。完善农业产业链与农民的利益联结机制，发展订单农业，引导农户以土地经营权入股龙头企业和专业合作社，让农民真正融入现代农业产业链条，获得合理的产业链增值收益。深化农村集体产权制度改革，依法开展土地经营权有序流转，扎实推进和林县农村土地征收改革试点工作，健全农业农村投入持续增长机制。推进农业标准化和信息化。做好全国第三次农业普查工作。

(三)推动工业转型升级，增强经济发展动力

加快发展战略性新兴产业。开工建设碳谷科技富勒烯碳纳米新材料、山东天岳碳化硅晶体材料、内蒙古矿业集团稀贵金属材料、深圳沃特玛新能源汽车、亚太锅炉压力容器等新兴产业项目，推动新材料、新能源汽车、现代装备制造等产业做大做强。争取庆华煤基清洁能源多联产、锦江粉煤灰综合利用项目获得核准，中环单晶硅四期、晶环蓝宝石三期等项目开工建设，科林埃尔3GW电子材料产业园投产运行，进一步提升新型煤化工、光伏产业发展水平。用足用好新兴产业差别化支持政策，发挥好创投基金引导作用，以特色产业园区为平台，努力争取一批新的重大项目落地建设。

积极推进传统产业改造升级。认真落实国家、自治区优惠政策，支持伊利、蒙牛等食品加工企业加快技改、研发进程，深化全球发展战略，加快圣牧高科等低温乳制品加工基地、正大集团等肉制品加工基地建设。积极推动生物发酵产业整体转型、成品药升级换代工程，今年确保金宇国际生物科技产业园建成投产，阜丰科技氨基酸生产线绿色升级技改、常盛制药产品升级等项目全面完工。加快北方联合电力和林电厂、京能盛乐热电、大唐托电五期等重大电力项目建设进度，启动建设一批风力发电、光伏发电项目，推动清洁能源输出示范基地建设取得重要进展。

大力扶持中小微企业发展。实施中小微企业创新发展工程，鼓励企业通过技术创新、品牌创建做大做强。引导传统中小企业立足优势特色产业做好协作配套，实现提质增效、转型升级。新建2个中小微企业公共服务平台，构建更加完善的社会化服务体系。建设中小微企业产业园，引导企业集中集聚发展。认真落实“助保贷”等融资服务政策，积极扶持中小微企业上市融资或在“新三板”挂牌，着力解决企业融资难题。

(四)加快发展现代服务业，培育转型发展新动能

深入推进国家服务业综合改革试点和自治区服务业改革创新试点工作，强力推进服务业发展专项行动，推动生产性服务业向专业化和价值链高端延伸，生活性服务业向精细化和高品质转变。

做大做强生产性服务业。开展云计算产业应用行动。年内新增15万台服务器、20万个互联网接入点，开通5个云数据端口；全面推进智慧城市建设，积极推广政务云应用，推动全市视频监控等数据资源有效整合和共管共享；大力实施信息惠民工程，加快云计算应用示范中心、国家新媒体产业园等项目建设，培育打造更加完善的云计算产业链条。开展金融总部服务业创新行动。积极引进大型商业银行以及证券、保险、期货、信托等金融机构，力争国家进出口银行、平安银行入驻我市；深化与平安、中信、太平保险等金融机构合作，促成总规模400亿元的城市发展、交通产业投资、美丽乡村建设等3支基金落地；规范发展互联网金融，争取2家民营网络银行获批建设；研究出台支持总部经济加快发展的政策意见，不断壮大以如意总部基地为核心的总部集聚区。开展现代物流业提升行动。加快沙良铁路公路物流园区后续建设，推动沙尔营物流园区完成战略转型，筹备建设呼和浩特铁路口岸；争取天津“无水港”落户我市，重新开通“如意号”跨境货运班列，培育建设辐射内陆、连通欧亚的跨境物流大通道；规范发展快递配送服务，合理布局城乡配送网点，切实解决物流配送成本高、管理差和最后一公里问题。开展会展经济品牌行动。创新会展业运行机制，围绕优势产业发展、特色产品生产销售，积极培育草原民族特色展会、消费类展会、网络展会、《中国制造2025》展会等专业品牌，年内争取举办各类展会100场以上，成交额及意向协议总金额超过120亿元。

做精做优生活性服务业。开展商贸服务业转型行动。大力支持传统商贸企业搭建电子商务交易平台，鼓励发展线上贸易，力争线上贸易额占交易额20%以上，培育打造本土特色电商品牌和体验店；加快推进电子商务园区建设，促进电子商务集中集聚发展；加快发展跨境电子商务，进一步畅通国际快件通道，创建国家跨境电子商务综合试验区；培育农村电商服务平台，积极发展农村电子商务。开展文化旅游产业融合升级行动。围绕文化+科技、文化+历史、文化+旅游、文化+会展“四大板块”，加快总投资600多亿元的23个重点文化旅游产业项目建设。依托科技深度融合，积极引进培育一批在全区全国有较高影响力、较强实力的文化园区和企业，重

点实施好华夏文明传承文化产业园、蒙元世界草原文化产业园、内蒙古影视文化产业科技园等项目建设。依托积淀丰富的历史文化资源，大力实施一批体现草原文化、丝路文化的文化旅游产业项目，重点推进大盛魁文化创意产业园、呼和浩特草原马汇等项目建设。依托丰富的自然风光资源，着力建设一批具有地区影响力的精品文化旅游项目，重点加快老牛湾黄河峡谷旅游区、敕勒川文化旅游产业园、神泉生态旅游区等项目建设。依托中国—蒙古国博览会与“一会两节”等会展节庆，全力打造一批商贸会展及文艺精品项目，重点办好第十七届昭君文化节、第六届少数民族文化旅游艺术活动和第二十七届自治区旅游那达慕大会。深入开展“旅游厕所革命”行动，实施智慧景区建设计划，提升旅游服务水平。加强旅游推广宣传，推动区域旅游一体化发展，提高首府旅游知名度。开展体育产业振兴行动。深入推进足球运动改革发展，加快专业化体育场馆建设和老旧场馆改造，积极引进专业赛马、电动方程式赛车、国际足球、冰雪运动等大型体育项目，培育打造一批具有显著影响力的体育赛事，带动群众性体育事业全面发展。开展健康养老生活服务业培育行动。加快推进日间照护中心、托老所、互助式养老服务中心和农村养老幸福大院等养老服务设施建设，实施市第一医院、中蒙医院 2 个医养结合项目，新增养老床位2700张，加快构建更加完善的养老服务体系。启动建设全市统一的家庭服务网络平台，打造更加便利、规范的家庭服务体系。

(五)坚持人民城市为人民、文明城市人民建，提高共建共管共享水平

加快重大基础设施建设。全面开工建设地铁 1、2 号线，同步启动新华广场和火车站广场改造工程，完成快速路后续配套工程及 BRT 快速公交站点建设。新建改造供排水及再生水管网 300 公里、供热管网 421 公里(包括二次供热管网)、燃气管网 111 公里，完成察哈尔大街、科尔沁北路 24 公里综合管廊建设，着力补齐城市地下基础设施短板。新建扩建 220 千伏变电站 4 座，新增变电容量 1200 兆伏安，增强用电安全稳定性。完成儿童探索博物馆、规划馆、自治区美术馆、殡仪馆、少数民族群众文化体育运动中心主体工程建设，加快推进国家(北方)足球训练中心、公共资源交易中心建设，着力完善城市服务功能，提升公共服务能力。

下大力解决拥堵问题。以“疏”为主，完善城市道路体系。新建续建道路、桥梁和通道 38 项，过街天桥 21 座，改造连接路 90 条，打通断头路 65 条，改造维修小街巷 19 条，对中心城区拥堵路段实施拆迁拓宽改造，提升道路通行能力。以“严”为主，强化城市道路交通管理。严格规范路边停车，启动建设公共停车场 30 个、立体停车场 5 个，在 34 条小街巷实施交通单行，打通道路微循环系统。以“便捷”为主，推进“公交都市”建设。开工建设 2 座公交综合场站，新增新能源公交车 327 台，新建充电桩 41 个，规划设置公交专用车道 50 公里，提高公交出行率和保障服务水平。

提升城市宜居水平。深入推进城市拆改建三年行动计划，对 35 个棚户区(城中村)、138 处城市边死角进行改造，完成拆迁 700 万平方米以上。整治改造老旧小区 284 个、466 万平方米，同步对 75 个片区、296 个老旧小区供排水管网和二次加压设备进行改造，对 1554 个老旧小区实施准物业长效管理，实现水、电、气、暖等市政管理服务延伸入户。启动直饮水工程。新建续建便民市场 130 个。对新华西街、海拉尔西街、通道南北路、腾飞路、机场路等主要街道实施街景整治。完成草原丝绸之路主题公园建设，新建改建公园游园 8 个，新增绿地 5000 亩，为市民打造更多休闲运动场所。

加强城市精细化管理，完善城乡规划编制，实施“多规合一”。编制城乡全域总体规划，修编完善中心城区控制性详细规划，做好重点区域城市设计，使城乡建设有“规”可依、有“章”可循。深入实施市容环境三年综合整治行动，全面清理整治占道经营、乱倒渣土、随意开挖道路、车窗抛物、私搭乱建等行为。持续增加对环卫设施的投入，启动建设各类环卫场站 14 座，改造垃圾转运站 50 座，购置各类环卫车辆 200 台，将金川以东、大青山以南、机场河西路以西、大黑河以北范围内城中村全部纳入城市一体化管理范围。继续保持打击“两违”的高压态势，实现违建项目“零增长”、新建项目“零违章”。完善土地储备制度，依法查收闲置土地。增强广大市民卫生意识、文明意识、城市意识，形成共建、共管、共享的城市发展氛围，积极创建国家卫生城市、国家生态园林城市和全国文明城市。

加快小城镇建设。按照“小而美、小而特、小而强”的要求，加快重点集镇改造建设，着力提升基础设施建设水平、公共服务保障能力、吸纳就业及辐射带动能力，打开以工促农、以城带乡的现实通道。

(六)改善生态环境，增强可持续发展能力

加快治理大气污染。着力构建以热电联产为主、清洁能源为补充的供热保障体系，完成京能盛乐电厂热源入呼工程，对现有供热机组实施挖潜改造，加快淘汰分散及小型燃煤锅炉，对 65 蒸吨以上供暖及生产性企业燃煤锅炉进行脱硫脱硝改造，积极推进近郊村庄集中供热或清洁能源供热，切实减少排放污染。推广使用新能源汽车，控制和治理汽车尾气排放。强化建筑工地、道路运输扬尘管理，对城区裸露的渣土堆进行整治，建设小微绿地和公园。

全面治理水污染。完成城区污水处理厂扩容和提标工程，推进雨污水分流工程，新增污水收集管网83公里，城市污水收集率和处理率提高到95%，排放标准优于一级A。加快建设再生水管网，城市再生水利用率由20%提高到35%。启动“五河两库”治理工程，大黑河城区段10月份实现碧波荡漾。严格控制地下水开采，封闭公共供水管网覆盖范围的自备井130眼。启动海绵城市建设，实施雨水自然积存、渗透、净化项目，高效合理利用水资源。

加大生态建设和保护力度。全面完成国家和自治区重大生态修复工程建设任务，实施好京津风沙源治理、天然林保护、退耕还林等重大生态修复工程，完成绿化造林20万亩。实施65公里长的城市快速路园林绿化、101公里长的绕城高速宽林带绿化，巩固提升44公里长的环城水系景观和六个出城口生态景观，完成大青山前坡生态休闲观光带和14.3公里长的大黑河生态绿化带建设，打造“三环两带”五道亮丽的生态绿化景观带。进一步提升乌素图、哈达门国家森林公园建设水平，加大哈素海湿地、黄河湿地、大青山北坡保护建设力度，促进生态与经济协调发展。

(七)加大改革攻坚力度，进一步提高开放水平

推进改革举措落地生根。全面实行并联审批、联审联办制度，持续深化简政放权、放管结合、优化服务改革。打造“区市合一”公共资源交易平台。以市场为导向，加快推进国有企业分类改革和薪酬制度改革，整合粮食、供热、市政工程等同类市属国有企业。完善国有资产管理体制，以管资本为主加强国有企业资产监管。加快推进企业登记注册便利化，实现电子营业执照和企业注册全程电子化。积极推进不动产登记工作。做好和林县国家新型城镇化综合试点工作。继续深化财税体制改革，完善政府和社会资本合作模式，创新项目投资和分配机制，扩大PPP项目实施规模，持续增加有效投资。推行优先使用创新产品、绿色产品的政府采购政策。

全面扩大对外合作。积极推进中蒙俄经济走廊建设，启动建设中国–蒙古国博览会永久会址，全力争取中蒙自由贸易试验区获批。以现有的货运包机航线和国际快件通道为支撑，以海悦通、恒鑫源、俄蒙通等项目为抓手，积极推动呼和浩特出口加工区转型升级为综合保税区。充分利用我市区位、交通、产业基础优势，从扩大清洁能源供给、承接产业转移、提供休闲度假服务等合作内容入手，深化与环渤海、珠三角、长三角等沿海发达地区的合作。进一步强化呼包银榆经济合作区建设，推动呼包鄂协同发展，全力打造以我市为中心的区域性合作平台。

(八)加快社会事业发展，健全完善公共服务体系

坚持优先发展教育。实施好学前教育三年行动计划。加大义务教育投入，推进城乡义务教育办学条件标准化，年内新建续建中小学、幼儿园24所，完成4个县区国家义务教育发展基本均衡县评估认定。深化考试和招生制度改革，完善中考招生方案。公开招聘一批教师，加强教师队伍特别是乡村教师队伍建设。完善现代职业教育体系建设。以义务教育和职业教育为重点，加快发展民族教育。进一步提高民办教育、特殊教育办学水平。加快智慧校园建设，深入推进教育信息化。

推进健康呼和浩特建设。以“三医联动”为推手，加快城市公立医院综合改革，抓好分级诊疗试点和医师多点执业。完成市中蒙医院、妇幼保健院和284个标准化村卫生室建设，启动市第二医院迁建工作。组建医疗集团或医疗联合体，加强诊疗合作交流。健全完善药品供应保障体系，减轻群众就医负担。全面落实乡村医生养老退养政策。鼓励社会力量办医。扶持蒙中医药事业发展。完善人口经济发展战略，全面落实一对夫妇可生育两个孩子政策。

推动文化事业繁荣发展。坚持社会主义先进文化前进方向，用中国梦和社会主义核心价值观凝聚共识、汇聚力量。加强思想道德和社会诚信体系建设，增强国家意识、法治意识、社会责任意识，倡导科学精神，弘扬中华传统美德。加大文化遗产保护力度，实施好昭君博物院、将军衙署、市博物馆、乌兰夫纪念馆等改造提升工程，推出2–3部舞台艺术精品剧目。深化文化体制改革，完善公共文化服务体系，创建国家公共文化服务体系示范区。

全面加强社区建设，增强服务功能，稳定工作队伍。注重发挥工会、共青团、妇联等群团组织的桥梁纽带作用，大力支持老龄、残疾人、红十字和慈善事业，深入实施呼和浩特市妇女儿童发展纲要(2011–2020年)，扎实做好统计、档案、气象、地震、外事侨务等工作，推进各项社会事业协同发展。

(九)着力保障和改善民生，维护社会和谐稳定

实施更加积极的就业创业政策。统筹做好高校毕业生、农村剩余劳动力、城镇就业困难人员的就业工作。加大创业扶持力度，完成大学生创业就业综合服务中心、首府人才市场改造和创业就业服务平台建设。实施新生代农民工职业技能提升计划，组织引导劳务输出，促进农村剩余劳动力转移就业。做好困难群体就业，确保零就业家庭动态清零。

建立更加公平更可持续的社会保障制度。实施全民参保计划，进一步扩大社会保险覆盖面。有序推进养老保险制度改革，落实“五险一金”精简归并政策。适当提高大病保险人均筹资水平和支付比例。进一步完善机

关事业单位工资制度。加大社会保险费征缴力度，着力解决众环集团、公交公司等25家国有企业到龄退休人员的养老待遇问题。健全完善城乡社会救助体系。继续落实好“三个一”民生实事。完善城乡低保户、特困人员相关救助政策，保障好困难群众的基本生活。今年农村低保标准提高100元/年·人，农村五保集中供养标准提高700元/年·人。

维护社会和谐稳定。深入开展平安首府建设，推进网上信访和联合接访机制建设，着力解决好回迁房安置、房屋产权证办理、农民工工资拖欠等信访问题。加强公安派出所基础设施建设，以信息化为支撑加快建设社会治安立体防控体系，严密防范、依法惩治违法犯罪活动。加强安全生产监管，落实安全生产责任，抓好燃气、消防、交通、建筑和特种设备等重点领域隐患排查和专项整治，坚决防止重特大事故发生。加强食品药品安全监管能力建设，争创国家食品安全城市。积极支持国防和军队建设，提升军民融合发展水平。全面落实党的民族政策和宗教工作基本方针，深入持久开展民族团结进步创建活动，巩固和维护好首府安定团结的良好局面。

(十)切实加强自身建设，打造人民满意政府

严格遵守党的政治纪律和政治规矩，不断强化政治意识、大局意识、核心意识、看齐意识，坚定自觉地同以习近平同志为总书记的党中央保持高度一致。坚决贯彻落实党中央国务院、自治区党委政府和市委各项决策部署，增强政府执行力。自觉接受市人大及其常委会的法律和工作监督，主动向人大及其常委会报告工作，坚决执行人大的各项决议和决定，虚心接受人大的工作评议，切实提高依法履职尽责能力。主动接受市政协的民主监督，搞好协商议政，定期通报重大决策部署和重要工作落实情况。充分听取人大代表、政协委员、民主党派、工商联、无党派人士和人民团体的意见建议，认真组织实施政府协商计划，积极推进决策科学化民主化。

加强法治政府建设，严格按照法定权限、法定程序和权力清单、责任清单履职尽责，将政府活动全面纳入法治轨道。健全完善地方法律法规体系，修改5件政府规章和2件规范性文件，提请市人大常委会制定5件地方性法规。加强法制教育宣传，深入开展“七五”普法，弘扬社会主义法治精神，增强全民法治观念，在全社会形成良好法治氛围和法治习惯。

持之以恒改进工作作风，深入开展“勇于担当、攻坚克难”主题活动，提升服务水平，增强干事创业热情。落实从严治党要求，加强政府系统党风廉政建设，认真学习贯彻《中国共产党廉洁自律准则》、《中国共产党纪律处分条例》，坚决纠正和惩处不作为乱作为、懒政怠政、失职渎职行为。加强对重点项目推进、重大资金使用的专项审计，建立扎实有效的自查自纠机制。完善惩治和预防腐败体系，巩固反腐败成果，使不敢腐的震慑作用充分发挥，不能腐、不想腐的效应进一步显现。

各位代表，“十三五”发展征程已经开启，全面建成小康社会的冲锋号已经吹响，让我们更加紧密地团结在以习近平同志为总书记的党中央周围，在自治区党委、政府和市委的坚强领导下，紧紧依靠全市各族人民，守望相助，团结奋斗，锐意进取，共同开创首府改革开放和现代化建设的新局面!

呼和浩特市人民代表大会常务委员会工作报告

——2016年2月27日在呼和浩特市第十四届人民代表大会第四次会议上

呼和浩特市人大常委会主任　云公和

各位代表：

现在，我受市人大常委会委托，向大会报告工作，请予审议。

过去一年的主要工作2015年是全面深化改革的关键之年，是全面推进依法治市的开局之年，也是“十二五”规划的收官之年。一年来，在市委的领导下，市人大常委会认真贯彻落实党的十八大、十八届三中、四中、五中全会，习近平总书记系列重要讲话和考察内蒙古重要讲话精神，以提高立法质量和加强法律法规实施为核心，以监督和支持“一府两院”主动适应经济发展新常态为重点，以丰富代表活动和提高代表履职能力为抓手，认真行使各项职权，为首府协调推进“四个全面”战略布局发挥了地方国家权力机关应有的作用。

一、推进法治呼和浩特建设，在提高立法质量上下功夫市人大及其常委会作为立法机关，在推进依法治市中承担

着重要职责。全国人大修改“立法法”后，地方立法权限和程序发生了新变化。常委会及时落实新规定，更新立法理念，创新工作方法，努力推进依法立法、为民立法、科学立法，更好地发挥立法对改革发展的引领和推动作用。

一年来，共审议通过法规10件，其中制定2件、修改5件、废止3件。坚持依法立法，为全面深化改革提供法治保障。常委会严格执行立法法规定，在法定权限内，积极推动行政审批制度改革和政府职能转变。根据上位法变动情况，集中修改了民办教育促进条例、牛的人工授精管理办法、旅游管理条例3件法规，删除了明显不适应全面深化改革需要和与上位法不一致的内容。在修改全民义务植树条例时，着力更新以处罚为支撑的管理理念，删去公民未履行植树义务处以罚款等规定，突出提倡鼓励义务植树行为。及时废止了管理机制不适应当前经济社会发展形势的私营企业权益保护条例、传染病防治条例、职业病防治监督条例3件法规。坚持为民立法，最大限度维护社会公众利益。常委会认真倾听人民群众呼声，将社会关注度高，反映问题集中，实践中迫切需要、立法条件比较成熟的立法建议和项目纳入立法计划，运用立法手段保障各族群众切身利益。供水用水事关群众生产生活和首府长远发展，常委会制定了城市供水用水条例。针对公共管网业主共管模式难以操作，老旧小区供水设施年久失管失修，居民用水困难的实际情况，明确二次供水设施改造以政府和供水企业投入为主，解决由谁来改造，由谁来投入的老大难问题，并在立法中强化了供水企业的维修养护职责。针对近年来随意挖掘占用道路、超期施工现象增多，给公共道路交通带来不便的问题，常委会组织修改了城市道路设施管理条例，严格规范挖掘占用道路审批流程、明确审批要件，要求地下管网集中施工，力求避免反复开挖道路。新制定和修改的法规都规定公民对相应违法行为具有举报权，要求重要事项向社会公布或者征求公众意见，保障公民依法参与社会管理。坚持科学民主立法，健全人大主导立法的工作机制。

一年来，常委会着力发挥在法规立项环节、起草环节、审议环节的主导作用，注重提高立法的针对性和可行性，在关键条款上下功夫，推动立法从“有没有”向“管不管用”的转变。常委会创新立法草案起草方式，在全区首次尝试了委托第三方起草法规的做法。在制定爱国卫生工作条例时，经与政府协调，以政府购买社会服务的方式，通过公开招投标，由法律服务机构起草条例草案，为逐步实行多元化的起草机制做了有益探索。开启了立法民主协商工作，与市政协共同制定了立法协商民主工作意见，在法规立项和制定修改过程中发挥政协委员作用，为民主立法注入了新内涵。在以往实践的基础上，在乡镇街道、基层执法单位等选择建立了9个立法工作联系点，反映立法需求、服务立法调研、评估和课题研究。根据十八届四中全会精神，常委会针对立法工作的薄弱环节制定工作流程，配套了具体的实施细则，完善了衔接机制、细化了程序要求，避免了操作随意性，使立法工作进一步实现了精细化，人大及其常委会的主导作用得到进一步发挥。

加强对规范性文件的备案审查。常委会对市政府报送的《修改〈餐厨垃圾无害化处置管理办法〉的决定》等12份规范性文件，全部进行了实质性审查，并及时向政府反馈了审查中发现的问题。

二、坚持问题导向，在增强监督实效上下功夫常委会围绕推动中央、自治区和市委重大决策部署的贯彻落实和保证法律法规的正确有效实施，抓住事关改革发展稳定全局的重要问题和人大代表、人民群众普遍关注的热点、难点问题，依法行使监督职权。

一年来，共听取审议“一府两院”18个专项工作报告，检查8部法律法规实施情况，开展1次工作评议和30项专题调研。促进经济平稳健康发展。常委会把推动经济稳定增长作为工作重点，听取审议市政府关于国民经济和社会发展计划执行情况报告，检查科技进步法、自治区科技进步条例、市科技进步促进条例实施情况。针对经济下行压力大等情况，督促政府认真贯彻落实市委“坚持稳中求进、改革创新”的决策部署，加大项目引进和投资力度，优化产业结构，加快实施创新驱动发展战略，提高经济增长内生动力，推动经济发展。按照十八届三中全会关于加强人大对国有资产监督职能的要求，常委会对全市国资监管及企业国资运营情况进行了深入调研。在此基础上听取审议国资监管工作情况报告，针对国资运营监管中存在的重点问题，建议有关方面加强以管资本为主的国资监管，完善监管协调机制，深化国企改革，实现国有资产保值增值。常委会对代表关心，社会关注的重大项目和重点工程建设情况开展专题调研。围绕自治区和市两级重大产业、基础设施建设、城镇化建设、农林水工程等6大方面的重点项目，开展了主任会议组成人员集体视察。列出了亿元以上项目清单，深入各旗县区和开发区视察项目进展情况，针对存在问题，提出建议，努力推动项目进度。加强预算决算审查监督。修改后的预算法，对预算决算审查监督的范围、审查的程序和重点内容、监督的主体和责任等，作出了新规定、提出了新要求，有极强的约束性。常委会以贯彻实施新修改的预算法为契机，重视发挥财经咨询专家作用，重视审计查出问题的整改和落实，切实加强了对预算决算的审查和监督。常委会依法听取审议决算、审计工作、预算执行情况等报告，审查批准2014年决算。监督政府完善全口径预算管理体系，健全政府性债务管理制度，落实财政预算管理制度，并责成有关方面对审计查出的8亿多元违规资金和40余起违纪违法案件线索等问题认真整改、严肃问责，提高了依法审计力度。常委会将全市棚户区(城中村)改造项目资金使用情况纳入监督计划，开展专项调研，提出多渠道筹集资金、用好国开行贷款、理清还本付息责任、加强资金项目管理等意见。对特定领域财政资金投入使用情况开展监督，是我们对加强和改进人大预算监督工作的积极尝试。

推动保障和改善民生。常委会连续两年对群众普遍关心关注的热点问题，开展专项工作评议，取得明显效果。去年，对全市城镇基本医疗保险工作开展了工作评议，督促有关方面加强基金征缴和监管，防范医保基金风险，提高管理效率，改进便民服务，加快实现异地就医即时结算，建立更加公平可持续的医疗保障制度,让广大居民、职工“有病可依靠，有病能医好”。农村牧区“十个全覆盖”工程是自治区党委实施的一项重大民生民心工程和发展工程。常委会主任会议全体成员按市委要求分别包联一个村，并先后开展主任会议成员集体视察、常委会专题视察和观摩学习，通过听、看、问，就组织实施、工程质量、后续管理等问题提出具体建议，发挥监督作用。针对社会反映较为突出的入学难、就业难等问题，常委会听取和审议了全市中小学、幼儿园建设和贷款使用以及就业工作情况的报告，要求政府及相关部门抓好重点教育项目建设，前期工作要做细做实，开工建设要保质保量快速推进，后期要尽快投入使用。同时要加强审计监督，规范贷款使用。要求政府实施好就业优先战略，制定更加积极的就业创业政策，创造就业机会，着力培育大众创业、万众创新新引擎。常委会听取和审议了创建国家公共文化服务体系示范区情况的报告，推动政府加快构建现代城乡文化服务体系，提升首府“文化软实力”，更好地实现文化惠民。助力创卫工作和平安首府建设。创建国家卫生城市是我市加强城市管理、提高城市文明程度作出的一项重大决策。常委会高度重视此项工作，分派6个小组深入餐饮企业、老旧小区、城中村及城乡结合部、“五小行业”、农贸市场等多个领域认真调研，提出了涉及6个领域卫生状况的15项问题，并针对问题提出明确的意见建议，要求有关方面以创建国家卫生城市为契机，建立起卫生城市管理长效机制。长期以来，食品、特种设备等领域的安全事件时有发生，人大代表和社会各界对此十分关心。常委会积极回应社会关切，以保护人民群众身体健康和人身安全为重点，在全市范围内开展农产品质量安全法、特种设备安全法执法检查，推动有关方面齐抓共管、综合治理，着力加强食品、电梯、压力容器等重点领域的安全监管，排除各类隐患，依法严格处理违法行为，为市民营造安全放心的衣食住行环境。开展了治安管理处罚法执法检查，对近年来平安首府建设的新成绩给予充分肯定，并提出新要求。维护安定和谐的社会局面。在市委统一部署下，常委会领导带领督导组深入基层开展“六五”普法检查验收，监督人大常委会普法决议的贯彻落实，倡导全社会形成学法懂法守法用法的良好法治环境，促进依法治市工作的深入开展。常委会听取和审议了市法院和市检察院贯彻实施新刑事诉讼法情况的报告。要求法检两院加大规范司法行为力度，坚持惩治违法犯罪与保障人权并重，着力提高司法公信力，让人民群众在每一个司法案件中感受到公平正义。红十字事业利国利民，常委会通过检查红十字会法和自治区实施红十字会法办法实施情况，在全社会弘扬人道公益慈善的理念。社区是城市各民族交流交融的重要平台，常委会听取审议了城市社区民族工作情况的报告，推动民族工作扎根社区，增强服务各民族群众的水平。常委会关注全市宗教工作开展情况，要求做好宗教工作，发挥好信教群众在促进经济社会发展中的积极作用。推进生态文明建设。针对群众反映强烈的扬尘污染问题，常委会通过督办重点建议等形式，推动政府开展城市精细化管理专项行动，对影响城市大气环境的工地扬尘、建筑垃圾等进行专项整治，从源头上对扬尘污染实施管控。为实现首府“绿起来”与“美起来”的有机统一，常委会对重点区域绿化工程实施情况开展监督。市政府认真落实常委会审议意见，制定具体措施，将重点区域绿化纳入城乡一体化发展格局，进一步补长拉齐了生态建设短板，加强了绿化成果管护，一批绿化精品工程得到市民广泛好评。

丰富监督工作方式方法。一是把监督与立法更紧密结合起来。常委会制定爱国卫生工作条例，为首府爱国卫生工作开展提供法制保障。同时，安排听取审议了创建国家卫生城市进展情况的报告。常委会对社会治安管理处罚法开展执法检查，在执法检查报告中专门列出了法律颁布实施以来，在实践过程中遇到的问题，从基层角度为法律今后的修改完善提供了参考。常委会在督办《关于加快我市老旧小区供排水管网及二次加压设施改造工作》（1号议案）和居民吃水难问题的重点建议过程中，既推动了相关工作又为制定城市供水用水条例提供了实践依据。二是综合运用监督方式。对二环路快速路建设等全市改革发展中的重要事项采取主任会议成员集体调研的方式全力予以推进。在监督中，把听取汇报、召开座谈会与随机抽查、暗查暗访结合起来，把全面检查同跟踪督查典型事件结合起来，力争全面真实掌握情况。三是改进工作评议办法。在深入基层社区开展调研，广泛征求各方面建议的基础上，把全社会普遍关心的问题作为评议内容，充分反映群众和基层的关切。在制定评议总体方案的基础上，专门制定宣传方案，发放宣传资料，策划宣传重点，有力提高了评议工作的社会关注度。我们把工作评议和专题询问相结合，在评议会上，分管市领导和相关部门负责人到会报告工作并认真回答询问，体现了“一府两院”对人大负责、受人大监督的精神和要求。

三、支持和保障代表依法履职，在充分发挥代表作用上下功夫代表是人大工作的力量源泉、智慧源泉。常委会牢固树立代表主体意识，完善服务保障机制，构建联系代表平台，创新工作载体形式，代表工作取得新的进展。建立健全联系代表机制。坚持主动、广泛地组织代表参与立法、监督等履职活动,全年共有180余人(次)代表列席常委会会议,300人次代表参与常委会视察、调研。坚持代表向原选举单位报告履职情况制度，全年共有14名自治区级人大代表向常委会述职，91名市级人大代表回原选举单位述职，密切了代表与选举单位和人民群众的联系。充分运用呼和浩特人大网、“青城代表微联络”微信公众号等新媒介，拓宽了代表反映民意的渠道。不断丰富代表活动。常委会深化“人大代表之家”建设，截至目前，建立“人大代表之家”112个，代表工作站、代表联系点110个，在全区率先实现了“人大代表之家”在市、旗县区、乡镇、街道的全覆盖。各级人大组织充分运用“家”的平台，组织开展了学习培训、与选民见面、代表述职、便民服务等一系列形式多样、内容丰富、具有特色、效果明显的代表活动。同时，各旗县区不断拓展“家”的内涵和外延，如土左旗建立的“人大代表监督岗”、赛罕区建立的“百岁园农牧业界人大代表之家”，为服务代表履职做了有益的探索和尝试。常委会在全区首创，组织成立专业代表小组，把开展专业代表小组活动作为一项重要的基础性工作来抓，充分发挥代表的行业、专业优势，围绕餐厨垃圾收运处置、档案保护和管理利用等社会热点难点问题，开展活动12次，形成了若干有针对性的调研报告和领导参阅件，既调动了代表履职的积极性，又推动了相关工作的开展，受到代表的好评。认真督办议案建议。督办好代表的议案、建议是联系服务代表最重要的体现，是激发代表履职热情的内在要求。

市十四届人大三次会议期间，代表们共提出议案2件，建议225件，现已全部办理完毕并由承办单位答复代表，建议所提问题得到解决或者计划逐步解决的占建议总数的97.27%。在督办代表建议过程中，常委会以解决问题为根本、代表满意为标准，对群众普遍关注的问题，召集提建议代表、承办单位共同商讨进行专项督办，推动问题的解决，办理工作取得了明显成效。切实加强学习培训。常委会采取多种形式，加大代表培训力度。年内共举办各类代表培训5期，组织代表参加自治区人大常委会的培训3期，培训各级人大代表800余人(次)；指导旗县区和乡镇人大、街道人大工委开展培训活动50余次，为提升各级人大代表的履职水平奠定了基础。我们还围绕“十个全覆盖”工程建设，积极创新培训形式，首次委托旗县区开展培训，将听、学、看、讨论有机结合在一起，引导各级人大代表为首府建设奏响主旋律、弘扬正能量。常委会坚持党管干部原则，依法行使人事任免权。坚持和完善任前考试、任职表态和任职宣誓机制，提高了被任命人员尊重宪法、法律和依法行政、公正司法的责任感和自觉性。全年共任免国家机关工作人员47人(次)，其中，决定任命3人(次)，决定免去2人(次)，决定代理市长1人，任命28人(次)，免去11人(次)，接受辞职2人。

四、提升工作效能和水平，在夯实人大工作基础上下功夫常委会在市委坚强领导下，坚持把思想政治建设摆在首位，全面加强思想建设、政治建设、作风建设、能力建设、组织建设，努力形成风清、气正、心齐、劲足的工作氛围，树立地方国家权力机关良好形象。自觉接受党的领导。常委会率先垂范，始终坚持第一时间学习贯彻中央、全国人大、自治区党委、自治区人大和市委的重要部署及文件精神，围绕市委中心工作，安排开展立法、监督，第一时间报告市人大常委会重大活动、重大立法事项，接受领导和支持。加强作风建设。常委会深入开展“三严三实”专题教育、“勇于担当、攻坚克难”主题活动及“守纪律、讲规矩、敢担当、做表率”主题教育活动，巩固党的群众路线教育实践活动成果，在全体干部中牢固树立作风建设永远在路上的思想。常委会党组及机关党委制定了关于落实党风廉政建设主体责任和纪检监督责任的实施意见，从履行主体责任和监督责任两个方面共提出26条意见，认真加以贯彻施行。常委会自觉坚持民主集中制，充分发扬民主，发言更加踊跃，审议更加充分，有力提高了工作质量和水平。加强理论学习。常委会把加强学习作为一项重要而紧迫的任务，贯穿于各项工作的全过程。常委会在机关组织开展专题研讨，主任会议成员带头讲专题党课，结合常委会中心工作，有针对性地安排集中学习和专题讲座内容，力求学有所得、学有所用，以科学理论武装思想，坚定坚持党的领导的自觉性，牢固树立看齐意识，始终在思想上、政治上、行动上同以习近平同志为总书记的党中央保持高度一致。加强基础工作。充分发挥各专门委员会作用，各专门委员会按照全年工作要点，发挥优势，认真履职，在提高立法质量、增强监督实效、发挥代表作用等方面做了大量富有成效的工作。自觉主动接受自治区人大常委会的监督和指导，积极配合自治区人大常委会开展执法检查、调研视察等活动；贯彻落实中央〔2015〕18号文件精神，常委会领导深入旗县区、乡镇摸底调研，了解基层人大组织建设和履职情况，形成加强旗县区、乡镇人大工作的具体建议，加强工作指导。重视新闻宣传和信息工作，常委会在2015年度全区人大系统信息工作考评中排名第一，人大工作的公开性和透明度进一步提升。适应信访工作改革需要，重点对涉法涉诉和“三农”问题信访件进行归类分析督办，一年来，共接待群众来信来访1214件次，形成信访分析动态和反映26期，督促化解了一批群众利益诉求问题。推进干部队伍建设，通过自治区公务员考试招录具有专业素养的年轻干部进入机关，优化队伍结构，充实部门人员。

各位代表！一年来，常委会工作所取得的进展和成绩，是在自治区人大常委会的正确指导和市委的坚强领导下，全体人大代表、常委会组成人员、专门委员会组成人员和人大机关工作人员齐心努力的结果，是市政府、市法院、市检察院和全市各级人大及其常委会密切配合的结果，是全市各族人民大力支持的结果。在此，我代表市人大常委会表示衷心感谢!

应该看到，同首府各项事业发展要求相比，同人大代表、人民群众的期待相比，人大常委会工作还有许多差距和不足：人大在立法中的主导作用需要充分发挥；地方性法规的贯彻落实需要加强；监督工作，代表工作仍存在不到位的问题。我们将自觉接受人大代表和人民群众的监督，虚心听取各方面意见建议，不断加强和改进人大工作，更好地依法行使职权、开展工作。

2016年主要任务

各位代表，2016年是全面建成小康社会决胜阶段的开局之年，是推进结构性改革的攻坚之年，也是做好迎庆自治区成立70周年工作的关键之年。面对社会主义民主法治建设的新任务，我们要进一步增强责任意识、发展意识和进取意识，全力做好新一年人大各项工作。

今年常委会工作的总体要求是：全面贯彻党的十八大和十八届三中、四中、五中全会精神和中央经济工作会议、城市工作会议、扶贫工作会议精神，深入学习贯彻习近平总书记系列重要讲话和考察内蒙古重要讲话精神，按照市委十一届八次、九次全委会的部署要求，坚持“五位一体”总体布局和“四个全面”战略布局，以创新、协调、绿色、开放、共享发展理念引领人大工作，围绕市委提出的“六个着力”，强化立法、监督职能，主动适应经济发展新常态，为首府实现“十三五”良好开局提供法治保障。

一、践行依法治国方略，把坚持党的领导贯穿始终坚持在党的领导下，依法行使立法权、重大事项决定权、人事任免权和监督权，监督“一府两院”依法行政、依法办事、公正司法。坚持把党的领导作为依法治国的根本保障，紧紧围绕市委的重大决策来谋划工作、推进工作、做好工作，通过法定程序，把党的主张转化为全市人民的共同意愿。坚持把人民当家作主作为依法治国的力量源泉，切实保证人民群众通过人民代表大会制度管理地方国家事务。

二、切实提高立法质量，把推进科学民主立法贯穿始终　进一步发挥好人大常委会在立法工作中的主导作用，加强立法组织协调，提高立法质量。通过立法更好地统筹社会力量、平衡社会利益、调节社会关系、规范社会行为，充分发挥立法的引领和推动作用。加强城市建设和城市管理领域立法，今年拟制定城市燃气管理条例、城市管理综合执法条例，修改完善城市供热管理条例、城乡规划条例、建设工程招标投标管理条例，做好民办教育促进条例、牛的人工授精管理办法、旅游管理条例3件法规修改后的报批工作。不断提高法规针对性与可操作性，使法律法规更加适应实际需要、体现人民诉求、反映客观规律。

三、贯彻“四个全面”战略布局和“五大发展理念”，围绕“六个着力”，把加强监督支持贯穿始终

加大监督工作力度，全力推动“一府两院”依法行政、公正司法，提升运用法治思维和法治方式深化改革、化解矛盾、推动发展、维护稳定的能力。努力推动经济发展。依法听取和审议计划及预算执行情况报告、决算报告、审计报告，审查2015年市本级财政决算。围绕深化经济体制改革、增强经济发展活力，常委会拟听取和审议2015年审计查出问题整改情况的报告；加快发展非公有制经济情况的报告。对财政重点资金使用绩效情况进行调研。努力推进法治建设。以依法行政和公正司法为监督重点，促进法律法规贯彻实施。今年，常委会拟对科学技术普及法和自治区科学技术普及条例进行执法检查。拟听取和审议检察机关规范司法行为工作情况的报告、公安机关基层基础工作情况的报告。对市法院涉法涉诉案件执行情况进行调研。督促司法公正，维护人民权益，让人民群众感受到公平正义。认真做好规范性文件备案审查工作，维护国家法制的统一、尊严和权威。努力促进民生改善。围绕医疗、旅游、环保、新农村建设等人民群众最关心、最直接、最现实的利益问题，综合运用多种监督形式，促进问题解决，让改革和发展成果更多更公平惠及人民。常委会计划听取和审议市政府关于“十个全覆盖”、公立医院综合改革、全民健身服务体系建设、饮用水源地保护和环境重点问题治理、旅游发展总体规划、精准扶贫等方面工作情况的报告。对食品安全监管、少数民族生产生活、农村饮水安全工程等工作情况进行监督。在做好听取和审议专

项工作报告、执法检查、调研视察等常规工作的基础上，继续对群众关心的热点、难点问题开展工作评议；继续对“一府两院”工作报告中所列的重点工作项目开展对口监督；继续对2015 年未完成的事项进行跟踪监督，直至见到成效。

围绕市委决定，依法行使重大事项决定权；坚持党管干部原则和人大依法行使任免权相结合、任命和监督相结合，依法任免国家机关工作人员。加强对任命干部的法律监督，促进国家机关工作人员增强宪法意识、法律意识和公仆意识，做到勤勉工作、廉洁干事。

四、突出代表主体地位，把夯实履职基础贯穿始终要加强常委会同代表的联系，充分发挥代表作用。坚持和完善代表列席常委会会议、集中视察、执法检查、专题调研、工作评议、常委会组成人员联系代表等制度，与代表保持密切联系。开展走访代表活动，征求代表意见，及时办理反馈。多渠道、多形式畅通代表知情知政渠道，为代表履职创造良好条件。要进一步发挥代表在闭会期间的作用。搭建代表履职平台，完善代表小组活动，扩大代表之家工作面，对代表小组活动和代表之家建设力求制度化、常态化、规范化，改进活动形式,丰富活动内容,提高活动实效。保障选民和代表的沟通，保障选民诉求及时传达。要进一步做好议案和建议的督办工作。综合运用及时转办、重点督办、集中督办、现场督办等方式，确保件件有回音，事事有着落。听取和审议议案建议办理工作情况的报告，推动政府建立议案建议办理进度和处理意见公开机制，接受代表和群众监督。深入开展“双联”活动，完善代表履职激励、考核机制，开展“优秀代表”和“先进人大工作者”公开评比活动。同时，要严肃政治纪律、廉洁纪律、群众纪律、工作纪律、生活纪律，始终树立代表良好形象。

五、围绕强基固本目标，把完善自身建设贯穿始终

中央和自治区党委、人大作出了一系列加强和改进人大工作的重要决定，为推进首府人大工作与时俱进、完善发展指明了具体路径。我们要坚持人大工作与市委工作合拍、与“一府两院”合力、与人民群众合心的工作理念，按照总结、继承、完善、提高的原则，推动我市人大工作实现立法、监督有亮点，调查研究接地气，代表履职有作为。我们要加强常委会和机关的自身建设，加强对县（旗、区）乡（镇）人大工作的指导，重视发挥乡镇街道人大的作用，建立纵向联系、横向沟通的长效机制，使全市人大工作不摆花架、不说空话，进而氛围更浓厚、局面更生动、成效更显著。

各位代表，过去的一年，成绩来之不易；未来的一年，任务光荣艰巨。让我们高举中国特色社会主义伟大旗帜，更加紧密地团结在以习近平同志为总书记的党中央周围，在市委的坚强领导下，凝聚共识、凝聚智慧、凝聚力量，有所负责、有所担当、有所奉献，依法履职、依法监督、依法办事，为把祖国北部边疆这道风景线打造得更加亮丽而不懈奋斗！

中国人民政治协商会议
呼和浩特市第十二届委员会常务委员会工作报告

——在政协呼和浩特市第十二届委员会第四次会议上

（2016 年 2 月 24 日）

贾英祥

各位委员、同志们：

我代表政协呼和浩特市第十二届委员会常务委员会，向大会报告工作，请予审议，并请列席会议的同志提出意见。

一、2015 年工作的回顾

2015 年是市政协求实创新、开拓进取的一年，也是各项工作取得丰硕成果的一年。在市委的正确领导和自治区政协的指导下，市政协常委会紧紧围绕我市中心工作，紧扣稳增长、调结构、惠民生、保稳定的重大任务，汇聚正能量，发出好声音，力求议政议到关键处，建言建在需要时，积极推动协商民主的新进展、履职能力的新提升，展示了人民政协在促进活力首府、美丽首府、和谐首府建设中的新作为。

（一）学习引领，不断夯实思想政治基础

一年来，常委会坚持把学习摆在

各项工作的首位，以学习武装头脑、提升能力、转变作风和推动工作。

创新理论学习形式。从抓学习制度落实入手，首次从市政协党组、常委会、全体委员、机关党员干部四个层面分别制定学习计划，确保学习分层次按计划开展。坚持领导带头学习、带头授课辅导、带头发言讨论，促进领导干部养成勤学深思、知行合一的好风气，有力带动了机关干部和委员的学习。

深入搞好理论武装。认真学习贯彻习近平总书记系列重要讲话和考察内蒙古时的重要讲话精神，扎实学习党的十八届三中、四中、五中全会精神，使各级政协组织对中央治国理政的新思想、新部署、新要求有了更深的理解和把握。第一时间传达学习自治区党委、市委和市政府重要会议精神，及时了解和准确把握全市改革发展稳定、管党治党的工作思路和工作重点。邀请市委、市政府领导通报全市经济社会发展和党风廉政建设情况，邀请专家学者和有关部门领导围绕协商民主建设、城乡一体化发展、“十三五”规划等重大课题进行专题辅导，引领委员知情明政，提高围绕中心、服务大局的自觉性和协商调研的针对性。坚持学以致用，全年党组成员平均每人撰写理论文章5篇以上，有力地推动了工作。

扎实推进作风建设。按照市委统一部署，扎实开展“三严三实”专题教育，先后召开了 3 次专题研讨会和严肃认真的民主生活会，认真查摆党组成员中存在的“二线”思维、党员干部中存在的政协无权无钱、地位低、进步慢的错误思想，机关存在的庸懒散、工作标准低、节奏慢、效率低的作风问题。党员干部立言立德、遵规守纪的意识明显增强，精神懈怠、动力不足的问题明显好转。认真开展“勇于担当、攻坚克难”主题教育活动，对加强协商民主制度化建设、改进提案办理方法、提高办文办会质量等履职中的重点难点问题进行攻坚，营造了勇于担当、干事创业的浓厚氛围。

认真抓好业务学习。以中共中央、自治区党委和市委下发的关于加强社会主义协商民主和人民政协协商民主建设的文件为主要内容，认真抓好政协业务知识学习，加大机关业务培训力度，组织部分委员和机关工作人员赴全国政协培训中心参加学习培训，赴外地学习先进履职经验，进一步强化了政治责任意识，提高了履职能力。

（二）围绕中心，努力为促进经济社会发展建言献策

一年来，常委会紧紧围绕全市中心工作，集中政协优势资源，加强对经济社会领域综合性、全局性、战略性问题的深入调查研究，开展协商议政。

积极推动经济建设。为推动我市光伏产业做大做强，围绕光伏产业发展开展专题调研，就规范光伏产业发展秩序、加强光伏新技术研发等方面提出了有价值的对策建议。针对我市中小微企业在经济下行压力下面临的困难和挑战，组织开展了推进中小微企业发展专题协商会，部分建议吸纳到市政府扶持小型微型企业加快发展八条措施的实施意见中。围绕中小微企业公共服务平台建设、林下经济发展、高新技术产业发展及科技服务平台建设、城市建设重点项目实施等经济建设方面的内容，组织开展调研、视察活动，并通过提案、社情民意信息等履职形式积极为首府经济发展建言献策，为市委、市政府重大决策提供了大量第一手材料。

积极推动社会和文化建设。围绕“十个”全覆盖工程开展调研和监督性视察，向市委、市政府提出多条建设性意见。着眼促进民族团结进步，对我市城市民族工作进行深入调研，为推动我市城市民族工作提供了有益参考。为充分挖掘我市旅游资源，打造我市旅游品牌，围绕以品牌创建推动旅游业发展进行了专题调研和协商，调研报告得到市委那书记和市政府分管领导的高度评价，并批示有关部门认真研究，为打造“中国马都”和“中国草原文化演艺之都”制定相关产业发展规划。

积极推动攻坚克难任务的完成。把政协履职和推进完成攻坚克难任务结合起来，在汲取以往民主评议政府部门经验和不足的基础上，2015 年首次围绕市委提出的攻坚克难任务，开展专项民主评议，融监督于评议之中，对我市“老旧小区供排水管网改造和饮水安全工作”进行了专项民主评议。评议工作客观、真实地反映了工程进展中存在的问题，反映了人民群众的强烈期待和政协委员、有关方面的意见建议，对促进老旧小区供排水管网改造和饮水安全顺利推进发挥了积极作用。

积极推动“十三五”规划的制定。参与我市“十三五”规划建议和纲要的制定，是政协组织的一项重大任务。面对我市经济社会发展的中长期重大规划，我们主动作为，积极动员各界别、政协参加单位和全体委员建言献策，先后专门召开征求意见会和建言献策专题议政会，重点就我市在“一带一路”、“中俄蒙经济走廊”、“呼包银榆经济区”国家战略中如何推动协同发展、统筹城乡一体化发展、繁荣文化旅游产业，以及如何引进来、走出去等方面提出对策建议，并在《呼和浩特日报》、市政协杂志开辟专版专刊，刊发委员们的建言献策成果，反响很好，一些建议在我市“十三五”规划中得到了体现。

（三）关注民生，积极助推涉及群众切身利益问题的解决

一年来，常委会始终把推进人民群众最关心、最直接、最现实利益问题的解决，作为履职建言的出发点和落脚点，既保持一年抓几件事的干劲，

又坚持几年抓一件事的韧劲，努力促进重大民生问题的解决。

通过专题协商、专题调研关注民生。在前年抓推动养老机构建设的基础上，去年又持续抓了推动我市民办养老机构建设的调研和协商，与市政府及有关部门领导共商我市民办养老服务业发展大计，取得了良好效果。连续两年对我市“菜篮子”工程进行调研，去年又围绕实现“建好棚”、“种好菜”、“卖好价”的目标，深入开展了专题调研和对口协商，助推了大棚蔬菜产业的健康发展。针对首府人口规模不断扩大和二孩政策放开后，学前教育将面临更大压力的问题，组织开展民办学前教育专题调研、协商，为促进我市民办学前教育中长期健康发展，提出了对策建议。关于提高抗战遗属生活费、优化医疗纠纷调解工作机制、分质供水、健全和完善医师多点执业制度等专题调研，都促进了涉及群众切身利益问题的解决。

通过提案、社情民意信息和委员视察关注民生。提案和社情民意信息是反映民生问题的重要渠道。一年来，我们通过提案和社情民意信息，把涉及公共交通发展、棚户区和老旧小区改造、城市道路、教育事业发展、医疗卫生、社会治安管理、小区物业管理等涉及老百姓切身利益的民生问题及时反映上来，为市委、市政府解决这些民生问题提供了重要参考。围绕城区“小饭桌”规范管理、体育场馆对社会开放、农村“十个全覆盖”工程建设等开展专题视察活动，针对存在的问题提出意见建议，有力推动了这些民生问题的解决。

通过直接参与关注民生。一年来，市政协领导认真践行党的群众路线，积极参与指导所联系“十个全覆盖”工程示范村和扶贫村的工作，几位副主席与村民吃住在一起，共同研究发展规划，协调解决遇到的问题，“十个全覆盖”和扶贫任务完成圆满。其中，两位副主席包扶的示范村被定为自治区的观摩点，受到自治区和市领导的好评。

（四）求实创新，不断推动协商民主新发展

2015 年是加强协商民主制度建设具有里程碑意义的一年。常委会面对加强政协协商民主发展难得的历史机遇，紧紧围绕践行“三严三实”要求，用改革创新的精神积极探索新方法、新路子，扎实推进政协协商民主新发展。

进一步提高协商、调研的选题质量。在确定协商议题、调研课题时，坚持实效第一，力争微言大议，“小切口”牵动大政策，做到贴近中心和大局、贴近民生、贴近政协自身能力和优势选题。采取政协选题和市委、市政府点题、出题相结合的形式确定协商议题和调研课题，制定了包括三个层次 7 个议题的年度协商计划，安排了 5 个重点调研。选题质量的提高，有力促进了协商、调研质量的提高。

坚持以问题为导向开展协商活动。开展协商前，首先对调研中反映的问题、提出的建议进行反复研究、仔细推敲，确保问题找的准、建议提的实；其次，选好“领言人”，找行家参加调研，请相关群众和行家发言，并与有关部门进行反复沟通、协商，让他们围绕反映的问题提前做好准备，力争使每一个问题、每一条建议在面对面协商时都能得到相关部门的回应和答复。协商会议上，坚持让行家说，让群众讲，请有权的人听，各部门不仅要提交书面回应材料，而且还要当场答复委员、专家和有关代表提出的问题，市政府分管领导也要作回应性发言。协商会议后，还要面向全体参会人员进行满意度测评，促使委员提高协商问题的针对性，促进政府有关部门人员提高问题答复的准确性。

不断推进提案办理协商的创新。积极探索重点提案督办新办法，2015 年我们从 599 件提案中选出 10 件作为重点提案，又从 10 件中选出 3 件作为重点协商提案，首次就加强社区网格化管理、消除阜丰味精厂排污异味和加快科技型中小型企业成长的重点提案，与市委、市政府相关部门面对面开展了提案办理协商，取得了良好效果。探索专委会督办提案新模式，全年 6 个专委会各自选择了 1 件与本专委会工作密切相关的提案进行协商督办。积极探索并实施了提案网上办理，将提案办理过程、办理结果向社会公开，以提升民众政治参与热情，推动政协委员多提好提案，促进有关部门不断提高提案办理质量。

积极探索立法协商的有效途径。为探索在地方立法中积极发挥政协组织和委员的作用，建立了市政协与市人大立法协商民主工作联系制度，配合市人大研究出台了《关于做好市人大常委会立法协商民主工作的意见（试行）》，组织委员参加了《呼和浩特市爱国卫生工作条例（草案）》、《呼和浩特市城市供水用水条例（草案）》、《呼和浩特市城镇燃气安全管理办法》等立法协商征求意见活动，委员们针对具体条文提出了意见建议，使立法协商取得了扎实进展。

此外，还尝试开展了监督性视察、调研活动，分别对我市中小学招生改革进展和“六五”普法情况进行了监督性视察；围绕加快建设法治呼和浩特，组织委员对我市法院系统深化司法公开情况进行了调研。及时总结部分旗县区政协在街道办事处和乡镇成立委员联络站、联络室的新尝试，积极探索协商民主向基层延伸的新形式、新途径。高质量地召开“推进人民政协协商民主理论与实践创新”研讨会，围绕推进协商民主“三化”建设、发挥界别的特色作用和委员的主体作用等进行了深入研讨，有力推动了协商民主理论研究和实践探索。

（五）注重“三化”建设，不断提高履职质量和水平

一年来，常委会十分注重加强政协工作的制度化、规范化、程序化建设，全年制定并实施了11项制度，是历年来少有的。为加强协商民主程序化建设，进一步规范协商过程中各个环节的工作，研究制定了《呼和浩特市政协协商工作流程》；为提高服务专委会的质量和水平，制订出台了《市政协办公厅服务各专门委员会工作办法（试行）》；为提高大会发言质量，制定出台了《委员大会发言选定规则》；为促进界别活动的有效开展，制定出台了《界别活动组管理办法》和《优秀界别活动组评选办法》；为进一步调动市政协参加单位、政协委员反映社情民意的积极性，不断提高社情民意信息质量，制定出台了《市政协反映社情民意信息工作考核办法》；为调动机关干部和委员参与政协宣传工作的积极性，制定出台了《市政协新闻宣传工作考核办法》。这些制度的出台，有力促进了政协工作的“三化”建设，提高了履职质量。

（六）夯实基础，经常性工作取得新进展

一年来，常委会十分注重打基础、抓经常，以提高“四个能力”为重点，不断强化自身建设，努力推动各项经常性工作取得新成效。

——进一步加强提案工作。全年共收到提案645件，立案599件，已全部办复，广大人民群众和政协委员普遍关注的一些民生问题和热点问题得到了较好解决。继续坚持政协主席、副主席督办重点提案制度，尝试三级政协提案委联合督办提案的新举措，提高了督办层次。采取“急案快办”的提案办理新方法，加快个案办理进度。为解决好提案办理“回娘家”这一老问题，先后与市委、市政府有关部门负责同志、市四区有关同志进行了深入交流和探讨，找到了问题的症结，探索了解决这一问题的基本途径。

——进一步抓好社情民意信息和宣传工作。不断拓宽社情民意收集渠道，更加注重社情民意信息的时效性和针对性。全年共征集社情民意信息稿件688篇，整理报送《呼和浩特社情民意》共70期、100条，其中自治区政协采用22期，自治区和我市领导批示12期，各委办局反馈36期，全年信息报送总分获市委二类信息单位第一名。开展了“第十四届反映社情民意月”活动，促进了社情民意信息数量和质量的提升。进一步加强与新闻媒体的联系，大力宣传政协组织和政协委员履行职能的实践和成效，策划了全体会议、常委会、专题议政会、加强协商民主建设理论研讨会等活动的专版专刊宣传报道，扩大了政协影响力。

——进一步加强文史资料工作。按照“征集为主、抢救为先、充分利用、服务社会”的要求，多渠道挖掘整理史料。积极走访知情人和当事人，深入档案馆、图书馆收集查阅资料线索，动员亲历亲为者积极撰写史料，征集了约50万字的绥远抗战史料，编撰了《绥远地区民族抗日斗争通志》。编审了《青城谭故》一书，征集编撰了《内蒙古地区邮政史》，出版发行了《呼和浩特人物传记》。

——进一步抓好界别活动。注重发挥界别的优势和特色，17个界别活动组安排组织了53项活动，超额完成年度计划。组织开展了云计算产业发展、小城镇建设、法制教育进学校、农产品电子商务发展、足球改革发展、组建旅游演出团体等调研活动，开展了乳业发展、企业法制文化建设、“引黄入呼”水利工程安全监管、工业园区发展等视察活动。组织开展了义务植树、摄影知识和葫芦丝讲座、送医送药送文艺下乡、捐赠旧衣物等社会公益活动，不断扩大履职成果，树立政协良好形象。

——进一步做好凝心聚力工作。对有影响带动作用的14名外地内蒙古商会会长进行专门走访，进一步扩大政协履职范围，搭建了对外联络的桥梁。大力开展走访委员活动，先后对55名委员进行了走访，进一步了解掌握委员的工作和履职情况，增进了市政协和委员所在单位的相互了解，调动了委员履职积极性。通过开展城市民族工作、宗教文化保护与发展、宗教界“中心学习组”学习等活动，积极推动全市民族团结进步，努力促进宗教界的团结和睦。邀请民主党派、工商联负责人列席相关会议、联合开展活动，不断增进市政协与民主党派、工商联的民主协商、合作共事，促进各族各界大团结大联合，积极为首府的改革发展稳定汇聚力量。

——进一步加强机关自身建设。按照“服务中心工作、服务委员、服务专委会”的总要求，健全和完善各项规章制度，着力提高服务意识，不断提高服务水平。实施了每月总结汇报工作制度，促进了机关工作有序开展。关心干部成长进步，筹建了阅览健身室、文体活动室，改善了机关干部职工工作、学习条件。认真贯彻落实中央八项规定、自治区28条配套规定和我市30条具体规定，着力抓好机关党风廉政建设。

积极开展外出调研、考察活动，加强对外联系交往，提升履职水平。积极配合全国政协、自治区政协和其他省市政协在我市开展调研、考察活动，在服务配合中积极展示我市经济社会发展成果，反映我市工作中的建议和要求。

各位委员，常委会过去一年工作取得的成绩，离不开市委的正确领导，离不开市人大和市政府的大力支持，离不开各旗县区政协、市政协各参加单位、全体政协委员和政协工作者的共同努力。在此，我代表市政协常委会，向大家表示衷心的感谢！

回顾一年来的工作，我们深切感

受到，做好新形势下的政协工作：一是必须紧紧把握时代的脉搏，坚持围绕中心、服务大局，紧跟形势和任务的变化及各级党委、政府的决策部署。一年来我们工作中所取得的一些成效，都是形势和任务需要的、市委和市政府关注的、人民群众关切的，这既是我们政协工作的价值所在，也是今后继续努力的方向；二是必须主动作为、勇于担当。一年来我们尝试开展了不少创造性的工作，虽然有些方面还有待于继续探索，但我们深感作为政协工作者必须牢记使命、勇于担当，积极探索、大胆创新，才能做出无愧于人民、无愧于自己的业绩；三是必须改进作风、注重实效。一年来我们抓住深入开展“三严三实”专题教育这一契机，不断强化政治意识、使命意识和责任意识，努力改进工作作风，不断谋求工作实效，推动政协工作汇聚正能量，画好同心圆。对于这些宝贵经验，今后我们要继续坚持下去，推动政协事业不断发展进步。

在肯定成绩的同时，我们也清醒地认识到工作中还存在不少差距和不足，主要表现在：新形势下围绕改革与发展研究新情况、新问题的能力还有待加强，推进政协协商民主创新发展的方法、途径仍需不断探索，提案、调研报告、社情民意信息的质量还需进一步提高，委员的主体作用、界别的特色作用、专委会的基础作用仍需进一步发挥，市政协机关、政协委员的“四个能力”仍需不断提高。这些都需要在今后的工作中不断改进和加强。

二、2016年的主要工作

各位委员，2016 年是全面建成小康社会决胜阶段的开局之年，是推进结构性改革的攻坚之年，也是做好迎庆自治区成立 70 周年工作的关键之年。做好今年的工作，对于我市实现“十三五”良好开局，在全区率先全面建成小康社会具有重要意义。去年，中央、自治区和我市相继下发了协商民主建设的重要文件，文件密度前所未有；各级党委加强对人民政协的领导，对政协工作的重视程度前所未有；全社会的民主意识、协商意识不断增强，委员的履职水平进一步提高，使政协事业发展面临的机遇前所未有。新形势赋予新责任，新要求激励新作为。全体政协委员要以昂扬向上、奋发有为的精神状态，志不求易、事不避难的责任担当，与全市人民一道，坚定信心、集聚动力，为全面建成小康社会决胜阶段顺利开局作出应有的贡献。

新的一年里，市政协要全面贯彻落实中共十八大和十八届三中、四中、五中全会和中央经济工作会议精神，深入贯彻落实习近平总书记系列重要讲话和视察我区时的重要讲话精神，认真贯彻落实市委十一届八次、九次全委会议精神，按照“五位一体”总体布局和“四个全面”战略布局，牢固树立和贯彻落实创新、协调、绿色、开放、共享的发展理念，适应经济发展新常态，紧紧围绕市委关于“五大重点任务”、以人为核心的城镇化和改革创新的总体部署，突出团结和民主两大主题，坚持理论创新、实践创新、制度创新，进一步发挥协调关系、汇聚力量、建言献策、服务大局的作用，为推动我市经济社会持续健康发展献计出力。

（一）强化学习，牢牢把握正确的履职方向

深入学习贯彻中央、自治区党委和市委经济工作会议、城市工作会议及扶贫工作会议精神，深刻理解把握“十个更加注重”、“五大政策支柱”和“五大重点任务”，深刻认识新常态下需求侧发生的一系列变化倒逼我国经济转型升级，深刻认识新常态下供给侧结构性改革成为我国经济转型升级的着力点，深刻认识新常态下发展动力转换是推动我国经济持续增长的现实需要，切实把思想和行动统一到中央、自治区党委和市委的分析判断上来，努力做到思想上领会、认识上到位。要深刻理解市委提出的“六个着力”的内涵，了解把握我市去产能、去库存、去杠杆、降成本、补短板分别包括哪些任务要求，了解把握推进以人为核心的城镇化的具体目标，了解把握从哪几个方面推进改革创新。只有学懂弄通，政协履行职能才能找准方向、抓住重点，才能建言建在需要时、议政议到点子上、监督监在关键处。

去年中央、自治区和我市下发的关于加强社会主义协商民主建设的文件，明确了协商民主的内容、形式、任务和要求，对于推进社会主义民主政治建设具有非常重要的指导意义。中共中央、自治区关于加强人民政协协商民主建设的文件，以及我市即将出台的配套文件，是加强政协协商民主“三化”建设的“教科书”、“工具书”，是做好政协工作的行动指南，必将对政协协商民主产生重大而深远的影响。特别是今年我市加强政协协商民主建设文件的出台，将是推动我市政协协商民主建设的又一重要契机。全市政协组织要深入学习贯彻这些文件，逐条领会、逐句研读、逐项落实，不断推进履行职能的“三化”建设，全面提升政协工作的质量和水平。同时，要继续加强对政协协商民主理论和实践问题的研究，更加准确地把握新形势下政协工作的特点和规律，不断加强履职能力建设，进一步推动政协协商民主新发展。

（二）围绕中心，更好地服务于全市改革发展稳定大局

按照我市“十三五”规划的总体部署和今年市委、市政府的中心工作，市政协要围绕我市扩大有效投资、优化要素配置、提高开放合作水平、推动工业和服务业转型升级、发展都市农业、“十个全覆盖”工程建设、脱贫

攻坚、提高城市管理水平、重大项目建设、提高城市宜居水平、抓好房地产去库存以及加强民生保障、维护社会和谐稳定等方面的内容，突出重点，选准角度，深入调研，求真务实，努力为推动我市经济社会持续健康发展提出言之有据、切实可行的意见和建议。要充分发挥人民政协联系广泛的优势，多做统一思想、汇聚力量的工作，使矛盾在协商中化解、分歧在讨论中趋同，推动共识的形成和团结的加强，从而团结一切可以团结的力量，调动一切可以调动的积极因素，为实现我市“十三五”良好开局贡献智慧和力量。

认真组织实施市委确定的2016年度协商计划，围绕促进我市供给侧结构性改革、加强大气和水环境综合治理 2 个议题，在专题议政性常委会议上开展协商；围绕建立农村“十个全覆盖”工程后续管理的长效机制、推进政府购买居家养老服务、推进我市绿色农畜产品生产加工输出基地建设、实施生态移民和扶贫移民 4 个议题，以专题协商会的形式开展协商；围绕加强我市基层农业技术推广工作、推动我市地方戏曲发展与传承、加强全市行政执法监督工作、加强我市清真食品市场管理 4 个议题，开展对口协商。要扩大协商参与面，坚持自愿报名与计划安排相结合，主动参与和组织遴选相结合。市政协每位常委今年要自选 2 个议题，至少参加 2 次协商活动；每位委员要自选 1 个议题，至少参加 1 次协商活动，以进一步发挥委员在协商议政中的主体作用。

（三）健全制度，完善机制，不断提高政协协商民主的水平

深入贯彻落实我市即将出台的加强政协协商民主建设的文件，不断推进履职水平的提升，重点要在健全和完善政治协商、民主监督、参政议政的相关制度及机制方面下功夫。

政治协商方面：要建立健全政协内部选题机制，市委、政府、政协重点协商议题会商机制，市委会同政府、政协制定年度协商计划的工作机制。要重点加强政协协商的程序化建设，协商活动的安排准备、组织开展以及协商成果的采纳、落实和反馈等环节都要建立相应的制度和机制。要强化协商成果的转化这一薄弱环节，推动建立涉及群众利益的民生议题先协商后决策机制，以促进更多协商成果进入决策程序。

民主监督方面：要完善民主监督的组织领导、权益保障、知情反馈、沟通协调、跟踪督查机制，以更加有效的制度安排解决不愿监督、不敢监督、不好监督的问题。坚持反映问题和助推解决问题相结合，在监督中服务，在服务中监督。重视发挥协商会议、提案、建议案、大会发言、反映社情民意信息在民主监督中的作用，今年市政协的各种协商会议要增加民主监督内容，加大民主监督力度。在总结去年经验的基础上，继续开展专项民主评议工作和监督性视察、调研活动。围绕全市“攻坚克难”重大任务的落实，今年至少开展 2 次专项民主评议，组织开展2—3 次监督性视察、调研活动。进一步强化常态监督，通过参加党政部门组织的检查活动、选派委员担任特约监督员，积极开展经常性监督。

参政议政方面：健全和完善专委会工作制度，进一步加强专委会建设，不断规范专委会工作，更好地发挥专委会在政协工作中的基础作用。各专委会要着力加强专题调研这一基础性工作，坚持大议题、小切口、挖深度，摸实情、说实话、出实策的原则，继续提高专题调研的质量。要加强与自治区政协、旗县区政协及党派、团体、界别活动组的联系互动，努力形成课题共同商议、调研协同开展、活动联合举办的工作格局。要修订视察工作制度，制定年度视察工作计划，积极组织开展常委视察、委员视察、界别视察，不断拓展视察活动的深度和广度。

加强对旗县区政协协商民主建设的指导，今年市政协要调阅各旗县区政协的年度协商计划，并适时召开经验交流会，以推动协商民主向基层延伸。

（四）以提案网上办理推动提案和提案办理质量的双提升

完善提案网上办理流程，推进提案网上办理工作，通过部分提案及办理结果的公开促进提案质量和提案办理质量的双提升。通过学习培训、示范引导和参与提案办理“倒逼”，不断提高提案撰写水平。委员、界别、专委会、参加单位要紧紧围绕“五大重点任务”的落实多提好提案，并不断增加集体提案的比重。严格立案标准，加强提案审查工作，对相近、相似的提案要进行归类、整合。在提案交办环节，建立共同交办机制，市委、政府、政协共同召开政协提案交办会，搞好落实责任的协商。加强重点提案办理工作，不断完善政协主席、副主席督办重点提案制度；建立和完善专委会督办重点提案制度；争取市委、市政府的支持，积极推进市党政领导批办、领办重点提案制度的建立，进一步提升提案办理水平。总结去年提案办理专题协商的经验，今年继续从重点提案中选取 2—3 件与市委、市政府相关部门进行提案办理专题协商。

（五）进一步发挥界别的特色作用和委员的主体作用

认真总结界别活动经验，贯彻落实好《政协呼和浩特市委员会界别活动组管理办法》，通过提高服务水平、丰富活动内容、拓展活动形式，进一步激发委员参与界别活动的热情。各界别活动组要根据自身特点和优势开展有针对性的活动，如经济企业界围绕去库存和去产能、医疗卫生界围绕

公立医院改革、农牧林界围绕创新农业产品供给组织开展活动。要重视界别活动成果，力争通过活动产生更多的提案、社情民意信息、大会发言，并积极尝试开展界别协商。市政协有关部门要加强督促、指导，解决好界别活动开展不平衡的问题，不断提高界别工作的整体水平。

进一步完善委员联络制度，完善履职激励约束机制，加强沟通联系和服务管理，创新委员履职平台和活动形式，让每位委员在政协干事有舞台、建言有渠道、工作有作为，进一步发挥好主体作用。在学习培训和履职实践中，要强化委员的主体观念和能力意识，着力培养一批“领言人”、“领题人”、“领案人”，努力造就一支懂政协、善议政、会协商的委员队伍。认真贯彻落实中央 3 号文件，加强委员管理，教育引导委员珍惜自身荣誉，恪守宪法、法律和政协章程，切实发挥在本职工作中的带头作用、界别群众中的代表作用。

（六）进一步加强自身建设，全面提升履职水平

坚持和完善 4 个层次的学习制度，精心策划学习专题，不断拓展委员和机关干部的知识面，不断更新观念，努力提高“政治把握能力、调查研究能力、联系群众能力、合作共事能力”。继续推进机关建设制度化、规范化，增强创新能力，提高服务水平，着力建设“学习型、服务型、创新型”机关。进一步加强与民主党派、工商联、无党派人士的合作共事，统筹运用好界别、专委会、旗县区政协的力量，努力形成政协工作的合力。主动顺应“互联网＋”时代对政协工作提出的新要求，更好地利用信息化手段推进政协协商民主建设。巩固“三严三实”专题教育成果，进一步抓好党风廉政建设法规制度的学习，加强机关党员干部理想信念教育，不断改进机关作风。进一步加强政协宣传工作，不断提高《呼和浩特政协》、呼和浩特市政协网站的质量，充分展现政协履职成果和委员风采。

各位委员，“十三五”蓝图已经绘就，宏伟目标催人奋进。让我们紧密团结在以习近平同志为总书记的中共中央周围，在市委的坚强领导下，开拓创新、锐意进取，齐心协力、扎实工作，不断推进首府政协事业新发展，为推动我市在全区率先实现城乡发展一体化、率先全面建成小康社会，为把祖国北疆这道风景线打造得更加亮丽作出更大贡献！

关于呼和浩特市 2015 年国民经济和社会发展计划执行情况与 2016 年国民经济和社会发展计划草案的报告

——2016 年 2 月 25 日在呼和浩特市第十四届人民代表大会第四次会议上

呼和浩特市发展和改革委员会

各位代表：

受市人民政府委托，向大会提出 2015 年国民经济和社会发展计划执行情况与 2016 年国民经济和社会发展计划草案，请予审议，并请市政协委员和列席会议的同志们提出意见。

一、2015 年国民经济和社会发展计划执行情况

过去的一年，在市委的正确领导下，全市上下认真贯彻落实中央、自治区稳增长、促改革、调结构、惠民生、防风险各项政策措施，按照十四届人大三次会议审议通过的国民经济和社会发展计划，勇于担当、攻坚克难,努力克服经济下行压力，计划执行情况总体较好。

全年地区生产总值完成 3090.5 亿元，同比增长 8.3%;规模以上工业增加值同比增长 10%；500 万元以上项目固定资产投资完成 1618.6 亿元，同比增长 15.8%；一般公共预算收入完成 247.4 亿元，同比增长 17%；社会消费品零售总额完成 1353.5 亿元，同比增长 7.8%；城乡常住居民人均可支配收入完成 37362 元和 13491 元，同比均增长 7.6%。居民消费价格累计上涨 1.8%，城镇登记失业率为 3.56%，单位生产总值能耗和二氧化碳排放量同比下降 4.43%。全市经济运行总体平稳，稳中有进、稳中有好，主要经济指标位居全区前列。今年 1 月 6 日，国务院常务会议对贯彻落实党中央、国务院决策部署和政策措施较好的 20 个市

（州）、20个县（市、区）提出表扬，并在2016年实行“免督查”和一系列激励措施，我市是全区唯一受到国务院表扬的地级市。主要特点为：

（一）“稳中有进”贵在“稳”，主要表现为：农牧业生产、工业运行、投资增长、财政收支和物价涨幅平稳

农牧业生产平稳。一是农作物播种面积687.1万亩，较上年增加1.6万亩，全年粮食产量130万吨，较上年略有下降。二是畜产品产量与上年持平。牲畜总头数451万头，肉类总产量12.3万吨，牛奶产量290万吨，禽蛋产量4.1万吨。三是主要农畜产品价格走低。玉米、牛奶、羊肉每公斤分别下降0.3元、0.3元和5元，牛肉、蔬菜与上年持平。

工业运行平稳。全市规模以上工业增加值同比增长10%，高于自治区平均水平1.4个百分点。一是积极培育新的增长点。全年新增23户规模以上企业，实现产值拉动规模以上工业增长2个百分点。二是优势特色产业稳定增长。食品、电力、石化、医药、光伏、电子六大产业完成产值1376.7亿元，占规模以上工业产值的比重达83.7%，增长7.5%。三是主要产品产销衔接较好。全市规模以上工业产品销售率为95.3%，主要工业品产量“8升3减”。四是政策助力发展。为企业安排和争取产业扶持资金7220万元、电价补贴1.3亿元，协调落实“助保贷”1.5亿元。

投资增长平稳。全市500万元以上项目投资完成1618.6亿元，同比增长15.8%。一是服务业投资高位增长。三次产业投资结构为4.7：20.1：75.2，服务业投资比重较上年提高2.7个百分点。二是工业、基础设施投资增长较快。工业投资完成324.4亿元，增长30.7%，对投资增长的贡献率为34.5%；基础设施投资完成619.8亿元，增长28.3%，对投资增长的贡献率为61.8%。三是重点项目推进有力。全市计划实施的429个亿元以上(房地产5亿元以上)项目开复工364个，完成投资908.3亿元。其中，列入自治区重大项目实施计划的126个项目开复工122个，完成投资540.7亿元。

财政收支平稳。全市一般公共预算收入完成247.4亿元，同比增长17%，较上年提高0.8个百分点，较自治区平均水平高10.5个百分点。其中，非税收入占财政收入的比重为24.6%，低于全区平均水平8.1个百分点。全市财政公共预算支出367.7亿元，增长18.3%。其中，民生支出占全部支出的比重超过67%，高于上年。

物价涨幅平稳。居民消费价格累计上涨1.8%。从上涨因素看，2014年翘尾因素上拉1.1个百分点，新涨价因素上拉0.7个百分点。从构成类别看，八大类商品除交通通信、居住价格小幅下降，食品、衣着等六类商品价格不同程度上涨。

(二)“稳中有好”重在“好”，主要表现为：经济效益、产业结构、项目推进、改革开放、社会民生再上新台阶

经济效益再上新台阶。从收入看，人均GDP超过10万元（1.6万美元），高于国家的4.9万元与自治区的7.6万元。从投资看，固定资产投资和地区生产总值的比值为0.52：1，低于国家0.82：1和自治区0.76：1的平均水平，处在全区十二个盟市最好水平之列。从产业看，全市规模以上工业29个行业大类有17个行业实现增长，研发经费占主营业务收入比重较自治区平均水平高0.34个百分点，工业税金增长24.8%，居全区第一位。从能耗看，全年万元GDP能耗下降4.43%，远低于“十二五”末下降1.4%和自治区下降2.5%的目标。

产业结构优化再上新台阶。三次产业比重由2014年的4.3：29.3：66.4演进为4.1：28：67.9，新兴产业成长迅速。一是农业重点工程成果显现。截至2015年底，蔬菜保护地种植面积12.9万亩，地产菜供应率达到57.8%；建成运营规模化养殖牧场302个，奶牛规模化养殖水平达到97%；苜蓿草种植面积30.8万亩，产量15万吨；具有一定接待能力的休闲农业经营者和农家乐109家，带动农户4688户。

二是工业集群化、新型化水平不断提高。以乳业为核心的食品医药产业集群、以电力为核心的清洁能源产业集群、光伏产业集群、现代化工产业集群,实现产值占比达65%;生物医药、光伏材料等战略性新兴产业对工业增长贡献率达85.4%;伊利、蒙牛分列世界乳业第10名、11名，电力装机容量突破1000万千瓦达到1050万千瓦，中石油500万吨炼油产量370万吨，单晶硅、多晶硅产量达到8569吨、4966吨。

三是服务业转型升级取得实效。全年服务业增加值完成2097.2亿元，增长8.8%，占自治区比重达29%，对经济贡献率为68.7%，实现税收突破210亿元，吸纳了83.5%的城镇新增就业，新产业新业态方兴未艾。金融业成为新的经济增长点，金融机构存贷款余额为5364.7亿元和6073.9亿元，分别增长13.6%和18%；保费收入为82亿元，增长30%；证券交易额达到1.5万亿元，增长14倍；金融业增加值增长15.9%，对经济增长的贡献率达到18.5%。旅游综合服务能力不断提升，全市拥有星级宾馆饭店33家、A级景区25家，全年旅游接待人数3057.4万人次，实现收入508.6亿元，分别增长20.2%和23.1%。云计算产业初具规模，中国联通、中国移动、中国电信三大云计算数据中心部分项目开展出租、托管业务，运行服务器达到66万台，入驻国内外知名数据应用企业33家，我市成功入选“宽带中国”示范城市。

电子商务产业加速发展，金川电子商务产业园成功创建为国家级电子商务示范基地，和林县成功申报为国家电子商务进农村综合示范县，全市电商企业达到1600多家，各类网店达到近2万家。现代物流加快推进，沙良、城发恼包、亿阳等大型物流园区投入运营，三级物流配送网络基本形成，全年公路运输总周转量增长11.9%，航空货邮吞吐量增长266.7%，快递业务量增长12.3%。

重点项目推进再上新台阶。围绕落实自治区“8337”发展思路，打造“五大基地”要求，全年实施亿元以上重点工业项目63个，其中，京能盛乐热电、抽水蓄能电站、华夏聚光一期、蒙联化工等20多个项目投产或试生产，大唐托电五期、北方联合电力和林电厂等在建项目完成年度投资计划，庆华煤基清洁能源多联产项目取得“大路条”。围绕提升改造服务业，重点培育打造了现代物流、商贸、旅游休闲、中央商务、科技创业、文化创意6大类20个现代服务业集聚区，其中16个被认定为自治区级服务业集聚区，入驻企业3487家，实现营业收入186.8亿元；布局实施了5000万元以上服务业重点项目228个，投入3亿元设立产业发展引导扶持资金并向服务业倾斜，云计算、电子商务、现代物流、金融保险等12类重点服务业态得到长足发展。围绕转方式、补短板、强基础，实施了一批重大基础设施项目，城市快速路全线通车，地铁1、2号线获得国务院批复且首开段管线迁改和交通导改工程全面完成，机场迁建工程进入最后审批阶段，“引黄入呼”二期建成投用，呼张高铁、呼准鄂城际铁路征拆基本完成，大青山前坡生态保护综合治理、六大出城口改造等工程加快推进，全长44公里环城水系基本建成，全年新增绿地面积1.55万亩，成功创建国家园林城市。

改革开放再上新台阶。首先，重点领域和关键环节改革取得新成绩。取消、下放和调整行政审批事项76项，行政权力事项由9547项减少到5429项；加强商事制度改革，注册实现“一照一码”，全年新增市场主体4.9万户，市场主体总量和注册资本金分别增长28.2%和22.9%；加快价格形成机制改革，制定实施了《居民生活用水阶梯水价方案》、《居民生活用气阶梯气价方案》；创新投融资体制机制，制定实施了《关于在公共服务领域推广政府和社会资本合作模式的实施意见》，一批项目列入国家发改委、财政部PPP项目库并得到政策资金支持，9家企业在新三板挂牌，51家企业在内蒙古股权交易中心挂牌；认真落实小微企业减负政策，累计为小微企业减免所得税641.8万元，受惠面100%。

其次，对外开放交流取得新突破。成功举办中国—蒙古国博览会等国际国内知名展会92场，开通了全区唯一的国际快件通道，建设了具有保税功能的海关监管库并部分投入使用，全区电子口岸公共服务平台、电子口岸监控指挥中心试运行，出口加工区转型升级为综合保税区稳步推进，全年对外贸易总额实现20.7亿美元，占自治区比重为16.2%，较上年提高1.1个百分点。

社会民生工作再上新台阶。首先，社会事业常抓不懈。开工建设儿童探索博物馆，新改扩建中小学、幼儿园14所，公开招聘622名教师，促进了各级各类教育均衡发展；制定出台了《关于加快文化产业发展的若干政策意见》，大盛魁文化创意产业园建成开园，组织开展周末大舞台、送戏下乡活动等惠民演出1466场；健全城乡医疗卫生服务体系，在全国率先开展跨省就医异地结算，新农合人均筹资标准提高到504元，农民参合率为98.86%，人均基本公共卫生服务经费调高到40元；建成全民健身中心体育馆、青城公园体育馆、公主府公园体育馆，续建游泳跳水馆、体育馆、市体校，校园足球、社会足球工作取得重要进展。

其次，民生工作稳步推进。积极开展创业就业，全年新增城镇就业4万人，农村劳动力转移就业22.6万人，大学生就业率达到91.7%；大力推进扶贫开发，全年实现1.4万人脱贫；稳步实施安居工程，新建各类保障性住房2.9万套，综合改造老旧小区300个；持续提高社会保障水平，为全市17.34万名企业退休人员调整了养老金，连续5年提高环卫工人待遇；继续优化居民生活环境，启动建设便民市场107处并投入运营47处，投放公共自行车5040辆，拆并整合和燃气化改造分散燃煤锅炉133台；高质量实施了509个村的“十个全覆盖”工程。

总的看，在国内外严峻复杂的经济形势下，比较好的完成了市十四届人大三次会议确定的主要任务，实现了“十二五”圆满收官，全市经济总量从2010年的1865.7亿元增加到2015年的3090.5亿元，跨越2000亿元和3000亿元两个台阶，一般公共预算收入从126.8亿元增加到247.4亿元，社会消费品零售总额从758.6亿元增加到1353.5亿元，城乡常住居民人均可支配收入分别从25174元和8746元增加到37362元和13491元，固定资产投资从881.2亿元增加到1618.6亿元，五年累计完成投资7193亿元，是前11个五年计划投资总量的1.5倍。经过五年的发展，我市综合经济实力、产业发展层次、城乡发展面貌、发展保障能力、人民生活水平都上了一个大台阶，为“十三五”时期发展奠定了坚实基础。同时，我们也看到，新常态经济形势下，我市经济社会发展中还存在一些困难和问题，主要有：工业总量依然偏小，现代服务业发展不够充分；消费需求放缓，房地产投资下滑；城乡居民收入基数较大，实现“两个同步”需付出更多努力。对于这些困难和问题，我们将采取有效措施，逐步加以解决。

二、2016 年国民经济和社会发展的主要任务

按照市委十一届九次全委(扩大)会议暨全市经济工作会议的总体部署，2016 年全市经济工作的总体要求是：全面贯彻党的十八大和十八届三中、四中、五中全会和中央经济工作会议精神，全面贯彻习近平总书记系列重要讲话和考察内蒙古重要讲话精神，全面落实自治区党委、政府和市委各项决策部署，坚持“五位一体”总体布局和“四个全面”战略布局，牢固树立和全面落实创新、协调、绿色、开放、共享发展理念，坚持稳中求进工作总基调，坚持稳增长、促改革、调结构、惠民生、防风险工作总要求，认真落实宏观政策要稳、产业政策要准、微观政策要活、改革政策要实、社会政策要托底的总体思路，按照“率先发展、走在前列”、“五个深刻领会、准确把握”和“六个起带头、作表率”的要求，着力在推进转型发展上下功夫，着力在推进供给侧结构性改革上下功夫，着力在去产能、去库存、去杠杆、降成本、补短板上下功夫，着力在加快推进以人为核心的城镇化上下功夫，着力在全面推进改革开放上下功夫，着力在为全市人民谋福祉上下功夫，努力实现“十三五”时期经济社会发展首年开门红。

全市国民经济和社会发展主要预期目标是：地区生产总值增长 7.5%，规模以上工业增加值增长 9%，固定资产投资增长 12%，社会消费品零售总额增长 8.5%，一般公共预算收入增长 8%，城乡常住居民人均可支配收入分别增长 8%和 9%。居民消费价格涨幅控制在 3%以内，城镇登记失业率控制在 3.9%以内。单位生产总值能耗和二氧化碳排放量分别下降 2.8%。把经济增长预期目标确定为 7.5%，是市政府根据自治区党委、政府和市委总体安排，结合我市“十三五”规划建议，反复权衡各方面因素确定的。既贯彻了保持经济中高速增长的要求，也是需要经过艰苦奋斗才能实现的目标。为此，重点抓好以下六项工作：

(一)着力加强结构性改革，不断提高经济发展的质量和效益

稳步推进供给侧结构性改革。认真贯彻落实中央、自治区去产能、去库存、降成本、补短板、去杠杆五大任务。一是因地制宜抓好去产能工作。摸清底数、分类推进。对于仍有较好市场需求的一般传统产业，通过实施“互联网+”和技术改造转型升级一批，焕发生机和活力；对于有市场有效益却面临暂时困难的企业，通过完善财政、税收、金融政策扶持救活一批，形成产业竞争新优势；对于落后产能，通过严格环保、安全、能耗标准坚决淘汰退出一批；对于资不抵债、连年亏损、扭亏无望的“僵尸企业”，依法破产清算一批。对于淘汰落后产能和处置“僵尸企业”，把握好节奏、力度和方法，更多使用兼并重组，妥善安置企业员工。年内淘汰 1 户落后水泥粉磨企业，完成 19 户重点企业清洁生产审核和 7 户重点企业清洁生产技术改造，促进 50 户停业半停业限额以上商贸企业全面复产。二是有序消化房地产库存。深化户籍制度改革和住房制度改革，加快转移农民市民化进程。全面推行棚户区(城中村)改造货币化安置，扩大公共租赁住房市场，制定适当放宽住房公积金发放条件、进一步盘活公积金存量的支持政策，释放有效需求。三是多措并举降低企业成本。因企施策、多管齐下，在简政放权、减税降费、金融扶持、流通体制和电价市场改革等方面打出一套“组合拳”，进一步降低企业的交易成本、人工成本、财务成本、物流成本和税费负担。四是聚焦短板扩大有效供给。重点围绕“十个全覆盖”、脱贫攻坚、地下综合管廊、环保整治、生态绿化等重点工程为抓手，实施有效投入。五是积极防范区域性金融风险。推进全口径政府债务管理，做好政府存量债置换工作。加强风险监测预警，规范各类融资行为，坚决守住不发生区域金融风险的底线。

适度推进需求侧发展。一是加强有效投资。发挥重点项目的支撑带动作用，围绕重大基础设施、产业发展、社会事业、生态保护、城市建设、民生工程六大领域，全年组织实施亿元以上（房地产 5 亿元以上）项目 371 个，力争完成投资 1056 亿元，特别是迎庆自治区成立 70 周年项目，保质保量完成投资计划。围绕云计算、光伏产业、煤电灰铝一体化、新型服务业态、现代农业转型升级招商引资，进一步扩大有效投资规模。二是培育新型消费。主动顺应消费个性化、多样化趋势，扩大旅游、养老、健康、信息等服务消费，稳住汽车、住房等大宗消费，完善消费政策、优化消费环境，让群众敢消费、愿消费。三是壮大对外贸易。抓住国家推进中蒙俄高水平双向开放的机遇，拓展与俄蒙的贸易、物流、文化教育、医疗保健、科技研发、互联网信息等领域深度合作，逐步增强出口对经济增长的拉动力和贡献率。

深入实施创新驱动发展战略。充分发挥政府在推进创新发展中的引导作用，为大众创业、万众创新营造良好的政策环境、体制环境和人文环境，鼓励发展众创、众包、众扶、众筹空间，年内争取 5 个众创空间试点获得自治区认定。充分发挥企业在创新中的主体作用，大力培育发展高新技术企业和科技成长型企业，重点扶持在

国际国内同行业具有科技领先水平的企业，引导中小微企业走“专精特新”发展道路，加快推进企业产学研用协同创新，大力支持企业品牌建设，进一步加强企业家队伍建设。充分发挥人才在科技创新、产业转型等方面的引领作用，为创新发展提供人才支持和智力保障，加强与大专院校、科研院所的合作，加大科技特派员的选派力度，大力培养首府各行业紧缺的应用性人才。

(二)实施服务业行动计划，推动服务业行稳致远

实施云计算产业应用行动。有序推进中国电信、中国联通、中国移动三大数据中心建设，年内新增15万台服务器、20万个互联网接入点，开通5个云数据端口，吸引一批云计算产业链条企业入驻；推动中国国际信息技术(内蒙古)产业园、国家新媒体产业园等项目加快进度，开工建设国家云应用检测中心、浪潮云计算数据中心。充分利用云计算和物流网已经形成的产业优势，积极发展政府公共服务、城市管理等云计算应用服务，全面启动智慧城市创建，将我市增设为国家骨干网直联点、国家云计算改革创新试点城市。

实施金融业创新行动。健全金融服务体系，继续引进大型商业银行特别是投资银行，以及证券、保险、期货、信托等金融机构，加强与平安银行等金融机构的沟通洽谈，推动国家进出口银行入驻开业。规范发展互联网金融，争取2家民营网络银行获批。开展资产证券化试点工作，鼓励民间资本发起设立产业投资和股权投资基金，支持有条件的中小企业通过创业板、中小企业板进行股权融资，培育和规范发展小额贷款公司、担保公司，逐步建设区域性金融中心。

实施总部经济壮大行动。完善信息共享平台，实现工商、税务、质检等部门网上信息互联互享，争取再将一批分支机构变更为独立法人机构。研究出台《关于支持总部经济加快发展的政策意见》，以如意总部基地为核心，以商务会展、科技研发、信息交流、特色产业、文化创意等为支撑，吸引国内外知名企业在我市设立金融中心、结算中心、研发中心、采购中心，将我市打造成为重要的区域总部基地。

实施现代物流业提升行动。按照“两港、四区、两园、一带”物流总体布局，重点推进沙良、城发恼包等综合物流园区和绕城高速现代物流集聚区的配套设施建设，争取天津“无水港”落户，筹备建设呼和浩特铁路口岸，规划建设空港物流园区，重启“如意号”跨境货运班列。优化城市末端配送网络，鼓励社区便利店、物业服务点等便民服务主体增加物流配送功能，推广设置智能快递箱。积极对接“四通一达”等知名物流企业，共建物流配送体系，提升配送效率。

实施商贸服务业转型行动。用电子商务改造提升商贸流通产业，推广连锁经营、特许经营、线下体验线上购物等新型营销模式，力争线上贸易额占交易额20%以上。深入推进国家电子商务示范城市、和林县国家电子商务进农村综合示范县建设，创建国家跨境电子商务综合试验区。持续推进金川、金海、盛乐、金桥、鸿盛、玉泉、赛罕等电子商务园区建设，积极引进知名电商企业，支持本土电商企业发展壮大。加快发展跨境电子商务，推动网络银行、电子口岸银行、俄蒙通、海悦通等跨境电子商务项目建设，构建以跨境电子商务平台、报税仓库和跨境通道为核心的跨境电子商务体系。扩大农村电子商务示范工程，深入挖掘旗县特色产品和资源，推动产品销售、种养技术、农资农机等涉农电子商务应用，支持阿里巴巴、京东商城、苏宁易购等电商企业布局农村市场。

实施文化旅游产业融合行动。围绕“四大板块”，推进文化旅游产业快速发展。深入挖掘文化内涵和特点，重点推动马文化产业园、大盛魁文化创意产业园、内蒙古文化产业新城、园博园、内蒙古阴山边塞文化产业园、新城区满族风情园等特色鲜明的新型文化创意产业园发展，完善提升《昭君情缘》、《西域风情》等大型舞台剧目，鼓励发展民族文化产品交易，实现文化产业多元发展。坚持旅游和文化深度融合，增强旅游业的吸纳能力。加快推进大青山前坡休闲旅游度假区、老牛湾黄河峡谷旅游区、敕勒川文化旅游产业园、神泉生态旅游区、哈达门国家森林公园等重点旅游项目建设，改造提升将军衙署、昭君博物院、乌兰夫纪念馆等重要旅游景区。加强旅游推广宣传，推动区域旅游一体化发展，提高首府旅游知名度。

实施会展业品牌行动。建立完善运行机制，培育专业策划宣传公司，推动会展业专业化、规模化，上档次、上品牌。围绕光伏、云计算、绿色食品等优势特色产业，组织策划8场国际性展会；围绕佛事用品、动漫产业、金融、新能源电动车等领域，培育发展8场新型专业展会。同时，安排好民族商品交易会、昭君文化节、草原文化节“一会两节”活动，实施好国际汽车博览会、药交会、农交会、房交会等专业展会，年内争取举办各种会展100场以上。

实施体育产业创新行动。发挥草原文化影响力，着力打造一批体现民族特色的传统赛事，形成一批具有地区影响力的品牌赛事。规划建设国家马术运动基地，加快建设国家（北方）足球训练中心和青少年足球夏令营活动基地。支持举办商业性比赛，积极引进专业。支持和引导社会力量参与

体育场馆的建设和运营管理，完成市体校、游泳跳水馆、体育馆、公园小型体育馆建设，抓好扎达盖公园体育馆、内蒙古军区足球场和赛罕区小型体育馆的建设工作，落实足球改革发展三年行动计划，继续推动校园足球、职业足球、社区足球加快发展。

实施健康养老服务业培育行动。积极发展蒙医药、医疗保健、健康体检咨询、干细胞及生物资源存储、抗衰老等产业，普及延伸网上预约挂号、在线咨询、远程影像诊断等便民医疗服务。构建以居家为基础、社区为依托、机构为支撑的城乡养老服务体系，统筹规划建设社区医疗卫生服务中心、日间照料中心、托老所、互助式养老服务中心等设施，因地制宜推行好“公建民营”、“民办公助”、“政府购买居家服务”等经营模式，提高养老服务保障能力。年内，启动实施市第一医院、中蒙医院2个医养结合项目，新增养老床位2700张。

实施生活服务业便捷行动。启动建设全市统一的家庭服务网络平台，发展生活服务业企业10家，在有条件的乡镇、社区设立家庭服务中心。持续推进老旧小区改造，年内将1554个老旧小区纳入准物业管理。统筹推进便民市场、便民蔬菜店、连锁便利店、公共自行车等项目建设，建设集商贸办公、居民住宅、生活服务于一体的综合功能街区，让居民工作、生活、就学与居住地尽可能近，出行尽可能短，生活更加便利。

(三)在做大规模、支持创新、加强调度上下功夫，推动工业经济稳中求进

持续抓好重点项目的引领和带动。瞄准“中国制造2025”战略方向，按照打造四大产业集群和加快战略性新兴产业推动项目，围绕打造以电力为核心的清洁能源产业集群，促使北方联合电力和林电厂、大唐托电五期加快建设进度、抽水蓄能电站放量生产、京能盛乐热电全部投产；继续积极争取光伏发电指标，再布局实施一批光伏发电项目；总结推广风电供热项目，力争新增风电装机30万千瓦。围绕打造以乳业为核心的食品医药产业集群，支持伊利、蒙牛在技改、研发上求突破，用“互联网+”建立覆盖全产业链的食品安全体系，夯实中国乳都地位；推动统一食品、华琳食品投产，加快圣牧高科等低温乳制品加工基地、正大集团等肉制品加工基地建设，再引进5家以上国内外知名食品企业。围绕打造光伏产业集群，在优化产业链条上下功夫，确保中环光伏三期、晶环蓝宝石二期、华夏聚光一期等项目全面投产，推动科林埃尔3GW电子材料产业园、瑞环太阳能反射镜、欧环光伏玻璃加快进度，开工建设中环光伏四期、晶环蓝宝石三期等项目。围绕打造现代化工产业集群，推动庆华煤基清洁能源多联产项目取得新进展，谋划启动中石油后500万吨炼油项目建设，带动石化产业向副产品利用和下游精深加工拓展。同时，实施新兴产业引进培育攻坚行动，推动碳谷科技富勒烯碳纳米新材料、山东天岳碳化硅晶体材料、内蒙古矿业集团稀贵金属材料、深圳沃特玛新能源汽车、中车装备制造产业基地、亚太锅炉压力容器等项目落地建设。

加快提升工业经济的创新驱动能力。一是积极争取国家技术创新体系建设、承接产业转移和自治区“双百亿工程”等专项资金，提高企业自主创新能力，全年培育国家级高新技术企业10家以上，组建自治区和市级研发机构10家。二是鼓励支持科技攻关，推动粉煤灰提取氧化铝、F12高强有机纤维、精诚高压绝缘子等拥有自主知识产权的高新技术企业发展壮大。三是实施产业改造升级。重点在设备更新、工艺完善、产品结构调整等方面持续发力，年内突出抓好生物发酵产业整体转型，阜丰科技氨基酸生产线绿色升级技改、常盛制药产品升级等项目全面完工，推动生产企业向高端产品转型。

紧抓工业经济的运行调度。一是扩大大用户直购电范围和电力多边交易市场，切实降低主导产业用电价格和成本。二是继续抓好前20户重点企业的稳定增长，突出抓好2015年新入规23户企业的达产达效，精准帮扶一批困难企业，力争在扭亏转盈上取得有效成果。三是发挥好中小企业“双创”主体地位，鼓励小微企业围绕主导产业、重点工程重大项目搞配套协作，实现产业集聚和抱团发展。全年培育新入规企业15户。

(四)以农村“十个全覆盖”工程为抓手，夯实“三农”工作

下大力气抓好农村“十个全覆盖”工作。一是按照《呼和浩特市2016年“十个全覆盖”工程实施方案》，提前做好规划设计、手续办理、招投标等工作，确保年内完成1368个村的“十个全覆盖”建设任务，完成符合（生态）移民条件的1170个村的建设任务。二是注重因地制宜。紧紧围绕“三个层次、三种类型”发展布局，在充分尊重农民意愿的基础上，本着“缺什么、补什么”的原则改造，最大限度发挥资金效益。三是将农村“十个全覆盖”工程与精准扶贫有机结合，确保年内精准脱贫14890人。

继续加强农业发展基础。一是提高粮食综合生产能力。稳步实施粮食增产、农业综合开发、土地整理、节水灌溉、坡耕地治理、病险水库除险加固等工程，确保粮食总播面积稳定在675万亩，粮食总产量稳定在130万吨。二是强化农业科技服务力量。完善农业科技特派员制度，加大农民科技培训力度，提高农民种养科技水平和农业比较效益。三是加大农业投

入力度。全面开展土地确权登记办证与农村土地经营权抵押贷款试点，统筹整合各类涉农资金，探索实施农产品价格保险试点。

不断创新农业产品供给。根据首府农业的内涵和功能定位，突出抓好“三种产品”供给。一是抓好优质农畜产品供给。继续鼓励土左旗、托克托县、和林县等具备条件的地区发展奶牛规模化养殖、优质牧草种植、设施蔬菜等产业，保障首府有效供给和农民稳定增收。二是抓好旅游休闲观光产品供给。在城郊地区打造一批高端农创园、采摘园、观赏园、农耕文化园，集观光、采摘、体验、美食为一体的农家乐项目，提高农业综合效益。三是抓好生态绿色、山水田园产品供给。在武川县、清水河县等丘陵草原地带研究落实国家休耕退耕政策，厚植生态绿色优势，发展花草业、林果业、食用菌、肉羊肉驴养殖业，实现生态与生活和谐发展。

(五)继续深化改革开放，不断释放动力和活力

持续推进重点领域改革。深化并联审批、联审联办制度，全面推行网络并联审批，开展网上在线审批监督。抓好责任清单编制，将“权力清单”和“责任清单”无缝对接、动态管理。完成“市区合一”公共资源交易平台建设。推行登记注册制度便利化，实施电子营业执照和企业注册全程电子化。分类推进国有企业改革，将涉及粮食、供热、市政工程的市属国有企业整合，完善现代企业制度，以管资本为主加强国有资产监管。完善投融资体制改革，创新项目收益和分配机制，扩大 PPP 项目实施规模，促成总规模 400 亿元的城市发展、交通产业投资、美丽乡村建设 3 支基金落地，再启动一批政府购买服务项目。积极推进不动产登记工作。做好和林县国家新型城镇化综合试点工作。

不断深化开放水平。积极融入国家“一带一路”发展战略，深入推进中蒙俄经济走廊建设，启动建设中国—蒙古国博览会永久会址，全力办好中蒙论坛，争取中蒙自由贸易试验区获批。主动参与京津冀协同发展战略，深化粤港澳务实合作，承接好京津冀、长三角、珠三角产业转移。落实好呼包银榆经济区发展规划，启动呼和浩特—银川快速铁路项目。按照自治区要求，积极推动呼包鄂协同发展，力争在通信、就医、买药等方面优先突破。

(六)着力保障和改善民生，全面提高公共服务水平

认真抓好民生工程。一是实施更加积极的就业政策。统筹抓好农村富余劳动力转移、高校毕业生、城镇就业困难人员的就业工作，全年城镇登记失业率控制在 3.9%以内。二是切实做好社会保障工作。调整城镇职工基本医疗保险门诊统筹办法，启动靶向药物纳入基本医疗保险报销范围，农村低保、农村五保集中供养标准分别提高 100 元/年・人和 700 元/年・人，进一步完善机关事业单位工资制度。三是完善住房保障机制。全年完成 284 个老旧小区的系统性改造，对 35 个棚户区（城中村）、138 处城市边死角进行改造，完成拆迁 700 万平方米以上。四是加快推进分质分类供水。对 75 个片区、296 个老旧小区供水管网和二次加压设备进行改造，在市区三分之一范围内完成管道直饮水、自助水屋建设。五是构建高效便捷的交通体系。打通城市“断头路”65 条，新建续建道路、桥梁和通道 38 项，维修小街巷 19 条，完成察哈尔大街、科尔沁北路 24 公里综合管廊建设，全面开展地铁 1、2 号线一期工程，完成新机场建设前期准备工作，新增新能源公交车 327 台，开通 BRT 快速公交环线。

大力发展社会事业。一是推动教育事业均衡发展。实施第二期学前教育三年行动计划，推进城乡义务教育办学条件标准化，年内新建续建中小学、幼儿园 24 所，完成 4 个县区国家义务教育发展基本均衡县评估认定。深化考试和招生制度改革，完善中考招生方案。二是稳步提高医疗卫生服务水平。推进分级诊疗和基层医疗机构综合改革，实行公立医院药品零差价销售，完成市中蒙医院、妇幼保健院建设，启动市第二医院迁建。全面实施一对夫妇可生育两个孩子政策。三是繁荣发展文化事业。深入实施文化精品工程，策划自治区成立 70 周年献礼剧目。鼓励文化下乡、进社区，全年惠民演出不少于 1400 场，建立旗县乌兰牧骑巡回演出机制，做好非物质文化遗产传承工作。

注重加强生态建设。构建以“三环两带”为框架的生态绿色系统，实施大青山生态供水、雅马图森林公园景观提升和哈拉沁沟水系治理工程，完成绕城高速两侧、城市快速路两侧和环城水系景观提升工程。全面启动“五河两库”水系治理工程，提升污水处理能力，完成金桥污水处理厂和班定营污水处理厂改扩建工程，认真落实大气污染防治行动计划，完成京能盛乐热电热源入呼工程，对现有供热机组实施挖掘改造，对 65 蒸吨以上供热及生产性企业燃煤锅炉进行脱硫脱硝改造，加快淘汰分散及小型燃煤锅炉，积极推进近郊村庄集中供热和清洁能源供热方式。

各位代表、各位委员，人民赋予重托，奋斗创造未来。全市“十三五”规划蓝图已经绘就，今年全市经济社会发展的各项任务已经确定，站在新起点，面对新期望与新目标，我们决心在市委的正确领导下，在市人大及其常委会的监督和指导下，勇于担当，真抓实干，力争以较好的成绩向全市人民交上一份满意的答卷！

关于呼和浩特市2015年财政预算执行情况和2016年财政预算（草案）的报告

——2016年2月25日在呼和浩特市第十四届人民代表大会第四次会议上

呼和浩特市财政局

各位代表：受市人民政府委托，现将我市2015年预算执行情况和2016年预算（草案）的报告提交本次人民代表大会审议，并请市政协各位委员和列席会议的同志们提出意见。

一、2015年预算执行情况

2015年在市委的正确领导下，在市人大及其常委会的有效监督下，各级政府及其财税部门认真贯彻落实自治区“8337”发展思路和市委重大战略部署，圆满完成了市十四届人大三次会议批准的预算任务。

（一）全市财政预算执行情况

1.一般公共预算收支情况 2015年全市一般公共预算收入完成2474017万元，完成年初人代会批准预算任务2284600万元的108.3%，同比增加358629万元，增长16.95%。其中税收收入完成1864359万元，占公共财政预算收入的75.4%；非税收入完成609658万元（其中教育费附加收入64363万元，地方教育费附加收入13188万元，残疾人就业保障金收入3892万元），占公共财政预算收入的24.6%。2015年全市一般公共预算支出完成3613963万元，同比增加506018万元，增长16.28%。根据自治区《关于做好发行2015年地方政府债券有关工作的通知》要求，2015年发行地方政府一般债券144900万元，其中安排市本级项目83100万元，安排旗县区项目61800万元，重点用于旗县区农村“十个全覆盖”工程建设、公路交通、大青山生态建设、二环快速路建设等社会事业。

2.政府性基金预算执行情况 2015年全市政府性基金收入完成407955万元；全市政府性基金支出完成474822万元。支出超过年初确定的预算指标主要是因为使用上年结转和上级下达专项支出所致。

3.国有资本经营预算执行情况 2015年全市国有资本经营预算收入安排3360万元，年度内虽然多次下发通知督促企业缴纳国有资本经营收益，但最终企业未上缴，造成国有资本经营预算收支未能实现。

4.社会保险基金预算执行情况收入预算执行情况。2015年全市社保基金预计完成收入766992万元，完成年初预算722183万元的106%。其中企业职工基本养老保险基金收入418169万元，完成年初预算367701万元的114%；失业保险基金收入40882万元，完成年初预算47513万元的86%，完成比例较低的主要原因是从2015年3月起保险费率由3%降到2%降低所致；城镇职工基本医疗保险基金收入163529万元，完成年初预算167412万元的98%；工伤保险基金收入12597万元，完成年初预算13033万元的97%；生育保险基金收入10108万元，完成年初预算9826万元的103%；城乡居民社会养老保险基金收入46958万元，完成年初预算44343万元的106%；新型农村合作医疗收入50434万元，完成年初预算48454万元的104%；城镇居民基本医疗保险基金收入24315万元，完成年初预算23901万元的102%。支出预算执行情况。2015年全市社保基金预计完成支出783416万元，完成预算780879万元的100.32%。其中企业职工基本养老保险基金支出508123万元，完成年初预算488209万元的104%；失业保险基金支出17541万元，完成年初预算24208万元的72%，完成比例较低的主要原因是年度内失业人员数量较少，支出相应降低；城镇职工基本医疗保险基金支出145176万元，完成年初预算158926万元的91%；工伤保险基金支出5583万元，完成年初预算8206万元的68%，完成比例较低的主要原因是年度内工伤人员数量较少，支出相应降低；生育保险基金支出9139万元，完成年初预算8901万元的103%；城乡居民社会养老保险基金支出38556万元，完成年初预算32757万元的118%；新型农村合作医疗支出45321万元，完成年初预算46032万元的98%；城镇居民基本医疗保险基金支出13977万元，完成年初预算13640万元的102%。以上数据均来源于财政2015年12月份的月报数，正式决算数经上级财政部门审核批复后，依照相关规定向人大常委会再做具体报告。社会保险基金预算采取全市统编模式，市本级预算执行情况中不再重复报告。

（二）本级人民代表大会批准财政预算决议执行情况

1.一般公共预算执行情况一般公共预算支出完成情况。2015 年财政部门认真执行市十四届人大三次会议批准的预算，市本级一般公共预算支出完成 1528521 万元。其中：本级人代会批准的预算支出 983394 万元。

具体情况是：

——一般公共服务支出 66464 万元，该项支出主要用于市本级党政机关行使一般公共服务职能的人员经费、公用经费、专项业务费等事务性支出。

——国防支出 1872 万元，该项支出主要用于人防工程建设及预备役部队的地方补助等。

——公共安全支出 72040 万元，该项支出主要用于公检法司部门的机构运转及办案经费，武警、消防部队补助经费等。

——教育支出 96990 万元，该项支出主要用于各类学校运行及基础设施建设，支持义务教育均衡发展和学前教育发展，提升现代职业教育质量，“两免”等各类教育补助支出。

——科技支出 4903 万元，该项支出主要用于科技应用研发，产学研协同创新平台建设，现代农业产业技术体系建设、科技特派员补助、支持科普惠农、社区科普益民活动等。

——文化体育与传媒支出 71976 万元，该项支出主要用于文化、体育、传媒、文物及非物质文化遗产保护、“惠民工程”演出补贴、“十个全覆盖”地面数字电视工程及“村村通”维护运行等。

——社会保障与就业支出 149438 万元，该项支出主要用于公益岗位补贴、高龄老人津贴补助、城乡低保、五保、城镇“三无”人员、孤残人员补助、城乡居民社会养老保险财政补助、安置残疾人就业补贴、小额担保贷款贴息及民政福利事业支出等。

——医疗卫生与计划生育支出 99061 万元，该项支出主要用于医疗保险、疾病预防控制、农村医疗救助补助、公立医院改革取消药品加成财政补偿、计划生育服务补助、食品药品安全监测等。

——节能环保支出 30276 万元，该项支出主要用于重点污染源低空视频监测、市四区水源地保护、既有居住建筑供热计量及节能改造、大气污染治理等。

——城乡社区事务支出 560213 万元，该项支出主要用于重点工程项目建设及偿还历年工程欠款、城市园林绿化维护、环城水系维护、政府性债务偿还、城市管理专项补助等。

——农林水事务支出 105365 万元，该项支出主要用于大青山生态及前坡治理、整村推进扶贫、奶牛规模化养殖、供排水管网改造、地下水资源保护与开发利用、农林业保险保费补贴、嘎查村级公益事业建设一事一议财政奖补、美丽乡村建设、森林病虫害防治、防火、防汛抗旱等。

——交通运输支出 36553 万元，该项支出主要用于机场迁建、铁路征拆、轨道交通建设前期工作，城乡公路工程建设与维护，治理公路超限超载，公共交通运营补贴等。

——资源勘探电力信息、商业金融等事务支出 82266 万元，该项支出主要用于自治区金融资产管理公司注资、安全生产监管、职业危害治理、乳制品生产自动化技术改造、工业转型升级发展、旅游发展、内贸流通服务业发展以及金融监管等。

——国土海洋气象等事务支出 8427 万元，该项支出主要用于土地利用总体规划、土地确权登记、国土资源信息综合应用监管平台建设、地震台网运行、人工影响天气补助等事务支出。

——住房保障支出 111359 万元，该项支出主要用于棚户区改造、公租房建设等保障性住房建设、行政事业单位在职人员住房公积金、新职工购房补贴、老职工一次性住房货币化补贴等。

——粮油物资储备支出 5383 万元，该项支出主要用于粮油仓储设施建设、粮油质量监督检查等。

——其他支出 25935 万元，该项支出主要用于偿还政府性债务支出等，预算安排的预留增人增资、预算稳定调节基金、部分政府债务偿还等项目，在具体执行过程中根据资金投向调剂到相应类款，从而减少“其他支出”类款。

超收收入安排情况。2015 年市本级一般公共预算收入比预算调整数超收 53408 万元，其中税收收入超收 10153 万元，非税收入超收 43255 万元。按照《预算法》相关规定，超收收入全部调入预算稳定调节基金，用于弥补以后年度预算资金的不足。

向下级财政转移支付情况。2015 年上级财政对我市旗县区转移支付 758780 万元。其中：财力性转移支付 319059 万元（返还性转移支付 23325 万元，一般性转移支付 295734 万元），占转移支付总额的 42%。主要用于国家规定的各类政策性补助及民生领域的投入；专项转移支付 439721 万元，占转移支付总额的 58%。主要用于国家及自治区对农业、教育、社保等专项补助。

上级财政补助资金的安排和使用情况。2015 年上级财政下达我市补助资金 1139086 万元，其中：财力性转移支付 412017 万元（返还性转移支付 92962 万元，一般性转移支付 319055 万元），占转移支付总额的 36.2%；专项转移支付 727069 万元，占转移支付总额的 63.8%。市财政已下达旗县区

758780万元，市本级执行380306万元。市本级执行的补助资金主要用于国家及自治区规定的政策性及民生补助支出。

市本级“三公”经费执行情况。2015年市本级“三公”经费支出初步统计为8221万元，比2014年增长4.5%，增长的主要原因是质检和工商系统下划，新增“三公”经费支出729万元。剔除质检和工商系统下划因素，同比2014年降低4.7%。

2.政府性基金预算执行情况 2015年市本级政府性基金收入完成447767万元。其中本年政府性基金收入336224万元，完成年初政府性基金预算收入588467万元的57%，完成调整政府性基金预算收入的316000万元的106.4%；上年结转收入74209万元；上级补助收入37334万元。市本级政府性基金收入具体为：政府住房基金收入完成14231万元，国有土地使用权出让收入完成285306万元，国有土地收益基金收入完成13097万元，农业土地开发资金收入完成1474万元，城市基础设施配套费收入完成12351万元，车辆通行费收入完成26万元，城市公用事业附加收入4671万元，污水处理费收入5068万元。2015年市本级政府性基金支出完成397929万元，其中市本级安排支出360798万元，补助下级支出36765万元。

市本级支出具体情况是：

——住房基金支出2879万元。主要用于廉租房维修维护费、管理费，公积金缴存、贷款、归集费等。

——国有土地使用权出让收入安排的支出291730万元。主要用于兑付土地前期成本，计提失地农民养老保险金、医疗保险金、老旧住宅小区综合整治、城市基础设施建设等。

——国有土地收益基金支出25239万元。用于土地开发整理。

——城市基础设施配套费安排的支出18152万元。主要用于供热管网改造、园林绿化苗木、老旧小区改造等。

——城市公用事业附加支出4671万元，主要用于城市电力设施建设等。

——其他政府性基金支出18127万元。主要用于污水处理、旅游发展、大中型水库移民后期扶持支出、彩票公益金安排的支出等。政府性基金收支遵循“以收定支、专款专用、收支平衡、结转下年安排使用”的原则，超过年初确定的预算指标主要是由于上年结转及上级下达专项所致。

3.国有资本经营预算执行情况 2015年全市国有资本经营预算收入安排3360万元，年度内虽然多次下发通知督促企业缴纳国有资本经营收益，但最终企业未上缴，造成国有资本经营预算收支未能实现。

（三）完成2015年预算任务的主要措施 2015年在市委的正确领导和市人大的有效监督下，全市各级政府和部门克服经济下行不利因素影响，确保了财政工作规范平稳运行。

1.财政收入稳定增长，收入质量和效益进一步提高 2015年面对经济运行新常态，在经济下行压力不断加大、房地产市场持续低迷及国家结构性减税政策深入实施等严峻复杂形势，全市各级政府及其财税部门全面落实自治区和市委的各项决策部署，深入推进综合治税联合会议制度建设，构建全市联合治税综合体系，加强收入征管信息化建设水平，提升纳税服务水平，强化对收入“跑、冒、滴、漏”监管，确保各项财政收入及时入库。通过共同努力，全年一般公共预算收入超出年初收入任务18.9亿元，增幅达到16.95%，增幅位列全区第二位，高于自治区增幅10.5个百分点。在保证收入完成的前提下，进一步优化收入质量，非税收入占比24.6%，低于自治区非税收入占比近8.1个百分点。财政收入的稳定增长，为全市各项事业发展提供了强有力的财力支撑，产生了良好的经济效益和社会效益。

2.进一步优化支出结构，保障民生及重点项目支出在确保收入实现的基础上，按照国家“稳增长、促改革、调结构、惠民生、防风险”和自治区加强“保工资、保民生、保运转”工作要求，进一步优化支出结构，大力压缩部门一般性支出，统筹资金用于支持全市民生及重点项目支出，切实发挥财政资金使用效益。同时充分发挥财政资金引导作用，促进产业结构调整升级。一是确保民生支出足额到位不留缺口。

2015年全市各类民生支出共计2421359万元，占到了总支出的67%以上，确保民生资金足额到位不留缺口。加大“三农”投入，促进农业发展和农民增收。全年市本级投入农村“十个全覆盖”工程资金25.54亿元、农村扶贫资金1.46亿元，现代农业基础设施建设资金1亿元，切实改善农村人口生活条件，引导农村产业发展；累计发放各项惠农补助1.1亿元；发放种粮农民粮食直补和农资综合补贴2.9亿元，惠农“一卡通”发放资金15.2亿元，发放范围扩大到61类79项，覆盖全市39万农户、近100万农民受益；争取自治区“一事一议”奖补资金5549万元，市本级拨付配套资金2500万元，重点对乡村街道硬化、小型农田水利建设、人畜饮水工程等涉及农村生产生活的建设项目进行补助。积极落实各项教育经费保障政策，促进教育事业健康有序发展。扩大高中阶段“两免”政策实施范围，使全市56856名普通高中学生和27738名中职学生全部享受到了“两免”教育惠民政策。进一步完善教育资助体系，对蒙语授课幼儿园实施每年每人免保教费550元的政策；对5926名义务教育阶段双语授课住宿生、33624名高中阶段学生的助学金、住宿费及高等职业教育奖助学金等予以保障。市本级进一步加大对旗县区教育补助力度，累计下达旗县区教育补助资金11.79亿元，有力的支持了旗县区教育事业发展。继续加大社会保障和就业资金保障力度。全年社会保障和就业支出394985万元，认真落实城乡居民最低生活保障、农村五保、城镇“三无人员”、孤儿供养等各项民生政策；切实维护好农民工的合法权益，拨付农民工工资兑现应急周转金18000万元；落实“十个全覆盖”工程，将全市5616名80岁以上城乡低保老年人纳入高龄津贴补贴范围；对原国有集体企业大龄下岗失业人员进行社会保险救助，拨付资金13926万元。积极支持医疗保障体系改革。全年医疗卫生与计划生育支出209009万元，下拨旗县区医改资金35703万元，推动我市医药卫生体制改革顺利开展，进一步推进我市公立医院综合改革试点工作，向6家试点医院拨付取消药品加成实施零差率补助资金6798万元；切实解决农村留守儿童、老年人就医需求，拨付乡村医生巡诊补助资金42.6万元。积极筹集资金，改善城镇居民居住条件。下达及拨付各类保障性住房专项补助资金61403万元；拨付市本级行政事业单位老职工住房补贴资金4377.7万元，共补助70个单位，1409名职工。加大文化体育投入。2015年全市文化体育与传媒累计支出92268万元，其中市本级投入群众体育场馆建设20904万元；基层乡镇文化站、社区活动中心设备更新购置资金近60万元；对493场文化下乡惠民演出、文化进社区和12096场农村公益电影放映进行演出场次补助，对春节元宵节文化庙会和广场消夏等群众性文化活动进行经费保障。加快道路升级改造，改善市民乘车环境。2015年全市交通运输支出84965万元。对全市公路、道路进行维修整治；安排公交运营及新购车辆补贴12434万元，极大地改善了市民乘车环境和出行效率，为我市创建“公交都市”奠定了基础。二是保证市委确定的各项重点项目实施进度。面对财力不足的困难，财政部门想方设法，通过争取上级、股权基金融资等方式多渠道筹集资金，全年累计投入各类资金200多亿元，确保二环快速路建设、“十个全覆盖”工程、出城口建设、保障房建设、老旧小区改造等重点项目顺利推进。其中二环快速路建设工程，市财政累计投入资金近90亿元，确保了7月底全线通车，明显改善了我市交通状况；全年市财政累计拨付和下达“十个全覆盖”工程建设资金25.54亿元，有效保障了项目实施进度，切实改善了农民生活生产条件。通过加大对各类民生及重点项目的投入，对促进全市经济社会的发展起到了积极的推动作用。三是发挥财政资金引导作用，促进经济结构调整。2015年市财政利用各类财政资金，拨付企业技术改造、新兴战略产业发展及中小企业发展资金21628万元，对企业改善投融资环境，技术创新起到了积极的作用。推进农业产业化发展，争取自治区现代农业生产发展资金10000万元，支持我市蔬菜产业和食用菌产业，同时，市财政统筹拨付整村推进扶贫建设资金14610万元。通过从财政体制引导、向旗县区超调库款和加大地方政府债券对旗县区转贷力度等一系列政策措施，积极支持旗县区经济平稳健康发展，鼓励和扶持旗县区加快转变经济发展方式。

3.充分发挥政府置换债券作用，防控债务风险，维护政府信誉继续完善政府性债务预算管理制度，明确债务偿还的主体、条件及内容，对纳入清理甄别范围的到期政府性债务及时进行偿还，全年共偿还各类政府性债务23.2亿元，全年无一例逾期债务发生，有效化解政府债务风险，切实维护了政府信誉。同时，积极与上级部门沟通，争取地方政府债券额度，全年共争取地方政府债券199.43亿元，较自治区原定下达的额度多争取了10亿元。使用置换债券偿还到期贷款本金后，平均拉长债务偿还时限6.25年，减少债务利息近5.52亿元，切实降低了债务成本，有效缓解了财政偿债压力，降低财政运行风险。同时，2015年自治区财政厅将我市政府性债务管理及政府置换债券工作作为先进典型，在全区予以通报，并在各盟市进行推广。

4.推进预算管理制度改革，提高财政管理水平为了深入贯彻落实《中共中央关于全面深化改革若干重大问题的决定》，按照自治区财政改革的要求，制定了《关于印发落实〈内蒙古自治区财政厅关于推动全区各级财政履职尽责奋力发展全面完成各项财税改革管理任务的实施意见〉十二条措施的通知》，推进全市预算管理制度改革。一是完善政府预算管理体系，加强“四本预算”的有效衔接，将7亿元政府性基金调入一般公共财政预算进行统筹；二是继续推进零基预算和综合预算管理，加快预算项目库建设，完善预算执行管理制度，促进预算执行的科学化、法制化；三是稳步推进预算绩效管理工作，研究制定推进财政预算绩效管理工作方案，制定了市本级预算支出绩效评价工作委托第三方付费暂行管理办法，规范第三方评价付费事项。委托市公共资源交易中心通过公开招标方式确定了绩效评价中介机构，选取20项专项资金开展预算绩效重点评价；四是盘活和统筹财政存量资金，2015年共盘活和统筹财政存量资金18.56亿元，减少资金分配“碎片化”，集中财力保障民生支出和重点支出；五是强化政府性债务管理，对部门及融资平台债务进行清理甄别，纳入财政预算管理，使用地方政府置换债券和年初预算安排的偿债资金及时偿还到期本金；六是加快消化财政暂付款，降低财政运行风险，全年市本级累计消化财政暂付款59.6亿元，消化率69.3%，超额完成了自治区规定的消化30%的任务目标；七是推广政府购买服务，建立了政府购买公共服务相关制度，并在云计算、智慧城市、数字化城管、园林绿化和环卫保洁等多个方面开展了试点工作；八是积极推进财政预决算公开工作，按照新《预算法》关于预决算公开的时限、内容等要求，对财政预决算报告进行公开，并对公开事项按照功能科目和经济科目进行细化，通过推进预决算公开工作，努力打造首府“阳光财政”、“数字财政”、“透明财政”；九是提升财政服务水平，支持小微企业发展，开展了为小微企业免费提供会计记账等服务工作。通过上述工作，有效促进了全市财政管理水平的提高，实现了财政改革的顺利开展。

5.按照国家要求做好税制改革工作按照国家税制改革的要求，开展了对全市7037户建筑业、销售不动产业企业的“营改增”前期调研，分析了“营改增”对全市财政收入的影响，提出了保障地方财政收入稳定增长的措施建议。随着“营改增”政策改革的深化推进，呼市国税办税服务厅窗口的办税压力日益增大。呼市财政局充分发挥作为全市综合治税联席会议办公室所在部门的工作职责，购置了16台自助办税终端机，协调解决“营改增”后国税办税服务厅窗口工作压力问题，切实支持各项改革工作。

6.创新投融资机制，提升财政“造血”功能适应经济发展新形式，创新性的开展投融资工作，发挥财政资金引导作用，提升财政“造血”功能。一是推进政府与社会资本合作（PPP）工作。成立PPP工作专职机构，建立了我市政府和社会资本合作项目库，投资总额约718.96亿元；选择总投资额为388.3亿元的10个项目参加2015年自治区政府和社会资本合作示范项目推介会，占全区项目总量的23.3%、全区投资总额的53.12%，市政府就呼市轨道交通工程和污水处理厂扩建提标改造工程两个项目与有合作意向的金融机构签订了投融资意向协议；将呼市轨道交通1、2号线一期工程项目、托克托县燃气利用工程等7个项目上报自治区财政厅争取国家财政部PPP示范项目，其中3个项目获准列入财政部第二批示范项目；二是开展股权基金融资工作。成立了呼和浩特市城乡基础设施建设投资公司，专门负责股权基金融资及扩宽民间资金投资渠道运作相关工作；设立了呼和浩特市交通投资建设发展基金、呼和浩特市“美丽乡村”产业基金、涛石清风创业股权投资基金和呼穗城市发展基金、目前交通投资建设发展基金首期已到位40亿元，“美丽乡村”产业基金30亿元将于近期到位，其他两项基金已达成协议框架，进入基金募集阶段。

7.强化财政部门自身建设，确保依法行政、依法理财按照市委的总体部署，认真落实并扎实推进“三严三实”教育活动等各项工作，广泛征求各方面意见和建议，开展权职梳理、流程规范和风险监控工作，从内部管理进行规范，确保财政资金和干部安全，经过梳理，市财政局涉及行政事项133项，其中行政处罚类行政权力129项，行政监督检查类行政权力2项，行政许可类行政权力1项，其他行政权力1项，并通过财政局门户网站进行了公示；继续加强对全市财政系统干部及各部门财务人员新《预算法》培训工作，确保全市财政干部和部门财务人员依法行政、依法理财。按照国家财政体制改革要求，增强财政部门自身建设，增设预算绩效评价、基层财政建设和PPP项目管理职能机构，推进相关工作开展。通过扎实有效的工作，我市依法行政依法理财工作，走在了自治区前列，并受到自治区财政厅的表彰。总之，一年来经过全市财税干部的共同努力，我市财政预算执行情况总体良好，但是我们也要清醒地看到，财政运行和工作中还存在一些不容忽视的问题。一是经济下行压力仍然较大，各项政策性减收因素不断增多，财政收入持续增长面临很大的困难；二是财政支出刚性增长趋势没有改变，财政收支矛盾突出，预算平衡难度加大；三是面对经济新常态，财政预算管理工作仍存在一定差距，各项增收节支措施有待进一步完善。对于这些问题，我们将高度重视，在今后的工作中认真加以解决。

二、2016年预算草案

2016年是“十三五”规划的开局之年，也是推进结构性改革的攻坚之年，做好今年财政工作意义重大。2016年预算安排的总体要求是：全面贯彻党的十八大和十八届三中、四中、五中全会和中央、自治区及市委经济工作会议精神，全面贯彻习近平总书记系列重要讲话和考察内蒙古重要讲话精神，全面落实自治区党委、政府和市委、政府各项决策部署，坚持“五位一体”总体布局和“四个全面”战略布局，牢固树立和全面落实创新、协调、绿色、开放、共享发展理念，坚持稳中求进工作总基调，坚持稳增长、促改革、调结构、惠民生、防风险工作总要求，认真落实宏观政策要稳、产业政策要准、微观政策要活、改革政策要实、社会政策要托底的总体思路，按照“五个深刻领会、准确把握”和“六个起带头、作表率”的要求，着力在推进转型发展上下功夫，着力在推进供给侧结构性改革上下功夫，着力在去产能、去库存、去杠杆、降成本、补短板上下功夫，着力在加快推进以人为核心的城镇化上下功夫，着力在全面推进改革开放上下功夫，着力在为全市人民谋福祉上下功夫，认真落实积极财政政策，加快推进财税体制改革，优化财政支出结构，重点保障基本民生支出，全力推进依法行政依法理财，切实增强我市经济持续增长动力，努力推动我市在全区率先发展、走在前列，实现“十三五”时期经济社会发展首年开门红。

按照上述总体要求，2016 年市本级预算编制遵循以下几项原则：

一是依法行政、科学合理。按照《预算法》预算编制管理规定，将部门所有收入和支出全部纳入预算，统筹安排，部门收支预算安排要同部门履行职能及事业发展计划相协调，与市本级财力相适应，综合考虑增减变动因素，力求各项收支数据科学合理，量入为出。强化中期财政规划理念，跨年度实施的项目，要根据资金需求情况分年安排预算，强化预算执行合理性。

二是厉行节约，保障重点。严格控制机关运行经费等一般性支出，“三公经费”和会议费总体上与上年持平或只减不增，切实降低行政运行成本，通过零基预算、综合预算的编制方法，压缩部门资金。贯彻落实国家、自治区及我市的宏观调控政策，优先保障重点领域投入，集中财力保障市委、市政府确定的2016年重点工作、重点项目资金需求，不折不扣地落实好各项民生政策。

三是细化预算编制，增强预算刚性约束。严格按照《预算法》细化预算编制的要求，支出预算全部细化到功能分类到项，经济分类到款，专项资金细化到具体项目和使用单位。增强预算执行的刚性约束，确保预算编制与执行的一致性。

四是积极落实国家改革政策，足额安排配套资金。根据国家出台的公车改革和养老改革并轨政策，提前谋划，科学测算改革事项所需资金，合理安排预留资金，确保国家改革政策落到实处。

五是认真落实市委、市政府工作部署，加快推进城乡一体化步伐。按照市委、市政府总体要求，加快推进全市农村“十个全覆盖”工程，加大资金投入力度，确保各项工作顺利开展。

六是坚持以民为本，着力保障和改善民生。继续加大社会保障投入，全面实现对城乡困难群体应保尽保，加强国有企业转制职工安置，继续实施低收入农户冬季取暖补贴政策，进一步保障医疗卫生事业发展。

七是继续加大产业结构调整力度，支持工业服务业发展。继续支持工业企业发展，鼓励中小企业、民营企业经济创业活力，扶持小微企业，促进其良性发展。支持节能与新能源项目建设，推进云计算、旅游、服务、新兴业态、物流等第三产业健康发展。

八是科学编制债务预算，切实维护政府信誉。根据国家对政府性债务管理的要求，对市本级政府性债务情况进行摸底和测算，确定了2016年需偿还的政府性债务，科学合理的安排政府性债务预算，确保到期的政府性债务按时偿还，切实维护政府信誉。

（一）全市财政预算安排情况

1.一般公共预算收支安排情况 2016 年，全市一般公共预算收入预计实现 2672000 万元，比上年增长 8%。其中国税部门组织的收入预计 392000 万元，地税部门组织的收入预计 1780000 万元，财政部门组织的收入预计 500000 万元。综合国税和地税收入预计情况，2016 年一般公共预算税收收入预计 2100800 万元，非税收入预计 571200 万元(含教育费附加 71200 万元)。根据全市收入预算预计情况，全市一般公共预算支出预计实现 3031723 万元。

2.政府性基金预算安排情况全市政府性基金预算收入安排 535189 万元。具体安排为：国有土地收益基金收入 21115 万元，农业土地开发资金收入 1981 万元，国有土地使用权出让收入 414800 万元，城市基础设施配套费收入 29140 万元，车辆通行费收入 2900 万元，污水处理费收入 5500 万元，上年结转收入 59753 万元。按照政府性基金“以收定支”的预算编制原则，全市政府性基金预算支出安排 535189 万元，相应安排各项支出。

3.国有资本经营预算安排情况 根据《市委办公厅、政府办公厅关于印发〈呼和浩特市进一步深化国有企业改革的意见〉的通知》（呼党办发〔2013〕10 号）文件有关规定，按照十八届三中全会“提高国有资本收益上缴公共财政比例，2020 年提高到 30%”的要求，市国有资产监督管理委员会确定了 2016 年国有资本收益 14% 的上缴比例。2016 年国有企业预计实现利润收入 54770 万元，按照国有资本收益 14%的上缴比例，2016 年市本级国有资本经营收入预计实现 7667.8 万元。2016 年市本级国有资本经营预算支出安排 7667.8 万元，主要用于补偿社会保障基金 7327.8 万元，国有企业经营业绩考核和审计费用 340 万元。

4.社会保险基金预算安排情况收入预算安排情况。2016 年全市社会保险基金预计总收入 1070366 万元。具体包括：企业职工基本养老保险基金预计收入 438782 万元；机关事业单位养老保险基金收入 255784 万元；失业保险基金预计收入 46505 万元；城镇职工基本医疗保险基金预计收入 171973 万元；工伤保险基金预计收入 12828 万元；生育保险基金预计收入 10389 万元；城镇居民基本医疗保险基金预计收入 26541 万元；新型农村合作医疗预计收入 56434 万元，城乡居民社会养老保险基金预计收入 51130 万元。支出预算安排情况。2016 年全市社会保险基金预计总支出 873488 万元。具体包括：企业职工基本养老保险基金预计支出 545462 万元；机关事业单位养老保险基金支出 16140 万元；失业保险基金预计支出 25071 万元；城镇职工基本医疗保险基金预计支出 157132 万元；工伤保险基金预计支出 7217 万元；生育保险基金预计支出 9821 万元；城镇居民基本医疗保险基金预计支出 20175 万元；新型农村合作医疗支出 50422 万元，城乡居民社会养老保险基金预计支出 42049 万元。结余情况。2016 年预计社会保险基金收支结余 196878 万元，年末滚存结余 987941 万元。由于我市各项社会保险基金已实现市级统筹，各项保险的预算按全市口径编报，因此不单独编制本级社保基金预算。

（二）市本级财政预算安排情况

1.一般公共预算（地方收支财力）安排情况按照《预算法》规定，市本级一般公共预算由呼和浩特市人民代表大会审查和批准。现将有关情况说明如下：一般公共预算总财力安排情况。按照我市现行财政体制划定的收入范围和目前自治区财政已确定对我市补助数额，结合财政部《关于完善政府预算体系有关问题的通知》（财预〔2014〕368 号）和国务院《关于印发推进财政资金统筹使用方案的通知》（国发〔2015〕35 号）文件有关要求，2016 年市本级一般公共预算总财力预计 2153930 万元，其中市本级一般公共预算收入预计 571040 万元（包括财预〔2014〕368 号文件要求，调入预计实现的土地收益计提教育、农田水利资金、地方教育费附加及残疾人保障金等专项收入 34106 万元，国发〔2015〕35 号文件要求，调入一般公共预算收入的政府性住房基金收入 20500 万元），上级转移性收入 755414 万元，旗县区及开发区财力上解 755227 万元，上年政府性住房基金结余调入一般公共预算 10934 万元，专项收入结转 45990 万元，纳入预算管理的教育收费 15325 万元。一般公共预算支出安排情况。根据“统筹兼顾、突出重点、有保有压”及收支平衡的支出预算编制原则，2016 年市本级一般公共预算总支出安排 2153930 万元，其中：本级一般公共预算支出安排 1425127 万元；转移性支出安排 713478 万元（上解自治区支出 82288 万元；预下达转移支付补助市本级 165082 万元；按政策和体制规定返还和补助旗县区 466108 万元）；纳入预算管理的教育收费安排支出 15325 万元。一般公共预算支出具体安排情况。根据 2016 年市本级一般公共预算财力，安排市本级一般公共预算总支出 1440452 万元。其中：市本级一般公共预算支出 1425127 万元，纳入预算管理的教育收费支出 15325 万元。具体支出安排情况如下：基本支出预算安排 263649 万元。基本支出预算包括人员经费、公用经费。其中：一般公共预算财力安排的基本支出 263327 万元；纳入预算管理的教育收费安排的基本支出 322 万元。项目支出预算安排 1176803 万元。其中：一般公共预算财力安排 1161800 万元；纳入预算管理的教育收费安排 15003 万元。

按政府收支分类功能科目划分，各类支出安排情况如下：

——一般公共服务类支出 67131 万元。按支出类别分：基本支出 31373 万元，项目支出 35758 万元。主要用于市本级党政机关行使一般公共服务职能的各项经费支出。项目主要包括自治区 70 周年文艺精品创作、基建审价费、民族工作经费、大学生村官津补贴、人大代表和政协委员活动经费等。

——国防支出 5249 万元。主要是根据人防易地建设费收入相应安排的人防工程建设及驻呼部队支出。

——公共安全支出 81588 万元。按支出类别分：基本支出 31937 万元，项目支出 49651 万元。项目主要包括公检法司政法办案及执法业务经费、消防设备购置经费、普法经费等。

——教育支出 102421 万元。其中，一般公共预算资金 87166 万元，纳入预算管理的教育收费 15255 万元。按支出类别分：基本支出 38165 万元，项目支出 64256 万元。项目主要包括民族教育专项资金、落实各项教育政策配套经费、教育事业发展、全市新建学校建设、对旗县区教育补助、儿童探索博物馆建设等。

——科学技术支出 43821 万元。按支出类别分：基本支出 926 万元，项目支出 42895 万元。项目主要包括科技创新引导基金、支持大中型企业技术研发资金、重大科技专项、科普经费等。

——文化体育与传媒支出 34718 万元。按支出类别分：基本支出 10312 万元，项目支出 24406 万元。项目主要包括文物保护、文化下乡、无线覆盖运行维护费、体育场馆建设等项目。

——社会保障与就业支出 142131 万元。按支出类别分：基本支出 60610 万元，项目支出 81521 万元。项目主要包括财政对企业职工养老保险基金补助、城市低保市级匹配资金、农村低保市级匹配资金、农村五保户供养资金、公益性岗位补贴、企业退休人员冬季采暖补助、城镇及农村居民社会养老保险资金、城市低保家庭冬季取暖补贴、城市低保教育救助资金、70 岁以上城镇居民老年生活补贴、孤儿养育补助经费、80 岁以上城乡高龄津贴、农村低收入农户冬季取暖用煤补贴等。

——医疗卫生与计划生育支出 51063 万元。其中，一般公共预算资金 50993 万元，纳入预算管理的教育收费 70 万元。按支出类别分：基本支出 24461 万元，项目支出 26602 万元。项目主要包括军休干部及包干家属医疗补贴、社区卫生服务中心建设、农村新型合作医疗配套经费、公共卫生均等化服务补助、农村医疗补助、城镇居民医疗保险补贴、优抚对象医疗补助、城市医疗救助、离休人员医疗费、计划生育事业费等。

——节能环保支出 20514 万元。按支出类别分：基本支出 2098 万元，项目支出 18416 万元。项目主要是排污费安排的用于环境污染治理、环境执法能力建设、环境生态监测及环境保护宣传、大青山生态建设等支出。

——城乡社区事务支出 295371 万元。按支出类别分：基本支出 23361 万元，项目支出 272010 万元。项目主要包括城市维护费、城市园林绿化维护、国有资源（资产）整理开发、环卫工人绩效工资、城中村环卫基础设施建设等。

——农林水事务支出 33411 万元（该项支出安排较上年预算减少的主要原因是，按照市委工作部署，将扶贫资金、农业产业资金等涉农支出统筹安排用于“十个全覆盖”工程预算中，在具体执行中，按照具体使用用途列入相应科目）。按支出类别分：基本支出 8959 万元，项目支出 24452 万元。项目主要包括苜蓿草种植、防汛及抗旱经费、林业及生态建设经费、村级“一事一议”奖补资金、饮水安全专项资金等。

——交通运输支出 29282 万元。按支出类别分：基本支出 4851 万元，项目支出 24431 万元，项目主要包括航线补贴、公交公司运营补贴、农村公路养护及运输管理稽查经费等。

——资源勘探电力信息等事务支出 1260 万元。按支出类别分：基本支出 948 万元，项目支出 312 万元。项目支出主要是安全生产监督管理支出。

——商业服务业等事务支出 1049 万元。按支出类别分：基本支出 793 万元，项目支出 256 万元，项目支出主要包括旅游事业支出、新农村现代流通服务网络建设等。

——国土资源气象等事务 7103 万元。按支出类别分：基本支出 3452 万元，项目支出 3651 万元。主要项目包括集体土地确权登记、国土信息建设经费、土地监察执法经费、土地整治规划经费、不动产登记等。

——住房保障支出 39900 万元。按支出类别分：基本支出 21403 万元，项目支出 18497 万元。基本支出主要是各单位为职工缴纳的住房公积金及新职工购房补贴等，项目支出主要是老职工一次性住房货币化补贴资金、老旧小区改造等。

——粮油物资储备支出 130 万元。用于粮食质量安全检测能力建设项目市级配套。

——预备费 18000 万元，占一般公共预算支出的 1.2%，根据《预算法》要求，按照预算支出额的 1%—3% 设置预备费， 用于当年预算执行中的自然灾害救灾开支及其他难以预见的特殊开支。

——其他支出 466310 万元。具体项目包括农村牧区“十个全覆盖”200000 万元、政府性债务偿还 128310 万元、预留公车改革及养老保险并轨改革资金 90000 万元、第二、三产业发展引导资金 30000 万元、智慧城市建设 10000 万元、税收及非税收入代征手续费 5000 万元、政府采购资金 3000 万元。

“三公”经费预算安排情况。2016 年市本级“三公”经费预算安排 7722 万元，较 2015 年实际支出 8221 万元减少 499 万元，降低 6%。

2.政府性基金预算安排情况收入预算安排情况。市本级政府性基金预算收入安排 443304 万元，比 2015 年预算减少 145163 万元，减少的主要原因是根据财政部《关于完善政府预算体系有关问题的通知》（财预〔2014〕368 号）和国务院《关于印发推进财政资金统筹使用方案的通知》（国发〔2015〕35 号）规定，将地方教育费附加、残疾人就业保障金、土地出让收益中计提的农田水利建设和教育资金以及转让政府还贷道路收费权收入、政府性住房基金调入一般公共预算，同时房地产市场持续低迷，国有土地使用权出让收入减收。具体安排为：国有土地收益基金收入 20000 万元；农业土地开发资金收入 1200 万元；国有土地使用权出让收入 352400 万元；城市基础设施配套费收入 27815 万元，车辆通行费收入 3327 万元，污水处理费收入 5500 万元，上年结转收入 33062 万元。支出预算安排情况。按照政府性基金预算“以收定支”的预算编制原则，市本级基金支出 443304 万元，支出重点用于兑付土地前期成本、偿还政府性债务、加强保障性安居工程建设、完善城市基础设施配套建设等。

按政府收支分类科目具体划分为：

——城乡社区事务支出 425085 万元，用于征地拆迁补偿、失地农民社保缴费、城市供热管网改造、城市绿化维护、政府性债务偿还、老旧小区改造、城市维护费等。

——交通运输支出 3754 万元，用于呼武路段家窑收费所经营权回购，胜利营收费所、乌兰不浪收费所运营。

——其他支出 3531 万元，上级下达结转资金，用于福利彩票、体育彩票机构业务费用及社会公益事业发展。按照《国务院关于印发推进财政资金统筹使用方案的通知》（国发〔2015〕35 号）文件，将 2015 年政府住房基金结转资金 10934 万元调入一般公共财政预算。由于国有资本经营预算仅市本级进行编制，社会保险基金预算采取全市统编模式，在全市预算安排中已进行了报告，在此不再重复。

3.2016年预算在本级人民代表大会批准前支出情况　按照《预算法》第五十四条规定，现将市本级2016年预算在本级人民代表大会批准前的支出情况说明如下：一是上一年度上级转移支付结转的支出6136.7万元。其中，用于公立医院转移支付补助2000万元，退役士兵安置补助1729万元、公共文化服务建设专项2150万元等项目。二是参照上一年同期的预算支出数额安排本年度部门基本支出36465万元。其中，工资性支出29676万元，公安、消防、安监等部门应急支出6079万元，各部门必须的公务支出710万元。

4.开发区预算编制情况根据开发区单独管理、封闭运行的管理体制，结合《市人大常委会关于加快部门预算公开和将开发区预决算纳入市本级监督管理的意见》要求,将开发区2015年预算执行情况及2016年预算编制草案一并提交本次人民代表大会进行审议。

三、确保完成2016年预算任务

今年是全面建成小康社会决胜阶段的开局之年，也是迎接自治区70周年大庆工作的关键之年，自治区党委对我市工作提出了“五个深刻领会、准确把握”和“六个起带头、作表率”工作目标和要求，市委十一届九次全委（扩大）会议提出推进结构性改革，推动经济持续健康发展的工作任务，做好今年的财政工作对实现“十三五”时期经济社会发展的良好开局具有重大意义。但是通过对整体经济形势的分析，做好2016年财政工作还存在一些实际困难。

一是经济下行压力仍然较大，国家提出的降成本、减税降费、“营改增”等各项改革措施将全面实施，预计全年减少财政收入近17亿元，财政收入持续增长面临很大困难；

二是由于税收结构性原因，我市公共财政收入中税收收入仅占到全市税收总量的46%，大部分税收财力上划中央和自治区，导致我市可用财力与实际收入不相匹配，今年“营改增”等各项国家税制改革实施后，可能会进一步加大我市上划税收比例，可用财力将更加困难；

三是随着国家工资改革、养老保险并轨等增支政策的不断出台以及“十个全覆盖”、自治区70周年大庆等各项重点项目的推进，财政保障和改善民生，支持调结构、转方式、防风险等刚性支出及社会经济发展需求远高于财政收入和可用财力的增长，财政收支矛盾日益加剧。面对这些困难，我们要主动适应、积极引领经济发展新常态，勇于担当，攻坚克难，真抓实干，牢牢把握发展主动权，保持经济运行合理区间，着力加大体制机制、政策制度和管理方式的创新力度，保持全市财政健康平稳发展。

（一）调整优化产业结构，保持经济持续健康发展

一是着力优化政府公共投资结构，促进产业结构调整。统筹财政资金加大对自治区“8337”战略、自治区70周年大庆建设项目及市委确定的重点项目等重点领域和关键环节的支持力度；发挥财政资金引导作用，撬动和吸引民间资本投入到我市经济社会发展建设中；围绕市委2016年产业调整重点，设立推进工业、服务业发展引导专项资金，着力推动第二、三产业快速发展；

二是支持重点企业和中小企业发展，培育新的经济增长点。搭建财政、银行和企业沟通合作平台，适时开展国库现金运作，以存款引导商业银行加大贷款力度，支持重点企业扩大生产，努力培植财源；进一步加大对战略新兴产业资金等专项资金的整合力度，推进云计算、旅游、服务、新兴业态、物流等第三产业健康发展；

三是准确把握新的经济形势，确保财政收入应收尽收。各级财税部门要在经济发展新常态下，科学研判财政收入形势，加快完善综合治税联席会议制度，加强各征收管理部门的相互协调配合，完善征管措施、技术手段和激励约束机制，形成齐抓共管、依法组织收入的良好局面，确保财政收入应收尽收；

四是多渠道筹集资金，为经济持续健康发展提供资金保障。要紧紧抓住我市作为自治区成立70周年大庆主会场的契机，积极向自治区争取补助资金，用于各类重点项目建设；创新性的开展政府融资工作，加快推进已确定的各类贷款及基金融资的工作进度，积极运用政府和社会资本合作（PPP）模式，确保在各重点项目开工建设前，将资金落实到位；继续加大地方政府债券资金的争取力度，充分利用国家对地方政府性债务政策的调整，通过向自治区申请发行地方债的方式进行资金筹集。

（二）推进供给侧结构性改革，实现全面深化改革新突破

一是推进供给侧结构性改革。按照建立现代企业制度的要求，落实财税支持政策，鼓励企业淘汰落后产能、化解过剩产能和兼并重组，积极争取上级专项资金，解决“僵尸企业”问题；全面推进棚户区（城中村）改造货币化安置，盘活公积金存量支持政策，加快消化房地产库存；进一步加大政府产业引导股权投资基金力度，多渠道推动股权融资，缓解企业负债压力，促进中小微企业发展，积极落实结构性减税政策，支持中小企业信用担保体系建设，培育我市新的经济增长点；加大对“十个全覆盖”工程、扶贫攻坚工作资金支持力度，加快推进城乡基本公共服务均等化；完善我市政府性债务管理制度，对各地区政府性债务实行限额管理，积极向自治

区争取地方政府债券置换额度，充分发挥地方政府置换债券作用，拉长债务周期，减轻财政压力，控制债务风险，全面清理财政暂付款，切实降低财政暂付款数额，防范财政运行风险；

二是实现全面深化改革新突破。继续完善预算管理制度，深化零基预算、综合预算改革，推进项目库建设和项目预算的滚动管理，设立预算绩效目标，实现预算编制与绩效评价结果挂钩，提高预算的精细化管理水平，继续完善预算编制与执行、结转和结余资金的管理，不断提高支出预算执行的均衡性和有效性；继续探索和推广政府购买公共服务，完善政府购买公共服务制度，继续扩大政府购买公共服务实施范围；继续推进全面规范的预决算公开，不断增强财政预算的公开性和透明度；继续深化国库集中收付制度改革，以“服务高效、监督规范”为核心职能，加强财政资金事前事中监督管理和结余结转资金及账户管理，盘活存量和增量资金，提高资金使用效率；继续强化政府采购和资产监管工作，完善政府采购和资产监管制度建设扩大政府采购目录范围，规范政府采购行为，加大对行政事业单位资产监督检查力度，提高国有资产使用效益；推进财政一体化信息系统建设，完善现有应用支撑平台，升级完善核心业务系统。

（三）推进城市基础设施建设，提升城市管理服务水平通过整合现有专项、财政预算安排、争取上级转移支付、政府性基金调入一般公共预算、积极运用政府和社会资本合作（PPP）模式的创新性政府融资等多项措施，多渠道筹措资金，加大对自治区70周年大庆重点项目和城市基础设施建设投入力度；加强对涉及民生领域的地下管网、桥梁、道路、环卫设施、垃圾场站、园林绿化等建设项目的投入，增强各项基础保障能力，提升城市服务功能；继续推进保障性安居工程建设，加大对老旧小区改造、棚户区改造、农村危房改造等补助力度，切实把保障性住房建设放在改善民生更加重要的位置。

（四）支持脱贫攻坚及民生保障，促进城乡统筹一体化发展

一是全力支持扶贫攻坚工程。认真落实中央、自治区和我市扶贫开发工作会议精神，强化财政综合扶贫投入体系，促进相关领域资金优先向贫困地区、贫困人口倾斜，创新财政扶贫资金使用方式，吸引金融资金、社会资金参与，落实好发展生产脱贫、易地搬迁脱贫、生态补偿脱贫、发展教育脱贫、社保兜底脱贫政策，保障实现全年14890人实现精准稳定脱贫；

二是全力支持“十个全覆盖”工程。在统筹安排好财政资金的基础上，进一步创新投融资方式，鼓励社会资本参与“十个全覆盖”工程建设，努力形成“财政资金+社会资金+群众筹资投劳”的资金保障模式，解决资金需求，健全资金监督管理办法，加强资金的监督检查，切实提高资金使用效益；

三是建立更加公平、可持续的民生投入保障机制。落实国家和自治区出台的各项惠农政策，促进农业稳定增产和农民持续增收；完善覆盖城乡居民的社会保险体系，推进行政事业单位养老改革，落实对低收入群众及困难家庭的各项补助政策，推进城镇居民和新型农村社会养老保险工作，支持高校毕业生、农村转移劳动力、城镇就业困难人员的职业培训和就业工作，支持国有企业转制安置工作；改善教育办学条件和环境，支持和完善城乡义务教育保障机制，扩大农村学前教育资源，着力推进城乡义务教育均衡发展，逐步提高教育现代化水平；积极落实新型农村合作医疗和城镇居民基本医疗保险财政补助政策，支持公立医院改革试点，扎实推进基本医疗公共卫生服务均等化；健全城乡公共卫生服务和计划生育经费保障机制；不断完善食品药品监管的经费保障机制，支持实施食品药品放心工程；加大生态环境治理力度，重点推进生态环境保护、大气污染治理、饮用水治理、节能减排工作；

四是积极支持旗县区建设，推动城乡经济协调发展。积极支持旗县区新增重点项目的投产达效，推进开发区及工业园区建设，支持总部经济发展；加大市本级对旗县区转移支付力度，特别是要加大对贫困旗县的补助力度，配合旗县区争取中央及自治区投资项目资金，加强旗县区农村和小城镇建设投入力度，做好“十个全覆盖”建设和农村扶贫工作，加大对旗县区教育补助力度，努力实现教育均等化，有效提升旗县区社会事业建设水平，有序引导和带动旗县区经济发展，促进旗县区财政实力的增长，逐步实现旗县区公共服务均等化；

五是兑现国家、自治区和我市出台的调资、民生政策。落实国家政策要求的公车改革和养老制度并轨改革工作；落实我市2015年重点民生项目中涉及对低收入人群的各项增收补助政策，不断提高居民收入水平，促进社会和谐发展。

（五）落实全面依法治市要求，扎实推进平安首府建设

一是提升财政依法行政水平。以贯彻执行预算法为主线，组织引导广大干部深入学习和遵守预算法，切实提升依法理财水平；建立健全覆盖所有政府性资金和财政运行全过程的监督机制，加强对全市财务工作的监督检查力度，促进财务工作规范运行，提升财务人员业务水平；完善财政监督信息披露和公告制度；加快财政系统内部控制制度建设，防控财政业务及管理风

险；继续加强干部教育培训工作，开展各类财政业务专项培训，全面提高干部业务能力和素质；

二是推进平安首府建设。保障公共安全资金，及时有效的解决各种治安突出问题，切实加强社会秩序和公共安全建设能力，增强人民群众安全感，积极维护社会稳定；切实解决好农民工工资问题，维护农民工权益。

（六）落实从严治党政治责任，提升队伍建设水平 认真贯彻落实群众路线教育实践活动和“三严三实”实践活动的各项要求，严格执行中央“八项规定”等政治纪律，加强党组织建设，严肃党风党纪，加强对党员干部特别是领导干部的思想教育和业务能力培训，强化财政干部能力建设，打造纪律严明、勇于创新、敢于担当、业务精湛、服务高效的财政队伍，提升预算编制、绩效评价、国库管理、债务管理等财政业务的依法行政、依法理财能力，发挥财政对社会经济的支持作用。

各位代表、各位委员，2016 年是我市“十三五”规划的开局之年，是迎接自治区 70 周年大庆的关键之年，也是我市改革发展进程中极为重要的一年，做好今年的各项工作，对完成今年人代会批准的年度预算，实现市委确定重点工作目标，意义重大。我们将在市委的坚强领导下，自觉接受市人大及其常委会的法律监督、工作监督和市政协的民主监督，把握好新常态下的趋势性变化，坚持稳中求进的总基调，坚定信心，把握机遇，攻坚克难，扎实工作，深化财税体制改革，加强财政预算管理，努力完成全年预算目标和各项财政预算管理改革任务。

呼和浩特市 2015 年国民经济和社会发展统计公报

呼和浩特市统计局

（2016 年 3 月 17 日）

2015 年，面对复杂的国内外经济形势，市委、政府坚持稳中求进的工作总基调，全力以赴稳增长、调结构、促改革、惠民生，全市国民经济呈现稳中有进、稳中向好、又快又好的发展态势。

一、综　合

2015 年，初步核算，全市实现生产总值 3090.5 亿元，按可比价格计算，比上年增长 8.3%，较全区平均水平高 0.6 个百分点。分季度看，一季度增长 6.8%、上半年增长 7.0%、前三季度增长 8.0%、全年增长 8.3%，增速逐季提高。分产业看，第一产业增加值 126.2 亿元，增长 3.3%；第二产业增加值 867.1 亿元，增长 8.0%；第三产业增加值 2097.2 亿元，增长 8.8%。三次产业的比例为 4.1：28.0：67.9。

2015 年，城市居民消费价格总水平比上年上涨 1.8%。其中，消费品价格上涨 1.7%，服务项目价格上涨 2.3%。八大类价格“六涨两跌”，医疗保健和个人用品、衣着、娱乐教育文化用品及服务、烟酒、食品、家庭设备用品及维修服务价格分别上涨 4.2%、3.9%、3.6%、2.2%、1.2%、0.9%，居住、交通和通信类价格均下降 0.1%。

农村生活消费品价格总水平比上年上涨 2.3%。分项目看，除住房和交通类下降 1.4%和 0.3%外，其他均上涨。服务项目类、衣着、食品、医疗保健、文教娱乐用品和家庭设备及用品分别比上年上涨 5.2%、2.2%、2.0%、0.8%、0.6%和 0.1%。农业生产资料价格总水平比上年下降 0.4%，其中，种子上涨 0.9%，产品畜上涨 2.0%，饲料上涨 2.5%，燃料下降 15.3%。

2015 年，全市一般公共预算收入 247.4 亿元，增长 17.0%。其中，税收收入 186.4 亿元，增长 14.3%，占一般公共预算收入的比重为 75.3%。全市一般公共预算支出 367.7 亿元，比上年增长 18.3%。其中，用于民生的商业服务、住房保障、城乡社区、教育、医疗卫生与计划生育、文化体育与传媒、社会保障和就业支出分别增长 124.9%、70.3%、39.2%、27.8%、17.6%、13.2%、10.3%。

二、农　业

2015 年，全市农作物播种面积 465.6 千公顷，比上年增长 2.6%。其中，粮食作物播种面积 327.9 千公顷，比上年下降 0.3%。全年粮食产量 130.3 万吨，比上年下降 1.5%。粮食作物中，玉米播种面积 175.2 千公顷，比上年增长 2.4%，产量 102.9 万吨，比上年增长 1.4%；马铃薯播种面积 62.8 千公顷，比上年下降 12.8%，产量 14.2 万吨，比上年下降 20.6%；油料播种面积 64.7 千公顷，比上年增长 28.6%，产量 9.6 万吨，比上年增长 19.3%。

2015 年末，全市牲畜存栏头数达269.6 万头（只），比上年增长 3.2%。其中，大牲畜存栏 64.0 万头，比上年下降 0.8%；小牲畜存栏 205.6 万只，比上年增长 4.0%。全年肉类总产量10.4 万吨，比上年增长 0.5%；禽蛋产量 3.4 万吨，比上年增长 1.7%；牛奶产量 287.2 万吨，比上年增长 1.8%。

三、工　业

2015 年，全市规模以上工业增加值比上年增长 10.0%。大中型工业企业实现产值 1281.3 亿元，占全部规模以上工业产值的 77.2%。59 户战略性新兴工业企业共实现产值 516.5 亿元，占全部规模以上工业产值的 31.1%。

从工业产品产量看，化学药品原药 0.68 万吨，增长 21.6%；原铝 27.1 万吨，增长 19.7%；乳制品 170.3 万吨，增长 18.0%；单晶硅 8568.5 吨，增长13.7%；化肥（折纯）32.3 万吨，增长12.8%；饲料 81.7 万吨，增长 8.1%；卷烟 215.0 亿支，增长 2.4%。

2015 年，全市规模以上工业企业实现主营业务收入 1661.7 亿元，比上年下降 7.0%；规模以上工业亏损企业亏损额 88.9 亿元，比上年下降 8.7%；实现利润 69.1 亿元，比上年增长19.3%。

四、固定资产投资

2015 年，全市城乡 500 万元以上项目完成固定资产投资 1618.6 亿元，比上年增长 15.8%。其中，第一产业投资 75.9 亿元，下降 18.2%；第二产业投资 325.5 亿元，增长 30.8%，其中，工业投资 324.4 亿元，增长 30.7%；第三产业投资 1217.2 亿元，增长 15.3%。

全市房地产开发投资额为 509.0 亿元，比上年下降 9.6%。商品房销售面积 381.8 万平方米，比上年增长 4.9%；商品房销售额 198.3 亿元，比上年下降0.5%。

五、国内贸易和对外经济

2015 年，全市社会消费品零售总额 1353.5 亿元，比上年增长 7.8%。批发和零售业实现零售额 1160.5 亿元，增长 7.3%，占全市零售额的 85.7%。住宿和餐饮业实现零售额 193.1 亿元，增长 10.9%。

在限额以上企业商品零售额中，粮油和食品类、烟酒类和家具类零售额分别为 90.9 亿元、11.7 亿元和 17.4 亿元，比上年分别增长 56.5%、48.4% 和 28.9%；汽车类 161.0 亿元，增长3.4%；石油及制品类 74.0 亿元，增长3.7%。

2015 年，全市海关进出口总额 20.7 亿美元，比上年下降 5.6%。其中，进口总额 8.2 亿美元，下降 13.5%；出口总额 12.5 亿美元，增长 0.5%。

六、交通和邮电

2015 年，全市公路货运量 18371 万吨，比上年增长 12.5%，公路货运周转量 319.77 亿吨公里，增长 13.3%；公路客运量 648.6 万人，比上年下降7.2%，公路客运周转量 14.54 亿人公里，下降 3.8%。

2015 年，全市完成邮电业务总量（2010 年不变价）65.2 亿元，比上年增长 17.5%。其中，邮政业务总量 8.6 亿元，增长 11.0%；电信业务总量 56.6 亿元，增长 18.6%。年末本地网固定电话用户70.8 万户；年末移动电话 336.2 万户。

七、金融和保险业

2015 年末，全市金融机构人民币存款余额 5364.7 亿元，比年初增长12.4%。其中，住户存款余额 1684.0 亿元，增长 5.8%；非金融存款余额 2107.3 亿元，增长 16.9%。年末金融机构人民币贷款余额 6073.9 亿元，比年初增长18.0%。其中，住户贷款余额 938.1 亿元，增长 5.2%；非金融企业及机关团体贷款余额 5135.7 亿元，增长 20.7%。住户贷款中，短期贷款余额 324.3 亿元，增长 1.5%；中长期贷款余额 613.8 亿元，增长 7.3%。

2015 年，全市保险业实现保费收入82.0 亿元，比上年增长 30.0%。其中，财产险 28.0 亿元，增长 7.4%；人身险54.0 亿元，增长 45.9%。全市保险业累计赔付支出 24.5 亿元，比上年增长15.4%。其中，财产险 15.5 亿元，增长24.6%；人身险 9.0 亿元,增长 2.5%。

八、科学技术和教育

2015 年，全市财政投入科技经费11739 万元，比上年下降 36.6%，争取国家及自治区支持资金 0.5 亿元，项目58 项。年内专利申请量 2614 件，授权专利 1619 件。安排重大科技专项经费3700 万元。

2015 年末，全市共有普通高校 24所、成人高校 1 所、中等职业教育学校 58 所、普通中学 109 所、小学 212所、幼儿园 320 所。全年普通高校招生 6.8 万人，比上年下降 0.2%；毕业生 6.2 万人，下降 2.7%；年末在校生23.5 万人，增长 1.2%。普通中学招生4.7 万人，下降 7.0%；毕业生 5.0 万人，下降 0.4%；年末在校生 14.6 万人，下降 3.0%。小学招生 2.9 万人，下降 2.7%；毕业生 2.8 万人，下降 4.5%；年末小学在校生 16.9 万人，增长 0.5%。年末在园幼儿 6.1 万人，增长 7.1%。

九、文化、卫生和体育

全市共拥有艺术表演团体 14 个，文化馆 10 个，公共图书馆 10 个，博物馆 9 个，广播电视台 7 座，广播综合人口覆盖率 99.1 %。全市有线电视用户40.4 万户，电视综合人口覆盖率 99.1 %。

年末全市共有卫生机构 2011 个。其中，医院 94 个。医院拥有病床 15661张。全市拥有卫生技术人员 21778 人，其中，执业医师、助理医师 8882 人。

全市有体育场 25 个，体育馆 7 个，游泳池 27 个。

十、资源、环境

2015 年，林业全年完成人工造林面积 29.8 千公顷。四旁（零星）植树121 万株。当年苗木产量 7125 万株。

2015 年，初步核算，全市万元生产总值能耗下降 4.43%，万元工业增加值能耗下降 9.13%，万元生产总值电耗下降 9.15%。

2015 年，环境空气质量在北方 15 个省会城市中位居前三。地表饮用水源地水质指标 109 项，监测合格率 100%。全市自然保护区 7 个，面积达 2858.08 平方公里。已建成的生态示范区 6 个，面积达 1707.10 平方公里。

十一、人口与人民生活和社会保障

2015 年末，全市常住人口 305.96 万人，比上年增加 2.90 万人。其中，城镇人口 206.49 万人，乡村人口 99.47 万人，城镇化率达 67.5%。全年户籍人口 238.58 万人，其中，出生人口 2.37 万人，死亡人口 1.10 万人。

2015 年，全市城镇常住居民人均可支配收入 37362 元，比上年增长 7.6%。城镇常住居民人均消费性支出 26547 元，增长 6.9 %。农村常住居民人均可支配收入达 13491 元，比上年增长 7.6%。农村常住居民人均生活消费性支出 13223 元，增长 8.1%。

2015 年末，全市城镇新增就业人员 4.1 万人，城镇失业人员再就业 8728 人，就业困难人员就业 6831 人。城镇登记失业率为 3.56%。年末全市基本养老保险参保人数达 62.2 万人，其中企业在职职工参保 43.8 万人。城乡居民社会养老保险制度覆盖到全市 9 个旗县区，参保人数达 62.6 万人，享受待遇人数 19.1 万人；城镇职工基本养老、城镇基本医疗、失业、工伤和生育保险参保人数分别达 43.8 万人、114.6 万人、47.3 万人、39.0 万人和 36.1 万人。

2015 年，城市居民享受最低生活保障人数 29786 人，发放低保资金 18348.4 万元；农村居民享受最低生活保障人数 88740 人，发放低保资金 20857.6 万元。

注：本公报指标数均为快报数。

内蒙古自治区 2015 年国民经济和社会发展统计公报

内蒙古自治区统计局

（2016 年 2 月 29 日）

2015 年，面对错综复杂的国际形势和艰巨繁重的国内改革发展稳定任务，内蒙古自治区各族人民在自治区党委、政府的正确领导下，深入学习贯彻党的十八大、十八届三中、四中、五中全会及习近平总书记系列重要讲话精神，按照“五位一体”总体布局和“四个全面”战略布局的总要求，牢固树立和贯彻落实创新、协调、绿色、开放、共享的发展理念和“8337”发展思路，着力推进“十个全覆盖”等重点工程建设，适应经济发展新常态，经济总体发展实现了稳中有进、稳中有好、进中有创、创中提质的良好态势，结构调整出现积极变化，改革开放不断深化，民生事业持续进步，经济社会发展迈上新台阶，实现了“十二五”圆满收官，为“十三五”经济社会发展、决胜全面建成小康社会奠定了坚实基础。

一、综　合

年末全区常住人口为 2511.04 万人，比上年增加 6.23 万人。其中，城镇人口为 1514.16 万人，乡村人口为 996.88 万人。全年出生人口为 19.36 万人，出生率为 7.72‰；死亡人口为 13.34 万人，死亡率为 5.32‰；人口自然增长率为 2.4‰。城镇化率达到 60.3%，比上年提高 0.8 个百分点。

初步核算，全区实现地区生产总值 18032.8 亿元，按可比价格计算，比上年增长 7.7%。其中，第一产业增加值 1618.7 亿元，增长 3.0%；第二产业增加值 9200.6 亿元，增长 8.0%；第三产业增加值 7213.5 亿元，增长 8.1%。人均生产总值达到 71903 元，比上年增长 7.4%，按年均汇率计算折合为 11547 美元。全区三次产业比例为 9：51：40。

全年居民消费价格总水平比上年上涨 1.1%。分城乡看，城市上涨 1.1%，农村牧区上涨 1.1%。分类别看，八大类消费品价格总体呈现出“六升二降”的格局。其中，涨幅排前三的分别是烟酒及用品、衣着、医疗保健和个人用品，分别上涨 3.7%、2.8%和 2.3%。交通和通信、居住类价格分别下降 2.0%和 0.3%。从生产者角度看，工业生产者购进价格和工业生产者出厂价格分别下降 4.1%和 6.0%。固定资产投资价格下降 2.0%，农产品生产价格下降 2.0%。

年末全区城镇单位就业人员 292.6 万人。年末城镇登记失业率为 3.65%。全年实现失业人员再就业人数为 6.1 万人。

全年完成一般公共预算收入 1964.4 亿元，一般公共预算支出 4290.1 亿元，分别比上年增长 6.5%和 10.6%。财政收入在增收困难较大的情况下，顺利完成了全年增长目标。旗县（市、区）财政收入有一些新变化。全区102个旗县（市、区）全部实现超亿元全覆盖。其中，一般公共预算收入超过50亿元的旗县有3个，超过20亿元的旗县有16个，超过10亿元的旗县有37个。全区农村牧区“十个全覆盖”等70周年大庆项目和各类民生重点支出得到较好保障。其中，社会保障和就业支出增长13.7%，教育支出增长12.9%，保障性安居工程支出增长29.9%。

二、农牧业

全年农作物总播种面积756.8万公顷，比上年增长2.9%。其中，粮食作物播种面积572.7万公顷，增长1.3%。粮食总产量达2827万吨，比上年增长2.7%；油料产量193.6万吨，增长13.7%；甜菜产量230.1万吨，增长43.7%；蔬菜产量1445.3万吨，下降1.9%；水果（含果用瓜）产量296.7万吨，下降7.9%。

牧业年度全区牲畜存栏头数达13585.7万头（只），比上年增长5.2%；牲畜总增头数7612.4万头（只），总增率达58.9%。牧业年度良种及改良种牲畜总头数12268.4万头(只)。全年肉类总产量245.7万吨，比上年下降2.6%。其中，猪肉产量达到70.8万吨，下降3.4%；牛肉产量达到52.9万吨，下降3.0%；羊肉产量达到92.6万吨，下降0.8%。牛奶产量803.2万吨，增长1.9%；禽蛋产量56.4万吨，增长5.3%。

年末全区农牧业机械总动力3805.1万千瓦，比上年增长4.8%；综合机械化水平达到81.4%。全年农村牧区用电量72.3亿千瓦时，比上年增长14.5%；化肥施用量（按折纯）237.4万吨，增长6.6%；机耕地面积645.3万公顷，增长2.7%。

三、工业和建筑业

全年全部工业增加值7939.2亿元，比上年增长8.2%。其中，规模以上工业企业增加值增长8.6%。在规模以上工业企业中，国有及国有控股企业增加值增长3.2%，集体企业增加值增长7.2%，股份制企业增加值增长9.2%，外商及港澳台投资企业增加值增长6.4%，其它经济类型企业增加值增长22.4%。在规模以上工业企业中，轻工业增加值增长11.3%；重工业增加值增长8.0%。

从主要工业产品产量看，全区原煤产量达90957.1万吨，比上年下降8.5%；焦炭产量3041万吨，下降11.8%；天然气产量290亿立方米，增长3.2%；发电量达到3928.8亿千瓦小时，增长1.8%,其中,风力发电量407.9亿千瓦小时，增长4.6%；钢材产量为1897.2万吨，增长7.8%；载货汽车为9719辆，下降19.5%。

全区规模以上工业企业实现主营业务收入18522.7亿元，比上年下降0.3%；实现利润940.5亿元，下降23.8%。全年规模以上工业企业产品销售率96.6%,产成品库存额643.2亿元，增长0.7%。

全年建筑业增加值1263.2亿元，比上年增长6.7%。全区具有建筑业资质等级的建筑施工企业956个；施工企业房屋建筑施工面积6974.6万平方米，下降13.4%；竣工房屋面积3103.1万平方米，下降15.0%；房屋建筑竣工率44.5%。全年具有建筑业资质等级的建筑企业实现利润49.3亿元，实现税金48.4亿元。

四、固定资产投资

全年全社会固定资产投资总额13824.8亿元，比上年增长14.5%。其中，500万元以上项目完成固定资产投资13651.7亿元，增长14.5%。从投资主体看，国有经济单位投资5557亿元，增长7.2%；集体单位投资124亿元，增长66.3%；个体投资222.4亿元，增长18.3%；其他经济类型单位投资7921.4亿元，增长19.5%。从三次产业投资看，第一产业投资893.4亿元，增长6.3%；第二产业投资6614.6亿元，增长16.9%，其中，工业投资6451.1亿元，增长16.3%；第三产业投资6316.8亿元，增长13.3%。按项目隶属关系分，地方项目完成投资13084.3亿元，增长15.6%；中央项目完成投资740.4亿元，下降1.9%。

新开工项目12695个，增长2.4%；在建项目投资总规模35672亿元,下降0.1%。全年房地产开发投资额1081.1亿元，下降21.1%。商品房销售面积2369.4万平方米，下降3.6%；商品房销售额1052.2亿元，下降1.2%。

五、国内贸易

全年社会消费品零售总额6107.7亿元，比上年增长8.0%。从经营单位所在地看，城镇实现社会消费品零售额5538亿元，占社会消费品零售总额的90.7%，增长7.7%；乡村实现社会消费品零售额569.7亿元,增长10.7%。在限额以上企业商品零售额中，粮食、食品、饮料、烟酒类完成零售额247.4亿元，增长26.7%；汽车类完成零售额452亿元，增长2.5%；石油及制品类完成零售额564.1亿元，下降6.2%。

六、对外经济

全年海关进出口总额790.4亿元，比上年下降11.6%。其中，出口总额350.3亿元,下降10.8%;进口总额440.1亿元,下降12.2%。从主要贸易方式看，一般贸易进出口额达441.4亿元，占进出口总额的55.8%；边境小额贸易进出口额达191.5亿元；加工贸易进出口额达15.1亿元。

全年实际使用外商直接投资额33.7亿美元，比上年下降15.4%。年内全区在工商部门注册的外商投资企业2967家。新批准外商投资企业52家，比上年增加8家。

七、交通、邮电和旅游业

全年完成货物运输总量20.9亿吨，比上年增长2.1%。完成货物运输周转量4401.5亿吨公里，下降3.3%。

全年完成旅客运输总量19820万人，比上年增长0.2%。完成旅客运输周转量365.9亿人公里，增长0.7%。

年末全区民用汽车保有量400.1万辆，比上年增长7.6%；其中本年新注册汽车41万辆。年末私人轿车保有量210.3万辆，增长13.5%；其中本年新注册轿车24.6万辆。

全年邮电业务总量（2010年不变价）400.3亿元，比上年增长19.1%。其中，电信业务总量377.1亿元，增长19.0%；邮政业务总量23.2亿元，增长19.3%。年末本地固定电话用户327万户，下降8.9%；移动电话用户2425.3万户，下降8.0%。年末本地电话局用交换机容量487.8万门。全区电话普及率（包括固定和移动电话）达到110.5部/百人。年末全区互联网络用户2164万户，增长8.7%。

全年实现旅游总收入2257.1亿元，比上年增长25.0%。接待入境旅游人数160.8万人次，下降3.8%；旅游外汇收入9.6亿美元，下降4.0%。国内旅游人数8351.8万人次，增长12.6%；国内旅游收入2193.8亿元，增长25.7%。

八、金融

年末全区金融机构人民币存款余额18077.6亿元，全年新增存款1641.3亿元，比上年增长11.0%。其中，住户存款余额8999.4亿元，比上年末增加626.7亿元，增长7.1%；非金融企业存款余额4959.6亿元，比上年末增加457.6亿元，增长10.0%；广义政府存款余额3517.7亿元，比上年末增加426亿元，增长14.0%。年末全区金融机构人民币贷款余额17140.7亿元，全年新增贷款2186.7亿元，增长14.7%。其中，住户贷款余额4223.6亿元，比上年末增加265.7亿元，增长6.9%；非金融企业及机关团体贷款余额12908.1亿元，比上年末增加1915.2亿元，增长17.4%。

年末全区保险机构共有2460家，保险从业人员15.6万人。全年保险业实现保费收入395.5亿元，增长26%。全年保险业累计赔付支出124.5亿元，增长12.8%。农业保险稳步推进，全年全区农业保险实现保费收入31.4亿元，累计赔付支出16.8亿元，有247.8万户农牧户受益，充分发挥了支农惠农作用。

九、人民生活和社会保障

全年全体居民人均可支配收入22310元，比上年增长8.5%。全体居民人均生活消费支出17179元，增长5.7%。

城镇常住居民人均可支配收入30594元，比上年增长7.9%。从主要收入构成看，工资性收入为18989元，增长9.1%；经营净收入4801元，增长5.8%；财产净收入1870元，增长3.8%；转移净收入4934元，增长7.2%。城镇常住居民人均生活消费支出21876元，增长4.7%。农村牧区常住居民人均可支配收入10776元，比上年增长8.0%。从主要收入构成看，工资性收入2250元，增长8.6%；经营净收入6185元，增长5.3%；财产净收入425元，增长9.4%；转移净收入1916元，增长16.5%。农村牧区常住居民人均生活消费支出10637元，增长6.7%。城镇居民家庭恩格尔系数为28.4%，农村牧区居民家庭恩格尔系数为29.4%。

年末全区参加城镇职工基本养老保险人数579万人，比上年增长10.3%；参加城乡居民社会养老保险人数734.1万人，下降3.7%。参加失业保险职工人数242.1万人，领取失业保险金人数为5.6万人。参加基本养老保险的离退休人员208.1万人，增长8.0%。参加基本医疗保险人数1008.1万人，增长1.0%；有336.2万职工参加了基本医疗保险，增长1.3%。参加农村合作医疗农牧民人数为1285万人。

十、教育、科学技术和文化体育

年末全区共有普通高等学校53所，比上年增加3所；全年招收学生12.8万人，增长3.8%；在校学生42.1万人，增长3.5%，其中，少数民族在校学生11.0万人，少数民族在校学生中有蒙古族学生9.5万人；毕业学生10.8万人，下降3.4%。年末全区有研究生培养单位10个，招收研究生6195人，增长3.5%；在校研究生1.8万人，增长4.0%，其中，少数民族在校研究生5193人，少数民族在校研究生中有蒙古族研究生4587人。年末有普通高中284所，全年招收学生14.8万人，下降4.4%；在校学生46.3万人，下降4.3%，其中，少数民族学生13.6万人，少数民族在校学生中有蒙古族学生12.3万人；毕业学生16.6万人。年末有小学1853所，招收学生22.37万人，下降0.4%；在校学生131.4万人，增长1.3%；毕业学生20.1万人，下降9.1%。全区幼儿园在园幼儿人数59.3万人，增长6.2%。全区初中阶段毛入学率100.2%，小学适龄儿童入学率100%。

全年共取得重大科技成果418项，其中，基础理论成果61项，应用技术成果352项，软科学成果5项。获得国家级奖励的科技成果3项。全年专利申请8876项，授权专利5522项。年内共签订各类技术合同数2653个。合同成交金额189.9亿元，其中区内成交技术金额14.0亿元，向区外输出技术成交金额1.3亿元，吸纳技术成交金额174.6亿元。

全区共有111个产品质量检验机构，其中国家检测中心5个。

年末全区有艺术表演团体96个，其中乌兰牧骑70个；艺术表演场所18个。现拥有文化馆105座，公共图书馆116座，博物馆78座，档案馆143

座，已开放各类档案 241 万卷。年末全区广播综合人口覆盖率 99.1%，电视综合人口覆盖率 99.1%。年末全区有线电视用户 345.9 万户。全年生产故事影片 14 部，蒙语译制片 102 部。

年内全区体育健儿在国内外重大竞赛中获奖牌 81 枚。其中，国外获奖牌 11 枚，国内获奖牌 70 枚。

十一、卫生和社会服务

年末全区共有卫生机构 23886 个，其中，医院 702 个，农村牧区卫生院 1322 个，疾病预防控制机构 119 个，妇幼卫生机构 114 个，专科疾病防治院（所）53 个。年末全区医疗卫生单位拥有病床 13.4 万张，增长 3.8%，其中，医院拥有病床 10.5 万张，乡镇卫生院拥有病床 1.9 万张，妇幼卫生机构拥有病床 0.3 万张。全区拥有卫生技术人员 16.2 万人，增长 5.1%，其中执业医师、助理医师 6.4 万人，注册护士 6.1 万人。农村牧区拥有村卫生室 1.4 万个，拥有乡村医生和卫生员 1.8 万人。

年末全区城镇建立各种社区服务机构 2993 个，其中，社区服务中心 1021 个。全区各类社会福利院床位 8.9 万张，各类福利院收养人数 6.3 万人。全年共有 176.7 万人得到国家最低生活保障救济。全年筹集社会福利资金 15.4 亿元，销售社会福利彩票 53.6 亿元，分别增长 2.1%和 8.0%。接受社会捐赠（不包括社会组织捐赠）61.2 万元。

十二、资源、环境

初步统计，全年完成营造林面积 73.4 万公顷。其中，人工造林 41.6 万公顷，飞播造林 8.3 万公顷，封山育林 23.5 万公顷。完成退耕还林和荒山荒地造林面积 2.5 万公顷，完成天然林资源保护工程造林面积 9.5 万公顷，完成京津风沙源治理工程造林面积 12.6 万公顷，完成“三北”防护林五期工程造林面积 14.1 万公顷，完成中、幼林抚育（作业）面积 18.8 万公顷。年末全区森林面积 2487.9 万公顷，森林覆盖率达 21.03%。全年实现林业产业产值 307.2 亿元。

全年平均气温为 6.0℃，平均降水量 328 毫米。

全区确定的自然保护区 182 个。其中，国家级自然保护区 29 个，自治区级自然保护区 60 个。自然保护区面积 1270.17 万公顷。生态示范区建设试点单位 25 个。湿地类型自然保护区 83 处，国家湿地公园 36 处。

初步核算，万元生产总值能耗超额完成年度下降目标和“十二五”进度目标。万元 GDP 能耗比上年下降 4.0%，万元工业增加值能耗(1)下降 8.8%。全年规模以上工业综合能源消费量(2)下降 1.0%，其中七大高耗能行业综合能源消费量下降 0.8%。主要耗能工业企业(3)吨原煤生产综合能耗增长 1.1%，单位电石生产综合能耗增长 1.0%，吨水泥综合能耗增长 1.4%，吨钢综合能耗增长 0.4%。

注释：

本公报中数据均为初步统计数。部分数据因四舍五入的原因，存在着与分项合计不等的情况。

（1）规模以上工业口径，按当量值计算。

（2）规模以上工业综合能源消费量口径，按当量值计算。

（3）主要耗能工业企业是指年综合能源消费量 1 万吨标准煤及以上的规模以上工业企业。

中华人民共和国
2015 年国民经济和社会发展统计公报[1]

中华人民共和国国家统计局

2016 年 2 月 29 日

2015 年，面对错综复杂的国际形势和艰巨繁重的国内改革发展稳定任务，党中央、国务院团结带领全国各族人民，按照“五位一体”总体布局和“四个全面”战略布局的总要求，牢固树立和贯彻落实创新、协调、绿色、开放、共享的发展理念，适应经济发展新常态，坚持改革开放，坚持稳中求进工作总基调，坚持稳增长、调结构、惠民生、防风险，不断创新宏观调控思路与方式，深入推进结构性改革，扎实推动大众创业万众创新，努力促进经济保持中高速增长、迈向中高端水平，转型升级步伐加快，改革开放不断深化，民生事业持续进步，经济社会发展迈上新台阶，实现了“十二五”圆满收官，为“十三五”经济社会发展、决胜全面建成小康社会奠定了坚实基础。

一、综合

初步核算，全年国内生产总值[2]676708亿元，比上年增长6.9%。其中，第一产业增加值60863亿元，增长3.9%；第二产业增加值274278亿元，增长6.0%；第三产业增加值341567亿元，增长8.3%。第一产业增加值占国内生产总值的比重为9.0%，第二产业增加值比重为40.5%，第三产业增加值比重为50.5%，首次突破50%。全年人均国内生产总值49351元，比上年增长6.3%。全年国民总收入[3]673021亿元。

年末全国大陆总人口137462万人，比上年末增加680万人，其中城镇常住人口77116万人，占总人口比重（常住人口城镇化率）为56.10%，比上年末提高1.33个百分点。全年出生人口1655万人，出生率为12.07‰；死亡人口975万人，死亡率为7.11‰；自然增长率为4.96‰。全国人户分离的人口[4]2.94亿人，其中流动人口[5]2.47亿人。人均预期寿命76.34岁。

年末全国就业人员77451万人，其中城镇就业人员40410万人。全年城镇新增就业1312万人。年末城镇登记失业率为4.05%。全国农民工[7]总量27747万人，比上年增长1.3%。其中，外出农民工16884万人，增长0.4%；本地农民工10863万人，增长2.7%。

全年全员劳动生产率[8]为76978元/人，比上年提高6.6%。

全年居民消费价格比上年上涨1.4%，其中食品价格上涨2.3%。固定资产投资价格下降1.8%。工业生产者出厂价格下降5.2%。工业生产者购进价格下降6.1%。农产品生产者价格[9]上涨1.7%。

年末70个大中城市新建商品住宅销售价格月同比上涨的城市个数为21个，比年初增加20个；下降的为49个，减少20个。

全年全国一般公共预算收入152217亿元，比上年同口径[11]增加8324亿元，增长5.8%，其中税收收入124892亿元，增加5717亿元，增长4.8%。

年末国家外汇储备33304亿美元，比上年末减少5127亿美元。全年人民币平均汇率为1美元兑6.2284元人民币，比上年贬值1.4%。

二、农业

全年粮食种植面积11334万公顷，比上年增加62万公顷。棉花种植面积380万公顷，减少42万公顷。油料种植面积1406万公顷，增加1万公顷。糖料种植面积174万公顷，减少16万公顷。

全年粮食产量62144万吨，比上年增加1441万吨，增产2.4%。其中，夏粮产量14112万吨，增产3.3%；早稻产量3369万吨，减产0.9%；秋粮产量44662万吨，增产2.3%。全年谷物产量57225万吨，比上年增产2.7%。其中，稻谷产量20825万吨，增产0.8%；小麦产量13019万吨，增产3.2%；玉米产量22458万吨，增产4.1%。

全年棉花产量561万吨，比上年减产9.3%。油料产量3547万吨，增产1.1%。糖料产量12529万吨，减产6.2%。茶叶产量224万吨，增产6.9%。

全年肉类总产量8625万吨，比上年下降1.0%。其中，猪肉产量5487万吨，下降3.3%；牛肉产量700万吨，增长1.6%；羊肉产量441万吨，增长2.9%；禽肉产量1826万吨，增长4.3%。禽蛋产量2999万吨，增长3.6%。牛奶产量3755万吨，增长0.8%。年末生猪存栏45113万头，下降3.2%；生猪出栏70825万头，下降3.7%。

全年水产品产量6690万吨，比上年增长3.5%。其中，养殖水产品产量4942万吨，增长4.1%；捕捞水产品产量1748万吨，增长0.5%。

全年木材产量6832万立方米，比上年下降17.0%。

全年新增耕地灌溉面积158万公顷，新增节水灌溉面积254万公顷。

三、工业和建筑业

全年全部工业增加值228974亿元，比上年增长5.9%。规模以上工业增加值增长6.1%。在规模以上工业中，分经济类型看，国有控股企业增长1.4%；集体企业增长1.2%，股份制企业增长7.3%，外商及港澳台商投资企业增长3.7%；私营企业增长8.6%。分门类看，采矿业增长2.7%，制造业增长7.0%，电力、热力、燃气及水生产和供应业增长1.4%。

全年规模以上工业中，农副食品加工业增加值比上年增长5.5%，纺织业增长7.0%，化学原料和化学制品制造业增长9.5%，非金属矿物制品业增长6.5%，黑色金属冶炼和压延加工业增长5.4%，通用设备制造业增长2.9%，专用设备制造业增长3.4%，汽车制造业增长6.7%，电气机械和器材制造业增长7.3%，计算机、通信和其他电子设备制造业增长10.5%，电力、热力生产和供应业增长0.5%。六大高耗能行业[12]增加值比上年增长6.3%，占规模以上工业增加值的比重为27.8%。高技术制造业[13]增加值增长10.2%，占规模以上工业增加值的比重为11.8%。装备制造业[14]增加值增长6.8%，占规模以上工业增加值的比重为31.8%。

年末全国发电装机容量150828万千瓦，比上年末增长10.5%。其中[17]，火电装机容量99021万千瓦，增长7.8%；水电装机容量31937万千瓦，增长4.9%；核电装机容量2608万千瓦，增长29.9%；并网风电装机容量12934万千瓦，增长33.5%；并网太阳能发电装机容量4318万千瓦，增长73.7%。

全年规模以上工业企业实现利润63554亿元，比上年下降2.3%。分经济类型看，国有控股企业实现利润10944亿元，比上年下降21.9%；集体企业508亿元，下降2.7%，股份制企业42981亿元，下降1.7%，外商及港澳台商投资企业15726亿元，下降1.5%；私营企业23222亿元，增长3.7%。分门类看，采矿业实现利润2604亿元，比上年下降58.2%；制造业55609亿元，增长2.8%；电力、热力、燃气及水生产和供应业5341亿元，增长13.5%。

全年全社会建筑业增加值46456亿元，比上年增长6.8%。全国具有资质等级的总承包和专业承包建筑业企业实现利润6508亿元，增长1.6%，其中国有控股企业1676亿元，增长6.0%。

四、固定资产投资

全年全社会固定资产投资562000亿元，比上年增长9.8%，扣除价格因素，实际增长11.8%。其中，固定资产投资（不含农户）551590亿元，增长10.0%。分区域看[18]，东部地区投资232107亿元，比上年增长12.4%；中部地区投资143118亿元，增长15.2%；西部地区投资140416亿元，增长8.7%；东北地区投资40806亿元，下降11.1%。

在固定资产投资（不含农户）中，第一产业投资15561亿元，比上年增长31.8%；第二产业投资224090亿元，增长8.0%；第三产业投资311939亿元，增长10.6%。基础设施投资[19]101271亿元，增长17.2%，占固定资产投资（不含农户）的比重为18.4%。民间固定资产投资[20]354007亿元，增长10.1%，占固定资产投资（不含农户）的比重为64.2%。高技术产业投资[21]32598亿元，增长17.0%，占固定资产投资（不含农户）的比重为5.9%。

全年房地产开发投资95979亿元，比上年增长1.0%。其中，住宅投资64595亿元，增长0.4%；办公楼投资6210亿元，增长10.1%；商业营业用房投资14607亿元，增长1.8%。

全年全国城镇保障性安居工程基本建成住房772万套，新开工783万套，其中棚户区改造开工601万套。

五、国内贸易

全年社会消费品零售总额300931亿元，比上年增长10.7%，扣除价格因素，实际增长10.6%。按经营地统计，城镇消费品零售额258999亿元，增长10.5%；乡村消费品零售额41932亿元，增长11.8%。按消费类型统计，商品零售额268621亿元，增长10.6%；餐饮收入额32310亿元，增长11.7%。

在限额以上企业商品零售额中，粮油、食品、饮料、烟酒类零售额比上年增长14.6%，服装、鞋帽、针纺织品类增长9.8%，化妆品类增长8.8%，金银珠宝类增长7.3%，日用品类增长12.3%，家用电器和音像器材类增长11.4%，中西药品类增长14.2%，文化办公用品类增长15.2%，家具类增长16.1%，通讯器材类增长29.3%，建筑及装潢材料类增长18.7%，汽车类增长5.3%，石油及制品类下降6.6%。

全年网上零售额[24]38773亿元，比上年增长33.3%，其中网上商品零售额32424亿元，增长31.6%。在网上商品零售额中，吃类商品增长40.8%，穿类商品增长21.4%，用类商品增长36%。

六、对外经济[25]

全年货物进出口总额245741亿元，比上年下降7.0%。其中，出口141255亿元，下降1.8%；进口104485亿元，下降13.2%。货物进出口差额（出口减进口）36770亿元，比上年增加13244亿元。

全年服务进出口[26]总额7130亿美元，比上年增长14.6%。其中，服务出口2882亿美元，增长9.2%；服务进口4248亿美元，增长18.6%。服务进出口逆差1366亿美元。

全年吸收外商直接投资（不含银行、证券、保险）新设立企业26575家，比上年增长11.8%。实际使用外商直接投资金额7814亿元（折1263亿美元），增长6.4%。其中“一带一路”[27]沿线国家吸收外商直接投资新设立企业2164家，增长18.3%；实际使用外商直接投资金额526亿元（折85亿美元），增长25.3%。

全年对外直接投资额（不含银行、证券、保险）7351亿元，按美元计价为1180亿美元，比上年增长14.7%。其中，我国对“一带一路”沿线国家对外直接投资额达148亿美元，增长18.2%。

全年对外承包工程业务完成营业额9596亿元，按美元计价为1541亿美元，比上年增长8.2%。对外劳务合作派出各类劳务人员53万人，下降5.7%。

七、交通[28]、邮电和旅游

全年货物运输总量417亿吨，比上年增长0.2%。货物运输周转量177401亿吨公里，下降1.9%。全年规模以上港口完成货物吞吐量114.3亿吨，比上年增长1.6%，其中外贸货物吞吐量35.9亿吨，增长1.1%。规模以上港口集装箱吞吐量20959万标准箱，增长4.1%。

全年旅客运输总量194亿人次，比上年下降4.4%。旅客运输周转量30047亿人公里，增长4.9%。

年末全国民用汽车保有量达到17228万辆（包括三轮汽车和低速货车955万辆），比上年末增长11.5%，其中私人汽车保有量14399万辆，增长14.4%。民用轿车保有量9508万辆，增长14.6%，其中私人轿车8793万辆，增长15.8%。

全年完成邮电业务总量[29]28220亿元，比上年增长29.2%。其中，邮政行业业务总量5079亿元，增长37.4%；电信业务总量23142亿元，增长27.5%。

邮政业全年完成邮政函件业务 45.8 亿件，包裹业务 0.4 亿件，快递业务量 206.7 亿件；快递业务收入 2770 亿元。电信业全年新增移动电话交换机容量[30]6529 万户，达到 211066 万户。年末全国电话用户总数达到 153673 万户，其中移动电话用户 130574 万户。移动电话普及率上升至 95.5 部/百人。固定互联网宽带接入用户[31]21337 万户，比上年增加 1289 万户；移动宽带用户[32]78533 万户，增加 20279 万户。移动互联网接入流量 41.9 亿 G，比上年增长 103%。互联网上网人数 6.88 亿人，增加 3951 万人，其中手机上网人数[33]6.20 亿人，增加 6303 万人。互联网普及率达到 50.3%。软件和信息技术服务业[34]完成软件业务收入 43249 亿元，比上年增长 16.6%。

全年国内游客 40 亿人次，比上年增长 10.5%，国内旅游收入 34195 亿元，增长 13.1%。入境游客 13382 万人次，增长 4.1%。其中，外国人 2599 万人次，下降 1.4%；香港、澳门和台湾同胞 10783 万人次，增长 5.6%。在入境游客中，过夜游客 5689 万人次，增长 2.3%。国际旅游收入 1137 亿美元，增长 7.8%。国内居民出境 12786 万人次，增长 9.7%。其中因私出境 12172 万人次，增长 10.6%；赴港澳台出境 8588 万人次，增长 4.4%。

八、金融

年末广义货币供应量（M2）余额 139.2 万亿元，比上年末增长 13.3%；狭义货币供应量（M1）余额 40.1 万亿元，增长 15.2%；流通中货币（M0）余额 6.3 万亿元，增长 4.9%。

全年社会融资规模增量[35]15.4 万亿元，按可比口径计算，比上年少 4675 亿元。年末全部金融机构本外币各项存款余额 139.8 万亿元，比年初增加 15.3 万亿元，其中人民币各项存款余额 135.7 万亿元，增加 15.0 万亿元。全部金融机构本外币各项贷款余额 99.3 万亿元，增加 11.7 万亿元，其中人民币各项贷款余额 94.0 万亿元，增加 11.7 万亿元。

年末主要农村金融机构（农村信用社、农村合作银行、农村商业银行）人民币贷款余额 120321 亿元，比年初增加 13433 亿元。全部金融机构人民币消费贷款余额 189520 亿元，增加 35869 亿元。其中，个人短期消费贷款余额 41008 亿元，增加 8497 亿元；个人中长期消费贷款余额 148512 亿元，增加 27373 亿元。

全年上市公司通过境内市场累计筹资 29814 亿元，比上年增加 21417 亿元。其中，首次公开发行 A 股 220 只，筹资 1579 亿元；A 股再筹资（包括配股、公开增发、非公开增发[36]、认股权证）6711 亿元，增加 2546 亿元；上市公司通过发行可转债、可分离债、公司债、中小企业私募债筹资 21524 亿元，增加 17961 亿元。全年首次公开发行创业板股票 86 只，筹资 309 亿元。

全年发行公司信用类债券[37]6.72 万亿元，比上年增加 1.57 万亿元。

全年保险公司原保险保费收入[38]24283 亿元，比上年增长 20.0%。其中，寿险业务原保险保费收入 13242 亿元，健康险和意外伤害险业务原保险保费收入 3046 亿元，财产险业务原保险保费收入 7995 亿元。支付各类赔款及给付 8674 亿元。其中，寿险业务给付 3565 亿元，健康险和意外伤害险赔款及给付 915 亿元，财产险业务赔款 4194 亿元。

九、人民生活和社会保障

全年全国居民人均可支配收入 21966 元，比上年增长 8.9%，扣除价格因素，实际增长 7.4%；全国居民人均可支配收入中位数[39]19281 元，增长 9.7%。按常住地分，城镇居民人均可支配收入 31195 元，比上年增长 8.2%，扣除价格因素，实际增长 6.6%；城镇居民人均可支配收入中位数为 29129 元，增长 9.4%。农村居民人均可支配收入 11422 元，比上年增长 8.9%，扣除价格因素，实际增长 7.5%；农村居民人均可支配收入中位数为 10291 元，增长 8.4%。全年农村居民人均纯收入为 10772 元。全国农民工人均月收入 3072 元，比上年增长 7.2%。全国居民人均消费支出 15712 元，比上年增长 8.4%，扣除价格因素，实际增长 6.9%。按常住地分，城镇居民人均消费支出 21392 元，增长 7.1%，扣除价格因素，实际增长 5.5%；农村居民人均消费支出 9223 元，增长 10.0%，扣除价格因素，实际增长 8.6%。

年末全国参加城镇职工基本养老保险人数 35361 万人，比上年末增加 1236 万人。参加城乡居民基本养老保险人数 50472 万人，增加 365 万人。参加城镇基本医疗保险人数 66570 万人，增加 6823 万人。其中，参加职工基本医疗保险人数 28894 万人，增加 598 万人；参加城镇居民基本医疗保险人数 37675 万人，增加 6225 万人。参加失业保险人数 17326 万人，增加 283 万人。年末全国领取失业保险金人数 227 万人。参加工伤保险人数 21404 万人，增加 765 万人，其中参加工伤保险的农民工 7489 万人，增加 127 万人。参加生育保险人数 17769 万人，增加 730 万人。年末全国共有 1708.0 万人享受城市居民最低生活保障，4903.2 万人享受农村居民最低生活保障，农村五保供养[40]517.5 万人。全年资助 5910.3 万城乡困难群众参加基本医疗保险。按照每人每年 2300 元（2010 年不变价）的农村扶贫标准计算，2015 年农村贫困人口 5575 万人，比上年减少 1442 万人。

十、教育、科学技术和文化体育

全年研究生教育招生 64.5 万人，在学研究生 191.1 万人，毕业生 55.2

万人。普通本专科招生737.8万人，在校生2625.3万人，毕业生680.9万人。中等职业教育[41]招生601.2万人，在校生1656.7万人，毕业生567.9万人。普通高中招生796.6万人，在校生2374.4万人，毕业生797.6万人。初中招生1411.0万人，在校生4312.0万人，毕业生1417.6万人。普通小学招生1729.0万人，在校生9692.2万人，毕业生1437.2万人。特殊教育招生8.3万人，在校生44.2万人，毕业生5.3万人。学前教育在园幼儿4264.8万人。九年义务教育巩固率为93.0%，高中阶段毛入学率为87.0%。

全年研究与试验发展（R&D）经费支出14220亿元，比上年增长9.2%，与国内生产总值之比为2.10%，其中基础研究经费671亿元。全年国家安排了3574项科技支撑计划课题，2561项"863"计划课题。截至年底，累计建设国家工程研究中心132个，国家工程实验室158个，国家认定企业技术中心1187家。国家新兴产业创投计划[42]累计支持设立206家创业投资企业，资金总规模557亿元，投资创业企业1233家。全年受理境内外专利申请279.9万件，授予专利权171.8万件。截至年底，有效专利547.8万件，其中境内有效发明专利87.2万件，每万人口发明专利拥有量6.3件。全年共签订技术合同30.7万项，技术合同成交金额9835亿元，比上年增长14.7%。

全年成功完成19次宇航发射。长征六号、长征十一号新型运载火箭成功首飞；地球静止轨道分辨率最高的遥感卫星高分四号成功发射；完成4颗新一代北斗导航卫星发射，北斗卫星导航系统全球组网稳步推进；国产首架大飞机C919成功总装下线。

年末全国共有产品检测实验室31768个，其中国家检测中心641个。全国现有产品质量、体系认证机构221个，已累计完成对136780个企业的产品认证。全国共有法定计量技术机构3830个，全年强制检定计量器具7354万台（件）。全年制定、修订国家标准1931项，其中新制定1330项。全年中央气象台和省级气象台共发布气象预警信号5939次，警报6107次。全国共有地震台站1687个，区域地震台网32个。全国共有海洋观测站（点）[43]124个。测绘地理信息部门公开出版地图2003种。

年末全国文化系统共有艺术表演团体2052个，博物馆2956个。全国共有公共图书馆3136个，总流通[44]58339万人次；文化馆3315个。有线电视用户2.39亿户，其中有线数字电视用户2.02亿户。年末广播节目综合人口覆盖率为98.2%，电视节目综合人口覆盖率为98.8%。全年生产电视剧395部16560集，电视动画片134011分钟。全年生产故事影片686部，科教、纪录、动画和特种影片[45]202部。出版各类报纸440亿份，各类期刊30亿册，图书81亿册（张），人均图书拥有量[46]5.91册（张）。年末全国共有档案馆4196个，已开放各类档案13294万卷（件）。

全年我国运动员在25个运动大项中获得127个世界冠军，共创12项世界纪录。全年我国残疾人运动员在34项国际赛事中获得395个世界冠军。

十一、卫生和社会服务

年末全国共有医疗卫生机构990248个，其中医院27215个，乡镇卫生院36869个，社区卫生服务中心（站）34588个，诊所（卫生所、医务室）195866个，村卫生室644751个，疾病预防控制中心3492个，卫生监督所（中心）3097个。卫生技术人员803万人，其中执业医师和执业助理医师300万人，注册护士328万人。医疗卫生机构床位708万张，其中医院534万张，乡镇卫生院121万张。

年末全国各类提供住宿的社会服务机构3.2万个，其中养老服务机构2.8万个。社会服务床位[47]676.3万张，其中养老床位669.8万张。年末共有社区服务中心2.4万个，社区服务站12.5万个。

十二、资源、环境和安全生产

全年全国国有建设用地供应总量[48]53万公顷，比上年下降12.5%。其中，工矿仓储用地12万公顷，下降15.2%；房地产用地[49]12万公顷，下降20.9%；基础设施等其他用地29万公顷，下降7.1%。

全年水资源总量28306亿立方米。全年平均降水量644毫米。年末全国监测的614座大型水库蓄水总量3645亿立方米，与上年末蓄水量基本持平。全年总用水量6180亿立方米，比上年增长1.4%。其中，生活用水增长3.1%，工业用水增长1.8%，农业用水增长0.9%，生态补水增长1.7%。万元国内生产总值用水量[50]104立方米，比上年下降5.1%。万元工业增加值用水量58立方米，下降3.9%。人均用水量450立方米，比上年增长0.9%。

全年完成造林面积632万公顷，其中林业重点生态工程完成造林面积242万公顷，占全部造林面积的38.2%。截至年底，自然保护区达到2740个，其中国家级自然保护区428个。新增水土流失治理面积5.4万平方公里，新增实施水土流失地区封育保护面积2.0万平方公里。

全年平均气温为10.5℃，共有6个台风登陆。

初步核算，全年能源消费总量43.0亿吨标准煤，比上年增长0.9%。煤炭消费量下降3.7%，原油消费量增长5.6%，天然气消费量增长3.3%，电力消费量增长0.5%。煤炭消费量占能源消费总量的64.0%，水电、风电、核电、天然气等清洁能源消费量占能源消费总量的17.9%。全国万元国内生产总值能耗下降5.6%。工业企业吨粗铜综合能耗下降0.79%，吨钢综合能耗下降0.56%，单位烧碱综合能耗下降1.41%，吨水泥综合能耗下降0.49%，每千瓦时火力发电标准煤耗下降0.95%。

十大流域[51]的700个水质监测断面中，Ⅰ～Ⅲ类水质断面比例占72.1%，劣Ⅴ类水质断面比例占8.9%。十大流域水质总体为轻度污染，水质保持稳定。

近岸海域301个海水水质监测点中，达到国家一、二类海水水质标准的监测点占70.4%，三类海水占7.6%，四类、劣四类海水占21.9%。

在监测的338个城市中，城市空气质量达标的城市占21.6%，未达标的城市占78.4%。

在监测的321个城市中，城市区域声环境质量好的城市占4.0%，较好的占68.5%，一般的占26.2%，较差的占0.9%，差的占0.3%。

年末城市污水处理厂日处理能力达到13784万立方米，比上年末增长5.3%；城市污水处理率达到91.0%，提高0.8个百分点。城市生活垃圾无害化处理率达到92.5%，提高0.7个百分点。城市集中供热面积64.2亿平方米，增长5.1%。城市建成区绿地面积189万公顷，增长3.7%；建成区绿地率达到36.3%，提高0.05个百分点；人均公园绿地面积13.16平方米，增加0.08平方米。

全年农作物受灾面积2177万公顷，其中绝收223万公顷。全年因洪涝和地质灾害造成直接经济损失920亿元，因旱灾造成直接经济损失486亿元，因低温冷冻和雪灾造成直接经济损失89亿元，因海洋灾害造成直接经济损失72亿元。全年大陆地区共发生5级以上地震14次，成灾12次，造成直接经济损失180亿元。全年共发生森林火灾2936起，森林火灾受害森林面积1.3万公顷。

全年各类生产安全事故共死亡66182人。亿元国内生产总值生产安全事故死亡人数0.098人，比上年下降8.4%；工矿商贸企业就业人员10万人生产安全事故死亡人数1.071人，下降19.4%；道路交通事故万车死亡人数2.1人，下降4.5%；煤矿百万吨死亡人数0.162人，下降36.5%。

注释：

[1]本公报中数据均为初步统计数。各项统计数据均未包括香港特别行政区、澳门特别行政区和台湾省。部分数据因四舍五入的原因，存在着与分项合计不等的情况。

[2]国内生产总值、各产业增加值和人均国内生产总值绝对数按现价计算，增长速度按不变价格计算。

[3]国民总收入，原称国民生产总值，是指一个国家或地区所有常住单位在一定时期内所获得的初次分配收入总额。它等于国内生产总值加上来自国外的净要素收入。

[4]人户分离的人口是指居住地与户口登记地所在的乡镇街道不一致且离开户口登记地半年及以上的人口。

[5]流动人口是指人户分离人口中扣除市辖区内人户分离的人口。市辖区内人户分离的人口是指一个直辖市或地级市所辖区内和区与区之间，居住地和户口登记地不在同一乡镇街道的人口。

[6]2015年年末，0–14岁（含不满15周岁）人口为22715万人，15–59岁（含不满60周岁）人口为92547万人。

[7]年度农民工数量包括年内在本乡镇以外从业6个月及以上的外出农民工和在本乡镇内从事非农产业6个月及以上的本地农民工两部分。

[8]全员劳动生产率为国内生产总值（以2010年价格计算）与全部就业人员的比率。

[9]农产品生产者价格是指农产品生产者直接出售其产品时的价格。

[10]居住类价格包括建房及装修材料、住房租金、自有住房和水电燃料等价格。

[11]按照完善政府预算体系的要求，2015年将政府性基金中用于提供基本公共服务以及主要用于人员和机构运转等方面的11项基金转列一般公共预算。为此，需扣除11项政府性基金转列一般公共预算影响，计算同口径增幅。

[12]六大高耗能行业包括石油加工、炼焦和核燃料加工业，化学原料和化学制品制造业，非金属矿物制品业，黑色金属冶炼和压延加工业，有色金属冶炼和压延加工业，电力、热力生产和供应业。

[13]高技术制造业包括医药制造业，航空、航天器及设备制造业，电子及通信设备制造业，计算机及办公设备制造业，医疗仪器设备及仪器仪表制造业，信息化学品制造业。

[14]装备制造业包括金属制品业，通用设备制造业，专用设备制造业，汽车制造业，铁路、船舶、航空航天和其他运输设备制造业，电气机械和器材制造业，计算机、通信和其他电子设备制造业，仪器仪表制造业。

[15]天然气包括气田天然气、油田天然气（分为油田气层气、油田伴生溶解气）和煤田天然气（也称煤层气）。

[16]钢材产量数据中含企业之间重复加工钢材约34400万吨。

[17]少量发电装机容量（如地热等）文中未列出。

[18]固定资产投资按东部、中部、西部和东北地区计算的合计数据小于全国数据，是因为有部分跨地区的投资未计算在地区数据中。其中，东部

地区是指北京、天津、河北、上海、江苏、浙江、福建、山东、广东和海南10省（市）；中部地区是指山西、安徽、江西、河南、湖北和湖南6省；西部地区是指内蒙古、广西、重庆、四川、贵州、云南、西藏、陕西、甘肃、青海、宁夏和新疆12省（区、市）；东北地区是指辽宁、吉林和黑龙江3省。

[19]基础设施投资是指建造或购置为社会生产和生活提供基础性、大众性服务的工程和设施的支出。本文中的基础设施投资包括交通运输、邮政业，电信、广播电视和卫星传输服务业，互联网和相关服务业，水利、环境和公共设施管理业投资。

[20]民间固定资产投资是指具有集体、私营、个人性质的内资企事业单位以及由其控股（包括绝对控股和相对控股）的企业单位建造或购置固定资产的投资。

[21]高技术产业投资包括医药制造、航空航天器及设备制造等六大类高技术制造业投资和信息服务、电子商务服务等九大类高技术服务业投资。

[22]房地产业投资除房地产开发投资外，还包括建设单位自建房屋以及物业管理、中介服务和其他房地产投资。

[23]高速铁路是指最高营运速度达到200公里/小时及以上的铁路。

[24]网上零售额是指通过公共网络交易平台（包括自建网站和第三方平台）实现的商品和服务零售额。其中，网上零售额包括的服务类商品，以及少部分用于生产经营用或被转卖的商品不统计在社会消费品零售总额中。

[25]货物贸易、吸收外资采用人民币计价。服务贸易、对外投资和对外承包工程由于技术原因仍主要沿用美元计价。

[26]服务进出口按照《国际收支手册（第六版）》标准统计，不含政府服务，增速按可比口径计算。

[27]“一带一路”是指“丝绸之路经济带”和“21世纪海上丝绸之路”。

[28]2015年公路客货运量、周转量数据的核算方法和统计口径发生变化，增速按可比口径计算。

[29]邮电业务总量按2010年价格计算。

[30]移动电话交换机容量是指移动电话交换机根据一定话务模型和交换机处理能力计算出来的最大同时服务用户的数量。

[31]固定互联网宽带接入用户是指报告期末在电信企业登记注册，通过xDSL、FTTx+LAN、FTTH/0以及其他宽带接入方式和普通专线接入公众互联网的用户。

[32]移动宽带用户是指报告期末在计费系统拥有使用信息，占用3G或4G网络资源的在网用户。

[33]手机上网人数是指过去半年通过手机接入并使用互联网的6周岁及以上中国居民数量。

[34]软件和信息技术服务业包括软件开发，信息系统集成服务，信息技术咨询服务，数据处理和存储服务，集成电路设计服务和其他信息技术服务等行业。

[35]社会融资规模增量是指一定时期内实体经济从金融体系获得的资金总额。

[36]非公开增发又叫定向增发，不含资产认购部分。

[37]公司信用类债券包括非金融企业债务融资工具、企业债券以及公司债、可转债等。

[38]原保险保费收入是指保险企业确认的原保险合同保费收入。

[39]人均收入中位数是指将所有调查户按人均收入水平从低到高（或从高到低）顺序排列，处于最中间位置调查户的人均收入。

[40]农村五保供养是指老年、残疾和未满16周岁的村民，无劳动能力、无生活来源又无法定赡养、抚养、扶养义务人，或者其法定赡养、抚养、扶养义务人无赡养、抚养、扶养能力的村民，在吃、穿、住、医、葬方面得到的生活照顾和物质帮助。

[41]中等职业教育包括普通中专、成人中专、职业高中和技工学校。

[42]国家新兴产业创投计划是指中央财政专项资金通过与地方政府资金、社会资本共同发起设立创业投资企业，或以股权投资模式直接投资创业企业等方式，培育和促进新兴产业发展的活动。

[43]海洋观测站（点）是指依托岸基、岛屿（或海上固定平台）进行海洋水文、气象观测，获取具有充分代表性的长期、定点、连续海洋环境观测资料的场所，部分海洋观测站存在多个观测点的情况。

[44]总流通人次是指本年度内到图书馆场馆接受图书馆服务的总人次，包括借阅书刊、咨询问题以及参加各类读者活动等。

[45]特种影片是指那些采用与常规影院放映在技术、设备、节目方面不同的电影展示方式，如巨幕电影、立体电影、立体特效（4D）电影、动感电影、球幕电影等。

[46]人均图书拥有量是指在一年内全国平均每人能拥有的当年出版图书册数。

[47]社会服务床位数除收养性机构外，还包括救助类机构、社区类机构以及军休所、军供站等机构的床位。

[48]国有建设用地供应总量是指报告期内市、县人民政府根据年度土地供应计划依法以出让、划拨、租赁

等方式将土地使用权提供给单位或个人使用的国有建设用地总量。

[49]房地产用地是指商服用地和住宅用地的总和。

[50]万元国内生产总值用水量、万元工业增加值用水量和万元国内生产总值能耗按2010年价格计算。

[51]十大流域包括长江、黄河、珠江、松花江、淮河、海河、辽河、浙闽片河流、西北诸河和西南诸河。

资料来源：

本公报中城镇新增就业、登记失业率、社会保障数据来自人力资源社会保障部；财政数据来自财政部；外汇储备、汇率、货币金融、公司信用类债券数据来自人民银行；水产品产量数据来自农业部；木材产量、林业、森林火灾数据来自林业局；灌溉面积、水资源数据来自水利部；发电装机容量、新增220千伏及以上变电设备数据来自中电联；新建铁路投产里程、增新建铁路复线投产里程、电气化铁路投产里程、铁路运输数据来自铁路总公司；新建公路里程、港口万吨级码头泊位新增吞吐能力、公路运输、水运、港口货物吞吐量数据来自交通运输部；新增民用运输机场、民航数据来自民航局；新增光缆线路长度、电话交换机容量、电话用户、宽带用户、移动互联网接入流量、上网人数、软件业务收入等数据来自工业和信息化部；保障性住房、城市污水处理、城市集中供热面积、建成区绿地率数据来自住房城乡建设部；货物进出口数据来自海关总署；服务进出口、外商直接投资、对外直接投资、对外承包工程、对外劳务合作等数据来自商务部；管道数据来自中石油、中石化、中海油；民用汽车、交通事故数据来自公安部；邮政业务数据来自邮政局；旅游数据来自旅游局、公安部；上市公司数据来自证监会；保险业数据来自保监会；城乡低保、五保供养、社会服务、农作物受灾面积、洪涝地质灾害造成直接经济损失、旱灾造成直接经济损失、低温冷冻和雪灾造成直接经济损失来自民政部；教育数据来自教育部；安排科技计划课题、技术合同等数据来自科技部；国家工程研究中心、企业技术中心、新兴产业创投等数据来自发展改革委；专利数据来自知识产权局；宇航发射数据来自国防科工局；质量检验、国家标准制定修订等数据来自质检总局；气象预警、平均气温、登陆台风数据来自气象局；地震数据来自地震局；海洋观测站（点）、海洋灾害造成直接经济损失数据来自海洋局；测绘数据来自测绘地信局；艺术表演团体、博物馆、公共图书馆、文化馆数据来自文化部；广播电视、电影、报纸、期刊、图书数据来自新闻出版广电总局；档案数据来自档案局；体育数据来自体育总局；残疾人运动员数据来自中国残联；卫生数据来自卫生计生委；国有建设用地供应数据来自国土资源部；自然保护区、环境监测数据来自环境保护部；安全生产数据来自安全监管总局；其他数据均来自国家统计局。

第二部分　统计资料

行政区划和自然概况

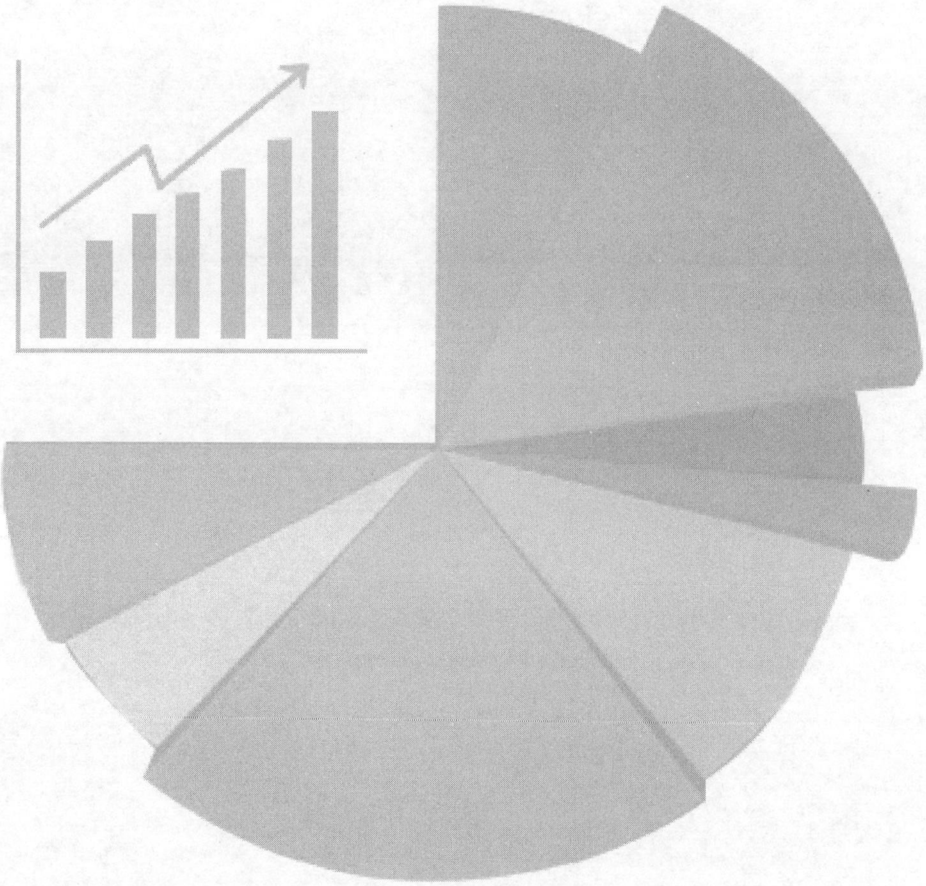

1-1 行政区划

单位：个

项目	乡	镇	街道办事处	社区居委会	村民委员会
全市	**17**	**28**	**31**	**292**	**965**
市区		6	31	241	180
新城区		1	8	48	24
回民区		1	7	57	5
玉泉区		1	8	49	50
赛罕区		3	8	87	101
旗县	17	22		51	760
土左旗	2	7		13	296
托县		5		15	120
和林县	5	3		10	148
清水河县	4	4		6	103
武川县	6	3		7	93
经济技术开发区					25

1-2 土地面积

单位：平方公里

项目	指标值	构成（%）	项目	指标值	构成（%）
总面积	**17186.1**	**100.0**			
按行政区划分			旗县	15121.0	88.0
市区	2065.1	12.0	土左旗	2765.0	16.1
#建城区	260.0	1.5	托县	1407.8	8.2
新城区	660.6	3.9	和林县	3447.8	20.1
回民区	194.4	1.1	清水河县	2818.1	16.4
玉泉区	207.2	1.2	武川县	4682.3	27.2
赛罕区	1002.9	5.8			

1-3 人 口 密 度

项目	土地面积（平方公里）	人口数（人）	人口密度（人/平方公里）
全市	**17186**	**2385832**	**139**
市区	2065	1300954	630
旗县	15121	1084878	72
土左旗	2765	365819	132
托县	1408	203144	144
和林县	3448	200883	58
清水河县	2818	142047	50
武川县	4682	172985	37

1-4 河 流、湖 泊

项目	主河流长度（公里）	面积（千公顷）	项目	主河流长度（公里）	面积（千公顷）
河流			宝贝河	66.0	
黄河	102.5		茶房河	49.0	
乌素图河	22.0		清水河	70.0	
抢盘河	87.6		克力沟河	36.8	
大黑河	114.4		榆树后河	35.1	
小黑河	55.5		卯独庆河	49.6	
哈拉沁河	17.0		壕赖河	15.6	
什拉乌素河	72.1		塔布河	53.0	
民号河	48.0		中后河	49.9	
浑河	111.0		巴拉干河	18.9	
古力半河	44.0		**湖泊**		
马厂河	37.0		哈素海		3.0

1-5 气 象 资 料（一）

月份	气温（℃）			降水日数（天）	降水量（毫米）	日最大降水量（毫米）	日照时数（小时）
	平均	最高	最低				
全 年	**7.7**	**33.9**	**-20.5**	**90**	**361.9**	**30.0**	**2666.3**
一 月	-8.0	5.2	-20.0	8	2.9	1.0	174.1
二 月	-5.8	10.4	-20.0	6	8.2	3.5	184.7
三 月	1.7	21.2	-16.4	0	0.0	0.0	282.0
四 月	9.0	29.0	-6.0	6	26.0	14.5	273.1
五 月	16.0	31.4	-0.8	5	15.2	9.1	313.4
六 月	19.2	31.6	5.7	13	57.7	23.0	236.4
七 月	22.7	33.9	13.5	12	61.3	21.4	292.6
八 月	21.7	32.4	12.0	8	27.1	8.8	281.2
九 月	15.1	27.9	4.5	13	106.2	30.0	192.8
十 月	8.2	21.5	-6.2	5	9.6	4.2	245.6
十一月	-0.5	11.8	-20.5	12	46.7	19.8	80.4
十二月	-7.4	4.1	-17.1	2	1.0	0.7	110.0

1-6 气 象 资 料（二）

地区	最高气温		最低气温		最大风速		初霜日	终霜日	无霜日（天）
	极值（℃）	日期	极值（℃）	日期	极值（米/秒）	日期			
市 区	33.9	7月27日	-20.5	11月26日	20.1	4月15日	10月13日	4月11日	173
土左旗	34.9	7月27日	-19.9	1月27日	12.6	4月15日	10月5日	3月6日	209
托 县	35.0	7月27日	-19.2	1月31日	10.2	6月10日	10月5日	4月16日	174
和林县	35.4	7月27日	-21.7	1月27日	10.9	4月15日	10月5日	4月20日	170
清水河县	34.8	7月27日	-21.0	1月30日	16.1	4月15日	10月5日	4月3日	180
武川县	29.6	6月27日	-24.3	1月27日	13.1	10月26日	9月15日	4月19日	145

主要统计指标解释

行政区划 国家为进行分级管理而划分的地方。根据宪法规定，我国行政区划是全国分为省、自治区、直辖市；省、自治区分为自治州、县、自治县、市；县、自治县分为乡、镇。直辖市和较大的市分为区、县。自治州分为县、自治县、市。省下设的地区、县下设的区以及市属区下设的街道办事处都是它们上一级的派出机构。

土地面积 指某一国家或某一地区所辖范围内的全部地域面积。土地包括耕地、荒山、荒地、林地、草原、道路、建筑物占地、河流、湖泊、水库等。按照地形的不同，一般可分为山地、高原、盆地、平原、丘陵。地形分类因各地区特点而异。以下地形的地貌特征是：

（1）平原 地面平坦，地面坡度小于 5 度，地表组织物质以第四纪松散堆积物为主。

（2）丘陵 地面波状起伏，脉络不明显，丘顶多呈浑圆状，间有峰脊，坡度大多在25度以下，相对高度在200米以下，地表多为基岩裸露。

（3）山地 地面起伏大，线状伸延，脉络清楚，相对高度大于 200 米，坡度大于 25 度，地表切割深，多为基岩裸露。

水域面积 指内陆水域，海涂和水利设施用地的面积。包括河流、湖泊、水库、坑塘、苇地（连片生长芦苇的土地）海涂、溪沟渠道的全部面积。不包括河堤以及耕地、园地、草场内临时沟渠和末级固定的沟渠的面积。

人口密度 指一定地理（政治的、行政区域的、自然的、经济的、城乡的）范围内的人口数与相应土地面积的比值，反映一定地理范围内人口集居的稀密状况。计算公式为：

$$人口密度=\frac{某地理范围内的总人口}{某地理范围内的土地面积}$$

计算结果表明每一平方公里内有多少人口。

年平均气温 指空气日平均温度一年内的平均值。计算方法为全年逐日累计平均气温除以 365 天，或逐月累计月平均气温除以 12 个月。

年最高气温 指一年内最高的日平均气温值。

年最低气温 指一年内最低的日平均气温值。

降水量 指一定时段内，降到平地上的降水（包括液态水和固态水）所积成的水层深度，以毫米数（mm）表示。测算时，固态水（如冰、雪）要折合成液态水。

第二部分　统计资料

综　合

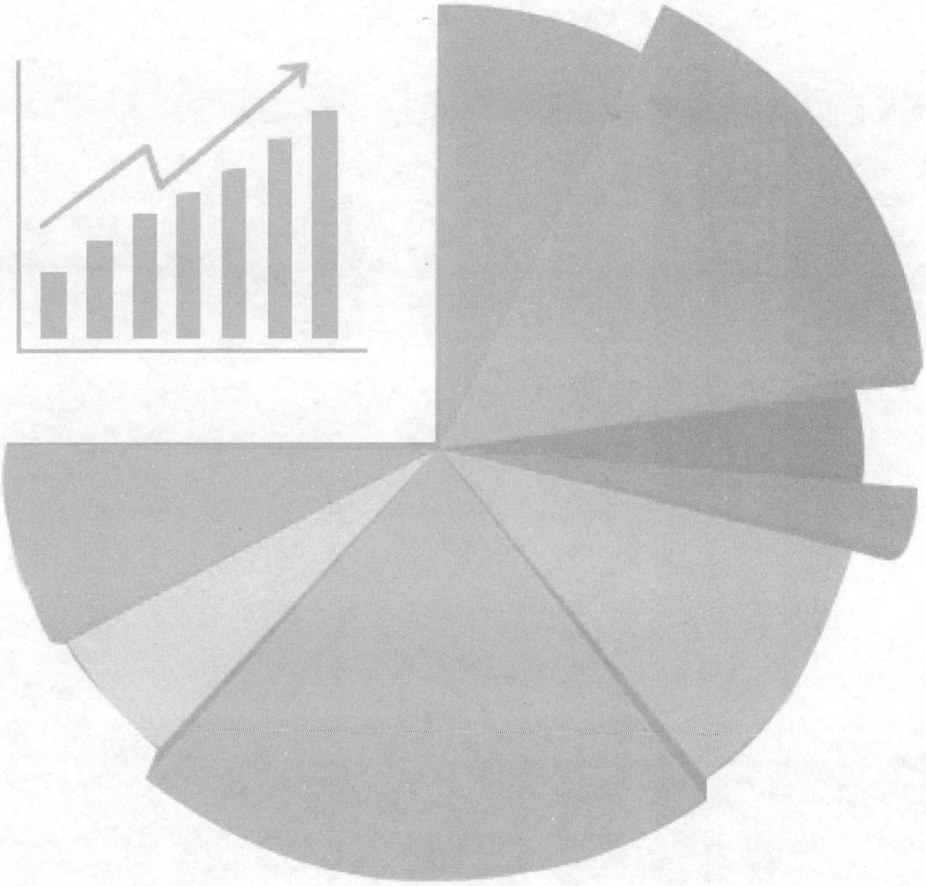

2-1 国民经济和社会主要指标

指　　标	单 位	2014年	2015年	2015年比2014年增长%
土地面积	平方公里	17186	17186	
城市建成区面积	平方公里	230	260	13.0
房屋建筑面积	万平方米	12638	13407	6.1
# 住宅建筑面积	万平方米	6132	6532	6.5
年末总户数	户	921681	946110	2.7
年末总人口	万人	238.0	238.6	0.3
男　　性	万人	120.7	120.9	0.2
女　　性	万人	117.2	117.7	0.4
出生人口	人	35598	23714	-33.4
死亡人口	人	12455	10981	-11.8
人口密度	人/平方公里	139	139	
从业人员	万人	177.1	178.2	0.6
城镇从业人员	万人	101.0	109.6	8.5
国有经济	万人	19.4	19.2	-1.0
城镇集体经济	万人	0.9	0.9	
其他单位合计	万人	21.8	21.5	-1.4
内　　资	万人	19.3	19.1	-1.0
港澳台投资经济	万人	0.8	0.8	
外商投资经济	万人	1.7	1.6	-5.9
城镇私营经济	万人	18.1	27.1	49.7
城镇个体	万人	40.8	40.9	0.2
从业人员按产业分				
第一产业	万人	36.5	36.3	-0.5
第二产业	万人	53.8	54.1	0.6
第三产业	万人	86.8	87.8	1.2
在岗职工人数	万人	41.3	40.7	-1.5
在岗职工人数按登记注册类型分				
国有经济	人	193683	191010	-1.4
城镇集体经济	人	9016	8703	-3.5
其他单位合计	人	210096	207464	-1.3
乡村户数	户	342266	358554	4.8
乡村从业人员	万人	59.8	61.4	2.7
# 农林牧渔业	万人	34.9	35.7	2.3
农林牧渔业总产值	亿元	217.8	222.9	3.6

2-1续表1

指　　标	单位	2014年	2015年	2015年比2014年增长%
农林牧渔业总产值指数	上年=100	103.7	103.6	
农牧业机械总动力	万千瓦	246.7	258.9	4.9
农用化肥施用量（折纯量）	万吨	11.9	12.3	3.4
农村用电量	万千瓦小时	48424	50394	4.1
农作物总播种面积	公顷	453710	461524	1.7
#粮食作物播种面积	公顷	328953	327881	-0.3
粮食总产量	万吨	132.2	130.3	-1.4
油料总产量	万吨	8.0	9.6	20.0
猪肉产量	万吨	2.8	2.8	
牛肉产量	万吨	3.3	3.3	
羊肉产量	万吨	3.5	3.5	
奶类产量	万吨	282.2	287.2	1.8
规模以上工业企业单位数	个	277	277	
大型企业	个	17	15	-11.8
中型企业	个	57	52	-8.8
小型企业	个	184	187	1.6
微型企业	个	19	23	21.1
规模以上工业增加值指数	上年=100	110.0	110.0	
规模以上工业资产总计	万元	25211722	26204433	3.9
规模以上工业负债总计	万元	14885842	16037387	7.7
规模以上工业主营业务收入	万元	18312458	17676365	-3.5
规模以上工业企业利润总额	万元	1563702	1024475	-34.5
社会消费品零售总额	万元	12560778	13535272	7.8
批零贸易业	万元	10819053	11604530	7.3
住宿和餐饮业	万元	1741725	1930742	10.9

2-1续表2

指 标	单 位	2014年	2015年	2015年比2014年增长%
海关进出口总额	万美元	219500	207275	-5.6
# 出口额	万美元	124200	124736	0.4
地区生产总值	万元	28940529	30905200	8.3
第一产业	万元	1254608	1262300	3.3
第二产业	万元	8481905	8670800	8.0
# 工业增加值	万元	6672931	6785700	8.2
第三产业	万元	19204016	20972100	8.8
人均地区生产总值	元	95961	101492	7.2
地区生产总值指数	上年=100	108.0	108.3	
第一产业	上年=100	103.1	103.3	
第二产业	上年=100	108.2	108.0	
# 工业增加值	上年=100	109.3	108.2	
第三产业	上年=100	108.3	108.8	
人均地区生产总值指数	上年=100	106.5	107.2	
一般公共预算收入	万元	2115388	2474021	17.0
# 增值税	万元	180293	220131	22.1
营业税	万元	609565	664539	9.0
企业所得税	万元	162289	165305	1.9
一般公共预算支出	万元	3107945	3606450	16.0
金融机构存款余额	万元	47921479	53646617	11.9
# 非金融企业存款	万元	17945584	21074822	17.4
住户存款	万元	16107797	16839561	4.5
金融机构贷款余额	万元	51492065	60738870	18.0

2-1续表3

指　　标	单 位	2014年	2015年	2015年比2014年增长%
#非金融企业及机关团体贷款	万元	42541152	51356837	20.7
住户贷款	万元	8917284	9381412	5.2
职工工资总额	万元	2170163	2227518	2.6
国有经济	万元	1031451	1098920	6.5
城镇集体经济	万元	39148	38697	-1.2
其他单位合计	万元	1099564	1089901	-0.9
固定资产投资	万元	13977609	16186355	15.8
#国　有	万元	5377005	6581452	22.4
商品房销售额	万元	1991921	1982921	-0.5
商品房销售面积	万平方米	363.9	381.8	4.9
建筑企业单位数	个	181	172	-5.0
建筑业总产值	万元	2233553	2008147	-10.1
房屋建筑施工面积	万平方米	1527.3	1393.5	-8.8
房屋建筑竣工面积	万平方米	426.0	430.3	1.0
公路里程	公里	7258	7295	0.5
等级路里程	公里	7258	7016	-3.3
市内公共电汽车数	辆	2643	1884	-28.7
出租汽车数	辆	5568	6568	18.0
邮电业务总量	万元	554892	652055	17.5
城市电话用户	万户	73.2	68.0	-7.1
乡村电话用户	万户	3.1	2.8	-9.7
幼儿园数	所	287	320	11.5
在园儿童数	万人	5.7	6.1	7.0
学龄儿童入学率	%	100.0	100.0	
小学专任教师数	万人	0.9	0.9	
小学学校数	所	218	212	-2.8
小学在校学生数	万人	16.9	16.9	
小学招生数	万人	3.0	2.9	-3.3
小学毕业生数	万人	2.9	2.8	-3.4

2-1续表4

指　　标	单 位	2014年	2015年	2015年比2014年增长%
普通中学专任教师数	万人	1.1	1.1	
普通中学学校数	所	110	109	-0.9
初中在校学生数	万人	9.0	8.8	-2.2
初中招生数	万人	3.0	2.9	-3.3
初中毕业生数	万人	3.0	2.9	-3.3
高中在校学生数	万人	6.1	5.8	-4.9
高中招生数	万人	2.0	1.8	-10.0
高中毕业生数	万人	2.0	2.1	5.0
中等职业教育学校数	所	57	58	1.8
中等职业教育学校在校学生数	万人	4.4	4.2	-4.5
中等职业教育学校招生数	万人	1.6	1.5	-6.3
中等职业教育学校毕业生数	万人	1.5	1.4	-6.7
普通高等学校数	所	23	24	4.3
普通高等学校在校学生数	万人	23.2	23.5	1.3
普通高等学校招生数	万人	6.8	6.8	
普通高等学校毕业生数	万人	6.3	6.2	-1.6
广播覆盖率	%	98.4	99.1	0.7
电视覆盖率	%	98.6	99.1	0.5
公共图书馆	个	10	10	
公共图书馆藏书量	万册	337.6	360.8	6.9
旅游人数	万人次	2544.7	3057.4	20.1
# 外国人	万人次	9.2	9.6	4.5
供水管道长度	公里	790	811	2.7
供水总量	万立方米	14876	13081	-12.1
# 生活用	万立方米	6477	6558	1.3
用水人口	万人	188.0	188.0	
液化石油气供气量	吨	6059	10800	78.2
# 生活用	吨	6059	10800	78.2
天然气供气量	万立方米	40809	50728	24.3
# 生活用	万立方米	5582	6386	14.4

注：广播覆盖率、电视覆盖率增长为增减百分点。

2-1续表5

指　　标	单 位	2014年	2015年	2015年比2014年增长%
污水排放量	万立方米	11810	10465	-11.4
污水处理量	万立方米	9568	9607	0.4
排水管道长度	公里	1996	1996	
生活垃圾清运量	万吨	62.0	59.3	-4.4
生活垃圾无害化处理量	万吨	61.2	59.3	-3.1
公园面积	公顷	2918	2783	-4.6
建成区绿化覆盖率	%	40.3	37.0	-3.3
卫生机构数	个	1879	2011	7.0
# 医院、卫生院	个	161	174	8.1
卫生防疫站	个	12	12	
妇幼保健站	个	11	11	
卫生机构床位数	张	15974	17750	11.1
# 医院、卫生院	张	14493	16777	15.8
卫生机构人员数	人	27000	28948	7.2
医院、卫生院技术人员	人	14267	15279	7.1
# 执业医师、助理医师	人	5600	5931	5.9
注册护士	人	6411	6946	8.3
火灾事故	起	2834	2522	-11.0
火灾伤亡人数	人	17	10	-41.2
火灾损失折款	万元	550	559	1.6
交通事故	起	655	665	1.5
交通受伤人数	人	684	660	-3.5
交通死亡人数	人	104	106	1.9
交通事故损失折款	万元	141	122	-13.5
城镇常住居民人均可支配收入	元	34723	37362	7.6
城镇常住居民人均生活消费性支出	元	24844	26547	6.9
# 食品支出	元	6487	6728	3.7
农村常住居民人均可支配收入	元	12538	13491	7.6
农村常住居民人均生活消费性支出	元	12232	13223	8.1
# 食品支出	元	3420	3425	0.1

2-2 国民经济主要比例关系

单位：%

指　　标	1978年	1985年	1990年	1995年	2000年	2005年	2010年	2015年
从业人员中三次产业比例	**100**	**100**	**100**	**100**	**100**	**100**	**100**	**100**
第一产业	54.0	45.6	41.9	40.1	36.6	30.4	25.3	20.4
第二产业	24.6	27.7	27.5	28.8	27.8	29.6	30.7	30.4
第三产业	21.4	26.7	30.6	31.1	35.6	40.0	44.0	49.2
地区生产总值中三次产业比例	**100**	**100**	**100**	**100**	**100**	**100**	**100**	**100**
第一产业	21.3	21.9	17.0	16.7	11.1	6.3	4.9	4.1
第二产业	46.8	47.6	40.9	42.6	37.6	37.3	36.4	28.1
第三产业	31.9	30.5	42.1	40.7	51.3	56.4	58.7	67.8
农业总产值中农、林、牧、渔业比例	**100**	**100**	**100**	**100**	**100**	**100**	**100**	**100**
# 农　　业	61.2	63.0	66.3	57.5	54.8	31.5	28.6	31.5
林　　业	9.6	8.3	3.3	3.1	7.4	1.3	1.7	1.3
牧　　业	26.8	25.8	27.3	37.8	36.1	65.3	67.8	64.8
渔　　业	0.1	0.5	1.4	1.6	1.6	0.9	0.9	1.3
工业总产值中轻、重工业比例	**100**	**100**	**100**	**100**	**100**	**100**	**100**	**100**
轻 工 业	54.8	60.4	61.0	62.0	55.1	43.5	48.9	47.0
重 工 业	45.2	39.6	39.0	38.0	44.9	56.5	51.1	53.0
固定资产投资比例	**100**	**100**	**100**	**100**	**100**	**100**	**100**	**100**
# 房地产开发			9.1	11.8	17.1	8.5	28.9	31.4
社会消费品零售总额比例	**100**	**100**	**100**	**100**	**100**	**100**	**100**	**100**
批发零售贸易业	86.7	72.7	82.2	74.2	75.7	75.7	86.8	85.7
住宿和餐饮业	3.4	3.3	2.0	23.0	23.0	23.0	12.9	14.3
财政收入占地区生产总值比例	**26.0**	**17.8**	**14.8**	**10.1**	**9.5**	**11.0**	**13.0**	**8.0**

注：1、2005年之后轻重工业比例为规模以上工业轻重工业比例。
　　2、2015年财政收支指标为一般公共预算收支。

2-3 国民经济和社会主要指标占内蒙比重

指　　标	单位	呼市	内蒙	呼市占内蒙 %
年末总人口(常住人口)	万人	**306.0**	**2511.0**	**12.2**
年末在岗职工人数	万人	**40.7**	**289.6**	**14.1**
地区生产总值	亿元	**3090.5**	**17831.5**	**17.3**
第一产业	亿元	126.2	1617.4	7.8
第二产业	亿元	867.1	9000.6	9.6
#工　业	亿元	678.6	7739.2	8.8
第三产业	亿元	2097.2	7213.5	29.1
公共财政预算收入	亿元	**247.4**	**1964.5**	**12.6**
公共财政预算支出	亿元	**360.6**	**4253.0**	**8.5**
主要工业产品产量(规模以上)				
发电量	亿千瓦小时	432.7	3928.8	11.0
水　泥	万吨	628.1	5830.8	10.8
化　肥（按100%折纯）	万吨	32.3	293.0	11.0
烧　碱	万吨	21.4	265.1	8.1
配混合饲料	万吨	81.7	481.0	17.0
服　装	万件	431.2	5095.5	8.5
彩色电视机	万台	266.5	266.5	100.0
液体乳	万吨	164.7	276.4	59.6
卷　烟	亿支	215.0	355.0	60.6
主要农畜产品产量和年末牲畜存栏数				
粮　食	万吨	130.3	2827.0	4.6
油　料	万吨	9.6	193.6	5.0
甜　菜	万吨	1.1	230.1	0.5
猪牛羊肉	万吨	9.6	216.3	4.4
牛　奶	万吨	287.2	803.2	35.8
禽　蛋	万吨	3.4	56.4	6.0
大牲畜存栏	万头	64.0	884.6	7.2
#奶　牛	万头	58.6	237.7	24.7
羊存栏	万只	179.4	5777.8	3.1
猪存栏	万只	26.2	645.3	4.1

2-3续表

指　　标	单 位	呼 市	内 蒙	呼市占内蒙%
全社会固定资产投资	**亿元**	**1570.2**	**13844.4**	**11.3**
# 房地产开发	亿元	509.0	1081.1	47.1
运输、邮电				
公路货物周转量	亿吨公里	319.8	2240.0	14.3
公路旅客周转量	亿人公里	14.5	160.3	9.0
邮电业务总量	亿元	65.2	400.3	16.3
金　　融				
金融机构各项存款余额	亿元	5364.7	18077.6	29.7
金融机构各项贷款余额	亿元	6073.9	17140.7	35.4
社会消费品零售额	**亿元**	**1353.5**	**6107.7**	**22.2**
海关进出口额	**亿美元**	**20.7**	**127.8**	**16.2**
# 出 口 额	亿美元	12.5	56.7	22.0
文　　化				
艺术表演团体	个	6	97	6.2
报纸出版量	万份	20020.0	32815.0	61.0
杂志出版量	万册	2009.0	2080.7	96.6
教　　育				
普通高校在校学生数	万人	23.5	42.1	55.8
中等职业学校在校学生数	万人	4.2	21.5	19.5
普通中学在校学生数	万人	14.6	110.3	13.2
小学在校学生数	万人	16.9	131.4	12.9
卫　　生				
医疗卫生单位床位数	万张	1.8	13.4	13.4
卫生技术人员	万人	2.2	16.2	13.6
人 民 生 活				
在岗职工年工资总额	亿元	222.8	1706.7	13.1
在岗职工年平均工资	元	53698	57870	
城镇常住居民人均可支配收入	元	37362	30594	
农村常住居民人均可支配收入	元	13491	10776	
住户存款	亿元	1684.0	8999.4	18.7

2-4 青城一日

指标	单位	1978年	1985年	1990年	1995年	2000年	2005年	2010年	2015年
全市每天创造的财富									
地区生产总值	万元	148	389	841	2576	5476	21172	51115	84672
第一产业	万元	32	85	143	431	611	1292	2502	3458
第二产业	万元	69	185	344	1096	2057	7610	18601	23756
#工业	万元	57	146	309	982	1792	6063	15262	18591
第三产业	万元	47	119	354	1049	2808	12269	30012	57458
地方财政总收入	万元	39	69	125	120	350	1352	6615	6778
财政支出	万元	27	66	124	225	544	1976	4854	9881
粮食	吨	677	929	1485	1934	2306	3145	3181	3568
肉类	吨	30	39	48	129	241	304	270	285
奶类	吨		38	84	203	642	6241	8374	7870
发电量	万千瓦时	84	98	110	162	266	5563	9661	11854
水泥	吨	523	986	1044	1507	2822	4236	14347	17208
化肥（按100%折纯）	吨	60	45	57	59	549	704	1493	884
服装	万件				5	2	2	1	1
乳制品	吨				22	98	5555	4587	4665
卷烟	箱	192	403	658	671	603	712	986	1178
电视机	台	3	480	1043	891	1419	6551	5599	7301
移动电话	部						2710	7562	9211

2-4续表

指　标	单位	1978年	1985年	1990年	1995年	2000年	2005年	2010年	2015年
全市每天消费（销售）量									
社会消费品零售额	万元	94	250	456	1182	3455	8353	20729	37083
城乡居民消费总额	万元	76	223	461	1007	1749	4389	11552	22792
平均每人消费总额	元	0.5	1.3	2.5	5.2	8.4	16.6	41	75
全市每天其他经济活动									
固定资产投资额	万元	37	121	133	705	1885	11513	24143	44346
公路客运量	万人	0.3	0.6	1.4	2.2	5.8	10.3	4.4	1.5
公路货运量	万吨	2.0	2.1	2.5	6.9	5.8	16.8	22.2	42.3
市内公共交通客运量	万人次				12.8	11.5	46.2	123.2	110.6
进出口总额	万美元			1	10	159	292	413	568
#出　口	万美元			1	7	140	163	208	342
接待旅游者人数	人次		31	25	57	4567	10740	35933	83765
邮电业务总量	万元	1	5	11	56	324	852	2222	1786
邮寄函件	万件	2	5	4	6	6	5	3	2
用电量	万千瓦时				434	625	1282	3479	5142
人均生活用水	升	11	236	217	241	203	175	87.6	91.1
全市每天人口变动及婚姻									
出　生	人	73	64	110	66	86	58	75	65
死　亡	人	25	25	27	27	62	68	49	30
结　婚	对				37	24	33	59	56
离　婚	对				6	4	5	9	15

2-5 平均每人主要社会经济活动

指　　标	单　位	1978年	1985年	1990年	1995年	2000年	2005年	2010年	2015年
地区生产总值	元	**347**	**819**	**1641**	**4844**	**8231**	**29562**	**65518**	**101492**
第一产业	元	74	179	279	890	918	1805	3207	4145
第二产业	元	162	390	672	2050	3092	10626	23843	28475
# 工　业	元	134	307	604	1811	2693	8466	19562	22284
第三产业	元	111	250	690	1904	4221	17132	38469	68872
地方财政总收入	元	**92**	**148**	**247**	**227**	**613**	**2304**	**8651**	**8124**
财政支出	元	**65**	**141**	**245**	**424**	**953**	**3368**	**6348**	**11842**
农牧业生产									
粮　　食	千克	162	198	294	365	404	536	416	428
油　　料	千克	4	17	22	42	37	28	13	31
蔬　　菜	千克	106	83	105	195	291	209	257	231
年末大牲畜	头	0.1	0.1	0.1	0.1	0.1	0.4	0.3	0.2
# 奶　牛	头						0.3	0.3	0.2
猪牛羊肉	千克	5	8	9	22	39	48	33	32
奶　　类	千克		8	17	38	121	1064	1095	943
禽　　蛋	千克	0.6	2	4	11	15	16	11	11
主要工业产品产量									
发 电 量	千瓦小时	201	208	218	304	466	9484	12632	14207
水　　泥	千克	125	210	207	284	494	722	1877	2062
化　　肥（按100%折纯）	千克	14	10	11	11	96	120	196	106
服　　装	件				9	4	3	2	1
乳 制 品	千克				4	17	947	600	559
卷　　烟	箱		0.1	0.1	0.1	0.1	0.1	0.1	0.1
电 视 机	台/万人		1022	2066	1670	2485	11167	7321	8750

2-5续表

指　　标	单　位	1978年	1985年	1990年	1995年	2000年	2005年	2010年	2015年
批发零售贸易、餐饮业									
社会消费品零售额	元	224	532	904	2228	6048	14240	27107	44444
固定资产投资									
固定资产投资额	元	87	257	264	1323	3300	19626	31572	53148
新增固定资产	元				767	1845	9492	24371	37254
城市建设									
城市居民日生活用水	升	11	236	217	241	203	175	87.6	91.1
城乡居民日生活用电	千瓦小时				0.2	0.3	0.8	1.3	1.5
拥有公共交通车辆	标台/万人	0.5	0.7	1.1	4.5	4.7	7.8	10	11.5
城市公园绿地面积	平方米	2.0	1.3	2.7	3.1	5.9	8.6	15.4	17.3
教育、卫生									
普通高校在校学生数	人/万人	46	106	113	164	325	634	750	772
中等职业学校在校学生数	人/万人	32	68	81	130	213	176	191	138
医院床位数	张/万人	27	32	41	35	36	37	37	51
医 生 数	人/万人				29	26	23	24	29
人民生活									
在岗职工年平均工资	元	639	1093	1750	4200	7548	19715	37685	53698
城镇居民人均可支配收入	元		775	1149	3008	5582	12150	25174	37362
城镇居民人均消费性支出	元		786	1023	2785	4613	8768	16624	26547
农民人均纯收入	元		321	574	1243	2539	4631	8746	13491
农民人均消费性支出	元		274	466	1056	1558	2767	5526	13223
个人储蓄存款	元	36	228	912	3430	7291	17728	33311	55293
城镇居民住宅建筑面积	平方米				14.9	17.2	24.8	30.2	32.1
农村居民住房面积	平方米				17	20	22.6	27.3	31.3
移动电话	部/万人						4619	9887	11039

注：1、自2014年起城乡居民收入指标调整为城乡常住居民人均可支配收入。
2、自2015年起个人储蓄存款指标调整为住户储蓄存款，两者不可比。
3、自2015年起固定资产投资指标口径调整为500万元以上计划投资项目。

2-6 国民经济和社会发

指标	单位	总量指标							
		1978年	1985年	1990年	1995年	2000年	2005年	2010年	2015年
人口									
年末总人口	万人	154.0	172.2	185.7	194.5	209.2	213.5	229.6	238.6
就业									
从业人员	万人	64.6	82.3	91.1	104.4	122.7	145.8	165.5	178.2
职工人数	万人	26.4	40.8	43.5	48.5	37.0	30.2	31.1	40.7
国民经济核算									
地区生产总值	亿元	5.4	14.2	30.7	94.0	199.9	743.7	1865.7	3090.5
第一产业	亿元	1.2	3.1	5.2	15.7	22.3	47.2	91.3	126.2
第二产业	亿元	2.5	6.8	12.6	40.0	75.1	277.8	679.0	867.1
#工业	亿元	2.1	5.3	11.3	35.8	65.4	221.3	557.1	678.6
第三产业	亿元	1.7	4.3	12.9	38.3	102.5	418.7	1095.4	2097.2
人均地区生产总值	元	347	253	1641	4844	8231	29562	65518	101492
财政									
地方财政总收入	亿元	1.4	2.5	4.6	4.4	12.8	49.3	241.5	247.4
财政支出	亿元	1.0	2.4	4.5	8.2	19.9	72.1	177.2	360.6
农牧业									
农林牧渔业从业人员	万人	34.9	37.5	38.2	41.9	43.8	43.1	40.6	35.7
农林牧渔业总产值	亿元	1.6	3.9	7.5	27.4	40.4	82.6	162.4	225.3
主要农畜产品产量									
粮食	万吨	24.7	33.9	54.2	70.6	84.2	114.8	116.1	130.3
油料	万吨	0.6	2.9	4.1	8.1	7.8	6.1	3.5	9.6
猪牛羊肉产量	吨	7997	14203	16621	42813	82125	103491	91879	96166
牛奶	吨	45	13789	30706	74025	234334	2278051	3056401	2872088
年末牲畜总头数	万头、只	137.6	127.7	152.1	181.3	188.7	199.2	261.7	269.6
大牲畜	万头	18.7	21.7	20.8	23.8	28.3	75.4	76.3	64.0
羊	万只	86.5	85.1	111.4	119.7	118.2	93.1	156.2	179.4
生猪	万口	32.4	20.8	19.9	37.7	42.2	30.7	29.2	26.2

注：2000年及以后职工人数为在岗职工人数;地方财政总收入、城镇居民人均可支配收入和农民人均纯收入指标口径调整数据不可比。

展总量与速度指标

速度指标（%）										
指数(2015年比以下各年)						平均增长速度				
1978年	1990年	1995年	2000年	2005年	2010年	1979-2015	1991-1995	1996-2000	2001-2005	2006-2015
154.9	128.5	122.7	114.1	111.8	103.9	1.2	0.9	1.5	0.4	1.1
275.9	195.6	170.7	145.2	122.2	107.7	2.8	2.8	0.1	3.5	2.0
154.2	93.6	83.9	110.0	134.8	130.9	1.2	2.2	-5.3	-4.0	3.0
11673.6	3655.1	1862.3	1041.5	331.0	158.8	13.7	13.4	12.3	25.8	12.7
1460.9	700.1	418.0	300.7	163.3	123.2	7.5	10.9	6.8	13.0	5.0
13641.2	4162.6	2036.9	1218.0	363.8	165.7	14.2	15.4	10.9	27.3	13.8
14457.0	4450.7	2017.3	1239.5	392.4	170.6	14.4	15.4	10.2	25.9	14.6
16142.5	4094.4	2088.8	1093.6	332.1	158.5	14.7	14.4	13.8	26.9	12.8
6805.6	2552.5	1380.1	818.4	277.5	145.3	12.1	11.5	10.8	24.4	10.7
							16.0	16.1	32.3	
36064.5	7978.9	4392.8	1815.9	500.2	203.5	17.2	-0.7	23.8	31.0	17.5
102.3	93.5	85.2	81.5	82.8	87.9	0.1	1.9	0.9	0.3	-1.9
14700.9	3136.1	858.4	582.2	284.8	144.8	14.4	11.4	8.4	11.2	11.0
527.5	240.4	184.6	154.8	113.5	112.2	4.6	5.4	3.6	6.4	1.3
1600.0	234.1	118.5	123.1	157.4	274.3	7.8	14.6	-0.8	-4.8	4.6
1202.5	578.6	224.6	117.1	92.9	104.7	7.0	20.8	13.9	4.7	-0.7
6382417.8	9353.5	3879.9	1225.6	126.1	94.0	34.9	19.2	25.9	57.6	2.3
195.9	177.3	148.7	142.9	135.3	103.0	1.8	3.6	0.8	1.1	3.1
342.2	307.7	268.9	226.1	84.9	83.9	3.4	2.7	3.5	21.6	-1.6
207.4	161.0	149.9	151.8	192.7	114.9	2.0	1.4	-0.3	-4.6	6.8
80.9	131.7	69.5	62.1	85.3	89.7	-0.6	13.6	2.3	-6.2	-1.6

2-6续表1

指　　标	单 位	总　量　指　标							
		1978年	1985年	1990年	1995年	2000年	2005年	2010年	2015年
规模以上工业									
主要产品产量									
配、混合饲料	万吨		1.6	3.0	2.2	13.3	37.8	63.2	81.7
液 体 乳	万吨					11.8	198.6	156.3	164.7
卷　　烟	万箱	7.0	14.7	24.0	24.5	22.0	26.0	36.0	43.0
原油加工量	万吨				78.1	116.0	107.7	125.6	369.4
焦　　碳	万吨	13.7	15.3	15.0	15.6	16.5	26.3	60.3	35.7
化肥(折纯)	万吨	2.2	1.7	2.1	2.2	20.0	25.7	30.4	32.3
电 视 机	万台	0.1	17.5	38.1	32.5	51.8	239.1	204.4	266.5
发 电 量	亿千瓦小时	3.1	3.6	4.0	5.9	9.7	203.1	352.6	432.7
服　　装	万件			160.0	1652.0	754.1	565.6	413.0	431.2
固定资产投资									
固定资产投资总额	亿元	1.3	4.4	4.9	25.7	68.8	420.2	881.2	1618.6
房地产开发	亿元			0.4	3.0	11.8	35.9	254.4	509.0
竣工的住宅面积	万平方米		37.8	36.8	58.4	160.0	296.2	538.0	399.4
国内贸易									
社会消费品零售总额	亿元	3.4	9.1	16.7	43.1	126.1	307.8	756.6	1353.5
对外经济贸易									
进出口总额	万美元			199	3644	7001	106455	150604	207275
#出口总额	万美元			197	2675	5216	59411	75912	124736
运输、邮电									
公路客运量	万人	104	214	494	816	2101	3764	1605	551
公路货运量	万吨	730	778	906	2503	2105	6131	8116	15440

速度指标										
指数（2015年比以下各年）						平均增长速度				
1978年	1990年	1995年	2000年	2005年	2010年	1979-2014	1991-1995	1996-2000	2001-2005	2006-2015
	2723.3	3713.6	614.3	216.1	129.3		-6.0	43.3	23.2	8.0
			1395.8	82.9	105.4				75.9	-1.9
614.3	179.2	175.5	195.5	165.4	119.4	5.0	0.4	-2.1	3.4	5.2
		473.0	318.4	343.0	294.1			8.2	-1.5	13.1
260.6	238.0	228.8	216.4	135.7	59.2	2.6	0.8	1.1	9.8	3.1
1468.2	1538.1	1468.2	161.5	125.7	106.3	7.5	0.9	55.5	5.1	2.3
266500.0	699.5	820.0	514.5	111.5	130.4	23.8	-3.1	9.8	35.8	1.1
13958.1	10817.5	7333.9	4460.8	213.0	122.7	14.3	8.1	10.5	83.7	7.9
	269.5	26.1	57.2	76.2	104.4		59.5	-14.5	-5.6	-2.7
124507.7	33032.7	6298.1	2352.6	385.2	183.7	21.2	48.3	16.1	43.6	14.4
	127250.0	16966.7	4313.6	1417.8	200.1		56.3	32.7	24.9	30.4
	1085.3	683.9	249.6	134.8	74.2		9.7	22.3	13.1	3.0
39576.0	8129.1	3137.5	1073.4	439.7	178.9	17.5	21.0	23.9	19.9	16.0
	104158.3	5688.1	2960.6	194.7	137.6		78.9	14.0	72.3	6.9
	63317.8	4663.0	2391.4	210.0	164.3		68.5	14.3	62.7	7.7
529.8	111.5	67.5	26.2	14.6	34.3	4.6	10.6	20.8	12.4	-17.5
2115.1	1704.2	616.9	733.5	251.8	190.2	8.6	22.5	-3.4	23.8	9.7

2-6续表2

指　　标	单　位	总　量　指　标							
		1978年	1985年	1990年	1995年	2000年	2005年	2010年	2015年
公路旅客周转量	万人公里	7148	14823	35090	84711	219849	415628	405585	149908
公路货运周转量	万吨公里	11894	20560	24524	81959	155116	741851	2736375	3009718
邮电业务总量	万元	361	1668	3932	20315	118213	311128	811047	652055
金融保险									
金融机构各项存款	亿元	8.7	11.7	29.2	88.3	311.6	803.9	2678.9	5364.7
金融机构各项贷款	亿元	5.3	10.9	34.0	84.0	261.2	874.0	2522.5	6073.9
保费收入	万元				13877	40002	116996	371460	819983
保费支出	万元				8268	14975	21864	96532	245356
教　育									
专任教师数									
普通高校	人	2150	3791	4392	4242	5307	8553	12107	12152
中等职业学校	人	781	1892	1972	2248	1796	563	1108	2098
普通中学	人	8369	5670	6639	6234	7098	8349	9088	10857
小　　学	人	9584	10521	12015	12774	11270	10348	10201	8955
在校学生数									
普通高校	万人	0.70	1.81	2.08	2.41	4.37	13.57	21.53	23.52
中等职业学校	万人	0.49	1.17	1.49	1.96	3.93	3.77	7.16	4.21
普通中学	万人	13.36	9.32	8.92	9.11	11.48	14.91	15.66	14.63
小　　学	万人	20.18	19.00	19.07	20.57	20.62	18.53	17.75	16.95
卫　生									
卫生医疗机构数	个	478	632	704	597	199	199	1860	2011
医疗机构床位数	张	4188	5461	7555	7335	7441	8828	12675	17750
卫生技术人员数	人	6467	11215	12941	12028	10879	10868	16627	21778
人民生活									
城镇居民人均可支配收入	元		775	1149	3008	5354	12150	25174	37362
农牧民人均纯收入	元		321	574	1243	2539	4631	8746	13491
个人储蓄存款余额	亿元	0.5	3.9	16.8	66.7	152.5	379.6	929.8	1684.0
物价总指数（上年=100）									
居民消费价格指数	%	101.0	110.0	101.8	117.6	103.0	101.5	102.6	101.8

速度指标										
指数（2015年比以下各年）						平均增长速度				
1978年	1990年	1995年	2000年	2005年	2010年	1979-2015	1991-1995	1996-2000	2001-2005	2006-2015
2097.2	427.2	177.0	68.2	36.1	37.0	8.6	19.3	21.0	13.6	-9.7
25304.5	12272.5	3672.2	1940.3	405.7	110.0	16.1	27.3	13.6	36.7	15.0
180624.7	16583.3	3209.7	551.6	209.6	80.4	22.5	38.9	42.2	21.4	7.7
61663.2	18372.3	6075.5	1721.7	667.3	200.3	19.0	24.7	28.7	20.9	20.9
114601.9	17864.4	7230.8	2325.4	695.0	240.8	21.0	19.8	25.5	27.3	21.4
		5908.9	2049.9	700.9	220.7			23.6	23.9	21.5
		2967.5	1638.4	1122.2	254.2			12.6	7.9	27.4
565.2	276.7	286.5	229.0	142.1	100.4	4.8	-0.7	4.6	10.0	3.6
268.6	106.4	93.3	116.8	372.6	189.4	2.7	2.7	-4.4	-20.7	14.1
129.7	163.5	174.2	153.0	130.0	119.5	0.7	-1.3	2.6	3.3	2.7
93.4	74.5	70.1	79.5	86.5	87.8	-0.2	1.2	-2.5	-1.7	-1.4
3360.0	1130.8	975.9	538.2	173.3	109.2	10.0	3.0	12.7	25.4	5.7
859.2	282.6	214.8	107.1	111.7	58.8	6.0	5.6	14.9	-0.1	1.1
109.5	164.0	160.6	127.4	98.1	93.4	0.2	0.4	4.7	5.4	-0.2
84.0	88.9	82.4	82.2	91.5	95.5	-0.5	1.5	…	-2.1	-0.9
420.7	285.7	336.9	1010.6	1010.6	108.1	4.0	-3.2	-19.7		26.0
423.8	234.9	242.0	238.5	201.1	140.0	4.0	-0.6	0.3	3.5	7.2
336.8	168.3	181.1	200.2	200.4	131.0	3.3	-1.5	-2.0		7.2
							21.2	12.2	17.8	
							16.7	15.4	12.8	
							31.8	18.0	20.0	
738.8	352.9	183.7	139.7	131.7	116.4	5.6	16.2	3.5	1.3	2.8

2-7 城乡居民物质文化生活主要指标

指标	单位	2014年	2015年	2015年比2014年增长%
就业				
城镇登记失业率	%	3.5	3.6	0.1
收入				
城镇常住居民人均可支配收入	元	34723	37362	7.6
农村常住居民人均可支配收入	元	12538	13491	7.6
在岗职工平均工资	元	50467	53698	6.4
消费水平				
居民人均消费水平	元	25400	27315	7.6
农村居民	元	11565	13096	13.6
城镇居民	元	32345	34265	6.1
储蓄				
住户存款	万元	16107797	16839561	4.5
人均储蓄	元	53408	55293	3.5
住房				
城镇居民人均住房建筑面积	平方米	32.3	32.1	-0.6
农村居民人均生活用房面积	平方米	30.5	31.3	2.6
交通				
城镇每百户拥有助力车	辆	46	46	
农民每百户拥有助力车	辆	59	57	-3.4
城市每万人拥有公交车辆	标台	9.0	11.5	27.8
文化				
城镇每百户拥有彩色电视机	台	102	103	1.0
农村每百户拥有电视机	台	100	100	
城镇每百户拥有电脑	台	53	56	5.7
农村每百户拥有电脑	台	20	22	10.0
教育				
学龄儿童入学率	%	100.0	100.0	
每万人拥有在校大学生数	人	1207	1129	-6.5
卫生				
每万人拥有医院病床	张	45	51	13.3
每万人拥有医生数	人	28	29	3.6

第二部分　统计资料

国 民 经 济 核 算

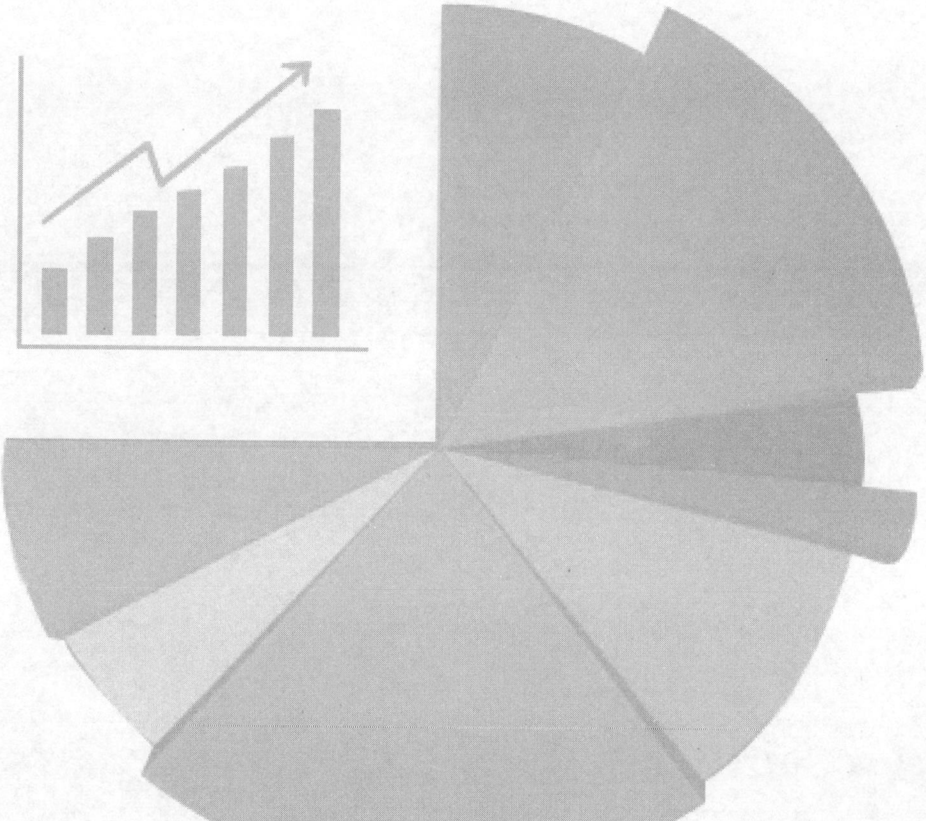

3-1 历年地区生产总值

（按当年价格计算）

单位：万元

年 份	地区生产总值	第一产业	第二产业	#工业	第三产业	人均地区生产总值（元）
1949	4605	3497	394	221	714	73
1950	5406	3892	502	313	1012	84
1951	5771	3792	738	485	1241	83
1952	7954	5098	1041	626	1815	109
1953	10146	5931	1718	987	2497	135
1954	12872	7594	1936	1317	3342	164
1955	11973	6109	2167	1564	3697	147
1956	16141	7497	3777	2266	4867	191
1957	15379	6040	3839	2383	5500	172
1958	19783	6847	6631	4518	6305	214
1959	23339	7072	8851	6257	7416	241
1960	29051	7117	12864	9535	9070	274
1961	23125	7190	7287	6051	8648	210
1962	19682	6417	5666	4752	7599	183
1963	20519	7409	5704	4633	7406	189
1964	23376	8908	6329	5073	8139	209
1965	27249	8406	9074	6790	9769	236
1966	31691	8874	11660	8747	11157	268
1967	32462	10169	11438	8214	10855	269
1968	33849	10214	11482	9379	12153	275
1969	33554	10455	9682	7815	13417	266
1970	38264	10565	14130	12123	13569	297
1971	44163	12398	16768	14097	14997	335
1972	43465	12860	17383	14420	13222	319
1973	45734	13623	18353	15083	13758	326
1974	43673	14497	15064	11590	14112	307
1975	49036	15048	18968	15111	15020	334
1976	51289	14170	20381	15695	16738	346
1977	52964	14660	21756	16866	16548	343
1978	54124	11538	25315	20847	17271	347

3-1续表 单位：万元

年份	地区生产总值	第一产业	第二产业	#工业	第三产业	人均地区生产总值（元）
1979	66180	17135	30632	23773	18413	410
1980	67615	16485	33009	27971	18121	412
1981	75454	17034	36844	27860	21576	457
1982	86916	20191	40669	31329	26056	513
1983	97566	22719	45790	34318	29057	574
1984	114121	28172	49574	41703	36375	667
1985	142136	31099	67639	53232	43398	819
1986	154515	26997	71818	58480	55700	885
1987	168834	26295	78074	65893	64465	949
1988	236116	42363	96389	84587	97364	1318
1989	271744	35720	115879	104070	120145	1466
1990	306867	52205	125589	112944	129073	1641
1991	358603	61216	149392	129718	147995	1903
1992	437264	68252	186664	157696	182348	2259
1993	573852	61604	288289	250322	223959	2946
1994	792719	98619	380600	340146	313500	4019
1995	940291	157330	399959	358276	383002	4735
1996	1164757	212827	480835	431137	471095	5821
1997	1340303	214665	533801	477593	591837	6565
1998	1537446	237041	589490	522941	710915	7487
1999	1714764	218400	649451	574870	846913	8209
2000	1998711	222959	750903	654013	1024849	8231
2001	2460126	227419	905106	753411	1327601	10036
2002	3249735	289732	1177637	979479	1782366	13115
2003	4278716	366601	1543828	1235381	2368287	17085
2004	5458920	426005	1939508	1570667	3093407	21736
2005	7727600	471700	2777600	2213100	4478300	29562
2006	9267900	512600	3502400	2837700	5252900	34875
2007	11287300	621400	4155000	3462000	6510900	41836
2008	14036700	751600	5064100	4184600	8221000	51154
2009	16439926	780935	5932490	4870800	9726501	58798
2010	18657140	913272	6789540	5570516	10954328	65518
2011	21772669	1094407	7899883	6514298	12778379	75266
2012	24587441	1205188	8023087	6375556	15359166	83906
2013	26958800	1334300	8267377	6500500	17357123	90621
2014	28940529	1254608	8481905	6672931	19204016	95961
2015	30905200	1262300	8670800	6785700	20972100	101492

3-2 历年地区生产总值指数

（以上年为100）

单位：%

年 份	地区生产总值	第一产业	第二产业	#工 业	第三产业	人均地区生产总值
1949						
1950	118.3	111.9	141.1	139.4	138.2	114.8
1951	99.3	94.9	129.4	142.9	103.6	92.5
1952	141.1	138.7	146.9	133.7	146.2	134.2
1953	112.7	105.2	148.2	142.3	118.6	109.1
1954	123.3	122.6	111.3	129.7	132.9	118.5
1955	87.8	78.0	107.3	114.1	103.0	84.7
1956	134.4	125.4	171.2	144.2	131.9	129.1
1957	95.9	80.6	103.9	108.3	118.8	91.0
1958	119.2	107.4	158.8	174.2	109.6	114.9
1959	112.0	98.4	126.8	129.3	115.7	107.0
1960	119.3	96.9	142.0	147.7	120.6	108.9
1961	73.3	94.4	51.5	59.2	80.8	70.8
1962	86.4	90.1	77.8	78.3	89.0	88.4
1963	109.3	117.9	104.6	101.7	103.8	108.1
1964	116.5	121.0	113.6	100.2	113.3	113.0
1965	112.4	92.2	139.8	146.3	119.1	108.9
1966	120.2	113.7	131.8	130.4	117.5	117.3
1967	100.5	112.8	91.7	95.3	96.7	98.6
1968	108.6	102.5	111.0	114.0	113.3	106.5
1969	100.0	99.1	88.1	85.8	110.4	97.5
1970	115.0	104.0	149.1	161.0	102.8	112.7
1971	114.2	116.8	115.6	116.0	110.8	111.6
1972	96.8	100.3	103.3	102.1	87.2	93.8
1973	109.3	117.3	106.9	105.1	103.4	105.8
1974	95.7	102.5	82.1	78.5	103.5	93.6
1975	112.0	103.6	128.0	129.4	106.9	109.5
1976	105.7	98.9	108.0	106.0	111.1	104.7
1977	99.5	101.6	101.3	103.6	95.4	95.5
1978	98.5	74.6	115.3	120.3	105.2	97.7

3-2续表 单位：%

年　份	地区生产总值	第一产业	第二产业	#工　业	第三产业	人均地区生产总值
1979	117.2	122.7	122.1	118.5	106.6	113.3
1980	101.6	110.8	105.0	113.1	88.3	99.9
1981	106.1	97.7	101.8	100.0	123.0	105.4
1982	116.1	124.1	111.2	110.8	116.0	113.1
1983	113.4	108.5	110.6	111.8	121.8	113.1
1984	119.4	129.3	111.9	118.1	120.3	118.5
1985	112.4	78.3	138.4	116.7	113.4	110.9
1986	104.3	86.9	99.4	104.3	122.3	103.6
1987	102.5	91.3	107.4	111.0	101.9	100.7
1988	119.4	137.9	106.8	115.9	127.4	118.6
1989	101.8	78.2	109.7	108.4	103.9	98.4
1990	110.1	134.7	105.4	97.6	107.1	109.2
1991	106.1	106.3	105.6	111.1	106.4	105.2
1992	115.7	108.4	119.4	116.1	114.8	112.7
1993	122.5	122.2	129.3	133.0	115.3	121.8
1994	124.3	114.6	129.9	134.1	120.4	122.8
1995	105.0	103.8	96.5	95.9	115.6	104.3
1996	113.5	119.1	113.1	113.1	109.3	112.6
1997	109.5	102.3	107.1	106.7	112.1	107.4
1998	112.8	106.2	109.5	108.3	113.5	112.1
1999	111.2	95.9	110.6	110.6	118.2	109.3
2000	114.7	112.0	114.0	112.6	116.2	113.8
2001	121.0	99.0	125.3	120.8	122.7	119.7
2002	130.9	127.4	130.0	130.2	132.2	129.5
2003	125.7	118.1	125.3	121.2	127.2	124.4
2004	122.9	110.3	124.0	126.5	124.1	120.9
2005	128.6	112.1	132.3	131.0	128.6	126.5
2006	118.1	108.6	122.4	125.0	116.4	116.3
2007	118.1	103.7	119.3	122.8	118.8	116.1
2008	114.1	107.8	113.2	113.0	115.2	112.2
2009	115.9	104.3	117.2	116.0	116.1	113.7
2010	113.0	104.7	113.3	114.3	113.3	110.9
2011	111.3	105.1	110.7	111.9	112.2	107.3
2012	110.9	104.5	111.4	110.0	111.1	109.5
2013	110.0	105.3	115.0	117.2	107.9	108.3
2014	108.0	103.1	108.2	109.3	108.3	106.5
2015	108.3	103.3	108.0	108.2	108.8	107.2

3-3 地区生产总值

（按当年价格计算）

单位：亿元

指　　标	2014年	2015年	2015年比2014年增长%
绝对额			
地区生产总值	2894.05	3090.52	8.3
第一产业	125.46	126.23	3.3
第二产业	848.19	867.08	8.0
工　业	667.29	678.57	8.2
建筑业	180.90	188.51	7.2
第三产业	1920.40	2097.21	8.8
交通运输、仓储和邮政业	358.66	377.83	6.2
批发和零售业	342.94	366.32	6.3
住宿和餐饮业	260.44	286.96	7.5
金融业	281.83	325.08	15.9
房地产业	125.66	130.25	6.1
营利性服务业	325.13	352.13	6.7
非营利性服务业	225.74	258.64	13.3
构　成（%）			
地区生产总值	100.00	100.00	
第一产业	4.34	4.08	
第二产业	29.30	28.06	
工　业	23.05	21.96	
建筑业	6.25	6.10	
第三产业	66.36	67.86	
人均地区生产总值（元）	**95961**	**101492**	**7.2**

3-4 第三产业增加值及其构成

（按当年价格计算） 单位:亿元、%

指标	总量		构成	
	2014年	2015年	2014年	2015年
第三产业	1920.40	2097.21	100.00	100.00
交通运输、仓储和邮政业	358.66	377.83	18.68	18.02
批发和零售业	342.94	366.32	17.86	17.47
住宿和餐饮业	260.44	286.96	13.56	13.68
金融业	281.83	325.08	14.68	15.50
房地产业	125.66	130.25	6.54	6.21
营利性服务业	325.13	352.13	16.93	16.79
农林牧渔服务业	1.38	1.44	0.07	0.07
信息传输计算机服务及软件业	95.55	110.80	4.98	5.28
租赁和商务服务业	66.41	66.67	3.45	3.18
居民服务和其他服务业	106.52	112.20	5.55	5.35
文化、体育和娱乐业	55.27	61.02	2.88	2.91
非营利性服务业	225.74	258.64	11.75	12.33
科学研究、技术服务和地质勘查业	33.38	41.25	1.74	1.97
水利、环境和公共设施管理业	19.65	20.75	1.02	0.99
教　育	54.38	62.19	2.83	2.97
卫生、社会保障和社会福利业	22.73	25.22	1.18	1.20
公共管理和社会组织	95.60	109.23	4.98	5.20

3-5 按支出法计算的地区生产总值

（按当年价格计算）

单位：亿元

	2014年	2015年	2015年比2014年增长%
地区生产总值	**2894.05**	**3090.52**	**8.3**
最终消费	1146.01	1274.57	10.9
居民消费	766.06	831.89	8.7
农村居民	116.58	130.83	12.6
城镇居民	649.48	701.06	8.1
政府消费	379.95	442.68	15.2
资本形成总额	1587.24	1696.37	9.0
固定资本形成总额	1385.27	1570.18	16.6
存货增加	201.97	126.19	-37.8
货物和服务净流出	160.80	119.58	-24.5

3-6 总　　产　　出

（按当年价格计算）

单位：亿元

	2014年	2015年	2015年比2014年增长%
总 产 出	**6985.09**	**7761.26**	**10.5**
第一产业	217.75	222.85	3.6
第二产业	3286.64	3617.94	11.3
工　业	2440.05	2612.72	11.8
建筑业	846.59	1005.22	9.4
第三产业	3480.70	3920.47	10.1

主要统计指标解释

生产总值 是按市场价格计算的生产总值的简称，它是一个国家或地区所有常住单位在一定时期内生产活动的最终成果。生产总值有三种表现形态，即价值形态、收入形态和产品形态。从价值形态看，它是所有常住单位在一定时期内所生产的全部货物和服务价值超过同期投入的全部非固定资产货物和服务价值的差额，即所有常住单位的增加值之和；从收入形态看，它是所有常住单位在一定时期内所创造并分配给我们常住单位和非常住单位的初次分配收入之和；从产品形态看，它是最终使用的货物和服务减去进口货物和服务。在核算中，生产总值的三种表现形态表现为三种计算方法，即生产法、收入法和支出法。三种方法分别从不同的方面反映生产总值及其构成。

总产出 是一定时期内生产的所有货物和服务的价值。它是货物和服务的全部价值，包括转移价值和新增价值两部分。总产出用生产者价格估价。

中间投入 是常住单位在生产或提供货物与服务过程中消耗和使用的所有非固定资产货物和服务价值。中间投入也称为中间消耗。计入中间投入应按生产过程中实际使用的数量计算。一般采用市场购买者价格计价。

增加值 是生产货物或提供服务过程中增加的价值，也称为追加价值，就是总产出与中间投入之间的差额。

总消费 是指常住单位在一定时期内对于货物和服务的全部最终消费，也就是常住单位为满足人们物质、文化和精神生活的需要，从本国经济领土或外国购买的货物和服务。不包括非常住居民在本国经济领土内的消费。总消费分为居民消费和社会消费。（1）居民消费是指常住居民在核算期内对于货物和服务的全部最终消费。（2）社会消费指政府部门的总产出扣除销售收入后的价值。换句话讲，就是指社会公共服务部门将其生产活动总成果提供给政府，由政府部门购买并提供给全社会享用的消费品和劳务。

总投资 是指常住单位在核算期内对固定资产和库存的投资支出合计，分为固定资产形成和库存增加两部分。（1）固定资产形成是指常住单位在核算期内购置、转入和为自用而生产的固定资产，扣除已有固定资产的销售和转出后的价值。（2）库存增加即存货变动，是指常住单位在核算期内库存实物量变动的市场价值。

当年价格 指报告期的实际价格。使用当年计算的价格数字，是为了使国民经济各项指标互相衔接，便于考察当年的社会经济效益，便于生产和流通、生产和分配、生产和消费进行经济核算和综合平衡。

按当年价格计算的价值指标，在不同年份之间进行对比时，因为已含有各年间价格变动的因素，不能确切反映实物量的增减变动。因此，必须消除价格变动因素。在计算增长速度时都使用按可比价格计算的数字。

可比价格 指在计算不同时期的价值指标时扣除了价格变动因素，而确切表示物量的变化。按可比价格计算有两种方法：一种是直接用产品产量乘其不变价格，一种是用指数法换算。

不变价格 用某一时期的同类产品的平均价格作为固定价格，来计算各时期的产品价值。随着工农业产品价格水平的变化，国家统计局先后五次制定了全国统一的工业品不变价格和农业品不变价格，从1949年到1957年使用1952年工（农）业产品不变价格，从1957年到1971年使用1957年不变价格，从1971年到1981年使用1970年不变价格，从1981年到1990年使用1980年不变价格，从1990年开始使用1990年不变价格。

第二部分　统计资料

人　　口

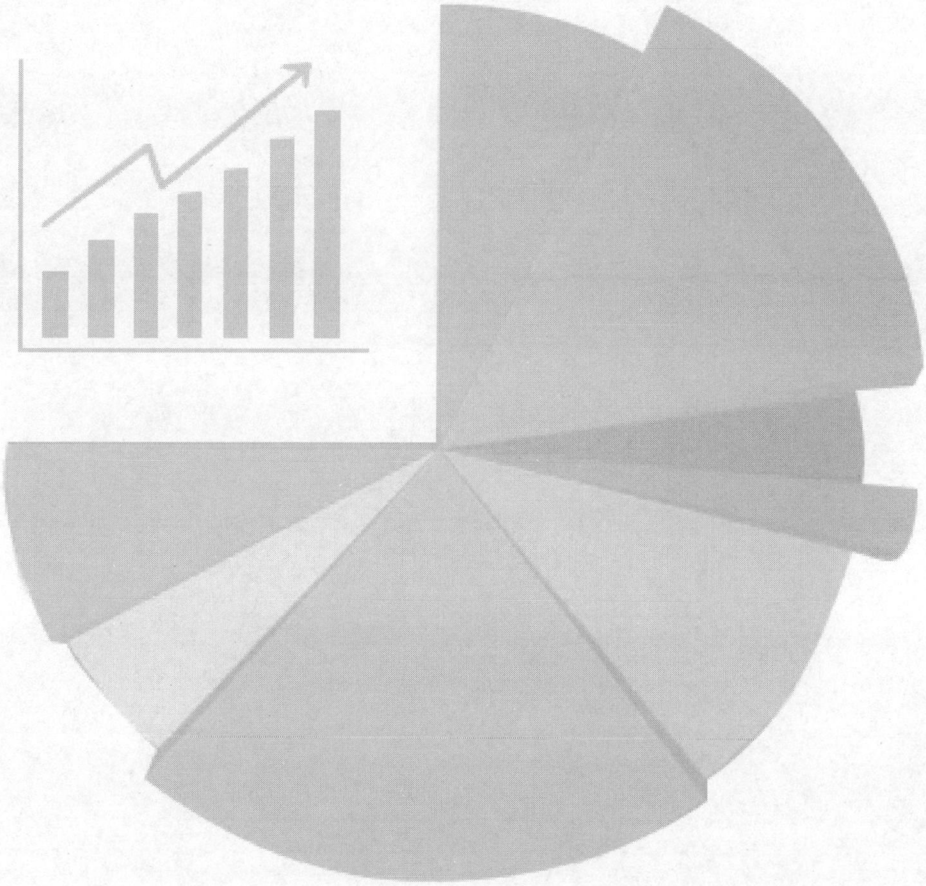

4-1 历年人口数据

单位：万人、‰

年　份	总人口	#男	#城镇人口	出生率	死亡率
1949	62.8	36.0	14.6	22.6	10.1
1950	66.7	38.4	15.5	23.2	9.8
1951	72.0	41.9	15.8	24.4	9.2
1952	74.0	43.2	15.7	26.3	10.3
1953	76.8	44.8	15.2	26.1	10.4
1954	80.1	46.6	16.2	38.5	12.0
1955	82.5	48.0	15.7	30.6	10.0
1956	86.9	50.8	20.5	28.2	8.6
1957	91.9	54.1	23.0	29.8	9.4
1958	93.4	54.5	23.2	26.4	8.4
1959	100.3	58.9	29.1	27.5	9.5
1960	111.9	65.7	40.2	28.4	9.1
1961	108.0	62.6	34.5	25.0	8.8
1962	107.1	61.6	31.1	34.0	10.2
1963	110.0	63.0	31.0	37.2	9.4
1964	113.8	64.8	34.4	36.7	11.8
1965	117.6	66.9	37.1	28.1	9.3
1966	119.4	67.8	37.2	23.7	8.1
1967	121.6	69.0	38.3	20.3	7.3
1968	124.7	70.4	38.5	28.0	7.2
1969	127.8	72.1	39.1	27.3	6.6
1970	130.1	72.7	39.3	27.5	7.0
1971	133.7	74.3	40.4	22.7	5.8

4-1续表1

单位：万人、‰

年份	总人口	#男	#城镇人口	出生率	死亡率
1972	138.5	76.4	43.6	25.6	6.8
1973	142.5	78.5	44.9	23.9	6.6
1974	145.2	80.0	45.8	25.6	6.6
1975	147.3	80.6	46.5	21.0	7.5
1976	149.4	81.7	47.2	19.4	6.3
1977	151.5	82.8	49.2	17.6	6.0
1978	154.0	83.6	51.3	17.4	5.9
1979	156.4	84.9	50.2	15.4	6.0
1980	158.5	85.9	55.5	15.5	5.8
1981	161.8	87.5	55.0	16.3	6.0
1982	165.7	89.2	55.0	17.5	5.5
1983	166.9	89.7	57.0	13.1	5.7
1984	170.4	91.7	60.5	16.4	4.7
1985	172.2	92.4	66.2	13.6	5.3
1986	174.4	93.3	68.3	13.0	5.6
1987	177.1	94.7	70.7	13.8	4.6
1988	179.7	95.9	73.1	13.4	4.6
1989	182.7	96.7	75.5	15.3	4.3
1990	185.7	98.6	81.0	21.7	5.4
1991	187.1	99.3	82.0	11.9	4.3
1992	188.4	99.9	82.8	13.0	4.1
1993	190.3	100.7	84.3	12.3	4.0
1994	192.7	102.0	86.0	11.4	4.1

4-1续表2

单位：万人、‰

年　份	总人口	#男	#城镇人口	出生率	死亡率
1995	194.5	102.6	87.2	12.4	5.0
1996	197.4	104.1	96.7	11.9	4.4
1997	200.4	105.5	99.1	11.6	3.9
1998	204.4	107.4	102.2	12.1	4.1
1999	207.8	109.0	100.9	10.4	3.5
2000	209.2	108.8	112.0	15.0	10.9
2001	211.8	110.0	122.1	10.5	3.0
2002	213.5	110.9	122.1	9.0	2.9
2003	213.9	111.2	133.6	7.9	2.9
2004	259.1	134.5	142.7	9.4	5.9
2005	263.7	137.0	148.3	9.5	5.0
2006	267.8	138.7	154.7	9.8	5.6
2007	271.8	140.9	160.3	10.4	5.3
2008	277.0	143.2	167.0	10.0	5.0
2009	282.2	145.9	172.1	9.8	5.1
2010	287.4	146.6	179.5	9.4	4.1
2011	291.2	148.4	185.7	8.8	4.3
2012	294.9	150.3	192.3	9.3	4.4
2013	300.1	152.9	198.8	9.2	4.5
2014	303.1	154.4	202.8	9.4	4.6
2015	306.0	156.0	206.5	7.5	4.3

注：2004年以后均为常住人口数，其余年份为户籍人口数。

4-2 旗县区户数与人口

单位：户、人

地区	总户数	总人口	总人口中			
			城镇人口	乡村人口	男	女
全市	**946110**	**2385832**	**1307214**	**1078618**	**1209107**	**1176725**
市辖区	497097	1300954	1100461	200493	645933	655021
新城区	145271	393124	377858	15266	193795	199329
回民区	90640	237135	205944	31191	117925	119210
玉泉区	84728	202159	161062	41097	100835	101324
赛罕区	176458	468536	355597	112939	233378	235158
旗县	449013	1084878	206753	878125	563174	521704
土左旗	143639	365819	53486	312333	190073	175746
托克托县	87566	203144	56428	146716	103627	99517
和林县	84380	200883	29943	170940	104504	96379
清水河县	60397	142047	30865	111182	74054	67993
武川县	73031	172985	36031	136954	90916	82069

4-3 人口变动情况

单位：人、‰

地区	平均人口	出生		死亡		自然增长率	迁入人口	迁出人口	机械增长率
		人口	出生率	人口	死亡率				
全市	**2382830**	**23714**	**10.0**	**10981**	**4.6**	**5.4**	**70798**	**77526**	**-2.8**
市区	1289514	13099	10.2	6752	5.2	5.0	63906	47372	12.8
新城区	389199	3866	9.9	1994	5.1	4.8	20197	14219	15.4
回民区	238827	1753	7.3	1633	6.8	0.5	7407	10910	-14.7
玉泉区	202324	1769	8.7	1184	5.9	2.8	6530	7444	-4.5
赛罕区	459165	5711	12.4	1941	4.2	8.2	29772	14799	32.6
旗县	1093316	10615	9.7	4229	3.9	5.8	6892	30154	-21.3
土左旗	368077	3657	9.9	1594	4.3	5.6	2394	8973	-17.9
托县	205022	1998	9.7	676	3.3	6.4	765	5843	-24.8
和林县	202840	2192	10.8	739	3.6	7.2	1753	7119	-26.5
清水河县	143140	1412	9.9	668	4.7	5.2	1204	4134	-20.5
武川县	174238	1356	7.8	552	3.2	4.6	776	4085	-19.0

4-4 少数民族人口情况

单位：人

项目	合计	市区				旗县				
		新城区	回民区	玉泉区	赛罕区	土左旗	托县	和林县	清水河县	武川县
少数民族人口	**337749**	**81793**	**50833**	**35528**	**90623**	**46231**	**11956**	**12545**	**1624**	**6616**
蒙古族	259780	62800	24276	28314	75775	42549	9334	10565	1261	4906
回族	38619	5443	21566	3490	4058	1922	1147	309	101	583
满族	30793	10974	4245	3150	8477	1064	731	1405	143	604
朝鲜族	1281	508	174	134	415	22	14	3		11
达斡尔族	3019	1288	271	190	1190	45	23	9	2	1
鄂伦春族	98	34	15	10	29	10				
鄂温克族	406	166	54	24	150	3		8	1	
壮族	377	114	45	51	75	35	17	20	3	17
藏族	349	46	6	16	34	92	50	41	15	49
锡伯族	180	79	20	13	66	1			1	
苗族	367	49	17	27	53	58	86	13	19	45
土家族	372	61	24	33	112	51	28	18	13	32
彝族	311	16	7	10	14	98	96	12	19	39
维吾尔族	78	41	11	7	14	4				1
其他少数民族	1719	174	102	59	161	277	430	142	46	328
外国人加入中国国籍										

4-5 计划生育情况

单位：人、%

项目	合计	按地区分		按民族分	
		市区	旗县	汉族	少数民族
政策内生育人数	15191	10911	4280	11364	3827
符合政策生育率	94.4	94.5	94.1	92.8	99.3
育龄妇女人数					
已婚育龄妇女人数	516185	375272	140913	454432	61753
领取独生子女证人数	32551	24703	7848	27084	5467
领证率	6.3	6.6	5.6	6.0	8.9
采取节育措施人数	464805	334719	130086	410955	53850
# 男性绝育	302	162	140	297	5
女性绝育	50167	23224	26943	48412	1755
放置宫内节育器	288235	195568	92667	259501	28734
综合节育率	90.1	89.2	92.3	90.4	87.2

4-6 城镇人口

项目	全市	市区			
			新城区	回民区	玉泉区
年末城镇人口数	**1307214**	**1100461**	**377858**	**205944**	**161062**
城镇人口增加数	**89311**	**77760**	**12830**	**4069**	**12504**
出生	13295	11150	3708	1294	1296
城镇人口迁入	66933	58382	7410	2098	8829
乡村人口转城镇人口	7539	6768	1348	635	1775
招生	372	370	17	20	3
录（聘）用	79	72	10		8
务工经商	6				
购（租）房	3008	2909	650	272	701
投资	2	2			2
投靠亲属	3368	2874	658	263	840
移民搬迁					
城乡属性调整					
其他	704	541	13	80	221
退出现役	498	476	271	41	25
港澳台国外迁入	3	3		1	
其他	1043	981	93		579
城镇人口减少数	**38336**	**30560**	**4235**	**2714**	**8103**
死亡	7232	6242	1937	1501	1053
城镇人口迁出	21394	18992	2198	1179	1962
迁往港澳台国外	82	82	15	4	4
服现役	200	177	85	30	17
其他	9428	5067			5067

增减情况

单位：人

赛罕区	旗县	土左旗	托县	和林县	清水河县	武川县
355597	**206753**	**53486**	**56428**	**29943**	**30865**	**36031**
48357	**11551**	**1470**	**828**	**8432**	**435**	**386**
4852	2145	1032	408	256	229	220
40045	8551	303	147	7967	99	35
3010	771	124	210	208	98	131
330	2	2				
54	7	3	2	2		
	6		3		3	
1286	99	18	5	37	6	33
1113	494	83	156	125	61	69
227	163	18	44	44	28	29
139	22	11	1	1	9	
2						
309	62		62			
15508	**7776**	**3342**	**2074**	**1278**	**504**	**578**
1751	990	441	165	121	123	140
13653	2402	669	502	418	378	435
59						
45	23	5	5	7	3	3
	4361	2227	1402	732		

主 要 统 计 指 标 解 释

人口数 指一定时点，一定地区范围内有生命的个人的总和。

年度统计的年末人口数是指每年12月31日24时的人口数。

农业人口和非农业人口 是人口按经济特征分组的主要指标。农业人口指依靠从事农业（包括林、牧、渔业）维持生活的全部人口，即包括从事农、牧、林业生产的人口以及由他们抚养的人口。非农业人口指依靠从事农业以外的职业维持生活的人口以及他们抚养的人口。在我国过去的一些统计资料中曾以是否吃国家商品粮做为划分农业人口与非农业人口的标准，人口普查时对此做了纠正。

出生率（又称粗出生率） 指在一定时期内（通常为一年）平均每千人所出生的人数的比率，一般用千分率表示。计算公式：

$$出生率=\frac{年出生人数}{年平均人数}\times 1000‰$$

出生人数是指活产婴儿，即胎儿脱离母体时（不管怀孕日数），有过呼吸或其他生命现象。

年平均人数是年初、年末人口数的平均数。

死亡率 指在一定时期内（通常为一年）一定地区的死亡人数与同期平均人数之比，一般用千分率表示。

计算公式：

$$死亡率=\frac{年死亡人数}{年平均人数}\times 1000‰$$

人口自然增长率 在一定时期内（通常为一年）人口自然增加数（出生人数减死亡人数）占该时期内平均人数之比，一般用千分率表示。计算公式：

人口自然增长率=

$$\frac{本年出生人数-本年死亡人数}{年平均人数}\times 1000‰$$

或：

$$人口自然增长率=人口出生率-人口死亡率$$

机械增长率=

$$\frac{本年迁入人数-本年迁出人数}{年平均人数}\times 1000‰$$

或：

$$机械增长率=迁入率-迁出率$$

第二部分　统计资料

劳动力和职工工资

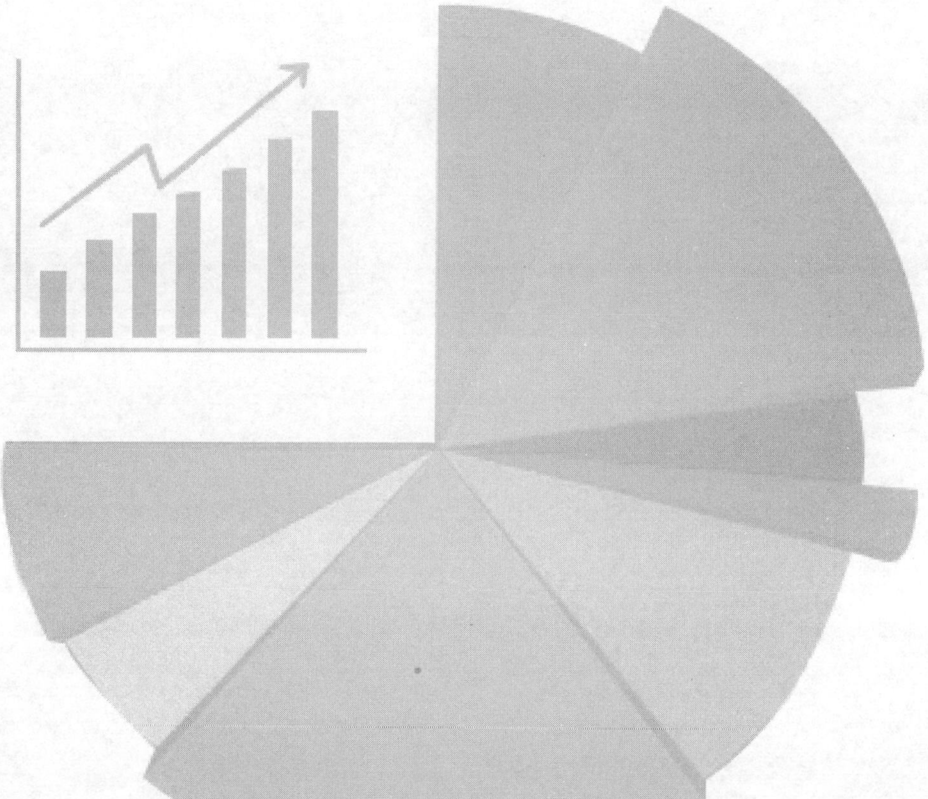

5-1 历年职工人数及工资

年 份	年末职工人数（人）	职工工资总额（万元）	职工平均工资（元）
1949	6579	176	268
1950	9952	265	269
1951	14140	397	286
1952	19006	665	350
1953	24468	1072	441
1954	29636	1625	556
1955	32650	1869	584
1956	47777	3072	644
1957	59078	4131	690
1958	90676	4302	586
1959	114512	6148	620
1960	143594	8375	572
1961	101562	6769	578
1962	78673	5607	640
1963	75560	5383	697
1964	84517	5773	726
1965	96932	6672	707
1966	108126	7069	681
1967	104582	7164	673
1968	103836	6957	670
1969	109893	7539	670
1970	122361	7817	655
1971	132007	7912	623
1972	140432	9060	657
1973	169712	10916	643
1974	176195	11318	648
1975	200098	12522	653
1976	219757	13974	640
1977	230865	14685	646
1978	265213	16860	639
1979	287982	19204	681
1980	303293	23005	763
1981	324513	24787	764

5-1续表

年 份	年末职工人数（人）	职工工资总额（万元）	职工平均工资（元）
1982	339558	27114	815
1983	349852	28918	836
1984	368180	34576	961
1985	381099	41077	1093
1986	397821	50153	1280
1987	408913	53949	1323
1988	420795	62097	1506
1989	419369	67071	1604
1990	434017	75252	1750
1991	449426	87015	1953
1992	467663	108342	2337
1993	483638	142207	2881
1994	496661	191395	3800
1995	477370	199528	4200
1996	472391	217747	4597
1997	460086	241430	5195
1998	433662	241453	5486
1999	344395	233909	6648
2000	311265	244190	7548
2001	291748	262112	8717
2002	283168	322778	11158
2003	286669	378397	13092
2004	288177	488657	16663
2005	294293	597507	19715
2006	292050	696228	22948
2007	293742	807126	26732
2008	297348	937267	30872
2009	298707	1057177	33997
2010	310692	1200455	37685
2011	320453	1369546	40476
2012	335508	1575290	44402
2013	404342	2049486	48635
2014	412795	2170163	50467
2015	407177	2227518	53698

注：1999年以后职工均指在岗职工。在岗职工平均工资是在岗职工工资总额/在岗职工平均人数所得。

5-2 单位从业人员和在岗职工劳动工资

指　　标	单　位	2014年	2015年	2015年比2014年增长%
单位从业人员年末人数	**人**	**421464**	**415684**	**-1.4**
# 在岗职工年末人数	人	412795	407177	-1.4
国有经济单位	人	193683	191010	-1.4
城镇集体经济单位	人	9016	8703	-3.5
其他各种经济类型	人	210096	207464	-1.3
单位从业人员平均人数	**人**	**438994**	**424466**	**-3.3**
# 在岗职工平均人数	人	430020	414821	-3.5
国有经济单位	人	193717	190785	-1.5
城镇集体经济单位	人	8960	8657	-3.4
其他各种经济类型	人	227343	215379	-5.3
单位从业人员劳动报酬	**万元**	**2202664**	**2265142**	**2.8**
# 在岗职工工资总额	万元	2170163	2227518	2.6
国有经济单位	万元	1031451	1098920	6.5
城镇集体经济单位	万元	39148	38697	-1.2
其他各种经济类型	万元	1099564	1089901	-0.9
单位从业人员平均劳动报酬	**元**	**50175**	**53365**	**6.4**
# 在岗职工平均工资	元	50467	53698	6.4
国有经济单位	元	53245	57600	8.2
城镇集体经济单位	元	43692	44700	2.3
其他各种经济类型	元	48366	50604	4.6

5-3 分行业在岗职工人数和工资

指　　标	年末人数（人）	平均人数（人）	工资总额（万元）	平均工资（元）
总　计	**407177**	**414821**	**2227518**	**53698**
农、林、牧、渔业	3367	3365	18347	54524
采 矿 业	245	400	2766	69148
制 造 业	55853	55596	288166	51832
电力、热力、燃气及水的生产和供应业	23928	23586	130471	55317
建 筑 业	34602	44021	172645	39219
批发和零售业	23760	23557	99974	42439
交通运输、仓储和邮政业	28462	28444	138878	48825
住宿和餐饮业	10054	10250	39885	38912
信息传输、软件和信息技术服务业	12398	12255	90749	74050
金 融 业	19063	19159	133945	69912
房地产业	13439	12954	51773	39967
租赁和商务服务业	10356	10401	52398	50377
科学研究和技术服务业	20170	19790	121576	61433
水利、环境和公共设施管理业	17957	17698	62989	35591
居民服务、修理和其他服务业	2226	2227	4675	20992
教　　育	50341	50331	329953	65557
卫生和社会工作	20074	20047	129662	64679
文化、体育和娱乐业	10517	10574	62045	58677
公共管理、社会保障和社会组织	50365	50166	296621	59128

5-4 城乡私营和个体经济

单位：户、人

行业	私营经济			个体经济		
	户数	从业人员	#城镇	户数	从业人员	#城镇
总计	**52151**	**337971**	**271323**	**158476**	**716947**	**560169**
农、林、牧、渔业	2050	12846	7748	1059	2696	1347
采矿业	335	1641	1390	45	181	119
制造业	2532	27958	22023	4958	12503	9972
电力、燃气及水的生产和供应业	217	1538	1187	3	10	10
建筑业	2863	17149	14784	138	398	329
交通运输、仓储和邮政业	1326	7971	6122	9270	17021	16316
信息传输、计算机服务和软件业	2797	13482	12279	2842	5184	4856
批发和零售业	21213	140423	100745	98084	465553	325509
住宿和餐饮业	913	5733	4873	17576	112184	106274
金融业	418	3985	3348			
房地产业	1935	12011	10768	436	1088	1066
租赁和商务服务业	9269	57877	53816	1432	2671	2370
科学研究、技术服务和地质勘查业	2257	10968	10151	610	1328	1279
水利、环境和公共设施管理业	236	1272	1143	41	105	99
居民服务和其他服务业	2796	15752	14172	20168	90941	85870
教育	279	2978	2706	538	1297	1237
卫生、社会保障和社会福利业	99	1104	1011	620	1457	1364
文化、体育和娱乐业	574	3092	2878	516	2052	1880
其他行业	42	191	179	140	278	272

5-5 国有经济单位从业

指　　标	单位数（个）	年末人数（人）		
		单位从业人员	#女性	#在岗职工
国有单位合计	**2405**	**192091**	**85016**	**190015**
按隶属关系分组				
中　央	138	16081	8062	15716
省、自治区、直辖市	560	66509	27831	66007
地　区	344	38049	16076	37489
县及县以下	1356	70781	32728	70157
其　他	7	671	319	646
按企业、事业、机关分组				
企　业	173	28617	11523	27586
#地　方	98	19310	6469	18507
事　业	1549	120310	58215	119304
#地　方	1502	115300	55985	114431
机　关	682	43151	15268	43112
#地　方	666	41387	14490	41348
其　他	1	13	10	13
农、林、牧、渔业	136	3385	1156	3367
农　业	10	294	99	294
林　业	21	655	201	637
畜牧业	9	189	79	189
渔　业	2	12	4	12
农、林、牧、渔服务业	94	2235	773	2235
采矿业	1	5		5
有色金属矿采选业	1	5		5
制造业	7	555	218	552
印刷和记录媒介复制业	5	337	164	337
专用设备制造业	1	136	31	133
电气机械和器材制造业	1	82	23	82
电力、热力、燃气及水的生产和供应业	9	977	213	977
电力、热力生产和供应业	4	695	107	695
水的生产和供应业	5	282	106	282
建筑业	7	1978	338	1978

人员和劳动报酬

	劳动报酬和生活费（万元）		
# 劳务派遣人员	单位从业人员劳动报酬	# 在岗职工工资总额	# 劳务派遣人员工资总额
995	**1101819**	**1091472**	**7448**
248	89410	87535	1537
399	453455	448413	4699
321	200725	198910	1133
2	354265	352725	4
25	3964	3889	75
887	144297	136794	7032
727	91896	85819	5796
108	700323	697555	416
20	673409	671090	115
	257134	257058	
	247039	246963	
	65	65	
	18382	18347	
	1628	1628	
	2963	2928	
	837	837	
	59	59	
	12896	12896	
	40	40	
	40	40	
	3006	2991	
	1869	1869	
	766	752	
	370	370	
	3286	3286	
	2357	2357	
	929	929	
	4950	4950	

5-5续表1

指标	单位数（个）	年末人数（人）		
		单位从业人员	#女性	#在岗职工
房屋建筑业	4	714	195	714
土木工程建筑业	3	1264	143	1264
批发和零售业	35	1840	664	1790
批发业	19	1602	533	1583
零售业	16	238	131	207
交通运输、仓储和邮政业	31	11677	3856	11004
道路运输业	13	7639	2237	7622
航空运输业	2	404	127	404
仓储业	7	330	119	325
邮政业	7	3304	1373	2653
住宿和餐饮业	20	1813	960	1762
住宿业	16	1381	769	1335
餐饮业	4	432	191	427
信息传输、软件和信息技术服务业	18	4402	2878	4283
电信、广播电视和卫星传输服务	12	4230	2812	4111
互联网和相关服务	4	144	54	144
软件和信息技术服务业	2	28	12	28
金融业	45	3808	2160	3682
货币金融服务业	36	3386	1903	3310
资本市场服务业	1	11	4	11
保险业	7	286	220	238
其他金融业	1	125	33	123
房地产业	27	1118	474	1098
#房地产开发经营	3	146	90	126
物业管理	1	76	11	76
房地产中介服务	1	9	3	9
租赁和商务服务业	101	4290	1355	4277
商务服务业	101	4290	1355	4277
科学研究、技术服务业	158	12954	5106	12827
研究和试验发展	31	2994	1216	2928

# 劳务派遣人员	劳动报酬和生活费（万元）		
	单位从业人员劳动报酬	# 在岗职工工资总额	# 劳务派遣人员工资总额
	1680	1680	
	3270	3270	
45	14520	14217	291
19	13435	13347	88
26	1086	870	203
607	49124	45746	3129
17	28687	28623	64
	1584	1584	
	1218	1170	
590	17635	14371	3064
48	7008	6860	141
46	5116	4979	137
2	1892	1881	4
114	29398	26204	3182
114	28277	25083	3182
	947	947	
	175	175	
76	24280	23923	218
76	21414	21196	218
	50	50	
	1128	993	
	1689	1684	
20	6755	6698	57
20	809	752	57
	663	663	
	35	35	
3	17491	17424	48
3	17491	17424	48
62	72789	72286	266
37	16980	16710	191

5-5续表2

指　　标	单位数（个）	年末人数（人）		
		单位从业人员	#女性	#在岗职工
专业技术服务业	107	8426	3339	8365
科技推广和应用服务业	20	1534	551	1534
水利、环境和公共设施管理业	87	15449	7314	15049
水利管理业	50	1283	488	1283
生态保护和环境治理业	7	328	161	328
公共设施管理业	30	13838	6665	13438
居民服务、修理和其他服务业	16	1579	710	1579
居民服务业	14	1524	685	1524
其他服务业	2	55	25	55
教　育	532	47831	25211	47472
#初等教育	301	11579	6917	11432
中等教育	119	15163	8276	15163
高等教育	16	17481	8016	17304
卫生和社会工作	136	17912	9723	17859
卫　生	117	17543	9527	17490
社会工作	19	369	196	369
文化、体育和娱乐业	138	10114	4621	10089
新闻和出版业	35	3177	1391	3172
广播、电视、电影和影视录音制作业	18	3418	1570	3398
文化艺术业	67	2746	1342	2746
体　育	15	643	248	643
娱乐业	3	130	70	130
公共管理、社会保障和社会组织	901	50404	18059	50365
#中国共产党机关	58	2321	853	2320
国家机构	754	45459	16068	45422
人民政协、民主党派	20	528	238	528
社会保障	5	201	93	201
群众社团、社会团体和其他成员组织	64	1895	807	1894

	劳动报酬和生活费（万元）		
# 劳务派遣人员	单位从业人员劳动报酬	# 在岗职工工资总额	# 劳务派遣人员工资总额
25	49314	49081	75
	6495	6495	
	50988	50197	
	7546	7546	
	1733	1733	
	41708	40918	
	3567	3567	
	3472	3472	
	95	95	
	319490	318316	
	65511	64913	
	93199	93199	
	139972	139465	
	120576	120461	
	118678	118563	
	1898	1898	
20	59472	59339	115
	18455	18437	
20	24318	24203	115
	13213	13213	
	2726	2726	
	761	761	
	296697	296621	
	13014	13012	
	268911	268841	
	3522	3522	
	873	873	
	10378	10373	

5-6 城镇集体单位从业

指　　标	单位数（个）	年末人数（人）		
		单位从业人员	#女性	#在岗职工
城镇集体单位合计	**211**	**8729**	**4246**	**8626**
企　业	122	5416	2690	5337
事　业	89	3313	1556	3289
制造业	18	497	259	497
纺织服装、服饰业	3	172	126	172
印刷和记录媒介复制业	10	241	90	241
化学原料和化学制品制造业	2	21	10	21
非金属矿物制品业	1	2		2
金属制品业	2	61	33	61
电力、热力、燃气及水生产和供应业	4	326	127	326
电力、热力生产和供应业	1	82	55	82
水的生产和供应业	3	244	72	244
建筑业	3	527	267	527
房屋建筑业	2	243	71	243
土木工程建筑业	1	284	196	284
批发和零售业	11	275	103	270
批发业	5	101	40	101
零售业	6	174	63	169
交通运输、仓储和邮政业	1	35		35
道路运输业	1	35		35

人员和劳动报酬

	劳动报酬和生活费（万元）		
# 劳务派遣人员	单位从业人员劳动报酬	# 在岗职工工资总额	# 劳务派遣人员工资总额
77	**38742**	**38369**	**327**
77	29862	29533	327
	8880	8836	
	1364	1364	
	462	462	
	669	669	
	58	58	
	12	12	
	163	163	
	876	876	
	155	155	
	721	721	
	1928	1928	
	1397	1397	
	531	531	
3	986	983	2
	293	293	
3	694	691	2
	90	90	
	90	90	

5-6续表

指　　标	单位数（个）	年末人数（人）		
		单位从业人员	#女性	#在岗职工
住宿和餐饮业	4	348	164	348
住宿业	2	235	108	235
餐饮业	2	113	56	113
金融业	74	3150	1694	3076
货币金融服务业	74	3150	1694	3076
租赁和商务服务业	3	37	11	37
商务服务业	3	37	11	37
科学研究、技术服务业	8	120	1	120
专业技术服务业	8	120	1	120
水利、环境和公共设施管理业	2	1339	581	1339
公共设施管理业	2	1339	581	1339
居民服务、修理和其他服务业	4	536	269	536
居民服务业	2	52	25	52
机动车、电子产品和日用产品修理业	1	4	2	4
其他服务业	1	480	242	480
教育	5	196	89	196
#中等教育	1	92	32	92
高等教育	2	69	43	69
卫生和社会工作	74	1343	681	1319
卫生	74	1343	681	1319

	劳动报酬和生活费（万元）		
# 劳务派遣人员	单位从业人员劳动报酬	# 在岗职工工资总额	# 劳务派遣人员工资总额
	1032	1032	
	804	804	
	229	229	
74	22738	22412	326
74	22738	22412	326
	142	142	
	142	142	
	216	216	
	216	216	
	1960	1960	
	1960	1960	
	697	697	
	102	102	
	10	10	
	585	585	
	1102	1102	
	712	712	
	292	292	
	5611	5567	
	5611	5567	

5-7 其他各种经济类型

指标	单位数（个）	年末人数（人）单位从业人员	#女性	#在岗职工
其他单位合计	**858**	**214864**	**80585**	**194558**
内资	814	190828	70915	171003
股份合作	3	340	111	340
联营	2	42	24	42
#国有联营	1	12	3	12
有限责任公司	594	131811	49228	114508
#国有独资	39	32584	13197	25763
股份有限公司	130	54743	19278	52471
其他	85	3892	2274	3642
港、澳、台商投资	20	8499	3622	8200
外商投资	24	15537	6048	15355
企业	799	212099	79031	192025
事业	26	1662	851	1430
民间非营利组织	26	633	457	633
其他	7	470	246	470
采矿业	1	240	50	240
煤炭开采和洗选业	1	240	50	240
制造业	125	55073	19173	54569
农副食品加工业	18	2827	833	2607
食品制造业	10	22725	8589	22724
酒、饮料和精制茶制造业	6	1427	629	1416
烟草制品业	1	1901	572	1901
纺织服装、服饰业	5	2105	1523	2054
造纸和纸制品业	7	1569	420	1569
印刷和记录媒介复制业	1	251	84	251
石油加工、炼焦和核燃料加工业	1	2025	761	2023
化学原料和化学制品制造业	18	11241	3022	11241
医药制造业	7	1686	772	1614
化学纤维制造业	1	84	35	82
橡胶和塑料制品业	5	413	188	362
非金属矿物制品业	16	1997	531	1968

单位从业人员和劳动报酬

	劳动报酬和生活费（万元）		
# 劳务派遣人员	单位从业人员劳动报酬	# 在岗职工工资总额	# 劳务派遣人员工资总额
12906	**1124581**	**1030107**	**59794**
12569	992800	900901	57682
	752	752	
	90	90	
	51	51	
11937	674800	592282	55014
6708	174435	149819	23333
621	302392	293532	2660
11	14766	14245	8
232	52565	50679	1696
105	79216	78527	416
12906	1114315	1020254	59794
	6320	5907	
	1862	1862	
	2084	2084	
	2752	2726	
	2752	2726	
235	284965	282712	1099
184	16341	15396	830
	108535	108491	
11	7335	7295	40
	23852	23852	
	6926	6823	
	7931	7931	
	1348	1348	
	14356	14350	
	58407	58407	
	9718	9331	
	518	507	
11	1711	1517	56
27	7984	7739	164

5-7续表1

指　　标	单位数（个）	年末人数（人）		
		单位从业人员	#女性	#在岗职工
有色金属冶炼和压延加工业	8	641	159	630
金属制品业	3	540	52	538
通用设备制造业	6	638	151	632
专用设备制造业	3	944	177	944
汽车制造业	1	100	29	100
电气机械和器材制造业	5	1133	184	1105
计算机、通信和其他电子设备制造业	3	826	462	808
电力、热力、燃气及水生产和供应业	29	22753	7677	20691
电力、热力生产和供应业	21	17493	5770	15460
燃气生产和供应业	3	2053	658	2053
水的生产和供应业	5	3207	1249	3178
建　筑　业	72	33135	3691	30927
房屋建筑业	35	15473	1287	15053
土木工程建筑业	21	16008	2031	14794
建筑安装业	9	657	106	485
建筑装饰和其他建筑业	7	997	267	595
批发和零售业	167	21958	13365	21561
批 发 业	57	5629	2550	5406
零 售 业	110	16329	10815	16155
交通运输、仓储和邮政业	30	17638	7857	10060
铁路运输业	7	260	25	146
道路运输业	16	11507	5569	6076
航空运输业	3	2370	1401	1892
装卸搬运和运输代理业	2	17	8	17
邮 政 业	2	3484	854	1929
住宿和餐饮业	65	7936	4363	7872
住 宿 业	28	4916	2594	4902
餐 饮 业	37	3020	1769	2970
信息传输、软件和信息技术服务业	16	8010	4235	7093
电信、广播电视和卫星传输服务	7	7414	4022	6504
软件和信息技术服务业	7	596	213	589

	劳动报酬和生活费（万元）		
# 劳务派遣人员	单位从业人员劳动报酬	# 在岗职工工资总额	# 劳务派遣人员工资总额
	2601	2567	
2	3308	3299	9
	2975	2946	
	3256	3256	
	236	236	
	4577	4429	
	3049	2992	
1934	126753	120949	5360
1934	103213	97485	5360
	10618	10618	
	12922	12846	
1170	169966	158215	7552
298	95732	90878	3976
452	67116	62201	2199
34	2554	1860	123
386	4564	3276	1254
91	85454	84191	291
37	26941	26192	172
54	58512	57999	119
6756	92111	62464	27449
88	2451	1848	501
5329	56525	38019	18223
478	18117	14725	3392
	93	93	
861	14926	7779	5334
24	31976	31728	123
	21581	21528	
24	10395	10200	123
908	61471	51068	10294
908	57809	47509	10294
	3662	3559	

5-7续表2

指　　标	单位数（个）	年末人数（人） 单位从业人员	# 女　性	# 在岗职工
金 融 业	27	15677	8627	11864
货币金融服务业	10	8272	4544	8211
资本市场服务业	2	336	121	336
保险业	15	7069	3962	3317
房地产业	146	12423	4858	11943
# 房地产开发经营	118	3602	1226	3395
物业管理	28	8821	3632	8548
租赁和商务服务业	33	6070	1010	6027
租赁业	2	8	2	8
商务服务业	31	6062	1008	6019
科学研究、技术服务业	44	8029	2454	6055
专业技术服务业	41	7866	2357	5894
科技推广和应用服务业	3	163	97	161
水利、环境和公共设施管理业	8	1576	732	1568
水利管理业	2	513	220	512
公共设施管理业	5	1063	512	1056
居民服务、修理和其他服务业	2	111	85	111
居民服务业	2	111	85	111
教　育	68	2912	1671	2673
# 初等教育	9	502	329	502
中等教育	11	1219	599	987
高等教育	1	111	4	111
卫生和社会工作	13	896	522	896
卫　　生	12	832	487	832
社会工作	1	64	35	64
文化、体育和娱乐业	12	427	215	408
新闻和出版业	6	204	89	196
广播、电视、电影和影视录音制作业	2	72	32	61
文化艺术业	3	76	36	76
娱乐业	1	75	58	75

	劳动报酬和生活费（万元）		
# 劳务派遣人员	单位从业人员劳动报酬	# 在岗职工工资总额	# 劳务派遣人员工资总额
291	105921	85568	1498
43	65595	65307	281
	2105	2105	
248	38221	18157	1217
378	45936	43564	1455
105	22644	21083	644
273	23292	22481	811
12	34817	34706	78
	23	23	
12	34794	34683	78
1106	53858	44214	4593
1106	53034	43403	4593
	824	811	
1	10859	10830	2
1	3473	3471	2
	7386	7359	
	411	411	
	411	411	
	11048	10535	
	2171	2171	
	4825	4412	
	277	277	
	3634	3634	
	3310	3310	
	324	324	
	2649	2591	
	1409	1391	
	236	196	
	439	439	
	565	565	

主要统计指标解释

单位从业人员　指各级国家机关、政党机关、社会团体及企业、事业单位中工作取得工资或其它形式的劳动报酬的全部人员。包括：在岗职工、劳务派遣人员、其他从业人员（包括民办教师以及在各单位中工作的外方人员和港澳台方人员、兼职人员、借用的外单位人员和第二职业者）。不包括：离开本单位仍保留劳动关系的职工。

在岗职工　指在本单位工作并由单位支付工资的人员，以及有工作岗位，但由于学习、病伤产假等原因暂未工作，仍由单位支付工资的人员。

城镇私营企业从业人员　指在工商行政管理部门办理登记，并领取营业执照的各类私营企业中，从事经营管理和参加生产，并取得经营收入和劳动报酬的全部人员。包括离、退休后，在私营企业从业的人员。

城镇个体劳动者　指个人参加生产劳动，生产资料和产品（或收入）归个人所有，在工商行政管理部门登记并领取“个体营业执照”的城镇劳动者。

城镇单位失业人员　指有非农业户口，在一定的劳动年龄16岁至法定退休年龄内，有劳动能力，在报告期内无业并根据劳动部《就业登记规定》在当地劳动部门登记的人员。

工资总额　（按1990年1月1日国家统计局颁布的新规定）是指各单位在一定时期内直接支付给本单位全部职工的劳动报酬总额。

工资总额的计算原则应以直接支付给职工的全部劳动报酬为根据。各单位支付给职工的劳动报酬以及其他根据有关规定支付的工资，不论是计入成本的，还是不计入成本的，不论是按国家规定列入计征奖金税项目的，还是未列入计征奖金税项目的，不论是以货币形式支付的还是以实物形式支付的，均包括在工资总额内。

（一）计时工资是指按计时工资标准（包括地区生活费补贴）和工作时间支付给个人的劳动报酬，包括；

（1）对已做工作按计时工资标准支付的工资；

（2）实行结构工资制的单位支付给职工的基础工资和职务（岗位）工资；

（3）新参加工作职工的见习工资（学徒的生活费）；

（4）运动员体育津贴。

（二）计件工资是指对已做工作按计件单价支付的劳动报酬。包括：

（1）实行超额累进计件，直接无限计件，限额计件，超定额计件等工资制按劳动部门或主管部门批准的定额和计件单价支付给个人的工资；

（2）按工作任务包干方法支付给个人的工资；

（3）按营业额提成或利润提成办法支付给个人的工资；

计件超额工资是指计件工人超过定额后所得的工资，即计件工人实得的全部计件工资减去应得的计件标准工资的数额。某些企业的工人由于从事生产的工作物等级多于本人工资等级，因而其计件标准工资多于本人标准工资，其超额工资也用全部工资减去应得计件标准工资求得。

（三）奖金是指支付给职工的超额劳动报酬和增收节支的劳动报酬。包括：生产奖、节约奖、劳动竞赛奖、机关、事业单位的奖励工资和其它奖金。

（四）津贴和补贴是指为了补偿职工特殊或额外的劳动消耗和因其他特殊原因支付给职工的津贴，以及为了保证职工的工资水平不受物价影响支付给职工的物价补贴。

（1）津贴。包括：补偿职工特殊或额外的劳动消耗的津贴，保健性津贴，技术性津贴，年功性津贴及其他津贴。

（2）物价补贴。包括：为保证职工工资水平不受物价上涨或变动影响而支付的多种补贴。

（五）加班加点工资是指按规定支付的加班工资和加点工资。

（六）特殊情况下支付的工资。包括：

（1）根据国家法律、法规和政策规定，因病、工伤、产假、计划生育假、婚假、丧假、事假、探亲假、定期休假、停工学习、执行国家或社会义务等原因按计时工资标准或计时工资标准的一定比例支付的工资；

（2）附加工资、保留工资。

从业人员工资总额 = 在岗职工工资总额 + 劳务派遣人员工资总额 + 其他从业人员工资总额

在岗职工平均工资指在一定时期内在岗职工的平均工资的实际情况。计算公式：

$$在岗职工平均工资 = \frac{在岗职工工资总额 + 劳务派遣人员工资总额}{在岗职工平均人数 + 劳务派遣平均人数}$$

平均实际工资　指平均货币工资扣除物价变动因素后的平均工资。计算公式：

$$平均实际工资 = \frac{平均货币工资}{职工生活费用价格指数}$$

保险福利费用总额　在工资以外实际支付给职工和离休、退休、退职人员个人以及用于集体的劳动保险和福利费用，不包括用于职工的劳动保护费用。从企业来讲，保险福利费用不仅包括职工福利基金支出的部分，而且还包括由企业营业外支出、企业基金或利润留成、工会文教费、企业管理费支出的部分；就预算单位而言，包括由职工福利费、公务费、差额补助费等支出的部分。

第二部分　统计资料

固 定 资 产 投 资

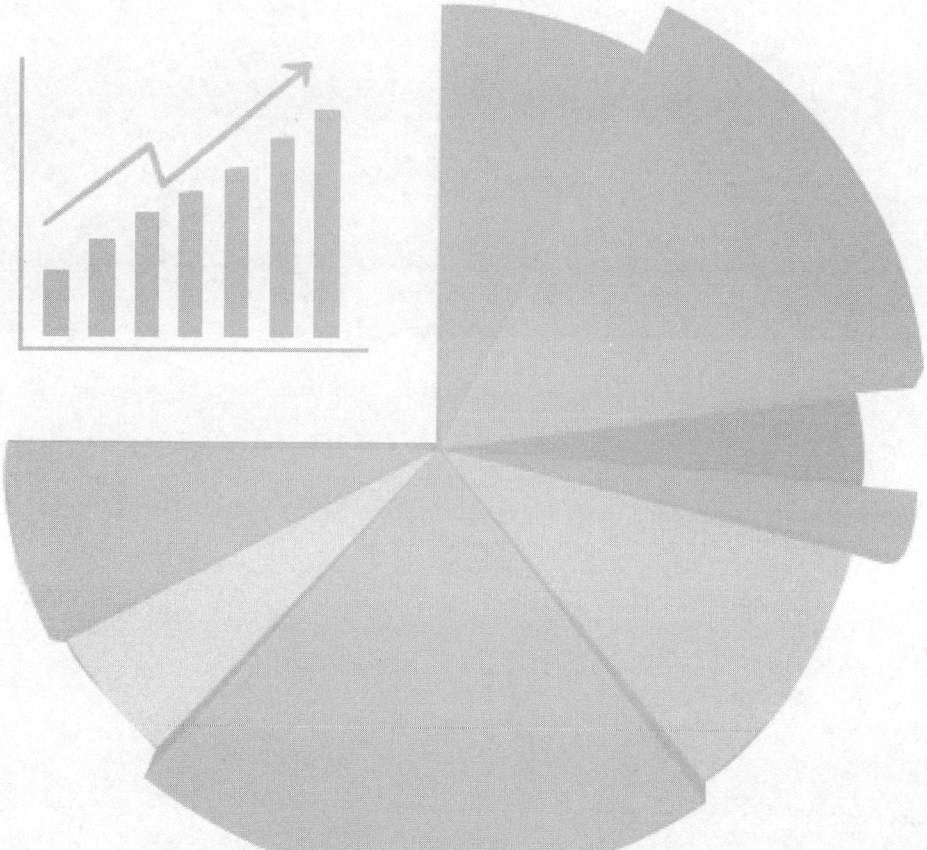

6-1 历年固定资产投资

单位：万元

年 份	固定资产投资	年 份	固定资产投资
1949		1983	24278
1950	7	1984	28460
1951	264	1985	44053
1952	830	1986	58275
1953	2248	1987	57585
1954	1318	1988	48430
1955	1354	1989	41582
1956	3943	1990	48580
1957	3820	1991	85173
1958	7653	1992	136417
1959	11102	1993	188022
1960	13946	1994	254321
1961	2737	1995	257415
1962	1218	1996	261191
1963	1703	1997	271549
1964	2580	1998	391065
1965	6023	1999	447553
1966	7505	2000	687898
1967	2843	2001	953052
1968	3342	2002	1312557
1969	3528	2003	1880127
1970	7436	2004	2701496
1971	5659	2005	4202371
1972	5569	2006	5084256
1973	8343	2007	5822357
1974	9215	2008	6404626
1975	10987	2009	8008082
1976	12394	2010	8812359
1977	10075	2011	10316781
1978	13358	2012	13014288
1979	17596	2013	15048258
1980	21370	2014	17364557
1981	15753	2015	16186355
1982	23585		

6-2 历年房地产投资

单位：万元、万平方米

年份	房地产投资	#住宅	房屋销售面积	#住宅	房屋施工面积	#住宅	房屋竣工面积	#住宅
1990	4415	1394	3.0		13.1	12.4	5.3	4.8
1991	3565	2644	3.8		18.5	16.7	8.1	7.5
1992	10090	7824	5.0		46.5	43.8	11.0	9.4
1993	34173	27636	6.5		75.9	62.0	22.0	18.5
1994	27254	15303	14.3	10.4	71.6	45.8	21.5	15.0
1995	30342	18820	13.7	10.5	75.5	50.9	23.0	16.3
1996	43286	35425	25.6	22.9	98.0	88.0	34.8	31.1
1997	32448	20739	22.1	18.0	73.1	53.2	34.9	25.8
1998	91891	57673	29.6	25.4	135.8	111.8	44.0	33.6
1999	98152	75045	47.2	41.2	174.1	150.0	88.9	76.4
2000	117697	89920	60.6	55.0	200.6	169.8	111.1	97.5
2001	155431	78121	65.6	58.2	253.8	193.3	108.5	77.4
2002	244077	117709	121.3	106.3	357.1	257.3	159.0	121.2
2003	273982	123772	137.4	113.0	342.0	223.3	131.8	110.1
2004	324644	162839	172.6	151.7	472.9	261.3	169.0	116.3
2005	358634	231911	224.1	194.8	559.5	377.2	204.4	161.0
2006	949934	705462	215.3	193.9	996.6	765.9	168.6	141.8
2007	1298346	96477	225.9	213.3	1567.1	1256.9	216.3	199.5
2008	1770684	1394940	331.1	307.3	1787.1	1462.2	252.6	224.4
2009	1782909	1269283	375.0	309.1	1832.9	1452.4	456.3	369.3
2010	2543537	1926340	471.9	394.8	2461.1	1901.1	462.8	349.1
2011	3447832	2579534	583.7	518.3	3533.7	2541.4	412.1	340.5
2012	4479861	2868840	478.2	414.3	4391.6	3090.1	358.0	290.8
2013	5816832	3921333	420.5	340.0	5806.2	4059.3	400.1	308.8
2014	5631305	4100748	363.9	306.9	5860.5	4054.4	461.9	345.1
2015	5090452	3563527	381.8	321.4	4728.9	3118.4	301.3	235.1

6-3 固定资产投资完成额

单位：万元

项　　目	2014年	2015年	2015年比2014年增长%
总　计	**13977609**	**16186355**	**15.8**
按投资类型分组			
基本建设投资	8346304	11095903	32.9
房地产投资	5631305	5090452	-9.6
按产业分组			
第一产业	928018	758723	-18.2
第二产业	2488501	3255456	30.8
#工　业	2482203	3243656	30.7
第三产业	10561090	12172176	15.3
按登记注册类型分组			
内　资	13774630	16072176	16.7
国　有	5377005	6581452	22.4
集　体	53294	367473	589.5
其　他	8344331	9123251	9.3
港澳台投资	152289	63641	-58.2
外商投资	47390	35377	-25.3
个体经营	3300	15161	359.4
按建设性质分组			
新　建	4744125	5376532	13.3
扩　建	2011606	3292244	63.7
改　建	869080	1445152	66.3
单纯建设生活设施	130493	232477	78.2
迁　建	84120	109986	30.7
单纯购置	505960	638163	26.1
按隶属关系分			
中央项目	973624	982307	0.9
地方项目	13003985	15204048	16.9
#市　属	12236066	13833709	13.1
房屋面积			
施工面积（平方米）	61013682	57530879	-5.7
#住　宅	37971074	34789400	-8.4
竣工面积（平方米）	7619628	7695273	1.0
#住　宅	4782614	3993939	-16.5
本年新增固定资产	8287530	11345618	36.9

6-4 按国民经济行业分投资规模及个数

单位：万元、个

行业	计划总投资	自开始建设累计完成投资	本年完成投资	项目施工个数	本年投产项目个数
总计	**31623436**	**19850451**	**11095903**	**1385**	**1102**
农、林、牧、渔业	1169917	1034121	758723	198	161
农业	302208	269936	195846	49	39
林业	486360	398270	237282	48	37
畜牧业	204346	196339	158634	51	41
渔业	8980	8980	8280	3	3
农、林、牧、渔服务业	168023	160596	158681	47	41
采矿业	111595	104817	92087	28	22
煤炭开采和洗选业	18148	15670	11670	2	1
黑色金属矿采选业	12500	10000	3400	4	1
有色金属矿采选业	35300	33800	33800	9	8
非金属矿采选业	45647	45347	43217	13	12
制造业	4686968	3136686	1383772	102	66
农副食品加工业	168716	164656	28055	10	8
食品制造业	107661	86211	57372	16	12
酒、饮料和精制茶制造业	32485	32485	1000	1	1
烟草制品业	9200	9200	9200		
纺织业	581	581	581	1	1
纺织服装、服饰业	9348	9348	6140	1	1
木材加工和木、竹、藤、棕、草制品业	9705	8010	8010	2	1
家具制造业	585	585	585	1	1
造纸和纸制品业	106480	31752	31752	2	
化学原料和化学制品制造业	303514	299473	238765	7	4
医药制造业	700342	144824	62664	15	9
化学纤维制造业					
橡胶和塑料制品业	23872	23470	6700	2	1
非金属矿物制品业	496953	424248	173028	21	13
黑色金属冶炼和压延加工业	169087	134910	600	2	
有色金属冶炼和压延加工业	220027	135814	40744	6	5
金属制品业	43359	30001	13809	3	1
通用设备制造业	17766	7452	850	4	3
电气机械和器材制造业	2069012	1429333	688888	4	2
计算机、通信和其他电子设备制造业					
仪器仪表制造业					
废弃资源综合利用业	198275	164333	15029	4	3
金属制品、机械和设备修理业					
电力、热力、燃气及水生产和供应业	4480395	2993919	1767797	128	99
电力、热力生产和供应业	3809267	2567918	1458415	88	72
燃气生产和供应业	144972	74912	37033	10	7
水的生产和供应业	526156	351089	272349	30	20
建筑业	11800	11800	11800	1	1
房屋建筑业					
土木工程建筑业	9800	9800	9800	1	1
建筑安装业					
建筑装饰和其他建筑业	2000	2000	2000		

6-4续表

单位：万元、个

行业	计划总投资	自开始建设累计完成投资	本年完成投资	项目施工个数	本年投产项目个数
批发和零售业	376800	375680	197810	24	23
批发业	81275	81275	60565	14	14
零售业	295525	294405	137245	10	9
交通运输、仓储和邮政业	6234042	2500843	850192	84	59
铁路运输业	454656	278189	168332	2	
道路运输业	5427692	1965173	541145	70	52
航空运输业	36848	36848	36848	2	2
仓储业	314846	220633	103867	10	5
住宿和餐饮业	128353	127253	91712	11	10
住宿业	50580	49480	29539	8	7
餐饮业	77773	77773	62173	3	3
信息传输、软件和信息技术服务业	4105390	690493	251800	8	5
电信、广播电视和卫星传输服务	172086	171041	32311	4	4
互联网和相关服务	1530	1530	1530	1	1
软件和信息技术服务业	3931774	517922	217959	3	
金融业	68680	66042	64590	3	
货币金融服务	59180	56542	55090	3	
资本市场服务	9500	9500	9500		
房地产业	2637332	2035448	1049120	139	127
租赁和商务服务业	108687	108685	18687	3	3
科学研究和技术服务业	64697	57927	26928	3	2
研究和试验发展	10097	10097	10097		
专业技术服务业	600	600	600	1	1
科技推广和应用服务业	54000	47230	16231	2	1
水利、环境和公共设施管理业	5598105	4986565	3328476	517	424
水利管理业	217020	163672	102779	47	29
生态保护和环境治理业	49208	36564	27024	9	3
公共设施管理业	5331877	4786329	3198673	461	392
居民服务、修理和其他服务业	32225	32225	30975	5	5
教育	395017	363993	269238	45	31
卫生和社会工作	612300	537748	395875	29	24
卫生	548380	475323	336970	19	15
社会工作	63920	62425	58905	10	9
文化、体育和娱乐业	445270	337453	197369	26	16
新闻和出版业	8500	8500	8500	1	1
广播、电视、电影和影视录音制作业	157631	157375	59039	4	3
文化艺术业	168865	74880	63764	12	6
体育	66864	53288	29956	6	3
娱乐业	43410	43410	36110	3	3
公共管理、社会保障和社会组织	355863	348753	308952	31	24

6-5 按国民经济行业分

行业	本年完成投资	按构成分			
		建筑工程	安装工程	设备工器具购置	其他费用
总计	**11095903**	**6796400**	**368160**	**2459278**	**1472065**
农、林、牧、渔业	758723	459476	9959	52847	236441
农业	195846	181965	8259	1590	4032
林业	237282	36081	200	1600	199401
畜牧业	158634	110863	1000	17881	28890
渔业	8280	4500		2100	1680
农、林、牧、渔服务业	158681	126067	500	29676	2438
采矿业	92087	44957	4710	38600	3820
煤炭开采和洗选业	11670	4820	150	6250	450
黑色金属矿采选业	3400	1350	100	1900	50
有色金属矿采选业	33800	19000	1600	10200	3000
非金属矿采选业	43217	19787	2860	20250	320
制造业	1383772	273052	177743	913243	19734
农副食品加工业	28055	14893	2700	10462	
食品制造业	57372	26872	4375	24155	1970
酒、饮料和精制茶制造业	1000	1000			
烟草制品业	9200			9200	
纺织业	581	581			
纺织服装、服饰业	6140	890	30	5220	
木材加工和木、竹、藤、棕、草制品业	8010	6960	50	1000	
家具制造业	585	15	32	538	
造纸和纸制品业	31752	17160	1984	11544	1064
化学原料和化学制品制造业	238765	59267	48685	128113	2700
医药制造业	62664	5454	8830	43723	4657
橡胶和塑料制品业	6700	6700			
非金属矿物制品业	173028	107701	3186	55188	6953
黑色金属冶炼和压延加工业	600	600			
有色金属冶炼和压延加工业	40744	11280	4770	23984	710
金属制品业	13809	11129	70	930	1680
通用设备制造业	850	850			
电气机械和器材制造业	688888	700	99763	588425	
废弃资源综合利用业	15029	1000	3268	10761	
电力、热力、燃气及水生产和供应业	1767797	786351	148047	741356	92043
电力、热力生产和供应业	1458415	527028	136656	709539	85192
燃气生产和供应业	37033	14885	6573	14117	1458
水的生产和供应业	272349	244438	4818	17700	5393
建筑业	11800	9800		2000	
房屋建筑业					

投资和新增固定资产

单位：万元

按建设性质分							本年新增固定资产
新　建	扩　建	改建和技术改造	单纯建造生活设施	迁　建	恢　复	单纯购置	
5376532	**3292244**	**1445152**	**232477**	**109986**	**1349**	**638163**	**10204246**
128387	473637	138212				18487	760179
56638	129408	9800					200648
15991	105494	115797					231642
45660	101553					11421	168964
5280		3000					8980
4818	137182	9615				7066	149945
26917	22470	40100				2600	91317
	9870	1800					9870
		3400					5000
10500	2800	17900				2600	32300
16417	9800	17000					44147
1137391	93243	107207				45931	767103
18055	2000	8000					33580
20806	17816	18750					80595
	1000						32485
						9200	9200
	581						581
1510						4630	9348
8010							6450
	585						585
700	31052						
227807		2357				8601	265073
23613	1200	37851					39988
6700							8700
140878	29850	700				1600	158560
		600					
11524		29220					45814
6500	7309						5000
	850						3432
665988	1000					21900	48383
5300		9729					19329
432337	823403	480457				31600	1780834
347055	693491	386269				31600	1578618
16677		20356					52879
68605	129912	73832					149337
9800						2000	11800

6-5续表

行业	本年完成投资	按构成分			
		建筑工程	安装工程	设备工器具购置	其他费用
土木工程建筑业	9800	9800			
建筑装饰和其他建筑业	2000			2000	
批发和零售业	197810	122540	1280	34890	39100
批发业	60565	48995	1280	8990	1300
零售业	137245	73545		25900	37800
交通运输、仓储和邮政业	850192	608410	230	64560	176992
铁路运输业	168332	158832		9500	
道路运输业	541145	351189	230	31100	158626
航空运输业	36848	16888		19960	
仓储业	103867	81501		4000	18366
住宿和餐饮业	91712	53425		17687	20600
住宿业	29539	20939		8600	
餐饮业	62173	32486		9087	20600
信息传输、软件和信息技术服务业	251800	133548	17243	96051	4958
电信、广播电视和卫星传输服务	32311	30704	700	900	7
互联网和相关服务	1530	1530			
软件和信息技术服务业	217959	101314	16543	95151	4951
金融业	64590	3830		60760	
货币金融服务	55090	3830		51260	
资本市场服务	9500			9500	
房地产业	1049120	953386	1037	2330	92367
租赁和商务服务业	18687	18687			
科学研究和技术服务业	26928	13616	1109	12047	156
研究和试验发展	10097			10097	
专业技术服务业	600	385	9	50	156
科技推广和应用服务业	16231	13231	1100	1900	
水利、环境和公共设施管理业	3328476	2573511	2696	48012	704257
水利管理业	102779	100040	82	2657	
生态保护和环境治理业	27024	14988	1164	6597	4275
公共设施管理业	3198673	2458483	1450	38758	699982
居民服务、修理和其他服务业	30975	11375			19600
教育	269238	239330		14258	15650
卫生和社会工作	395875	223816		146259	25800
卫生	336970	165711		146259	25000
社会工作	58905	58105			800
文化、体育和娱乐业	197369	113315	3946	76008	4100
新闻和出版业	8500	8500			
广播、电视、电影和影视录音制作业	59039	13539		45500	
文化艺术业	63764	44073	3246	16345	100
体育	29956	28693	100	1163	
娱乐业	36110	18510	600	13000	4000
公共管理、社会保障和社会组织	308952	153975	160	138370	16447
国家机构	287296	135611	160	137278	14247
人民政协、民主党派	1092			1092	

单位：万元

按建设性质分							本年新增固定资产
新　建	扩　建	改建和技术改造	单纯建造生活设施	迁　建	恢　复	单纯购置	
9800							9800
						2000	2000
129985	32525	9100		300		25900	340580
31380	19785	9100		300			81275
98605	12740					25900	259305
432505	319200	16590		16888	1349	63660	1224582
158832						9500	9500
181217	311789	16590			1349	30200	987176
				16888		19960	36848
92456	7411					4000	191058
9539	62900	1802				17471	119353
2639	17500	800				8600	41580
6900	45400	1002				8871	77773
81741	143789	26270					172571
4741	1300	26270					171041
	1530						1530
77000	140959						
3830						60760	60760
3830						51260	51260
						9500	9500
573985	84978	183791	203366	3000			994139
8756		9931					108685
16231	600					10097	26697
						10097	10097
	600						600
16231							16000
1864507	1095226	340684				28059	2659627
30588	48116	24075					91551
14469	9955	2600					21774
1819450	1037155	314009				28059	2546302
20375	10600						32225
185815	32020	4273	20122	14600		12408	246188
111485	24680	47005		75198		137507	392478
58550	18910	46805		75198		137507	330253
52935	5770	200					62225
84359	38739	29830				44441	136956
8500							8500
13539		26200				19300	50909
34020	13029	1820				14895	36711
19000	8400	1810				746	6926
9300	17310					9500	33910
118587	34234	9900	8989			137242	278172
117537	14720	9900	8989			136150	259730
						1092	1092

6-6 按国民经济行

行业	本年资金来源合计	上年末结余资金	本年资金来源小计	国家预算内资金	国内贷款
总计	**9758866**	**8136**	**9750730**	**922974**	**272745**
农、林、牧、渔业	471162	500	470662	99783	
农业	109693		109693	17200	
林业	170727		170727	55058	
畜牧业	103291	500	102791	4350	
渔业	8280		8280		
农、林、牧、渔服务业	79171		79171	23175	
采矿业	92087		92087		
煤炭开采和洗选业	11670		11670		
黑色金属矿采选业	3400		3400		
有色金属矿采选业	33800		33800		
非金属矿采选业	43217		43217		
制造业	1359900	5425	1354475	9300	
农副食品加工业	28055		28055		
食品制造业	48856		48856		
酒、饮料和精制茶制造业	2485		2485		
烟草制品业	9200		9200		
纺织业	581		581		
纺织服装、服饰业	6140		6140		
木材加工和木、竹、藤、棕、草制品业	8450		8450		
家具制造业	585		585		
造纸和纸制品业	20700		20700		
化学原料和化学制品制造业	238565		238565		
医药制造业	62664		62664		
橡胶和塑料制品业	7000		7000		
非金属矿物制品业	168308	4711	163597	9300	
黑色金属冶炼和压延加工业	600		600		
有色金属冶炼和压延加工业	40744	714	40030		
金属制品业	12200		12200		
通用设备制造业	850		850		
电气机械和器材制造业	688888		688888		
废弃资源综合利用业	15029		15029		
电力、热力、燃气及水生产和供应业	1602653		1602653	116054	114165
电力、热力生产和供应业	1324195		1324195	36800	110001
燃气生产和供应业	32033		32033		4164
水的生产和供应业	246425		246425	79254	
建筑业	11800		11800		
土木工程建筑业	9800		9800		
建筑装饰和其他建筑业	2000		2000		

业 分 财 务 拨 款

单位：万元

债　券	利用外资	外商直接投资	自筹资金	单位自有资金	其他资金来源	本年各项应付款合计	工 程 款
30000	**39956**		**8287054**	**431293**	**198001**	**1488349**	**245212**
	7956		342262	38655	20661	290898	23935
			89255	17675	3238	87136	210
	7956		107713			66559	22495
			87791	16000	10650	56303	
			8280	4980			
			49223		6773	80900	1230
			90087	34187	2000		
			11670	11670			
			3400				
			31800	4600	2000		
			43217	17917			
	32000		1312875	187294	300	28777	600
			27755	7159	300		
			48856	25278		8916	
			2485				
			9200				
			581				
			6140	1510			
			8450				
			585	585			
			20700	20700		11052	
			238565	20007		600	600
			62664				
			7000	7000			
	32000		122297	78385		6100	
			600	600			
			40030	10220			
			12200	12000		2109	
			850	850			
			688888	1000			
			15029	2000			
			1307892	36739	64542	247216	9556
			1120652	33255	56742	215617	6113
			27869	1356		5000	
			159371	2128	7800	26599	3443
			11800				
			9800				
			2000				

6-6续表

行业	本年资金来源合计	上年末结余资金	本年资金来源小计	国家预算内资金	国内贷款
批发和零售业	190954		190954		2700
批发业	60609		60609		2700
零售业	130345		130345		
交通运输、仓储和邮政业	631301	2161	629140	40894	152800
铁路运输业	169500		169500	30000	30000
道路运输业	322474	2039	320435	4594	82300
航空运输业	36848		36848	5000	
仓储业	102479	122	102357	1300	40500
住宿和餐饮业	91712		91712		
住宿业	29539		29539		
餐饮业	62173		62173		
信息传输、软件和信息技术服务业	156404		156404	352	
电信、广播电视和卫星传输服务	32311		32311	352	
互联网和相关服务	1530		1530		
软件和信息技术服务业	122563		122563		
金融业	64590		64590		
货币金融服务	55090		55090		
资本市场服务	9500		9500		
房地产业	952871		952871	39454	
租赁和商务服务业	18687		18687		
商务服务业	18687		18687		
科学研究和技术服务业	28697		28697	600	
研究和试验发展	10097		10097		
专业技术服务业	600		600	600	
科技推广和应用服务业	18000		18000		
水利、环境和公共设施管理业	2938869	50	2938819	465558	2200
水利管理业	82661	50	82611	20980	
生态保护和环境治理业	23624		23624	4850	2200
公共设施管理业	2832584		2832584	439728	
居民服务、修理和其他服务业	20800		20800		
教育	258137		258137	61670	
卫生和社会工作	391566		391566	52123	880
卫生	336671		336671	26708	880
社会工作	54895		54895	25415	
文化、体育和娱乐业	182053		182053	3856	
新闻和出版业	8500		8500		
广播、电视、电影和影视录音制作业	59109		59109		
文化艺术业	63018		63018		
体育	23226		23226	3856	
娱乐业	28200		28200		
公共管理、社会保障和社会组织	294623		294623	33330	
国家机构	278981		278981	32280	
人民政协、民主党派	1092		1092		
社会保障	800		800		
群众团体、社会团体和其他成员组织	12200		12200		
基层群众自治组织	1550		1550	1050	

单位：万元

债　　券	利用外资	外商直接投资	自筹资金	单位自有资金	其他资金来源	本年各项应付款合计	工程款
			184705	4600	3549	7600	1600
			54360	4600	3549		
			130345			7600	1600
30000			403395	70500	2051	263550	70041
30000			79500	70000			
			231490	500	2051	262061	69973
			31848				
			60557			1489	68
			91712				
			29539				
			62173				
			156052			95396	
			31959				
			1530				
			122563			95396	
			63590		1000		
			54090		1000		
			9500				
			900432	5350	12985	100229	57111
			18687				
			18687				
			28097	18000			
			10097				
			18000	18000			
			2409072	22269	61989	395486	67174
			57321		4310	24352	9035
			16574			3400	3400
			2335177	22269	57679	367734	54739
			20800			10175	775
			196467	2300		11423	9473
			338563			4800	
			309083			390	
			29480			4410	
			162577	11399	15620	16860	4230
			8500				
			59109				
			56698	11399	6320	1830	1400
			19370			6830	2830
			18900		9300	8200	
			247989		13304	15939	717
			245597		1104	9925	717
			1092				
			800			514	
					12200		
			500			5500	

6-7 按国民经济行业分房屋建筑面积及价值

行业	本年施工房屋面积（平方米）	#住宅	本年竣工房屋面积（平方米）	#住宅	本年竣工房屋价值（万元）	#住宅
总计	**10242130**	**3605610**	**5035775**	**1920393**		
农、林、牧、渔业	310731		310731			
农业	292471		292471			
畜牧业	13260		13260			
农、林、牧、渔服务业	5000		5000			
采矿业	25640		5910			
煤炭开采和洗选业	20050		320			
非金属矿采选业	5590		5590			
制造业	763871		412352			
农副食品加工业	26500		26500			
食品制造业	46453		46453			
酒、饮料和精制茶制造业	37529		37529			
纺织服装、服饰业	10819		10819			
皮革、毛皮、羽毛及其制品和制鞋业						
造纸和纸制品业	39702					
化学原料和化学制品制造业	167438		141680			
医药制造业	174472		7960			
化学纤维制造业						
橡胶和塑料制品业						
非金属矿物制品业	153416		67170			
黑色金属冶炼和压延加工业	6000		6000			
有色金属冶炼和压延加工业	37990		37990			
金属制品业	45301		12000			
通用设备制造业	5500		5500			
电气机械和器材制造业	12751		12751			
金属制品、机械和设备修理业						
电力、热力、燃气及水生产和供应业	471532		80197			
电力、热力生产和供应业	471532		80197			
燃气生产和供应业						
水的生产和供应业						
建筑业						
建筑装饰和其他建筑业						
批发和零售业	352014		352014			
批发业	83780		83780			
零售业	268234		268234			

6-7续表

行业	本年施工房屋面积（平方米）	#住宅	本年竣工房屋面积（平方米）	#住宅	本年竣工房屋价值（万元）	#住宅
交通运输、仓储和邮政业	467156		120685			
道路运输业	46771		300			
航空运输业	36670		36670			
仓储业	383715		83715			
住宿和餐饮业	121405		121405			
住宿业	51700		51700			
餐饮业	69705		69705			
信息传输、软件和信息技术服务业	1600200					
软件和信息技术服务业	1600200					
金融业	11694					
货币金融服务	11694					
房地产业	3952036	3479478	2158144	1799261		
房地产业	3952036	3479478	2158144	1799261		
租赁和商务服务业						
科学研究和技术服务业	1400		1400			
专业技术服务业	1400		1400			
科技推广和应用服务业						
水利、环境和公共设施管理业	51215	12000	51215	12000		
生态保护和环境治理业	17230		17230			
公共设施管理业	33985	12000	33985	12000		
居民服务、修理和其他服务业	6795		6795			
居民服务业	6795		6795			
教育	949221	5000	697622			
教育	949221	5000	697622			
卫生和社会工作	695877	9879	427043	9879		
卫生	537523		268689			
社会工作	158354	9879	158354	9879		
文化、体育和娱乐业	182475		40972			
新闻和出版业	22972		22972			
文化艺术业	86627		18000			
体育	72876					
公共管理、社会保障和社会组织	278868	99253	249290	99253		
中国共产党机关						
国家机构	265766	99253	240590	99253		
人民政协、民主党派						
社会保障	5702		1300			
群众团体、社会团体和其他成员组织	5600		5600			
基层群众自治组织	1800		1800			

6-8 固定资产投资新增生产能力

项目	单位	建设规模	本年施工规模	#本年新开工能力	累计新增生产能力	#本年新增
原煤开采	万吨/年	240	240	120	240	240
铁矿石成品矿	万吨/年					
黄　金	公斤/年	3	3	3	3	3
银选矿：处理原矿	吨/年					
发电机组容量	万千瓦	265.95	244	114	21	21
水力发电	万千瓦	120	120			
火力发电	万千瓦	66	66	66		
风力发电	万千瓦	4.95	3	3		
太阳能发电	万千瓦	74.5	54.5	44.5	20.5	20.5
其他发电	万千瓦	0.5	0.5	0.5	0.5	0.5
输电线路长度(11万伏及以上)	公里	1397	1397	1041	1397	1397
水　泥	万吨/年					
氮　肥	吨/年	140000	140000	70000	140000	140000
电视机	万部/年					
白　酒	万吨/年					
新建公路	公里	128.26	128.26	15.4	128.26	128.26
#高速公路	公里					
改建公路	公里	346.58	292.28		202.2	202.2
新建独立公路桥梁	延长米	1892	1892	1792	1892	1892
新建独立公路桥梁	座	6	6	5	6	6
新(扩)建公路客、货运站	个	1	1			
新(扩)建公路客、货运站	平方米	27000	20000			
城市自来水供水能力	万吨/日					
城市污水处理能力	万吨/日	13	13	1	11	11

6-9 房地产开发投资完成情况

项目	单位	2015年	项目	单位	2015年
计划总投资	万元	29941031	本年新增固定资产	万元	1364952
累计完成投资	万元	21914238	本年购置土地面积	平方米	227047
本年完成投资	万元	5090452	待开发土地面积	平方米	1251391
按构成分			本年资金来源合计	万元	6190778
建筑工程	万元	4064686	上年末结余资金	万元	881762
安装工程	万元	508008	本年资金来源小计	万元	5309016
设备工器具购置	万元	24357	国内贷款	万元	438024
其他费用	万元	493401	# 银行贷款	万元	351965
# 土地购置费	万元	430865	非银行金融机构贷款	万元	86059
# 旧建筑物购置费	万元	19408	利用外资	万元	
按工程用途分			# 外商直接投资额	万元	
住宅	万元	3563527	自筹资金	万元	3987849
# 90平方米以下	万元	1135126	# 自有资金	万元	2375080
144平方米以上住房	万元	520615	其他资金来源合计	万元	883143
别墅高档公寓	万元	75459	# 定金及预收款	万元	518719
办公楼	万元	257545	# 个人按揭贷款	万元	201514
商业营业用房	万元	842070	本年各项应付款合计	万元	959186
其他	万元	427310	# 工程款	万元	544169

6-10 房地产施工、竣工房屋面积及竣工价值

单位：平方米

项目	施工面积	# 新开工	竣工面积	竣工房屋价值（万元）	商品住宅竣工套数（套）
房屋合计	**47288749**	**7135644**	**3012948**	**1210532**	
住宅	31183790	4907529	2351001	947900	9211
# 90平方米以下	8408214	1305520	659402	180199	3925
144平方米以上住房	4352185	629410	407891	132157	1579
别墅高档公寓	510203	14130	10436	3745	115
办公楼	1838705	173231	67682	40017	
商业营业用房	8911946	1162073	320984	119455	
其他	5354308	892811	273281	103160	

6-11 商品房屋销售与出租情况

单位：平方米

项目	商品房销售面积	现房销售面积	期房销售面积	商品房销售额（万元）	现房销售额（万元）	期房销售额（万元）
合计	**3818083**	**1717080**	**2101003**	**1982921**	**839922**	**1142999**
住宅	3214363	1436592	1777771	1589705	673623	916082
#90平方米以下	931104	481266	449838	428282	203707	224575
144平方米以上住房	701854	262368	439486	332105	135013	197092
别墅高档公寓	9395	1055	8340	8435	586	7849
办公楼	40848	10524	30324	36936	9708	27228
商业营业用房	283973	179122	104851	198852	105423	93429
其他	278899	90842	188057	157428	51168	106260

6-11续表

单位：平方米

项目	待售面积	出租面积	商品住宅销售套数（套）	现房住宅销售套数（套）	期房住宅销售套数（套）
合计	**3160533**				
住宅	2011161		29147	13568	15579
#90平方米以下	494348		11847	6411	5436
144平方米以上住房	588957		4440	1672	2768
别墅高档公寓	89422		80	7	73
办公楼	75859				
商业营业用房	891446				
其他	182067				

6-12 房地产开发企业（单位）财务状况

项　　目	单位	2015年	项　　目	单位	2015年
年初存货	万元	9280368	主营业务成本	万元	930553
年初资产负债			主营业务税金及附加	万元	109603
流动资产合计	万元	16926626	其他业务利润	万元	1274
# 存　货	万元	9449796	销售费用	万元	54039
固定资产原价	万元	452291	管理费用	万元	101737
累计折旧	万元	88337	# 税　金	万元	8284
# 本年折旧	万元	21547	财务费用	万元	63612
在建工程	万元	268333	# 利息收入	万元	2653
资产总计	万元	20104307	# 利息支出	万元	53714
负债合计	万元	17483085	资产减值损失	万元	2489
所有者权益	万元	2621222	投资收益	万元	389
# 实收资本	万元	1542741	营业利润	万元	-83142
损益及分配			营业外收入	万元	9399
主营业务收入	万元	1181765	# 补贴收入	万元	1001
土地转让收入	万元	150	营业外支出	万元	15870
商品房屋销售收入	万元	1107782	利润总额	万元	-90046
房屋出租收入	万元	8301	应缴所得税	万元	15068
其他收入	万元	65532	应付职工薪酬	万元	49532

主 要 统 计 指 标 解 释

固定资产投资 固定资产投资是建造和购置固定资产的经济活动，即固定资产再生产活动。固定资产再生产过程包括固定资产更新（局部更新和全部更新）、改建、扩建、新建等活动。新的企业财务会计制度规定，固定资产局部更新的大修理作为日常生产活动的一部分，发生的大修理费用直接在成本费用中列支。按照现行投资管理体制及有关部门的规定，凡属于大修理、养护、维护性质的工程（如设备大修、建筑物的翻修和加固、农田水利工程和堤防、水库的岁修、铁路大修等）都不纳入固定资产投资管理，也不作为固定资产投资统计。

固定资产投资属于实物投资的一部分，这一点区别于金融投资。固定资产投资的目的是建造和购置固定资产，它的承担物表现为机器、设备、建筑物等固定资产。而金融投资（如股票和债券投资）则表现为金融资产的增加。

固定资产投资是国民经济再生产活动的一个重要部分。通过固定资产投资，可以扩大社会再生产的规模，提高社会生产的技术水平，调整经济结构，改变生产力的地区分布，增强国家的经济实力，提高和改善人民物质和文化生活水平。

固定资产投资额（又称固定资产投资完成额） 是以货币形式表现的在一定时期内建造和购置固定资产的工作量以及与此有关的费用的总称。没有形成工程实体的建筑材料和没有开始安装的设备，都不计算投资完成额。它是反映固定资产投资规模、结构和发展速度的综合性指标，又是观察工程进度和考核投资效果的重要依据。

房地产开发 是指各种经济类型的房地产开发公司、商品房建设公司及其他房地产开发单位统一开发的商品住宅、厂房、仓库、饭店、宾馆、度假村、写字楼、办公楼等房屋建筑物和配套的服务设施，以及土地开发工程，如道路、给水、排水、供电、供热、通讯、平整场地等工程。房地产开发统计不包括单纯的土地交易活动。房地产开发单位本身进行的固定资产投资活动，如自建自用的房屋、设备购置等，应作为基本建设，更新改造和其他投资的统计范围。

施工项目 指报告期内曾进行建筑安装施工活动的建设项目，包括报告期内新开工项目，报告期以前开工跨报告期继续施工的项目，报告期施过工并在报告期内全部建成投产或停缓建的项目。

全部建成投产项目 工业项目是指设计文件规定形成生产能力的主体工程及其相应配套的辅助设施全部建成，经负荷试运转，证明具备生产设计规定合格产品的条件，并经过验收鉴定合格或达到竣工验收标准，与生产性工程配套的生活福利设施可以满足近期正常生产的需要，正式移交生产的建设项目；非工业项目是指设计文件规定的主体工程和相应的配套工程全部建成，能够发挥设计规定的全部效益，经验收鉴定合格或达到竣工验收标准，正式移交使用的建设项目。

新增固定资产 新增固定资产（又称交付使用的固定资产），是指已经完成和购置过程，并已交付生产或使用单位的固定资产价值。

新增固定资产是表示固定资产投资成果的价值量指标，也是反映建设进度，计算固定资产投资效果的必要数据。

新增生产能力 指通过固定资产投资活动而增加设计能力或工程效益，它是用实物形态表示的固定资产投资的成果。新增生产能力的计算，是以能独立发挥生产能力或效益的单项工程（或项目）为对象，当单项工程（或项目）建成，经有关部门鉴定合格，正式移交投入生产，即可计算新增生产能力。

房屋建筑面积 房屋建筑面积，是房屋建筑勒脚以上外墙外围的水平截面面积，包括房屋建筑的有效面积和结构面积。房屋建筑面积统计指标是从实物形态上反映建设规模和建设成果的重要指标之一，也是检查工程形象进度、计算工程造价、分析投资效果、研究施工任务与施工力量和建筑材料之间平衡情况的重要依据。

房屋施工面积 是指报告期内施工的全部房屋建筑面积，包括本期新开工的面积和上期开工跨入本期继续施工的房屋面积，以及上期已停建在本期恢复施工的房屋面积。本期竣工和本期施工后又停缓建的房屋，其建筑面积仍计入本期房屋施工面积中。

第二部分　统计资料

财　政　税　收

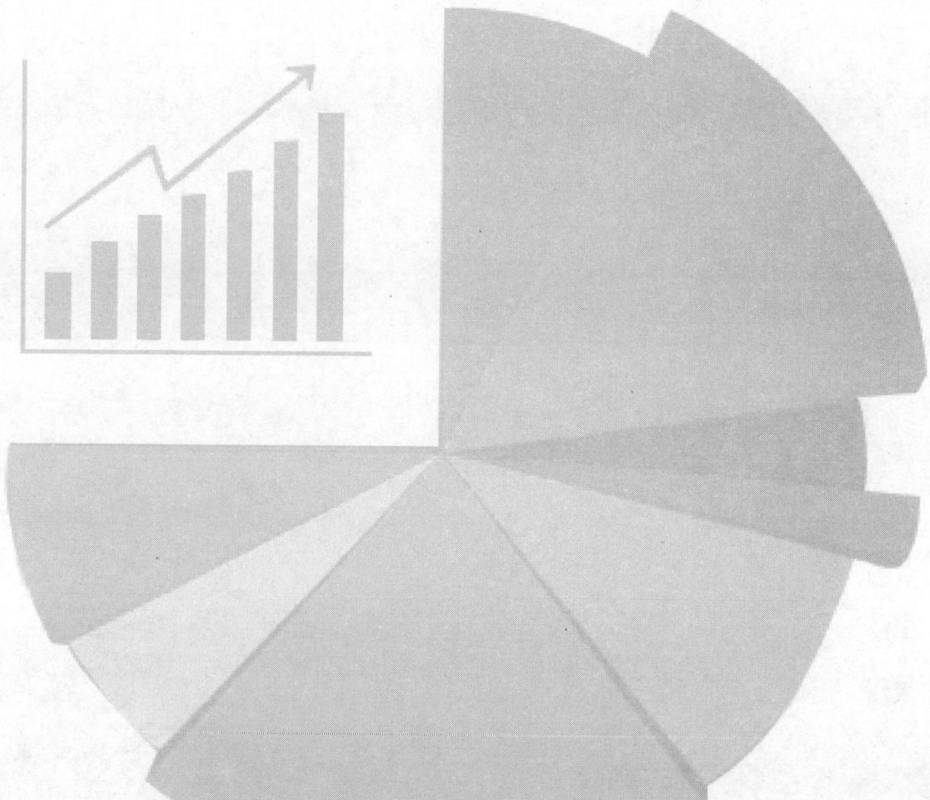

7-1 历年财政收入

单位：万元

年份	地方财政收入
1949	79
1952	571
1957	2645
1962	3105
1965	4686
1970	10870
1975	10405
1978	14085
1980	15031
1985	25330
1986	29937
1987	35142
1988	39802
1989	43658
1990	45494
1991	49231
1992	56061
1993	71964
1994	35081
1995	43892
1996	58789
1997	78628
1998	92559
1999	105783
2000	127755
2001	142098
2002	171859
2003	213699
2004	367323
2005	493433
2006	640226
2007	934302
2008	1583099
2009	2012371
2010	2414508
2011	2852164
2012	3163243
2013	3600512
2014	2115388
2015	2474021

注：从2008年—2013年为地方财政总收支，2014年为公共财政预算收支，2015年为一般公共预算收支。

7-2 历年财政支出

单位：万元

年份	财政支出	#教育事业费
1949	39	4
1952	348	51
1957	1120	303
1962	1755	339
1965	1890	465
1970	2758	543
1975	6687	1230
1978	9979	1705
1980	10870	2130
1985	24093	4371
1986	35089	4854
1987	34652	5371
1988	37015	6368
1989	41333	7015
1990	45213	8455
1991	49338	8639
1992	54119	10353
1993	67803	13564
1994	74971	16198
1995	82137	17915
1996	104035	19111
1997	127972	20901
1998	153745	22891
1999	171308	25413
2000	198645	28075
2001	276059	36785
2002	360686	43884
2003	482538	53307
2004	613227	67072
2005	721234	77296
2006	922229	89846
2007	1004158	148773
2008	1331795	181912
2009	1651684	221858
2010	1772800	274673
2011	2556680	316949
2012	2762927	339840
2013	2928962	374966
2014	3107945	385640
2015	3606450	492723

7-3 财　政　收　入

单位：万元

项　　目	2014年	2015年	2015年比2014年增长%
一般公共预算收入	2115388	2474021	17.0
国内增值税(含改征增值税)	180293	220131	22.1
营 业 税	609565	664539	9.0
企业所得税	162289	165305	1.9
个人所得税	83342	102111	22.5
资 源 税	1353	823	-39.2
城市维护建设税	114498	142640	24.6
房 产 税	73594	89999	22.3
印 花 税	36566	38348	4.9
城镇土地使用税	74761	92793	24.1
土地增值税	141734	154184	8.8
车 船 税	25906	29218	12.8
耕地占用税	52737	101449	92.4
契　　税	74077	62822	-15.2
专项收入	65802	97446	48.1
行政事业性收费收入	123452	84106	-31.9
国有资本经营收入及国有资源(资产)有偿使用收入	254128	392003	54.3
罚没收入	38639	32932	-14.8
其他收入	2652	3172	19.6

7-4 财 政 支 出

单位：万元

项　　　目	2014年	2015年	2015年比2014年增长%
一般公共预算支出	**3107945**	**3606450**	**16.0**
一般公共服务	217956	245449	12.6
国　防	5681	8275	45.7
公共安全	154060	157287	2.1
教　育	385640	492723	27.8
科学技术	36255	25504	-29.7
文化体育与传媒	81539	92267	13.2
社会保障和就业	358223	384974	7.5
医疗卫生与计划生育	177682	207888	17.0
节能环保	101559	77718	-23.5
城乡社区	747575	960130	28.4
农林水	464868	443102	-4.7
交通运输	121859	84602	-30.6
资源勘探电力信息等	48401	21744	-55.1
商业服务业等	27366	61552	124.9
金融	767	20807	2612.8
国土资源气象等	33043	29816	-9.8
住房保障	100148	170564	70.3
粮油物资储备	4046	6903	70.6
其他支出（类）	41277	115145	179.0

7-5 税收情况

单位：万元

项目	2014年	2015年	2015年比2014年增长%
国税合计	**1871838**	**2330417**	**24.5**
增值税	799803	980256	22.6
消费税	553286	820667	48.3
个人所得税	13	6	-53.8
企业所得税	401232	429216	7.0
车辆购置税	117504	100272	-14.7
地税合计	**2509811**	**2855662**	**13.8**
税收总收入合计	1723821	1967364	14.1
营业税	677328	738371	9.0
企业所得税	150677	152576	1.3
个人所得税	277795	340363	22.5
资源税	3866	2351	-39.2
城镇土地使用税	74763	92792	24.1
城市维护建设税	134782	164887	22.3
印花税	36564	38348	4.9
土地增值税	141735	154186	8.8
房地产税	73591	90000	22.3
车船税	25907	29218	12.8
耕地占用税	52737	101449	92.4
契税	74076	62823	-15.2
社会保险收入	642532	722838	12.5
其他收入合计	143458	165460	15.3
教育费附加	60697	73753	21.5
地方教育附加费	35742	43958	23.0
税务部门罚没收入	1038	533	-48.7
文化事业建设费	110	75	-31.8
水利建设基金	19418	22337	15.0
煤炭价格调节基金	3740	7	-99.8
工会经费	17545	20534	17.0
残疾人保障基金	5168	4263	-17.5

主要统计指标解释

财政收入 指国家财政参与社会产品分配所取得的收入，是实现国家职能的财力保证。财政收入所包括的内容几经变化，目前主要包括：

（1）各项税收：包括增值税、营业税、消费税、土地增值税、城市维护建设税、资源税、城市土地使用税、印花税、个人所得税、企业所得税、关税、农牧业税和耕地占用税等。

（2）专项收入：包括征收排污费收入、征收城市水资源费收入、教育费附加收入等。

（3）其他收入：包括基本建设贷款归还收入，基本建设收入、捐赠收入等。

（4）国有企业计划亏损补贴：这项为负收入，冲减财政收入。

财政支出 国家财政将筹集起来的资金进行分配使用，以满足经济建设和各项事业的需要，主要包括：

（1）一般公共服务：反映政府提供一般公共服务的支出。主要包括人大事务、政协事务、政府事务、共产党事务、民主党派及工商联事务、群众团体事务、国债事务、彩票事务及其他一般公共服务支出。

（2）外交：反映政府外交事务支出。包括外交行政管理、驻外机构、对外援助、国际组织、对外合作与交流、边界勘界联检等方面的支出。人大、政协、政府及所属各部门（除国家领导人、外交部门）的出国费、招待费列相关功能科目，不在本科目反映。

（3）国防：反映政府用于国防方面的支出。包括现役部队、预备役部队、民兵国防科研事业、专项工程及其它国防支出。

（4）公共安全：反映政府维护社会公共安全方面的支出。有关事务包括武装警察、公安、国家安全、检察、法院、司法行政、监狱、劳教、国家保密、缉私警察等。

（5）教育：反映政府教育事务支出。有关具体事务包括教育行政管理、学前管理、小学教育、初中教育、普通高中教育、普通高等教育、初等职业教育、中专教育、技校教育、职业高中教育、高等职业教育、广播电视教育、留学生教育、特殊教育、干部继续教育、教育机关服务等。

（6）科学技术：反映用于科学技术方面的支出。包括科学技术管理事务基础研究、应用研究、技术研究与开发、科技成果转化与扩散、科技条件与服务、社会科学、科学技术普及、科学交流与合作及其他科学技术支出。

（7）文化体育与传媒：反映政府在文化、文物、体育、广播影视、新闻出版等方面的支出。

（8）社会保障和就业：反映政府在社会保障与就业方面的支出。有关事项包括社会保障和就业管理事务、民族管理事务、财政对社会保险基金的补助、补充全国社会保障基金、行政事业单位离退休、企业改革补助、就业补助、抚恤、退役安置、社会福利、残疾人事业、城市居民最低生活保障、其他城镇社会救济、农村社会救济、自然灾害生活救助、红十字事务等。

（9）社会保险基金支出：反映政府由社会保险基金列支的各项支出，包括基本养老保险基金支出、失业保障基金支出、基本医疗保险支出、工伤保险基金支出等。特别说明：在将社会保险基金包括在内统计政府支出时，应将财政对社会保险基金的补助以及由财政承担的社会保险缴款予以扣除，以免重复计算。

（10）医疗卫生：反映政府卫生方面的支出。具体包括医疗卫生管理事务支出、医疗服务支出、医疗保障支出、疾病预防控制支出、卫生监督支出、妇幼保健支出、农村卫生支出等。

（11）环境保护：反映政府环境保护支出。具体包括：环境保护管理事务支出、环境监测与监察支出、污染治理支出、自然生态保护支出、天然林保护工程支出、退耕还林支出、风沙荒漠治理支出、退牧还草支出、已垦草原退耕还草支出等。

（12）城乡社区事务：反映政府城乡社区事务支出。具体包括：城乡社区管理事务支出、城乡社区规划与管理支出、城乡社区公共设施支出、城乡社区住宅支出、城乡社区环境卫生支出、建设市场管理与监督支出等。

（13）农林水事务：反映政府农林水事务支出。具体包括：农业支出、林业支出、水利支出、扶贫支出、农业综合开发支出等。

（14）交通运输：反映政府交通运输方面的支出。包括公路运输支出、水路运输支出、铁路运输支出、民用航空运输支出等。

（15）工业商业金融等事务：反映政府工业、商业、金融等事务支出。具体包括：采掘业支出、制造业支出、建筑业支出、电力支出、信息产业支出、旅游业支出、涉外发展支出、粮油事务支出、商业流通事务支出、物资储备支出，金融保险支出、烟草事务支出、安全生产支出、国有资产监管支出、中小企业发展支出、清洁生产支出等。

（16）其他支出：反映不能划分到上述功能科目的其他政府支出。

第二部分　统计资料

物　　价

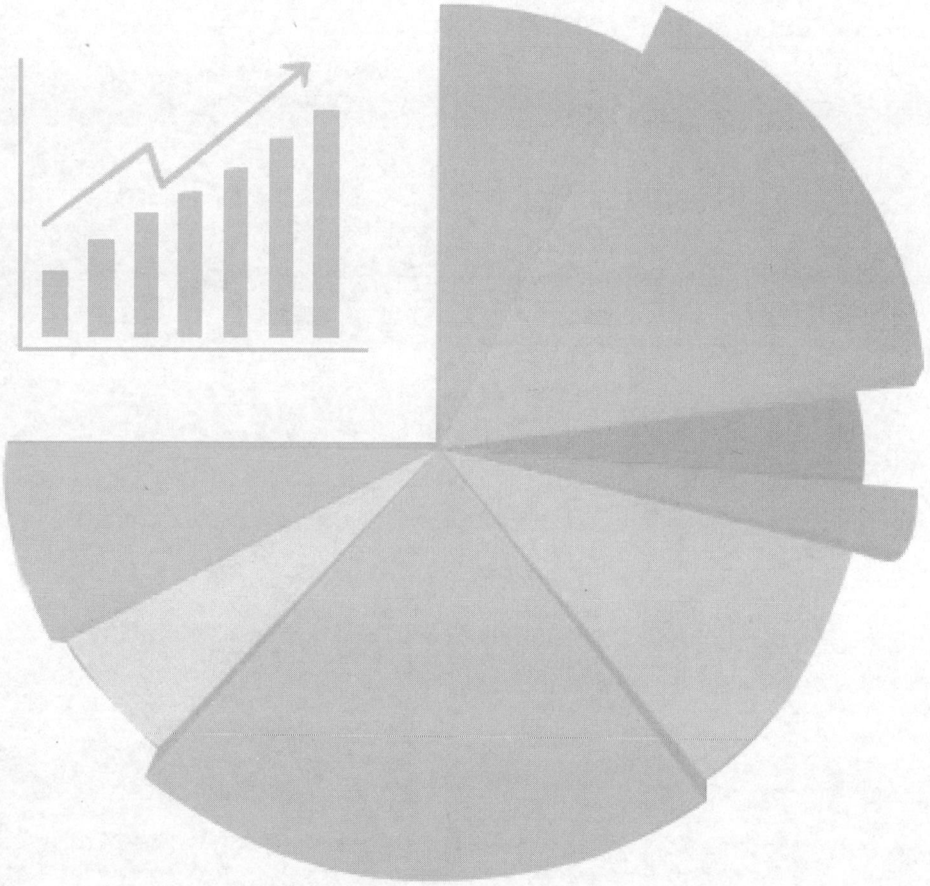

8-1 历年各种价格指数

（以上年价格为100）

年 份	城市居民消费价格指数	城市商品零售价格指数	农村居民消费价格指数	农村生产资料价格指数
1949				
1950				
1951	124.9	127.0		
1952	104.2	104.0		
1953	103.5	103.8		
1954	103.7	103.3		
1955	101.0	101.3		
1956	102.0	102.3		
1957	99.4	99.3		
1958	100.6	100.6		
1959	102.3	100.6		
1960	101.2	101.3		
1961	121.2	123.3		
1962	99.4	99.4		
1963	92.2	91.9		
1964	96.9	97.2		
1965	99.4	99.5		
1966	100.6	100.7		
1967	100.6	100.6		
1968	99.5	99.7		
1969	100.7	100.7		
1970	99.9	99.9		
1971	100.1	100.1		
1972	99.9	99.9		
1973	100.5	100.5		
1974	100.1	100.2		
1975	99.9	100.0		
1976	100.3	100.4		
1977	99.1	100.1		
1978	101.0	101.0		
1979	102.0	102.1		
1980	107.9	108.5		
1981	101.1	101.0		

8-1续表

年　份	城市居民消费价格指数	城市商品零售价格指数	农村居民消费价格指数	农村生产资料价格指数
1982	101.9	102.0		
1983	100.8	100.8		
1984	104.8	104.8		
1985	110.0	109.3		
1986	106.6	106.5		
1987	109.7	110.2		
1988	119.5	120.6		
1989	111.7	112.1		
1990	101.8	101.3		
1991	110.6	109.3		
1992	113.3	112.2		
1993	115.6	113.9		
1994	124.4	118.1		
1995	117.6	114.3		
1996	107.6	105.0		
1997	105.1	102.8	97.6	91.5
1998	99.8	98.2	98.9	100.1
1999	102.0	98.4	96.4	97.2
2000	103.0	98.4	98.9	96.5
2001	100.4	98.9	101.3	100.4
2002	100.2	100.0	103.6	101.0
2003	102.0	100.6	107.9	100.4
2004	101.8	101.7	108.1	106.1
2005	101.5	100.9	105.5	108.0
2006	101.7	101.6	100.5	101.7
2007	103.7	102.7	107.2	104.3
2008	104.6	105.4	109.6	118.5
2009	100.1	99.9	101.3	101.2
2010	102.6	102.6	103.9	101.2
2011	105.5	104.7	108.2	114.0
2012	103.1	101.5	103.9	108.8
2013	103.8	101.9	102.8	103.6
2014	101.2	98.6	101.5	100.6
2015	101.8	99.5	102.3	99.6

8-2 城市居民消费价格指数

（以上年价格为100）

项　　目	指　数	项　　目	指　数
居民消费价格总指数	101.8	衣　　着	103.9
非食品价格指数	102.2	服　　装	104.0
服务项目价格指数	102.3	衣着材料	105.3
扣除鲜菜鲜果总指数	101.9	鞋 袜 帽	104.7
消费品价格指数	101.7	衣着加工服务	100.2
食　　品	101.2	家庭设备用品及维修服务	100.9
粮　　食	102.6	耐用消费品	100.1
淀　　粉	100.1	室内装饰品	107.9
干豆类及豆制品	99.3	床上用品	102.8
油　　脂	101.8	家庭日用杂品	101.0
肉禽及其制品	101.4	家庭服务及加工维修服务	100.7
蛋	97.2	医疗保健和个人用品	104.2
水 产 品	100.8	医疗保健	103.6
菜	105.7	个人用品及服务	104.6
调 味 品	102.2	交通和通讯	99.9
糖	101.8	交　　通	98.6
茶及饮料	103.7	通　　信	103.3
干鲜瓜果	97.5	娱乐教育文化用品及服务	103.6
糕点饼干面包	101.4	文娱用耐用消费品及服务	102.5
液体乳及乳制品	95.1	教　　育	104.5
在外用膳食品	103.0	文化娱乐用品	101.6
其它食品及食品加工服务	101.9	旅　　游	104.5
烟酒及用品	102.2	居　　住	99.9
烟　　草	103.7	建房及装修材料	102.5
酒	100.0	住房租金	101.4
吸烟饮酒用品		自有住房	99.8
		水、电、燃料	99.5

8-3 城市商品零售价格指数

（以上年价格为100）

项　　目	指　数	项　　目	指　数
商品零售价格总指数	99.5	专业音像器材	103.2
食品类	101.1	文化办公用品	101.4
粮　食	102.6	日用品	101.6
淀　粉	100.1	日用百货	101.0
干豆类及豆制品	99.3	日用杂品	102.9
油　脂	101.8	洗涤用品	101.5
肉禽及其制品	101.4	其它日用品	101.2
蛋	97.2	体育娱乐用品	102.4
水产品	100.8	体育用品	105.3
菜	105.7	娱乐用品	99.9
调味品	102.2	交通、通信用品	99.4
糖	101.8	交通运输机械	95.4
干鲜瓜果	97.5	通讯器材类	110.7
糕点饼干面包	101.4	家　具	100.8
液体乳及乳制品	95.1	化妆品类	100.6
在外用膳食品	103.0	金银珠宝类	101.0
其它食品	101.9	中西药品及医疗保健用品类	105.0
饮料、烟酒	102.4	医疗器具及用品	105.9
茶及饮料	103.7	中药材及中成药	103.4
烟　草	103.7	西　药	105.5
酒	100.0	保健器具及用品	106.9
服装、鞋帽类	104.8	书报杂志及电子出版物类	102.0
服　装	103.9	教材及参考书	101.7
鞋袜帽	104.7	书报杂志	106.3
其　它	109.2	电子音像制品	97.2
纺织品类	103.5	燃料类	92.1
衣着材料	105.0	煤炭及制品类	88.9
床上用品	103.1	石油及制品类	92.7
家用电器及音像器材	100.9	建筑材料及五金电料类	100.2
家庭设备	99.4	建筑装璜材料	97.7
文娱用耐用消费品	102.6	五金电料类	104.8

8-4 城市主要商品及服务收费平均价格

单位：元/计量单位

类别及名称	规格特征	计量单位	2015年
大　　米	东北福临门优质大米	千克	7.6
面　　粉	大公瑞雪粉	千克	4.7
挂　　面	河套雪花粉	千克	19.0
馒　　头	家园刀切馒头　呼市	千克	5.8
小　　米	一等	千克	15.0
淀　　粉	一级	千克	11.6
土　　豆	一级	千克	2.6
大　　豆	一等	千克	8.7
绿　　豆	一等	千克	13.5
豆　　腐	一级	千克	10.0
植 物 油	胡麻油一级	升	18.0
色 拉 油	金龙鱼纯正大豆色拉油　5升　深圳	升	14.0
动 物 油	猪大油一级	千克	14.6
猪　　肉	鲜后座	千克	25.9
牛　　肉	鲜肉一级	千克	55.6
羊　　肉	鲜肉一级	千克	53.5
白 条 鸡	一级	千克	16.6
鸭	活鸭.一级	千克	23.0
熟　　肉	酱牛肉一级	千克	119.7
香　　肠	普世火腿得利斯香肠一级　400克　内蒙古	千克	54.8
熟　　鸡	不老神鸡一级	千克	53.5
熟 酱 鸭	不老神一级	千克	28.0
鲜 鸡 蛋	一级	千克	8.9
松 花 蛋	一级	千克	28.8
活 鲤 鱼	一级	千克	14.8
活 鲢 鱼	一级	千克	6.9
活 草 鱼	一级	千克	16.4
带　　鱼	一级	千克	25.1
黄 花 鱼	一级	千克	32.8
白　　虾	一级	千克	17.5
大 白 菜	一等	千克	2.4
洋 白 菜	一等	千克	2.8
菠　　菜	一等	千克	5.6

8-4续表1

单位：元/计量单位

类别及名称	规格特征	计量单位	2015年
油　菜	一等	千克	3.7
芹　菜	一等	千克	3.9
韭　菜	一等	千克	5.9
黄　瓜	一等	千克	5.4
冬　瓜	一等	千克	4.3
西红柿	一等	千克	5.5
茄　子	一等	千克	6.1
萝　卜	一等	千克	3.2
胡萝卜	一等	千克	2.8
生　姜	一等	千克	10.2
豆　角	一等	千克	9.4
洋葱头	一等	千克	3.2
大　葱	一等	千克	3.1
大　蒜	一等	千克	8.0
蒜　苔	一等	千克	8.7
莲　藕	一等	千克	10.7
豆　芽	一等	千克	4.5
青　椒	一等	千克	6.5
西兰花	一等	千克	9.0
西葫芦	一等	千克	4.4
菜　花	一等	千克	5.1
香　菜	一等	千克	9.2
香　菇	一等	千克	171.0
黑木耳	一等	千克	150.0
黄花菜	一等	千克	76.0
精　盐	一级	千克	6.4
酱　油	珍极酱油黄豆　430毫升	升	5.5
醋	珍极米醋　500毫升　石家庄	升	4.9
味　精	太太乐味精　上海　100克	千克	26.0
花　椒	大红袍一级	千克	120.0
白　糖	一级	千克	7.7
红　糖	一级	千克	7.7
奶　糖	大白兔　一级	千克	56.0
巧克力制品	夹心德芙　一级　北京	千克	140.0
茶　叶	信阳毛尖　一级　河南	千克	80.0
固体饮料	果珍卡夫　500克　天津	千克	43.5

8-4续表2　　单位：元/计量单位

类别及名称	规格特征	计量单位	2015年
液体饮料	雪碧　1.25L	升	3.0
冰激淋	蒙牛	个	2.7
苹　果	一等	千克	11.6
梨	一等	千克	7.6
芦　柑	一等	千克	6.9
香　蕉	一等	千克	5.8
弥猴桃	一等	千克	13.6
桃　子	一等	千克	12.5
西　瓜	一等	千克	4.4
葡　萄	一等	千克	14.6
红　枣	一级	千克	37.8
核　桃	一级	千克	45.3
黑瓜子	一级	千克	22.9
面　包	桃李主食面包　一级	千克	14.5
鲜　奶	伊利纯牛奶　243ML/ 袋	升	8.5
奶　粉	伊利桶装儿童奶粉　900克	千克	151.1
奶　干	天美华乳马背奶干　一级	千克	54.5
国产中档卷烟	黄鹤楼　硬盒	盒	15.6
国产高档卷烟	中华牌　硬盒	盒	43.9
白　酒	精元呼白王	瓶	11.0
啤　酒	金川11度　瓶装	瓶	3.0
黄　酒	古越龙山花雕500毫升　绍兴	瓶	13.3
男裤子	虎都西裤牌	条	697.0
男套装	雅戈尔男套装　呼市	套	3291.0
女裤子	威尔浪牌　呼市	条	495.0
女套装	哥弟牌套装　呼市	套	1662.0
棉花绒	幅宽110cm　营口	米	17.3
纯棉花布	幅宽230cm　青岛	米	25.3
装饰布	幅宽225cm　营口	米	27.0
毛　线	蒙珍牌高原雪绒毛线　鄂尔多斯	千克	295.3
洗衣机	海尔洗衣机　XQS60-BZ1226GAM 青岛	台	2610.0
电风扇	艾美特电风扇　CFH03　广东	台	1577.0

8-4续表3　　　　单位：元/计量单位

类别及名称	规格特征	计量单位	2015年
电冰箱	海尔电冰箱　BCD-346WSL　青岛	台	6599.0
抽排油烟机	海尔抽油烟机　CXW-200-C681　青岛	台	4280.0
空调器	海尔空调器 KFR-26GW/63SCX21 青岛	台	6299.0
热水器	海尔热水器　ES60-T3　青岛	台	3199.0
微波炉	格兰仕　c70f20mn3sl/a7k(r3)　广东	台	1298.0
电炊具	苏泊尔电磁炉b012100w　浙江	个	599.0
窗帘	化纤　浙江	件	68.3
被子	多喜爱单人被　广东	条	456.0
厨具	张小泉菜刀977型两用　杭州	个	185.0
肥皂	雕牌焕彩植物皂 202　浙江	块	3.0
体温计	东阿阿胶牌体温计　山东	个	4.2
血压计	台式　玉兔牌　上海	台	92.0
甘草	一等　内蒙	千克	87.7
党参	一等　内蒙	千克	353.3
菊花	一等　内蒙	千克	331.1
银花	一等　内蒙	千克	416.4
陈皮	一等　内蒙	千克	16.9
六味地黄丸	同仁堂	盒	11.1
板蓝根颗粒	白云山	袋	11.9
牛黄解毒片	包头	袋	1.0
感冒清热冲剂	同仁堂	盒	12.0
三九胃泰	三九集团	盒	8.6
吗丁啉	西安杨森　西安	盒	14.7
修正牌咳特灵	山东	盒	10.4
布洛芬胶囊	天津中美	盒	17.9
甲状腺片	上海	盒	6.9
胰岛素针剂	诺和林牌30笔　丹麦	盒	56.1
尼莫地平片	山西	盒	1.8
康恩贝牌普乐安片	浙江	盒	12.2
孚琪	北京	瓶	12.5
生脉饮	同仁堂　北京	盒	13.1
佰草集美白日霜50克	上海	瓶	320.0
汽油	93*车用汽油　北京	升	5.9
固定电话机	TCL单机202型　广东	部	137.0
移动电话机	华为荣耀6　深圳	部	2017.0
彩色电视机	创维　LED42K680X3DU　深圳	台	5095.0
激光视盘机	飞利蒲蓝光DVD BDP_7700　上海	台	1660.0
摄像机	佳能单反相机700d　中国	台	4999.0

8-4续表4

单位：元/计量单位

类别及名称	规格特征	计量单位	2015年
照相机	佳能照相机sx700　中国	部	2033.0
音　响	威发音响魔影4号（六件套）	台	24780.0
电　脑	联想笔记本V470P　北京	台	5399.0
数码相机存储卡	联想u盘t110(16cb)北京	个	72.1
书　籍	红楼梦2册　人明日报出版社	本	60.0
报　纸	内蒙日报	份	1.5
杂　志	读者	本	6.0
樟松板材	400*5　黑龙江	立方米	2200.0
地　砖	顺辉牌80*80　佛山	块	80.0
水　泥	冀东牌525*　呼市	千克	0.4
水　泥	白水泥　呼市	千克	0.6
玻　璃	秦皇岛5CM　普通	平方米	37.6
涂　料	美德丽内墙乳胶漆牌18L　河北	桶	330.0
水	居民用自来水（包括排污费）	吨	3.0
电	民用	百度	43.2
液化石油气	液化气罐装	百千克	950.0
管道燃气	天然气	立方米	1.8
精　煤	一级	百千克	44.1
取暖费		平方米	3.7
挂号费	普通(包括诊查费）	次	2.6
注射费	肌肉注射	次	1.5
检查费	CT检查	次	260.0
美　容	面部护理	次	50.0
理　发	五洋理发店男全活	次	20.0
汽车交强险		年	950.0
公共汽车票	公交车费	张	1.0
出租汽车	起步价	次	8.0
汽车租赁	轿车	天	227.0
飞机票	呼市---北京	人/百公里	120.0
火车票	呼市---北京　硬卧下铺　90次	人/百公里	26.0
市内电话通话费	普通（固定电话）	次/三分钟	0.2
长途电话通话费	呼市---北京　国内	分钟	0.7
信件邮寄	普通外埠	封	1.2
包裹邮寄	ems快递　呼市-北京	千克	24.0
托幼费	日托	月	300.0
有线电视	呼市有线费	月	26.0

8-5 农村生活消费品及服务项目价格指数

（以上年价格为100）

项目	指数	项目	指数
总指数	**102.3**	家庭设备及用品	100.1
食品类	102.0	耐用消费品	99.1
主食类	101.6	床上用品	101.4
副食类	100.2	日用杂品	100.7
蔬菜	106.0	医疗保键	100.8
豆制品	105.9	中药	100.2
油脂类	97.7	西药	101.3
食糖类	98.9	交通类	99.7
肉禽类	100.2	文教娱乐用品	100.6
蛋类	86.6	文艺用品	100.1
水产品	102.5	课本及报纸	101.2
调味品	107.2	住房	98.6
其他食品	104.4	建筑材料	100.2
烟草类	103.6	水电费	100.4
酒类	107.9	燃料	93.1
饮料类	105.3	服务项目	105.2
干鲜食品	101.5	电讯费	102.1
糕点类	104.9	邮费	100.1
罐头类	101.8	交通费	102.3
衣着类	102.2	理发费	119.0
服装	101.0	学杂费	105.6
衣着材料	105.1	修理及其它服务费	106.3
鞋袜帽类	105.8	医疗保健服务	103.9
其他	100.7	食品加工费	101.8

8-6 农业生产资料价格指数

（以上年价格为100）

项　目	2014年	2015年
总 指 数	**100.6**	**99.6**
化肥、农药、地膜	93.0	98.4
种　子	110.0	101.9
农用机械	100.9	101.0
小 农 具	100.8	99.4
产 品 畜	107.3	102.0
饲　料	103.2	102.5
燃　料	97.9	84.7
其　它	100.9	99.6

8-7 房地产价格指数

（以上年价格为100）

项　目	2014年	2015年
新建住宅	103.7	93.9
新建商品住宅	103.8	93.7
$90m^2$及以下	104.8	94.5
90—$144m^2$	103.5	94.1
$144m^2$以上	103.5	92.7
二手住宅	99.9	96.8
$90m^2$及以下	100.3	97.1
90—144 m^2	99.9	96.7
$144m^2$以上	99.0	95.9

主要统计指标解释

物价指数 是经济指数的一种，它是用来反映计算期所销售（或购进）的全部商品价格水平比基期水平升降变动程度的相对数。通常以百分数来表示。

物价指数按其包括范围的不同，分为单项商品价格指数（或称个体物价指数）、商品类别价格指数和总指数。反映某种商品的平均价格水平的变动程度的指数，叫做单项商品价格指数；反映某一些或全部商品价格总水平变动程度的指数，叫物价类指数或物价总指数。物价指数按其所采用的基期不同，分为环比物价指数（以上一期为基期）、年距环比物价指数（以上年同期为基期）和定基物价指数（长期和固定时期比较）。按商品的种类和流通环节分，有工业品出厂价格指数、农副产品收购价格指数、批发物价指数、零售物价指数（分城市指数和农村指数）、服务项目价格指数、职工生活费用价格指数、工农业商品综合比价指数等。

零售物价指数 是工业、商业、餐饮业和其他零售企业向城乡居民、机关团体出售消费品和办公用品的报告期零售价格水平与基期价格水平对比的相对数。它是从卖方角度反映城乡零售市场商品价格的变动趋势和程度。市场商品零售价格的调整变动直接影响城乡居民的生活支出和国家财政收支，影响居民购买力和市场供需平衡，影响消费与积累的比例。因此，零售物价指数可以从一个侧面对上述经济活动进行观察和分析，为国家制定经济政策提供依据，为研究城乡流通和新国民经济核算体系提供科学依据。目前零售物价指数还是考核一个地区领导政绩的主要指标之一。

现在我们编制的零售物价指数有年距环比指数（与上年同期相比）和月距环比指数（与上月价格相比）两种。按商品类别分有：食品、饮料、烟酒、服装鞋帽、纺织品、中西药品、化妆品、书报杂志、文化体育用品、日用品、家用电器、首饰、燃料、建筑装璜材料、机电产品十四类商品的零售价格。

计算零售物价指数权数资料的来源，类权数主要依据商品流转统计各类商品零售额资料计算，具体商品权数根据典型调查资料推算。

居民消费价格指数 是度量一组代表性消费商品及服务项目价格水平随着时间而变动的相对数，反映居民家庭购买的消费品及服务价格水平的变动情况。它是宏观经济分析的决策、价格总水平监测和调控以及国民经济核算的重要指标。其按年度计算的变动率通常被用来作为反映通货膨胀（或紧缩）程度的指标。

居民消费价格包括居民用于日常生活消费的全部商品价格和服务项目价格。按商品分类有：食品、烟酒及用品、衣着、家庭设备及用品、医疗保健、交通及通讯、娱乐教育和文化用品、居住等八大类商品及服务项目价格。从消费渠道讲，既包括城乡居民从商店、工厂、集市所购买商品的价格，也包括城乡居民从餐饮业购买商品的价格。

计算居民消费价格指数的权数主要是依据住户调查中居民的实际消费构成计算，也有部分商品权数是根据典型调查资料推算的。

第二部分　统计资料

人　民　生　活

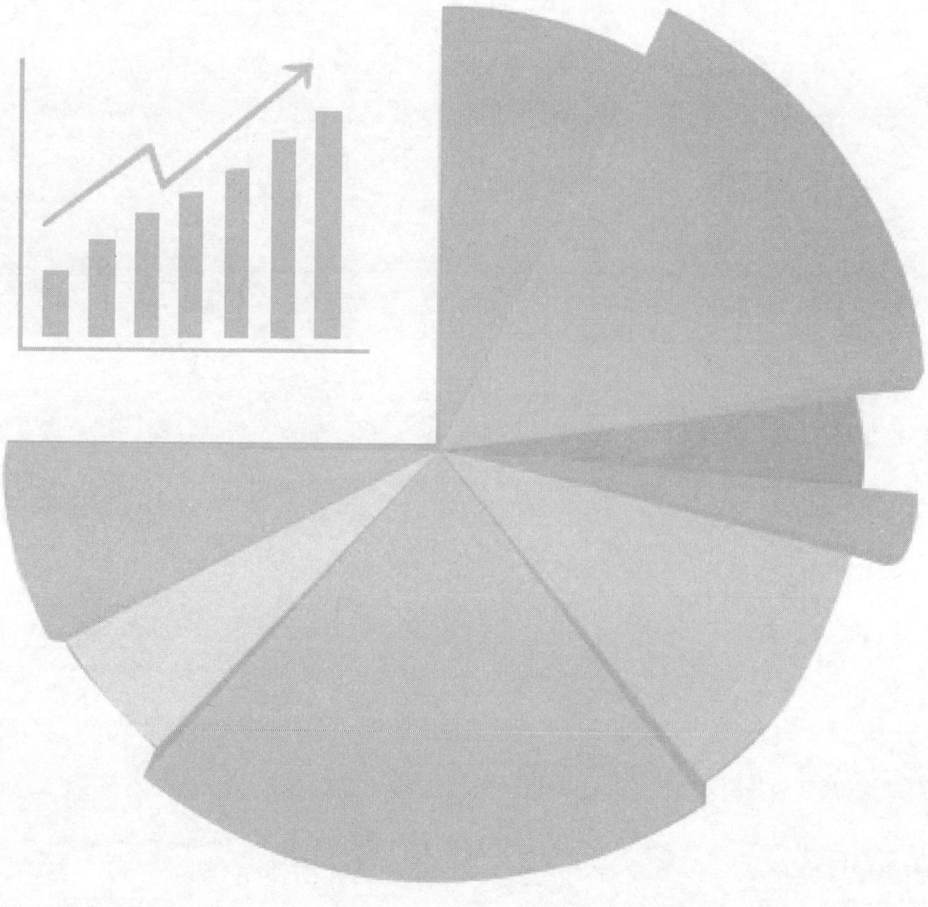

9-1 历年城镇居民人均可支配收入及生活消费性支出

单位:元

年份	城镇居民人均可支配收入	城镇居民人均生活消费性支出	# 食品支出
1980	409	434	228
1981	408	415	224
1982	455	433	241
1983	513	483	274
1984	604	549	288
1985	775	786	317
1986	855	851	405
1987	912	876	434
1988	972	1018	497
1989	1065	1001	539
1990	1149	1023	529
1991	1281	1202	608
1992	1544	1413	676
1993	1981	1782	796
1994	2735	2372	1058
1995	3008	2785	1325
1996	3514	3171	1429
1997	4435	3398	1452
1998	4739	3674	1548
1999	5167	4173	1613
2000	5354	4613	1623
2001	5931	4866	1701
2002	6696	5525	1922
2003	7906	6332	2172
2004	9967	7418	2532
2005	12150	8768	2960
2006	14055	9831	3227
2007	16920	11432	3615
2008	20267	13145	4129
2009	22397	14752	4356
2010	25174	16624	4983
2011	28877	19106	5854
2012	32646	21095	6492
2013	32003	22919	6031
2014	34723	24844	6487
2015	37362	26547	6728

注：从2013年起为城镇、农村常住居民人均可支配收入及生活消费支出。

9-2 历年农村居民人均纯收入及生活消费支出

单位:元

年份	农村居民人均纯收入	农村居民人均生活消费支出	#食品支出
1980	142	121	
1981	222	182	
1982	266	209	
1983	276	226	
1984	322	257	
1985	321	274	
1986	313	305	
1987	327	330	
1988	393	374	
1989	461	415	
1990	574	466	
1991	619	507	
1992	723	576	
1993	846	758	
1994	999	882	
1995	1243	1056	
1996	1689	1122	660
1997	1974	1393	743
1998	2271	1341	716
1999	2387	1413	662
2000	2539	1558	693
2001	2561	1610	641
2002	2822	1610	666
2003	3169	1991	721
2004	4109	2355	962
2005	4631	2767	1100
2006	5308	3050	1153
2007	6121	3267	1250
2008	7051	3756	1500
2009	7802	4823	1778
2010	8746	5526	2061
2011	10038	7090	2778
2012	11361	8175	2814
2013	11398	11110	2881
2014	12538	12232	3420
2015	13491	13223	3425

9-3 全体居民主要收支情况

单位：元/人

项目	2014年	2015年	2015年比2014年增长%
可支配收入	26106	28263	8.3
工资性收入	13819	14496	4.9
经营净收入	6008	7116	18.4
第一产业净收入	1028	1159	12.7
# 农业净收入	829	881	6.3
牧业净收入	194	271	39.7
第二产业净收入	1129	1074	-4.9
第三产业净收入	3851	4882	26.8
财产净收入	2602	2636	1.3
转移净收入	3677	4015	9.2
生活消费支出	20394	21922	7.5
食品烟酒	5266	5426	3.0
衣　　着	2230	2371	6.3
居　　住	4264	4636	8.7
生活用品及服务	1067	1112	4.2
交通通信	3095	3660	18.3
交　　通	2268	2779	22.5
通　　信	827	881	6.5
教育文化娱乐	2361	2357	-0.2
教　　育	1313	1239	-5.6
文化娱乐	1048	1118	6.7
医疗保健	1332	1518	14.0
其它用品和服务	779	842	8.1

9-4 城镇常住居民主要收支情况

单位：元/人

项　　目	2014年	2015年	2015年比2014年增长%
可支配收入	34723	37362	7.6
工资性收入	18833	19926	5.8
经营净收入	7180	8116	13.0
第一产业净收入	163	160	-1.8
# 农业净收入	103	55	-46.6
牧业净收入	60	111	85.0
第二产业净收入	1653	1576	-4.7
第三产业净收入	5364	6380	18.9
财产净收入	3846	3881	0.9
转移净收入	4864	5439	11.8
生活消费支出	24844	26547	6.9
食品烟酒	6487	6728	3.7
衣　　着	2467	2639	7.0
居　　住	5190	5390	3.9
生活用品及服务	1439	1536	6.7
交通通信	4104	4782	16.5
交　　通	3118	3731	19.7
通　　信	986	1051	6.6
教育文化娱乐	2854	2837	-0.6
教　　育	1352	1194	-11.7
文化娱乐	1502	1643	9.4
医疗保健	1580	1814	14.8
其它用品和服务	723	821	13.6

9-5 农村常住居民主要收支情况

单位：元/人

项　　目	2014年	2015年	2015年比2014年增长%
可支配收入	12538	13491	7.6
工资性收入	6238	6493	4.1
经营净收入	4238	4717	11.3
第一产业净收入	2337	2418	3.5
# 农业净收入	1926	1954	1.5
牧业净收入	398	443	11.3
第二产业净收入	337	339	0.6
第三产业净收入	1564	1960	25.3
财产净收入	722	842	16.6
转移净收入	1340	1439	7.4
生活消费支出	12232	13223	8.1
食品烟酒	3420	3425	0.1
衣　　着	1028	1074	4.5
居　　住	2864	3404	18.9
生活用品及服务	504	490	-2.8
交通通信	1570	1982	26.2
交　　通	983	1370	39.4
通　　信	587	612	4.3
教育文化娱乐	1616	1602	-0.9
教　　育	1254	1239	-1.2
文化娱乐	362	363	0.3
医疗保健	956	1048	9.6
其它用品和服务	274	198	-27.7

9-6 常住居民家庭基本情况

项目	单位	全体居民	城镇常住居民	农村常住居民
常住劳动力情况				
劳动力比例	%	100.0	100.0	100.0
整劳动力	%	53.6	56.1	50.4
半劳动力	%	46.4	43.9	49.6
性别比	%	100.0	100.0	100.0
男性	%	50.9	50.3	51.6
女性	%	49.1	49.7	48.4
受教育程度	%	100.0	100.0	100.0
未上过学	%	2.7	0.8	5.1
小学	%	15.4	8.4	24.2
初中	%	41.0	33.9	49.9
高中	%	19.5	24.1	13.9
大学专科	%	12.4	18.6	4.7
大学本科	%	8.3	13.3	1.9
研究生	%	0.7	0.9	0.3
本年度从事的行业	%	100.0	100.0	100.0
第一产业	%	26.1	8.5	45.5
第二产业	%	16.4	16.8	16.0
第三产业	%	57.5	74.7	38.5
住房情况				
本住户居住空间样式	%	100.0	100.0	100.0
单栋楼房	%	8.0	6.5	10.1
单栋平房	%	50.7	34.2	72.2
四居室及以上单元房	%	0.5	0.8	
三居室单元房	%	6.6	9.5	2.7
二居室单元房	%	30.0	44.3	11.6
一居室单元房	%	1.3	2.2	
筒子楼或连片平房	%	2.8	2.5	3.2

9-6续表

项　目	单位	全体居民	城镇常住居民	农村常住居民
其　他	%	0.1		0.2
主要建筑材料	%	100.0	100.0	100.0
钢筋混凝土	%	8.3	11.3	4.3
砖混材料	%	50.4	62.0	35.2
砖瓦砖木	%	37.0	25.6	52.0
竹草土坯	%	2.9	0.7	5.8
其　他	%	1.4	0.4	2.7
现住房房屋来源	%	100.0	100.0	100.0
租赁公房	%			
租赁私房	%	5.0	6.5	3.0
自建住房	%	50.1	28.1	79.0
购买商品房	%	26.7	41.8	7.2
购买房改住房	%	9.5	15.6	1.4
购买保障性住房	%	5.2	3.7	7.0
拆迁安置房	%	2.1	2.4	1.8
继承或获赠住房	%	0.8	1.1	0.4
免费借用房	%	0.3	0.4	0.2
雇主提供免费住房	%	0.1	0.1	
其他来源	%	0.2	0.3	
自有住房面积	平方米/人	32.7	33.9	30.8
住宅管道供水情况	%	100.0	100.0	100.0
管道供水入户	%	90.9	96.2	84.1
管道供水至公共取水点	%	0.1	0.1	
没有管道设施	%	9.0	3.7	15.9
住户厕所类型	%	100.0	100.0	100.0
水冲式厕所	%	43.6	63.2	17.8
旱　厕	%	48.3	26.4	77.0
无厕所	%	8.1	10.4	5.2

9-7 常住居民人均生活消费支出情况

单位：元

项　　目	全体居民	城镇常住居民	农村常住居民
生活消费支出	21922	26547	13223
食品烟酒	5426	6728	3425
食　品	3614	4309	2512
谷　物	546	582	472
薯　类	117	77	165
豆　类	43	48	34
食用油	148	167	115
蔬菜和食用菌	449	597	230
肉　类	932	1102	661
禽　类	91	106	66
水产品	91	124	44
蛋　类	94	103	77
奶　类	285	387	134
干鲜瓜果类	497	650	268
糖果糕点类	102	135	53
其他食品	219	231	193
烟　酒	643	737	486
饮　料	70	87	44
饮食服务	1099	1595	383
衣　着	2371	2639	1074
衣　类	1888	2013	805
鞋　类	483	626	269
居　住	4636	5390	3404

9-7续表

单位：元

项　　目	全体居民	城镇常住居民	农村常住居民
租赁房房租	166	227	75
住房维修及管理	565	523	594
水电燃料及其他	1154	1189	1054
自有住房折算租金	2751	3451	1681
生活用品及服务	1112	1536	490
家具及室内装饰品	247	374	66
家用器具	174	211	116
家用纺织品	89	126	35
家庭日用杂品	340	454	171
个人用品	193	258	94
家庭服务	69	113	8
交通通信	3660	4782	1982
交　通	2779	3731	1370
通　信	881	1051	612
教育文化娱乐	2357	2837	1602
教　　育	1239	1194	1239
文化娱乐	1118	1643	363
医疗保健	1518	1814	1048
医疗器具及药品	685	942	307
医疗服务	833	872	741
其他用品和服务	842	821	198
其他用品	599	475	105
其他服务	243	346	93

9-8 分旗县区城镇常住

项　　目	新城区	回民区	玉泉区	赛罕区
可支配收入	42196	37285	36145	41155
工资性收入	22988	18678	18805	18147
经营净收入	10040	5916	12553	9541
第一产业经营净收入	-1	1	180	113
第二产业经营净收入	4254	1133	1745	
第三产业经营净收入	5787	4782	10628	9428
财产净收入	3692	5101	3082	3892
转移净收入	5476	7590	1705	9575
消费支出	32474	26259	27868	26151
食品烟酒	7870	6352	6751	7030
衣　　着	3408	2339	2723	2538
居　　住	6603	6283	4407	5987
生活用品及服务	1590	1310	1916	1743
交通通信	7087	2778	7619	3350
教育文化娱乐	2897	3754	2545	2777
医疗保健	2121	2124	1066	2229
其他用品和服务	898	1319	841	497

居民人均收支情况

单位：元

土左旗	托　县	和林县	清水河县	武川县
28646	30338	29104	22188	21332
15605	20730	15528	15756	11903
7973	4476	7315	1542	4805
277	1207	1376	219	232
	464			144
7696	2805	5939	1323	4429
1810	1120	1731	988	492
3258	4012	4530	3902	4132
23128	16702	16705	10444	14012
7081	4477	4959	3560	3735
2707	1728	1972	1018	1288
3853	3048	3155	1837	2246
1436	992	918	447	806
3162	2172	1953	1038	2111
2514	1916	2084	1485	2297
1397	1765	1367	797	1226
978	604	297	262	303

9-9 分旗县区农村常住

项　　目	新城区	回民区	玉泉区	赛罕区
可支配收入	16319	17056	16266	15407
工资性收入	9883	8744	6663	8571
经营净收入	4103	5932	5928	3717
第一产业经营净收入	65	830	1732	2508
第二产业经营净收入	705	1344	1542	130
第三产业经营净收入	3333	3758	2654	1079
财产净收入	2273	1360	1102	2670
转移净收入	60	1020	2573	449
消费支出	15337	13355	17773	15486
食品烟酒	4010	3467	3910	3462
衣　　着	1934	1007	1528	1363
居　　住	3627	3769	3868	3720
生活用品及服务	694	384	708	679
交通通信	2130	2387	3409	3209
教育文化娱乐	2104	1368	1853	1926
医疗保健	531	810	2144	913
其他用品和服务	307	163	353	214

居民人均收支情况

单位：元

土左旗	托　县	和林县	清水河县	武川县
13160	12773	10274	6562	6325
6560	5339	3595	1467	1144
5253	4502	5194	3143	3953
1901	3903	4132	2884	3486
9	273			50
3343	326	1062	259	417
83	1107	10	117	77
1264	1825	1475	1835	1151
10205	9655	10285	5407	5847
3026	2899	2417	1972	1840
824	539	514	164	342
3081	2658	3351	1405	697
362	209	275	204	246
782	1061	1289	477	1076
1371	830	1333	1029	419
621	1248	1026	416	1162
138	211	80	37	65

9-10 城镇常住居民家庭每

项　　目	单 位	呼　市	新城区	回民区	玉泉区
家用汽车	辆	38.3	43.6	51.0	61.3
摩托车	辆	23.7	4.0	4.8	5.4
助力车	台	45.8	21.8	37.5	57.0
洗衣机	台	98.8	99.0	98.1	96.8
电冰箱(柜)	台	100.3	105.9	101.0	98.9
微波炉	台	39.8	69.3	49.0	37.6
彩色电视机	台	102.8	106.9	101.0	96.8
空　调	台	10.1	19.8	13.5	10.8
热水器	台	58.4	83.2	76.9	71.0
# 太阳能热水器	台	5.8	6.9	12.5	3.2
消毒碗柜	台	2.8	3.0	6.7	1.1
洗碗机	台	1.0	1.0	3.8	
排油烟机	台	67.5	90.1	87.5	81.7
固定电话	线	37.6	43.6	69.2	21.5
移动电话	部	228.4	227.7	219.2	239.8
# 接入互联网	部	64.6	95.0	78.8	78.5
计算机	台	56.3	82.2	48.1	75.3
# 接入互联网	台	45.1	70.3	43.3	62.4
摄像机	台	6.8	12.9	10.6	9.7
照相机	台	25.4	54.5	37.5	38.7
中高档乐器	架	3.7	6.9	1.9	6.5
健身器材	台	3.7	8.9	3.8	5.4
组合音响	套	3.6	6.9	4.8	5.4

百户拥有耐用消费品

赛罕区	土左旗	托　县	和林县	清水河县	武川县
35.1	26.7	43.7	28.3	8.6	28.6
8.5	25.0	63.4	53.3	37.1	44.3
24.5	86.7	94.4	45.0	18.6	50.0
98.9	123.3	101.4	93.3	84.3	97.1
97.9	128.3	97.2	98.3	88.6	88.6
39.4	41.7	46.5	18.3	10.0	27.1
100.0	120.0	101.4	101.7	100.0	101.4
14.9	10.0	4.2	3.3	5.7	
68.1	56.7	54.9	21.7	20.0	40.0
1.1	8.3	4.2	5.0	10.0	
1.1	6.7			1.4	4.3
1.1					1.4
77.7	50.0	84.5	35.0	12.9	52.9
43.6	36.7	33.8	11.7	8.6	51.4
212.8	293.3	223.9	220.0	220.0	212.9
44.7	98.3	80.3	11.7	25.7	47.1
52.1	75.0	49.3	46.7	35.7	31.4
33.0	45.0	47.9	35.0	27.1	28.6
6.4	1.7	5.6	1.7		5.7
14.9	10.0	18.3	8.3	14.3	8.6
4.3	8.3		1.7	1.4	1.4
	8.3	1.4		1.4	2.9
	6.7	2.8	1.7	1.4	1.4

9-11 农村常住居民家庭每

项目	单位	呼市	新城区	回民区	玉泉区
家用汽车	辆	28.5	50.0	35.0	35.7
摩托车	辆	41.3	7.1	13.3	25.7
助力车	台	57.4	74.3	88.3	61.4
洗衣机	台	88.3	100.0	95.0	94.3
电冰箱(柜)	台	94.6	97.1	96.7	102.9
微波炉	台	12.6	11.4	10.0	27.1
彩色电视机	台	100.0	100.0	100.0	104.3
空调	台	3.4	8.6		8.6
热水器	台	21.8	47.1	8.3	37.1
#太阳能热水器	台	3.6			5.7
消毒碗柜	台				
洗碗机	台				
排油烟机	台	39.4	68.6	26.7	50.0
固定电话	线	22.4	15.7	28.3	25.7
移动电话	部	220.6	202.9	281.7	221.4
#接入互联网	部	33.4	18.6	50.0	42.9
计算机	台	22.0	31.4	28.3	41.4
#接入互联网	台	16.4	22.9	13.3	35.7
摄像机	台	1.6	1.4	1.7	4.3
照相机	台	9.9	21.4	13.3	17.1
中高档乐器	架	0.5	2.9		
健身器材	台	0.5	1.4		1.4
组合音响	套	1.4		5.0	2.9

百户拥有耐用消费品

赛罕区	土左旗	托　县	和林县	清水河县	武川县
52.5	26.7	13.5	15.0	2.0	3.8
35.0	48.3	90.4	65.0	34.0	73.1
73.8	88.3	53.8	38.3	6.0	7.7
92.5	103.3	96.2	76.7	46.0	78.8
92.5	96.7	98.1	88.3	90.0	86.5
23.8	6.7	25.0	1.7		
101.3	105.0	100.0	96.7	92.0	98.1
6.3	3.3				
40.0	8.3	9.6	20.0	4.0	1.9
8.8	1.7	9.6		4.0	1.9
42.5	65.0	46.2	30.0	2.0	5.8
45.0	13.3	1.9	13.3	14.0	34.6
243.8	263.3	213.5	196.7	166.0	175.0
47.5	66.7	13.5	21.7	18.0	9.6
32.5	6.7	1.9	23.3	12.0	5.8
28.8	5.0	1.9	20.0	6.0	
3.8			1.7		
11.3	5.0	1.9	11.7		
0.0			1.7		
1.3					
1.3	1.7		1.7		

9-12 城镇常住居民家庭主

项　目	呼　市	新城区	回民区	玉泉区
粮食消费量	135.2	131.7	124.2	154.8
谷物消费量	122.4	116.9	114.6	143.5
薯类消费量	5.6	6.5	3.7	3.8
豆类消费量	7.2	8.2	5.9	7.5
油脂类消费量	9.6	9.1	10.3	12.7
蔬菜及菜制品消费量	114.1	93.5	127.9	127.1
肉类	31.4	30.3	33.3	27.8
猪　肉	16.6	15.9	18.9	12.1
牛　肉	2.7	2.4	2.7	2.9
羊　肉	7.3	7.8	7.6	5.3
其他肉类及制品	4.7	4.2	4.1	7.4
禽类	5.0	5.5	5.3	3.9
水产品	5.1	4.5	6.0	4.5
蛋类及蛋制品	10.4	9.3	12.2	9.3
奶和奶制品	34.6	28.1	49.1	36.8
干鲜瓜果类	68.6	63.0	68.9	77.8
糖果糕点类	6.5	6.0	7.9	5.9
饮料	0.3	0.3	0.3	0.7
酒	7.5	7.6	5.0	20.7

要消费品人均年消费量

单位:公斤

赛罕区	土左旗	托　县	和林县	清水河县	武川县
115.9	139.4	125.4	117.8	115.4	143.1
103.7	126.9	106.6	101.0	94.6	117.9
5.4	6.7	8.9	7.4	9.9	10.0
6.8	5.8	10.0	9.4	11.0	15.1
6.1	9.3	8.9	7.8	6.5	5.5
90.9	121.8	106.9	51.2	71.6	53.6
27.1	32.3	35.2	26.0	38.9	27.3
11.9	19.9	19.5	15.2	17.6	16.6
2.3	3.0	2.6	2.0	2.6	0.9
6.5	7.4	9.0	6.8	12.2	8.2
6.5	2.0	4.1	2.0	6.5	1.6
5.0	3.7	7.8	6.8	9.4	4.3
4.0	4.6	9.5	4.3	3.6	1.7
8.0	11.2	13.6	6.8	7.9	7.1
26.0	30.5	25.1	20.7	18.4	11.6
65.2	62.1	85.2	59.5	59.3	37.6
5.8	5.7	9.5	6.6	5.3	2.3
0.2	0.2	0.1	0.1	0.1	0.1
6.6	4.6	6.3	3.2	4.2	7.0

9-13 农村常住居民家庭主

项　　目	呼　市	新城区	回民区	玉泉区
粮食消费量	147.8	90.0	110.8	115.6
谷物消费量	130.6	82.1	97.7	103.2
薯类消费量	10.3	3.3	7.5	6.3
豆类消费量	6.9	4.6	5.7	6.1
油脂类消费量	8.1	7.5	6.9	5.6
蔬菜及菜制品消费量	69.5	52.9	79.4	76.2
肉类	23.6	25.3	23.8	24.1
猪　肉	15.4	13.8	15.4	13.0
牛　肉	1.1	2.3	1.4	1.8
羊　肉	6.0	7.1	5.2	5.6
其他肉类及制品	1.2	2.2	1.9	3.7
禽类	4.6	3.3	3.5	5.4
水产品	2.4	2.1	2.4	3.1
蛋类及蛋制品	8.8	9.6	7.5	8.3
奶和奶制品	13.7	20.2	14.4	23.9
干鲜瓜果类	40.7	40.0	43.7	57.5
糖果糕点类	3.5	4.5	3.5	4.0
饮料	0.5	0.2	0.2	0.4
酒	5.8	4.1	4.4	6.2

要消费品人均年消费量

单位:公斤

赛罕区	土左旗	托　县	和林县	清水河县	武川县
127.5	174.1	183.5	150.7	198.1	193.2
112.9	159.6	160.4	123.1	160.9	175.5
9.1	9.9	10.6	17.9	22.2	13.4
5.4	4.5	12.5	9.7	15.0	4.4
7.8	7.1	8.4	4.3	13.6	20.0
76.6	88.1	70.3	53.7	35.4	49.2
22.0	16.9	27.6	31.6	27.1	26.3
16.1	13.6	16.5	21.3	17.6	13.7
1.2	0.5	1.3	0.2	0.4	0.5
3.8	2.8	9.5	8.5	8.8	10.4
1.0		0.4	1.7	0.3	1.7
3.1	3.5	8.1	7.1	5.8	4.0
2.0	3.0	2.8	1.8	1.3	1.2
8.2	10.3	7.8	7.3	7.8	10.7
14.1	10.5	13.5	8.2	5.9	11.4
43.9	43.7	38.2	33.4	27.1	27.4
4.3	2.2	2.9	3.6	3.1	5.0
0.2	1.5		0.1		0.3
3.7	5.5	6.0	9.4	9.9	8.3

主要统计指标解释

常住成员　指住户成员中，经常在家居住、或者调查期内居住时间超过一半的人员，以及本住户供养的学生。常住成员是住户收支的调查对象。

可支配收入　指调查户在调查期内获得的、可用于最终消费支出和储蓄的总和，即调查户可以用来自由支配的收入。可支配收入既包括现金，也包括实物收入。按照收入的来源，可支配收入包含四项，分别为：工资性收入、经营净收入、财产净收入、转移净收入。

工资性收入　指就业人员通过各种途径得到的全部劳动报酬和各种福利，包括工资、实物福利和其他（住房公积金、辞退金、其他劳动收入等）。

工资　指就业人员通过劳动从单位或雇主获取的各种现金报酬，包括各种奖金、津贴、补贴（住房补贴、交通补贴、车改补贴、通讯补贴、冬季取暖费和防暑降温费等）。

工资以应发工资为统计口径，包括各种扣款，如工作单位代扣的应由个人承担的养老保险、医疗保险、失业保险和住房公积金；以及单位在工资中代扣的房租、水费、电费、托儿费、医疗费、借款等，同时把所扣除的各项费用分别计入相应的消费支出或转移性支出中。

实物福利　指单位或雇主免费或低价提供给员工的各种实物产品和服务折价。既包括单位或雇主免费或低价提供的各种实物产品，如米面、床上用品、日用杂品等；也包括单位或雇主免费或低价提供的各种服务，如免费或低价提供的工作餐、住宿、上下班交通工具、停车场、幼儿园、娱乐、健身、旅游和医疗保健服务，以及单位缴纳的水电费、取暖费、物业费、职工子女入学的教育赞助费等。由个人先行付款消费，后由单位或雇主给予报销的款额也视为实物福利。

经营净收入　指住户或住户成员从事生产经营活动所获得的净收入，是全部经营收入中扣除经营费用、生产性固定资产折旧和生产税净额（生产税减去生产补贴）之后得到的净收入。可分为第一、二、三产业净收入。

财产净收入　指住户或住户成员将其所拥有的金融资产和自然资源交由其他机构单位、住户或个人支配而获得的回报并扣除相关的费用之后得到的净收入。

转移净收入　指国家、单位、社会团体与住户间或住户与住户之间的各种经常性转移收、支的差额。

消费支出　指住户用于满足家庭日常生活消费需要的全部支出，包括用于消费品的支出和用于服务性消费的支出。根据用途不同，消费支出可划分为食品烟酒、衣着、居住、生活用品及服务、交通通信、教育文化娱乐、医疗保健、其他用品及服务八大类。

第二部分　统计资料

城　市　概　况

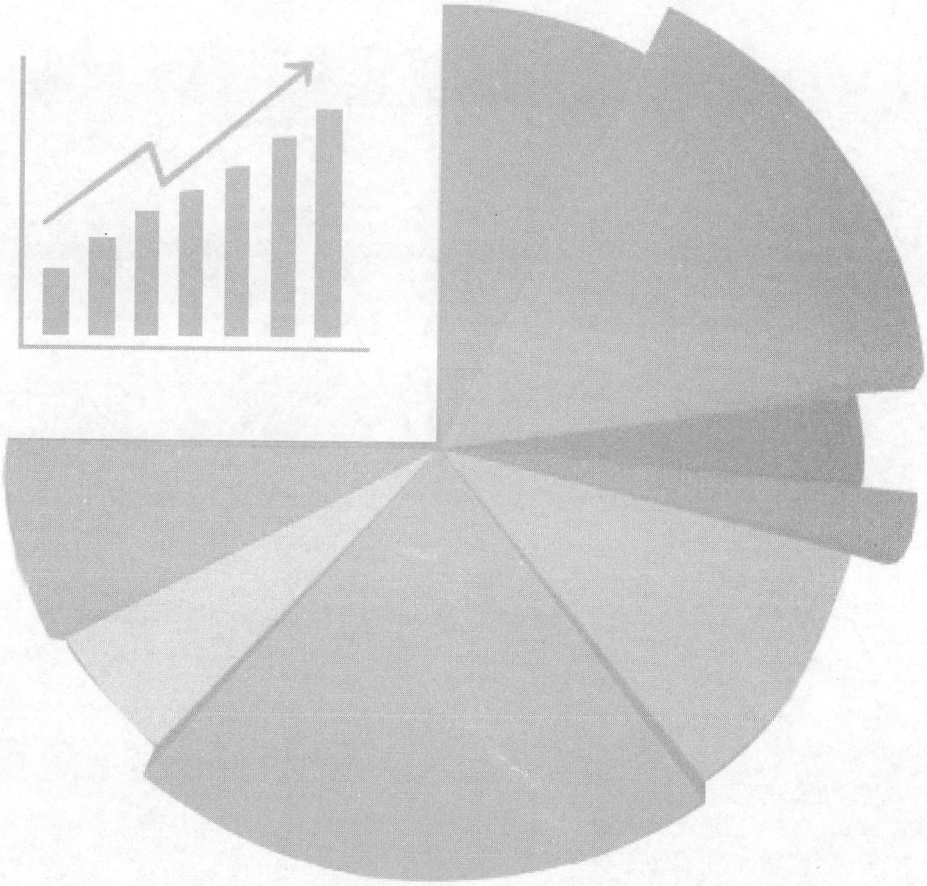

10-1 城市规模、建设用地和房屋建筑情况

项　　　　目	单　位	2014年	2015年
城市人口	万人	127.8	132.0
城市面积	平方公里	2054	2054
# 建城区面积	平方公里	230.0	260.0
城市建设用地面积	平方公里	264.9	229.9
居住用地	平方公里	73.6	74.2
公共管理与公共服务用地	平方公里	22.3	22.5
商业服务业设施用地	平方公里	25.3	25.5
工业用地	平方公里	18.4	18.6
物流仓储用地	平方公里	8.3	8.4
道路与交通设施用地	平方公里	42.5	42.9
公用设施用地	平方公里	41.6	4.64
绿地与广场用地	平方公里	32.9	33.2
房屋建筑面积	万平方米	12638	13407
# 住宅建筑面积	万平方米	6132	6532
人均住房建筑面积	平方米	39.6	40.6

10-2 城市公共汽车、出租汽车情况

项　　　　目	单　位	2014年	2015年
城市公共汽车			
年末营运车辆	辆	2643	1884
年末标准运营车辆	标台	3253	2424
营运线路网长度	公里	613	636
客运总量	万人次	37740	40366
出租汽车	辆	5568	6568

10-3 城市自来水情况

项目	单位	2014年	2015年
年末综合生产能力	万立方米/日	62.2	56.6
#地下水	万立方米/日	42.1	36.5
年末管道长度	公里	790	811
全年供水量	万立方米	14876	13081
#生产用	万立方米	4458	3726
生活用	万立方米	6477	6558
用水人口	万人	188.0	188.0
用水户数	万户	48.8	50.7
#家庭用户	万户	42.6	45.5

10-4 城市集中供热情况

项目	单位	2014年	2015年
供热能力	兆瓦	9844	14161
供热总量	万吉焦	8286	12008
供热管道长度	公里	1717	2873
供热面积	万平方米	9160	10386
#住宅	万平方米	6445	7200

10-5 城市燃气情况

项目	单位	2014年	2015年
液化石油气			
储气能力	吨	4255	300
供气总量	吨	6059	10800
#家庭用量	吨	6059	10800
用气户数	万户	5.8	8.0
#家庭用户	万户	5.8	5.0
用气人口	万人	17.3	20.0
天然气			
储气能力	万立方米	12.0	12.0
供气管道长度	公里	2463	2580
供气总量	万立方米	40809	50728
#家庭用量	万立方米	5582	6386
用气户数	万户	54.2	57.3
#家庭用户	万户	53.1	56.3
用气人口	万人	185.9	185.9

10-6 城市市政设施情况

项　　目	单　位	2014年	2015年
道　路			
道路长度	公里	905	898
道路面积	万平方米	2245	2506
# 人行道面积	万平方米	484	433
桥　梁	座	76	80
# 立交桥	座	57	59
路　灯	盏	252000	253000
排　水			
排水管道长度	公里	1996	1996
# 污水管道	公里	986	986
污水排放量	万立方米	11810	10465
污水处理厂	座	4	4
污水处理能力	万立方米/日	30	30
污水处理总量	万立方米	9568	9607

10-7 城市园林、绿化情况

项　　目	单　位	2014年	2015年
绿化覆盖面积	公顷	11027	14856
# 建成区	公顷	9263	9620
园林绿地面积	公顷	9279	14077
# 建成区	公顷	8216	8841
公园绿地面积	公顷	3267	3258
公　园	个	46	31
公园面积	公顷	2918	2783

10-8 城市市容环境卫生情况

项　　目	单　位	2014年	2015年
道路清扫保洁面积	万平方米	2592	2592
#机 械 化	万平方米	1917	1900
清运生活垃圾	万吨	62.0	59.3
无害化处理厂（场）	座	2	2
生活垃圾无害化处理能力	吨/日	1790	1250
生活垃圾无害化处理量	万吨	61.2	59.3
清运粪便	万吨	22.5	22.0
公共厕所	座	585	373
市容环卫专用车辆	辆	553	423

10-9 城 市 设 施 水 平

项　　目	单　位	2014年	2015年
人均日生活用水量	升	88.8	91.1
用水普及率	%	99.7	99.9
燃气普及率	%	98.6	98.6
每万人拥有公交车辆	标台	9.0	11.5
人均道路面积	平方米	11.9	13.3
污水处理率	%	81.0	91.8
人均公园绿地面积	平方米	17.3	17.3
建成区绿地率	%	35.7	34.0
建成区绿化覆盖率	%	40.3	37.0
生活垃圾无害化处理率	%	98.7	100.0

主要统计指标解释

年末自来水生产能力 指年底城建部门管理的自来水厂和自备水源的社会单位取水、净化、送水、出厂输水干管等环节的实际生产能力。

年末供水管道长度 指从送水泵到用户水表之间所有管道的长度。

全年供水总量 指公用自来水厂和社会单位自备水源全年的供水总量，包括有效供水量及损失水量。

生活用水量 指居民日常生活与公共福利设施的用水量。包括饮食店、旅馆、医院、理发店、浴池、洗衣店、游泳池、商店、学校、机关、部队等单位的用水量。

城市人口用水普及率 指城市用水的非农业人口数（不包括临时人口和流动人口）与城市非农业人口总数之比。计算公式：

$$用水普及率=\frac{城市用水的非农业人口数}{城市非农业人口数}\times100\%$$

人工煤气生产能力 指城市煤气厂制气、净化、输送等环节的综合实际生产能力。

输气管道长度 指由压缩机、鼓风机、储气罐的出口到用户煤气表之间的全部管道长度。

煤气供气总量 指售给各类用户的全部煤气量。包括工业用量、家庭用量和其他用量。

城市煤气普及率 指使用煤气（包括人工煤气、液化石油气、天然气）的城市非农业人口数（不包括临时人口和流动人口）与城市非农业人口总数之比。计算公式：

$$城市煤气普及率=\frac{城市用气的非农业人口数}{城市非农业人口总数}\times100\%$$

城市供热能力 指热电厂、热力公司和达到标准的集中采暖锅炉房和城市输送的供热源的设计能力，即每小时向城市输送蒸汽、热水的能力。

城市供热管道长度 指热电厂、热力公司和达到标准的集中采暖锅炉房管理的集中供热热源到用户之间的全部供气、供热水的管道长度。

城市供热总量 指热电厂、热力公司和达到标准的集中采暖锅炉房全年向城市输送的全部蒸、热水量。

年底实有铺装道路长度 指除土路外，路面经过铺装宽度在3.5米以上的道路，包括高级，次高级道路和普通道路。

城市桥梁 指城市范围内，修建在河道上的桥梁和道路与道路立交、道路跨越铁路的立交桥，以及人行天桥。包括永久性桥和半永久性桥，不包括临时性桥、铁路桥、涵洞。

城市下水道总长度 指所有排水总管，干管、支管及暗渠，检查井，连接井进出水口等长度之和。

城市污水日处理能力 指污水处理厂每昼夜处理污水量的设计能力。

营运线路长度 指设置的固定营运线路长度，包括郊区营运线路长度，不包括临时行驶的线路长度。

城市园林绿地面积 指城市公共绿地、专用绿地、生产绿地、防护绿地、郊区风景名胜区的全部面积。

公共绿地 指供游览休息的各种公园，动物园、植物园、陵园以及花园、游园和供游览休息用的林荫道绿地、广场绿地。不包括一般栽植的行道树及林荫道的面积。

年末实有公共汽车 指年底可参加营运的全部车辆数，包括营运车辆数和库存查封未参加营运的车辆。不包括非营运车辆，如架线车、油罐车、货车及其他专用车辆和借入的客运车辆。

第二部分　统计资料

农　　业

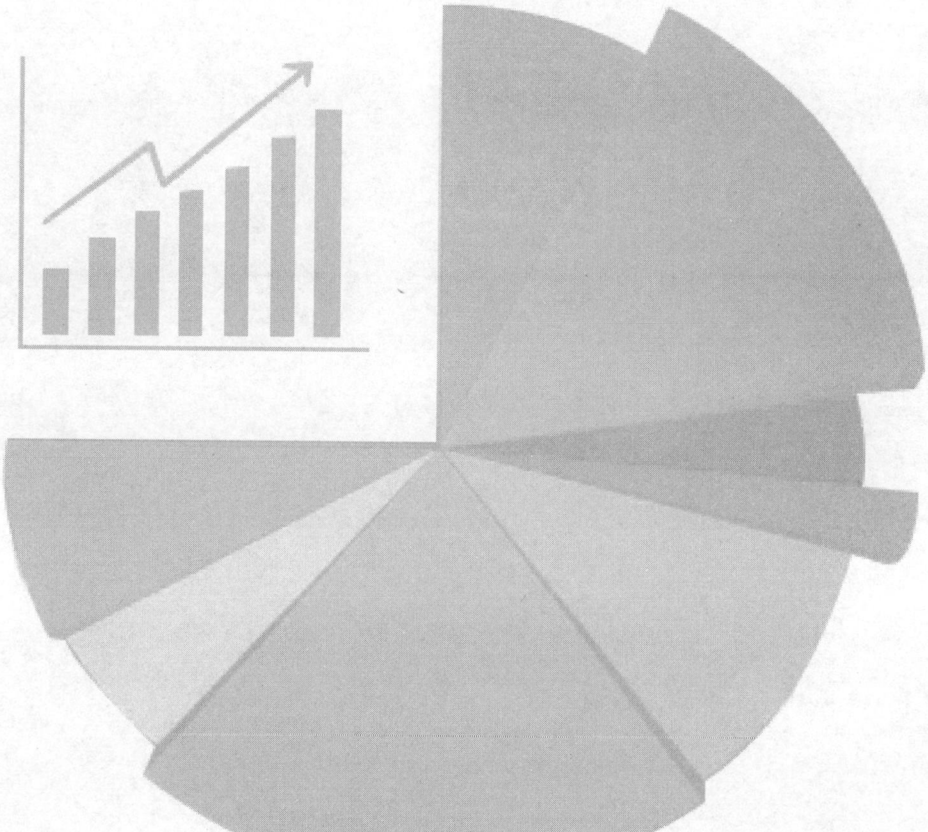

11-1 历年农业主要指标

年　份	农作物播种面积（千公顷）	#粮食作物	粮食总产量（万吨）	家畜年末存栏（万头、只）	#奶牛（万头）	肉类总产量（吨）	牛奶产量（万吨）
1949	302.6	273.1	14.2	39.8	8.4		
1950	337.7	304.6	16.7	47.5	10.0		
1951	403.7	359.0	15.4	54.6	9.6		
1952	416.9	374.0	22.8	61.5	11.3		
1953	421.2	367.8	24.1	78.6	13.2		
1954	424.0	372.3	33.5	92.6	13.8		
1955	434.5	374.6	23.7	93.0	13.7		
1956	462.5	397.9	35.3	74.1	11.3		
1957	453.7	384.2	25.7	81.5	10.4		
1958	461.6	398.7	26.1	93.3	10.3		
1959	443.4	368.9	27.2	107.4	11.1		
1960	477.5	398.2	24.2	115.7	11.4		
1961	469.1	400.4	19.8	113.5	11.2		
1962	433.1	379.8	20.2	102.3	9.8		
1963	439.5	381.4	24.5	122.2	10.2		
1964	450.6	383.3	28.1	138.1	10.6		
1965	448.5	378.8	22.8	120.3	10.2		
1966	440.4	373.8	26.7	119.5	9.6		
1967	434.5	365.2	32.2	124.9	9.8		
1968	427.6	363.4	30.5	118.0	9.9		
1969	421.8	357.3	29.1	118.2	10.0		
1970	428.4	367.5	32.2	119.2	10.3	6450	
1971	419.3	360.3	33.6	126.9	10.0	5934	…
1972	421.9	359.1	31.8	126.0	9.8	6576	…
1973	421.6	357.4	35.5	138.3	9.4	8883	…
1974	419.8	355.1	40.9	133.5	9.1	8882	…
1975	418.1	352.7	40.5	134.9	8.7	10102	…
1976	407.6	339.6	40.3	130.9	8.3	10636	…
1977	397.3	325.5	39.2	133.9	8.3	10961	…
1978	388.9	313.2	24.7	137.6	7.9	10795	…
1979	391.1	305.5	32.7	142.9	7.8	9220	…
1980	390.7	300.1	28.2	149.0	8.3	9760	0.4
1981	359.9	286.2	33.5	144.5	7.4	11729	0.6

11-1续表

年　份	农作物播种面积（千公顷）	#粮食作物	粮　食总产量（万吨）	家畜年末存　栏（万头、只）	#奶　牛（万头）	肉　类总产量（吨）	牛奶产量（万吨）
1982	367.3	289.1	33.6	141.5	7.4	11199	0.7
1983	363.3	286.7	38.3	125.6	7.5	10704	0.8
1984	367.6	276.2	45.4	122.9	7.7	12034	1.0
1985	355.3	259.4	33.9	127.7	8.1	14203	1.4
1986	352.9	261.5	26.8	134.0	8.3	14862	1.4
1987	341.1	253.0	22.4	132.6	7.4	15706	2.0
1988	347.1	253.6	37.4	145.7	7.6	13630	2.1
1989	351.5	266.7	38.8	152.2	7.9	16143	2.3
1990	354.3	272.5	54.2	152.1	8.3	17607	3.1
1991	354.6	276.6	53.4	150.0	8.4	21161	3.6
1992	356.6	274.6	59.3	148.7	8.3	25818	4.4
1993	353.9	274.7	67.0	156.5	8.9	33220	5.0
1994	348.3	259.5	71.9	168.1	10.5	40761	6.7
1995	344.6	268.2	70.6	181.3	12.2	47068	7.4
1996	343.7	275.6	93.3	195.7	14.6	59785	8.9
1997	348.6	276.5	95.1	200.8	15.5	72696	11.1
1998	349.2	279.6	95.5	208.7	16.4	80329	12.7
1999	347.7	275.1	75.8	197.7	16.5	86600	15.1
2000	406.6	289.5	84.2	188.7	18.6	87830	23.1
2001	300.0	224.4	56.4	166.5	21.4	91754	40.0
2002	375.8	251.6	84.3	156.2	27.9	93392	64.5
2003	374.1	228.3	91.8	158.7	40.4	92033	100.8
2004	389.5	241.3	115.5	179.2	57.1	102254	152.1
2005	406.7	270.8	114.8	199.2	68.7	110895	227.8
2006	428.2	311.8	117.2	210.1	62.1	74141	282.1
2007	435.8	318.8	107.4	214.2	64.0	70028	292.9
2008	441.4	316.4	119.4	245.3	70.0	80834	305.0
2009	443.3	321.3	119.5	251.3	70.0	90601	305.3
2010	443.4	321.4	116.1	261.7	70.5	98501	305.4
2011	445.4	323.3	117.5	264.1	70.0	101758	307.4
2012	444.4	324.9	121.9	261.0	66.7	101139	310.8
2013	449.8	326.7	136.9	252.4	58.6	100977	277.8
2014	453.7	329.0	132.2	261.2	58.6	103608	282.2
2015	461.5	327.9	130.3	269.6	58.6	104064	287.2

11-2 农村基本情况及农业生产条件

单位:个、户、人

项目	合计	新城区	回民区	玉泉区	赛罕区	土左旗	托县	和林县	清水河县	武川县
农村基层组织情况										
乡镇个数	40	1	1	1	3	8	4	7	7	8
#镇个数	23	1	1	1	3	6	4	2	3	2
村委会个数	962	24	5	50	101	321	120	145	103	93
农村基础设施										
自来水受益村数	906	24	5	50	101	308	120	139	71	88
通有线电视村数	728	18	5	50	101	315	120	86	5	28
通宽带村数	772	20	5	50	100	313	120	96	26	42
乡村人口与从业人员										
乡村户数	358554	20164	16484	16279	45129	96552	42022	44926	24439	52559
乡村人口数	1111431	51875	38360	50393	144705	309132	153198	142191	77080	144497
男	586893	28407	18922	25743	79206	158770	80066	76034	40133	79612
女	524538	23468	19438	24650	65499	150362	73132	66157	36947	64885
乡村劳动力资源数	679269	37903	26850	24159	89499	186053	100990	79640	47798	86377
男	378176	20716	13071	13368	55480	98054	55695	44743	27398	49651
女	301093	17187	13779	10791	34019	87999	45295	34897	20400	36726
乡村从业人员数	614488	37564	24776	20860	79917	163131	87841	78118	44114	78167
按性别分										
男劳动力	347197	20649	12813	12892	45998	89874	50755	43889	24876	45451
女劳动力	267291	16915	11963	7968	33919	73257	37086	34229	19238	32716
按国民经济行业分										
农林牧渔业从业人员	357239	11903	3935	11015	47273	80165	53861	61047	29783	58257
#牧业从业人员	63059	1327	305	3217	8349	17201	11898	11768	1855	7139
工业从业人员	43800	2152	1196	861	2912	15159	10667	3112	2408	5333
建筑业从业人员	76614	3895	6011	2506	4993	32140	10087	6722	3736	6524
交通、仓储和邮电通讯从业人员	29284	2304	3100	1294	2468	8633	5399	1578	3072	1436
信息传输、计算机服务和软件业从业人员	6193	270	2524	221	213	1448	492	178	96	751
批发与零售从业人员	40861	2059	2012	1964	9533	12746	3810	2691	2302	3744
住宿和餐饮业从业人员	32665	2574	3154	1336	9486	9737	2185	1740	1522	931
其他从业人员	27832	12407	2844	1663	3039	3103	1340	1050	1195	1191

注：旗县乡镇个数、镇个数不包括旗县政府所在地镇。

11-3 农 林 牧 渔

项 目	合 计	新 城 区	回 民 区	玉 泉 区
农林牧渔业增加值	1276747	22827	5689	32725
农业增加值	463222	6983	1588	16046
林业增加值	20535	390	105	
牧业增加值	759281	15050	3745	15076
渔业增加值	19267			895
农林牧渔服务业增加值	14443	405	252	708

11-4 农 林 牧 渔

项 目	合 计	新 城 区	回 民 区	玉 泉 区
农林牧渔业总产值	2252770	40882	10209	56114
农业产值	709657	10698	2433	24583
# 谷物及其他作物	465851	1477	986	7069
蔬菜园艺作物	215411	6519	1451	16747
水果、坚果、饮料和香料作物	28396	2719		804
林业产值	29758	565	152	
林木的培育和种植	20623	551	143	
竹木采运	1048	14		
林 产 品	8086		8	
牧业产值	1459953	28937	7200	28988
牲畜饲养	1358887	17643	2908	23556
# 奶 产 品	1075683	10523	1561	18085
猪的饲养	56405	6900	3513	2757
渔业产值	29091			1351
农林牧渔服务业产值	24310	682	424	1191

业 增 加 值

单位：万元

赛罕区	土左旗	托 县	和林县	清水河县	武川县
209896	394855	212651	228628	72415	97061
60210	121986	75163	54758	45155	81333
1889	5425	1421	5513	4081	1711
144580	254626	130298	161970	20669	13268
703	8386	4733	2798	1752	
2515	4433	1035	3589	758	748

业 总 产 值

单位：万元

赛罕区	土左旗	托 县	和林县	清水河县	武川县
378274	704467	376639	413583	118755	153848
92242	186883	115150	83889	69178	124602
17783	121720	68437	63040	61388	123316
74521	50774	44258	15155	5389	549
76	14669	2626	5820	2505	
2738	7861	2060	7989	5914	2480
2593	2307	1433	6753	4437	2407
110	325			600	
35	5230	627	1236	877	73
278000	489599	250540	311438	39743	25506
244002	459723	242505	301631	36251	22063
208214	383445	198366	229208	12284	5380
11050	18965	6214	6905	2924	2502
1062	12662	7146	4225	2645	
4233	7461	1743	6042	1275	1260

11-5 农村主要能

项目	单位	合计	新城区	回民区	玉泉区
农村用电量	万千瓦时	50394	1740	452	1200
农用化肥施用量（按折纯法计）	吨	122702	137	63	2763
# 氮肥	吨	67479	43	34	2650
磷肥	吨	24418	44	8	14
钾肥	吨	7681	14	4	12
复合肥	吨	23124	36	17	87
农用塑料薄膜使用量	吨	8593	53	4	126
# 地膜使用量	吨	7769	23	3	121
地膜覆盖面积	公顷	127840	466	57	2770
农用柴油使用量	吨	43766	542	47	1763
农药使用量	吨	397	1	13	8

11-6 水果生

项目	单位	合计	新城区	回民区	玉泉区
园林水果	吨	38756	352	47	93
苹果	吨	6429	134		45
# 红富士苹果	吨	5			
国光苹果	吨	913			
梨	吨	4499	44		4
# 雪花梨	吨				
鸭梨	吨				
苹果梨	吨	3786	5		
其他园林水果	吨	27828	174	47	44
# 葡萄	吨	3449	7		44
山楂	吨	68			
年末果园合计面积	公顷	2409	269	110	20
# 苹果园	公顷	593	69		16
梨园	公顷	161	4		1
葡萄园	公顷	420	14		3
山楂园	公顷	7			

源及物资消耗

赛罕区	土左旗	托县	和林县	清水河县	武川县
11433	13164	6874	11288	1219	3024
11047	33586	37029	9788	10902	17387
4629	20513	22588	4083	6510	6429
2305	5721	6546	3112	2076	4592
590	1110	2061	504	591	2795
3523	6242	5834	2089	1725	3571
1635	3497	1310	1396	297	275
1041	3497	1305	1295	209	275
8671	58509	26363	21660	3986	5358
6888	12408	7466	5654	1877	7121
44	132	105	33	14	48

产情况

赛罕区	土左旗	托县	和林县	清水河县	武川县
1458	33350	1249	780	1427	
758	4681	155	380	276	
				5	
758		155			
670	3631	62		88	
	3631	62		88	
30	25038	1032	400	1063	
	2313	1032	30	23	
	62			6	
94	1009	383	24	500	
63	242	70	6	127	
3	119	9		25	
	76	304	1	22	
	4			3	

11-7 农 作 物 播 种

项　　目	合计		新城区		回民区		玉泉区	
	面积	总产量	面积	总产量	面积	总产量	面积	总产量
农作物总播种面积	**461524**		**1825**		**473**		**4753**	
粮食作物合计	327881	1302500	1430	1858	433	2200	3875	27555
谷　　物	250230	1148242	943	1547	393	2125	3704	27147
小　　麦	36873	63741	44	79	7	30	159	534
玉　　米	175211	1028670	683	1341	386	2095	3545	26613
谷　　子	8745	11226	51	29				
高　　粱	1004	3439	54	36				
其他谷物	28397	41166	111	62				
大　　麦	57	117						
燕　　麦	12369	15213	52	41				
荞　　麦	7217	6598						
黍　　子	4306	9152	59	21				
糜　　子	2124	4596						
豆　　类	14854	12452	319	126			96	183
# 大　　豆	5064	3494	287	92			96	183
绿　　豆	7745	7900	5	2				
红 小 豆	285	371						
薯类(按折粮计算)	62797	141806	168	185	40	75	75	225
# 马 铃 薯	62797	141806	168	185	40	75	75	225
油料合计	64670	95836	94	50			50	73
# 油 菜 籽	27132	22381	72	47				
胡 麻 籽	11955	10561	22	3			45	62
葵 花 籽	25583	62894					5	11
麻类合计								
# 线　　麻								
亚　　麻								
甜　　菜	313	10925						
烟　　叶	10	15	5	3				
# 烤　　烟								
药　　材	337		6					
蔬菜及食用菌	10725	702941	175	7927	40	2343	715	46761
瓜 果 类	2497	84512	11	265			13	482
# 西　　瓜	1739	67323	3	92			8	360
甜　　瓜	708	15871	1	7			2	22
草　　莓	50	1318	8	166			3	100
其他农作物	55067		104				100	
# 青 饲 料	32027	1164221					100	3635

面积和产量

单位：公顷、吨

赛罕区		土左旗		托县		和林县		清水河县		武川县	
面积	总产量	面积	总产量	面积	总产量	面积	总产量	面积	总产量	面积	总产量
32310		**105288**		**57359**		**68482**		**54481**		**136552**	
24832	61504	65707	514237	39009	251506	51467	174133	42401	68464	98727	201043
22779	58410	64904	512749	35755	248272	40939	166294	28372	57427	52441	74271
938	3670	1334	7622	164	578					34227	51228
21108	53400	63333	504271	33375	241740	36189	159796	16260	37591	332	1823
293	418	88	193	445	948	1891	2133	5929	7399	48	106
273	697	94	546	502	2042	68	111	13	7		
167	225	55	117	1269	2964	2791	4254	6170	12430	17834	21114
										57	117
						536	469	2609	4579	9172	10124
						576	410	950	1823	5691	4365
167	225	55	117	532	1311	1632	3350	1758	3950	103	178
				737	1653	47	25	853	2078	487	840
1132	1020	537	891	2286	2218	7733	6788	1766	750	985	476
386	364	110	231	632	571	2548	1558	1005	495		
733	646	398	588	1526	1610	4901	5005	182	49		
13	10	29	72	28	37	176	224	39	28		
921	2074	266	597	968	1016	2795	1051	12263	10287	45301	126296
921	2074	266	597	968	1016	2795	1051	12263	10287	45301	126296
1286	1231	11321	30928	1610	3802	3926	3440	10436	6773	35947	49539
				105	100	1384	1099	3288	1779	22283	19356
1033	1002	650	1458	502	508	2439	2271	6904	4938	360	319
253	229	10671	29470	1003	3194	103	70	244	56	13304	29864
								23	10		
								23	10		
13	200	80	4258	174	4742	46	1725				
		5	12								
		13		180				40		98	
4007	251370	2939	200176	1991	140087	579	44050	241	8160	38	2067
7	300	1337	49158	385	10496	644	21420	100	2391		
3	130	785	36009	319	9619	581	20000	40	1113		
4	170	523	12192	65	877	63	1420	50	1183		
		29	957					10	95		
2165		23886		14010		11820		1240		1742	
1957	71139	12177	442649	6700	243553	8905	323708	446	16213	1742	63324

11-8 蔬菜及特种作

项目	合计		新城区	
	播种面积	产量	播种面积	产量
蔬菜合计	**10725**	**702941**	**175**	**7927**
叶菜类	1075	97178	40	1681
#芹菜	368	38110	6	179
油菜	386	25108	10	387
菠菜	295	32837	18	864
白菜类	1186	96054	2	103
#大白菜	1153	92420	1	30
瓜菜类	2073	100135	23	1279
#黄瓜	1879	92827	18	946
块根、块茎类	1438	91163	25	1267
#萝卜	282	18257	2	95
胡萝卜	1100	68943	14	667
生姜				
茄果菜类	3052	193679	37	1556
#茄子	958	47677	11	505
辣椒	463	21681	5	158
西红柿	1602	121416	19	799
葱蒜类	783	45506	16	779
#大葱	676	42646	16	779
蒜头	106	2836		
菜用豆类	439	29430	28	1107
#豇豆	54	895		
四季豆	352	27075	23	1035
水生菜类				
#莲藕				
其它蔬菜	80	1042		
#食用菌(干鲜混合)		1466		8
#蘑菇(鲜品)		1462		8
特种作物				
花卉种植面积	9			
鲜切花		24000		24000
盆栽观赏植物(包括盆景)		57000		57000
药材	337		6	
#甘草				
枸杞	193	496		

注：鲜切花、盆栽观赏植物（包括盆景）产量单位为支。

物生产情况

单位：公顷、吨

回民区		玉泉区		赛罕区	
播种面积	产量	播种面积	产量	播种面积	产量
40	**2343**	**715**	**46761**	**4007**	**251370**
		74	2193	604	70969
		18	1468	185	24554
		23	223	270	20035
		34	502	149	26380
5	238	87	6862	50	4496
5	238	87	6862	30	1685
16	987	137	12060	1150	39572
16	987	127	11360	1130	39572
		47	2569	503	24455
		11	523	98	6705
		36	2046	405	17750
15	924	234	15886	1245	80670
		77	6326	400	10704
		58	2681		
15	924	100	6879	845	69966
1	24	3	192	100	4355
		3	186	60	3143
		0	6	40	1212
3	170	45	536	250	22910
3	170	45	536		
				250	22910
		31	693	35	
					1220
					1220

11-8续表

项目	土左旗		托县	
	播种面积	产量	播种面积	产量
蔬菜合计	**2939**	**200176**	**1991**	**140087**
叶菜类	125	8598	125	6872
芹菜	59	5822	61	3441
油菜	22	897	24	1111
菠菜	28	1212	38	2115
白菜类	283	27708	563	41244
#大白菜	283	27708	563	41244
瓜菜类	585	36312	83	5422
#黄瓜	435	30462	75	5015
块根、块茎类	85	4037	561	44551
#萝卜	25	1195	34	2647
胡萝卜	60	2842	481	38446
生姜				
茄果菜类	1166	75366	227	12636
#茄子	393	26300	42	2440
辣椒	283	14053	88	2861
西红柿	463	35013	97	4524
葱蒜类	489	33126	91	4128
#大葱	450	32758	64	2878
蒜头	39	368	27	1250
菜用豆类	36	1080	58	3147
#豇豆	5	179		
四季豆	16	401	44	2259
水生菜类				
#莲藕				
其它蔬菜			8	129
#食用菌(干鲜混合)				175
#蘑菇(鲜品)				175
特种作物				
花卉种植面积	9			
鲜切花				
盆栽观赏植物(包括盆景)				
药材	13		180	
#甘草				
枸杞	13	36	180	460

单位：公顷、吨

和林县		清水河县		武川县	
播种面积	产量	播种面积	产量	播种面积	产量
579	**44050**	**241**	**8160**	**38**	**2067**
53	4710	37	1633	16	522
18	1680	12	516	10	450
18	1640	17	775	3	40
17	1390	8	342	3	32
150	13000	24	903	22	1500
150	13000	24	903	10	750
32	2650	47	1853		
32	2650	46	1835		
191	13388	26	896		
105	6825	7	267		
86	6563	19	629		
60	4762	67	1879		
16	992	19	410		
21	1650	8	278		
23	2120	40	1191		
60	2400	22	502		
60	2400	22	502		
2	20	18	460		
1	10				
1	10	18	460		
6	220				
			18		45
			18		41
		40		98	

11-9 牲　畜

（日　历

项　目	年初实有头数	年末实有头数	年内增减		
			繁殖仔畜	#成活	购进
牲畜总头数	2612048	2695906	2945376	2884661	601082
大牲畜和羊合计	2343856	2434306	2554628	2503645	441944
大牲畜	634956	640241	279898	276951	92182
牛	608511	613365	272105	269253	83877
#良种及改良种乳用牛	585802	585753	245975	242689	58962
#黑白花乳用牛	572887	574230	241013	237836	58921
马	1520	1403	417	402	194
驴	12841	15335	5469	5407	7093
骡	11557	9984	1860	1842	1018
骆驼	527	154	47	47	
羊	1708900	1794065	2274730	2226694	349762
绵羊	1253126	1282145	1783703	1747648	271699
#小尾寒羊及改良羊	898801	918445	1372356	1348651	122863
细毛羊及改良羊	186716	181360			
半细毛羊及改良羊	84355	94912			
山羊	455774	511920	491027	479046	78063
猪	268192	261600	390748	381016	159138

11-10 牲　畜

（牧　业

项　目	年初实有头数	年末实有头数	新城区	回民区
牲畜总头数	3794406	3824628	59490	8239
大牲畜和羊合计	3429996	3497128	50071	5121
大牲畜	642657	620956	4153	90
牛	606081	588360	3827	90
#良种及改良种乳用牛	578416	558737	3129	90
#黑白花乳用牛	565831	553036	3129	90
马	1812	1354	182	
驴	17873	16908	26	
骡	16760	14205	116	
骆驼	131	129	2	
羊	2787339	2876172	45918	5031
绵羊	2140992	2136199	37356	4594
#寒羊	1260232	1342159	19908	3729
细毛羊及改良羊	258632	249721	9419	799
半细毛羊及改良羊	118642	125843	19684	
山羊	646347	739973	8562	437
猪	364410	327500	9419	3118

头　数

年　度）

单位：头、只

变化情况			在年末实有头数中				
成幼畜死亡	自宰自食	出卖	能繁殖的母畜	耕役畜	种公畜	良种牲畜	改良种牲畜
54018	634233	2713730	1792758	20575	47494	1324748	1195321
44754	499026	2311440	1756032	20575	45997	1198417	1077702
4849	48142	310882	423630	20575	2378	451303	146183
4604	47267	296427	413996	5337	999	445394	140156
4254	28436	269030	400380		557		
4171	27690	263553	393017		510		
19	47	648	682	669	43	33	373
198	759	9051	8899	5672	1333	5873	5519
28	69	4336		8826			
		420	53	71	3	3	135
39905	450884	2000558	1332402		43619	747114	931519
27648	326946	1635763	995633		32488	482725	716188
18703	228444	1204732	686618		17817		
			145566				
			61264				
12257	123938	364795	336769		11131	264389	215331
9264	135207	402290	36726		1497	126331	117619

头　　数

年　度）

单位：头、只

玉泉区	赛罕区	土左旗	托县	和林县	清水河县	武川县
63658	326894	946670	563761	791328	448826	615762
51801	271842	804357	540515	746410	423991	603020
7651	109441	236744	100349	134424	23524	4580
7219	109189	233432	98549	118544	13711	3799
7209	109189	219054	98038	110343	9422	2263
7209	109189	219054	92605	110343	9422	1995
209	83	155	11	529	57	128
193	141	2117	1559	5855	6986	31
25	28	937	220	9487	2770	622
5		103	10	9		
44150	162401	567613	440166	611986	400467	598440
42506	141439	301857	373301	530682	291697	412767
14081	102439	301317	264124	378834	127639	130088
6882		540	49015	178375	4691	
17364	15261		73534			
1644	20962	265756	66865	81304	108770	185673
11857	55052	142313	23246	44918	24835	12742

11-11 畜禽产

项目	单位	合计	新城区	回民区	玉泉区
当年出栏肉猪口数	口	373200	16906	4300	14776
当年出售和自宰的肉用牛	头	195027	1530	96	7500
#良种及改良种乳牛	头	151767	510	96	7500
当年出售和自宰的肉用羊	只	2150023	35495	4310	24221
#山羊	只	417040	10385	417	1484
当年出售和自宰的肉用驴	头	9232	16		9
当年出售和自宰的肉用骡	头	3610	58		2
当年出售和自宰的肉用马	匹	603	42		
当年出售和自宰的肉用骆驼	峰	417			
当年出售和自宰的家禽	万只	294.2	2.7	3.2	14.0
当年出售和自宰的家兔	万只	8.6			0.9
当年肉类总产量	吨	104064	2431	586	2731
猪肉产量	吨	27990	1579	460	1163
牛肉产量	吨	33134	254	13	846
羊肉产量	吨	35033	527	75	364
#山羊	吨	7071	154	5	23
驴肉产量	吨	1253	2		1
骡肉产量	吨	513	8		1
马肉产量	吨	93	6		
骆驼肉产量	吨	85			
禽肉产量	吨	5780	55	38	340
兔肉产量	吨	183			16
奶类产量	吨	2872448	12958	1100	41050
#牛奶	吨	2872088	12598	1100	41050

品产量

赛罕区	土左旗	托县	和林县	清水河县	武川县
62138	151880	40308	40638	24659	17595
59532	59043	27230	35657	2690	1749
46600	36871	26844	31337	699	1310
95781	471353	262718	610831	429556	215758
3196	187686	49882	37385	81166	45439
55	924	1637	1598	4978	15
	179	91	1723	1358	199
18	172	13	317		41
	417				
56.2	142.3	20.0	40.3	6.4	9.0
		7.7			
15649	33635	13318	22189	8563	4962
5232	10484	2817	3422	1650	1183
7715	10748	4951	7764	428	415
1270	9404	4745	9835	5619	3194
42	3644	903	598	1056	646
3	129	280	256	581	1
	30	13	276	163	22
1	28	2	51		5
	85				
1428	2727	362	585	103	142
		148		19	
530540	1140641	483919	611256	37298	13686
530540	1140641	483919	611256	37298	13686

11-11 续表

项　　目	单 位	合 计	新 城 区	回 民 区	玉 泉 区
山羊毛产量	吨	378	8		
绵羊毛产量	吨	4302	74		
# 细羊毛	吨	740	40		
半细羊毛	吨	1000	28		
山羊绒产量	吨	287	2		
蜂蜜产量	吨	285			
禽蛋产量	吨	33520	1943	135	1600
年末实有家禽	万只	223.1	17.5	3.2	20.0
家　　兔	万只	2.9			0.9
牛皮产量	张	194976	1530		7500
绵羊皮产量	张	1729093	25110		22737
山羊皮产量	张	416623	10385		1484
驼绒产量	吨	4			
出售肉类总量	吨	81075	2042	586	1980
# 猪　肉	吨	19008	1327	460	654
牛　肉	吨	27329	219	13	712
羊　肉	吨	27931	454	75	275
禽　肉	吨	4590	42	38	320
出售牛羊奶数量	吨	2822117	12163	1100	41000
出售羊毛数量	吨	4431	58		54
出售家禽只数	万只	255	2	3	14

赛罕区	土左旗	托 县	和林县	清水河县	武川县
9	217	47	32	53	12
110	988	1135	990	395	610
110	3	252	320	15	
		302	670		
1	217	13	20	11	23
5				280	
19394	7043	566	1805	401	633
51.8	63.9	9.2	46.2	4.5	6.8
		2.0			
59532	59043	27230	35657	2690	1794
92585	283667	212839	573446	348390	170319
3196	187686	49882	37385	81166	45439
	4				
9640	26094	11224	18305	7278	3926
2620	7382	2336	2300	1237	692
5400	9676	4106	6600	385	218
762	6343	3936	8400	4776	2910
857	2420	299	420	88	106
519930	1137622	478868	586800	35619	9015
120	1426	879	940	431	523
50	126	13	35	5	7

11-12 林业生

项目	单位	合计	新城区	回民区
人工造林面积	千公顷	29.8	0.2	
飞播造林面积	千公顷			
当年新封山（沙）育林面积	千公顷	7.0		
按林业性质分组				
按经济成份分				
公有经济造林	千公顷			
国有经济造林	千公顷			
集体经济造林	千公顷			
非公有经济造林	千公顷			
按用途分				
#经 济 林	千公顷			
防 护 林	千公顷			
年末实有封山(沙)育林面积	千公顷	216.0	24.4	6.2
零星（四旁）植树	万株	121.0		43.0
育苗面积	公顷	1236.0		
幼林抚育作业面积	公顷次			
成林抚育面积	千公顷			
抚育改造出材量	立方米			
林木种子采集量	吨	50.0		
年末实有母树林面积	公顷			
年末实有种子园面积	公顷			

注：人工造林面积含市直部分

产 情 况

	玉泉区	赛罕区	土左旗	托 县	和林县	清水河县	武川县
		0.6	0.3	0.5	2.1	3.9	4.2
					0.7	5.0	1.3
		9.2	6.0	4.1	54.4	56.1	54.9
	10.0	15.0				53.0	
	40.0	455.0	20.0	67.0	500.0	67.0	87.0
				5.0	25.0	5.0	15.0

11-13 农 牧 业 机

项　　目	单　位	合　计	新 城 区	回 民 区
农牧业机械总动力	千瓦	2589144	35315	7316
# 大中型拖拉机	台	10699	107	37
	千瓦	396456	4708	1489
小型拖拉机	台	74992	1851	120
	千瓦	933050	20790	1402
联合收获机	台	2358	18	13
	千瓦	194007	1212	827
农用排灌动力机械	台	23856	80	137
	千瓦	193985	860	1674
# 电　动　机	台	23137	80	137
	千瓦	186954	860	1674
柴　油　机	台	719		
	千瓦	7031		
农产品初加工动力机械	台	11625	159	19
	千瓦	98286	694	91
# 柴　油　机	台	1160		
	千瓦	10245		
电　动　机	台	10465	159	19
	千瓦	88041	694	91
农业机械作业量				
# 机耕面积	万亩	606.5	2.8	0.7
机播面积	万亩	618.4	2.5	0.7
机收面积	万亩	494.7	2.0	0.7
拖拉机配套农具	台	160482	1471	143
# 小型拖拉机配套农具	台	142536	1386	96
耕整地及种植机械				
# 机　引　犁	部	60557	1071	28
机　引　耙	部	18423	375	1
播　种　机	台	22827	185	
地膜覆盖机	台	10526		

械 拥 有 量

玉泉区	赛罕区	土左旗	托县	和林县	清水河县	武川县
76784	312755	735135	477497	405394	187285	351663
174	1026	3283	1722	1246	830	2274
6123	43862	120583	63860	53062	23503	79266
4709	12900	14328	13001	11311	3243	13529
51237	170278	174322	182714	147847	36035	148425
30	348	1208	310	145	103	183
2410	25324	101100	33339	10320	7056	12419
655	1485	8236	7557	2355	1444	1907
5141	15728	74618	37796	30294	13353	14521
645	1485	8236	7557	2285	1269	1443
4980	15728	74618	37796	29456	11321	10521
10				70	175	464
161				838	2032	4000
229	420	4860	2003	430	2099	1406
1700	2929	36460	25646	1516	18568	10682
65			83		905	107
469			686		8122	968
164	420	4860	1920	430	1194	1299
1231	2929	36460	24960	1516	10446	9714
6.8	45.8	135.0	80.0	90.0	70.4	175.0
6.8	41.7	131.2	82.8	95.8	70.4	186.5
5.2	35.0	110.0	72.8	81.0	46.4	141.7
5951	17537	32186	39138	32779	6640	24637
5759	156902	27774	34800	30760	5213	21058
1848	1357	7246	23520	10550	2607	12330
1012	2035	3412	1177	7290	57	3064
444	1123	7750	5285	940	587	6513
299	2232	3267	813	2700	1034	181

主要统计指标解释

乡村人口　指乡村户数内的常住人口。包括常住人口中外出的民工、工人合同工、户口在家的在外学生等，但不包括户口在家领取工资的国家职工和户口迁入农村领取国家津贴的离退休职工。

自来水受益村数　包括取水、净水、输配水三部分组成的自来水供给的，或由取水和输配水两部分组成的符合饮用卫生标准的简易自来水年末实际受益的村委会个数。

通汽车村数　指拥有乡级以上公路通过，并通达客运或货运汽车的村委会个数。

农林牧渔业总产值　指各种经济类型的农业生产单位或农户从事农业生产经济活动的总成果。包括农林牧渔业产品总量和劳务活动的总成果（即对非物质生产部门的劳务支出）两部分。

农林牧渔业商品产值　指农林牧渔业生产经营单位在一定时期内生产的以货币表现的可供商品交换的那一部分产品总量。

耕地面积　指可以用来种植农作物、经常进行耕锄的田地。除包括熟地、当年新开荒、连续撂荒未满三年的耕地和当年有休闲地（轮歇地）外，还包括以种植农作物为主并附带种植桑树、茶树、果树和其他林木的土地，以及沿海、沿湖地区已围垦利用的"海涂"、"湖田"等面积。

播种面积　指实际播种或移植有农作物的面积。凡是实际种植农作物的面积，不论种植在耕地还是非耕地上，也不论面积大小，均应统计在内。

农作物产量　在本年度内不论数量多少、耕地上与非耕地上的农作物产量，都应统计在内。

造林面积　指本年度在荒山、荒地、沙丘等一切可以造林的土地上，采用人工播种、植苗、飞机播种等方法，新植的成片乔木林和灌木林，经过检查验收，符合"造林技术规程"要求的株数，成活率达85%以上（1986年以前成活率按40%以上计算）的面积。四旁植树的四行以上，连续面积在一亩以上，应统计在造林面积内，但不包括补植面积、重造面积、迹地更新面积、低产林改造面积和零星植树折算面积。

造林面积按主要林种用途分为：

用材林　指为提供国民经济建设用材所造的林。

经济林　指为利用林木的果实、叶片、皮层、树漆等林产品作为工业原料或提供人民食用而营造的林，但不包括桑、果树等面积。

防护林　指为减免风、沙、水、旱等自然灾害，达到农田稳产、高产，保障工矿、水利、交通等经济建设安全所营造的林。包括水土保持林、农田防护林、沿海防护林、水源涵养林、防风固沙林、牧场防护林等。

薪炭林　指以生产燃料为目的所营造的乔木林，灌木林。

当年出栏头数　指农林牧渔业企业生产单位饲养的，已屠宰或已出售的全部牲畜头数。包括交售给国家、集市上出售以及农民自食的部分。

猪、牛、羊肉产量　指当年出栏并已屠宰的猪、牛、羊的肉产量。即屠宰后除去头蹄下水后带骨肉（即胴体重）的重量。

水产品产量　指本年度内农林牧渔业企业捕捞的水产品（包括人工养殖并捕获的水产品和捕捞的天然生长的水产品）产量。

水产品养殖面积　指人工投放鱼、虾、蟹、贝、藻等苗种并经常进行饲养管理的水面面积。

农业机械总动力　指主要用于农、林、牧、副、渔业各种动力机械的动力总和。包括耕作机械、排灌机械、收获机械、农产品加工机械、运输机械、植物保护机械、牧业机械、林业机械、渔业机械和其他农业机械［内燃机按引擎马力折成瓦（特）计算，电动机按功率折成瓦（特）计算］。

农业机械年末拥有量　指全民所有制、集体所有制农业生产单位和合作经营组织及农户在年末统计时实际拥有的各种农业机械设备数量。包括能用未用的、需要修复的（指中修、大修）、储存备用的。但已经损坏报废的、购买（或调进）而未提货的、从非农业生产单位调来临时支援的，均不包括在内。

第二部分　统计资料

工　　业

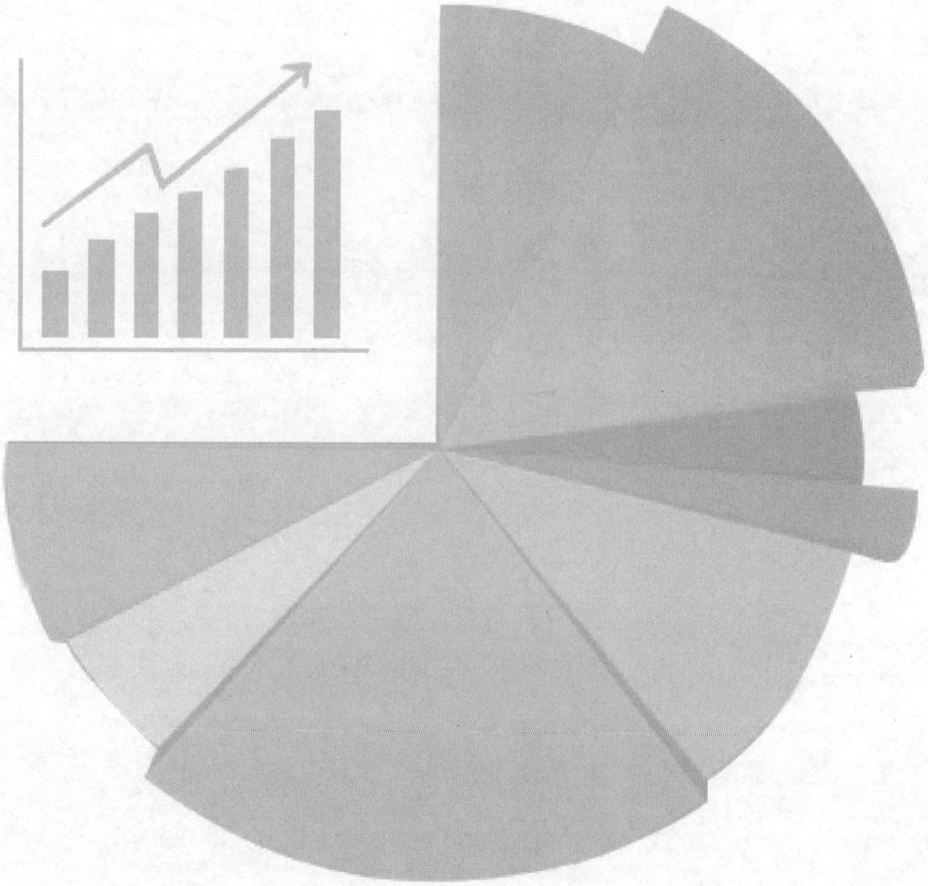

12-1 历年规模以上工业主要经济指标

单位：万元

项目	2001年	2002年	2003年	2004年	2005年
企业数（个）	175	180	185	224	245
工业增加值指数(以上年为100)	131.2	139.5	143.9	141.2	131.1
工业总产值（当年价）	1245189	1691976	2407794	3571649	4831642
工业销售产值（当年价）	1227957	1650288	2383336	3494255	4690496
本年应付职工薪酬	68555	79788	98401	125174	177831
从业人员年平均人数（人）	80808	76590	77556	76567	82614
流动资产合计	748083	1026191	1281923	1696186	1792728
存　货	284014	307503	367989	403614	544784
固定资产合计	1003163	1160523	1897950	2469819	3064856
固定资产原价	1252068	1496253	2265782	2787032	3661195
资产总计	1867051	2333063	3438391	4456639	5137818
流动负债合计	705397	798085	1000380	1309284	1590268
非流动负债合计	351508	546352	1007608	1276035	1523364
所有者权益合计	809785	982424	1400783	1871319	1999294
主营业务收入	1151058	1572339	2274891	3403169	4431260
管理费用	78650	87191	134369	129587	171610
利润总额	22997	93229	183411	311541	368246
亏损企业亏损额	21843	22944	22480	37456	25187
利税总额	107836	219965	359398	542154	657157
应交所得税	7925	9914	20659	26943	24558
应交增值税	44081	76521	113782	150776	182599

12-1续表1

单位：万元

项　　目	2006年	2007年	2008年	2009年	2010年
企业数（个）	279	293	317	337	320
工业增加值指数(以上年为100)	129.1	126.1	111.2	116.2	113.2
工业总产值（当年价）	6431716	8227778	9276424	11534865	11885198
工业销售产值（当年价）	6260432	8014577	9085009	11108718	11355416
本年应付职工薪酬	227939	267033	324630	411209	415417
从业人员年平均人数（人）	87892	85884	89608	93475	100574
流动资产合计	2117406	2635328	3104770	3951623	4840839
存　货	585005	701827	740107	813404	1101838
固定资产合计	3419036	3198612	3738889	5003200	6793827
固定资产原价	4427578	4264426	4995607	6184361	8802655
资产总计	6208229	7086474	8252157	10623087	13156368
流动负债合计	2095593	2610045	3175095	5253909	6069513
非流动负债合计	1727665	1861009	2303971	1842414	2894059
所有者权益合计	2384794	2615419	2772800	3378850	4081334
主营业务收入	6074302	7764260	8821659	11365686	11539656
管理费用	195645	224416	291723	343857	427274
利润总额	459317	769442	229422	792712	1879576
亏损企业亏损额	17721	13702	226919	76305	57041
利税总额	819361	1208983	709557	1632721	2850685
应交所得税	42592	52229	35251	42689	92201
应交增值税	223612	288349	313878	538544	624314

12-1续表2

单位：万元

项　　　目	2011年	2012年	2013年	2014年	2015年
企业数（个）	267	273	279	277	277
工业增加值指数(以上年为100)	111.4	111.0	118.1	110.0	110.0
工业总产值（当年价）	13659108	13048747	14953762	16426371	16675793
工业销售产值（当年价）	13158030	12400255	14744213	15073939	14211271
本年应付职工薪酬	518125	684308	681205	657213	648419
从业人员年平均人数（人）	97111	102874	100315	101211	99378
流动资产合计	6159789	7341937	9095404	9417605	10061610
存　货	1253156	1453111	1578685	1747287	1788137
固定资产合计	6525235	7525735	7928163	8584841	9270747
固定资产原价	9042239	10745138	11718798	12867652	13979618
资产总计	15225383	18118989	20423409	25211722	26204433
流动负债合计	6697016	7890989	8997253	10002971	10854857
非流动负债合计	3259315	3863840	4010232	4882871	5182530
所有者权益合计	4984739	5971611	7114348	9095311	9061556
主营业务收入	13206673	12482098	17131781	18312458	17676365
管理费用	481881	572344	597144	644784	599330
利润总额	2044018	999461	1446446	1563702	1024475
亏损企业亏损额	97880	254148	155264	365065	870680
利税总额	2985617	1896910	2687440	2954926	2471787
应交所得税	165034	149504	231299	156567	123493
应交增值税	578559	546785	501057	582349	443110

12-2 规模以上独立核算

项　　　　目	企业单位数（个）	#亏损企业	工业总产值（当年价）
总　　计	**277**	**95**	**16675793**
按登记注册类型分组			
内资企业	249	85	13053024
国有企业	3	1	864382
中央企业	1	1	862051
地方企业	2		2330
集体企业			
股份合作企业	1		11463
有限责任公司	116	36	5999602
国有独资公司	15	4	2171895
其他有限责任公司	101	32	3827706
股份有限公司	26	13	4217809
私营企业	103	35	1959770
私营有限责任公司	98	35	1488367
私营股份有限公司	5		471403
港澳台商投资企业	13	4	1244477
合资经营企业(港或澳、台资)	8	3	708824
港澳台商独资经营企业	5	1	535653
外商投资企业	15	6	2378292
中外合资经营企业	7	5	1221330
中外合作经营企业	4		118812
外资企业	4	1	1038150
在总计中亏损企业	95	95	2786279
在总计中国有控股企业	58	19	7832509
在总计中轻工业	119	26	7832886
重工业	158	69	8842906
在总计中大型企业	15	3	8424812
中型企业	52	13	5582060
小型企业	187	66	2459167
微型企业	23	13	209754

工业企业主要经济指标

单位：万元

工业销售产值（当年价）	本年应付职工薪酬	从业人员年平均人数（人）	流动资产合计	#应收帐款
14211271	**648419**	**99378**	**10061610**	**2115734**
11080003	565152	79914	6901622	1771081
865347	9140	816	186625	27344
862051	8372	665	174974	25809
3295	768	151	11651	1535
9192	302	129	4096	177
4664566	305255	44357	2883845	642370
1053181	124838	15092	612950	216268
3611385	180417	29265	2270895	426102
3697412	190601	20155	2232852	233266
1843487	59855	14457	1594204	867924
1441651	56552	13805	1521554	834478
401836	3303	652	72650	33446
915025	33753	5134	599550	50981
513225	24902	3499	501268	20602
401800	8851	1635	98282	30379
2216243	49514	14330	2560438	293672
1204481	28833	10527	1532775	126369
131237	5310	1189	539719	84738
880526	15371	2614	487945	82566
2544442	140463	22452	1591927	274056
6082824	295589	38265	2768771	556026
6987310	304095	50996	5056521	633132
7223961	344323	48382	5005089	1482602
6418218	349419	46809	4585825	508975
5314206	192683	31490	3067991	515555
2279725	98816	20238	1540675	407218
199122	7501	841	867120	683986

12-2续表1

项　　目	存　货	#产成品	固定资产合计
总　计	**1788137**	**723821**	**9270747**
按登记注册类型分组			
内资企业	1271150	598510	8374257
国有企业	6518	1222	24489
中央企业			23123
地方企业	6518	1222	1366
集体企业			
股份合作企业	3747	1657	580
有限责任公司	562472	209667	6563153
国有独资公司	101404	50854	2847922
其他有限责任公司	461068	158812	3715231
股份有限公司	372455	196906	1212056
私营企业	325959	189059	573979
私营有限责任公司	294298	164092	543390
私营股份有限公司	31661	24967	30588
港澳台商投资企业	153938	58330	419604
合资经营企业(港或澳、台资)	119404	44895	249559
港澳台商独资经营企业	34534	13435	170045
外商投资企业	363049	66981	476886
中外合资经营企业	223825	4826	70475
中外合作经营企业	28452	20058	39168
外资企业	110772	42097	367243
在总计中亏损企业	445687	171097	2831235
在总计中国有控股企业	570610	184579	6654608
在总计中轻工业	920296	365521	1402479
重工业	867841	358300	7868268
在总计中大型企业	771004	278350	3793536
中型企业	551496	236443	3024031
小型企业	384662	157327	2144505
微型企业	80975	51701	308675

单位：万元

固定资产原价	累计折旧	资产总计	流动负债合计	非流动负债合计
13979618	**5563055**	**26204433**	**10854857**	**5182530**
12796082	4884671	21254606	8907599	4705212
40827	16346	3520854	1550000	964048
36807	13684	3506667	1538613	964040
4020	2662	14187	11386	8
1900	1320	7249	3178	
10370715	4167891	10247731	4491528	3360066
4387696	1677493	3640442	1296450	2178531
5983019	2490398	6607289	3195078	1181535
1690495	540340	5139426	2199805	148099
692146	158774	2339347	663089	232999
653539	144825	2228144	643288	232458
38607	13949	111203	19801	541
683752	325652	1109686	490749	98086
474530	225125	832559	391982	52155
209223	100527	277127	98767	45930
499784	352733	3840141	1456509	379232
169860	99386	2305243	1072539	203180
23579	10813	596822	162226	15843
306345	242534	938076	221744	160210
3841575	1136769	7805364	3989342	2279642
10703671	4351659	13253684	5471967	4214378
2113127	859252	9044251	3931108	402937
11866492	4703803	17160183	6923749	4779594
6043989	2713117	11016018	4564053	1855985
4944231	2140183	9693432	4142150	2187491
2683476	663652	4275123	1889782	992138
307924	46104	1219861	258872	146916

12-2续表2

项　　　　目	所有者权益合计	主营业务收入	主营业务成本	主营业务税金及附加	销售费用
总　计	**9061556**	**17676365**	**14291204**	**1003308**	**929821**
按登记注册类型分组					
内资企业	6537371	12754340	10128142	990784	561697
国有企业	1006806	865453	1450857	29	78
中央企业	1004014	860198	1447050		
地方企业	2792	5255	3807	29	78
集体企业					
股份合作企业	4071	7813	7214	82	306
有限责任公司	2126058	5485813	4399694	25620	99094
国有独资公司	143066	2158482	1786438	2144	8925
其他有限责任公司	1982992	3327332	2613256	23475	90169
股份有限公司	2771655	4903687	2972386	959596	404234
私营企业	628782	1491573	1297992	5458	57985
私营有限责任公司	588617	1299126	1121321	5306	55005
私营股份有限公司	40165	192447	176672	151	2980
港澳台商投资企业	520844	825439	720870	2346	24527
合资经营企业(港或澳、台资)	388414	642873	569643	1816	21904
港澳台商独资经营企业	132430	182566	151227	530	2623
外商投资企业	2003342	4096586	3442192	10178	343598
中外合资经营企业	1028468	3243723	2787501	5619	298565
中外合作经营企业	418753	147105	115782	71	12061
外资企业	556122	705758	538909	4488	32972
在总计中亏损企业	1479952	2597751	3194162	3399	31925
在总计中国有控股企业	3292425	7524981	6118492	955768	53093
在总计中轻工业	4583484	9240224	7035719	384649	831392
重工业	4478072	8436140	7255486	618658	98430
在总计中大型企业	4595979	10494468	7786133	967292	687797
中型企业	3059715	4797185	4574438	20104	143142
小型企业	1301151	2186692	1781120	15768	76698
微型企业	104711	198019	149513	144	22184

单位：万元

管理费用	财务费用	利润总额	亏损企业亏损额	利税总额	应交所得税	应交增值税
599330	**281460**	**1024475**	**870680**	**2471787**	**123493**	**443110**
464659	284931	619806	863980	1965656	78830	354177
1136	31103	-611330	611978	-726548	135	-115255
401	31110	-611978	611978	-727341	3	-115372
735	-7	647		793	131	117
178	4	30		111		
178211	229964	638673	217539	794179	21363	129068
19798	97482	250008	126808	269617	837	17348
158413	132482	388664	90731	524561	20526	111720
230981	2242	530515	14985	1806697	53838	316536
54153	21618	61919	19478	91216	3495	23828
50514	20413	53887	19478	81306	3008	22101
3640	1206	8032		9911	487	1727
30910	10941	46145	5470	56185	8040	7690
23628	9141	25580	4377	34028	5089	6627
7281	1801	20565	1094	22158	2951	1063
103761	-14413	358524	1229	449946	36622	81244
56444	-10417	245558	1168	301778	20202	50600
6603	1132	11655		11839	1453	113
40714	-5128	101312	61	136330	14967	30531
102269	153492	-870680	870680	-982727	-2317	-116029
174118	243839	50055	816281	1198088	25121	191800
377058	-2770	979477	14604	1672065	102334	307795
222272	284229	44998	856076	799722	21159	135315
323048	34343	1028251	108292	2367939	78679	371897
144195	154729	-144883	678035	-105103	27849	19594
120231	85581	123001	76798	193954	16787	54872
11856	6807	18106	7555	14996	178	-3253

12-3 按工业行业分的规模以上独立

项目	企业单位数（个）	# 亏损企业	工业总产值
总计	**277**	**95**	**16675793**
煤炭开采和洗选业	3	1	70742
非金属矿采选业	4	2	19601
农副食品加工业	30	8	1509052
食品制造业	21	3	2713149
酒、饮料和精制茶制造业	7	2	170620
烟草制品业	1		616511
纺织服装、服饰业	16	4	178000
家具制造业	1		880
造纸和纸制品业	10	5	590572
印刷和记录媒介复制业	3		14592
石油加工、炼焦和核燃料加工业	1		1769135
化学原料和化学制品制造业	24	6	1810283
医药制造业	17	1	1476879
化学纤维制造业	1		5257
橡胶和塑料制品业	9	4	56128
非金属矿物制品业	32	17	309415
黑色金属冶炼和压延加工业	3	3	22687
有色金属冶炼和压延加工业	16	13	412051
金属制品业	7	2	58502
通用设备制造业	8	6	98637
专用设备制造业	6	1	51527
电气机械和器材制造业	11	8	244608
计算机、通信和其他电子设备制造业	5	1	486670
电力、热力生产和供应业	33	7	3794100
燃气生产和供应业	3	1	146771
水的生产和供应业	5		49428

核算工业企业主要经济指标

单位：万元

工业销售产值（当年价）	本年应付职工薪酬	从业人员年平均人数（人）	流动资产合计	# 应收帐款
14211271	**648419**	**99378**	**10061610**	**2115734**
70742	4073	645	117424	5020
18860	970	289	21114	11474
1451009	31572	5914	489388	121194
2656063	173237	24062	3024910	224578
169083	6440	1458	114246	12320
91515	4076	1892	361705	67336
166475	14291	4243	107103	15319
880	228	90	302	96
578490	9985	1981	184036	29557
15557	2288	372	10683	1497
1774450	24455	2028	96088	
1585046	78730	11293	2093544	872505
1324922	43323	6670	312006	93090
5175	671	84	2304	800
48781	4164	909	21043	4318
265435	14550	3150	231638	64414
3915	1775	187	13288	963
381239	23660	3519	197291	21444
57899	5480	1000	51559	25884
85664	9133	1052	209324	34868
50366	3887	1346	60662	23717
58216	5270	2311	307885	58338
466442	5236	1211	214774	9085
2691317	152253	18449	1398341	339827
144365	15581	2007	150800	11806
49366	13092	3216	270152	66285

12-3续表1

项　　目	存　货	#产成品	固定资产合计
总　计	**1788137**	**723821**	**9270747**
煤炭开采和洗选业	137		67170
非金属矿采选业	2013	693	6424
农副食品加工业	178811	112827	268522
食品制造业	359405	119841	421034
酒、饮料和精制茶制造业	35054	16221	79613
烟草制品业	92304	22595	52775
纺织服装、服饰业	73385	28079	30223
家具制造业	205	168	
造纸和纸制品业	70315	11096	116991
印刷和记录媒介复制业	2495		8966
石油加工、炼焦和核燃料加工业	81677	40637	608169
化学原料和化学制品制造业	295413	128652	1455777
医药制造业	89408	49371	287513
化学纤维制造业	801	761	790
橡胶和塑料制品业	5436	2868	7933
非金属矿物制品业	58246	27613	266277
黑色金属冶炼和压延加工业	103	36	69879
有色金属冶炼和压延加工业	91396	52806	674326
金属制品业	18204	7509	15159
通用设备制造业	96021	41350	26640
专用设备制造业	26342	11679	14729
电气机械和器材制造业	118474	23067	52846
计算机、通信和其他电子设备制造业	8415	3527	30514
电力、热力生产和供应业	50407	5294	4454665
燃气生产和供应业	25744	17109	141743
水的生产和供应业	7926	24	112068

单位：万元

固定资产原价	累计折旧	资产总计	流动负债合计	非流动负债合计
13979618	**5563055**	**26204433**	**10854857**	**5182530**
100337	33167	268400	48991	36902
6985	648	36225	21033	260
310551	58289	877753	407091	33849
719130	305284	5709350	2717518	271666
89511	25512	215752	43828	
123927	71151	428932	65989	689
52300	22726	163699	82975	12058
3676	3676	419	131	91
205958	98740	321945	143681	845
16699	7747	20596	8794	8
829148	210722	720055	151498	67018
1984620	836616	3696561	1389247	363596
411207	194816	697148	249022	51168
1419	629	3723	268	2593
14801	7141	39660	22671	1593
386984	137796	561635	411156	12555
70111	233	83206	4480	69671
769082	118357	927073	632714	357893
23667	9149	85440	73187	
37375	20241	247303	210906	14912
17683	4935	82457	37594	
59994	18184	412309	278002	40158
45346	15042	253512	41207	2291
7333254	3222151	9580516	3470161	3774911
224618	82875	354825	152946	31409
141238	57229	415940	189768	36396

12-3续表2

项　　目	所有者权益合计	主营业务收入	主营业务成本	主营业务税金及附加	销售费用
总　计	**9061556**	**17676365**	**14291204**	**1003308**	**929821**
煤炭开采和洗选业	163966	70589	46417	5632	1374
非金属矿采选业	4632	19108	13048	28	2620
农副食品加工业	385762	1182460	1064611	1780	29131
食品制造业	2710646	5274744	4126837	26137	684253
酒、饮料和精制茶制造业	118793	130005	101924	5539	15006
烟草制品业	362254	627842	193318	343448	7404
纺织服装、服饰业	67568	169961	128216	298	12569
家具制造业	197	895	716	7	79
造纸和纸制品业	166886	488051	361140	2644	17631
印刷和记录媒介复制业	11794	14502	11379	93	289
石油加工、炼焦和核燃料加工业	501539	1766743	1046503	594526	702
化学原料和化学制品制造业	1250386	1536977	1299917	3845	68594
医药制造业	396958	797025	547527	3759	48451
化学纤维制造业	862	5085	4436	5	12
橡胶和塑料制品业	14149	46946	37529	162	2600
非金属矿物制品业	132930	248667	238961	860	5262
黑色金属冶炼和压延加工业	9055	21718	21761	20	26
有色金属冶炼和压延加工业	-72544	477742	514583	391	2768
金属制品业	12253	55443	48938	298	1199
通用设备制造业	21485	88344	77264	203	1855
专用设备制造业	34417	54006	45604	151	2175
电气机械和器材制造业	91260	140015	132073	188	3609
计算机、通信和其他电子设备制造业	210014	466191	433818	915	7059
电力、热力生产和供应业	2106048	3772969	3632672	10940	2037
燃气生产和供应业	170471	151051	113521	1137	5548
水的生产和供应业	189776	69286	48496	303	7570

单位：万元

管理费用	财务费用	利润总额	亏损企业亏损额	利税总额	应交所得税	应交增值税
599330	**281460**	**1024475**	**870680**	**2471787**	**123493**	**443110**
10029	10889	-4279	8044	4677		3186
1443	127	-45	245	276		293
28329	11431	58650	5808	70968	4172	10538
164847	-15887	629236	496	825254	51637	169881
6241	1196	3681	1534	11532		2290
36575	-6260	52970		474077	13258	77659
23749	480	5593	3831	7570	2314	1679
87	1	6		14		1
30649	1421	77795	2034	102272	11932	21834
1844	71	1163		1379	49	123
46446	6008	60828		778787		123405
70383	26731	86434	41728	111703	20071	21420
66801	3935	126915	112	148158	16238	17367
551	-2	43		122	9	74
3988	719	2161	957	3328	39	1005
20392	8006	-25873	29666	-18270	-4533	6743
319	215	-624	624	-496		108
15146	43292	-111557	112009	-109476	-334	1564
3888	855	-138	639	961	118	801
9088	2686	-3041	4149	-2066	75	771
3326	1406	1618	91	2894	234	1125
10945	4801	-14	7322	1786	220	1612
11535	678	15174	594	20575	2335	4474
14386	174675	21943	650306	7121	1071	-26208
12983	2777	17560	489	17548	3653	-1149
5363	1209	8277		11095	936	2515

12-4 主要工业产品产量（规模以上）

项　　目	单　位	2014年	2015年	2015年比2014年增长%
铁矿石原矿	吨	175907.0		-100.0
饲料	吨	774056.1	817033.4	5.6
精制食用植物油	吨	19071.1	12517.8	-34.4
乳制品	吨	1442653.3	1702813.4	18.0
液体乳	吨	1374295.0	1647223.3	19.9
酱油	吨	14079.0	14113.0	0.2
冷冻饮品	吨	49697.7	34824.8	-29.9
食品添加剂	吨	40078.0	42021.0	4.8
饮料酒	千升	53557.6	47454.0	-11.4
白酒	千升	6018.6	2037.0	-66.2
啤酒	千升	47539.0	43227.0	-9.1
软饮料	吨	1177290.4	991263.6	-15.8
卷烟	万箱	42.0	43.0	2.4
服装	万件	268.6	431.2	60.5
机制纸及纸板	吨	73891.2	61534.1	-16.7
纸制品	吨	195030.6	177839.8	-8.8
单色印刷品	令	125767.0	132242.0	5.1
多色印刷品	对开色令	1287243.0	1787849.0	38.9
盐酸（氯化氢，含量30%以上）	吨	26390.0	36028.0	36.5
烧碱（氢氧化钠，折100%）	吨	229864.0	214038.0	-6.9
碳化钙（电石，折 300升／千克）	吨	146364.2	126959.0	-13.3
精甲醇	吨	180282.0	143058.0	-20.6
合成氨（无水氨）	吨	312641.0	338765.0	8.4
化肥（折纯）	吨	287657.0	322815.0	12.2
初级形态的塑料	吨	339247.0	345407.0	1.8
聚丙烯树脂	吨	89231.0	93966.0	5.3
聚氯乙烯树脂	吨	250016.0	251441.0	0.6

12-4续表

项　　　　　目	单　位	2014年	2015年	2015年比2014年增长%
单晶硅	千克	7537992.0	8568492.4	13.7
多晶硅	千克	4929863.0	4965929.0	0.7
化学药品原药	吨	1624.5	6774.1	317.0
中成药	吨	363.0	380.9	4.9
兽用药品	吨	1054.4	896.0	-15.0
硅酸盐水泥熟料	吨	4448596.1	3821500.5	-14.1
水泥	吨	8453728.3	6280851.8	-25.7
高岭土（瓷土）	吨	70061.0	85461.9	22.0
商品混凝土	立方米	873907.7	616523.6	-29.5
耐火材料制品	吨	593995.0	749041.0	26.1
铁合金	吨	4210.0	41773.0	892.2
原铝（电解铝）	吨	226640.1	271227.5	19.7
镁	吨	4502.4	10742.0	138.6
铝材	吨	186524.3	219006.7	17.4
光缆	芯千米	8182.3	12145.0	48.4
液晶（LCD）电视机	台	3497783.0	2664795.0	-23.8
电子元件	万只	91735.6	98611.3	7.5
自来水生产量	万立方米	26840.0	27397.0	2.1
原　煤	吨	4119506.0	3521857.0	-14.5
原油加工量	吨	3911850.0	3694444.0	-5.6
汽油	吨	1515731.0	1469606.0	-3.0
柴油	吨	1560053.0	1414832.0	-9.3
燃料油	吨	79696.0	68143.0	-14.5
石脑油	吨	60819.0	6163.0	-89.9
液化石油气	吨	221911.0	228648.0	3.0
焦炭	吨	480623.1	357294.3	-25.7
发电量	万千瓦时	4371595.7	4326670.3	-1.0

主要统计指标解释

工业总产值（当年价格）　是以货币形式表现的工业企业在一定时期内生产的工业最终产品或提供工业性劳务活动的总价值量。它包括三项内容：

Ⅰ、成品价值：指企业生产并在报告期内不再进行加工，经检验包装入库的已经销售和准备销售的全部工业成品（半成品）价值合计，包括企业生产的自制设备及提供给本企业在建工程、其他非工业部门和生活福利部门等单位使用的成品价值。生产成品价值按成品实物量乘以本期产品不含销项税额的实际销售平均单价计算；会计核算中按成本价格转帐的自制设备和自产自用的成品，按成本价格计算生产成品价值。生产成品价值中不包括用订货者来料加工的成品（半成品）价值。

Ⅱ、对外加工费收入：指企业在报告期内完成的对外承做的工业品加工（包括用订货者来料加工生产）的加工费收入和对外工业品修理作业所收取的加工费收入。对外加工费收入中不包括销项税额，可根据会计制度中“产品销售收入”科目的资料取得。

对于以外加工生产为主，对外加工费收入所占比重较大的企业，如果对外加工费收入出现跨报告期支付的情况，为保证指标生产口径计算的一致性，则应将对外加工费收入按实际情况调整，记录报告期应实际收取的对外加工费收入。

Ⅲ、自制半成品、在制品期末期初差额：是指按照工业总产值的计算方法，应该计入工业总产值中的半成品、在制品期末期初差额价值。本指标的填报原则是：如果会计产品成本核算中不计算半成品、在制品成本的，则不需填报；如果会计产品成本核算中计算半成品、在制品成本，则必须填报。

工业总产值计算应遵循的原则：

（1）工业生产的原则。即凡是企业在本年内生产的最终产品和提供的劳务，均应包括在内。其中的最终产品，不管是否在本年内销售，只要是本年内生产的，就应包括在内。凡不是工业生产的产品，均不得计入工业总产值。

（2）最终产品的原则。即企业生产的成品价值必须是本企业生产的，经检验合格不需再进行任何加工的最终产品。企业对外销售的半成品也应视为最终产品计入工业总产值。而在本企业内各车间转移的半成品和在制品只能计算其期末期初差额价值。

（3）“工厂法”原则。即以法人工业企业作为一个整体计算工业总产值，是其本年内生产的最终产品和提供劳务的总价值量。

轻工业　指主要提供生活消费品和制作手工工具的工业。按其所使用的原料不同，可以分为两大类：（1）以农产品为原料的轻工业，是指直接或间接以农产品为基本原料的轻工业，主要包括食品制造、饮料制造、烟草加工、纺织、缝纫、皮革和毛皮制作、造纸以及印刷等工业；（2）以非农产品为原料的轻工业，是指以工业品为原料的轻工业，主要包括文教体育用品、化学药品制造、合成纤维制造、日用化学制品、日用玻璃制品、日用金属制品、手工工具制造、医疗器械制造、文化和办公用机械制造等工业。

重工业　是指为国民经济各部门提供物质技术基础的主要生产资料的工业。按其生产性质和产品用途，可分为下列三类：（1）采掘（伐）工业，是指对自然资源的开采，包括石油开采、煤炭开采、金属矿开采、非金属矿开采和木材采伐等工业；（2）原材料工业，指向国民经济各部门提供基本材料、动力和燃料的工业，包括金属冶炼及加工、炼焦及焦炭化学、化工原料、水泥、人造板以及电力、石油和煤炭加工等工业；（3）加工工业，是指对工业原材料进行再加工制造的工业，包括装备国民经济各部门的机械设备制造工业、金属结构、水泥制品等工业，以及为农业提供的生产资料如化肥、农药等工业。

根据上述划分原则，修理业中的重工业产品为修理作业对象的划为重工业，否则划为轻工业。

工业增加值　是工业企业在报告期内以货币形式表现的工业生产活动的最终成果。

工业增加值有两种计算方法：一是生产法，即工业总产出减去工业中间投入。其中，工业总产出是工业企业在一定时期内工业生产活动的总成果，它包括：成品生产价值，对外加工费收入和自制半成品、在产品期末期初差额价值。工业中间投入指工业企业在工业生产活动中消耗的外购物质产品和对外支付的服务费用。服务费用包括支付给物质生产部门的服务费用和支付给非物质生产部门的服务费用。二是收入法，即从收入的角度出发，根据生产要素在生产过程中应得到的收入份额计算，具体构成项目有固定资产折旧、劳动者报酬、生产税净额、营业盈余。

工业统计调查单位 分为两类：独立核算法人工业企业和工业活动单位。

独立核算法人工业企业 是指从事工业生产经营活动的单位。独立核算法人工业企业应同时具备以下条件；1.依法成立，有自己的名称、组织机构和场所，能够承担民事责任；2.独立拥有和使用资产，承担负债，有权与其他单位签订合同；3.独立核算盈亏，并能编制资产负债表。

工业活动单位 是指在一个场所从事一种或主要从事一种工业生产活动的经济单位。它包括独立核算工业企业按主营业务活动（即工业生产活动）划分的主营业务活动单位和非工业企业所属的工业生产活动单位（即原非独立核算工业生产单位）。工业活动单位，一般应同时具备以下三个条件；1.具有一个场所，从事一种或主要从事一种工业活动；2.单独组织工业生产、经营或业务活动；3.单独核算收入和支出。

资产总计 指企业拥有或控制的能以货币计量的经济资源，包括各种财产、债权和其他权利。资产按其流动性（即资产的变现能力和支付能力）划分为：流动资产、长期投资、固定资产、无形资产、递延资产和其他资产。根据会计“资产负债表”中“资产总计”项的期末数填列。

固定资产合计 指企业固定资产净值、固定资产清理、在建工程、待处理固定资产净损失所占用的资金合计。

流动资产合计 流动资产是指可以在一年或者超过一年的一个营业周期内变现或者耗用的资产，包括现金及各种存款、短期投资、应收及预付货款、存货等。流动资产的一个重要特点是它在参加生产经营时，其价值一次转移到产品成本或费用中去。

应收帐款 指企业因销售商品、产品、提供劳务等，应向购货单位或接受劳务单位收取款项。该指标根据会计“资产负债表”中“应收帐款”项的年末数填报。未执行2001年《企业会计制度》的企业，用“应收帐款净额”期末数代替。

存货 指企业在生产经营过程中为销售或者耗用而储存的各种资产。包括原材料、包装物、低值易耗品、在产品、自制半成品、产成品等。

产成品 指企业已经完成全部生产过程并已验收入库合乎标准规格和技术条件，可以按照合同规定的条件送交订货单位，或者可以作为商品对外销售的产品。企业接受外来原材料加工制造的代制品和为外单位加工修理的代修品，制造和修理完成验收入库后，视同企业的产成品。

流动资产合计 指预计在一个正常营业周期中变现、出售或耗用，主要包括存货、应收帐款等，主要为交易目的而持有，预计在资产负债表日起一年内（含一年）变现或者自资产负债日起一年内，交换其他资产或清偿负债的能力不受限制的现金或现金等价物。包括货币资金、应收票据、应收帐款、存货等项目。根据会计“资产负债表”中“流动资产合计”项目的期末余额数填报。

固定资产原价 指固定资产的成本，包括企业在购置、自行建造、安装、改建、扩建、技术改造某项固定资产时所发生的全部支出总额。根据会计“固定资产”科目的期末借方余额填报。

累计折旧 指企业在报告期末提取的历年固定资产折旧累计数。根据会计“累计折旧”科目的期末贷方余额填报。

流动负债合计 负债满足下列条件之一的应归为流动负债：（1）预计在一个正常营业周期中清偿；（2）主要为交易目的而持有；（3）自资产负债表日起一年内到期应予清偿；（4）企业无权自主地将清偿推迟至资产负债表日后一年以上。包括短期借款、应付票据、应付帐款、应付职工薪酬、应交税费等项目。根据会计“资产负债表”中“流动负债合计”项目的期末余额数填报。

非流动负债合计 指流动负债之外的负债。包括长期借款、应付债券等。根据会计“资产负债表”中“非流动负债合计”项目的期末余额数填报。

所有者权益合计 所有者权益是指企业投资人对企业净资产的所有权，包括企业所有者投入资金以及留存收益等。

营业利润 指企业从事生产经营活动所产生的利润，即主营业务利润加其他业务利润扣除管理费用、财务费用后的净额。根据会计“利润表”

中对应指标的本期累计数填列。

利润总额 指企业在生产经营过程中各种收入扣除各种耗费后的盈余，反映企业在报告期内实现的亏盈总额，包括营业利润、补贴收入、投资净收益和营业外收支净额。根据会计“利润表”中的对应指标的本期累计数填列。

主营业务收入 指企业确认的销售商品、提供劳务等主营业务的收入。根据会计“主营业务收入”科目的期末贷方余额填报。执行2006年《企业会计准则》的企业，如未设置该科目，以“营业收入”代替填报。

主营业务成本 指企业经营主要业务所发生的成本总额。根据会计“主营业务成本”科目的期末借方余额填报。执行2006年《企业会计准则》的企业，如未设置该科目，以“营业成本”代替填报。

销售费用 指企业在销售商品过程中发生的包装费、广告费等费用和为销售本企业商品而专设的销售机构的职工薪酬、业务费等经营费用。根据会计“利润表”中“销售费用”项目的本期金额数填报。

主营业务税金及附加 指企业经营主要业务应负担的营业税、消费税、城市维护建设税、教育费附加等。根据会计“主营业务税金及附加”科目的期末借方余额填报。执行2006年《企业会计准则》的企业，如未设置该科目，以“营业税金及附加”代替填报。

管理费用 指企业行政管理部门为组织和管理生产经营活动而发生的各项费用。包括工资和福利费、折旧、工会经费、业务招待费、房产税、车船使用税、土地使用税、印花税、技术转让费、无形资产摊销、职工教育经费、劳动保险费、待业保险费、研究开发费、坏帐损失以及其他管理费用。

财务费用 指企业为筹集生产经营所需资金等发生的费用。包括利息支出（减利息收入）、汇兑损失（减汇兑收益）以及相关的手续费等。

应交所得税 反映企业本年利润应交的所得税。

实现利税总额 指企业主营业务税金及附加、应交增值税和利润总额之和。

第二部分　统计资料

能　源　消　费

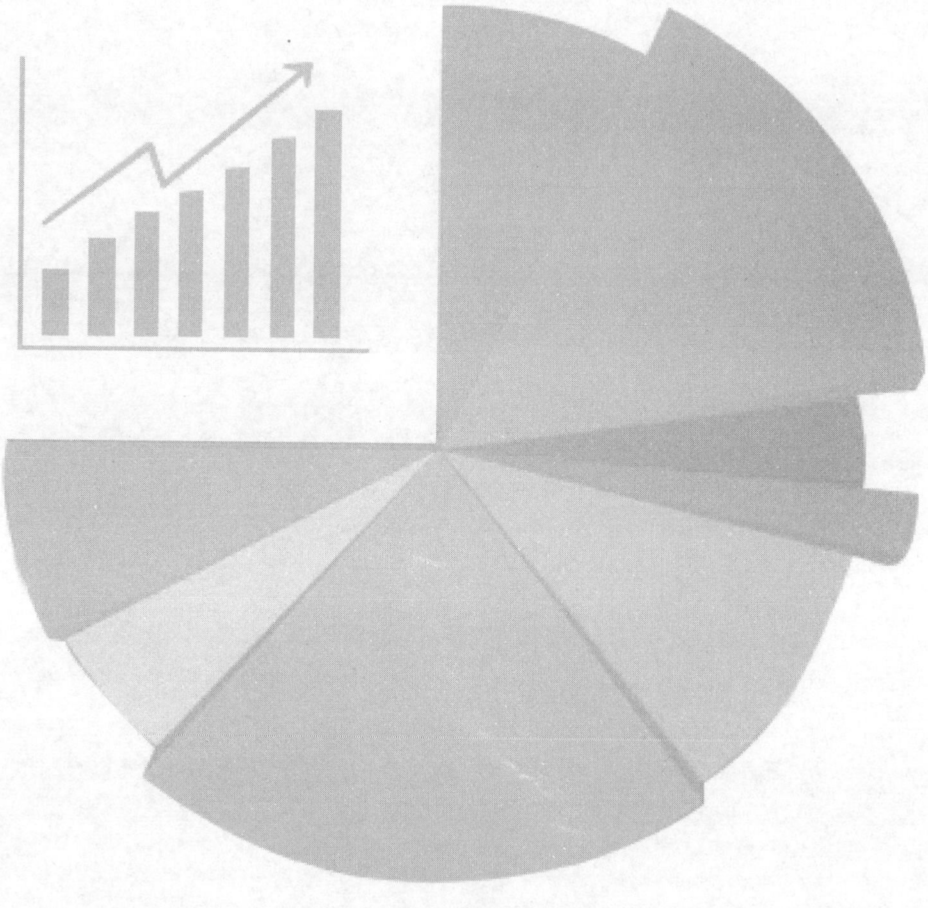

13-1 单位GDP、工业增加值能耗

项　　目	计量单位	2014年	2015年	2015年比2014年增长%
地区能源消费总量	万吨标准煤	1479.73	1531.64	3.5
单位GDP能耗	吨标准煤/万元	0.56	0.53	-4.4
规模以上工业能源消费量	万吨标准煤	1281.18	1292.54	0.9
规模以上工业单位增加值能耗	吨标准煤/万元	2.63	2.39	-9.1
单位GDP电耗	千瓦时/万元	830	754	-9.2

13-2 主要工业企业单位产品能源消耗情况

项　　目	计量单位	2014年	2015年	单位能耗降低率（%）
单位电石生产综合能耗	千克标准煤/吨	1064.48	1064.22	-0.02
单位合成氨生产综合能耗	千克标准煤/吨	1598.91	1533.12	-4.11
火力发电标准煤耗	克标准煤/千瓦时	302.73	301.89	-0.28
炼焦工序单位能耗	千克标准煤/吨	178.99	183.95	2.77
每吨水泥熟料综合能耗	千克标准煤/吨	117.02	123.14	5.22
每吨水泥综合能耗	千克标准煤/吨	87.57	95.40	8.94
原油(原料油)加工单位综合能耗	千克标准油/吨	73.08	69.68	-4.65

13-3 规模以上工业企业主要能源消费量

项　　目	原　煤（吨）	焦　炭（吨）	汽　油（吨）	柴　油（吨）	热　力（百万千焦）	电　力（万千瓦时）
总　计	**25788212**	**139248**	**2975**	**7896**	**6077036**	**1405628**
工业行业大类	25788212	139248	2975	7896	6077036	1405628
煤炭开采和洗选业	470		50	1342		174
石油和天然气开采业						
黑色金属矿采选业						
有色金属矿采选业						
非金属矿采选业	20237		9	93		3155
开采辅助活动						
其他采矿业						
农副食品加工业	291145		122	76	850264	62962
食品制造业	187473		325	244	1450141	43620
酒、饮料和精制茶制造业	597		87	68	161461	3626
烟草制品业				27		1453
纺织业						
纺织服装、服饰业	13229		244	88	3242	1498
皮革、毛皮、羽毛及其制品和制鞋业						
木材加工和木、竹、藤、棕、草制品业						
家具制造业						16
造纸和纸制品业	20655		233	179	15745	9058
印刷和记录媒介复制业			40			252
石油加工、炼焦和核燃料加工业				471		24478
化学原料和化学制品制造业	1270513	79251	398	825	3001471	362864
医药制造业	310423		147	138	594712	60452
化学纤维制造业			27			257
橡胶和塑料制品业	109		48	1		2569
非金属矿物制品业	697331		156	1278		71511
黑色金属冶炼和压延加工业	8	33533				37002
有色金属冶炼和压延加工业	605289	26436	60	680		413090
金属制品业	1340		89	38		526
通用设备制造业	6054	28	66	47		1426
专用设备制造业			19			387
汽车制造业						
电气机械和器材制造业	87		101	6		3185
计算机、通信和其他电子设备制造业	26		44	8		1513
其他制造业						
电力、热力生产和供应业	22199802		276	2123		283830
燃气生产和供应业	158170		127	142		5278
水的生产和供应业	5254		304	20		11446

13-4 规模以上工业企业主要能源年末库存量

单位：吨

项目	原煤	焦炭	汽油	柴油
总计	**1965423**	**448**	**20**	**904**
工业行业大类	1965423	448	20	904
煤炭开采和洗选业				
石油和天然气开采业				
黑色金属矿采选业				
有色金属矿采选业				3
非金属矿采选业				
开采辅助活动				
其他采矿业				
农副食品加工业	5536			
食品制造业	48263		1	1
酒、饮料和精制茶制造业				
烟草制品业				
纺织业				
纺织服装、服饰业	354		8	4
皮革、毛皮、羽毛及其制品和制鞋业				
木材加工和木、竹、藤、棕、草制品业				
家具制造业				
造纸和纸制品业	4110			
印刷和记录媒介复制业			1	1
石油加工、炼焦和核燃料加工业				
化学原料和化学制品制造业	235526	448		40
医药制造业	17395			
化学纤维制造业				
橡胶和塑料制品业	35266			
非金属矿物制品业				1
黑色金属冶炼和压延加工业				
有色金属冶炼和压延加工业	277			
金属制品业				
通用设备制造业				
专用设备制造业				
汽车制造业				
电气机械和器材制造业			8	
计算机、通信和其他电子设备制造业				
其他制造业				
电力、热力生产和供应业	1602691		1	854
燃气生产和供应业	4245			
水的生产和供应业	759			

主要统计指标解释

能源消费总量 指一定时期内全市物质生产部门、非物质生产部门和生活消费的各种能源的总和，是观察能源消费水平、构成和增长速度的总量指标。能源消费总量包括原煤和原油及其制品、天然气、电力，不包括低热值燃料、生物质能和太阳能等的利用。能源消费总量分为终端能源消费量、能源加工转换损失量和损失量三部分。

能源消费总量=终端能源消费量折标准煤之和+能源加工转换投入量折标准煤之和-能源加工转换产出量折标准煤之和+能源损失量折标准煤之和

(1)终端能源消费量：指一定时期内全市生产和生活消费的各种能源在扣除了用于加工转换二次能源消费量和损失量以后的数量。

(2)能源加工转换损失量：指一定时期内全市投入加工转换的各种能源数量之和产出各种能源产品之和的差额，是观察能源在加工转换过程中损失量变化的指标。

(3)能源损失量：指一定时期内能源在输送、分配、储存过程中发生的损失和由客观原因造成的各种损失量，不包括各种气体能源放空、放散量。

一次能源生产量 是指生产一次能源的企业（单位）在报告期内将自然界现存的能源资源经过开采而产出的合格产品，如煤矿采掘的原煤，油田开采的原油，气田开采出的天然气等。

能源加工转换 能源加工与转换既有联系又有区别，两者都是将能源经过一定的工艺流程生产出新的能源产品。能源加工，一般只是能源物理形态的变化，如原油经过炼制成为汽油、煤油、柴油等石油制品；原煤经过洗选成为洗煤；炼焦煤经过高温干馏成为焦炭；煤炭经过气化成为煤气等。能源转换是能源流程中的能量形式的转换。如热电厂将煤炭、重油等投入到耗能设备中，经过复杂的工艺过程把热能转换为机械能，机械能转换为电能。

标准煤 标准煤亦称煤当量，具有统一的热值标准。我国规定每千克标准煤的热值为7000千卡。将不同品种、不同含量的能源按各种不同的热值换算成每千克热值为7000千卡的标准煤。

当量热值 当量热值又称理论热值（或实际发热值）是指某种能源一个度量单位本身所含热量。当量热值是能源统计中经常使用的一个热值概念，其热值的计算可根据试样在充氧的弹筒中（放有浸没氧弹的水的容器）完全燃烧所放出的热量（用燃烧后水温升高计算出来的）进行实测。

等价热值 等价热值也是能源统计经常使用的一个热值概念，是指加工转换产出的某种二次能源与相应投入的一次能源的当量，即获得一个度量单位的某种二次能源所消耗的以热值表示的一次能源量，也就是消耗一个度量单位的某种二次能源，就等价于消耗了以热值表示的一次能源量。因此，等价热值是个变动值，随着能源加工转换工艺的提高和能源管理工作的加强，转换损失逐渐减少，等价热值会不断降低。等价热值是对二次能源及消耗工质而言，因一次能源不存在折算问题，因此也无所谓等价热值。

等价热值=二次能源具有的能量/转换效率

单位 GDP 能耗=地区能源消费总量/ GDP（2010 年可比价）

单位工业增加值能耗=工业企业综合能源消费总量/工业增加值（2010 年可比价）

第二部分　统计资料

建　筑　业

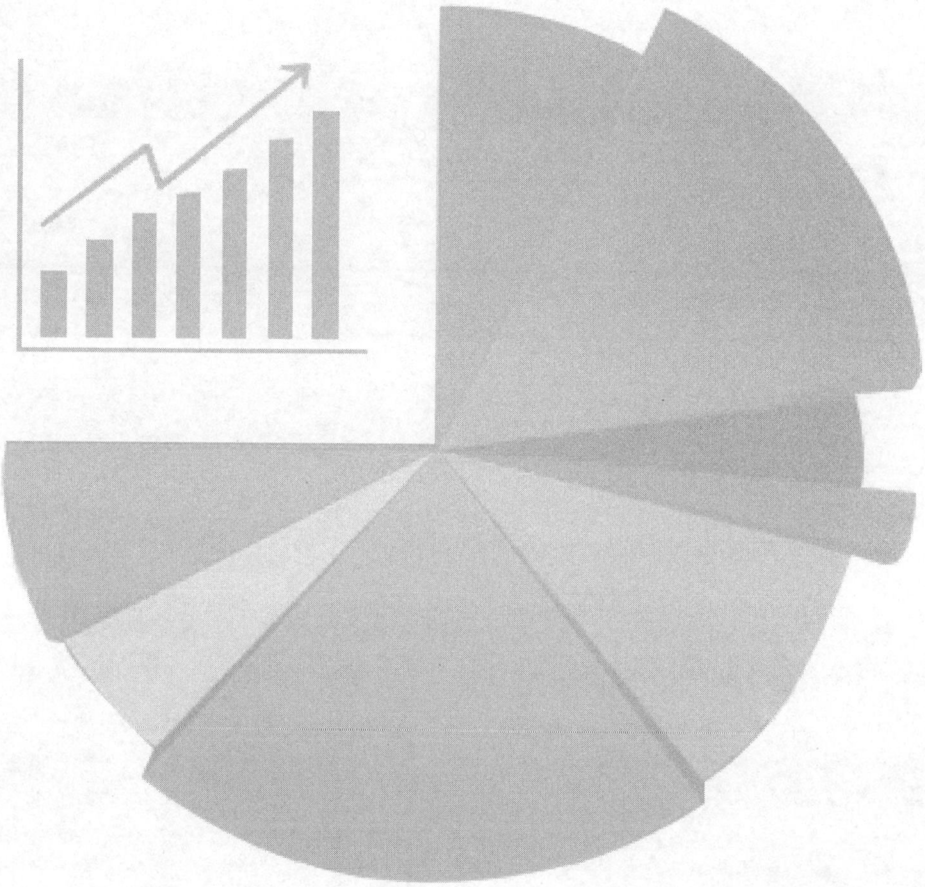

14-1 按经济类型分的建筑业生产情况

项目	单位	总计	内资企业	# 国有及国有控股企业	股份合作公司	股份有限公司	有限责任公司
企业个数	个	172	172	21	1	10	58
# 亏损企业个数	个	42	42	1			13
签订的合同额	千元	39217148	39217148	13753330	26963	9022312	22459842
建筑业总产值	千元	20081472	20081472	8063980	22688	4030650	11859494
建筑工程产值	千元	15206941	15206941	5585405	22688	2775522	9014314
安装工程产值	千元	3125332	3125332	2316865		127184	2636722
其他产值	千元	1749199	1749199	161710		1127944	208458
竣工产值	千元	11482933	11482933	2936855	17590	1926214	5397541
房屋建筑施工面积	平方米	13935294	13935294	472739		2008536	6459144
年末自有施工机械设备							
净值	千元	870684	870684	378446		51095	509488
总台数	台	14622	14622	5872		2135	7151
总功率	千瓦	284946	284946	137316		38994	162392
主要建筑材料消耗量							
钢材	吨	471813	471813	143829		101269	275674
木材	立方米	277114	277114	16218		131781	27553
水泥	吨	1748410	1748410	505313		261450	795326
从业人员情况							
直接从事生产经营活动平均人数	人	69208	69208	22796	158	11149	36060
年末从业人员	人	49948	49948	17831	193	12317	20509

14-2 按国民经济行业分的建筑业生产情况

项目	单位	合计	房屋工程建筑	土木工程建筑	建筑安装	建筑装饰	其他建筑业
企业个数	个	172	84	34	34	14	6
# 亏损企业个数	个	42	21	7	6	7	1
签订的合同额	千元	39217148	20467115	16332125	1881574	240638	295696
建筑业总产值	千元	20081472	8946243	9320459	1348979	170906	294885
建筑工程产值	千元	15206941	8482651	6099656	474282	133978	16374
安装工程产值	千元	3125332	171754	1923090	746439	8348	272701
其他产值	千元	1749199	291838	1297713	125258	28580	5810
竣工产值	千元	11482933	6557923	2904087	1548652	177386	294885
房屋建筑施工面积	平方米	13935294	13075701	58339	801254		
年末自有施工机械设备							
净　　值	千元	870684	366842	450792	12147	40885	18
总 台 数	台	14622	7746	5061	1692	119	4
总 功 率	千瓦	284946	139564	130360	2622	12316	84
主要建筑材料消耗量							
钢　　材	吨	471813	289745	170967	10774	250	77
木　　材	立方米	277114	260864	12464	2536	1250	
水　　泥	吨	1748410	1092390	619779	15220	21011	10
从业人员情况							
直接从事生产经营活动平均人数	人	69208	40911	21362	4912	450	1573
年末从业人员	人	49948	26534	17696	4369	378	971

14-3 按经济类型分的建筑业财务状况

项目	单位	总计	内资企业	# 国有及国有控股企业	股份合作公司	股份有限公司	有限责任公司
企业个数	个	172	172	21	1	10	58
流动资产小计	千元	23546628	23546628	10484402	8811	4343651	13217365
# 存货	千元	4595509	4595509	2923980	4750	165089	3466476
固定资产合计	千元	2747039	2747039	1148804	2527	239003	1631003
固定资产原价	千元	4279461	4279461	1925255	5526	426536	2312062
累计折旧	千元	1961951	1961951	1029775	2999	188124	1068070
# 本年折旧	千元	212352	212352	109865	184	16961	152841
在建工程	千元	161198	161198	17861		506	142096
资产合计	千元	31103990	31103990	14517578	11338	5722532	17825470
流动负债合计	千元	18938686	18938686	9966238	3086	3060438	11546465
长期负债合计	千元	210795	210795	16844		100224	55763
负债合计	千元	19374950	19374950	9983690	3086	3169260	11667851
所有者权益合计	千元	11729040	11729040	4533888	8252	2553272	6157619
# 实收资本	千元	5811470	5811470	2141421	6990	847702	3118372
工程结算收入	千元	20426851	20426851	8169025	22688	4073049	12125476
工程结算税金及附加	千元	687376	687376	266304	749	138508	400266
其他业务收入	千元	39188	39188	13650		15166	18982
管理费用	千元	1077790	1077790	546361	1134	121564	684360
# 税金	千元	37322	37322	12588	3	4249	21257
营业利润	千元	615341	615341	104843	484	178416	248345
利润总额	千元	646506	646506	103950	484	210229	246396
应付职工薪酬	千元	2462209	2462209	733522	4021	583958	1170975
亏损企业个数	个	42	42	1			13
建筑业增加值	千元	4014600	4014600	1227122	5441	922092	1993684

14-4 按国民经济行业分的建筑业财务状况

项目	单位	总计	房屋工程建筑	土木工程建筑	建筑安装	建筑装饰	其他建筑
企业个数	个	172	84	34	34	14	6
流动资产小计	千元	23546628	8286787	12954106	1583919	340202	381614
#存货	千元	4595509	1338883	2797699	396898	9102	52927
固定资产合计	千元	2747039	1318346	1246520	90155	51276	40742
固定资产原价	千元	4279461	1920604	2047621	160672	74738	75826
累计折旧	千元	1961951	759178	1066852	73657	23463	38801
#本年折旧	千元	212352	55477	117846	6192	2150	30687
在建工程	千元	161198	126132	31568	1500		1998
资产合计	千元	31103990	12857028	15623714	1788211	410065	424972
流动负债合计	千元	18938686	6882727	10738350	966242	149463	201904
长期负债合计	千元	210795	57417	149434	74	2870	1000
负债合计	千元	19374950	7147893	10893505	977673	152333	203546
所有者权益合计	千元	11729040	5709135	4730209	810538	257732	221426
#实收资本	千元	5811470	2006145	3070921	364412	227692	142300
工程结算收入	千元	20426851	9116323	9474267	1435996	100700	299565
工程结算税金及附加	千元	687376	308461	320370	44680	3421	10444
其他业务收入	千元	39188	4363	32929	1896		
管理费用	千元	1077790	295842	635492	85623	9112	51721
#税金	千元	37322	17678	14128	4213	277	1026
营业利润	千元	615341	215206	237527	140271	-1518	23855
利润总额	千元	646506	214370	268429	141261	-1288	23734
应付职工薪酬	千元	2462209	1476278	782858	161613	11510	29950
亏损企业个数	个	42	21	7	6	7	1
建筑业增加值	千元	4014600	2073100	1472729	356969	15840	95962

14-5 国有及国有控股建筑业企业基本情况

项　　目	单　位	2014年	2015年	2015年比2014年增长%
企业个数	个	21	21	.
签订的合同额	千元	11847868	13753330	16.1
建筑业总产值	千元	7707880	8063980	4.6
建筑工程	千元	5292602	5585405	5.5
安装工程	千元	2279508	2316865	1.6
其他工程	千元	135770	161710	19.1
竣工产值	千元	4479990	2936855	-34.4
房屋建筑施工面积	平方米	267850	472739	76.5
年末从业人员	人	18683	17831	-4.6
工资总额	千元	735634	733522	-0.3
年末自有设备机械净值	千元	371760	378446	1.8
年末自有设备机械总台数	台	4410	5872	33.2
年末自有设备机械总功率	千瓦	63099	137316	117.6
年末固定资产原值	千元	1606721	1925255	19.8
年末固定资产净值	千元	675058	1148804	70.2
工程结算收入	千元	7914063	8169025	3.2
实现利润（或亏损）总额	千元	15417	103950	574.3

14-6 大中型建筑业

指标	单位	合计	内蒙古第三建筑工程公司	呼市建筑工程公司
上年结转的合同额	千元	12782224	1843440	293930
本年新签合同额	千元	12830425	1087792	359940
自行完成的施工产值	千元	12019905	1107616	860000
从建设单位以外承揽工程完成的产值	千元	12019905	1107616	860000
建筑业总产值	千元	12043975	1107616	860000
建筑工程	千元	9851579	1107616	860000
安装工程	千元	1922734		
其他工程	千元	269662		
竣工产值	千元	5940989	156740	493730
房屋建筑施工面积	平方米	8273917	1078517	1215234
#本年新开工	平方米	2709448	285969	144820
房屋建筑竣工面积	平方米			
#住宅	平方米			
自有机械设备年末总台数	台	7818	650	280
自有机械设备年末总功率	万千瓦	208481	12000	10500
自有机械设备净值	千元	520818	30158	15600
直接从事生产经营活动的平均人数	人	36914	3760	1400
实收资本合计	千元	2268157	100781	50100
流动资产年末合计	千元	11999697	431801	476779
固定资产原价	千元	2306760	69236	99780
累计折旧	千元	1138522	46044	22292
#本年	千元	75165	924	
流动负债合计	千元	11776594	401714	472541
长期负债合计	千元	16688		
所有者权益合计	千元	2624476	105365	85090
工程结算收入	千元	12147294	1105657	866510
工程结算成本	千元	10971584	1054625	808593
工程结算税金及附加	千元	415776	38212	29912
利润总额	千元	142347	2736	8725
应交所得税	千元	39919	518	5011

企业基本情况

呼市市政工程公司	内蒙古黄河辽河工程局	内蒙古公路工程局	内蒙古国电电力建设工程公司	内蒙古送变电工程公司	中铁六局（集团）呼和铁建公司
360060	325257	650377	171560	719810	2486540
222408	379867	2954187	442240	2102030	696400
209001	370876	1471003	380710	1711750	2454880
209001	370876	1471003	380710	1711750	2454880
209001	370876	1471003	380710	1711750	2454880
209001	366496	1471003	211820		2454880
	4380		119430	1711750	
			49460		
119596	62140		360370	1560410	
160	920	179	642	1397	959
7680	11700	7200	20436	20216	43669
2115	6012	22577	23281	105459	42964
402	1390	4858	1611	3861	2219
50018	60230	826545	200710	77880	210170
636184	239216	1796210	449369	1928008	2799521
42778	68952	110559	214968	351185	236881
35997	60009	51475	154303	208488	154039
1575	1774	4993	4614	31507	14816
612406	174523	1038150	1127663	1990977	2725532
		4062			11067
62865	74448	879726	-500239	331772	305343
209001	370876	1471003	504215	1725416	2416477
209856	337889	1327231	438857	1381422	2184706
7231	12350	49573	20570	55161	81990
14405	1201	40133	176	19539	425
3713	300	9882		6283	295

14-6续表

指　　　　标	单 位	内蒙古第二建筑工程公司	内蒙古派力建筑工程公司	内蒙古中色建筑工程总公司
上年结转的合同额	千元	2750521	42808	186035
本年新签合同额	千元	1881511	206870	
自行完成的施工产值	千元	1949381	137830	43040
从建设单位以外承揽工程完成的产值	千元	1949381	137830	43040
建筑业总产值	千元	1949381	137830	43040
建筑工程	千元	1825995	137830	32040
安装工程	千元	87174		
其他工程	千元	36212		11000
竣工产值	千元	1683781	101060	
房屋建筑施工面积	平方米	1784536	42919	84748
#本年新开工	平方米	649246	42919	84748
房屋建筑竣工面积	平方米			
#住　宅	平方米			
自有机械设备年末总台数	台	859	30	450
自有机械设备年末总功率	万千瓦	14152	510	17500
自有机械设备净值	千元	15024	383	20580
直接从事生产经营活动的平均人数	人	7915	980	542
实收资本合计	千元	110812	4050	65800
流动资产年末合计	千元	450123	403030	137178
固定资产原价	千元	76095	6310	107876
累计折旧	千元	24724	5400	46520
#本　年	千元	1759	40	400
流动负债合计	千元	516048	357230	111379
长期负债合计	千元	328		
所有者权益合计	千元	176430	96140	120155
工程结算收入	千元	1949381	137830	43040
工程结算成本	千元	1831043	125500	38750
工程结算税金及附加	千元	68033	4820	1502
利润总额	千元	23542	3945	364
应交所得税	千元	5885	985	123

内蒙古蒙建建筑安装工程有限责任公司	内蒙古煤炭建设工程（集团）总公司	内蒙古巨华集团大华建筑安装有限公司	内蒙古地矿建设工程集团有限责任公司	呼和浩特市公路工程局有限责任公司
1194820		1558200	57230	141636
1887890	79080	52340	314935	162935
586730	79080	385780	95000	177228
586730	79080	385780	95000	177228
586730	79080	385780	95000	201298
492820		385780	95000	201298
93910	79080			
544880	79080	723840		55362
1992339		1827778	247846	
1273510		18280	209956	
436	360	293	98	105
6928	890	21396	1402	12302
31899	36800	67160	559	100247
3036	925	1236	925	1854
50264	65000	65680	20000	310117
101345	381110	1229990	344006	195827
36898	145830	398000	39050	302362
5024	114350	156660	5774	47423
15		9430		3318
101345	256970	1388050	402033	100033
			1231	
68976	168730	271960	26982	350733
586730	79080	385780	95000	201298
552462	63100	341280	84778	191492
20301	2540	13350	3240	6991
1546	1740	19280	4401	189
387	570	4820	1100	47

主要统计指标解释

建筑业 指国民经济中专门从事建筑安装工程施工的物质生产部门。建筑业生产是以工农业产品为原料，经过建筑安装活动形成各种用途的固定资产。建筑业的主要生产活动包括：（1）各种房屋，建筑物和构筑物的建造；（2）各种线路、管道和机械设备的安装；（3）原有房屋、建筑物和构筑物的修理；（4）对各种建筑物、构筑物的装饰和装修；（5）部分非标准设备的制造。

建筑施工企业 指从事房屋、构筑物建造和设备安装活动的生产单位，包括建筑安装企业和自营施工单位。建筑安装企业是指行政上有独立组织，经济上实行独立核算的企业（如建筑公司、安装公司、工程公司、工程局等）。自营施工单位是指附属于现有企业、事业或行政单位内部，主要为建造和修理本单位房屋构筑物的机构或单位。自营施工单位要同时具备下述条件：（1）对内独立核算；（2）有固定组织和施工队伍；（3）全年施工期在半年以上。

建筑业总产值 指建筑施工企业在一定时期内所完成的以货币表现的生产总量。是反映建筑业生产规模、水平和成果的综合指标。

施工产值 指建筑施工企业自行完成的按工程进度计算的建筑安装生产总值。它包括建筑工程产值，设备安装工程产值，房屋、构筑物修理产值，非标准设备制造产值。

建筑业增加值 指建筑企业在报告期内以货币表现的建筑业生产经营活动的最终成果。建筑业增加值有两种计算方法：一是生产法，即建筑业总产出减去建筑业中间消耗后的余额；二是分配法（收入法），即从收入的角度出发，根据生产要素在生产过程中应得到的收入份额计算，具体构成项目有固定资产折旧、劳动者报酬、生产税净额、营业盈余。

年末自有机械设备价值 指年末本单位自有施工机械、生产设备、运输设备价值，分别按原值和净值计算，不包括非生产用的机械设备价值。

利润总额 是指建筑施工企业在一定时期内所实现的利润。它包括工程结算利润、产品销售利润、作业销售利润、材料销售利润及其他销售利润、营业外收支差额。

工程结算收入 指本企业承包工程实现的工程价额结算收入以及向发包单位收取的除工程价款以外按规定列作营业收入的各种款项，如临时设施费、劳动保险费、施工机构调迁费等以及向发包单位收取的各种索赔款。

工程结算成本 指在报告期内与发包单位办理工程价款结算的已完工程实际成本。

工程结算税金及附加 指因从事建筑业生产活动，取得工程价款收入而按规定应交纳的营业税、城市维护建设税等以及随同营业税金一并计算交纳的教育附加等。

工程结算利润 指已结算工程实现的利润。

工程质量优良品率 这是以竣工的单位工程的房屋建筑面积作为观察对象，来衡量经过验收的已竣工工程达到优良标准的比率，比率愈大，证明企业竣工工程质量状况愈好。

产值利润率 是报告期内企业实现的利润总额占同期建筑业总产值的百分比。

竣工率 是用企业竣工的工程产值与全部完成的施工产值相比较，反映企业实际提供的产品情况。

竣工产值 是指以货币表现的建筑业生产所形成的成品的价值。一般以单位工程为对象，当该工程按照设计所规定的工程内容全部完成，达到设计规定的交工条件，经有关部门检查验收鉴定合格的单位工程价值。

第二部分　统计资料

运输、邮电业

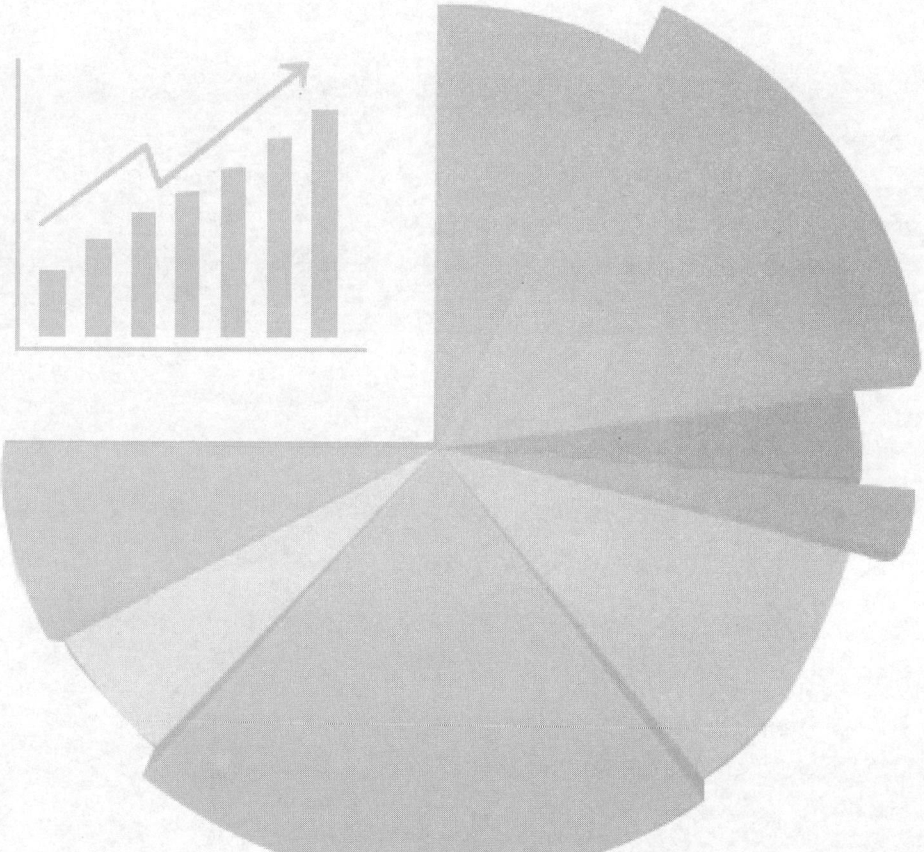

15-1 铁路运输

项目	单位	2014年	2015年	2015年比2014年增长%
车站	个	12	12	
营业里程（民族—陶思浩）（呼市—准格尔）	公里	238	238	
营业线路	条	3	3	
货物发送量	万吨	4268	3363	-21.2
货运周转量	万吨公里	1819386	1285282	-29.4
旅客发送量	万人	910	1040	14.3
客运周转量	万人公里	188606	205896	9.2

15-2 公路客运量及货运量

项目	单位	2014年	2015年	2015年比2014年增长%
公路客运量				
客运量	万人	699	551	-21.2
客运周转量	万人公里	151146	149908	-0.8
公路货运量				
货运量	万吨	16326	15440	-5.4
货运周转量	万吨公里	2822421	3009718	6.6

15-3 机 动 车 辆

单位：辆

项 目	合 计	#个 人	营 运	#公路客运	出租客运	货 运	非营运
合 计	**853927**	**753734**	**90009**	**749**	**7071**	**74161**	**748908**
载 客	677946	623450	12078	748	7059		660858
大 型	7191	76	2979	666	2		1209
中 型	3694	507	251	78			1436
小 型	645035	602576	8846	4	7056		636189
微 型	22026	20291	2		1		22024
载 货	55777	24646	42287			39182	6490
重 型	25843	9493	21560			20564	283
中 型	3941	414	765			722	176
轻 型	25310	14310	19303			17237	6007
微 型	683	429	659			659	24
其他汽车	30675	28102	22375	1			8300
摩 托	73312	72630	128		12	109	73184
普 通	71998	71322	125		12	108	71873
轻 便	1314	1308	3			1	1311
挂 车	16210	4905	13141			12625	69
重 型	15003	4794	12935			12421	68
中 型	1206	110	205			203	1
轻 型	1	1	1			1	
其他类型	7	1					7

15-4 公 路 里 程

单位：公里

项 目	年末公路里程	有铺装路面（高级）	简易铺装路面（次高级）	未铺装路面（中级、低级、无路面）	可绿化里程
总 计	**7295**	**5053**	**662**	**1579**	**5341**
国 道	620	620			620
省 道	745	728	17		654
县 道	934	601	295	37	527
乡 道	1992	1435	267	291	1833
专用公路	150	91	7	52	135
村 道	2854	1579	76	1200	158

15-5 航　空　航　线

年份	总起降架次（次）	主　要　机　型	航线条数（条）	通航城市（个）	航空公司数量（家）
1990	1389	733、146、AN4、YN5	16	18	
1991	1821	733、146、AN4、YN5	16	19	
1992	1255	733、146、AN4、YN5	13	13	
1993	1462	733、146、AN4、YN5	11	13	
1994	1595	733、146、AN4、YN5、YN7	12	12	
1995	1751	733、146、AN4、YN5、YN7	14	14	
1996	1953	733、146、AN4、YN5、YN7	15	15	
1997	1906	733、146、AN4、YN5、YN7	15	15	
1998	1856	733、146、AN4、YN5、YN7、IL6	13	13	
1999	2873	733、146、AN4、YN7、320、IL6	15	15	
2000	3239	733、146、328、AN4、TU5、320、ERJ、IL6	17	17	8
2001	4571	733、146、D38、ERJ、320、AN4	24	24	12
2002	4341	733、146、D38、ERJ、320、AN4、CR2	24	22	14
2003	4312	733、D38、DH8、320、CR2、ERJ、AN4、738	19	19	11
2004	6505	733、D38、DH8、320、CR2、ERJ、M82、738、734、319、F100、IL6	28	27	9
2005	7950	733、734、CR2、D38、320、738、ERJ、319、M82、DH8、F100、IL6	38	32	12
2006	10341	733、734、CR2、D38、320、319、738、ERJ、F100、IL6	47	35	11
2007	12507	733、737、738、734、319、320、D38、CR2、ERJ、M90、F100、752	62	41	18
2008	26527	733、737、738、734、319、320、D38、CR2、ERJ、EM4、E90、M90	67	38	18
2009	33190	733、737、738、734、319、320、D38、CR2、ERJ、EM4、E90、M90	71	46	20
2010	43331	733、737、738、734、319、320、321、CR2、ERJ、EM4、E90、M90	81	51	20
2011	48870	733、737、738、734、319、320、321、CR2、ERJ、EM4、E90、M90、777	96	53	21
2012	55990	733、737、738、734、319、320、321、ERJ、EM4、E90、777	112	57	22
2013	62799	733、737、738、734、319、320、321、ERJ、EM4、E90、777	132	63	23
2014	65221	733、737、738、734、319、320、321、ERJ、EM4、E90、777	129	65	31
2015	74177	737、738、319、320、321、M83、EM4、E90、CR9、MA6、777、787、330	139	64	29

15-6 航空运输

年份	旅客流量（人）		货邮流量（吨）		折算吞吐量（人次）
	发运量	到达量	发运量	到达量	
1990	53853	46756	294	320	107431
1991	83758	72762	398	352	164853
1992	78926	74176	242	200	158013
1993	95791	93174	447	423	198632
1994	109403	112418	441	652	233965
1995	125575	127961	401	611	264780
1996	128630	132516	405	636	272713
1997	125138	130044	346	685	266638
1998	133246	140007	5143	604	337109
1999	140964	148433	17500	774	492441
2000	182146	194817	10759	869	506163
2001	218461	229785	3663	994	499990
2002	234444	243371	9037	1236	591959
2003	249505	258120	11705	1547	654869
2004	405920	413275	10805	2186	963539
2005	563337	537080	5457	3096	1195450
2006	776234	733409	5079	4563	1616776
2007	915482	923272	5860	6554	1976687
2008	1062383	1059522	5774	7537	2269805
2009	1451003	1447658	4962	9551	3059919
2010	1831990	1831393	7490	13185	3893107
2011	2165677	2165852	7508	17710	4611731
2012	2705749	2729488	8003	20671	5753833
2013	3085533	3064749	10021	22579	6512503
2014	3236402	3233230	11167	25406	6877991
2015	3775445	3670805	11234	24844	7847114

15-7 邮电业务总量

项目	单位	2014年	2015年	2015年比2014年增长%
邮电业务总量	**万元**	**554892**	**652055**	**17.5**
邮政业务总量	万元	77935	86491	11.0
函件	万件	883.9	795.0	-10.1
汇票	万笔	36	22	-38.9
杂志累计	万份	309	142	-54.0
报纸累计	万份	6395	6045	-5.5
邮政储蓄余额	万元	463744	475839	2.6
集邮业务	万枚	660.0	879.6	33.3
电信业务总量	万元	476957	565564	18.6
城市电话	万户	73.2	68.0	-7.1
#住宅电话	万户	39.2	34.1	-13.0
乡村电话	万户	3.1	2.8	-9.7
#住宅电话	万户	2.7	2.4	-11.1
公用电话	万部	6.5	6.5	
移动电话	万户	390.5	336.2	-13.9
上网用户	万户	213.0	231.3	8.6

15-8 邮　　路

项　　目	单　位	2014 年	2015年
邮路总条数	条	**22**	**22**
自办汽车邮路	条	6	11
委办汽车邮路	条	11	9
其它邮路	条	5	2
城市投递道段条数	条	250	255
农村投递路线条数	条	113	118
邮路总长度（单程）	公里	**1200**	**1200**
自办汽车邮路	公里	435	560
委办汽车邮路	公里	635	555
其它邮路	公里	130	85
城市投递段道长度（单程）	公里	9684	8636
农村投递路线总长度（单程）	公里	7744	8721

15-9 邮 路 长 度

单位：公里

项 目	邮路总长度	#汽车邮路	城市投递道段	农村投递路线
总 计	**1200**	**1115**	**8636**	**8721**
市辖区	1200	1115	7260	2344
土左旗			172	1918
托 县			332	884
和林县			140	927
清水河县			366	1324
武川县			366	1324

15-10 邮电局(所)地区分布

单位：处

项 目	2014年	设在农村	2015年	设在农村
总 计	**111**	**44**	**118**	**49**
市辖区	58	7	59	8
土左旗	12	9	15	11
托 县	10	7	10	7
和林县	10	8	11	9
清水河县	10	6	12	7
武川县	11	7	11	7

主要统计指标解释

铁路营业里程 指办理客货运输业务的铁路正线总长度。凡是全线或部分建成双线及以上的线路，以第一线的实际长度计算；复线、站线、段管线、岔线和特别用途线及不计算运费的联络线都不计算营业里程。铁路营业里程是反映铁路运输业基础设施发展水平的重要指标，也是计算客货周转量、运输密度和机车车辆运用效率等指标的基础资料。

公路里程 也称"公路通车里程"，是反映公路建设发展规模的重要指标，也是计算运输网密度等指标的基础资料；是指实际达到交通部制定的公路工程技术标准规定的等级的公路长度。它包括大中城市的郊区公路以及通过小城镇街道的公路里程，也包括桥梁、渡口的长度，但不包括城市的街道以及厂矿、林区和农业生产用道的里程。两条或多条公路共同经由同一路段，只计算一次，不得重复计算里程长度。

货（客）运量 指运输业实际运送的货物（旅客）数量。货运按吨计算，客运按人计算。货物不论运输距离长短，货物类别，均按实际重量统计；旅客不论行程远近或票价多少，均按一人一次作为客运量统计。半价票、小孩票也按一人统计。

货物（旅客）周转量 指运输业运送的货物（旅客）数量与其相应运输距离的乘积之总和。是反映运输业生产总成果的重要指标，也是编制和检查运输生产计划、计算运输效率、劳动生产率以及核算运输单位成本的主要基础资料。通常以吨公里和人公里为计算单位。计算货物周转量通常按发出站与到达站之间的最短距离，也就是计费距离计算。

邮电业务总量 指以货币表现的邮电部门用于传递信息和提供其它邮电服务的总量。它综合反映了一定时期邮电工作的总成果，是研究邮电业务量构成和发展趋势的重要指标。它用各种邮电分类业务量，如函件件数，电报份数，长话张数，市内电话和农村电话的平均户数，订销报刊累计份数等，分别乘以相应的平均单价（不变价），加总后再加上出租电路和设备的收入，代用户维护电话交换机和线路等设备的收入，其他业务收入求得。

邮电局所 指一切由邮电部门自办和委托其它单位或个人代办的，直接对外办理邮电业务的机构。包括邮电局、邮局、机要通信局、电报局、长途电话局、长途电信局、市内电话局、电信局及其分支局所等。

邮路 指不同地域之间，邮件、报刊运输和投递所经由的路线。邮路的通达范围、方式和构成，是反映邮政通信水平的主要标志。按照在邮政通信网中所起的作用，邮路分为：（1）干线邮路（或称一级邮路）。包括国际邮路和国内省会间邮路。（2）二级邮路。包括省内县市以上邮路和省际（除省会间外）县市以上邮路。（3）市区邮路。包括市区及城关区支局（所）以上邮路，局所到车站、码头、机场、报刊杂志社的邮路以及专设的信箱、信筒开取邮路。（4）农村邮路。包括县内及县际支局邮路以及专设投递线路。

第二部分　统计资料

批发零售贸易和餐饮业

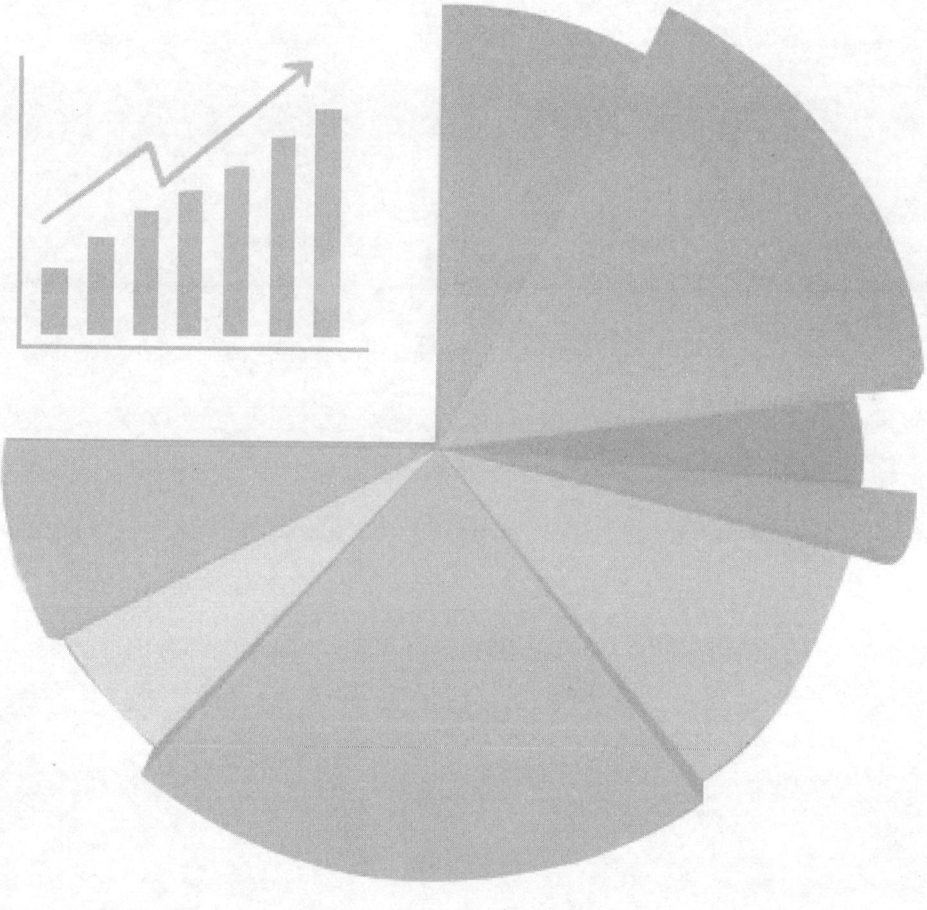

16-1 历年社会消费品零售总额

单位:万元

年份	社会消费品零售额	# 批发零售贸易业	住宿和餐饮业
1949	2221	1630	119
1952	4656	3515	146
1957	10967	9190	535
1962	14570	12461	794
1965	15658	13981	561
1970	19808	18549	540
1975	27757	24060	940
1978	34217	29660	1159
1980	42704	36714	1710
1981	48982	40783	1739
1982	52515	42971	1912
1983	58296	46999	2167
1984	65258	50859	2540
1985	91138	66290	3039
1986	100032	75386	3416
1987	114328	88077	3405
1988	143875	113868	3820
1989	153225	123674	3698
1990	166473	136879	3396
1991	195009	160890	4658
1992	230674	183101	4380
1993	286054	211387	9284
1994	352850	262980	13427
1995	431396	303794	26112
1996	523577	448181	60325
1997	650806	553185	81224
1998	816762	710583	88175
1999	1017685	870120	127797
2000	1260912	1084384	155475
2001	1547139	1315069	208912
2002	1884416	1627771	231750

16-1续表

单位:万元

年份	社会消费品零售额	# 批发零售贸易业	住宿和餐饮业
2003	2253761	1706892	518862
2004	2648169	1979304	633945
2005	3078430	2343560	734870
2006	3679937	2773721	906216
2007	4433505	3350421	1083084
2008	5539024	4758022	742229
2009	6412127	5528779	847157
2010	7585546	6587939	978296
2011	8900478	7867123	1033355
2012	10222452	8820979	1401473
2013	11423591	9852521	1571070
2014	12560778	10819053	1741725
2015	13535272	11604530	1930742

16-2 社会消费品零售总额

单位:万元

项目	2014年	2015年	2015年比2014年增长%
社会消费品零售总额	12560778	13535272	7.8
按销售单位所在地分组			
城镇	11509990	12301491	6.9
# 城区	10705308	11493975	7.4
乡村	1050788	1233781	17.4
按行业分组			
批发零售贸易业	10819053	11604530	7.3
住宿和餐饮业	1741725	1930742	10.9

16-3 限额以上商品分类零售额

单位:万元

项目	2014年	2015年	2015年比2014年增长%
限额以上企业(单位)类值合计	**5454384**	**5967589**	**9.4**
粮油、食品类	580473	908588	56.5
#粮油类	25197	31305	24.2
肉禽蛋类	72335	164166	127.0
水产品类	4261	14374	237.4
蔬菜类	8512	19493	129.0
干鲜果品类	12177	24058	97.6
饮料类	83185	95577	14.9
烟酒类	78943	117176	48.4
服装鞋帽、针、纺织品类	968922	996474	2.8
#服装类	668388	694043	3.8
鞋帽类	191851	192867	0.5
针、纺织品类	108684	109564	0.8
化妆品类	87401	94600	8.2
金银珠宝类	94398	92376	-2.1
日用品类	68562	75680	10.4
#儿童玩具类	8798	9276	5.4
五金、电料类	11672	12345	5.8
体育、娱乐用品类	29171	24354	-16.5
#照相机类	39	80	105.6
书报杂志类	3312	3719	12.3
电子出版物及音像制品类	2236	2214	-1.0
家用电器及音像器材类	200127	211175	5.5
中西药品类	105313	122929	16.7
#西药类	20696	16647	-19.6
中草药及中成药类	7184	7120	-0.9
文化办公用品类	95902	93078	-2.9
#计算机及其配套产品		33	
家具类	134777	173779	28.9
通讯器材类	48112	45706	-5.0
煤炭及制品类	310419	257632	-17.0
石油及制品类	713604	740214	3.7
建筑及装潢材料类	80939	88188	9.0
机电产品及设备类	61738	72662	17.7
汽车类	1556606	1609831	3.4
其他类	138574	129296	-6.7

16-4 限额以上批发和零售贸易业法人

指标名称	法人企业（个）	年末从业人数（人）	购进总额	进口
总计	**385**	**42117**	**9278793**	**114668**
批发业	114	10186	5585842	123
按批发行业小类分				
农、林、牧产品批发	5	1231	1046608	
食品、饮料及烟草制品批发	18	2202	1116024	
纺织、服装及家庭用品批发	15	1275	103750	
文化、体育用品及器材批发	5	294	111681	
医药及医疗器材批发	12	712	280331	
矿产品、建材及化工产品批发	35	3375	2779099	123
机械设备、五金产品及电子产品批发	22	1035	143441	
其他批发业	2	62	4908	
按登记注册类型分				
内资企业	111	9969	5542293	123
国有企业	4	1061	498450	
有限责任公司	40	1976	872568	
国有独资公司	2	163	111375	
其他有限责任公司	38	1813	761193	
股份有限公司	17	3626	2347675	123
私营企业	50	3306	1823600	
私营有限责任公司	47	3123	1114381	
私营股份有限公司	3	183	709219	
港、澳、台商投资企业	2	196	4241	
与港澳台商合资经营企业	1	184	897	
港澳台商独资企业	1	12	3344	
外商投资企业	1	21	39308	
中外合资经营企业	1	21	39308	
按控股情况分				
国有控股	19	4095	2775421	
集体控股	5	231	176655	
私人控股	78	5417	2471199	123
港澳台商控股	2	33	42652	
其他	10	410	119916	
按经营形式分				
独立门店	80	6146	4744613	
连锁总店	3	173	9093	
连锁门店	1	12	3344	
其他	30	3855	828792	123
按单位规模分				
大型	10	5505	1443563	
中型	40	3108	3857565	
小型	52	1312	277977	123
微型	12	261	6738	

企业商品购进、销售、库存总额

单位:万元

商品销售额	# 通过公共网络实现的销售额	批　发	出　口	零　售	# 通过公共网络实现的零售额	期末商品库存额	年末零售营业面积（平方米）
10835635	**583880**	**5737094**	**5211**	**5098541**	**97816**	**957413**	**1798066**
6729593	483264	5582492	3243	1147100		410722	595815
1300040		1138824		161216		31126	376490
1123428	428319	787215		336214		189922	30744
249353	54946	175582	2641	73771		5811	64548
114828		114828				2179	181
289914		255081		34833		37693	16480
3463941		2950003		513938		107535	80161
182563		155434	602	27129		35994	26711
5526		5526				462	500
6667567	434129	5520933	3243	1146634		410679	594667
506826	428319	412487		94339		140827	1800
888392	5810	692338	3243	196053		71324	81190
102668		102668				12790	1700
785724	5810	589671	3243	196053		58534	79490
3188326		2694749		493577		98995	279909
2084024		1721360		362664		99533	231768
1141603		821632		319971		98711	88718
942421		899728		42693		822	143050
12890		12424		467		32	148
9037		9037				32	8
3854		3387		467			140
49135	49135	49135				11	1000
49135	49135	49135				11	1000
3381393	428319	2796386		585007		236847	4197
265025		265025				4057	9349
2881742		2366901	3243	514841		155594	357003
52989	49135	52522		467		11	1140
148444	5810	101658		46786		14211	224126
5667854	54946	5017767		650087		371212	576165
10768		10768				1689	200
3854		3387		467			140
1047117	428319	550570	3243	496547		37821	19310
1791163	428319	978620		812544		67282	285142
4623659	49135	4318566		305093		270175	229674
303405		277878	2641	25527		62944	74821
11365	5810	7428	602	3937		10321	6178

16-4续表

	法人企业（个）	年末从业人数（人）	购进总额	进　口
零售业	271	31931	3692951	114545
按零售行业小类分				
综合零售	21	13896	676370	19
食品、饮料及烟草制品专门零售	19	657	171881	39281
纺织、服装及日用品专门零售	36	5920	353216	809
文化、体育用品及器材专门零售	14	830	41299	50
医药及医疗器材专门零售	11	987	65170	
汽车、摩托车、燃料及零配件专门零售	110	6713	1821511	73903
家用电器及电子产品专门零售	35	1807	297868	
五金、家具及室内装饰材料专门零售	11	918	221818	21
货摊、无店铺及其他零售业	14	203	43818	463
互联网零售	4	65	4215	
按登记注册类型分				
内资企业	267	30873	3587519	114545
国有企业	1	35	1292	
集体企业	2	57	1314	
有限责任公司	93	13871	1792575	59950
国有独资公司	1	22	858	809
其他有限责任公司	92	13849	1791718	59141
股份有限公司	8	1123	126709	14549
私营企业	161	15649	1648467	39996
私营合伙企业	1	33	9534	
私营有限责任公司	157	12029	1576424	39996
私营股份有限公司	3	3587	62510	
其他企业	2	138	17162	50
港、澳、台商投资企业	3	675	94604	
与港澳台商合资经营企业	2	290	82223	
港澳台商独资企业	1	385	12381	
外商投资企业	1	383	10828	
外资企业	1	383	10828	
按控股情况分				
国有控股	12	1505	225350	809
集体控股	6	363	42329	1325
私人控股	223	23030	2508970	107127
港澳台商控股	4	765	98254	
外商控股	1	383	10828	
其　他	25	5885	807221	5284
按经营形式分				
独立门店	204	23722	3110108	99058
连锁总店	5	1223	44509	
连锁门店	11	1945	93549	50
其　他	51	5041	444786	15437
按单位规模分				
大　型	10	15836	803435	
中　型	96	12586	2112624	71407
小　型	127	3167	717147	42654
微　型	38	342	59745	484
按零售业态分				
有店铺零售	253	31415	3638016	114535
大型超市	8	5016	182175	38254
百 货 店	21	12730	734124	
无店铺零售	18	516	54936	10

单位:万元

商品销售额	#通过公共网络实现的销售额	批　发	出　口	零　售	#通过公共网络实现的零售额	期末商品库存额	年末零售营业面积（平方米）
4106042	100616	154602	1968	3951441	97816	546691	1202251
879342		3123		876218		38300	438290
196005	176	12833	1058	183172	176	19673	46409
410172	33023	3781	900	406390	34406	77182	312738
52954	8	7513		45441	8	17119	14757
78776		10750		68027		10674	18133
1979789	43144	97558		1882230	39715	221255	271492
286466	21770	13468		272998	21307	48397	64702
178275	520	5222	10	173053	505	108055	15854
44264	1975	352		43911	1699	6038	19876
2258	1975	352		1906	1699	2633	572
3992859	100616	133382	1968	3859477	97816	537773	1177411
314				314		530	14
2513				2513		96	1416
2036416	32374	53065	910	1983351	33946	258742	771552
906				906		576	200
2035510	32374	53065	910	1982445	33946	258166	771352
147028				147028	17	26604	36652
1788240	68242	80317	1058	1707923	63853	250492	367077
8648		654		7994		9534	10000
1677940	68242	77055	1058	1600886	63853	231336	324934
101652		2608		99044		9622	32143
18348				18348		1309	700
101913		21219		80694		6053	9806
78898		21219		57678		3869	9287
23016				23016		2184	519
11270				11270		2866	15034
11270				11270		2866	15034
288548	14783	22237		266311	14783	31881	54725
53475				53475		6624	22436
2831133	68438	93348	1968	2737786	65638	323842	774728
105916		21219		84696		6229	11336
11270				11270		2866	15034
815700	17395	17797		797903	17395	175250	323992
3484342	73254	112370	1968	3371973	74297	405342	1005155
53988		2687		51302		8489	32171
106130	8			106130	8	6740	92209
461582	27354	39545		422037	23510	126120	72716
1001884				1001884		67640	357004
2239602	60015	82095		2157507	60032	357763	611069
791784	39758	69030	1958	722754	37779	108995	214420
72773	843	3477	10	69296	5	12293	19758
4053223	98239	150063	1968	3903160	95715	534188	1185067
229483				229483		27537	116427
930447		3534		926914		52969	606162
52819	2377	4538		48281	2100	12503	17184

16-5 住宿餐饮法人

项　　目	法人企业（个）	从业人数（人）	营业额	#使用银行卡支付的营业额	客房收入	#公共网络实现的客房收入
总　计	**142**	**14316**	**221687**	**48935**	**87859**	**7863**
住 宿 业	62	8224	134863	38389	67899	7435
按住宿行业中类分组						
旅游饭店	47	7389	110512	27864	49691	7432
一般饭店	13	704	22535	10524	17103	3
其他住宿业	2	131	1816		1105	
按登记注册类型分组						
内资企业	60	7768	123658	38181	63154	7435
国有企业	7	994	14870	5999	5288	407
集体企业	1	232	1663	734	700	
有限责任公司	19	3792	50161	7019	22901	5031
其他有限责任公司	18	3032	42416	7019	20065	4948
股份有限公司	4	234	6056		2304	
私营企业	28	2436	48782	24429	30978	1997
私营独资企业	1	45	360	180	360	
私营有限责任公司	27	2391	48422	24249	30618	1997
其他企业	1	80	2127		985	
外商投资企业	2	456	11204	208	4744	
外资企业	2	456	11204	208	4744	
按控股情况分组						
国有控股	11	2050	25979	6329	9708	499
集体控股	1	232	1663	734	700	
私人控股	38	3616	65615	26487	41121	5001
外商控股	2	456	11204	208	4744	
其　他	10	1870	30402	4631	11626	1935
按经营形式分组						
独立门店	60	8113	133215	37845	66251	7389
连锁总店	1	75	835		835	
其　他	1	36	813	543	813	46
按单位规模分组						
大　型	2	1055	20619	3844	6830	323
中　型	15	4316	66684	20102	28053	4977
小　型	44	2793	47529	14443	33009	2135
微　型	1	60	31		7	
按星级分组						
五　星	7	3113	49884	12372	19458	1096
四　星	9	1497	25384	7477	10399	3352
三　星	12	1350	14051	894	6266	118
二　星	2	165	2874		224	
其　他	32	2099	42670	17646	31552	2870

企业经营情况

单位:万元

餐费收入	#公共网络实现的餐费收入	商品销售收入	其他收入	客房数(间)	床位数(个)	餐位数(位)	年末餐饮营业面积(平方米)
121672	**4406**	**645**	**11511**	**15091**	**25766**	**59063**	**346764**
57095	3941	200	9669	10697	18195	23300	127246
51019	3941	169	9633	9179	15437	19828	100600
5406		8	18	1368	2478	2912	17346
671		23	18	150	280	560	9300
52208	3941	200	8097	10100	17337	22868	123646
6354	69	73	3156	927	1598	3744	16750
963				142	264	530	3500
24368	3617	83	2810	4340	7158	9360	38010
19838	3538		2513	3939	6510	7188	36110
2927			825	509	906	815	4700
16454	256	44	1305	4022	7132	8119	57836
				100	200		
16454	256	44	1305	3922	6932	8119	57836
1142				160	279	300	2850
4888			1572	597	858	432	3600
4888			1572	597	858	432	3600
12662	192	156	3454	1627	2782	6728	21730
963				142	264	530	3500
22850	1597	44	1599	6194	10948	11199	75366
4888			1572	597	858	432	3600
15732	2152		3044	2137	3343	4411	23050
57095	3941	200	9669	10363	17667	23300	127246
				221	330		
				113	198		
11157	350		2633	698	1006	1620	6800
33761	3491	155	4716	4552	7568	13886	66380
12160	100	45	2315	5359	9477	7414	46666
18			6	88	144	380	7400
26690	632	83	3653	2782	4240	7502	20930
12302	2910	72	2612	1643	2766	6156	39140
5603			2182	1923	3193	3088	20220
1875			775	103	222	1215	2200
10625	399	45	448	4246	7774	5339	44756

16-5续表

项目	法人企业（个）	从业人数（人）	营业额	#使用银行卡支付的营业额	客房收入	#通过公共网络实现的客房收入
餐饮业	80	6092	86824	10546	19960	428
按餐饮行业中类分组						
正餐服务	77	5747	79937	10546	19610	428
快餐服务	2	313	6456			
其他餐饮业	1	32	431		350	
按登记注册类型分组						
内资企业	79	5875	83393	10546	19960	428
国有企业	4	432	4034		1308	
集体企业	1	80	536		78	
有限责任公司	29	2477	34679	5907	8148	92
其他有限责任公司	28	2420	33095	5907	6858	92
股份有限公司	2	260	1369		296	
私营企业	42	2556	42579	4639	10130	336
私营独资企业	3	131	1623		3	
私营有限责任公司	36	2244	37948	4427	9005	336
私营股份有限公司	3	181	3008	213	1122	
其他企业	1	70	196			
港、澳、台商投资企业	1	217	3431			
港、澳、台商独资经营企业	1	217	3431			
按控股情况分组						
国有控股	5	499	7172		1575	
集体控股	3	321	2241		589	
私人控股	62	4091	58663	7695	14353	428
港澳台商控股	1	217	3431			
其　他	9	964	15317	2851	3443	
按经营形式分组						
独立门店	75	5760	82464	9281	19195	353
连锁总店	1	109	655			
连锁门店	3	111	1376	268	765	75
其　他	1	112	2329	997		
按单位规模分						
中　型	10	1835	28417	6977	6050	213
小　型	66	4211	56843	3228	13716	167
微　型	4	46	1564	342	195	47

单位：万元

餐费收入	#公共网络实现的餐费收入	商品销售收入	其他收入	客房数（间）	床位数（个）	餐位数（位）	年末餐饮营业面积（平方米）
64577	465	445	1842	4394	7571	35763	219518
58087	465	435	1805	4241	7368	34722	216655
6456						1009	2743
34		10	37	153	203	32	120
61146	465	445	1842	4394	7571	34864	217775
2159			566	499	956	1770	10580
458				34	73	200	1508
25370	223	385	776	1673	2806	13254	94737
25100	223	385	752	1476	2508	12654	92940
1048		26		128	266	1560	3761
31915	242	34	500	2060	3470	17930	104639
1619				13	28	1150	3500
28565	242	34	345	1688	2856	13580	90354
1731			155	359	586	3200	10785
196						150	2550
3431						899	1743
3431						899	1743
5006			590	423	756	3286	16570
1488			164	255	509	1180	13269
43483	344	249	579	3029	5089	26590	161196
3431						899	1743
11168	121	197	510	687	1217	3808	26740
61246	465	244	1779	4074	7094	33657	210648
655						762	2400
544		31	37	320	477	802	4280
2132		171	26			542	2190
21863	94	171	334	996	1651	7027	49089
41345	311	275	1508	3353	5820	27768	151382
1369	61			45	100	968	19047

16-6 限额以上批发零售

指标名称	法人企业数(个)	流动资产合计	存货	固定资产合计	固定资产原价
总　计	**385**	**3752573**	**741110**	**544309**	**787116**
批发业	114	1585441	420973	346829	480214
按批发行业小类分					
农、林、牧产品批发	5	72672	40359	73891	97160
食品、饮料及烟草制品批发	18	421175	188556	40093	74161
纺织、服装及家庭用品批发	15	29463	5046	25098	25601
文化、体育用品及器材批发	5	73101	2371	18119	28354
医药及医疗器材批发	12	184389	35502	4947	7218
矿产品、建材及化工产品批发	35	653696	114505	175442	232263
机械设备、五金产品及电子产品批发	22	143748	34078	9135	15059
其他批发业	2	7197	556	103	398
按登记注册类型分					
内资企业	111	1573132	420919	346820	480162
国有企业	4	319976	141138	29974	56726
有限责任公司	40	514798	112681	122023	137408
国有独资公司	2	69076	12790	901	1252
其他有限责任公司	38	445721	99891	121123	136156
股份有限公司	17	436996	98610	144343	202644
私营企业	50	301362	68490	50480	83384
私营有限责任公司	47	297522	67681	23821	49393
私营股份有限公司	3	3840	810	26659	33991
港、澳、台商投资企业	2	5389	43	9	52
合资经营企业(港或澳、台资)	1	1756	38	7	31
港、澳、台商独资经营企业	1	3633	5	2	21
外商投资企业	1	6919	11		
按控股情况分					
国有控股	19	598078	241719	110277	179980
集体控股	5	137557	3894	2051	5166
私人控股	78	747145	160813	194919	242607
港澳台商控股	2	10553	16	2	21
其　他	10	92108	14531	39580	52441
按经营形式分					
独立门店	80	1285811	378492	265590	346202
连锁总店	3	2977	1689	1	36
连锁门店	1	3633	5	2	21
其　他	30	293020	40788	81236	133955
按单位规模分					
大　型	10	320004	38019	160758	231983
中　型	40	980898	308865	169392	218774
小　型	52	185868	63737	12728	23307
微　型	12	98670	10352	3951	6150

贸易企业财务状况

单位：万元

累计折旧	本年折旧	在建工程	资产总计	流动负债合计	应付帐款
247522	**47189**	**117551**	**5151267**	**3541269**	**645402**
136898	17221	110051	2481680	1474418	342522
23904	2494	6502	165187	79965	597
34897	3165	1188	523177	287056	57649
530	195	273	56167	38366	4974
10235	983		100900	52671	10921
2271	299	530	192288	158206	93563
57637	9352	101290	1274329	727710	100723
7130	710	269	162309	123616	72534
295	25		7324	6828	1562
136855	17212	110051	2469266	1470701	342506
26752	2730	32	404037	203531	36825
15967	2581	55752	880766	478419	147117
351	142		70134	60798	24811
15616	2439	55752	810632	417622	122305
59448	9708	52641	738420	524763	18410
34689	2193	1626	446044	263988	140155
27040	2031	1309	410849	244711	139721
7649	162	317	35195	19277	434
43	10		5495	2113	17
24	8		1836	1835	17
19	2		3659	278	
			6919	1605	
70239	10061	9121	827338	530871	78322
3942	135	43252	194452	175669	4668
49518	4503	57318	1307606	667640	251536
19	2		10578	1883	
13180	2521	361	141706	98355	7997
83328	8843	101101	1925733	1219115	283565
35			2982	2738	1478
19	2		3659	278	
53517	8377	8950	549307	252288	57480
71545	10930	10005	552464	286975	75005
49699	5147	98438	1507226	983013	179314
11686	735	1337	286714	167311	59348
3969	410	270	135277	37119	28856

16-6续表1

指标名称	负债合计	所有者权益合计				
			实收资本	国家资本	集体资本	法人资本
总　计	**3982238**	**1169029**	**572363**	**74858**	**22483**	**316700**
批发业	1678861	802819	299170	61903	20503	147536
按批发行业小类分						
农、林、牧产品批发	86314	78873	20468			11598
食品、饮料及烟草制品批发	296532	226646	31344	20246	1998	2300
纺织、服装及家庭用品批发	38667	17499	2437			1649
文化、体育用品及器材批发	58324	42576	29714	27014		
医药及医疗器材批发	158208	34080	25543			23091
矿产品、建材及化工产品批发	910767	363562	160064	14592	18505	100704
机械设备、五金产品及电子产品批发	123208	39101	28800	50		7769
其他批发业	6842	483	800			425
按登记注册类型分						
内资企业	1675142	794124	298883	61903	20503	147536
国有企业	209654	194383	20246	20246		
有限责任公司	587684	293081	151689	12239	11000	109926
国有独资公司	60798	9336	5050	50		5000
其他有限责任公司	526887	283745	146639	12189	11000	104926
股份有限公司	539297	199123	56267	28918	9503	5200
私营企业	338507	107537	70682	500		32410
私营有限责任公司	318421	92428	63482	500		26910
私营股份有限公司	20087	15109	7200			5500
港、澳、台商投资企业	2114	3381	287			
合资经营企业(港或澳、台资)	1836					
港、澳、台商独资经营企业	278	3381	287			
外商投资企业	1605	5314				
按控股情况分						
国有控股	551211	276127	69655	61403		7942
集体控股	175704	18748	13795		10503	503
私人控股	851420	456185	203838	500	10000	137242
港澳台商控股	1883	8696	287			
其　他	98643	43063	11596			1849
按经营形式分						
独立门店	1354478	571255	259573	45371	19503	143652
连锁总店	2738	243	50			50
连锁门店	278	3381	287			
其　他	321368	227939	39261	16532	1000	3834
按单位规模分						
大　型	301516	250948	55528	31808		10500
中　型	1111463	395763	176176	27406	17505	117856
小　型	229171	57543	56660	500	2998	15338
微　型	36712	98565	10807	2189		3842

单位：万元

			营业收入	
个人资本	港澳台资本	外商资本		主营业务收入
151320	**7002**		**9754002**	**9699396**
68941	287		6037563	6022077
8870			1270728	1270728
6800			1115447	1110213
501	287		249862	249809
2700			84840	82287
2452			261914	261540
26262			2886307	2879093
20981			161662	161605
375			6803	6803
68941			5977457	5962024
			439324	437729
18525			957368	953076
			102670	102639
18525			854698	850437
12646			2584882	2575705
37771			1995883	1995514
36071			1053526	1053157
1700			942357	942357
	287		10971	10918
			7677	7629
	287		3294	3289
			49135	49135
310			2707988	2697182
2789			263643	263621
56096			2862992	2858662
	287		52429	52424
9747			150512	150189
51047			5094215	5086103
			9204	9204
	287		3294	3289
17895			930851	923481
13220			1605036	1595383
13408			4138358	4133035
37537	287		284717	284504
4776			9453	9156

16-6续表2

指标名称	营业成本	主营业务成本	营业税金及附加	主营业务税金及附加	其他业务利润
总　计	**8743257**	**8686154**	**126208**	**125607**	**42242**
批发业	5582537	5531291	81255	80938	4511
按批发行业小类分					
农、林、牧产品批发	1211021	1211021	1513	1513	535
食品、饮料及烟草制品批发	850408	805488	74007	74003	668
纺织、服装及家庭用品批发	224199	224154	3770	3770	499
文化、体育用品及器材批发	78145	77509	301	66	1682
医药及医疗器材批发	244954	244954	372	372	25
矿产品、建材及化工产品批发	2823704	2818092	988	909	834
机械设备、五金产品及电子产品批发	144922	144890	277	277	267
其他批发业	5183	5183	28	28	
按登记注册类型分					
内资企业	5529707	5478506	81152	80835	4503
国有企业	328471	327558	39795	39791	612
有限责任公司	856503	812500	15497	15465	1020
国有独资公司	94797	94797	152	152	
其他有限责任公司	761705	717702	15345	15314	1020
股份有限公司	2524688	2518440	5153	4871	1910
私营企业	1820045	1820008	20708	20708	961
私营有限责任公司	889572	889536	20057	20057	961
私营股份有限公司	930472	930472	651	651	
港、澳、台商投资企业	10727	10682	9	9	8
合资经营企业(港或澳、台资)	7793	7751	1	1	7
港、澳、台商独资经营企业	2935	2931	9	9	1
外商投资企业	42103	42103	94	94	
按控股情况分					
国有控股	2561898	2554695	40707	40462	2337
集体控股	258680	258680	22	22	37
私人控股	2584495	2540458	39504	39478	1953
港澳台商控股	45038	45034	102	102	1
其　他	132427	132424	920	874	183
按经营形式分					
独立门店	4787629	4742063	40831	40570	3804
连锁总店	7772	7772	13	13	
连锁门店	2935	2931	9	9	1
其　他	784201	778525	40402	40346	706
按单位规模分					
大　型	1331327	1325116	59736	59497	2068
中　型	3978890	3933896	21106	21081	1768
小　型	265405	265364	295	294	505
微　型	6915	6915	118	66	170

单位：万元

销售费用	管理费用		财务费用		
		税金		利息收入	利息支出
302544	**276535**	**46965**	**69839**	**16863**	**48868**
125067	115650	26336	23744	12787	25687
18253	24675	6461	1664	508	1623
27208	57557	18169	1087	5054	340
6006	2066	53	225	-14	15
1880	4107	59	-1647	1695	45
5903	3255	27	1389	138	922
56643	14356	1425	19256	5382	22260
8643	9107	127	1397	25	108
530	527	15	374		374
122531	115184	26325	23730	12787	25687
9527	21636	742	-683	5041	
30730	39815	16466	14201	1868	14931
1805	1216		1104	132	903
28925	38599	16466	13097	1735	14028
34622	20948	4824	5731	5782	9335
47652	32784	4293	4481	97	1421
47241	26385	1484	4346	86	1415
410	6399	2809	135	11	6
1823	32	8	3		
1609			1		
214	32	8	2		
712	434	2	12		
44645	32617	1699	1343	7560	2969
1476	2617	156	3652	2466	5775
74177	70940	20829	15878	2447	14362
926	466	11	13		
3843	9010	3641	2857	314	2581
80191	89232	24641	24242	6742	21821
1017	384		-1	2	
214	32	8	2		
43645	26002	1686	-499	6043	3865
70307	50188	5166	-3979	7386	1106
40609	53954	20885	25461	4681	23218
13117	10018	253	2830	112	1292
1034	1490	32	-567	609	70

16-6续表3

指标名称	资产减值损失	公允价值变动收益	投资收益	营业利润
总计	**1159**	**-33**	**12969**	**263854**
批发业	885		8619	117480
按批发行业小类分				
农、林、牧产品批发			-9	13594
食品、饮料及烟草制品批发	-36		112	105385
纺织、服装及家庭用品批发	-2			13875
文化、体育用品及器材批发	670		3	1471
医药及医疗器材批发	44			5997
矿产品、建材及化工产品批发	199		8513	-20306
机械设备、五金产品及电子产品批发	11			-2696
其他批发业				160
按登记注册类型分				
内资企业	885		8619	113323
国有企业	-36		112	40726
有限责任公司	216		2915	3341
国有独资公司	8			3588
其他有限责任公司	207		2915	-247
股份有限公司	670		5592	-1282
私营企业	36			70538
私营有限责任公司	36			66249
私营股份有限公司				4289
港、澳、台商投资企业				-1624
合资经营企业(港或澳、台资)				-1726
港、澳、台商独资经营企业				103
外商投资企业				5781
按控股情况分				
国有控股	729		1015	27071
集体控股	11		19	-2778
私人控股	147		5464	83725
港澳台商控股				5883
其他	-2		2121	3577
按经营形式分				
独立门店	923		5459	77091
连锁总店				18
连锁门店				103
其他	-38		3160	40268
按单位规模分				
大型	632		-6	96819
中型	204		3143	21554
小型	49		19	-6788
微型	1		5462	5894

单位：万元

营业外收入	政府补助	利润总额	应交所得税	应付职工薪酬（本年贷方累计发生额）	应交增值税
25669	**17234**	**229355**	**29273**	**144615**	**63446**
18367	13708	118051	15485	56951	21467
2183	13	15270	1	1446	661
10165	9797	98661	12677	23747	18204
79	22	14129	96	4749	1538
3		1465	3	2443	43
154		6169	1297	2278	2293
4817	3083	-16204	815	15433	-3273
858	792	-1709	595	6739	1967
110	2	270		116	34
18322	13708	113881	15393	55912	20468
8448	8240	48817	12042	19335	18022
1742	829	11058	1763	12126	5049
13		3600	929	1458	1263
1730	829	7458	834	10668	3786
7896	4640	5755	441	15712	-6484
236		48251	1147	8739	3881
184		44153	1144	7903	2484
52		4098	3	837	1397
17		-1639	13	832	72
		-1727		778	
17		88	13	54	72
29		5810	79	207	927
10599	9796	35250	12971	34615	13039
3958	3083	1042	453	1122	25
1880	829	68537	1884	19361	6898
45		5898	92	260	999
1884		7325	85	1593	506
17450	13566	77129	3402	26681	2134
		18	5	65	134
17		88	13	54	72
901	142	40816	12065	30151	19127
2661		96806	12435	31797	18691
13461	11877	20037	2872	17252	-511
2218	1831	-4724	178	6096	3017
27		5932		1806	270

16-6续表4

指标名称	法人企业数(个)	流动资产合计	存货	固定资产合计	固定资产原价
零售业	271	2167133	320137	197480	306903
按零售行业小类分					
综合零售	21	602582	26453	40859	73957
食品、饮料及烟草制品专门零售	19	42898	15928	9475	11594
纺织、服装及日用品专门零售	36	163506	42872	8064	21679
文化、体育用品及器材专门零售	14	31731	19367	1042	2204
医药及医疗器材专门零售	11	52580	11837	2858	4224
汽车、摩托车、燃料及零配件专门零售	110	1066829	164930	100004	145255
家用电器及电子产品专门零售	35	144388	28411	2776	5619
五金、家具及室内装饰材料专门零售	11	21569	2219	22747	30656
货摊、无店铺及其他零售业	14	41049	8121	9655	11716
按登记注册类型分					
内资企业	267	1952145	312315	173210	270604
国有企业	1	1683	569	1378	1531
集体企业	2	891	96	63	248
有限责任公司	93	576643	133251	104875	159498
国有独资公司	1	660	410	197	197
其他有限责任公司	92	575983	132841	104678	159301
股份有限公司	8	45817	11642	6359	13704
私营企业	161	1323088	164964	60327	95119
私营合伙企业	1	1138	662	2656	6814
私营有限责任公司	157	1261571	154624	54179	82785
私营股份有限公司	3	60379	9679	3492	5520
其他企业	2	4023	1793	208	505
港、澳、台商投资企业	3	210890	6363	19763	30092
合资经营企业（港或澳、台资）	2	205566	4179	18821	28809
港澳台商独资经营企业	1	5324	2184	942	1283
外商投资企业	1	4097	1458	4508	6206
外资企业	1	4097	1458	4508	6206
按控股情况分组					
国有控股	12	66786	19392	13105	21163
集体控股	6	25464	4097	1355	2909
私人控股	223	1663070	225262	120244	187329
港澳台商控股	4	211752	6539	19789	30155
外商控股	1	4097	1458	4508	6206
其　他	25	195964	63388	38480	59142
按经营形式分组					
独立门店	204	1842007	250100	156415	238160
连锁总店	5	26658	6620	8717	11574
连锁门店	11	37959	6345	13363	16743
其　他	51	260509	57072	18986	40426
按单位规模分					
大　型	10	552963	25348	46321	83496
中　型	96	987706	200289	104662	157227
小　型	127	570282	83650	44838	63256
微　型	38	56182	10850	1659	2924
按零售业态分					
有店铺零售	253	2080695	309414	194425	303058
大型超市	8	106175	19533	10956	18682
百货店	21	538891	21726	36650	73547
无店铺销售	18	86437	10723	3055	3845
网上商店	8	10635	1963	1734	2040
电话购物	1	790	125		8

单位：万元

累计折旧	本年折旧	在建工程	资产总计	流动负债合计	应付帐款
110624	29967	7500	2669587	2066851	302879
33651	6918	2048	717989	464416	78026
2119	991	364	65706	53720	13066
13615	6603	846	214432	204132	32057
1162	307		39980	27949	13024
1413	423		58752	46653	28776
45852	11612	4098	1305909	1122765	84722
2843	1127	73	166507	85552	28381
7909	1270		48812	27736	10939
2061	715	70	51501	33929	13889
98596	27265	7189	2342998	1770495	292734
152			3061	1283	706
185	30		968	84	-4
55203	17313	2618	809884	638871	133332
			857	807	664
55203	17313	2618	809027	638065	132668
7345	1146	1439	58640	28299	8703
35413	8763	3132	1465889	1099664	149857
4158			3794	1143	494
29227	7851	3110	1395813	1037204	132140
2028	912	22	66283	61317	17224
297	13		4556	2293	140
10330	1919	308	316783	283478	7362
9988	1788	308	309065	280979	6541
342	131		7719	2499	821
1698	783	2	9806	12878	2784
1698	783	2	9806	12878	2784
8058	2025	124	92331	64546	37743
1554	246		28644	22028	1798
68239	14470	6174	1918556	1415229	209519
10366	1955	308	317691	285735	9524
1698	783	2	9806	12878	2784
20708	10488	891	302558	266434	41513
82927	19438	4640	2241468	1783307	211118
2858	975	360	51172	37472	10554
3380	2342	1494	59172	46698	18914
21459	7212	1005	317776	199374	62294
37708	10131	1380	679687	394087	57549
52642	14428	4391	1298568	1052204	148450
19009	5115	1710	630882	571136	84214
1265	293	20	60450	49424	12667
109834	29612	7423	2579080	2014784	280769
7726	3657	1372	130608	125380	38443
37430	9521	1504	677641	432772	49723
790	355	77	90507	52067	22110
306	208	26	12542	12632	2113
8			790	802	552

16-6续表5

指标名称	负债合计	所有者权益合计				
			实收资本	国家资本	集体资本	法人资本
零售业	2303377	366210	273193	12955	1980	169163
按零售行业小类分						
综合零售	643600	74389	50404		1100	45650
食品、饮料及烟草制品专门零售	57041	8665	13190	1153		8265
纺织、服装及日用品专门零售	212894	1538	24969	560	30	20313
文化、体育用品及器材专门零售	27992	11988	11651	50		1012
医药及医疗器材专门零售	46653	12099	6200	1934		700
汽车、摩托车、燃料及零配件专门零售	1128771	177138	114943	9258	500	71953
家用电器及电子产品专门零售	96431	70077	35794		350	19202
五金、家具及室内装饰材料专门零售	39777	9034	8573			168
货摊、无店铺及其他零售业	50218	1283	7470			1901
按登记注册类型分						
内资企业	2007021	335977	256236	12955	1980	166012
国有企业	1349	1711	653	653		
集体企业	84	884	30		30	
有限责任公司	695888	113997	115960	4344	500	84537
国有独资公司	807	50	50	50		
其他有限责任公司	695081	113947	115910	4294	500	84537
股份有限公司	28299	30340	20487	7448	1100	10889
私营企业	1279107	186782	117606	510	350	69386
私营合伙企业	1143	2651	1020	510		510
私营有限责任公司	1216647	179165	114086		350	66576
私营股份有限公司	61317	4966	2500			2300
其他企业	2293	2263	1500			1200
港、澳、台商投资企业	283478	33305	13806			
合资经营企业（港或澳、台资）	280979	28086	11866			
港澳台商独资经营企业	2499	5219	1940			
外商投资企业	12878	-3072	3152			3152
外资企业	12878	-3072	3152			3152
按控股情况分组						
国有控股	64831	27500	17271	12445		1740
集体控股	22028	6617	4680		1180	3500
私人控股	1638315	280241	191840	510	800	130153
港澳台商控股	285735	31956	13806			
外商控股	12878	-3072	3152			3152
其　他	279589	22969	42445			30619
按经营形式分组						
独立门店	1984160	257308	190613	2673	1630	115229
连锁总店	40556	10616	11166	1934		8566
连锁门店	58910	261	16175			13875
其　他	219751	98025	55239	8348	350	31493
按单位规模分						
大　型	582512	97175	52053	9382		42305
中　型	1083423	215146	132072	1540	1450	81173
小　型	587423	43458	68954	2033	530	37341
微　型	50019	10431	20113			8345
按零售业态分						
有店铺零售	2251280	327800	264308	12955	1980	164928
大型超市	125380	5228	17312			15188
百货店	621075	56566	49700	510	1100	44244
无店铺销售	52097	38410	8885			4235
网上商店	12662	-121	3851			2801
电话购物	802	-12	100			

单位：万元

个人资本	港澳台资本	外商资本	营业收入	主营业务收入
82379	6716		3716439	3677319
3654			825750	804964
3773			195276	195261
2126	1940		361614	359953
10589			50175	46804
3566			82104	81596
28455	4776		1702614	1692752
16242			281570	278660
8405			177809	177809
5569			39528	39520
75289			3614778	3579651
			320	314
			2345	2345
26579			1902851	1890720
			906	906
26579			1901945	1889814
1050			133852	131041
47360			1556427	1536248
			8648	8648
47160			1454251	1440121
200			93528	87478
300			18983	18983
7090	6716		89460	86398
7090	4776		69691	66630
	1940		19769	19769
			12201	11270
			12201	11270
3086			264711	261797
			47624	46950
60377			2551618	2522244
7090	6716		92881	89819
			12201	11270
11826			747405	745238
64366	6716		3105167	3072028
666			50074	48649
2300			95324	90930
15047			465874	465712
366			917445	905994
41194	6716		1992928	1971492
29051			737272	733895
11769			68795	65938
77729	6716		3642428	3603370
2124			243626	231936
1906	1940		820664	811594
4650			74011	73949
1050			18298	18283
100			1296	1296

16-6续表6

指标名称	营业成本	主营业务成本	营业税金及附加	主营业务税金及附加	其他业务利润
零售业	3160720	3154863	44953	44669	37731
按零售行业小类分					
综合零售	726847	725914	6545	6401	22466
食品、饮料及烟草制品专门零售	169844	169834	1368	1364	32
纺织、服装及日用品专门零售	280861	280778	10113	10113	3404
文化、体育用品及器材专门零售	40299	40098	720	642	892
医药及医疗器材专门零售	70186	70182	240	240	82
汽车、摩托车、燃料及零配件专门零售	1493010	1489616	17122	17068	5986
家用电器及电子产品专门零售	234810	233589	2694	2690	4577
五金、家具及室内装饰材料专门零售	108315	108315	6116	6116	
货摊、无店铺及其他零售业	36548	36539	35	35	292
按登记注册类型分					
内资企业	3076654	3072766	43129	42845	36562
国有企业	1253	1247			
集体企业	1552	1552	15	15	624
有限责任公司	1590817	1588636	24920	24802	12605
国有独资公司	858	858	7	7	
其他有限责任公司	1589959	1587778	24913	24795	12605
股份有限公司	118281	118263	264	153	4746
私营企业	1346885	1345203	17888	17833	18587
私营合伙企业	5462	5462	3	3	
私营有限责任公司	1264809	1263126	17378	17323	12538
私营股份有限公司	76614	76614	507	507	6050
其他企业	17866	17866	42	42	
港、澳、台商投资企业	74347	72377	1739	1739	1076
与港澳台商合资经营企业	62353	60383	1585	1585	777
港澳台商独资经营企业	11994	11994	154	154	299
外商投资企业	9720	9720	85	85	93
外资企业	9720	9720	85	85	93
按控股情况分组					
国有控股	227835	227580	1222	1110	1023
集体控股	44337	44337	76	76	1375
私人控股	2258467	2255241	21010	20838	28795
港澳台商控股	77474	75504	1746	1746	1076
外商控股	9720	9720	85	85	93
其　他	542888	542482	20814	20814	5369
按经营形式分组					
独立门店	2634740	2628972	42540	42405	27135
连锁总店	38325	38321	262	262	198
连锁门店	80072	80017	662	517	6175
其　他	407583	407554	1490	1486	4222
按单位规模分					
大　型	808509	808491	9714	9714	11969
中　型	1642196	1638688	28985	28708	21643
小　型	647075	646001	6167	6161	2504
微　型	62940	61683	87	87	1616
按零售业态分					
有店铺零售	3099935	3094082	44319	44038	37720
大型超市	204720	204688	1591	1481	13227
百货店	717101	716201	12598	12564	9525
无店铺销售	60785	60782	634	631	11
网上商店	16492	16488	96	93	11
电话购物	1304	1304			

单位：万元

销售费用	管理费用		财务费用		
		税金		利息收入	利息支出
177477	160885	20629	46095	4076	23182
28370	40755	3193	22517	-52	9425
5187	3213	212	884	16	849
19378	29443	628	1955	482	181
5395	3853	279	278	-2	102
6720	3432	96	84	65	
85382	58003	15735	14906	3590	8790
18770	15815	223	2251	-27	873
6289	5032	249	1639	3	1622
1986	1339	15	1579	2	1340
168203	154920	20629	40602	4017	23162
79	179		16	1	18
545	111	3	-3	-3	
92422	89754	17966	13066	493	9939
13	12	1			
92409	89742	17965	13066	493	9939
10580	2599	75	419	62	184
64239	61938	2586	27104	3465	13033
196	1540		62		
58510	50561	2365	26370	3447	12512
5533	9837	220	672	18	521
338	339			-2	-11
6905	4037		5119	59	20
2979	3939		5158		
3926	98		-39	59	20
2369	1928		375		
2369	1928		375		
16249	5007	365	659	83	132
1582	1653	38	-84	239	38
101754	90111	5161	34088	3622	17768
7712	4037		5124	61	27
2369	1928		375		
47811	58149	15066	5934	70	5216
130237	133194	19771	42147	3968	21866
7529	4343	69	599	66	204
15581	3143	61	217	57	26
24131	20205	729	3132	-15	1086
19532	38827	3209	22158	-53	9376
124905	97422	16752	18842	552	7582
30269	20744	634	4523	3594	5653
2771	3892	35	573	-17	572
174191	156448	20612	46129	4160	23137
18962	13607	284	1001	66	481
19290	43098	3053	22188	-57	9080
3287	4437	18	-34	-84	45
2623	851	12	21	2	15
35	14				

16-6续表7

指标名称	资产减值损失	公允价值变动收益	投资收益	营业利润
零售业	274	-33	4351	146375
按零售行业小类分				
综合零售	-37		4939	6021
食品、饮料及烟草制品专门零售	3			14810
纺织、服装及日用品专门零售	261	-103		30538
文化、体育用品及器材专门零售			-46	-417
医药及医疗器材专门零售				1399
汽车、摩托车、燃料及零配件专门零售	47	69	-579	34576
家用电器及电子产品专门零售			37	10851
五金、家具及室内装饰材料专门零售				50419
货摊、无店铺及其他零售业				-1823
按登记注册类型分				
内资企业	214	-33	4463	151510
国有企业				-1208
集体企业		69	70	154
有限责任公司	291		404	106498
国有独资公司				17
其他有限责任公司	291		404	106482
股份有限公司	5			1705
私营企业	-82	-103	3990	43962
私营合伙企业				1385
私营有限责任公司	-87	-103	3990	42207
私营股份有限公司	5			370
其他企业				399
港、澳、台商投资企业	2		-113	-2801
与港澳台商合资经营企业	2		-113	-6436
港澳台商独资经营企业				3635
外商投资企业	58			-2334
外资企业	58			-2334
按控股情况分组				
国有控股				13739
集体控股		69	70	89
私人控股	213	-103	4394	51888
港澳台商控股	2		-113	-3325
外商控股	58			-2334
其　他	1			86317
按经营形式分组				
独立门店	170	-33	4345	138756
连锁总店	58			-1042
连锁门店	5			-4356
其　他	41		6	13017
按单位规模分				
大　型	-127		4939	23786
中　型	394		-122	95274
小　型		-33	-466	28814
微　型	7			-1499
按零售业态分				
有店铺零售	271	-33	4351	141340
大型超市	95			3662
百货店	-132		4939	22723
无店铺销售	3			5034
网上商店	3			-1652
电话购物				-57

单位：万元

营业外收入	政府补助	利润总额	应交所得税	应付职工薪酬（本年贷方累计发生额）	应交增值税
7301	3526	111304	13788	87664	41979
1499	92	7603	2369	20143	4295
2505	2502	17689	552	1988	9810
111	15	31409	2408	14624	2505
97		-309	54	3019	424
5		1389	254	4077	1392
2048	2	-6305	4147	33847	11890
381	265	11234	3923	5863	11013
4		49767	54	3424	335
651	650	-1173	29	679	315
6519	3526	115866	12823	84303	40552
1209	1209			97	
		110	28	434	104
2793	1640	67523	4436	35840	24546
		12		25	53
2793	1640	67511	4436	35815	24493
129		2032	783	6818	908
2384	677	45774	7577	40629	14685
		2701		158	5
1842	677	42465	7461	34418	14234
543		608	116	6053	446
4		427		486	309
680		-2202	964	2516	1427
680		-6101		1988	1100
		3899	964	528	327
102		-2360		845	
102		-2360		845	
2209	2095	15822	1062	8162	6724
20		122	37	1995	568
3933	1432	53824	10930	58713	23079
685		-2720	990	2863	1492
102		-2360		845	
353		46617	769	15086	10116
5209	1972	100951	9092	61895	27974
512	405	-708	226	4281	1249
356		-4579	146	7420	604
1224	1150	15641	4323	14068	12152
820		24899	3425	25439	4754
2655	497	53120	7655	47811	23320
2898	2139	33531	2614	12961	13420
928	891	-246	94	1453	485
7033	3262	106105	11755	86398	41184
1135		4689	486	10905	5151
317	5	25287	3462	16392	3358
268	265	5200	2032	1266	795
265	265	-1486	50	906	573
		-57		13	

16-7 星级住宿业和限额以

指标名称	法人企业数（个）	流动资产合计	存货	固定资产合计
总计	**142**	**244242**	**35012**	**203541**
住宿业	62	165813	5379	120013
按住宿行业中类分组				
旅游饭店	47	161154	5132	118388
一般饭店	13	4153	227	1474
其他住宿服务	2	506	20	151
按登记注册类型分组				
内资企业	60	161975	5051	84487
国有企业	7	6145	947	24803
集体企业	1	233	59	1112
有限责任公司	19	30711	2575	34460
国有独资公司	1	4031	715	18379
其他有限责任公司	18	26680	1860	16081
股份有限公司	4	7416	262	551
私营企业	28	117370	1175	23243
私营有限责任公司	1	70	18	26
私营股份有限公司	27	117300	1157	23217
其他企业	1	100	33	318
外商投资企业	2	3838	328	35526
外资企业	2	3838	328	35526
按控股情况分组				
国有控股	11	11252	1850	43987
集体控股	1	233	59	1112
私人控股	38	133184	1769	24595
外商控股	2	3838	328	35526
其他	10	17306	1373	14792
按经营形式分组				
独立门店	60	163883	5371	119963
连锁总店（总部）	1	1459	7	50
其他	1	471		
按单位规模分				
大型	2	12962	728	41928
中型	15	135116	3356	70551
小型	44	17510	1286	7306
微型	1	225	8	228
按星级分组				
五星	7	124333	2289	81893
四星	9	13523	1211	28185
三星	12	6407	896	6824
二星	2	2193	118	553
其他	32	19357	865	2557

上餐饮企业财务状况

单位：万元

固定资产原价	累计折旧	本年折旧	在建工程	资产总计	流动负债合计	# 应付帐款
365663	**173434**	**24089**	**8514**	**514695**	**278900**	**49790**
244701	124689	11411	884	322843	159848	31383
240489	122101	11131	884	315402	151767	28458
3966	2491	231		6784	6591	2700
247	96	49		657	1490	225
184957	100470	8354	884	277997	156273	30502
48403	23600	1414		34846	25523	1539
2317	1206	115		1367	1929	1855
87073	52613	2978	504	83743	44548	19059
30220	11841	925	504	25119	3725	3635
56853	40772	2054		58624	40823	15424
2840	2290	49		8277	4801	1925
42410	19167	2203	380	147540	77748	6125
36	10	4		335	44	38
42374	19157	2199	380	147205	77704	6087
1913	1595	1595		2224	1724	
59745	24219	3057		44846	3575	881
59745	24219	3057		44846	3575	881
82040	38053	2575	504	63503	37118	12626
2317	1206	115		1367	1929	1855
49591	24995	4423	380	167702	96569	11851
59745	24219	3057		44846	3575	881
51009	36217	1241		45426	20657	4170
244575	124613	11387	884	320416	157284	31114
126	76	24		1957	2272	13
				471	292	256
91355	49426	3589		65713	6772	1665
132316	61765	4945	504	218200	118207	21454
20803	13498	2877	380	38182	34578	8130
228				749	291	133
160774	78881	6182	504	221398	73250	7839
56664	28479	1723		47650	40113	11325
17644	10820	2383		21036	12967	2799
1762	1208	2		2996	493	165
7858	5301	1121	380	29763	33025	9255

16-7续表1

指标名称	负债合计	所有者权益合计	实收资本	国家资本
总计	**410467**	**104228**	**159067**	**27090**
住宿业	238143	84700	103383	14465
按住宿行业中类分组				
旅游饭店	229973	85429	100702	14465
一般饭店	6681	103	1681	
其他住宿服务	1490	-833	1000	
按登记注册类型分组				
内资企业	215088	62909	69790	14465
国有企业	25633	9213	19177	3177
集体企业	1929	-562	157	
有限责任公司	55648	28095	15758	11000
国有独资公司	7685	17434	10000	10000
其他有限责任公司	47963	10661	5758	1000
股份有限公司	4801	3476	3293	288
私营企业	125353	22187	30905	
私营有限责任公司	44	291	300	
私营股份有限公司	125309	21896	30605	
其他企业	1724	500	500	
外商投资企业	23056	21790	33593	
外资企业	23056	21790	33593	
按控股情况分组				
国有控股	41188	22315	29817	13677
集体控股	1929	-562	157	
私人控股	144259	23442	35003	
外商控股	23056	21790	33593	
其他	27712	17714	4813	788
按经营形式分组				
独立门店	235580	84836	103154	14465
连锁总店（总部）	2272	-315	50	
其他	292	179	179	
按单位规模分				
大型	26971	38741	33968	
中型	174345	43855	58625	10875
小型	36537	1646	10686	3590
微型	291	458	104	
按星级分组				
五星	144299	77099	69828	10000
四星	45186	2465	20875	875
三星	13938	7098	5621	2691
二星	493	2504	1313	348
其他	34229	-4465	5746	551

单位：万元

					营业收入
集体资本	法人资本	个人资本	港澳台资本	外商资本	
13979	**72232**	**12122**	**50**	**33593**	**218467**
577	51110	3637		33593	135014
420	49122	3101		33593	110774
157	988	536			22424
	1000				1816
577	51110	3637			123810
	16000				16084
157					1206
420	3778	560			50761
					7746
420	3778	560			43015
	2010	994			5916
	28822	2083			48773
		300			360
	28822	1783			48413
	500				1070
				33593	11204
				33593	11204
	16140				27218
157					1206
	32470	2533			64960
				33593	11204
420	2500	1105			30425
577	50953	3566		33593	133017
	50				1184
	107	72			813
	1000			32968	20619
420	46450	880			67159
157	3660	2653		625	47205
		104			31
	26660	200		32968	49884
420	19000	580			25860
157	2618	155			13356
		965			2706
	2832	1738		625	43208

16-7续表2

指标名称	主营业务收入	营业成本	主营业务成本	营业税金及附加
总　计	**217097**	**88932**	**88825**	**11275**
住宿业	134155	53256	53236	6921
按住宿行业中类分组				
旅游饭店	109916	42283	42262	6105
一般饭店	22424	9809	9809	719
其他住宿服务	1816	1165	1165	98
按登记注册类型分组				
内资企业	122951	47197	47177	6316
国有企业	15461	7004	7003	887
集体企业	1206	532	532	56
有限责任公司	50668	20146	20146	2846
国有独资公司	7746	8241	8241	441
其他有限责任公司	42922	11905	11905	2405
股份有限公司	5916	2644	2644	243
私营企业	48630	16485	16465	2221
私营有限责任公司	360	126	106	20
私营股份有限公司	48270	16360	16360	2201
其他企业	1070	387	387	64
外商投资企业	11204	6059	6059	605
外资企业	11204	6059	6059	605
按控股情况分组				
国有控股	26596	17148	17147	1530
集体控股	1206	532	532	56
私人控股	64817	21662	21643	3142
外商控股	11204	6059	6059	605
其　他	30332	7855	7855	1589
按经营形式分组				
独立门店	132159	52973	52953	6830
连锁总店（总部）	1184	53	53	46
其　他	813	230	230	45
按单位规模分				
大　型	20619	7927	7927	1134
中　型	67066	26479	26479	3782
小　型	46446	18838	18818	2005
微　型	25	12	12	1
按星级分组				
五　星	49884	21324	21324	2800
四　星	25860	9343	9323	1452
三　星	12635	4657	4656	685
二　星	2706	1780	1780	108
其　他	43071	16153	16153	1876

单位：万元

主营业务税金及附加	其他业务利润	销售费用	管理费用		财务费用
				税　金	
11262	**7400**	**64593**	**67039**	**2700**	**2515**
6921	7346	35234	46447	1651	1295
6105	7369	32319	43769	1488	1262
719		2602	2282	163	30
98	-24	313	395		3
6316	7346	34453	40793	1081	57
887	-767	3109	7441	37	244
56			623	105	5
2846	8094	15653	16439	483	-487
441		209	1635		-43
2405	8094	15444	14804	483	-444
243		1204	1435	23	6
2221	19	14100	14656	434	219
20		31	208	4	9
2201	19	14069	14449	430	210
64		387	199		71
605		781	5654	569	1238
605		781	5654	569	1238
1530	-767	3627	10014	176	212
56			623	105	5
3142	361	20927	19511	457	279
605		781	5654	569	1238
1589	7751	9899	10645	344	-438
6830	7346	33816	46361	1651	1288
46		914	39		7
45		505	47		1
1134	7605	3654	10400	742	731
3782	9	19712	25897	664	343
2005	-274	11869	10136	240	222
1	6		15	6	
2800	7948	11755	23597	1089	797
1452	-782	6962	10428	155	294
685	6	4064	4348	316	114
108		86	356		-9
1876	174	12367	7718	91	99

16-7续表3

指标名称	# 利息支出	资产减值损失	投资收益	营业利润
总　计	**1300**	**32**	**266**	**-14160**
住宿业	334	3	266	-6696
按住宿行业中类分组				
旅游饭店	327	3	266	-13539
一般饭店	7			7026
其他住宿服务				-182
按登记注册类型分组				
内资企业	334	3	266	-3563
国有企业	220	3		-1804
集体企业				-10
有限责任公司	12		189	-3260
国有独资公司				-2738
其他有限责任公司	12		189	-522
股份有限公司	1		61	445
私营企业	101		16	1104
私营有限责任公司	9			-13
私营股份有限公司	92		16	1117
其他企业				-38
外商投资企业				-3133
外资企业				-3133
按控股情况分组				
国有控股	220	3		-4516
集体控股				-10
私人控股	102		16	-163
外商控股				-3133
其　他	12		250	1126
按经营形式分组				
独立门店	334	3	266	-6680
连锁总店（总部）				
其　他				-16
按单位规模分				
大　型				-3226
中　型	259	3	205	-8851
小　型	75		61	5378
微　型				4
按星级分组				
五　星				-10047
四　星	241	3	16	-1786
三　星	11		189	-153
二　星			61	445
其　他	81			4845

单位：万元

营业外收入	政府补助	利润总额	应交所得税	应付职工薪酬（本年贷方累计发生额）	应交增值税	从事住宿业活动的从业人员平均人数（人）
948		**-15718**	**1290**	**59796**	**-5236**	**14501**
410		-8041	948	38329	-5297	8452
409		-14759	368	32527	34	7666
1		6900	580	5571	-5332	656
		-182		230		130
386		-4460	948	34639	-5317	7966
18		-1463	9	4540	12	998
		-10		734	7	176
130		-4356	632	19243	-5346	3872
39		-2702	27	4085	1	793
91		-1653	605	15158	-5347	3079
165		560	59	1387		220
73		755	248	8718	10	2620
		-13	7	12		45
73		769	241	8706	10	2575
		53		17		80
24		-3581		3690	20	486
24		-3581		3690	20	486
60		-4277	169	10262	13	2087
		-10		734	7	176
131		-396	585	16219	-5337	3801
24		-3581		3690	20	486
195		223	193	7424		1902
397		-8038	948	34977	50	8334
				3320	-5347	85
12		-3		31		33
29		-3251		6253	20	1106
192		-9466	224	19293	15	4553
189		4672	724	12751	-5332	2733
		4		31		60
132		-11481	27	16316	22	3430
49		-1787	137	6222	12	1487
40		338	403	4704	7	1301
108		431	65	727		145
81		4458	317	10361	-5338	2089

16-7续表4

指 标 名 称	法人企业数（个）	流动资产合计	存 货	固定资产合计
餐 饮 业	80	78430	29633	83528
按餐饮行业中类分组				
正餐服务	77	73119	29293	82702
快餐服务	2	3415	284	573
其他餐饮业	1	1895	56	254
按登记注册类型分组				
内资企业	79	77256	29401	83193
国有企业	4	2707	197	17112
集体企业	1	420	74	12
有限责任公司	29	50830	23360	43469
其他有限责任公司	28	50403	23258	35780
股份有限公司	2	526	53	2275
私营企业	42	22704	5711	20325
私营独资企业	3	157	29	61
私营有限责任公司	36	20342	5490	18343
私营股份有限公司	3	2205	192	1921
其他企业	1	70	5	
港、澳、台商投资企业	1	1173	233	335
港、澳、台商独资经营企业	1	1173	233	335
按控股情况分组				
国有控股	5	1630	318	11297
集体控股	3	6890	470	24905
私人控股	62	36111	7068	24966
港澳台商控股	1	1173	233	335
其 他	9	32626	21545	22025
按经营形式分组				
独立门店	75	72071	29240	82890
连锁总店(总部)	1	221	99	4
连锁门店	3	5186	279	506
其 他	1	953	16	128
按单位规模分				
中 型	10	13080	5037	22244
小 型	66	64173	24480	60544
微 型	4	1178	117	740

单位：万元

固定资产原价	累计折旧	本年折旧	在建工程	资产总计	流动负债合计
120962	48745	12678	7630	191852	119052
119408	48019	12375	7630	185369	116829
1093	520	97		4317	1391
460	206	206		2167	831
120178	48297	12581	7630	190029	118639
18082	970	30	30	20015	4142
62	50	20		552	1076
68118	35961	10527	4130	106321	80723
53332	28864	3429	4130	96758	71660
4155	1880	205		3034	1108
29762	9437	1799	3470	59972	31569
85	24	3		219	103
26686	8343	1658	3470	52371	28036
2991	1070	138		7382	3431
				136	21
783	448	97		1823	413
783	448	97		1823	413
22677	11380	7600		16988	19930
30363	16766	1551		31915	8974
37913	12952	2612	3470	80274	48452
783	448	97		1823	413
29225	7200	819	4160	60852	41284
119838	48259	12394	7630	184750	116081
72	68	8		239	264
894	388	246		5783	2231
157	30	30		1080	476
32301	10057	1696	3499	44791	30305
87734	38502	10937	4130	145055	87606
927	187	45		2006	1141

16-7续表5

指标名称	应付帐款	负债合计	所有者权益合计	实收资本
餐饮业	18407	172324	19528	55684
按餐饮行业中类分组				
正餐服务	17666	167501	17867	54634
快餐服务	736	1391	2925	850
其他餐饮业	6	3431	-1264	200
按登记注册类型分组				
内资企业	18263	171911	18118	55634
国有企业	634	4142	15873	12755
集体企业	827	1076	-524	12
有限责任公司	9749	127586	-21265	23087
其他有限责任公司	9585	118523	-21765	22587
股份有限公司	460	1455	1579	1571
私营企业	6572	37631	22341	18094
私营独资企业	73	105	114	100
私营有限责任公司	4604	34095	18276	12974
私营股份有限公司	1896	3431	3951	5020
其他企业	21	21	115	115
港、澳、台商投资企业	144	413	1410	50
港、澳、台商独资经营企业	144	413	1410	50
按控股情况分组				
国有控股	885	19930	-2942	1631
集体控股	1798	48955	-17040	13563
私人控股	10612	59380	20894	22556
港澳台商控股	144	413	1410	50
其　　他	4968	43647	17205	17884
按经营形式分组				
独立门店	17329	163948	20802	54774
连锁总店(总部)	47	284	-44	10
连锁门店	964	7616	-1834	400
其　　他	67	476	604	500
按单位规模分				
中　　型	2557	30305	14485	18574
小　　型	15418	140878	4177	36578
微　　型	431	1141	866	532

单位：万元

国家资本	集体资本	法人资本	个人资本	港澳台资本	营业收入
12625	13402	21122	8485	50	83453
12625	13402	20322	8285		76567
		800		50	6456
			200		431
12625	13402	21122	8485		80022
12625		130			4034
	12				536
	13256	8085	1746		33780
	13256	7585	1746		32196
	134		1437		1369
		12792	5302		40108
			100		1560
		8032	4942		35586
		4760	260		2962
		115			196
				50	3431
				50	3431
1		1630			7172
	13395	131	37		2241
	7	14601	7948		55292
				50	3431
12624		4760	500		15317
12625	13402	21122	7575	50	79093
			10		655
			400		1376
			500		2329
12624		2300	3600	50	28417
1	13402	18820	4355		53677
		2	530		1359

16-7续表6

指标名称	主营业务收入	营业成本	主营业务成本	营业税金及附加
餐饮业	82942	35676	35589	4353
按餐饮行业中类分组				
正餐服务	76055	32605	32519	4109
快餐服务	6456	3028	3028	219
其他餐饮业	431	42	42	25
按登记注册类型分组				
内资企业	79511	34460	34374	4184
国有企业	4009	2763	2763	165
集体企业	536	218	218	32
有限责任公司	33780	13283	13221	1821
其他有限责任公司	32195	13101	13039	1730
股份有限公司	888	475	474	50
私营企业	40102	17622	17598	2111
私营独资企业	1557	769	765	107
私营有限责任公司	35584	15867	15847	1840
私营股份有限公司	2961	987	987	164
其他企业	196	100	100	6
港、澳、台商投资企业	3431	1216	1216	169
港、澳、台商独资经营企业	3431	1216	1216	169
按控股情况分组				
国有控股	7147	3033	3033	410
集体控股	1760	774	774	109
私人控股	55287	24029	23943	2985
港澳台商控股	3431	1216	1216	169
其　他	15317	6624	6624	681
按经营形式分组				
独立门店	78582	34113	34027	4111
连锁总店(总部)	655	284	284	36
连锁门店	1376	525	525	78
其　他	2329	754	754	128
按单位规模分				
中　型	28417	10568	10568	1511
小　型	53166	24307	24220	2834
微　型	1359	801	801	8

单位：万元

主营业务税金及附加	其他业务利润	销售费用	管理费用	税金	财务费用
4341	55	29359	20593	1049	1220
4097	55	27270	19485	1048	911
219		1840	967	1	-14
25		249	141		322
4172	55	27519	20336	1048	1234
165		775	1036	21	14
32		157	145		1
1821	9	14068	10779	660	617
1730		13413	9457	660	616
40		649	163	20	1
2109	46	11806	8186	341	601
105		335	308	9	5
1839		10721	6471	290	585
164	46	751	1408	43	12
6		63	26	6	
169		1840	256	1	-14
169		1840	256	1	-14
410	9	2097	3009	21	192
99		3676	985	608	3
2982	46	17830	11410	415	807
169		1840	256	1	-14
681		3915	4932	4	232
4098	55	28013	19694	1032	778
36		209	129	3	
78		623	219	14	447
128		514	550		-5
1511		11736	6370	132	203
2821	55	17284	14037	916	1017
8		339	185	1	

16-7续表7

指 标 名 称	利息支出	资产减值损失	投资收益	营业利润
餐 饮 业	966	30		-7464
按餐饮行业中类分组				
正餐服务	643	25		-7526
快餐服务	1	5		411
其他餐饮业	322			-349
按登记注册类型分组				
内资企业	965	30		-7428
国有企业	18			-717
集体企业				-17
有限责任公司	469	30		-6787
其他有限责任公司	469	30		-6121
股份有限公司	1			32
私营企业	477			62
私营独资企业				37
私营有限责任公司	477			338
私营股份有限公司				-313
其他企业				-1
港、澳、台商投资企业	1			-36
港、澳、台商独资经营企业	1			-36
按控股情况分组				
国有控股	177	23		-1592
集体控股	1			-3306
私人控股	557	1		-1458
港澳台商控股	1			-36
其 他	231	6		-1072
按经营形式分组				
独立门店	523	29		-7332
连锁总店(总部)				-4
连锁门店	443			-516
其 他		1		388
按单位规模分				
中 型	199	24		-1995
小 型	767	6		-5537
微 型				68

单位：万元

营业外收入	政府补助	利润总额	应交所得税	应付职工薪酬（本年贷方累计发生额）	应交增值税	从事餐饮业活动的从业人员平均人数（人）
538		-7677	342	21467	62	6049
537		-7738	192	20112	49	5687
1		411	150	1288	13	330
		-349		67		32
537		-7640	342	20862	49	5815
400		-319		1892		435
52		17		175		80
63		-7002	260	9322	49	2493
63		-6336	260	9281	49	2364
		32	2	757		258
22		-367	80	8661		2499
		48	10	485		139
20		-394	70	7345		2142
2		-21		830		218
		-1		56		50
1		-37		606	13	234
1		-37		606	13	234
42		-1559		1879		544
54		-3339		1357		254
24		-2084	84	13431	27	3958
1		-37		606	13	234
418		-658	258	4194	22	1059
533		-7547	243	20706	62	5716
		-4	2	382		109
		-517		353		112
5		392	98	27		112
463		-1570	108	7102	13	1758
74		-6174	235	14310	49	4273
		68		56		18

主要统计指标解释

社会消费品零售额 指各种经济类型的批发零售贸易业、餐饮业、制造业和其他行业对城乡居民和社会集团的消费品零售额和农民对非农业居民零售额的总和。对居民的消费品零售额：指售给城乡居民用于生活消费的商品。对社会集团的消费品零售额：指售给机关、团体、部队、学校、企业、事业单位和城市街道居民委员会、农村村民委员会用公款购买的用作非生产、非经营使用的消费品。

社会消费品零售额包括：

1.售给城乡居民作为生活用的商品和修建房屋用的建筑材料。

2.售给机关、团体、学校、部队、企业、事业单位的职工食堂和旅店（招待所）附设专门供本店旅客食用，不对外营业的食堂的各种食品、燃料；企业、单位和国营农场直接售给本单位职工和职工食堂的自己生产的产品。

3.售给部队干部、战士生活用的粮食、副食品、衣着品、日用品、燃料。

4.售给来华的外国人、华侨、港澳台同胞的消费品（包括友谊商店、在海关前后设立的免税商店、外轮供应公司等）。

5.居民自费购买的中、西药品，中药材及医疗用品。

6.报社、出版社直接售给农民和社会集团的报纸、图书、杂志、集邮公司（包括邮局集邮专柜）出售的新、旧（代销的）纪念邮票、特种邮票、首日封、集邮册、集邮工具等。

7.旧货寄售商店（信托商店）自购、自销部分的商品零售额。

8.煤气公司、液化石油气站售给居民和社会集团的煤气灶具和罐装液化石油气。

9.农民售给非农业居民和社会集团的商品。

10.售给社会集团的办公用品、纸张、帐册、文印用品、计算工具、书报杂志和奖品；公共用品和纺织品、针织品；学校用的教学用品；文体用品；非专用的劳动保护用品，如工作服、套袖、围群、手套、毛巾、肥皂等；日用百货和杂品，包括职工食堂用的餐具、炊具、设备和清洁卫生工具等；家具、设备、日用电器、电讯设备、电影器材和照相器材等；取暖用的设备和燃料，防暑、降温的饮料；非生产经营用的交通工具如小轿车、面包车、工具车、卡车和油料；零星修理用的各种零配件、材料、工具、建筑材料等；举办各种招待会、茶话会、宴会用的烟酒茶和各种食品及馈赠的礼品；从公费医疗经费中开支的中、西药品、中药材和医疗器材以及其他非生产性设备和用品。

批发零售贸易、餐饮业统计限额以上标准：

1.批发业：主营业务收入在 2000 万元及以上。

2.零售业：主营业务收入在 500 万元及以上。

3.住宿业：主营业务收入在 200 万元及以上。

4.餐饮业：主营业务收入在 200 万元及以上。

商品销售总额 指对本企业以外的单位和个人出售（包括对国（境）外直接出口）的商品（包括售给本单位消费用的商品）。它反映批发零售贸易企业在国内市场上销售商品以及出口商品的总量。商品销售总额包括：对生产经营单位批发额、对批发零售贸易业批发额、出口额和对居民和社会集团商品零售额。

商品销售收入（营业收入） 指批发零售贸易企业商品销售收入、接受其他单位委托代销商品的收入和餐饮企业的营业收入（包括餐费收入、冷热饮收入、服务收入和其他收入）。

商品销售成本（营业成本） 指批发零售贸易企业已销商品应负担的进货原价和餐饮企业的原材料成本、商品进价成本。

商品销售税金及附加费（或营业税金及附加费） 指批发零售贸易企业销售商品应负担的税金和餐饮企业应由各项经营业务负担的税金及附加。包括营业税、城市维护建设税、出口关税和教育附加费等。

营业利润 指企业营业收入扣除成本、费用和各种产品销售税金及附加费（或营业税金及附加费）后的数额。

第二部分　统计资料

对外贸易和旅游业

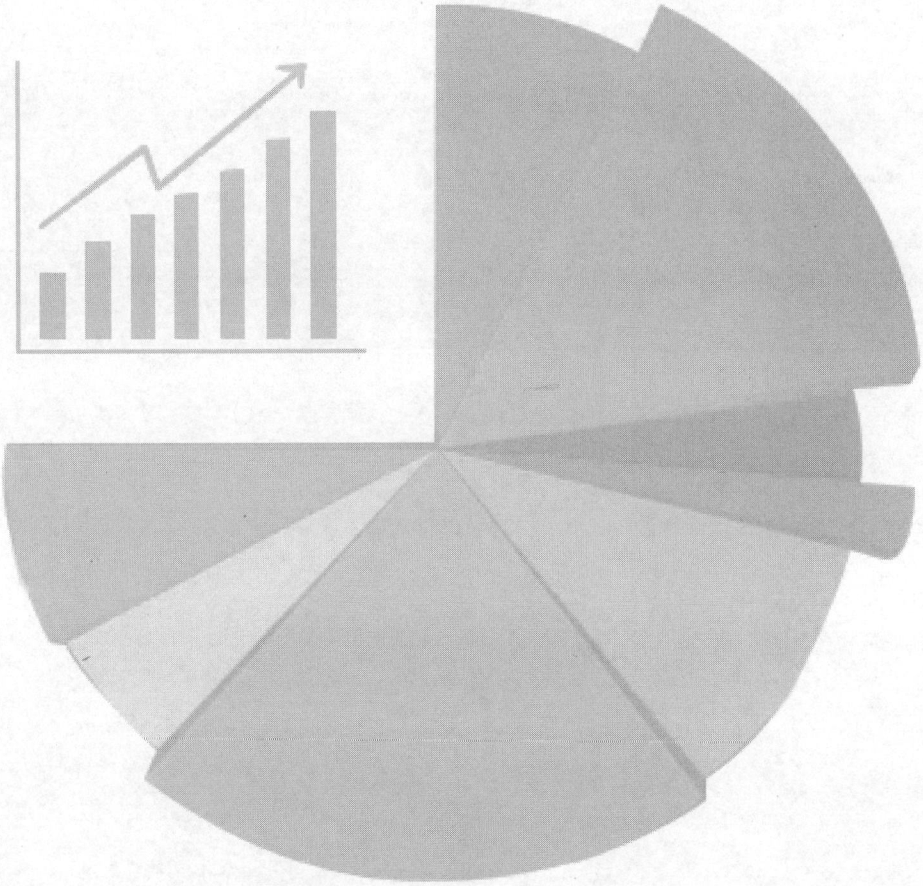

17-1 历年对外贸易情况

单位：万美元

年　份	进出口总额	#出口额
1990	199	197
1991	388	316
1992	890	490
1993	2271	1123
1994	2800	1168
1995	3644	2675
1996	3670	3449
1997	8541	4662
1998	5593	4338
1999	5736	4513
2000	57885	51172
2001	24290	16533
2002	37056	27881
2003	49023	36352
2004	45578	26728
2005	106455	59411
2006	73994	45810
2007	93952	63612
2008	89657	49012
2009	70656	34733
2010	150604	75912
2011	202456	102370
2012	170128	83292
2013	159856	73504
2014	219500	124200
2015	207275	124736

17-2 历年旅游事业

年份	旅游人数（人次）	#外国人	港澳同胞	营业收入（万元）
1990	9079	5755	3294	2841
1991	16158	8343	7815	3423
1992	20459	11620	6737	4225
1993	18449	11619	5505	6121
1994	19941	16158	2882	9477
1995	20838	17227	2065	10540
1996	22331	19727	1065	8718
1997	23225	20112	1275	10498
1998	25213	21937	1404	14055
1999	1246000	19715	8615	65443
2000	1667000	17017	6697	83959
2001	1830000	16042	1660	36061
2002	2107000	21992	941	37181
2003	1897000	10773	630	24770
2004	2622000	28266	693	294000
2005	3920000	39998	3499	466000
2006	4891000	59000	1003	692100
2007	6223000	83000	1421	934400
2008	6444200	77594	1173	1068100
2009	10337900	76190	6587	1453800
2010	13115400	81454	7116	1834700
2011	16054400	84645	9045	2266100
2012	18445100	86535	15585	2674400
2013	21750000	90322	14732	3280000
2014	25446800	91923	16911	4132000
2015	30574300	95906	18790	5086100

17-3 旅 游 事 业

项 目	单 位	2014年	2015年	2015年比2014年增长%
接待旅游人数	**万人次**	**2544**	**3057**	**20.2**
#外 国 人	人次	91923	95906	4.3
港澳同胞	人次	16911	18790	11.1
台湾同胞	人次	14203	15643	10.1
旅游国别				
日 本	人次	6755	6165	-8.7
美 国	人次	4158	3814	-8.3
新加坡	人次	928	1446	-55.8
澳大利亚	人次	1421	727	-48.8
英 国	人次	1168	1014	-13.2
旅游部门经营情况				
旅游业总收入	亿元	413	509	23.2
旅游外汇收入	万美元	12480	13133	5.2
国内旅游收入	亿元	406	500	23.2

17-4 外商投资企业

项目	单位个数(个)	亏损单位个数	销售(营业)收入(万元)	#出口销售收入(万美元)
总计	**133**	**73**	**3833410**	**37966**
按投资方式分组				
中外合资企业	66	35	2133022	882
中外合作企业	14	9	117582	196
外资企业	52	28	1582188	36888
外商投资股份制	1	1	618	
按国民经济行业分组				
#农、林、牧、渔业	5	2	356724	180
制造业	68	34	3093813	37690
电力煤气及水的生产和供应业	5	2	74269	
建筑业	7	6	1655	
交通运输	5	4	11753	
信息传输计算机服务和软件业	3	1	51959	74
批发和零售业	20	10	178200	22
住宿和餐饮业	8	5	33038	
房地产业	9	7	31883	
租赁和商务服务业	1	1	62	
科学研究技术服务和地质勘测业	1	1		
居民服务和其他服务业	1		54	
按投资国别及地区分组				
亚洲	84	42	2070792	6459
香港	56	27	1651590	5991
印度尼西亚	2	2	8044	90
日本	10	2	7492	371
新加坡	4	2	330989	
韩国	3	3	235	8
泰国	1		70888	
蒙古	1	1	94	
台湾	7	5	1460	
欧洲	23	19	616850	24054
丹麦	1	1	98935	
英国	9	6	451933	21746
德国	2	2	1309	15
法国	1	1	7424	
荷兰	2	2	14080	
希腊	1	1	121	
瑞士	3	3	22464	2293
俄罗斯	1	1	205	
欧洲其他国家(地区)	3	2	20379	
拉丁美洲	1	1	10759	
北美洲	23	10	1125646	7003
加拿大	8	5	57523	6395
美国	15	5	1068123	608
大洋州	2	1	9363	450
澳大利亚	2	1	9363	450

生产经营情况

单位：万元

实交税金总额	利润总额	净利润	可供分配利润	资产总额
238930	**424190**	**357321**	**1184111**	**6330945**
139140	283593	259844	848832	4224188
4087	2870	2436	7723	144085
95695	137735	95049	327556	1961614
8	-8	-8		1058
144	6709	6324	8445	1009812
217887	408560	342415	1138429	4377124
4644	5012	4729	10733	165239
10	-766	-773	1	3597
106	-2445	-2454	59	10883
2068	8838	8819	18311	72339
4065	2513	2492	3832	349654
5443	791	790	4151	58891
4558	-4900	-4899	150	281599
4	-23	-23		512
1	-99	-99		1245
				50
93696	105456	89578	271840	2867042
45599	42362	36757	248782	2607498
236	-840	-840		8552
156	168	-27	1219	35374
46561	59727	50749	19184	176659
2	-969	-969		2810
1098	5206	4107	2654	21943
6	-4	-4		147
38	-194	-195	1	14059
47699	56772	26173	246458	950218
9427	-6953	-6953		60166
31444	66782	36268	240352	753260
19	-146	-146		2525
508	-15	-100	5942	13930
185	-2367	-2367		11915
4	-63	-63		186
73	-105	-105		31181
	-29	-29		3016
6039	-332	-332	164	74039
4	-674	-674		4840
97359	262352	241960	665469	2506267
1030	-23	-27	150	110583
96329	262375	241987	665319	2395684
172	284	284	344	2578
172	284	284	344	2578

17-4续表

项　　目	负债总额	期末从业人员（人）	从业人员劳动报酬
总　计	**3222722**	**31272**	**144706**
按投资方式分组			
中外合资企业	2374021	19824	93842
中外合作企业	74344	1508	5003
外资企业	773261	9931	45839
外商投资股份制	1096	9	22
按国民经济行业分组			
#农、林、牧、渔业	434385	1847	3695
制造业	2161691	23968	111256
电力煤气及水的生产和供应业	136226	691	4575
建筑业	1967	68	177
交通运输	13714	432	1179
信息传输计算机服务和软件业	101	661	5298
批发和零售业	300298	1634	11001
住宿和餐饮业	25112	1282	5506
房地产业	149028	581	1881
租赁和商务服务业	30	73	38
科学研究技术服务和地质勘测业	155	30	95
居民服务和其他服务业	15	5	5
按投资国别及地区分组			
亚　洲	1442031	14080	61248
香　港	1303962	10594	51829
印度尼西亚	4292	175	711
日　本	27767	702	2441
新加坡	101903	1871	2173
韩　国	343	14	189
泰　国	1689	478	3577
蒙　古		4	37
台　湾	2075	242	291
欧　洲	400346	4999	26730
丹　麦	44528	712	4820
英　国	262687	2628	15039
德　国	1416	34	47
法　国	6588	395	1377
荷　兰	13187	459	1622
希　腊	183	25	23
瑞　士	3597	282	930
俄罗斯	810	13	28
欧洲其他国家(地区)	67350	451	2844
拉丁美洲	5841	140	80
北美洲	1374347	11845	56185
加拿大	93261	260	1277
美　国	1281086	11585	54908
大洋州	157	208	463
澳大利亚	157	208	463

单位：万元

# 外籍及港澳台人员劳动报酬	注册资本 中方	注册资本 外方（万美元）	历年累计实际投资额	# 外方累计实际投资额
1594	**773914**	**174334**	**2282872**	**159622**
465	560253	83883	1342058	86454
267	22267	13237	112318	5251
862	191094	77191	828216	67894
	300	23	280	23
50	84480	13024	126964	13346
757	414941	113475	1663882	123345
130	36859	13080	112313	3508
	2729	293	6554	615
2	290	590	6040	640
193	6485	401	8373	401
149	162317	9286	207699	4346
285	38967	5940	89041	8986
28	26746	18032	60157	4222
	90	29	300	29
		180	1495	180
	10	4	54	4
1044	445880	100336	943216	59773
776	435683	81392	853789	52096
	2858	128	6760	128
197	1439	211	3102	211
	3660	11971	58095	5429
55	496	685	6172	635
	585	5501	10181	900
4		36	306	36
12	1159	412	4811	338
544	143567	45806	649542	66104
380	24480	23520	236760	28520
6	102027	18122	359443	33732
	1555	139	2543	139
130	70	1330	11425	161
	91	559	5322	559
	180	8	190	8
6	266	650	6288	642
	2800	350	5905	350
22	12098	1128	21666	1993
		89	1109	89
6	184117	28028	686505	33581
6	9944	2897	129938	8052
	174173	25131	556567	25529
	350	75	2500	75
	350	75	2500	75

主要统计指标解释

对外贸易 一个国家同其他国家的商品买卖的总和。世界各国之间的商品买卖，就是国际贸易。

对外贸易又称对外贸易商品流转，是指外贸部门通过买卖行为，把进出口商品从生产领域向消费领域转移的过程。从出口贸易讲，外贸部门把国内生产的商品转移到国外消费者的手中，一般需要经过出口商品的收购、调拨、加工、储存、成交和实际出口等许多业务环节。从进口贸易讲，外贸部门把国外生产的商品转移到国内消费者手中，一般需要经过进口商品的订货、交货、到货和拨交等许多业务环节。

进口 指直接从国外进口的商品和委托外贸部门代理进口的商品，不包括从国内有关单位（包括对外贸易部门和其他单位）购进的进口商品。对外贸易企业只统计自主经营进口的商品，不包括委托代理进口的商品。

出口 指直接向国（境）外出口商品和委托外贸部门代理出口的商品。不包括售给外贸部门出口或加工后出口的商品以及在国内市场以外所销售的商品。对外贸易企业只统计自主经营出口的商品，不包括受托代理出口的商品。

利用外资 指我国各级政府、部门、企业和其他经济组织通过对外借款、吸收外商直接投资以及用其他方式筹措的境外现汇、设备和技术等。

年末实有企业数 指年末在工商行政管理局注册登记的独资、合资、合作的企业、事业个数。不包括超过合同期年限，现归我方所有的三资企业。

主营业务收入 指企业从事某种主要生产、经营的经济活动所取得的业务收入。农业企业、工业企业为产品销售收入；建筑业企业为工程结算收入。农业企业、工业企业为产品销售收入；建筑业企业为工程结算收入；交通运输业企业为主营业务收入；批发零售贸易业企业为商品销售收入；餐饮业、金融业、服务业和旅游业企业为营业收入；房地产业、租赁业企业为经营收入。

利润总额 指企业在一定时期内实现盈利与亏损相抵后的总额。

客商实际投资额 指年度内客商实际投入企业的资本及境外借款。包括现汇、物资和其他形式的借款以及客商投资收益的再投资。

年末从业人数 指年度内在三资企业工作或劳动，并且取得劳动报酬或经营收入的全部人员。

旅游人数 包括入境国际旅游者人数、出境居民人数和国内旅游者人数。

（1）入境国际旅游者人数：指来中国参观、访问、旅行、探亲、访友、休养、考察、参加会议和从事经济、科技、文化、教育、宗教活动的外国人、华侨、港澳同胞和台湾同胞的人数。不包括外国在我国的常驻机构，如使领馆、通讯社、企业办事处的工作人员；来我国常住的外国专家、留学生以及在岸逗留不过夜的人员。

（2）出境居民人数：指大陆居民因公务活动或私人事务短期出境的人数。公务活动出境居民人数包括在国际交通工具上的中国服务员工，因私出境居民人数不包括在国际交通工具上的中国服务员工。

（3）国内旅游者人数：指我国大陆居民和在我国常住 1 年以上的外国人、华侨、港澳同胞离开常住地在境内其他地方的旅游设施内至少停留一夜，最长不超过 6 个月的人数。

旅游人天数 指旅游者在旅游目的地停留天数之和，天数按过夜数统计。一个旅游者过一夜为一人天。其公式为：

人天数 = 人数 × 逗留（过夜）天数

第二部分　统计资料

金融、信贷、保险

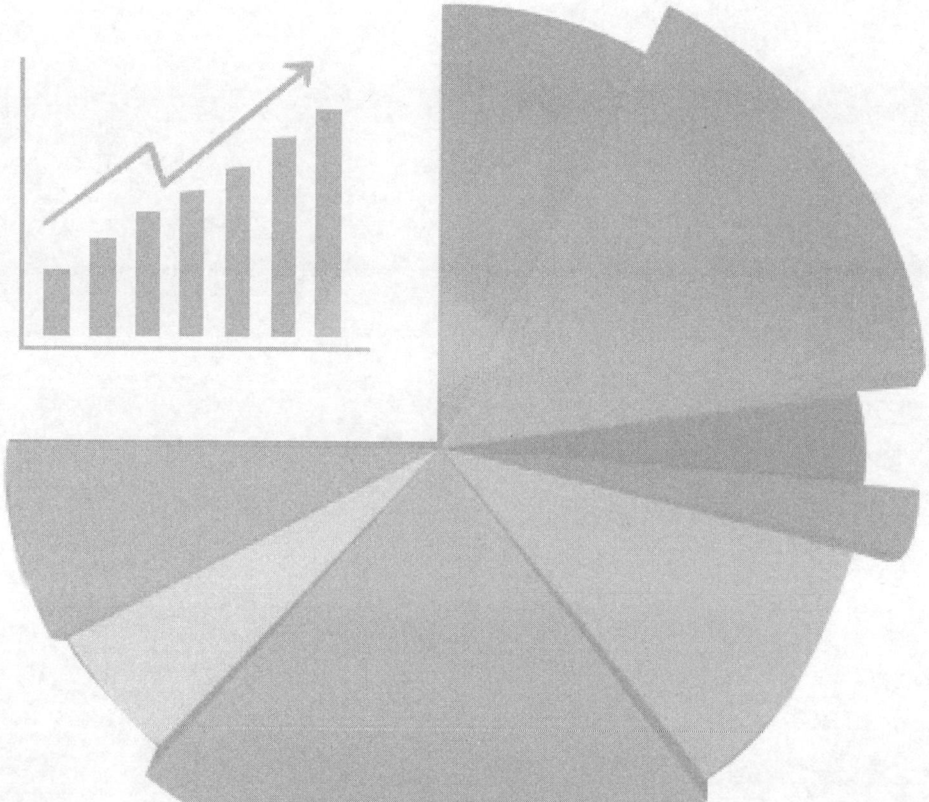

18-1 历年金融机构信贷

单位：万元

年份	金融机构存款余额	#城乡居民储蓄余额	金融机构贷款余额
1949	2		4
1950	384	3.6	29
1951	758		304
1952	1369	77	642
1953	1944		2404
1954	3821		4032
1955	6184		5513
1956	6570		3624
1957	8295	770	5374
1958	42995		19647
1959	36855		15835
1960	51866		20955
1961	43504		22116
1962	37457	1042	17203
1963	36075		14861
1964	43435		12819
1965	40699	1423	15210
1966	36967		16385
1967	39015		18885
1968	37482		21327
1969	32976		25625
1970	47548	1803	31152
1971	45005		34014
1972	28793		35846
1973	38832		40790
1974	35661		46368
1975	39615	4654	47471
1976	38028		45120
1977	41410		47896
1978	87138	5496	52625
1979	106491	6869	58558
1980	46299	9620	46944
1981	51741	11978	50840

18-1续表

单位：万元

年份	金融机构存款余额	#城乡居民储蓄余额	金融机构贷款余额
1982	59271	16072	55684
1983	80406	21356	61905
1984	99160	29471	70046
1985	116988	39087	108828
1986	141692	52975	148747
1987	157680	69038	178333
1988	209287	116795	307425
1989	234875	120597	243999
1990	292412	168000	339979
1991	373364	222298	406214
1992	472974	282253	490962
1993	562403	361745	593357
1994	731054	502134	697899
1995	883034	667223	840459
1996	1318918	841519	1150795
1997	1587741	996997	1328235
1998	1941725	1197932	1222064
1999	2731379	1396493	2078636
2000	3017675	1525076	2588899
2001	3678484	1722756	2872562
2002	4071960	2078403	3250175
2003	4786654	2554496	3872324
2004	6711675	3060359	7247443
2005	8038994	3795946	8739531
2006	10000775	4530845	9826447
2007	13177568	5113839	11805246
2008	16498303	6405628	14586104
2009	21257139	7758893	19704801
2010	26789189	9259156	25225210
2011	31882103	10536834	32166026
2012	38057598	12432682	37072150
2013	44379917	14146189	42730886
2014	47237518	14808828	51458935
2015	53646617	16839561	60738870

注：2013年以后为个人储蓄存款余额，2015年以后为住户存款。

18-2 金融机构信贷

（年末余额）

单位：万元

项目	2014年	2015年	2015年比2014年增长%
各项存款	47921479	53646617	11.9
境内存款	47904785	53631396	12.0
住户存款	16107797	16839561	4.5
非金融企业存款	17945584	21074822	17.4
广义政府存款	12134477	12902637	6.3
财政性存款	1574673	1944161	23.5
机关团体存款	10559804	10958476	3.8
非银行业金融机构存款	1716926	2814376	63.9
境外存款	16694	15221	-8.8
各项贷款	51492065	60738870	18.0
境内贷款	51491567	60738249	18.0
住户贷款	8917284	9381412	5.2
短期贷款	3196647	3243219	1.5
中长期贷款	5720637	6138193	7.3
非金融企业及机关团体贷款	42541152	51356837	20.7
短期贷款	8963744	9672217	7.9
中长期贷款	32296651	38782907	20.1
非银行业经融机构贷款	33130		-100.0
境外贷款	498	621	24.7

18-3 保险业务情况

单位：万元

项目	2014年	2015年	2015年比2014年增长%
保费收入	630963	819983	30.0
人身保险	369910	539664	45.9
财产保险	261053	280319	7.4
保险业务支出	212540	245356	15.4
人身保险	90658	90387	2.5
财产保险	121882	154969	24.5

主要统计指标解释

信贷资金 国家银行用于发放贷款的资金叫信贷资金。中国人民银行信贷资金的来源有各项存款，对国际金融机构负债、流通中货币、银行自有资金及当年结益等。信贷资金的运用有各项贷款、黄金占款、外汇占款、财政借款及在国际金融机构中的资产。

可保财产额 社会总财产额（包括固定资产和流动资产），剔除按保险公司财产保险条款规定不在保险范围内的财产额（如土地、货币等）和有自保能力不向保险公司投保单位的财产额，所余财产额。

保险金额 又叫承保额。它是保险人对被保险人负担损失补偿或约定给付的金额。它是保险合同上的最高责任额，也是计算保费的依据。

保费 又叫保险费。是保险人根据保险合同的有关规定，为被保险人取得因约定危险事故发生所造成的经济损失补偿（或给付）权利，付给保险人的代价。包括财产险和人身险储金收入。

赔款 保险事故发生后，经查证确属保险责任范围以内的保险标的损失，保险人根据保险合同的规定履行赔偿义务，给予被保险人的款项叫赔款。赔款可分已决赔款和未决赔款两种。

第二部分　统计资料

教育、科技及文化事业

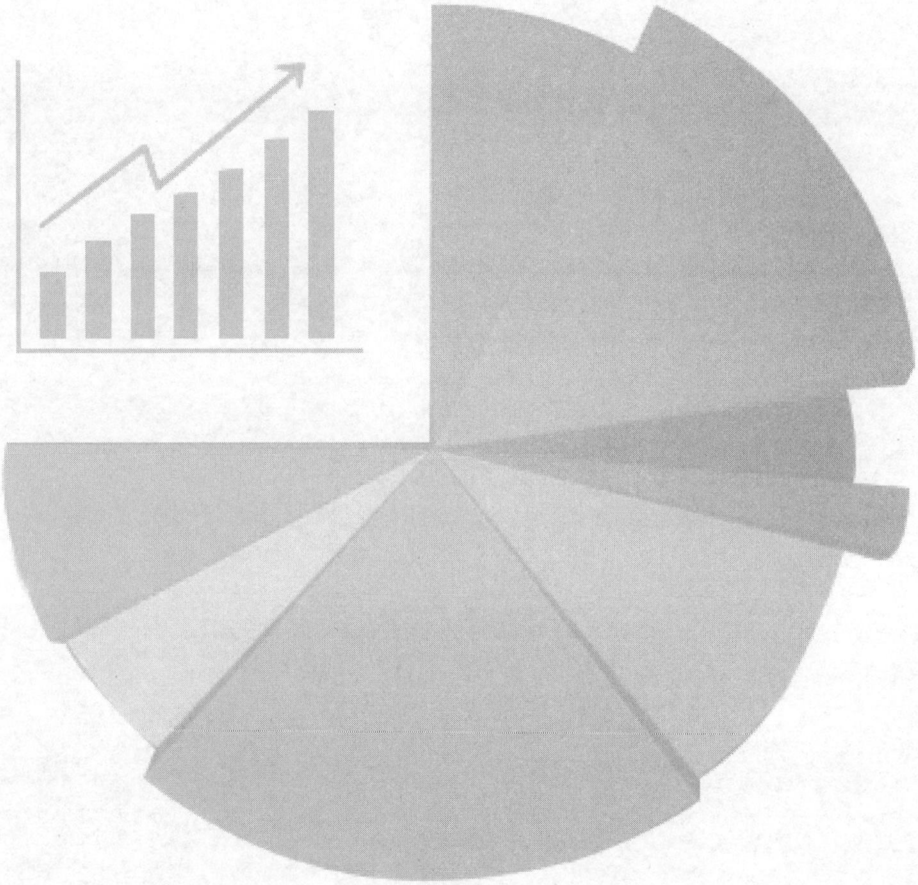

19-1 教育事业基本情况

类　　别	单 位	2014年	2015年	2015年比2014年增长%
学 校 数				
普通高等院校	所	23	24	4.3
成人高等院校	所	1	1	
中等职业教育学校	所	57	58	1.8
技工学校	所	4	5	25
普通中学	所	110	109	-0.9
普通小学	所	218	212	-2.8
在校学生数				
普通高等院校	人	232481	235188	1.2
成人高等院校	人	52308	33711	-35.6
中等职业教育学校	人	43771	42102	-3.8
技工学校	人	1828	2291	25.3
普通中学	人	150807	146261	-3.0
普通小学	人	168693	169454	0.5
毕业生数				
普通高等院校	人	63179	61522	-2.6
成人高等院校	人	16929	23185	37.0
中等职业教育学校	人	14820	14202	-4.2
技工学校	人	803	690	-14.1
普通中学	人	49774	49578	-0.4
普通小学	人	28975	27663	-4.5
专任教师数				
普通高等院校	人	12247	12152	-0.8
成人高等院校	人	239	269	12.6
中等职业教育学校	人	2095	2098	0.1
技工学校	人	302	328	8.6
普通中学	人	10617	10857	2.3
普通小学	人	8902	8955	0.6

19-2 高等学校基本情况

单位：所、人

类别	学校数	招生数	在校学生数	毕业生数	教职工数	#专任教师
普通高等院校	**24**	**67597**	**235188**	**61522**	**18588**	**12152**
内蒙古大学	1	4960	21773	5261	1952	1107
内蒙古工业大学	1	5745	22688	5370	2045	1437
内蒙古农业大学	1	8194	31113	8071	2616	1581
内蒙古医科大学	1	3274	12968	3541	1506	926
内蒙古师范大学	1	8243	31115	7993	2250	1400
内蒙古财经大学	1	5290	20358	5216	1491	960
呼和浩特民族学院	1	2330	8042	1644	566	410
内蒙古艺术学院	1	378	378		574	434
内蒙古大学创业学院	1	1951	6795	1324	296	229
内蒙古师范大学鸿德学院	1	2241	7884	1460	457	350
内蒙古建筑职业技术学院	1	3105	9202	2967	570	435
内蒙古丰州职业学院	1	869	2039	446	86	44
呼和浩特职业学院	1	4257	12753	4327	1144	727
内蒙古电子信息职业技术学院	1	3474	10185	3571	567	439
内蒙古机电职业技术学院	1	3445	10163	3332	590	496
内蒙古化工职业学院	1	3050	8618	2174	486	362
内蒙古商贸职业学院	1	3375	9897	3363	597	375
内蒙古警察职业学院	1	418	1130		230	127
内蒙古体育职业学院	1	184	428	95	136	94
内蒙古科技职业学院	1	605	1203	156	105	53
内蒙古北方职业技术学院	1	914	2348	479	133	65
内蒙古经贸外语职业学院	1	722	2109	232	82	48
内蒙古工业职业学院	1		447	414	27	4
内蒙古能源职业学院	1	573	1552	86	82	49
成人高等院校	**1**	**6005**	**33711**	**23185**	**587**	**269**
内蒙古自治区广播电视大学	1	233	1467	906	587	269

注：成人高校招生数、在校学生数、毕业生数均包括普通高校的成人学生数；学校数、教职工数、专任教师不计入其中。

19-3 普通高校研究生情况

单位：人

类别	招生数		在校学生数		毕业生数	
	2014年	2015年	2014年	2015年	2014年	2015年
总计	**5094**	**5227**	**14827**	**15418**	**4628**	**4495**
内蒙古大学	1644	1680	4887	5088	1620	1479
内蒙古工业大学	777	780	2372	2549	650	603
内蒙古农业大学	900	931	2486	2591	770	752
内蒙古医科大学	503	502	1475	1473	433	458
内蒙古师范大学	1067	1131	3008	3081	983	1019
内蒙古财经大学	203	203	599	636	172	184

19-4 各类在校学生数比例

单位：人

类别	平均每万人拥有在校学生数		平均每一专任教师负担学生数	
	2014年	2015年	2014年	2015年
大学生	1207	1129	23	22
中学生	678	731	14	23
小学生	715	714	19	19

注：平均每万人拥有在校学生数，按户籍人口计算。

19-5 中等职业教育学校基本情况

单位：所、人

类别	学校数	招生数	在校学生数	毕业生数	教职工数	
						#专任教师
中等职业学校	**58**	**14566**	**42102**	**14202**	**3598**	**2098**
普通中等专业学校	38	11169	33064	11125	1978	1121
成人中等专业学校	5	40	67	36	224	122
职业高中学校	15	3357	8971	3041	1396	855

注：教学点不计校数。

19-6 中学基本情况

单位：所、人

类别	学校数	招生数		在校学生数		毕业生数		教职工数	
		初中	高中	初中	高中	初中	高中		# 专任教师
总计	**109**	**28688**	**18048**	**88300**	**57961**	**28717**	**20861**	**14677**	**10857**
按学校性质分									
完全中学	38	8613	10775	29966	33379	10716	11540	5797	4300
高级中学	10		5830		21057		8142	1978	1450
十二年一贯制学校	6	1074	1443	3170	3525	994	1179	940	710
初级中学	35	17127		50064		15629		4250	3096
九年一贯制学校	20	1874		5100		1378		1712	1301
按城乡分									
城区	71	20155	11252	62570	38034	20357	13952	9334	7427
镇区	27	7004	5627	21553	17642	7157	6221	4582	3034
乡村	11	1529	1169	4177	2285	1203	688	761	576

19-7 小学基本情况

单位：所、人

类别	学校数	招生数	在校学生数	毕业生数	教职工数	# 专任教师
总计	**212**	**29222**	**169454**	**27663**	**11093**	**8955**
按部门分						
教育部门	197	26039	150957	24549	10561	8583
民办	15	3183	18497	3114	532	372
按城乡分						
城区	116	20429	120888	19171	6004	5441
镇区	49	7064	39597	7008	3450	2520
乡村	47	1729	8969	1484	1639	994

19-8 中小学生升学情况

单位：人

项目	2014年	2015年	项目	2014年	2015年
小学当年毕业生	28975	27663	技工学校招生人数	1073	1168
初中招生人数	30317	28688	中专招收初中应届毕业生	11444	14566
小学毕业升学率（%）	104.6	103.7	初中毕业升学率（%）	120.7	128.0
初中当年毕业生	29629	28717	高中当年毕业生（含职业高中）	23627	23902
普通高中招生人数	19917	18048	# 考取高等学校人数	24083	21548
职业高中招收初中应届毕业生	3342	2981	高中毕业升学率（%）	101.9	90.2

19-9 技工学校基本情况

单位：所、人

类别	学校数	招生数	在校学生数	毕业生数	教职工数	# 专任教师
总计	**5**	**1168**	**2291**	**690**	**376**	**328**
内蒙古纺织技工学校	1	653	1189	425	56	46
呼和浩特机床附件总厂技工学校	1		42	42	32	32
呼市技工学校	1	121	603	223	68	54
内蒙古铁路高级技工学校	1	107	170		135	119
呼和浩特新东方技工学校	1	287	287		85	77

19-10 幼儿教育基本情况

单位：所、人

类别	园所个数	招生数	在园幼儿数	毕业生数	教职工数	# 专任教师
总计	**320**	**24216**	**61283**	**21926**	**7714**	**4232**
按部门分						
教育部门	46	6625	15635	4801	1513	1073
其它部门	17	1945	5018	1818	673	325
民办	257	15646	40630	15307	5528	2834
按城乡分						
城区	194	14950	39932	14226	5704	3095
镇区	102	7486	18206	6598	1669	950
乡村	24	1780	3145	1102	341	187

19-11 特殊教育情况

单位：所、个、人

类别	学校数	班数	招生数	在校学生数	毕业生数	教职工数	#专任教师
总计	**6**	**39**	**95**	**421**	**37**	**138**	**105**
按类型分							
视力残疾		4	11	47	1		
听力残疾	2	13	32	137	16		
智力残疾	4	22	45	177	17		
其他残疾			7	60	3		
按城乡分							
城区	4	31	63	253	27	103	83
镇区	2	8	28	147	10	35	22
乡村			4	21			

19-12 博物馆、展览馆、文物保管所

项目	2014年				2015年			
	机构数（个）	从业人员（人）	藏品件数（件）	参观人次数（千人次）	机构数（个）	从业人员（人）	藏品件数（件）	参观人次数（千人次）
博物院（馆）	**5**	**265**	**181865**	**2233**	**5**	**262**	**181865**	**2558**
内蒙古博物院	1	135	157358	1910	1	136	157358	1987
内蒙古将军衙署博物院	1	73	4520	120	1	68	4520	120
呼和浩特市博物馆	1	40	11487	100	1	40	11487	100
托县博物馆	1	7	3100	50	1	7	3100	50
和林格尔县盛乐博物馆	1	10	5400	53	1	11	5400	301
展览馆	**2**	**142**	**1605**	**10**	**2**	**138**	**805**	**10**
内蒙古展览馆	1	77			1	80		
呼和浩特市民族美术馆	1	65	1605	10	1	58	805	10
文物保管所	**5**	**109**	**2839**	**128**	**5**	**105**	**2839**	**30**
呼和浩特市文物管理处	1	80	1900	108	1	77	1900	
土左旗文管所	1	6	201		1	6	201	10
和林县文管所	1	7	319		1	7	319	
清水河县文管所	1	7	219		1	7	219	
武川县文管所	1	9	200	20	1	8	200	20
内蒙古文物考古研究所	**1**	**42**	**14479**		**1**	**46**	**14479**	

19-13 出 版 事 业

项 目	单 位	2015年	项 目	单 位	2015年
出版单位	个	146	图 书	种	3289
报 纸	种	24	总 印 数	万册	6482.46
总 印 数	万份	20020	使用《中国标准书号》	万册	6482.46
杂 志	种	119	不使用《中国标准书号》	万册	
总 印 数	万册	2009			

19-14 公 共 图 书 馆

项 目	机构个数（个）	职 工（人）	藏书件数（册、件）	建筑面积（平方米）	阅览室座席数（个）	流通情况（千人次）	# 书刊文献外借人次（千人次）	书刊文献外借册次（千册次）
总 计	**10**	**312**	**3608231**	**45263**	**3028**	**884**	**594**	**650**
自治区级								
内蒙古图书馆	1	160	2786582	28000	1593	568	208	227
市 级								
呼和浩特市图书馆	1	74	480959	7890	500	155	250	250
县（区）级								
新城区图书馆	1	10	62576	650	80	16	15	20
回民区图书馆	1	6	17000	800	60	9	6	9
玉泉区图书馆	1	5	30010	2000	145	15	15	15
赛罕区图书馆	1	11	55000	2000	120	46	46	49
土左旗图书馆	1	11	41704	1511	130	29	29	29
托县图书馆	1	14	45000	1300	40	16	10	20
清水河县图书馆	1	10	24400	112	30	3	2	4
武川县图书馆	1	11	65000	1000	330	27	13	27

19-15 艺术表演团体

项目	机构数(个)	从业人员(人)	演出场次(场)	#农村演出场次	观众人次数(千人次)
总计	**6**	**1115**	**1731**	**921**	**1093**
按隶属关系分					
自治区级	1	702	581	325	525
市级	1	280	720	304	145
县（区）级	4	133	430	292	423
按剧种分					
歌剧、舞剧、歌舞剧团	4	133	430	292	423
综合性艺术表演团体	2	982	1301	629	670

19-16 群众文化馆

单位：个、平方米、人

项目	2014年			2015年		
	机构数	实际使用房屋建筑面积	从业人员	机构数	实际使用房屋建筑面积	从业人员
总计	**11**	**14630**	**297**	**11**	**14630**	**272**
自治区级						
内蒙古群众艺术馆	1	3570	43	1	3570	43
市级						
呼和浩特市群众艺术馆	1	1600	133	1	1600	122
县(区)级						
新城区文化馆	1	2000	9	1	2000	9
回民区文化馆	1	1500	16	1	1500	15
玉泉区文化馆	1	500	4	1	500	4
赛罕区文化馆	1	800	39	1	800	29
土左旗文化馆	1	2080	12	1	2080	12
托县文化馆	1	1600	12	1	1600	12
和林县文化馆	1	400	10	1	400	7
清水河县文化馆	1	100	9	1	100	9
武川县文化馆	1	480	10	1	480	10

19-17 广播电视情况

项　　目	单 位	2015年	项　　目	单 位	2015年
广播电台	**座**	**7**	**电 视 台**	**座**	**7**
中、短波发射台及转播台	座	7	1百瓦以上发射台及转播台	座	13
节目套数	套	18	节目套数	套	17
内蒙古人民广播电台			内蒙古电视台		
全年播音时间	时分	65195:00	全年播出时间	时分	75097:30
新闻资讯类节目	时分	14869:30	新闻资讯类节目	时分	12188:15
专题服务类节目	时分	27850:30	专题服务类节目	时分	8869:10
综合类节目	时分	15088:00	综艺益智类节目	时分	6004:15
广播剧类节目	时分	2555:00	影视剧类节目	时分	27204:00
广告类节目	时分	4832:00	广告类节目	时分	11424:20
其他类节目	时分	0:00	其他类节目	时分	9407:30
呼和浩特市人民广播电台			呼和浩特市电视台		
全年播音时间	时分	23869:00	全年播出时间	时分	20805:00
新闻资讯类节目	时分	2217:00	新闻资讯类节目	时分	1959:00
专题服务类节目	时分	8501:30	专题服务类节目	时分	5361:00
综艺类节目	时分	6741:30	综艺益智类节目	时分	859:00
广播剧类节目	时分	1824:30	影视剧类节目	时分	5966：00
广告类节目	时分	777:00	广告类节目	时分	4161:00
其他类节目	时分	3807:30	其他类节目	时分	2499:00
广播综合人口覆盖率	%	99.1	电视综合人口覆盖率	%	99.1
			卫星地球站	**座**	**1**

19-18 大中型工业企业科技活动情况

项目	单位	2014年	2015年
企业单位情况			
企业单位数	个	74	68
# 有研究与试验发展（R&D）的企业数	个	21	25
研发人员情况			
研发人员	人	6768	6427
# 本科毕业及以上以上人员	人		4998
# 研究与试验发展（R&D）人员	人	4222	4153
研发经费情况			
研发经费支出总额	万元	294355	281143
# 使用来自政府部门的研发资金	万元	10839	4754
# 研究与试验发展（R&D）经费支出	万元	144626	197855
基础研究	万元		
应用研究	万元	8170	121
试验发展	万元	136456	197734
全部研究与试验发展（R&D）项目情况			
项目数	项	413	349
项目经费内部支出	万元	122544	174612
企业办研发机构情况			
机构数	个	44	45
机构人员	人	2654	3204
机构经费支出	万元	75758	78798
新产品情况			
新产品开发项目	项	313	277
新产品开发经费支出	万元	123559	153577
新产品产值	万元	1743402	2687039
新产品销售收入	万元	1614245	2538164
自主知识产权情况			
专利申请数	件	367	657
# 发明专利	件	134	277
有效发明专利数	件	673	759
# 境外授权	件		7
技术改造、技术获取情况			
引进境外技术引进经费支出	万元	27200	34020
引进境外技术的消化吸收经费支出	万元	9294	8500
购买境内技术经费支出	万元	3816	2500
技术改造经费支出	万元	113571	134560
政府相关政策落实情况			
研究开发费用加计扣除减免税	万元	4736	7617
高新技术企业减免税	万元	7279	7408

19-19 工业企业科技活动情况

项　　　目	单 位	规模以上工业企业	# 大中型工业企业
企业单位情况			
企业单位数	个	279	68
# 有研究与试验发展（R&D）的企业数	个	49	25
研发人员情况			
研发人员	人	7260	6427
# 本科毕业及以上以上人员	人	5579	4998
# 研究与试验发展（R&D）人员	人	4728	4153
研发经费情况			
研发经费支出总额	万元	293313	281143
# 使用来自政府部门的研发资金	万元	5281	4754
# 研究与试验发展（R&D）经费支出	万元	204912	197855
基础研究	万元		
应用研究	万元	300	121
试验发展	万元	204612	197734
全部研究与试验发展（R&D）项目情况			
项目数	项	428	349
项目经费内部支出	万元	180923	174612
企业办研发机构情况			
机构数	个	61	45
机构人员	人	3548	3204
机构经费支出	万元	81544	78798
新产品情况			
新产品开发项目	项	343	277
新产品开发经费支出	万元	159496	153577
新产品产值	万元	2724368	2687039
新产品销售收入	万元	2578419	2538164
自主知识产权情况			
专利申请数	件	705	657
# 发明专利	件	301	277
有效发明专利数	件	810	759
# 境外授权	件	7	7
技术改造、技术获取情况			
引进境外技术引进经费支出	万元	34020	34020
引进境外技术的消化吸收经费支出	万元	8500	8500
购买境内技术经费支出	万元	2511	2500
技术改造经费支出	万元	134568	134560
政府相关政策落实情况			
研究开发费用加计扣除减免税	万元	7921	7617
高新技术企业减免税	万元	8016	7408

19-20 历 年 R&D 活

主 要 指 标	单 位	2007年	2008年	2009年
R&D活动单位基本情况				
单 位 数	个	93	89	85
R&D人员情况				
R&D人员	人			8695
# 女 性	人			2958
# 全时人员	人			4716
R&D人员全时当量	人年	4471	4558	5290
# 研究人员	人年			3796
基础研究	人年	840	1079	1124
应用研究	人年	1709	1613	2240
试验发展	人年	1923	1866	1928
R&D经费情况				
R&D经费内部支出	万元	57639	58442	77174
基础研究	万元		5273	8834
应用研究	万元		14247	23830
试验发展	万元		38923	44510
日常性支出	万元	54830	57177	60621
# 人员劳务费	万元	10453	13210	14363
资产性支出	万元	2810	1266	16554
# 仪器和设备	万元			16052
政府资金	万元			45392
企业资金	万元			26328
境外资金	万元			277
其他资金	万元			5177
R&D经费外部支出	万元		2422	2415
R&D机构情况				
机 构 数	个	142	142	153
机构R&D人员	人	5581	5396	3782
# 博士毕业	人			287
硕士毕业	人			714
机构R&D经费支出	万元	25076	23991	45239
R&D项目（课题）情况				
项目（课题）数	个	4206	4357	4026
项目（课题）人员全时当量	人年	5423	5524	4558
项目（课题）经费支出	万元	61050	95836	53869
R&D活动产出情况				
专利申请数	项	336	498	492
# 发明专利	项	109	273	255
有效发明专利	项	94	148	147
发表科技论文	篇	5401	5807	6857
出版科技著作	部	261	249	305

动基本情况

2010年	2011年	2012年	2013年	2014年	2015年
93	93	103	106	101	118
9941	10938	11818	13281	12403	11752
3567	3710	4139	4707	4325	4913
5378	6430	6553	7624	6871	6048
5842	6731	7599	8269	7184	7200
4046	4260	4846	4766	4201	4309
1176	1336	1688	1730	1224	1123
2190	2463	2613	2176	2036	1725
2476	2931	3298	4363	3923	4350
97678	146181	181039	231049	239459	304978
7499	11289	19397	29169	18652	21104
30207	42484	35659	41924	42606	44018
59973	92407	125983	159955	178202	239856
84302	122422	157027	197561	202415	264236
20666	28040	35758	52174	58675	67115
13376	23759	24011	33488	37044	40743
11809	14687	20288	24125	33742	29795
51605	71074	65757	85489	76414	87876
44111	69327	105599	113686	156052	204117
308	464	206	114	55	48
1654	5317	9477	31761	6939	12937
6940	5433	5354	6664	21556	33261
162	174	182	193	197	179
4105	4455	4965	5651	4872	5360
398	463	560	674	634	640
907	1068	1330	1514	1349	1819
60653	84395	91964	124340	96518	144659
4626	5215	6082	6330	6089	5780
5276	6167	6853	7468	6419	6264
67825	99239	125903	171610	194594	242552
441	755	641	738	608	995
303	351	306	420	241	419
267	481	652	987	1161	1232
6689	8191	8701	8874	8191	8742
323	284	357	394	323	558

主要统计指标解释

普通高等学校 指按国家规定的审批程序批准举办通过全国统一招生考试招收高级中等学校毕业生和具有同等学历者实施高等教育培养高等专门人才的学校。包括大学、专门学院、专科学校和短期职业大学。

成人高等学校在校学生数 成人高等学校是指按照国务院有关规定，经省、自治区、直辖市人民政府、国务院有关部、委批准举办，招收高中毕业或同等学历者，利用脱产、半脱产、业余或函授多种形式对成人实施高等教育，培养相当普通高等学校专科毕业水平的专业人才，修业年限、课程设置和总学时相当二年以上的学校。包括广播电视大学、职业高等学校、管理干部学校、教育（教师进修）学校、独立设置的函授学院和高等学校举办的函授部、夜大学等。在校生数：是指具有学籍的注册学生总数。

毕业生数 指上学年度内具有学籍的学生学完教学计划规定的全部课程考试及格实际毕业的学生数。不包括结业生和肄业生数。

招生数 指新学年开学时一年级实际招收入学的新生数。不包括留级生和复学生数。

在校学生数 指学年初具有学籍的在校生总数。

学龄儿童入学率 指调查范围内已入小学学习的学龄儿童占校内外学龄儿童总数（包括弱智儿在内但不包括盲聋哑儿童）的比重。

计算公式：学龄儿童入学率＝已入学的小学学龄儿童数/校内外小学学龄儿童总数×100%

专任教师 指主要从事教学工作的人员。包括临时（一年以内）调去帮助做其他工作的教学人员。高等学校函授部、夜大学的专任教师和承担科研任务为担任教学工作仍属教师编制的人员应计入专任教师中。专任教师不包括调离教学岗位担任行政领导工作或其他工作的原教学人员。

平均每万人口学生数 指一个国家或一个地区各级各类学校学生数与同范围的人口总数（以万人为单位）之比。它反映一个国家或地区人民受教育的密度。计算公式为：

平均每万人口学生数＝学生数(人)/人口总数（万人）

平均每一教师负担学生数 指各级各类学校学年初在校学生数与专任教师数之比。它反映教师负担学生的教学工作量。计算公式为：

平均每一教师负担学生数＝学年初在校学生数/学年初专任教师数

中等职业教育学校 是指按国家规定的设置标准和审批程序批准建立的，招收初中（或部分高中）毕业生或同等学历者，实施中等职业技术教育，培养中等职业技术人才的学校。招收初中毕业生的，修业年限一般为三至四年；招收高中毕业生的，修业年限一般为二年至三年。包括中等专业学校、技工学校、职业中学（高中）等。

初中毕业生升学率 该升学率分子为普通高中和技工学校的招生数，以及中等职业学校招收的应届初中毕业生数，分母为初中（含职业初中）毕业生人数。

文化事业机构 指从事专业文化工作和为专业文化工作服务的单独核算、独立建制的单位。不包括文化主管部门直属单位举办的其他行业和各部门的业余文化组织。

艺术表演团体 指从事戏曲、音乐、舞蹈、杂技等专业艺术表演有独立帐户实行单独核算的团体。不包括半工半艺、半农半艺的业余剧团。

艺术表演观众人数（人次） 指售票、包场演出或民族地区免费演出的艺术表演观众人次数。不包括彩排审查和内部观摩演出的观看人次数。

公共图书馆图书藏量 指图书馆已编目的古籍、图书、期刊、和报纸的合订本、小册子、手稿、以及缩微制品、录像带、录音带、光盘等听视文献资料数量总和。

第二部分　统计资料

体育、卫生及其他事业

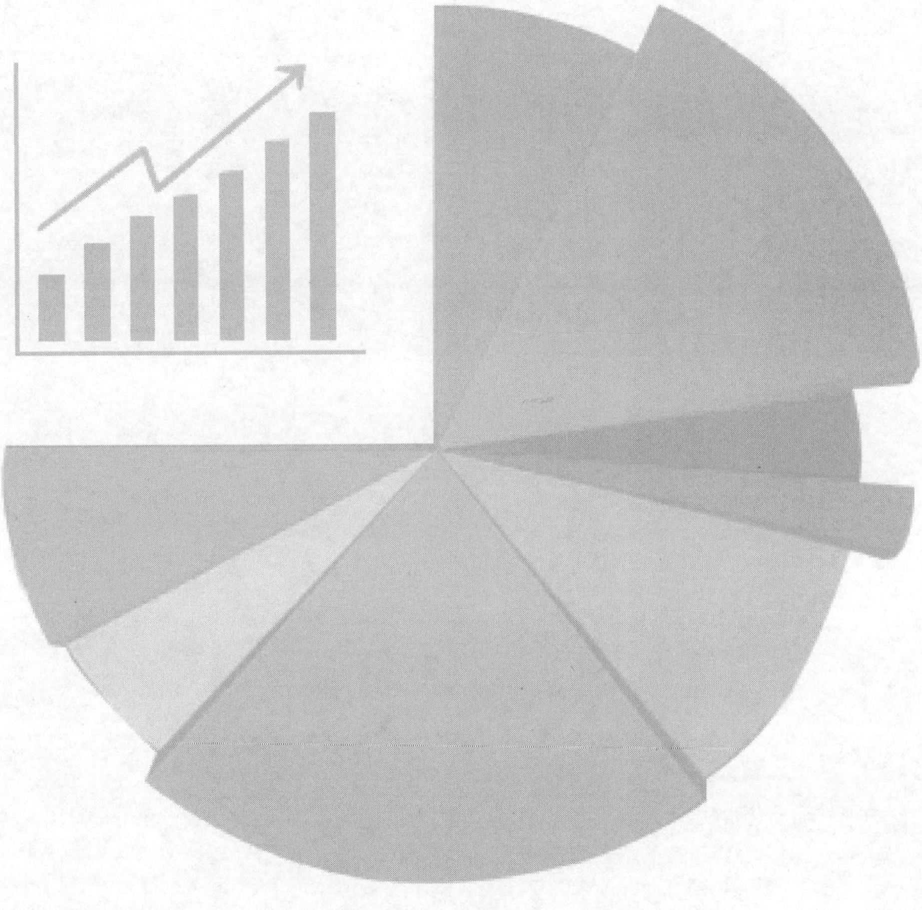

20-1 体育事业基本情况

项　　目	单　位	2014年	2015年
体育场地			
体 育 场	个	25	25
观众席位	个	160000	160000
体 育 馆	个	6	6
观众席位	个	19700	19700
游 泳 池	个	27	27
室　内	个	21	21
室　外	个	6	6
球类场地	个	1037	1037
门 球 场	个	33	33
足 球 场	个	12	12
篮 球 场	个	807	807
排 球 场	个	185	185
室内外网球场馆	个	72	111
田 径 房	个	1	1
击剑房馆	个		
举 重 馆	个	2	2
棋牌房馆	个	17	17
田 径 场	个	55	55
小运动场	个	211	211
射击场、室内射击场	个	3	3
台球房馆	个	83	83
赛 马 场	个	4	4

20-1续表

项　　目	单 位	2014年	2015年
乒乓球馆	个	64	64
摔柔房馆	个	10	10
健 身 房	个	62	62
篮 球 馆	个	19	19
保龄球房馆	个	3	3
武术房馆	个	1	1
羽毛球房馆	个	24	24
非标准场地	个	564	564
举办运动会情况			
举办运动会次数	次	50	52
体育学院(校)			
在校学生	人	570	580
专职教练员	人	56	54
体育比赛获奖牌情况			
总　　计	枚	258	253
金　　牌	枚	115	95
国际、国家级	枚		4
自治区级	枚	115	91
银　　牌	枚	50	66
国际、国家级	枚		4
自治区级	枚	50	62
铜　　牌	枚	93	92
国际、国家级	枚		4
自治区级	枚	93	88

20-2 卫生事业基本情况

项　　目	机构数（个）	床位数（张）	全部职工数（人）	#卫生技术人员
总　计	**2011**	**17750**	**28948**	**21778**
医院合计	94	15661	18775	14459
综合医院	56	10511	14179	10813
中医医院	15	1214	1395	1086
民族医院	4	1330	714	610
专科医院	19	2606	2487	1950
口腔医院	2	44	122	97
眼科医院	2	182	215	162
传染病医院	1	61	157	108
妇产（科）医院	1	760	446	390
精神病医院	2	531	731	569
皮肤病医院	2	40	35	31
骨科医院	2	421	450	359
康复医院	1	342	128	76
整形外科医院	1	35	20	11
其他专科医院	5	190	183	147
基层医疗卫生机构	1845	1599	6955	4889
社区服务中心（站）	185	474	2056	1859
卫生院	80	1116	898	820
村卫生室	983		1936	194
门诊部	21	9	292	268
诊所、卫生所、医务室	576		1773	1748
专业公共卫生机构	52	470	2868	2246
疾病预防控制中心（防疫站）	12		858	647
专科疾病防治院（所、站）	4		133	97
健康教育所（站、中心）	3		31	13
妇幼保健院（所、站）	11	470	1230	1015
急救中心（站）	1		26	12
采供血机构	1		93	64
卫生监督所（中心）	11		359	302
计划生育技术服务机构	9		138	96
其他卫生机构	20	20	350	184
疗养院	1	20	62	54
医学科学研究机构	1		113	77
统计信息中心	1		11	
其他卫生机构	17		164	53

20-3 卫生技术人员分布

单位:人

	卫生技术人员	执业医师	执业助理医师	护师(士)	药师(士)	技师(士)	其他
总计	**21778**	**8017**	**865**	**8798**	**1463**	**1192**	**1443**
医院合计	14459	5269	237	6806	765	763	619
综合医院	10813	3670	167	5481	516	587	392
中医医院	1086	428	18	343	94	53	150
民族医院	610	414	7	94	62	28	5
专科医院	1950	757	45	888	93	95	72
口腔医院	97	53	7	30	4	3	
眼科医院	162	36	2	84	5	4	31
传染病医院	108	22	8	65	4	4	5
妇产(科)医院	390	230	3	132	14	11	
精神病医院	569	189	5	279	31	38	27
皮肤病医院	31	12	1	12	4	2	
骨科医院	359	170	4	132	22	24	7
康复医院	76	8		64	1	3	
整形外科医院	11	3		7			1
其他专科医院	147	34	15	83	8	6	1
基层医疗卫生机构	4889	1946	515	1372	639	133	284
社区服务中心(站)	1859	721	116	677	203	65	77
卫生院	820	237	188	140	32	38	185
村卫生室	194	80	105	9			
门诊部	268	110	21	119	4	13	1
诊所、卫生所、医务室	1748	798	85	427	400	17	21
专业公共卫生机构	2246	723	92	584	52	271	524
疾病预防控制中心(防疫站)	647	305	40	37	6	150	109
专科疾病防治院(所、站)	97	38	7	24	3	12	13
健康教育所(站、中心)	13	11		1			1
妇幼保健院(所、站)	1015	318	33	467	35	78	84
急救中心(站)	12		2	8		2	
采供血机构	64	19		20	3	22	
卫生监督所	302						302
计划生育技术服务机构	96	32	10	27	5	7	15
其他卫生机构	184	79	21	36	7	25	16
疗养院	54	25	2	22	2	2	1
医学科学研究机构	77	31	16			23	7
其他卫生机构	53	23	3	14	5		8

20-4 医疗机构门诊、住院及病床使用情况

项　　目	诊疗人次数（人次）	入院人数（人）	病床使用率（%）	出院者平均住院日（天）
总　计	**11065637**	**367049**	**76.5**	**11.4**
医院合计	6177723	333011	80.6	11.8
综合医院	4472451	253701	80.4	10.7
中医医院	602583	20641	72.5	13.5
民族医院	571529	24163	88.1	14.2
专科医院	531160	34506	81.5	16.7
口腔医院	53745	120	5.0	5.9
眼科医院	121532	7761	64.8	3.8
传染病医院	25504	765	43.3	5.7
妇产（科）医院	138102	3694	105.1	60.6
精神病医院	63384	7321	64.6	16.9
皮肤病医院	11523			
骨科医院	92238	10737	99.6	14.5
康复医院	116	17	100.0	196.2
整形外科医院	2285			
其他专科医院	22731	4091	51.3	8.3
基层医疗卫生机构	4306742	17357	39.0	9.3
社区服务中心（站）	1773925	4103	38.7	12.1
卫生院	451397	13254	39.1	8.4
村卫生室	1108520			
门诊部	110800			
诊所、卫生所、医务室	862100			
专业公共卫生机构	558724	16681	65.8	6.5
专科疾病防治院（所、站）	3460			
妇幼保健院（所、站）	520199	16681	65.8	6.5
急救中心（站）	35065			
其他卫生机构	22448			
疗养院	22448			

20-5 婚 姻 情 况

单位:对

项　　目	2014年	2015年	项　　目	2014年	2015年
准予登记结婚对数	21496	20401	每千人结婚对数	9.0	8.5
内地居民登记结婚对数	21429	20331	每千人离婚对数	2.3	2.3
涉外及华侨、港澳台登记结婚对数	67	70	平均每天结婚对数	58.9	55.9
离婚登记对数	5402	5593	平均每天离婚对数	14.8	15.3

20-6 基 层 工 会 情 况

单位：个、人

项　　目	工会数	年末职工人数	#女职工	年末会员人数	#女会员
总　计	**10880**	**668540**	**244531**	**638108**	**240639**
新城区	3360	234216	110760	233631	110638
回民区	2021	98533	30171	89522	27587
玉泉区	1274	41370	20604	40380	20530
赛罕区	1563	94157	21837	77801	21835
土左旗	795	67294	14747	65660	14102
托　县	398	34391	10078	34371	10074
和　林	715	52696	20340	50882	19882
清水河	434	34850	13035	34829	13032
武　川	320	11033	2959	11032	2959

20-7 妇女组织、工作情况

项目	单位	2014年	2015年	项目	单位	2014年	2015年
妇联机构	个	86	87	女职工委员会数	个	10	10
旗县以上	个	10	11	三八红旗集体		4	30
乡镇街道	个	76	76	三八红旗手	个	9	50
基层妇代会总数	个	1241	1241	巾帼建功标兵数	人		58
城市	个	276	276	维权法庭	个	6	6
农村	个	965	965	法律帮助机构	个	85	85
机关事业单位妇委会	个	68	68	巾帼创业带头人数	人		

20-8 共青团基本情况

单位:个、人

行业	基层团支部	14-35岁青年	#14-28岁	年末团员数	#少数民族	发展新团员	团员入党
总计	**4001**	**667596**	**513697**	**104328**	**15881**	**13574**	**1215**
农、林、牧、渔业	1069	248300	239560	19987	2150	1670	510
采掘业	5	21400	10900	98	4		
制造业	91	40710	30811	6220	235	10	11
电力煤气及水的生产和供应业	51	27631	18451	2078	123	8	3
建筑业	8	14987	5706	159	107	12	3
地质勘查、水利管理业	6	12709	2402	512	43	13	1
交通运输、仓储及邮电通讯业	36	38735	29896	756	19	7	3
批发零售贸易、餐饮业	26	31121	9913	9827	259	10	15
金融、保险业	8	15079	4919	6265	31	3	4
房地产业	4	16096	903	85	3		2
社会服务业	5	30986	10112	334	392	298	17
教育、文化艺术和广播影视事业	2506	111586	98643	53749	10414	9940	163
卫生、体育和社会福利事业	38	16923	36311	789	203	138	18
科学研究和综合技术服务业	45	15838	4022	119	55	11	2
国家机关、政党机关和社会团体	56	16595	6195	1778	1037	752	170
其他	47	8900	4953	1572	806	702	293

20-9 律师、公证、调解工作基本情况

项　　　目	单　位	2014年	2015年	2015年比2014年增长%
律师工作				
律师事务所	个	64	82	28.1
律　　师	人	852	1008	18.3
专职律师	人	780	932	19.5
兼职律师	人	68	66	-2.9
聘请担任常年法律顾问	家	446	446	
民事、经济诉讼代理	件	3031	3799	25.3
刑事辩护及代理	件	772	768	-0.5
非诉讼法律事务	件	451	1190	163.9
涉外法律事务	件			
解答法律咨询	件	8970	7864	-12.3
代写法律事务文书	件	1465	1337	-8.7
公证工作				
公 证 处	个	10	10	
公证人员	人	172	187	8.7
#公 证 员	人	38	38	
公证员助理	人	89	84	-5.6
办理公证文书	件	51887	24658	-52.5
人民调解工作				
专职司法助理员	人	226	226	
人民调解委员会	个	1486	1486	
调解人员	人	7678	7678	
调解民间纠纷	件	17558	12311	-29.9

20-10 优抚安置、社会救济及殡葬情况

项　　目	单 位	2014年	2015年
优抚安置			
优抚安置单位	个	7	7
优抚安置单位职工人数	人	146	148
优抚对象总人口	人	4698	4698
#伤残人员	人	1576	1582
烈士家属	人	147	109
牺牲病故军人家属	人	72	83
优抚优待对象户数	户	2990	3154
优抚优待总金额	万元	6232	6748
社会救济			
城镇居民最低生活保障人数	人	42205	29786
城镇居民低保资金	万元	24143	18348
农村居民最低生活保障人数	人	74423	88740
农村居民低保资金	万元	22673	20858
城镇社区服务			
城镇社区服务机构	个	317	415
职工人数	人	1625	1824
机构建筑面积	平方米	110886	172333
便民利民服务网点数	个	1214	1214
社区服务志愿者组织数	个	116	520
殡仪服务			
单位数	个	6	7
#殡仪馆	个	2	2
职工人员	人	126	135
火 化 炉	座	8	8
全年处理遗体数	具	6390	6563

20-11 社会福利单位基本情况

项目	机构数（个）	职工人数（人）	床位（张）	年末在院（站）人数（人）
收养性社会服务机构	**58**	**950**	**8625**	**4122**
光荣院	4	33	226	118
社会福利院	2	118	368	228
儿童福利机构	1	102	500	249
智障与精神疾病服务机构	1	134	350	339
城市养老服务机构	25	478	5182	2084
农村养老服务机构	25	85	1999	1104
救助类社会服务机构	**1**	**52**		
社会福利企业	**30**	**1266**		

20-12 全社会用电量

单位：万千瓦时

项目	2014年	2015年	项目	2014年	2015年
全社会用电量	**1907568**	**1876982**			
城乡居民生活用电	164166	171545	建筑业	27121	30419
城镇居民	118032	127761	交通运输、仓储、邮政业	72892	69810
乡村居民	46134	43784	信息传输、计算机服务和软件业	25675	36453
全行业用电合计	1743402	1705437	商业、住宿和餐饮业	102604	114618
农、林、牧、渔业	29481	39369	金融、房地产、商务及居民服务业	21582	23802
工业	1438012	1359496	公共事业及管理组织	26035	31469

20-13 刑事案件、交通事故、火灾情况

项目	单位	2014年	2015年
刑事案件			
立案数	件	16098	14694
市区	件	10913	11910
旗县	件	5185	2372
损失财物折款	万元	18459	17990
缴获财物折款	万元	268	77
破案率	%	49.6	34.2
交通事故			
次数	起	655	665
市区	起	405	428
旗县	起	250	229
死亡	人	104	106
市区	人	49	55
旗县	人	55	48
伤人	人	684	660
市区	人	409	423
旗县	人	275	230
损失折款	万元	141	122
火灾情况			
发生数	起	2834	2522
死亡人数	人	12	10
伤人数	人	5	
损失折款	万元	550	559
补充资料			
交通设施			
信号灯控制岗	处	233	246
可监控路口	处	550	1103
消防设施			
消防队数	队	18	18
消防车辆	辆	100	117

20-14 城市环境污染状况

项目	单位	2014年	2015年
废水			
工业废水排放总量	万吨	7249	3111
工业废水化学需氧量排放量	吨	15174	11031
工业废水氨氮排放量	吨	652	711
废水治理设施数	套	91	92
废水治理设施处理能力	万吨/日	22	23
废气			
工业废气排放总量	亿立方米	3238	4411
工业二氧化硫排放量	吨	91360	67279
工业氮氧化物排放量	吨	98837	86282
工业烟（粉）尘排放量	吨		37983
废气治理设施数	套	67616	1112
废气治理设施处理能力	万立方米/时	12736	14948
脱硫设施数	套	29	78
脱硫设施处理能力	千克/时	84437	127239
脱硝设施数	套	19	30
脱硝设施处理能力	千克/时	10390	11905
除尘设施数	套	1074	979
除尘设施处理能力	千克/时	1652885	1658108
固体废弃物			
工业固体废物产生量	万吨	1130	1176
工业固体废物综合利用量	万吨	448	390
其中：综合利用往年贮存量	万吨		…
工业固体废物处置量	万吨	626	567
其中：处置往年贮存量	万吨	19	20
工业固体废物贮存量	万吨	75	237
工业固体废物倾倒丢弃量	万吨		2

20-15 城市环境质量状况

项目	单位	2014年	2015年
环境空气			
全年环境空气质量Ⅱ级和好于Ⅱ级天数	天	242	276
污染天数	天	123	89
二氧化硫年日均值	微克/立方米	50	34
二氧化氮年日均值	微克/立方米	44	39
细颗粒物（$PM_{2.5}$）年日均值	微克/立方米	46	43
可吸入颗粒物（PM_{10}）年日均值	微克/立方米	121	103
酸雨pH值年均值		6.8	6.6
每平方公里每月平均降尘	吨	8.5	6.0
沙尘天气次数	天	10	12
水环境			
城市集中式饮用水水源地水质达标率	%	100.0	100.0
地表水环境功能区水质达标率	%	69.2	61.5
声环境			
区域环境噪声平均值	dB（A）	54.2	54.1
道路交通噪声平均值	dB（A）	58.1	69.1
城市功能区噪声状况			
功能区噪声昼间达标率	%	95.0	95.0
功能区噪声夜间达标率	%	50.0	60.0
环境管理指标			
清洁能源使用率	%	77.9	78.2
机动车环保定期检测率	%	91.8	85.1
工业固体废物综合利用率	%	39.6	33.0
工业固体废物处置率	%	55.4	48.0
危险废物综合利用率	%	91.0	91.0
危险废物处置率	%	10.3	7.0

主要统计指标解释

体育场 指有400米跑道（中心含足球场），有固定道牙，跑道6条以上，并有固定看台的室外田径场地。体育场按看台容纳观众人数分为：甲级25000人以上，乙级15000-25000人，丙级5000-15000人，丁级5000人以下。

体育馆 指有固定看台，可供篮球、排球、羽毛球、乒乓球、体操等项目训练比赛活动用的室内运动场地。体育馆按看台容纳观众人数分为：甲级6000人以上，乙级4000-6000人，丙级2000-4000人，丁级2000人以下。

医院 指设有固定床位，能收容病人住院并能为病人提供医疗、护理服务的医疗机构，包括县及县以上医院、农村乡卫生院和其他医疗。

床位数 指各级各类医院本年10月底的固定实有床位（非编制床位）。包括正规床、简易床、监护床和正在消毒、修理的床位及因扩建或大修理而停用的床位（按扩建或大修理前的床位计算），但不包括产科的新生儿床、库存床、临时增设的床位、病人家属的陪床、接产室的待产床等。

卫生技术人员 指卫生事业机构支付工资的全部固定职工和合同制职工中现任职务为卫生技术工作的专业人员。包括中医师、西医师、中西医结合高级医师、护师、中药师、西药师、检验师、其他技师、中医士、西医士、护士、助产士、中药剂师、西药剂士、检验士、其它技工、其它中医、护理员、中药剂员、西药剂员、检验员、其它初级卫生技术人员。

社会福利事业单位 指集中收养社会孤、老、残、幼的机构。包括由民政部门管理的社会福利院、儿童福利院、精神病人福利院和城镇集体办的福利院，以及农村集体举办的敬老院。

社会福利事业单位收养人数包括民政部门管理和城镇、农村集体举办的社会福利事业单位中收养的老人、少年儿童、缺乏生活自理能力的残疾人员和精神病人。

社会福利企业单位 指以安置城镇有一定劳动能力的盲、聋、哑和肢体残疾人员就业为目的，享受国家减免税待遇的国有或集体企业。包括福利工厂、福利商业和服务业、假肢厂和安置农场等单位。

城镇居民最低生活保障人数 指在城镇建立居民最低生活保障制度的地区，得到当地政府给予最低生活保障的非农业人口数，包括“三无对象”，失业人员和在职、下岗、退休人员等

农村居民最低生活保障人数 指在建立农村居民最低生活保障制度的地区，得到当地政府给予最低生活保障的农业人口数，

城镇社区服务设施数 指报告期末城镇街道办事处、居委会设立以非赢利为目的，为本社区居民服务，特别是为老年人、残疾人、儿童服务的社区服务中心、活动站、服务站、养老院、老年公寓、残疾人工疗站、残疾儿童日托所、家务服务站、婚姻介绍所等福利性设施以及职工社会保险管理服务的机构数。几种不同类型的社区服务单位，共用一个场所的，只能统计为一个社区服务设施。条件是：（1）独立核算单位；（2）有固定的从业人员（3）有一定的服务项目；（4）有一定的场所。

城镇便民利民服务网点数 指年末居委会建立的、方便社区居民生活服务的网点数。

刑事案件立案数 指年内发生并达到公安等司法部门规定的立案标准的刑事案。刑事案件是指需依法追究刑事责任并由公安等司法机关立案处理的案件。

火灾 指个人烧毁财物直接损失折款在50元以上；国家、集体烧毁财物直接损失折款在100元以上；因火灾死亡或重伤1人的火灾。

律师工作者 指受聘参加法律顾问处工作，提任法律顾问、刑（民）事代理人、刑事辩护人，办理非诉讼事件、解答法律询问、代写法律事务文书等主要从事律师业务的专职法律工作者和兼职律师。

公证人员 指在国家公证机关依法办理公证事务的司法人员。包括公证员、助理公证员和在公证处工作的其他人员。

办理公证文书 指公证处在一定时期内办结的公证文书件数。公证文书系按司法部规定或批准的格式制作。包括国内公证和涉外公证两部分。其中国内公证分为经济合同公证和民事法律关系公证两大类。

工业废水排放量 指经过企业厂区所有排放口排到企业外部的工业废水量。包括生产废水、外排的直接冷却水、超标排放的矿井地下水和与工业废水混排的厂区生活污水，不包括外排的间接冷却水（清污不分流的间接冷却水应计算在内）。

工业固体废物综合利用量 指通过回收、加工、循环、交换等方式，从固体废物中提取或者使其转化为可以利用的资源、能源和其他原材料的固体废物量（包括当年利用往年的工业固体废物累计贮存量），如用作农业肥料、生产建筑材料、筑路等。综合利用量由原产生固体废物的单位统计。

工业烟（粉）尘排放量 指生产工艺过程中排放固体粉状物重量。

第二部分　统计资料

旗、县、区统计资料

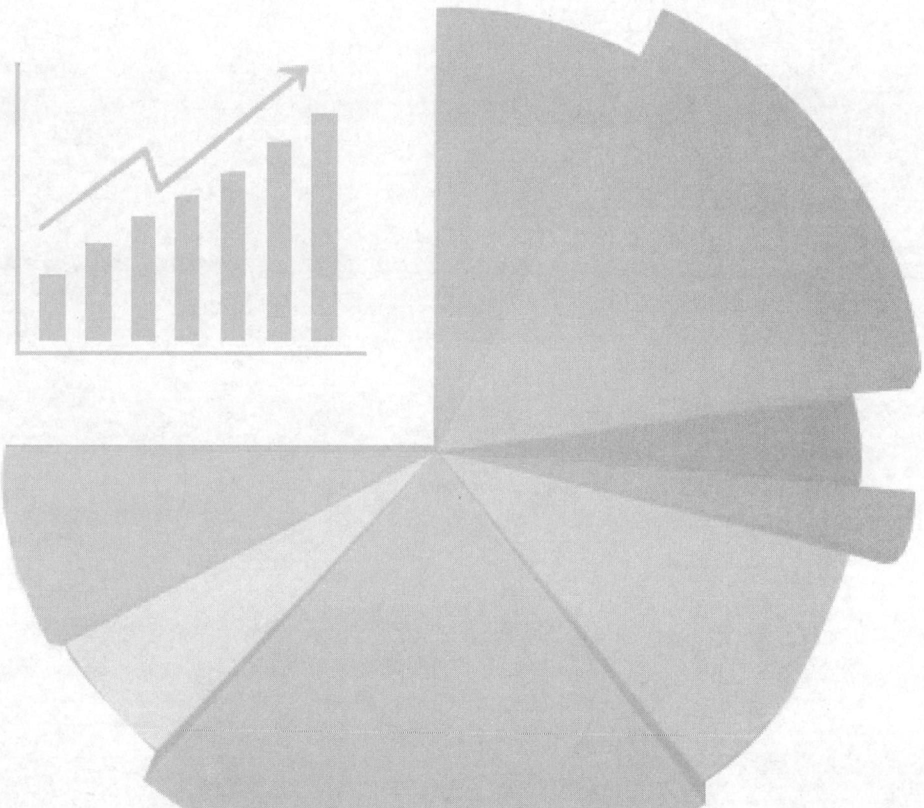

21-1 新城区社会经济主要指标

指　　标	单　位	2014年	2015年	2015年比2014年增长%
行政区域土地面积	平方公里	661	661	
人口和就业				
年末总人口	人	385274	393124	2.0
#男　性	人	190266	193795	1.9
年末总户数	户	140254	145271	3.6
出生人口	人	5139	3866	-24.8
死亡人口	人	2334	1994	-14.6
全社会就业人员	人	324199	328042	1.2
第一产业	人	10252	11903	16.1
第二产业	人	92596	88714	-4.2
第三产业	人	221351	227425	2.7
在岗职工人数	人	111078	113231	1.9
乡村户数	户	24869	20164	-18.9
乡村从业人员	人	36860	37564	1.9
#农林牧渔业	人	10252	11903	16.1
国民经济综合指标				
地区生产总值	万元	6191455	7288349	8.6
第一产业	万元	22098	22422	3.9
第二产业	万元	738114	752105	6.4
#工　业	万元	343414	339431	5.1
第三产业	万元	5431243	6513822	8.9
人均生产总值	元	102001	118693	7.4
全社会固定资产投资	万元	1876421	2330315	24.2
按登记注册类型分				
#国　有	万元	960823	1257324	30.9
集　体	万元	5874		-100.0
有限责任公司	万元	437660	828016	89.2
股份有限公司	万元	282762	100505	-64.5

21-1续表1

指　　标	单 位	2014年	2015年	2015年比2014年增长%
私营企业	万元	189302	144470	-23.7
外商及港澳台投资企业	万元			
一般公共预算收入	万元	365324	430430	17.8
一般公共预算支出	万元	191447	248436	29.8
住户存款余额	万元			
在岗职工工资总额	万元	588830	609002	3.4
在岗职工平均工资	元	50965	52766	3.5
全体居民人均可支配收入	元	32607	35378	8.5
城镇常住居民人均可支配收入	元	39253	42196	7.5
农村常住居民人均可支配收入	元	15181	16319	7.5
农村牧区经济				
农作物总播种面积	公顷	1643	1825	11.1
# 粮食作物播种面积	公顷	1267	1430	12.9
农牧业机械总动力	万千瓦	3.50	3.53	0.9
化肥施用折纯量	吨	136	137	0.7
农村用电量	万千瓦小时	1662	1740	4.7
农林牧渔业总产值	万元	40154	40882	4.5
粮食产量	吨	3150	1858	-41.0
油料产量	吨	109	50	-54.1
甜菜产量	吨			
猪牛羊肉产量	吨	2314	2360	2.0
猪肉产量	吨	1562	1579	1.1
牛肉产量	吨	240	254	5.8
羊肉产量	吨	512	527	2.9

21-1续表2

指　　标	单　位	2014年	2015年	2015年比2014年增长%
羊毛产量	吨	83	82	-1.2
年末牲畜存栏头数	万头只	5.70	5.77	1.2
大牲畜	万头只	0.42	0.42	
羊	万只	4.27	4.34	1.6
猪	万头	1.00	1.01	1.0
规模以上工业				
工业企业单位数	个	24	25	4.2
# 内资企业	个	24	25	4.2
工业总产值	万元	847742	823191	-2.9
内资企业	万元	847742	823191	-2.9
国有企业	万元			
集体企业	万元			
股份合作企业	万元			
联营企业	万元			
有限责任公司	万元	486794	513077	5.4
股份有限公司	万元	300518	250928	-16.5
私营企业	万元	60431	59186	-2.1
其他企业	万元			
港澳台商投资企业	万元			
外商投资企业	万元			
工业企业增加值	万元			5.8
工业企业资产总计	万元	625680	888786	42.1
工业企业负债合计	万元	545348	780109	43.0
工业企业产品销售收入	万元	845043	820243	-2.9
工业企业利润总额	万元	334088	308627	-7.6
建筑业				
建筑企业单位数	个	67	64	-4.5
建筑企业从业人员	人	17130	13975	-18.4
建筑业总产值	万元	630244	573083	-9.1

21-1续表3

指　　标	单　位	2014年	2015年	2015年比2014年增长%
交通运输邮电通信业				
公路里程	公里			
邮电业务总量	万元			
本地电话用户	户			
国内贸易				
社会消费品零售总额	万元	3727524	4013000	7.7
科技教育卫生				
各类专业技术人员	人	3628	3674	1.3
幼儿园数	所	37	45	21.6
学龄儿童入学率	%	100.0	100.0	
小学学校数	所	31	37	19.4
小学专任教师数	人	2113	2239	6.0
小学在校学生数	人	40181	39229	-2.4
普通中学学校数	所	15	13	-13.3
普通中学专任教师数	人	1166	1292	10.8
初中在校学生数	人	19858	21996	10.8
高中在校学生数	人	13525	11610	-14.2
卫生机构数	所	20	17	-15.0
#医　院	所	18	15	-16.7
卫生院	所	2	2	
床位数	张	2392	2616	9.4
#医　院	张	2332	2487	6.6
卫生院	张	60	70	16.7
卫生技术人员	人	1827	2840	55.4
#医　院	人	1779	1669	-6.2
卫生院	人	48	57	18.8

21-2 回民区社会经济主要指标

指　　标	单　位	2014年	2015年	2015年比2014年增长%
行政区域土地面积	平方公里	194	194	
人口和就业				
年末总人口	人	240518	237135	-1.4
#男　性	人	120076	117925	-1.8
年末总户数	户	90409	90640	0.3
出生人口	人	3000	1753	-41.6
死亡人口	人	1765	1633	-7.5
全社会就业人员	人	189814	196685	3.6
第一产业	人	3974	3950	-0.6
第二产业	人	45887	41528	-9.5
第三产业	人	139953	151208	8.0
在岗职工人数	人	51793	47324	-8.6
乡村户数	户	13270	16484	24.2
乡村从业人员	人	14376	24776	72.3
#农林牧渔业	人	3501	3935	12.4
国民经济综合指标				
地区生产总值	万元	3423469	3999501	7.7
第一产业	万元	5343	5437	4.1
第二产业	万元	416658	422728	5.9
#工　业	万元	186258	182833	4.4
第三产业	万元	3001468	3571335	8.0
人均生产总值	元	80628	93087	6.4
全社会固定资产投资	万元	1044618	1300471	24.5
按登记注册类型分				
#国　有	万元	70064	311445	344.5
集　体	万元		33145	
有限责任公司	万元	938248	519924	-44.6
股份有限公司	万元	1960	22260	1035.7

21-2续表1

指　　标	单　位	2014年	2015年	2015年比2014年增长%
私营企业	万元		374076	
外商及港澳台投资企业	万元	34346	39621	15.4
一般公共预算收入	万元	143914	159471	11.0
一般公共预算支出	万元	139504	127123	-9.0
住户存款余额	万元			
在岗职工工资总额	万元	246870	240775	-2.5
在岗职工平均工资	元	47774	51231	7.2
全体居民人均可支配收入	元	31603	34326	8.6
城镇常住居民人均可支配收入	元	34619	37285	7.7
农村常住居民人均可支配收入	元	15808	17056	7.9
农村牧区经济				
农作物总播种面积	公顷	707	473	-33.1
# 粮食作物播种面积	公顷	647	433	-33.1
农牧业机械总动力	万千瓦	0.71	0.73	2.8
化肥施用折纯量	吨	135	63.3	-53.1
农村用电量	万千瓦小时	354	451.9	27.7
农林牧渔业总产值	万元	9994	10209	4.7
粮食产量	吨	2580	2200	-14.7
油料产量	吨	20		-100.0
甜菜产量	吨			
猪牛羊肉产量	吨	544	548	0.7
猪肉产量	吨	458	460	0.4
牛肉产量	吨	13	13	
羊肉产量	吨	73	75	2.7

21-2续表2

指　　标	单　位	2014年	2015年	2015年比2014年增长%
羊毛产量	吨			
年末牲畜存栏头数	万头只	0.96	0.98	2.1
大牲畜	万头只	0.01	0.01	
羊	万只	0.48	0.49	2.1
猪	万头	0.47	0.48	2.1
规模以上工业				
工业企业单位数	个	14	14	
# 内资企业	个	11	11	
工业总产值	万元	401471	333230	-17.0
内资企业	万元	203879	169401	-16.9
国有企业	万元			
集体企业	万元			
股份合作企业	万元			
联营企业	万元			
有限责任公司	万元	143522	119955	-16.4
股份有限公司	万元			
私营企业	万元	60357	49446	-18.1
其他企业	万元			
港澳台商投资企业	万元	195415	161629	-17.3
外商投资企业	万元	2177	2200	1.1
工业企业增加值	万元			4.8
工业企业资产总计	万元	947239	997136	5.3
工业企业负债合计	万元	861009	883702	2.6
工业企业产品销售收入	万元	369893	314809	-14.9
工业企业利润总额	万元	-21713	10932	
建筑业				
建筑企业单位数	个	39	37	-5.1
建筑企业从业人员	人	8777	7556	-13.9
建筑业总产值	万元	445371	397783	-10.7

21-2续表3

指　　标	单　位	2014年	2015年	2015年比2014年增长%
交通运输邮电通信业				
公路里程	公里			
邮电业务总量	万元			
本地电话用户	户			
国内贸易				
社会消费品零售总额	万元	3859817	4164154	7.9
科技教育卫生				
各类专业技术人员	人	8964	9011	0.5
幼儿园数	所	54	62	14.8
学龄儿童入学率	%	100.0	100.0	
小学学校数	所	31	31	
小学专任教师数	人	928	952	2.6
小学在校学生数	人	23361	23776	1.8
普通中学学校数	所	22	21	-4.5
普通中学专任教师数	人	1809	1849	2.2
初中在校学生数	人	15984	15865	-0.7
高中在校学生数	人	13430	12694	-5.5
卫生机构数	所	231	249	7.8
#医　院	所	21	23	9.5
卫生院	所	1	1	
床位数	张	4509	4772	5.8
#医　院	张	4484	4421	-1.4
卫生院	张	25	20	-20.0
卫生技术人员	人	6227	6210	-0.3
#医　院	人	6213	4997	-19.6
卫生院	人	14	20	42.9

21-3 玉泉区社会经济主要指标

指　　标	单　位	2014年	2015年	2015年比2014年增长%
行政区域土地面积	平方公里	207	207	
人口和就业				
年末总人口	人	202488	202159	-0.2
# 男　性	人	101210	100835	-0.4
年末总户数	户	83092	84728	2.0
出生人口	人	2981	1769	-40.7
死亡人口	人	1238	1184	-4.4
全社会就业人员	人	98972	99207	0.2
第一产业	人	10609	11015	3.8
第二产业	人	27838	25216	-9.4
第三产业	人	60525	62976	4.0
在岗职工人数	人	26253	25826	-1.6
乡村户数	户	16242	16278	0.2
乡村从业人员	人	20442	20860	2.0
# 农林牧渔业	人	10609	11015	3.8
国民经济综合指标				
地区生产总值	万元	2721208	3095032	7.7
第一产业	万元	32446	32017	1.8
第二产业	万元	808341	821387	7.2
# 工　业	万元	607841	614818	7.6
第三产业	万元	1880421	2241629	8.0
人均生产总值	元	66934	75122	6.3
全社会固定资产投资	万元	1176023	1460177	24.2
按登记注册类型分				
# 国　有	万元	22000	463138	2005.2
集　体	万元			
有限责任公司	万元	954653	907133	-5.0
股份有限公司	万元	13460		-100.0

21-3续表1

指　　标	单　位	2014年	2015年	2015年比2014年增长%
私营企业	万元	185910	75491	-59.4
外商及港澳台投资企业	万元			
一般公共预算收入	万元	141404	177322	25.4
一般公共预算支出	万元	130937	129073	-1.4
城乡居民储蓄存款余额	万元			
在岗职工工资总额	万元	150265	139515	-7.2
在岗职工平均工资	元	46826	49519	5.8
全体居民人均可支配收入	元	29418	31861	8.3
城镇常住居民人均可支配收入	元	33561	36145	7.7
农村常住居民人均可支配收入	元	15122	16266	7.6
农村牧区经济				
农作物总播种面积	公顷	4778	4753	-0.5
# 粮食作物播种面积	公顷	3912	3875	-0.9
农牧业机械总动力	万千瓦	7.52	7.68	2.1
化肥施用折纯量	吨	2799	2763	-1.3
农村用电量	万千瓦小时	1137	1200	5.5
农林牧渔业总产值	万元	56548	56114	2.3
粮食产量	吨	27544	27555	
油料产量	吨	70	73	4.3
甜菜产量	吨			
猪牛羊肉产量	吨	2122	2373	11.8
# 猪肉产量	吨	931	1163	24.9
牛肉产量	吨	845	846	0.1
羊肉产量	吨	346	364	5.2

21-3续表2

指　　标	单　位	2014年	2015年	2015年比2014年增长%
羊毛产量	吨	54		-100.0
年末牲畜存栏头数	万头只	5.68	5.98	5.3
# 大牲畜	万头只	0.98	0.98	
羊	万只	2.58	3.4	31.8
猪	万头	2.12	1.6	-24.5
规模以上工业				
工业企业单位数	个	17	18	5.9
# 内资企业	个	17	18	5.9
工业总产值	万元	147535	194201	31.6
内资企业	万元	147535	194201	31.6
国有企业	万元			
集体企业	万元			
股份合作企业	万元			
联营企业	万元			
有限责任公司	万元	16486	8206	-50.2
股份有限公司	万元	78986	122288	54.8
私营企业	万元	52063	63707	22.4
其他企业	万元			
港澳台商投资企业	万元			
外商投资企业	万元			
工业企业增加值	万元			9.2
工业企业资产总计	万元	199439	223245	11.9
工业企业负债合计	万元	80392	82903	3.1
工业企业产品销售收入	万元	172813	194175	12.4
工业企业利润总额	万元	55233	71214	28.9
建筑业				
建筑企业单位数	个	28	28	
建筑企业从业人员	人	8451	5958	-29.5
建筑业总产值	万元	271870	184584	-32.1

21-3续表3

指　　标	单　位	2014年	2015年	2015年比2014年增长%
交通运输邮电通信业				
公路里程	公里			
邮电业务总量	万元			
本地电话用户	户			
国内贸易				
社会消费品零售总额	万元	1977656	2131023	7.8
科技教育卫生				
各类专业技术人员	人	5553	6471	16.5
幼儿园数	所	35	32	-8.6
学龄儿童入学率	%	100.0	100.0	
小学学校数	所	34	35	2.9
小学专任教师数	人	1086	1119	3.0
小学在校学生数	人	22789	23281	2.2
普通中学学校数	所	10	10	
普通中学专任教师数	人	665	758	14.0
初中在校学生数	人	7405	7474	0.9
高中在校学生数	人	3813	4025	5.6
卫生机构数	所	249	267	7.2
#医　院	所	25	25	
卫生院	所	2	2	
床位数	张	2240	2280	1.8
#医　院	张	2180	2210	1.4
卫生院	张	50	50	
卫生技术人员	人	3283	3312	0.9
#医　院	人	2209	2238	1.3
卫生院	人	44	47	6.8

21-4 赛罕区社会经济主要指标

指　　标	单　位	2014年	2015年	2015年比2014年增长%
行政区域土地面积	平方公里	1003	1003	
人口和就业				
年末总人口	人	449793	468536	4.2
#男　性	人	224336	233378	4.0
年末总户数	户	165282	176458	6.8
出生人口	人	7908	5711	-28.0
死亡人口	人	1958	1941	-0.9
全社会就业人员	人	181120	180124	-0.5
第一产业	人	47530	47412	-0.2
第二产业	人	32560	31567	-3.0
第三产业	人	101030	101145	0.1
在岗职工人数	人	137191	138828	1.2
乡村户数	户	44112	45129	2.3
乡村从业人员	人	76920	79917	3.9
#农林牧渔业	人	43535	47273	8.6
国民经济综合指标				
地区生产总值	万元	5730522	6165652	8.8
第一产业	万元	205161	207381	3.5
第二产业	万元	1905048	1598558	8.3
#工　业	万元	1485876	1153536	8.0
第三产业	万元	3620313	4359713	9.2
人均生产总值	元	84130	89492	6.4
全社会固定资产投资	万元	2798764	3512662	25.5
按登记注册类型分				
#国　有	万元	160792	1090841	578.4
集　体	万元		350800	
有限责任公司	万元	2447172	1926711	-21.3
股份有限公司	万元	125614	67014	-46.7

21-4续表1

指　　标	单 位	2014年	2015年	2015年比2014年增长%
私营企业	万元		18025	
外商及港澳台投资企业	万元	64152	5000	-92.2
一般公共预算收入	万元	398477	451216	13.2
一般公共预算支出	万元	302318	397987	31.6
住户存款余额	万元			
在岗职工工资总额	万元	770022	778659	1.1
在岗职工平均工资	元	53971	58051	7.6
全体居民人均可支配收入	元	30235	32818	8.5
城镇常住居民人均可支配收入	元	38355	41155	7.3
农村常住居民人均可支配收入	元	14323	15407	7.6
农村牧区经济				
农作物总播种面积	公顷	32343	32310	-0.1
# 粮食作物播种面积	公顷	24953	24832	-0.5
农牧业机械总动力	万千瓦	30.28	31.28	3.3
化肥施用折纯量	吨	10569	11047	4.5
农村用电量	万千瓦小时	11208	11433	2.0
农林牧渔业总产值	万元	373308	378274	4.0
粮食产量	吨	61704	61504	-0.3
油料产量	吨	1581	1231	-22.1
甜菜产量	吨	200	200	
猪牛羊肉产量	吨	10831	14217	31.3
猪肉产量	吨	3535	5232	48.0
牛肉产量	吨	6547	7715	17.8
羊肉产量	吨	749	1270	69.6

21-4续表2

指　　标	单 位	2014年	2015年	2015年比2014年增长%
羊毛产量	吨	98	119	21.4
年末牲畜存栏头数	万头只	21.16	22.19	4.9
大牲畜	万头只	11.67	11.76	0.8
羊	万只	5.07	5.86	15.6
猪	万头	4.42	4.57	3.4
规模以上工业				
工业企业单位数	个	32	30	-6.3
# 内资企业	个	29	26	-10.3
工业总产值	万元	4556632	4480509	-1.7
内资企业	万元	4479747	4244334	-5.3
国有企业	万元	56615	864285	1426.6
集体企业	万元	1817		-100.0
股份合作企业	万元			
联营企业	万元			
有限责任公司	万元	1188471	848042	-28.6
股份有限公司	万元	3213119	2427374	-24.5
私营企业	万元	19724	104633	430.5
其他企业	万元			
港澳台商投资企业	万元	2010	170585	8388.9
外商投资企业	万元	74875	65590	-12.4
工业企业增加值	万元			9.8
工业企业资产总计	万元	7382622	7363765	-0.3
工业企业负债合计	万元	4664904	4895485	4.9
工业企业产品销售收入	万元	4204342	44415910	5.0
工业企业利润总额	万元	-716602	-484374	-32.4
建筑业				
建筑企业单位数	个	64	52	-18.8
建筑企业从业人员	人	19301	17899	-7.3
建筑业总产值	万元	655222	632249	-3.5

21-4续表3

指　　　　标	单　位	2014年	2015年	2015年比2014年增长%
交通运输邮电通信业	万元			
公路里程	公里			
邮电业务总量	万元			
本地电话用户	户			
国内贸易				
社会消费品零售总额	万元	1736012	1872527	7.9
科技教育卫生				
各类专业技术人员	人	31452	35632	13.3
幼儿园数	所	50	57	14
学龄儿童入学率	%	100.0	100.0	
小学学校数	所	39	39	
小学专任教师数	人	1669	1878	12.5
小学在校学生数	人	38865	39816	2.4
普通中学学校数	所	21	22	4.8
普通中学专任教师数	人	2874	3405	18.5
初中在校学生数	人	23507	21760	-7.4
高中在校学生数	人	12626	13039	3.3
卫生机构数	所	95	101	6.3
#医　院	所	22	24	9.1
卫生院	所	6	7	16.7
床位数	张	5324	5859	9.7
#医　院	张	5116	5568	8.8
卫生院	张	120	218	81.7
卫生技术人员	人	5270	5880	11.6
#医　院	人	4589	5065	10.4
卫生院	人	110	127	15.5

21-5 土默特左旗社会经济主要指标

指 标	单 位	2014年	2015年	2015年比2014年增长%
行政区域土地面积	平方公里	2765	2765	
人口和就业				
年末总人口	人	370335	365819	-1.2
# 男 性	人	192553	190073	-1.3
年末总户数	户	139112	143639	3.3
出生人口	人	5042	3657	-27.5
死亡人口	人	1720	1594	-7.3
全社会就业人员	人	185319	186500	0.6
第一产业	人	82712	80998	-2.1
第二产业	人	51213	52163	1.9
第三产业	人	51394	53339	3.8
在岗职工人数	人	35192	18790	-46.6
乡村户数	户	94407	96552	2.3
乡村从业人员	人	161950	163131	0.7
# 农林牧渔业	人	81879	80165	-2.1
国民经济综合指标				
地区生产总值	万元	2147954	2372750	8.0
第一产业	万元	385854	390422	3.6
第二产业	万元	795779	803092	6.8
# 工 业	万元	683779	680488	5.9
第三产业	万元	966321	1179235	10.5
人均生产总值	元	67718	74404	7.4
全社会固定资产投资	万元	633769	809346	27.7
按登记注册类型分				
# 国 有	万元	304558	485005	59.2
集 体	万元			
有限责任公司	万元	208774	274299	31.4
股份有限公司	万元	74100	5800	-92.2

21-5续表1

指　　标	单　位	2014年	2015年	2015年比2014年增长%
私营企业	万元	21761	10461	-51.9
外商及港澳台投资企业	万元			
一般公共预算收入	万元	113316	133987	18.2
一般公共预算支出	万元	244482	300675	23.0
住户存款余额	万元	539541	341958	-36.6
在岗职工工资总额	万元	169370	94476	-44.2
在岗职工平均工资	元	48935	51742	5.7
全体居民人均可支配收入	元	15972	17219	7.8
城镇常住居民人均可支配收入	元	26500	28646	8.1
农村常住居民人均可支配收入	元	12219	13160	7.7
农村牧区经济				
农作物总播种面积	公顷	104919	105288	0.4
# 粮食作物播种面积	公顷	66155	65707	-0.7
农牧业机械总动力	万千瓦	68.95	73.51	6.6
化肥施用折纯量	吨	32807	33586	2.4
农村用电量	万千瓦小时	12927	13164	1.8
农林牧渔业总产值	万元	694149	704467	4.2
粮食产量	吨	524365	514237	-1.9
油料产量	吨	26090	30928	18.5
甜菜产量	吨	5538	4258	-23.1
猪牛羊肉产量	吨	31127	33636	8.1
猪肉产量	吨	11292	10484	-7.2
牛肉产量	吨	11726	10748	-8.3
羊肉产量	吨	8109	9404	16.0

21-5续表2

指　　　标	单　位	2014年	2015年	2015年比2014年增长%
羊毛产量	吨	1024	1205	17.7
年末牲畜存栏头数	万头只	73.75	79.00	7.1
大牲畜	万头只	24.39	24.26	-0.5
羊	万只	40.22	46.21	14.9
猪	万头	9.14	8.53	-6.7
规模以上工业				
工业企业单位数	个	38	38	
# 内资企业	个	34	34	
工业总产值	万元	937240	737202	-21.3
内资企业	万元	691156	662368	-4.2
国有企业	万元			
集体企业	万元			
股份合作企业	万元			
联营企业	万元			
有限责任公司	万元	540705	527790	-2.4
股份有限公司	万元	2582	10844	319.9
私营企业	万元	147870	123734	-16.3
其他企业	万元			
港澳台商投资企业	万元			
外商投资企业	万元	246084	74835	-69.6
工业企业增加值	万元			6.8
工业企业资产总计	万元	1746048	1773202	1.6
工业企业负债合计	万元	1083017	1106240	2.1
工业企业产品销售收入	万元	953122	759545	-20.3
工业企业利润总额	万元	34150	34319	0.5
建筑业				
建筑企业单位数	个	3	2	-33.3
建筑企业从业人员	人	1620	1447	-10.7
建筑业总产值	万元	28828	30562	6.0

21-5续表3

指　　标	单 位	2014年	2015年	2015年比2014年增长%
交通运输邮电通信业				
公路里程	公里	1375	1375	
邮电业务总量	万元	16704	12728	-17.5
本地电话用户	户	28017	14100	-49.7
国内贸易				
社会消费品零售总额	万元	347662	373528	7.4
科技教育卫生				
各类专业技术人员	人	3960	3894	-1.7
幼儿园数	所	58	53	-8.6
学龄儿童入学率	%	100.0	100.0	
小学学校数	所	28	27	-3.6
小学专任教师数	人	1360	1277	-6.1
小学在校学生数	人	12559	12739	1.4
普通中学学校数	所	13	13	
普通中学专任教师数	人	794	749	-5.7
初中在校学生数	人	5806	5754	-0.9
高中在校学生数	人	4261	4222	-0.9
卫生机构数	所	330	330	
# 医　院	所	2	2	
卫生院	所	16	16	
床位数	张	589	629	6.8
# 医　院	张	380	360	-5.3
卫生院	张	209	259	23.9
卫生技术人员	人	1242	661	-46.8
# 医　院	人	427	365	-14.5
卫生院	人	127	189	48.8

21-6 托克托县社会经济主要指标

指 标	单 位	2014年	2015年	2015年比2014年增长%
行政区域土地面积	平方公里	1408	1408	
人口和就业				
年末总人口	人	206900	203144	-1.8
# 男 性	人	105376	103627	-1.7
年末总户数	户	87972	87566	-0.5
出生人口	人	2826	1998	-29.3
死亡人口	人	918	676	-26.4
全社会就业人员	人	105287	106069	0.7
第一产业	人	53319	53816	0.9
第二产业	人	33971	33404	-1.7
第三产业	人	17997	18849	4.7
在岗职工人数	人	12201	11759	-3.6
乡村户数	户	41805	42022	0.5
乡村从业人员	人	87307	87841	0.6
# 农林牧渔业	人	53319	53861	1.0
国民经济综合指标				
地区生产总值	万元	2364208	2424539	7.8
第一产业	万元	209908	211616	3.4
第二产业	万元	1693085	1670577	8.6
# 工 业	万元	1591985	1566174	8.8
第三产业	万元	461215	542347	6.8
人均生产总值	元	114237	118258	9.8
全社会固定资产投资	万元	679988	860111	26.5
按登记注册类型分				
# 国 有	万元	185220	232571	25.6
集 体	万元			
有限责任公司	万元	379237	380216	0.3
股份有限公司	万元	5000	7302	46.0

21-6续表1

指　　标	单　位	2014年	2015年	2015年比2014年增长%
私营企业	万元	70245	17749	-74.7
外商及港澳台投资企业	万元	5500	12488	127.1
一般公共预算收入	万元	111890	131019	17.1
一般公共预算支出	万元	233399	236426	1.3
住户存款余额	万元	395286	430411	8.9
在岗职工工资总额	万元	63944	69462	8.6
在岗职工平均工资	元	49477	56731	14.7
全体居民人均可支配收入	元	17295	18712	8.2
城镇常住居民人均可支配收入	元	28091	30338	8.0
农村常住居民人均可支配收入	元	11849	12773	7.8
农村牧区经济				
农作物总播种面积	公顷	55391	57359	3.6
# 粮食作物播种面积	公顷	39107	39009	-0.3
农牧业机械总动力	万千瓦	45.34	47.75	5.3
化肥施用折纯量	吨	36493	37029	1.5
农村用电量	万千瓦小时	6396	6874	7.5
农林牧渔业总产值	万元	372265	376639	4.0
粮食产量	吨	253791	251506	-0.9
油料产量	吨	5981	3802	-36.4
甜菜产量	吨	6841	4742	-30.7
猪牛羊肉产量	吨	13247	12513	-5.5
猪肉产量	吨	3320	2817	-15.2
牛肉产量	吨	5376	4951	-7.9
羊肉产量	吨	4551	4745	4.3

21-6续表2

指　　　　标	单　位	2014年	2015年	2015年比2014年增长%
羊毛产量	吨	1119	1182	5.6
年末牲畜存栏头数	万头只	41.62	42.95	3.2
大牲畜	万头只	10.39	10.47	0.8
羊	万只	28.80	29.91	3.9
猪	万头	2.44	2.57	5.3
规模以上工业				
工业企业单位数	个	35	37	5.7
# 内资企业	个	32	34	6.3
工业总产值	万元	3429263	3892884	13.5
内资企业	万元	3047333	3309401	8.6
国有企业	万元			
集体企业	万元			
股份合作企业	万元	10855	11463	5.6
联营企业	万元			
有限责任公司	万元	2249906	2053915	-8.7
股份有限公司	万元	65380	58655	-10.3
私营企业	万元	721192	1082050	50.0
其他企业	万元			
港澳台商投资企业	万元	381931	448756	17.5
外商投资企业	万元		134387	
工业企业增加值	万元			10.8
工业企业资产总计	万元	3812698	3744960	-1.8
工业企业负债合计	万元	2592039	2596722	0.2
工业企业产品销售收入	万元	2954125	2834465	-4.1
工业企业利润总额	万元	346096	290399	-16.1
建筑业				
建筑企业单位数	个	9	9	
建筑企业从业人员	人	1495	823	-44.9
建筑业总产值	万元	53946	47268	-12.4

21-6续表3

指　　标	单 位	2014年	2015年	2015年比2014年增长%
交通运输邮电通信业				
公路里程	公里	964	964	
邮电业务总量	万元	11503	12030	4.6
本地电话用户	户	12886	23190	79.9
国内贸易				
社会消费品零售总额	万元	271677	292216	7.6
科技教育卫生				
各类专业技术人员	人	3158	3166	0.3
幼儿园数	所	22	35	59.0
学龄儿童入学率	%	100.0	100	
小学学校数	所	17	18	5.9
小学专任教师数	人	674	728	8.0
小学在校学生数	人	11885	11576	-2.5
普通中学学校数	所	5	6	20.0
普通中学专任教师数	人	670	675	0.7
初中在校学生数	人	6190	6183	-0.1
高中在校学生数	人	4137	3910	-5.5
卫生机构数	所	158	163	3.2
#医　院	所	2	2	
卫生院	所	10	10	
床位数	张	455	646	42.0
#医　院	张	430	559	30.0
卫生院	张	25	87	248.0
卫生技术人员	人	549	580	5.6
#医　院	人	317	266	16.0
卫生院	人	149	157	5.4

21-7 和林格尔县社会经济主要指标

指　　标	单　位	2014年	2015年	2015年比2014年增长%
行政区域土地面积	平方公里	3448	3448	
人口和就业				
年末总人口	人	204796	200883	-1.9
#男　性	人	106437	104504	-1.8
年末总户数	户	84265	84380	0.1
出生人口	人	4039	2192	-45.7
死亡人口	人	891	739	-17.1
全社会就业人员	人	120750	121837	0.9
第一产业	人	62166	61047	-1.8
第二产业	人	24315	25218	3.7
第三产业	人	34269	35572	3.8
在岗职工人数	人	22538	23322	3.5
乡村户数	户	41943	44926	7.1
乡村从业人员	人	80609	78118	-3.1
#农林牧渔业	人	62166	61047	-1.8
国民经济综合指标				
地区生产总值	万元	1409811	1531266	7.6
第一产业	万元	221052	225039	4.0
第二产业	万元	674402	692336	8.5
#工　业	万元	556402	563541	7.7
第三产业	万元	514357	613891	7.9
人均生产总值	元	80931	75492	6.8
全社会固定资产投资	万元	923704	1165086	26.1
按登记注册类型分				
#国　有	万元	617787	999786	61.8
集　体	万元	22078		-100.0
有限责任公司	万元	205351	134248	-34.6
股份有限公司	万元			

21-7续表1

指　　标	单　位	2014年	2015年	2015年比2014年增长%
私营企业	万元			
外商及港澳台投资企业	万元	78488	31052	-60.4
一般公共预算收入	万元	98425	112972	14.8
一般公共预算支出	万元	193593	203868	5.3
住户存款余额	万元	335063	370909	10.7
在岗职工工资总额	万元	102490	117811	14.9
在岗职工平均工资	元	46187	50487	9.3
全体居民人均可支配收入	元	15304	16505	7.8
城镇常住居民人均可支配收入	元	26973	29104	7.9
农村常住居民人均可支配收入	元	9522	10274	7.9
农村牧区经济				
农作物总播种面积	公顷	65577	68482	4.4
# 粮食作物播种面积	公顷	51513	51467	-0.1
农牧业机械总动力	万千瓦	39.14	40.54	3.6
化肥施用折纯量	吨	9124	9788	7.3
农村用电量	万千瓦小时	10640	11288	6.1
农林牧渔业总产值	万元	405564	413583	4.5
粮食产量	吨	174662	174133	-0.3
油料产量	吨	2302	3440	49.4
甜菜产量	吨	1425	1725	21.1
猪牛羊肉产量	吨	20954	21021	0.3
猪肉产量	吨	3266	3422	4.8
牛肉产量	吨	7476	7764	3.9
羊肉产量	吨	10212	9835	-3.7

21-7续表2

指　　标	单　位	2014年	2015年	2015年比2014年增长%
羊毛产量	吨	892	1022	14.6
年末牲畜存栏头数	万头只	54.12	55.62	2.8
大牲畜	万头只	13.08	13.61	4.1
羊	万只	37.18	38.08	2.4
猪	万头	3.87	3.94	1.8
规模以上工业				
工业企业单位数	个	42	43	2.4
# 内资企业	个	37	37	
工业总产值	万元	1846827	1979356	7.2
内资企业	万元	780725	674683	-13.6
国有企业	万元			
集体企业	万元			
股份合作企业	万元			
联营企业	万元			
有限责任公司	万元	446775	349107	-21.9
股份有限公司	万元	169586	199337	17.5
私营企业	万元	164364	126239	-23.2
其他企业	万元			
港澳台商投资企业	万元	112219	109750	-2.2
外商投资企业	万元	953883	1194923	25.3
工业企业增加值	万元			9.4
工业企业资产总计	万元	2970350	3214155	8.2
工业企业负债合计	万元	1763218	1769320	0.3
工业企业产品销售收入	万元	4690406	4261368	-9.1
工业企业利润总额	万元	316064	303421	-4.0
建筑业				
建筑企业单位数	个	4	4	
建筑企业从业人员	人	710	941	32.5
建筑业总产值	万元	110854	112492	1.5

21-7续表3

指　　标	单　位	2014年	2015年	2015年比2014年增长%
交通运输邮电通信业				
公路里程	公里	1030	1045	1.5
邮电业务总量	万元	13601	14212	4.5
本地电话用户	户	17261	12040	-30.2
国内贸易				
社会消费品零售总额	万元	243847	261700	7.3
科技教育卫生				
各类专业技术人员	人	2579	2580	
幼儿园数	所	13	20	53.8
学龄儿童入学率	%	100.0	100.0	
小学学校数	所	30	16	-46.7
小学专任教师数	人	535	550	2.8
小学在校学生数	人	8202	8337	1.6
普通中学学校数	所	6	6	
普通中学专任教师数	人	594	684	15.2
初中在校学生数	人	5088	5034	-1.1
高中在校学生数	人	3989	3905	-2.1
卫生机构数	所	177	189	6.8
#医　院	所	1	1	
卫生院	所	13	13	
床位数	张	350	403	15.1
#医　院	张	200	200	
卫生院	张	150	174	16.0
卫生技术人员	人	435	438	0.7
#医　院	人	130	138	6.2
卫生院	人	89	96	7.9

21-8 清水河县社会经济主要指标

指标	单位	2014年	2015年	2015年比2014年增长%
行政区域土地面积	平方公里	2818	2818	
人口和就业				
年末总人口	人	144233	142047	-1.5
#男　性	人	75031	74054	-1.3
年末总户数	户	59027	60397	2.3
出生人口	人	2438	1412	-42.1
死亡人口	人	958	668	-30.3
全社会就业人员	人	50060	50727	1.3
第一产业	人	28635	30123	5.2
第二产业	人	10073	7804	-22.5
第三产业	人	11352	12800	12.8
在岗职工人数	人	7393	7134	-3.5
乡村户数	户	24188	24439	1.0
乡村从业人员	人	43622	44114	1.1
#农林牧渔业	人	28635	29783	4.0
国民经济综合指标				
地区生产总值	万元	644247	700855	7.1
第一产业	万元	73111	71657	1.5
第二产业	万元	288330	291734	6.9
#工　业	万元	239130	238141	5.9
第三产业	万元	282806	337464	8.4
人均生产总值	元	69423	75850	7.4
全社会固定资产投资	万元	304642	380191	24.8
按登记注册类型分				
#国　有	万元	143284	234203	63.5
集　体	万元			
有限责任公司	万元	126803	115603	-8.8
股份有限公司	万元	12754	2059	-83.9

21-8续表1

指　　　标	单　位	2014年	2015年	2015年比2014年增长%
私营企业	万元	21501	28155	30.9
外商及港澳台投资企业	万元			
一般公共预算收入	万元	27918	19150	-31.4
一般公共预算支出	万元	140304	118801	-15.3
住户存款余额	万元	248222	266503	7.4
在岗职工工资总额	万元	35590	36112	1.5
在岗职工平均工资	元	48435	50197	3.6
全体居民人均可支配收入	元	11360	14539	6.2
城镇常住居民人均可支配收入	元	21192	22188	4.7
农村常住居民人均可支配收入	元	6104	6562	7.5
农村牧区经济				
农作物总播种面积	公顷	54430	54481	0.1
# 粮食作物播种面积	公顷	42429	42401	-0.1
农牧业机械总动力	万千瓦	18.03	18.73	3.9
化肥施用折纯量	吨	10821	10902	0.7
农村用电量	万千瓦小时	1199	1219	1.7
农林牧渔业总产值	万元	120421	118755	2.1
粮食产量	吨	70352	68464	-2.7
油料产量	吨	11731	6773	-42.3
甜菜产量	吨			
猪牛羊肉产量	吨	8899	7697	-13.5
猪肉产量	吨	2092	1650	-21.1
牛肉产量	吨	460	428	-7.0
羊肉产量	吨	6347	5619	-11.5

21-8续表2

指　　标	单　位	2014年	2015年	2015年比2014年增长%
羊毛产量	吨	565	448	-20.7
年末牲畜存栏头数	万头只	24.69	25.24	2.2
大牲畜	万头只	2.12	2.14	0.9
羊	万只	20.3	20.68	1.9
猪	万头	2.3	2.42	5.2
规模以上工业				
工业企业单位数	个	15	15	
# 内资企业	个	15	15	
工业总产值	万元	226923	242735	7.0
内资企业	万元	226923	242735	7.0
国有企业	万元			
集体企业	万元			
股份合作企业	万元			
联营企业	万元			
有限责任公司	万元	145383	119512	-17.8
股份有限公司	万元	46794	81524	74.2
私营企业	万元	34747	41700	20.0
其他企业	万元			
港澳台商投资企业	万元			
外商投资企业	万元			
工业企业增加值	万元			6.9
工业企业资产总计	万元	476267	447772	-6.0
工业企业负债合计	万元	354896	301509	-15.0
工业企业产品销售收入	万元	212836	226528	6.4
工业企业利润总额	万元	-2877	-5457	89.7
建筑业				
建筑企业单位数	个	1	1	
建筑企业从业人员	人	120	40	-66.7
建筑业总产值	万元	3398	3339	-1.7

21-8续表3

指　　标	单　位	2014年	2015年	2015年比2014年增长%
交通运输邮电通信业				
公路里程	公里	1112	1162	4.5
邮电业务总量	万元	7416	7830	5.6
本地电话用户	户	6360	6450	1.4
国内贸易				
社会消费品零售总额	万元	71937	77375	7.6
科技教育卫生				
各类专业技术人员	人	1772	1772	
幼儿园数	所	7	8	14.3
学龄儿童入学率	%	100	100	
小学学校数	所	19	19	
小学专任教师数	人	536	527	-1.7
小学在校学生数	人	5036	5068	0.6
普通中学学校数	所	4	4	
普通中学专任教师数	人	475	468	-1.5
初中在校学生数	人	2510	2459	-2.0
高中在校学生数	人	3013	2748	-8.8
卫生机构数	所	116	116	
# 医　院	所	1	1	
卫生院	所	14	14	
床位数	张	342	342	
# 医　院	张	200	200	
卫生院	张	132	142	7.6
卫生技术人员	人	418	395	-5.5
# 医　院	人	103	109	5.8
卫生院	人	66	77	16.7

21-9 武川县社会经济主要指标

指 标	单 位	2014年	2015年	2015年比2014年增长%
行政区域土地面积	平方公里	4682	4682	
人口和就业				
年末总人口	人	175490	172985	-1.4
# 男 性	人	92156	90916	-1.3
年末总户数	户	72308	73031	1.0
出生人口	人	2225	1356	-39.1
死亡人口	人	673	552	-18.0
全社会就业人员	人	95846	93341	-2.6
第一产业	人	55438	58257	5.1
第二产业	人	13451	12580	-6.5
第三产业	人	26957	22504	-16.5
在岗职工人数	人	9156	8678	-5.2
乡村户数	户	46711	52559	12.5
乡村从业人员	人	75966	78167	2.9
# 农林牧渔业	人	55438	58257	5.1
国民经济综合指标				
地区生产总值	万元	782477	836637	7.1
第一产业	万元	99654	96313	1.0
第二产业	万元	432936	437070	6.8
# 工 业	万元	364636	367330	7.2
第三产业	万元	249887	303253	9.9
人均生产总值	元	73266	78631	7.5
全社会固定资产投资	万元	411557	520193	26.4
按登记注册类型分				
# 国 有	万元	190098	210919	11.0
集 体	万元	25342	16673	-34.2
有限责任公司	万元	142495	188291	32.1
股份有限公司	万元		9600	

21-9续表1

指　　标	单　位	2014年	2015年	2015年比2014年增长%
私营企业	万元	52554	66388	26.3
外商及港澳台投资企业	万元			
一般公共预算收入	万元	24513	19446	-20.7
一般公共预算支出	万元	149119	160160	7.4
住户存款余额	万元	262798	315961	20.2
在岗职工工资总额	万元	36943	38960	5.5
在岗职工平均工资	元	40830	45072	10.4
全体居民人均可支配收入	元	12824	13650	6.4
城镇常住居民人均可支配收入	元	20144	21332	5.9
农村常住居民人均可支配收入	元	5911	6325	7.0
农村牧区经济				
农作物总播种面积	公顷	133922	136552	2.0
# 粮食作物播种面积	公顷	98970	98727	-0.2
农牧业机械总动力	万千瓦	33.25	35.17	5.8
化肥施用折纯量	吨	16256	17387	7.0
农村用电量	万千瓦小时	2901	3024	4.2
农林牧渔业总产值	万元	157871	153848	1.8
粮食产量	吨	203852	201043	-1.4
油料产量	吨	32431	49539	52.8
甜菜产量	吨			
猪牛羊肉产量	吨	5598	4792	-14.4
猪肉产量	吨	1534	1183	-22.9
牛肉产量	吨	451	415	-8.0
羊肉产量	吨	3613	3194	-11.6

21-9续表2

指　　标	单　位	2014年	2015年	2015年比2014年增长%
羊毛产量	吨	624	622	-0.3
年末牲畜存栏头数	万头只	33.52	31.86	-5.0
大牲畜	万头只	0.43	0.37	-14.0
羊	万只	31.99	30.43	-4.9
猪	万头	1.10	1.05	-4.5
规模以上工业				
工业企业单位数	个	15	13	-13.3
# 内资企业	个	15	13	-13.3
工业总产值	万元	480549	217706	-54.7
内资企业	万元	480549	217706	-54.7
国有企业	万元			
集体企业	万元			
股份合作企业	万元			
联营企业	万元			
有限责任公司	万元	116374	116760	0.3
股份有限公司	万元			
私营企业	万元	364175	100947	-72.3
其他企业	万元			
港澳台商投资企业	万元			
外商投资企业	万元			
工业企业增加值	万元			6.8
工业企业资产总计	万元	1302211	1909200	46.6
工业企业负债合计	万元	850967	1372415	61.3
工业企业产品销售收入	万元	663870	219848	-66.9
工业企业利润总额	万元	135079	-30513	-122.6
建筑业				
建筑企业单位数	个	1	1	
建筑企业从业人员	人	25	25	
建筑业总产值	万元	265		-100.0

21-9续表3

指　　标	单　位	2014年	2015年	2015年比2014年增长%
交通运输邮电通信业				
公路里程	公里	1017	1017	
邮电业务总量	万元	5007	5268	5.2
本地电话用户	户	6121	5466	-10.7
国内贸易				
社会消费品零售总额	万元	107902	115941	7.5
科技教育卫生				
各类专业技术人员	人	2755	2580	-6.4
幼儿园数	所	14	15	7.1
学龄儿童入学率	%	100.0	100.0	
小学学校数	所	12	12	
小学专任教师数	人	534	501	-6.2
小学在校学生数	人	5229	5038	-3.7
普通中学学校数	所	4	4	
普通中学专任教师数	人	303	330	8.9
初中在校学生数	人	2941	2751	-6.5
高中在校学生数	人	2660	2291	-13.9
卫生机构数	所	150	150	
#医　院	所	2	2	
卫生院	所	19	19	
床位数	张	400	400	
#医　院	张	250	250	
卫生院	张	150	150	
卫生技术人员	人	596	596	
#医　院	人	165	165	
卫生院	人	290	290	

第二部分　统计资料

省会城市主要经济指标

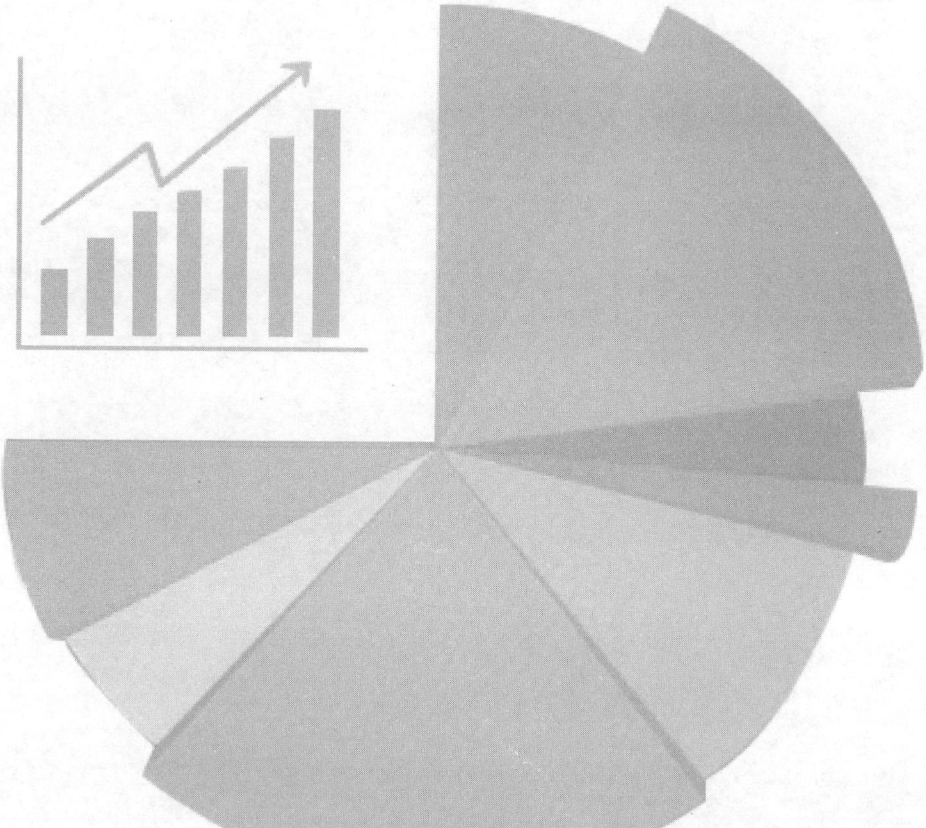

22-1 各省会城市行政区划、土地面积和户籍人口

（2015年）

城　市	行政区划		土地面积（平方公里）	户籍人口（万人）
	辖区数（个）	辖县数（个）		
呼和浩特	**4**	**5**	**17186**	**238.6**
南　宁	6	6	22099	740.2
乌鲁木齐	7	1	13788	266.8
银　川	3	1	9025	216.4
西　安	9	4	10097	815.7
兰　州	5	3	13086	321.9
西　宁	4	3	7649	201.2
成　都	9	10	12121	1228.1
贵　阳	6	4	8043	391.8
昆　明	6	8	21013	555.6
石家庄	8	14	15848	965.1
太　原	6	4	6988	367.4
沈　阳	9	4	12860	730.4
长　春	7	3	20594	753.8
合　肥	4	5	11445	717.7
福　州	5	8	11968	678.4
南　昌	5	4	7402	520.4
济　南	6	4	7998	713.2
郑　州	6	6	7446	810.5
长　沙	6	3	11816	680.4
武　汉	13		8569	829.3
广　州	10	2	7434	854.2
杭　州	9	4	16596	723.6
南　京	11		6587	653.4
哈尔滨	8	10	53068	961.4
海　口	4		2284	164.8

注：银川和济南市为常住人口数。

22-2 各省会城市地区生产总值

单位：亿元

城 市	2015年	位 次	2015年比2014年增长%	位 次
呼和浩特	**3090.52**	**19**	**8.3**	**16**
南 宁	3410.09	18	8.6	14
乌鲁木齐	2680.00	22	10.5	3
银 川	1480.73	24	8.3	16
西 安	5810.03	10	8.2	18
兰 州	2095.99	23	9.1	11
西 宁	1131.62	26	10.9	2
成 都	10801.16	3	7.9	21
贵 阳	2891.16	20	12.5	1
昆 明	3970.00	17	8.0	20
石 家 庄	5440.60	15	7.5	22
太 原	2735.34	21	8.9	12
沈 阳	7280.50	8	3.5	26
长 春	5530.00	14	6.5	25
合 肥	5660.30	12	10.5	3
福 州	5618.10	13	9.6	8
南 昌	4000.01	16	9.6	8
济 南	6100.23	9	8.1	19
郑 州	7315.19	7	10.1	6
长 沙	8510.13	6	9.9	7
武 汉	10905.60	2	8.8	13
广 州	18100.41	1	8.4	15
杭 州	10053.58	4	10.2	5
南 京	9720.77	5	9.3	10
哈 尔 滨	5751.20	11	7.1	24
海 口	1161.28	25	7.5	22

22-3 各省会城市第一产业增加值

单位：亿元

城　市	2015年	位 次	2015年比2014年增长%	位 次
呼和浩特	**126.23**	**20**	**3.3**	**20**
南　宁	370.35	5	4.1	12
乌鲁木齐	31.20	26	6.0	3
银　川	57.46	22	4.7	10
西　安	220.20	15	5.0	7
兰　州	56.22	23	5.9	4
西　宁	37.46	24	5.3	6
成　都	373.15	4	3.9	15
贵　阳	129.89	19	6.4	2
昆　明	188.10	16	5.8	5
石家庄	494.40	2	2.3	23
太　原	37.43	25	1.3	25
沈　阳	341.40	9	3.5	18
长　春	343.30	7	5.0	7
合　肥	263.40	12	4.4	11
福　州	434.74	3	4.0	14
南　昌	171.26	17	3.9	15
济　南	305.39	10	4.1	12
郑　州	150.96	18	3.0	21
长　沙	341.78	8	3.6	17
武　汉	359.81	6	4.8	9
广　州	228.09	14	2.5	22
杭　州	287.69	11	1.8	24
南　京	232.39	13	3.4	19
哈尔滨	672.60	1	7.2	1
海　口	58.12	21	1.2	26

22-4 各省会城市第二产业增加值

单位：亿元

城　市	2015年	位 次	2015年比2014年增长%	位 次
呼和浩特	**867.08**	**21**	**8.0**	**11**
南　宁	1345.66	18	8.2	9
乌鲁木齐	788.80	22	5.6	22
银　川	787.11	23	9.1	6
西　安	2165.54	15	6.8	16
兰　州	782.65	24	6.8	16
西　宁	543.47	25	12.6	2
成　都	4723.49	3	7.2	14
贵　阳	1108.52	19	14.6	1
昆　明	1588.40	17	7.4	12
石家庄	2452.90	12	5.8	20
太　原	1020.14	20	6.0	19
沈　阳	3499.00	8	0.9	26
长　春	2770.90	10	4.1	24
合　肥	3097.90	9	10.6	3
福　州	2482.44	11	8.9	7
南　昌	2179.96	14	9.8	4
济　南	2307.00	13	7.4	12
郑　州	3625.52	7	9.4	5
长　沙	4478.20	4	8.8	8
武　汉	4981.54	2	8.2	9
广　州	5786.21	1	6.8	16
杭　州	3910.60	6	5.6	22
南　京	3916.11	5	7.2	14
哈尔滨	1862.80	16	4.1	24
海　口	223.67	26	5.8	20

22-5 各省会城市工业增加值

单位：亿元

城市	2015年	位次	2015年比2014年增长%	位次
呼和浩特	**678.57**	**21**	**8.2**	**9**
南宁	1000.37	18	8.1	10
乌鲁木齐	625.00	22	4.9	22
银川	574.54	23	7.8	12
西安	1417.61	15	6.6	16
兰州	535.04	24	6.1	17
西宁	443.17	25	12.7	1
成都	4056.19	3	7.4	13
贵阳	714.15	19	10.2	3
昆明	1041.76	17	5.4	21
石家庄	2186.40	11	5.7	18
太原	692.08	20	5.7	19
沈阳	3114.70	8	0.3	26
长春	2356.30	10	3.4	25
合肥	2498.90	9	11.0	2
福州	1907.88	12	8.6	7
南昌	1619.50	14	9.0	5
济南	1844.40	13	7.1	14
郑州	3188.21	7	9.6	4
长沙	3745.03	4	8.8	6
武汉	4081.91	2	8.4	8
广州	5246.07	1	6.9	15
杭州	3497.92	5	5.5	20
南京	3395.26	6	8.0	11
哈尔滨	1301.50	16	3.5	24
海口	135.11	26	4.0	23

22-6 各省会城市第三产业增加值

单位：亿元

城市	2015年	位次	2015年比2014年增长%	位次
呼和浩特	**2097.21**	**17**	**8.8**	**22**
南宁	1694.08	19	9.9	12
乌鲁木齐	1860.00	18	13.9	2
银川	636.16	25	7.6	25
西安	3424.29	10	9.5	16
兰州	1257.11	23	11.2	8
西宁	550.69	26	9.0	19
成都	5704.52	3	9.0	19
贵阳	1652.75	21	11.1	9
昆明	2193.50	16	8.7	23
石家庄	2493.30	13	10.6	11
太原	1677.77	20	11.4	4
沈阳	3440.10	9	6.3	26
长春	2415.80	14	9.8	13
合肥	2298.90	15	11.0	10
福州	2700.92	12	11.3	6
南昌	1648.79	22	9.8	13
济南	3487.84	8	8.9	21
郑州	3538.71	7	11.4	4
长沙	3690.15	6	12.1	3
武汉	5564.25	5	9.6	15
广州	12086.11	1	9.5	16
杭州	5855.29	2	14.6	1
南京	5572.27	4	11.3	6
哈尔滨	3215.80	11	9.3	18
海口	879.49	24	8.3	24

22-7 各省会城市规模以上工业增加值

城　市	2015年比2014年 增长%	位次
呼和浩特	**10.0**	**4**
南　宁	8.3	11
乌鲁木齐	3.0	24
银　川	8.9	8
西　安	6.6	16
兰　州	5.5	19
西　宁	12.7	1
成　都	7.3	14
贵　阳	9.7	5
昆　明	5.4	20
石家庄	6.0	17
太　原	5.7	18
沈　阳	-2.9	26
长　春	3.3	23
合　肥	11.3	2
福　州	8.8	9
南　昌	9.4	6
济　南	7.5	13
郑　州	10.2	3
长　沙	9.2	7
武　汉	8.5	10
广　州	7.2	15
杭　州	5.4	20
南　京	8.1	12
哈尔滨	2.9	25
海　口	3.7	22

22-8 各省会城市城镇固定资产投资

单位：亿元

城　　市	2015年	位 次	2015年比2014年增长%	位 次
呼和浩特	**1618.64**	**23**	**15.8**	**8**
南　　宁	3366.89	18	16.6	6
乌鲁木齐	1708.39	22	11.9	14
银　　川	1540.88	24	10.6	16
西　　安	5086.93	11	-12.7	25
兰　　州	1803.75	21	12.0	13
西　　宁	1295.95	25	10.1	21
成　　都	7007.00	2	5.8	23
贵　　阳	2804.45	19	20.1	2
昆　　明	3497.88	17	11.5	15
石 家 庄	5689.90	6	12.1	12
太　　原	2025.61	20	16.0	7
沈　　阳	5326.00	10	-18.9	26
长　　春	4400.00	14	15.0	9
合　　肥	5851.90	5	10.4	19
福　　州	4853.61	12	10.6	16
南　　昌	4000.07	15	17.0	5
济　　南	3498.40	16	14.2	10
郑　　州	6288.00	4	19.6	3
长　　沙	6363.29	3	17.1	4
武　　汉	7680.89	1	10.3	20
广　　州	5405.95	9	10.6	16
杭　　州	5556.32	7	12.2	11
南　　京	5425.98	8	-0.1	24
哈 尔 滨	4595.70	13	10.1	21
海　　口	1012.05	26	23.2	1

22-9 各省会城市房地产投资

单位：亿元

城　市	2015年	位 次	2015年比2014年增长%	位 次
呼和浩特	**509.05**	**19**	**-9.6**	**23**
南　宁	657.19	16	19.1	4
乌鲁木齐	388.37	24	8.1	13
银　川	409.17	23	5.2	15
西　安	1831.67	6	4.0	16
兰　州	339.01	25	0.7	17
西　宁	280.43	26	13.6	8
成　都	2442.00	3	10.0	11
贵　阳	1005.00	13	-1.2	18
昆　明	1451.31	7	-2.8	19
石家庄	986.30	15	-3.8	20
太　原	604.22	17	25.0	3
沈　阳	1337.70	10	-32.3	26
长　春	506.00	20	-5.3	22
合　肥	1259.14	11	11.7	9
福　州	1381.12	9	-5.1	21
南　昌	485.37	21	17.2	6
济　南	1014.14	12	10.5	10
郑　州	2000.20	5	14.7	7
长　沙	996.60	14	-24.0	25
武　汉	2581.79	1	9.7	12
广　州	2137.59	4	17.7	5
杭　州	2472.07	2	7.4	14
南　京	1429.02	8	27.0	2
哈尔滨	581.80	18	-13.6	24
海　口	456.39	22	52.7	1

22-10 各省会城市社会消费品零售总额

单位：亿元

城　　市	2015年	位 次	2015年比2014年增长%	位 次
呼和浩特	**1353.53**	**20**	**7.8**	**22**
南　　宁	1786.68	17	10.5	12
乌鲁木齐	1152.00	22	7.6	23
银　　川	477.63	25	7.2	24
西　　安	3405.38	10	10.1	16
兰　　州	1152.15	21	9.0	18
西　　宁	461.94	26	11.6	6
成　　都	4946.19	3	10.7	11
贵　　阳	1060.17	23	11.5	8
昆　　明	2061.66	16	8.2	20
石 家 庄	2680.90	13	9.3	17
太　　原	1540.80	19	6.2	26
沈　　阳	3883.20	6	8.2	20
长　　春	2409.30	14	8.8	19
合　　肥	2183.65	15	12.0	4
福　　州	3488.74	8	14.0	1
南　　昌	1662.87	18	12.5	2
济　　南	3410.30	9	10.5	12
郑　　州	3294.71	12	11.5	8
长　　沙	3690.59	7	12.1	3
武　　汉	5102.24	2	11.6	6
广　　州	7932.96	1	11.0	10
杭　　州	4697.23	4	11.8	5
南　　京	4590.17	5	10.2	15
哈 尔 滨	3394.50	11	10.5	12
海　　口	595.53	24	6.6	25

22-11 各省会城市进口总值

单位：亿美元

城市	2015年	位次	2015年比2014年增长%	位次
呼和浩特	**8.24**	**23**	**-13.5**	**17**
南宁	24.96	19	13.6	5
乌鲁木齐	10.32	22	-3.5	10
银川	7.26	24	-19.3	19
西安	145.17	6	11.5	6
兰州	5.76	25	4.2	7
西宁	2.41	26	-53.0	26
成都	156.20	5	-29.0	23
贵阳	12.24	21	114.6	1
昆明	29.10	17	-52.9	25
石家庄	48.10	12	-26.5	21
太原	40.85	14	-0.3	9
沈阳	72.90	10	-15.7	18
长春	120.70	8	-33.9	24
合肥	66.30	11	-12.4	15
福州	116.07	9	-13.2	16
南昌	28.71	18	-24.6	20
济南	39.16	15	-11.6	12
郑州	257.80	2	30.5	3
长沙	41.33	13	16.6	4
武汉	129.19	7	2.3	8
广州	527.01	1	-8.9	11
杭州	165.00	4	-12.3	14
南京	217.38	3	-11.6	13
哈尔滨	24.20	20	-28.1	22
海口	33.77	16	55.6	2

22-12 各省会城市出口总值

单位：亿美元

城市	2015年	位次	2015年比2014年增长%	位次
呼和浩特	**12.47**	**25**	**0.5**	**12**
南宁	31.20	20	19.2	2
乌鲁木齐	48.11	18	-33.3	26
银川	25.11	21	-30.3	24
西安	126.34	9	5.6	9
兰州	42.80	19	6.8	8
西宁	15.18	24	40.0	1
成都	239.74	5	-29.1	23
贵阳	78.97	13	8.6	7
昆明	95.54	10	-18.5	20
石家庄	73.20	14	-6.0	19
太原	65.92	16	0.3	13
沈阳	67.90	15	-5.0	18
长春	19.20	23	-22.2	22
合肥	137.10	8	9.6	6
福州	202.22	6	-0.5	15
南昌	85.94	11	2.1	10
济南	59.96	17	-1.0	16
郑州	312.70	4	17.2	3
长沙	82.94	12	-0.1	14
武汉	151.50	7	9.9	5
广州	811.69	1	11.6	4
杭州	500.67	2	1.8	11
南京	315.03	3	-3.4	17
哈尔滨	23.60	22	-31.5	25
海口	9.63	26	-21.8	21

22-13 各省会城市一般公共预算收入

单位：亿元

城市	2015年	位次	2015年比2014年增长%	位次
呼和浩特	**247.40**	**22**	**17.0**	**2**
南宁	297.05	20	8.1	21
乌鲁木齐	368.67	19	8.2	20
银川	171.28	24	12.1	12
西安	650.91	8	16.3	3
兰州	185.58	23	21.8	1
西宁	94.79	26	13.0	9
成都	1154.40	4	12.6	11
贵阳	374.15	18	12.8	10
昆明	502.22	13	5.1	23
石家庄	375.00	17	9.2	18
太原	274.24	21	5.9	22
沈阳	606.20	10	-22.8	26
长春	388.20	16	-2.2	24
合肥	571.54	11	14.2	4
福州	560.46	12	9.7	16
南昌	389.22	15	13.7	5
济南	614.30	9	13.1	7
郑州	942.90	6	13.1	7
长沙	718.95	7	13.6	6
武汉	1245.63	2	12.0	13
广州	1349.09	1	8.5	19
杭州	1233.88	3	9.8	15
南京	1020.03	5	9.3	17
哈尔滨	407.70	14	-3.7	25
海口	111.50	25	10.0	14

22-14 各省会城市金融机构存款余额

单位：亿元

城市	2015年	位次	2015年比2014年增长%	位次
呼和浩特	**5364.66**	**23**	**11.9**	**21**
南宁	8257.77	20	16.9	11
乌鲁木齐	6984.60	22	12.0	20
银川	3017.77	26	15.7	12
西安	17796.38	6	17.3	10
兰州	7803.12	21	17.4	9
西宁	3548.43	25	14.3	16
成都	29474.92	2	10.0	22
贵阳	8772.22	18	25.5	3
昆明	11879.67	10	12.3	19
石家庄	9800.20	16	7.4	24
太原	10593.91	14	5.8	25
沈阳	13867.90	8	12.7	18
长春	9848.60	15	12.9	17
合肥	10967.91	12	20.0	7
福州	10875.62	13	15.2	14
南昌	8342.63	19	14.3	15
济南	13553.00	9	15.4	13
郑州	16936.27	7	21.4	5
长沙	11266.10	11	1.1	26
武汉	19057.17	5	19.1	8
广州	41574.49	1	21.7	4
杭州	29003.07	3	21.1	6
南京	25887.77	4	28.4	1
哈尔滨	9688.60	17	9.1	23
海口	3962.82	24	25.7	2

22-15 各省会城市住户存款余额

单位：亿元

城市	2015年	位次	2015年比2014年增长%	位次
呼和浩特	**1683.96**	**23**	**4.5**	**24**
南宁	2700.37	18	16.3	5
乌鲁木齐	2157.31	22	9.2	21
银川	1304.97	24	19.7	1
西安	6571.18	4	15.3	8
兰州	2627.10	19	16.1	6
西宁	1160.33	26	10.4	17
成都	9922.18	2	10.5	16
贵阳	2250.60	21	11.9	13
昆明	3836.43	13	9.7	19
石家庄	4868.90	9	11.0	15
太原	3660.63	15	10.1	18
沈阳	5769.30	6	12.1	12
长春	3792.80	14	12.2	10
合肥	3018.54	17	18.9	2
福州	3520.42	16	3.7	25
南昌	2517.78	20	17.1	4
济南	3951.40	12	11.6	14
郑州	5695.49	7	17.7	3
长沙	4352.63	11	12.5	9
武汉	6059.03	5	6.9	22
广州	13297.42	1	5.8	23
杭州	7507.09	3	12.1	11
南京	5535.53	8	9.5	20
哈尔滨	4370.40	10	16.0	7
海口	1262.06	25	-30.6	26

22-16 各省会城市金融机构贷款余额

单位：亿元

城　市	2015年	位　次	2015年比2014年增长%	位　次
呼和浩特	**6073.89**	**22**	**18.0**	7
南　宁	8288.66	17	16.9	12
乌鲁木齐	4957.43	23	10.1	24
银　川	3653.98	26	14.7	16
西　安	13714.02	6	17.5	9
兰　州	6892.02	20	22.8	3
西　宁	4095.93	24	23.1	2
成　都	21970.64	3	11.1	22
贵　阳	7875.58	18	20.0	5
昆　明	11976.49	8	17.4	10
石家庄	6121.10	21	20.0	4
太　原	9027.59	14	13.6	19
沈　阳	11343.80	9	13.1	20
长　春	8935.10	15	19.5	6
合　肥	9636.57	13	18.0	8
福　州	10638.44	11	14.0	17
南　昌	7376.05	19	16.5	13
济　南	9674.20	12	13.7	18
郑　州	12650.26	7	16.4	14
长　沙	10712.82	10	3.2	26
武　汉	16018.30	5	10.8	23
广　州	26136.95	1	15.2	15
杭　州	22395.29	2	10.0	25
南　京	18217.80	4	11.6	21
哈尔滨	8492.30	16	17.0	11
海　口	3656.03	25	24.1	1

22-17 各省会城市城镇常住居民人均可支配收入

单位：元

城市	2015年	位次	2015年比2014年增长%	位次
呼和浩特	**37362**	**6**	**7.6**	**20**
南宁	29106	18	7.5	23
乌鲁木齐	31500	15	17.1	1
银川	28261	21	8.2	14
西安	33188	12	8.1	15
兰州	27088	25	10.5	2
西宁	25232	26	10.2	3
成都	33476	11	8.0	17
贵阳	27241	24	9.1	6
昆明	33955	10	8.5	10
石家庄	28097	22	8.1	15
太原	27727	23	7.6	20
沈阳	36664	7	7.1	25
长春	29090	19	6.6	26
合肥	31989	13	9.0	7
福州	34982	9	7.8	19
南昌	31942	14	9.8	4
济南	39889	5	8.0	17
郑州	31099	16	8.7	9
长沙	39961	4	8.5	10
武汉	36436	8	9.5	5
广州	46735	2	8.8	8
杭州	48316	1	8.3	12
南京	46104	3	8.3	12
哈尔滨	30977	17	7.5	23
海口	28535	20	7.6	20

22-18 各省会城市农村常住居民人均可支配收入

单位：元

城　市	2015年	位 次	2015年比2014年增长%	位 次
呼和浩特	**13491**	**16**	**7.6**	**25**
南　宁	10409	24	9.7	8
乌鲁木齐	15200	10	14.2	1
银　川	11148	23	8.5	20
西　安	14072	12	9.1	15
兰　州	9621	25	12.3	2
西　宁	8865	26	8.7	17
成　都	17690	6	9.6	10
贵　阳	11918	18	10.1	7
昆　明	11444	22	10.4	3
石家庄	11609	21	8.6	18
太　原	13626	14	8.0	23
沈　阳	13498	15	7.8	24
长　春	11749	19	4.1	26
合　肥	15733	8	9.2	13
福　州	15203	9	8.5	21
南　昌	13693	13	10.3	4
济　南	14232	11	8.5	22
郑　州	17125	7	8.9	16
长　沙	23601	2	8.6	19
武　汉	17722	5	9.7	9
广　州	19323	4	9.4	12
杭　州	25719	1	9.2	14
南　京	19483	3	10.3	5
哈尔滨	13375	17	10.3	6
海　口	11635	20	9.5	11

第三部分　法规与规章

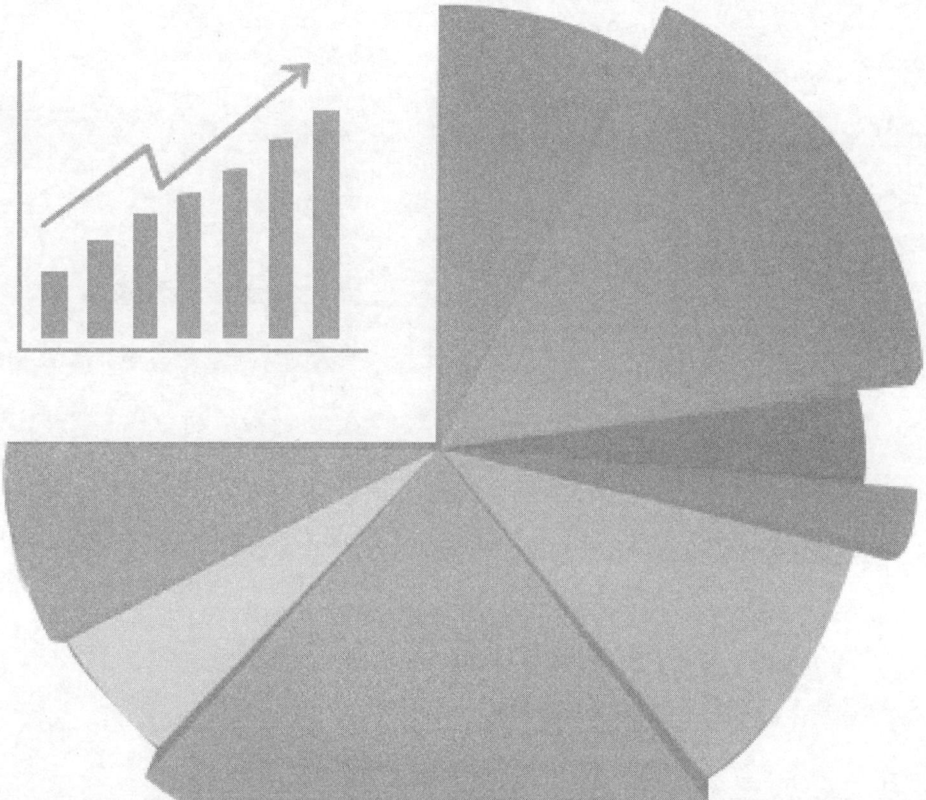

呼和浩特市城市供水用水条例

第一章 总 则

第一条 为规范城市供水用水行为，维护供水用水双方的合法权益，依据《中华人民共和国水法》、国务院《城市供水条例》等有关法律、法规，结合本市实际，制定本条例。

第二条 本市行政区域内城市供水用水及相关活动适用本条例。

第三条 市水行政主管部门负责本市行政区域内城市供水用水监督管理工作，查处损坏供水设施和非法取水行为，保障供水、用水安全。

市发展改革、财政、国土资源、城乡建设、规划、卫生、环境保护、公安、住房保障、质监等部门，按照各自职责协同做好城市供水用水工作。

任何单位和个人都有权对污染供水水源、损害供水设施和违法用水的行为进行制止和举报。

第四条 本市城市供水用水实行最严格的水资源管理制度，严格控制用水总量，提高用水效率；保障城市供水水量与水质并重，优先保障居民生活用水，推行分质分类供水，统筹兼顾生产用水及其它用水。

第五条 市人民政府应当将发展城市供水用水事业纳入国民经济和社会发展规划，并在财政预算中安排专项资金，保障供水用水事业健康发展。

第六条 市人民政府应当组织市水、城乡建设、环境保护、卫生等行政主管部门和供水企业，依法编制供水应急预案，并定期组织应急处理演练。

第七条 市人民政府应当建立以城市公共供水为主体，备用水源及其他形式深度净化水为辅助的城市应急备用水源体系。

第二章 规划与建设

第八条 市水行政主管部门应当会同发展改革、国土资源、城乡建设、规划、卫生、环境保护等部门，编制供水专项规划，报市人民政府批准后实施。

供水企业应当按照供水专项规划和城市建设发展需要提出年度建设计划，由市水行政主管部门审核后报市人民政府批准后实施。

第九条 新区建设和旧区改造时，规划、国土资源行政主管部门应当按照供水专项规划，预留供水设施建设用地。规划确定的水厂、水源井、供水管网等供水设施用地，任何单位和个人不得侵占或者擅自改变用途。

第十条 供水工程应当符合供水专项规划和年度建设计划，经市水行政主管部门审查同意并履行基本建设审批程序后方可开工建设，并严格执行国家、自治区及有关行业技术标准和规范。

第十一条 建设工程配套建设的供水设施，应当与主体工程同步设计、同步施工、同步验收交付使用。

建设单位在申请施工图审查前，应当向市水行政主管部门报送供水设施设计方案。市水行政主管部门应当根据供水管网及用水户用水状况在十个工作日内提出书面意见反馈建设单位。供水设施设计方案审查通过后，方可办理用水手续。

第十二条 居民住宅供水设施，应当按照一户一表、水表出户、计量到户的要求进行设计和建设。已建居民住宅供水设施，具备条件的应当分批次实施水表出户改造，逐步实现一户一表、计量到户。

新建、改建、扩建商住综合建筑的，商用和住宅的供水管道应当分别铺设，单独计量。非居民用水户应当在户外设置结算表井。

第十三条 承担供水工程及设施勘察、设计、施工、监理的单位，应当具有相应资质，并采用先进的工艺、技术和符合国家、行业和地方标准的设备、建筑材料。

第十四条 在分质分类供水规划确定的供水区域内，新建住宅应当配套建设双管网、直饮水（深度净化水）等供水设施，已建住宅具备改造条件的，逐步实现分质分类供水。

第十五条 市城乡建设行政主管部门按照城市道路设施建设规划和年度建设计划，负责统筹城市道路地下管线施工。建设单位对供水管网实施竣工验收时，应当邀请供水企业等相关单位参加。验收合格的，与供水企业办理产权移交手续，由供水企业统一管理维护。

建设工程配套建设的供水设施，建设单位依法对供水工程及设施组织竣工验收时，应当通知市水行政主管部门和供水企业参加。未经验收或者验收不合格的供水工程及设施，不得投入使用。验收合格的，建设单位应当向供水企业办理管理维护手续后，方可投入使用。

建设单位在供水工程及设施竣工验收合格之日起三十日内，应当向市水行政主管部门备案，将消防设施位置标识资料向消防部门备案，并在三个月内向城乡建设档案管理机构及公共供水企业移交完整的供水工程档案。

第十六条 深度净化水、二次加压设施等自建供水设施，凡需直接或者间接与城市公共供水管道连接，应当经市卫生、水行政主管部门审查同意后，与供水企业办理连接手续。

第三章　水源保护与水质监测

第十七条　城市供水水源包括地表水、地下水和再生水。

市水行政主管部门应当按照优先利用地表水，充分利用再生水，严格控制开采地下水的原则，对城市供水水源实行统一规划、统一开发、统一调配、统一管理，并结合城市水源状况制定城市供水水源年度调配计划。城市供水水源不能满足城市供水需求的，市水行政主管部门应当及时调整，保证城市供水需求。

第十八条　市人民政府应当推进再生水设施建设，提高再生水利用率。园林绿化灌溉、工业用水、建筑施工用水、景观河道和湖泊补给、道路保洁、汽车洗刷、厕所冲洗以及冷却设备补充用水等优先使用再生水。

第十九条　在城市公共供水能够提供用水的区域内，任何单位和个人不得建设自备水源井。未经批准的和公共供水管网覆盖范围内的自备水源井，由市水行政主管部门一律予以关闭。

第二十条　一切污染城市供水水源的行为。

环境保护行政主管部门应当会同有关部门，共同做好城市供水水源保护工作。当地人民政府应当在城市供水水源保护区边界设立标志和告示牌。

第二十一条　行政主管部门和卫生行政主管部门负责本市行政区域内城市供水水质的监督管理工作，定期对水质进行监测并向社会公布供水水质监测结果。

第二十二条　企业应当建立健全水质、水源全过程监测、监控体系，按照国家规定的水质标准和期限，由有资质的水质检测机构对原水、出厂水、管网末梢水进行水质检测，确保供水水质符合国家规定的生活饮用水标准，按要求定期向市水行政主管部门和卫生行政主管部门报告检测结果，向社会公布水质信息，接受公众水质信息查询。

供水企业中从事制水、化验的人员应当按卫生要求定期体检，取得健康合格证。供水企业使用的净水剂、消毒剂等产品应当符合国家和自治区有关标准。

用于供水的新设备、新管网或者经改造的原有设备、管网在投入使用之前，应当进行清洗消毒，并经有资质的水质检测机构检验合格后，方可并网使用。

第二十三条　民政府应当建立城市供水应急备用水源，保障城市生活用水。

因自然灾害或者突发事件造成城市供水水源不足或者水质不达标，无法保障正常供水时，供水企业应当根据城市供水应急预案立即启用应急备用水源，保障城市居民生活用水安全，并报告市水、卫生、环境保护行政主管部门。

对无法保障安全稳定供水或者发生重大事故不能及时有效处理，严重影响正常用水，危害社会公共利益和安全的供水企业，经市人民政府批准，市水行政主管部门应当依法采取应急接管或者其他必要措施。接管的供水设施，由市水行政主管部门委托符合条件的供水企业经营管理。

第四章　供水设施管理与维护

第二十四条　供水企业应当按照国家规定及相关标准，对供水设施设定安全保护范围，在安全保护范围内设置安全警示标志，并采取保护措施。

第二十五条　供水设施安全保护范围内，禁止从事下列活动：

（一）种植根深植物、养殖、修建建筑物或者构筑物；

（二）开挖渠沟、取土、堆压重物、掩埋、圈占、遮挡阀井、表井、消火栓及消防水鹤；

（三）打桩、爆破或者顶进作业；

（四）排放生活污水、工业废水或者排放、堆放有毒有害物质；

（五）擅自在公共供水、直饮水输配水管线安装其他附属设施；

（六）利用输配水管线代替避雷装置或者接地导线；

（七）擅自启闭供水闸阀及消火栓、公共绿化井等；

（八）其他危害供水设施安全或者损坏供水设施的活动。

第二十六条　供水设施按照下列规定划分维修、养护、更换责任：

（一）水源系统、配水厂和公共输配水主干管线、区域加压泵站、政府财政投资或者由供水企业统建的供水设施，由供水企业承担维修、养护、更换责任；

（二）居民住宅小区内的供水设施，以入户结算水表为分界点，从城市公共供水管网到分界点范围内（含水表）的供水设施，由供水企业承担维修、养护、更换责任，分界点以外的供水设施由用水户承担维修、养护、更换责任；

（三）非居民用水户以供水企业与用水户约定的户外总表井为分界点，分界点之前的供水设施，由供水企业承担维修、养护、更换责任；分界点之后含总结算水表及表井的供水设施，由非居民用水户承担维修、养护、更换责任；无户外总表井的，以公共输配水主干管线与支线的碰头点为分界点，分界点以前的供水设施由供水企业承担维修、养护、更换责任；分界点之后的供水设施，由非居民用水户承担维修、养护、更换责任。

第二十七条　供水企业应当建立供水设施检查制度，对供水设施定期检查维护。供水设施发生故障时，供水企业应当立即抢修。供水企业在抢修作业时，对影响作业的道路、树木等有关设施，可以采取应急处理措施，并及时告知有关部门，有关部门应当予以配合。

抢修用水户共有供水设施需要利用相邻房屋、土地时，相关单位和个人应当提供便利。因抢修供水设施给相关单位和个人造成财产损失的，抢修后应当立即恢复原状或者依法给予相应补偿。

供水企业在执行紧急抢修供水设施任务时，应当采取有效的安全和卫生防护措施，在确保安全的前提下，抢险车辆不受行驶路线、行驶方向、行驶速度和信号灯的限制，其他车辆和行人应当让行。

第二十八条 供水设施建设工程开工前，建设单位应当向供水企业查明地下供水管网情况；可能影响城市供水设施安全的，建设单位应当与供水企业商定保护措施。

施工中损坏公共供水设施的，由建设单位和施工单位依法承担相应的赔偿以及其他法律责任。

第二十九条 禁止擅自动用、拆除、改装、迁移、启用公共供水设施。

确需拆除、改装、迁移、启用的，经市规划和水行政主管部门批准，建设单位或者拆迁部门结清水费后由供水企业施工，费用由建设单位或者拆迁部门承担。未经同意擅自拆除、改装、迁移、启用的，相关单位和个人应当承担赔偿以及其他相应的法律责任。

第三十条 市城乡建设行政主管部门负责公共消防用水设施的规划，供水企业负责建设、日常管理和维护。公共消防设施的建设和维护管理资金由政府财政承担。

第五章 城市供水用水经营

第三十一条 城市供水实行许可经营制度，市人民政府应当按照国家有关规定，将供水许可经营权授予符合条件的供水企业。

第三十二条 供水企业应当依法取得企业法人资格、取水许可证、卫生许可证、特许经营证后，方可从事经营活动。在经营过程中，供水企业应当与用水户按照市水行政主管部门确定的水源，签订供用水合同，明确双方的权利义务以及违约责任等。

第三十三条 供水企业不得擅自转让供水设施、停业和歇业。确需转让供水设施或者停业、歇业的，应当经市水行政主管部门审核，报市人民政府批准，并对用水户用水做出妥善安排，确保用水户能够安全正常用水。

第三十四条 供水企业的水质化验、净水、管道维护、查表、收费、设备检修等人员，应当经过培训合格后方可上岗。

第三十五条 供水企业应当按照国家有关规定设置供水管网测压点，做好水压监测，保障供水管网末梢的压力符合国家标准，供水管网漏失率不得高于国家标准。

第三十六条 供水企业应当保持不间断供水，不得擅自停止供水，确需停止供水的，应当按要求逐级上报。

因工程施工、设备维修等原因确需停止供水的，供水企业应当提前向市水行政主管部门报告，并提前24小时通知用水户；需大面积停水的，应当提前48小时通过电视台、广播电台、报纸、官方网站等新闻媒体向社会发布公告。因维修、抢修停止供水超过48小时的，供水企业应当向居民用水户提供临时用水，保证居民基本生活用水需求；因发生灾害或者突发性事故不能提前通知的，应当在抢修的同时通知用水户，并向市水行政主管部门报告，尽快恢复正常供水。

第三十七条 供水企业应当建立并公布供水服务承诺制度和受理投诉制度、供水服务标准、设置经营和维修服务网点，接受公众监督。

供水企业应当设立24小时服务专线，受理用水户的报修、查询、投诉、举报，及时处理、答复用水户反映的用水问题。用水户反映供水设施跑漏水的，应当立即派人维修，其他故障应当在12小时内派人维修；非技术性投诉应当在3个工作日内答复，服务质量问题应当在2个工作日内答复。

第三十八条 供水企业应当按照供水行业统计要求，定期向市水行政主管部门报送相关统计资料。

第三十九条 市人民政府应当建立供水企业政策性亏损财政补偿机制，对因政府定价行为和承担法律、法规及政府规定的指令性义务形成的政策性亏损，由财政足额补偿。

第四十条 城市供水价格实行政府定价。由价格主管部门根据供水成本、水资源保护、用水类别、城市供水长远发展、社会承受能力等因素，依法确定并适时调整。

城市污水处理费、水资源费根据用水户使用供水类别计量，由供水企业代征并足额上缴财政。

第四十一条 城市供水用水实行分类计量，按户结算。供水企业应当根据用水户的用水类别、范围，按照价格主管部门公布的价格标准计收水费，用水单位和个人应当按时足额缴纳水费。

不同用水类别共用一具水表的，按最高用水类别标准计收水费。

第四十二条 用水户应当在用水缴费通知单确认的截止之日起十五日内缴纳水费；逾期不缴纳水费的，供水企业可以按日收取千分之五违约金。经供水企业催缴逾期一个月以上不缴纳水费的，可暂停或者限制供水；用户缴清欠费后，供水企业应当在24小时内恢复供水。报装对户用水，应当在水费全部结清之后办理对户手续。

第四十三条 水表应当由具有法定资质的计量检测机构检验合格，并按照周期进行检定。

更换和确需移动水表的，应当经供水企业同意并由其按设计规范施工。

第四十四条 用水户对水表准确性提出异议的，可以委托具有法定资质的计量检测机构检测，误差超过标准的，供水企业根据检测结果退还或者追缴超出误差标准部分的水费差额，检测费用由供水企业承担；未超过标准的，检测费用由用水户承担。

第四十五条 供水企业应当按时抄记用水户结算水表读数，依水表读数计收水费。

第四十六条　非居民用水户改变用水类别、扩大用水范围、变更户名、水表分户、移表、停止或者暂停用水的，应当向供水企业办理变更手续，供水企业应当在10个工作日内办理完毕具体业务。未办理变更手续的，按照水价高的类别计收水费。连续6个月停止用水又不申请办理停用或者销户手续的，供水企业可以拆表销户。

第四十七条　环卫、消防、绿化、市政等用水，应当装表计量，按照规定价格缴纳水费。

第四十八条　任何用水户不得阻碍供水企业根据供水管网负荷能力发展新用水户，不得妨碍供水企业统一管理、维护供水管网设施。

供电部门应当保证供水企业连续用电，确需停电维护时应当提前48小时通知供水企业。非供水企业原因造成停水的，由造成停水的企业或者个人承担相应的法律责任。

第四十九条　任何单位和个人不得有下列行为：

（一）非法取用或者转供公共供水；

（二）擅自在城市供水管道上直接装泵抽水；

（三）擅自将自建供水设施或者未经批准的补压井与城市供水管网连接；

（四）擅自改变用水类别、范围；

（五）擅自开启消火栓、消防水鹤、绿化、市政等闸阀取水；

（六）擅自绕过结算水表接管取水或者在结算水表前直接装泵取水；

（七）非法拆除、伪造、开启法定计量检定机构加封的结算水表或者设施封印；

（八）非法私装、改装、拆卸、倒装、毁坏结算水表或者干扰结算水表正常计量；

（九）破坏智能水表以及其他影响正常计量的行为。

用水户非法取水的，非法取水时间无法认定的，按照用水户开始营业或者入住时间起算。

第五十条　市水行政主管部门应当加强城市供水用水监督管理，及时查处违法行为。在监督检查时可以采取下列措施：

（一）进入现场实施检查；

（二）对供水水质进行抽样检测；

（三）查阅、复制相关报表、数据、原始记录文件和相关资料；

（四）要求被检查单位作出相应说明。

第六章　二次供水设施建设与维护

第五十一条　新建、改建、扩建工程，对水压要求超过供水水压的，建设单位或者产权单位应当配套建设二次供水设施。

第五十二条　供水企业应当对二次供水设施设计方案进行技术论证，在保障水质达标和供水管网运行安全的前提下，合理选择二次供水方式及设备。在设计、施工、竣工验收等环节把关，确保设置足够调蓄容量的储水设施，实行间接加压，避开供水高峰时蓄水，以保证连续供水。

推广使用先进的安防监控技术，落实防范恶意破坏二次供水的技防、物防措施，同时实现在线监控，与本市城市二次供水调度系统兼容。

第五十三条　市水行政主管部门应当组织供水企业制定老旧居民住宅小区二次供水设施及供水管网改造计划，对不符合技术、卫生和安全防范要求的二次供水设施制定技术方案，经市人民政府批准后分阶段实施。

二次供水设施的改造应当与抄表到户、一户一表、水表出户改造和安全防范设施建设统筹实施，推行封闭管理模式，切实提高安全供水保障能力。

二次供水设施改造费用，以政府、供水企业投入为主，多渠道筹集资金。

第五十四条　二次供水设施建成后，由供水企业组织验收，并委托具有法定资质的单位进行水质检测，验收合格后，供水企业方可并网通水。

第五十五条　供水企业应当建立健全设施维护、清洗消毒、水质检测、持证上岗、档案管理、应急和治安防范等制度，配备专兼职安全生产、卫生管理、治安保卫人员，强化日常管理，提供优质服务。

第五十六条　供水企业应当每半年组织专业清洗单位对二次供水设施至少清洗、消毒一次，并委托具备法定资质的水质检测机构检测合格，向用水户公布检验结果，同时建档备案。

市卫生行政主管部门和水行政主管部门应当对二次供水设施的清洗、消毒情况定期进行监督检查。

第五十七条　鼓励供水企业对新建二次供水设施统建统管。

已建成的二次供水设施，供水企业验收合格后实行统一管理维护。具体管理办法由市人民政府制定。

第七章　法律责任

第五十八条　违反本条例规定的行为，国家有关法律、法规已经作出行政处罚规定的，从其规定。

第五十九条　违反本条例规定，不具备供水工程资质，无执业资格或者未按照国家和自治区有关技术标准和规范从事供水设施的勘察、设计、施工、监理的，由市水行政主管部门责令限期改正，并处5000元以上3万元以下罚款。

第六十条　违反本条例规定，擅自建设自备水源井的，由市水行政主管部门责令停止违法行为，拆除自备水源设施，并处10万元罚款。

第六十一条　违反本条例规定，拒绝、阻挠供水企业抢修作业的，由市水行政主管部门责令改正，可以并处2000元以上5000元以下罚款。

第六十二条　违反本条例规定，供水企业对其负责维修养护的供水设施发生事故未进行抢修的，由市水行政主管部门责令立即抢修，可以并处5000元以上2万元以下罚款。

第六十三条　违反本条例规定，对供水设施造成损坏，严重影响正常供水的，由市水行政主管部门责令停止违法行为，并处10万元以上20万元以下罚款；造成损失的，依法予以赔偿；构成犯罪的，依法追究刑事责任。

第六十四条 违反本条例规定，妨碍供水设施正常运行的，由市水行政主管部门责令停止违法行为，并对公民处1000元以上3000元以下罚款，对法人或者其他组织处以5000元以上1万元以下罚款；造成损失的，依法予以赔偿。

第六十五条 违反本条例规定，擅自连接城市供水管道非法取用、转供公共供水、擅自开启消火栓等闸阀取水、绕过结算水表接管取水或者在结算水表内外直接装泵取水的，由市水行政主管部门责令限期改正，并对公民处1000元以上5000元以下罚款，对法人或者其他组织处5000元以上2万元以下罚款；造成损失的，依法予以赔偿。

第六十六条 违反本条例规定，供水企业擅自转让供水设施或者擅自停业、歇业的，由市水行政主管部门责令限期改正，并处10万元以上20万元以下罚款。

第六十七条 违反本条例规定，水压不符合国家有关标准的，由市水行政主管部门责令限期改正，可以并处1万元以上5万元以下罚款。

第六十八条 违反本条例规定，供水企业擅自停止供水的，由市水行政主管部门责令限期改正，并处5万元以上10万元以下罚款；造成损失的，依法予以赔偿。

第六十九条 违反本条例规定，供水企业未在规定时间内处理用水户投诉或者反映的问题的，由市水行政主管部门责令限期改正，可以并处1000元以上5000元以下罚款。

第七十条 违反本条例规定，供水企业未按规定对供水设施进行清洗、消毒的，由市水行政主管部门责令限期改正，可以并处1万元以上5万元以下罚款。

第七十一条 违反本条例规定，水质不符合国家有关标准的，由市水行政主管部门责令限期改正，可以并处3万元罚款。

第七十二条 市水行政主管部门祭器他有关部门工作人员，在城市供水用水工作中有玩忽职守、滥用职权、徇私舞弊行为的，由其所在单位或者上级机关依法给予行政处分；构成犯罪的，依法追究刑事责任。

第八章 附 则

第七十三条 本条例所称城市供水，包括城市公共供水和自建设施供水。

本条例所称城市公共供水，是指城市公共供水企业以公共供水管道及其附属设施向单位和居民的生活、生产和其他各项建设提供用水。

本条例所称的自建设施供水，是指城市的用水单位以其自行建设的供水管道及其附属设施主要向本单位生活、生产和其他各项建设提供用水。

本条例所称二次供水，是指因建筑物高度对水压要求超过本市规定的供水水压标准，将公共供水经过储存、加压后，再向用水户提供用水。

本条例所称城市供水设施，是指净水配水厂、泵站、取水井、输配水管网、闸阀、消火栓、消防水鹤、结算水表、二次供水泵房及设备和其他共用附属设施。

本条例所称分质分类供水，是指城市供水企业根据供水的不同品质为用水户提供多种结构的用水。

第七十四条 各旗县城镇供水用水管理参照本条例执行。

第七十五条 本条例自2016年3月1日起施行。

呼和浩特市全民义务植树条例

（2003年10月31日呼和浩特市第十一届人民代表大会常务委员会第四十次会议通过 2003年11月30日内蒙古自治区第十届人民代表大会常务委员会第六次会议批准，根据2010年12月2日内蒙古自治区第十一届人民代表大会常务委员会第十九次会议关于批准《呼和浩特市人大常委会关于修改部分地方性法规的决定（一）》的决议第一次修正，根据2015年5月22日内蒙古自治区第十二届人民代表大会常务委员会第十六次会议关于批准《呼和浩特市人大常委会关于修改〈呼和浩特市全民义务植树条例〉的决定》的决议第二次修正）

第一条 为了深入开展全民义务植树运动，加快国土绿化进程，保护和改善生态环境，促进经济和社会的可持续发展，依据有关法律、法规，结合本市实际，制定本条例。

第二条 居住在本市行政区域内的适龄公民应当履行植树义务。

本市行政区域内的机关、团体、企业、学校、事业单位以及其他组织（以下简称单位）依照本条例的规定组织本单位适龄公民履行植树义务，村民委员会或者居民委员会应当在乡镇人民政府和街道办事处的指导下，组织辖区内其他适龄公民履行植树义务。驻本市的人民解放军、武装警察部队，按照国务院、中央军委的有关规定参加义务植树活动。

第三条 本条例所称义务植树，是指适龄公民按照绿化委员会的安排，在指定场地无报酬参加的植树和国土绿化劳动。

本条例所称适龄公民，是指十八周岁至六十周岁的男性公民和十八周岁至五十五周岁的女性公民。但丧失劳动能力者除外。

第四条 在本市行政区域内居住一年以上的适龄公民，每人每年应当义务植树三至五棵，或者承担相应劳动量的其他绿化任务。

未满十八周岁的适龄公民，应当根据实际情况，就近安排义务植树或者参加力所能及的绿化劳动。

第五条 市、旗、县、区人民政府要加强义务植树的宣传动员，把全民义务植树事业纳入国民经济和社会发展计划，并纳入当地的生态建设和土地利用总体规划。

第六条 市、旗、县、区人民政府及开发区应当成立绿化委员会。绿化委员会由政府领导和有关部门、人民团体的负责人组成。

各旗、县、区绿化委员会应当在市绿化委员会的统一领导下，按照属地管理原则，组织实施本行政区域内的全民义务植树和国土绿化工作。

乡、镇人民政府、街道办事处应当成立绿化领导小组，组织实施上级绿化委员会下达的任务。

绿化任务较大的单位，可以根据需要成立绿化领导小组。

第七条 各级绿化委员会下设的办公室是各级绿化委员会的常设办事机构，负责对本行政区域的义务植树和国土绿化工作进行具体组织、协调、监督、管理，其主要职责是：

（一）负责贯彻国家和自治区有关义务植树、国土绿化的法律、法规、政策和本条例；

（二）开展义务植树、国土绿化宣传动员工作；

（三）编制本行政区义务植树的发展规划与年度实施计划；

（四）组织开展全民义务植树，负责全民义务植树的行政执法；

（五）组织开展国土绿化教育和植纪念树、造纪念林等绿色文明建设活动；

（六）协调各部门、各单位义务植树、国土绿化工作，督促检查国土绿化计划的实施；

（七）负责义务植树技术指导工作，调查研究，总结推广先进经验和适用技术；

（八）组织开展义务植树、造林绿化考核评比并进行表彰和奖励。

第八条 各单位、乡、镇、街道办事处应当在每年十一月底前，将履行植树义务的适龄公民人数和拟采取的尽责方式，按属地管理如实报送当地绿化委员会；旗、县、区及开发区绿化委员会汇总后上报市绿化委员会，市绿化委员会根据年度计划和适龄人数将次年的义务植树任务下达到旗、县、区及开发区绿化委员会。

第九条 义务植树实行基地化建设。各级绿化委员会按照义务植树的规划、年度计划，因地制宜划定义务植树区，建立义务植树基地。

市区要优先搞好名胜古迹、风景游览区和主要街道、广场的绿化。

第十条 义务植树的林木权属，按土地所有权和使用权确定。在城市规划绿地和国有土地上使用义务劳动栽植的树木，林权归经营管理这些土地的单位所有；在农村集体所有土地上使用义务劳动栽植的树木，林权归集体单位所有。另有协议或者合同的，按协议或者合同确定。

林权确定后，由旗县级以上人民政府发给权属证书。

第十一条 义务植树的苗木由绿化委员会提供，绿化委员会提供的苗木必须是适应当地生长的二级以上优质苗木。

义务栽植的树木，实行管护责任制。未成活前由栽种者或者确定的其他人员管护。成活后由绿化委员会办公室移交林权所有者或者指定的单位或者个人管护。

单位或者个人应当确保其栽植的树木的成活率，移交验收时必须达到国家和自治区规定的标准。成活率未达到要求的，由未完成任务的单位和个人或者管护单位进行补植，补植所需费用，由补植单位或者个人自理。

第十二条 各单位完成义务植树任务后，向当地绿化委员会或者绿化领导小组报送完成情况。旗、县、区及开发区绿化委员会办公室应当对完成情况进行检查验收，验收合格后，上报市绿化委员会办公室。

第十三条 义务植树实行建卡登记制度。旗、县、区人民政府及开发区绿化委员会办公室负责本辖区义务植树登记卡的建立和管理工作，并将每年义务植树任务完成情况向社会公布。

第十四条 各级绿化委员会组织义务植树活动所需要的苗木费、后期管护费及业务经费，同级财政部门应当列入当年财政预算，由同级绿化委员会统一安排使用。

参加义务植树所需交通费、工具费等费用由参加义务植树的单位或者个人自理。

第十五条 市、旗、县、区人民政府应当加强造林绿化的科学研究，总结推广先进经验和先进技术，扶持、鼓励单位和个人发展苗木生产，保证义务植树所需苗木。

第十六条 每年4月10日为本市义务植树日，4月10日到4月16日为义务植树周。各级绿化委员会应当在义务植树周集中组织开展义务植树活动。

各级绿化委员会及各单位应当积极开展义务植树宣传教育工作，增强公民义务植树意识，推动义务植树和国土绿化事业的发展。新闻媒体应当加强对义务植树意义和常识的宣传，传播先进典型，促进义务植树运动的开展。

第十七条 任何单位和个人都应当爱护树木，保护绿化成果，对破坏义务种植树木及设施的行为，有权制止和举报。各级绿化委员会应当及时查处并将处理结果向社会公布。

各级绿化委员会应当加强对绿化成果的监督管理，及时查处破坏义务植树的各种违法行为。

第十八条 各级绿化委员会及义务植树责任部门、单位和个人有下列成绩之一的，由各级人民政府或者绿化委员会给予表彰和奖励：

（一）贯彻义务植树法规和政策，发动、组织适龄公民参加义务植树，达到了规定的要求，成绩显著的；

（二）履行植树义务有显著贡献的；

（三）保护义务植树成果成绩突出的；

（四）在国土绿化科研方面有重大成果的。

第十九条 对义务植树工作组织不力，没有完成任务的单位，由旗、县、区人民政府及开发区绿化委员会责令限期完成，逾期未完成的，给予通报批评。

第二十条 各级绿化委员会和有关部门、单位的工作人员有下列行为之一的，由所在单位或者上级主管部门给予行政处分，构成犯罪的，依法追究刑事责任：

(一)在义务植树的规划设计、苗木准备、组织施工、检查验收中玩忽职守、弄虚作假、徇私舞弊的；

(二)提供的苗木不符合规定标准造成损失的；

(三)瞒报、拒报义务植树适龄公民人数和义务植树任务完成情况统计报表的。

第二十一条 当事人对行政处罚决定不服的，可以依法申请行政复议或者提起行政诉讼。逾期不申请复议，也不提起诉讼，又不履行行政处罚决定的，由作出处罚决定的机关申请人民法院强制执行。

第二十二条 市人民政府可以根据本条例制定实施细则。

第二十三条 本条例自 2004 年 3 月 1 日起施行。

呼和浩特市爱国卫生工作条例

第一章 总 则

第一条 为进一步加强爱国卫生工作,改善城乡环境,提高公民的健康意识和健康水平,推动经济社会协调发展,依据《内蒙古自治区爱国卫生条例》等有关法律、法规,结合本市实际,制定本条例。

第二条 本市行政区域内的任何单位和个人,均应当遵守本条例。本条例所称爱国卫生工作,是指以改善卫生环境,倡导健康行为和生活方式,消除危害健康因素,预防和控制疾病,提高全民健康水平为目的,由政府组织开展、全社会参与的社会性、群众性卫生活动,包括环境卫生治理、病媒生物预防控制、健康教育与健康促进、卫生创建等工作。

第三条 爱国卫生工作坚持政府领导、部门协作、全民参与、依法治理、改革创新、科学指导的原则。

第四条 市和旗县区人民政府应当将爱国卫生工作纳入国民经济和社会发展规划,将爱国卫生工作经费列入同级财政预算。

第五条 市和旗县区爱国卫生运动委员会(以下简称爱卫会)在同级人民政府的领导下,组织开展辖区内的爱国卫生工作。

呼和浩特经济技术开发区和呼和浩特金山高新技术产业开发区，负责所辖区域内的爱国卫生工作。

第六条 市和旗县区爱卫会应当建立委员会会议、工作报告、重大事项协调、信息通报及联络员、社会监督、突发公共卫生事件处置、疾病防控等制度,健全爱国卫生工作机制,组织协调社会各方共同做好爱国卫生工作。

市和旗县区爱卫会应当每年至少召开两次会议，研究制定爱国卫生工作规划和年度工作计划，研究解决爱国卫生工作中的重大问题，部署重要工作任务。

第七条 市和旗县区爱国卫生工作机构是同级爱卫会的常设办事机构，承担爱卫会的日常工作，负责督促、协调、指导、检查各成员单位开展爱国卫生工作。

乡镇人民政府、街道办事处应当配备专兼职爱国卫生工作人员，在旗县区爱国卫生工作机构的指导下组织落实爱国卫生工作。

村民委员会、居民委员会（社区）应当按照乡镇人民政府、街道办事处的工作安排，协助做好爱国卫生工作。

第八条 爱卫会成员单位应当加强协作，按照各自职责做好爱国卫生工作。

第九条 国家机关、社会团体、企事业单位及其他组织应当配备专兼职爱国卫生工作人员，接受当地爱卫会的指导、监督和检查。

第十条 市和旗县区人民政府应当建立政府和市场有机结合的机制，通过政府转变职能和购买服务等方式，鼓励社会力量参与环境整治、改水改厕、病媒生物预防控制、健康教育等爱国卫生工作。鼓励社会组织和公民通过捐赠、创办服务机构、提供志愿服务、参加义务劳动等方式，参与爱国卫生公益活动。

第十一条 党政机关和企事业单位应当带头开展义务劳动，每年至少组织两次爱国卫生义务劳动。

第十二条 每年 4 月份为爱国卫生活动月。市和旗县区爱卫会应当创新丰富爱国卫生月活动内容和方式，每年确定一个主题，推动解决社会关注、群众关心的突出卫生问题。

第二章 环境卫生治理

第十三条 市和旗县区人民政府应当加强城乡生活垃圾和污水统筹治理，实行统一规划、统一建设、统一管理、统一运行，并逐步推进城镇垃圾和污水处理设施和服务向农村延伸。

第十四条 实行市容环境卫生责任区制度的区域，责任人应当包市容环境卫生、包绿化美化、包管理，严格落实“门前三包”责任。

第十五条 市和旗县区环境卫生主管部门应当加强城镇边缘区域、小街巷、集贸市场、城中村、无物业住宅小区的垃圾清运，消除管理盲区，实行市容环境卫生标准化管理。

第十六条 推行城镇生活垃圾分类收集和资源回收利用，逐步实现垃圾处理减量化、资源化、无害化。

城镇餐厨垃圾实行分类收集和无害化处置，逐步实行有偿收集处置。

第十七条 水行政主管部门应当提高城市污水净化处理能力，加大再生水利用率，城市集中污水排放符合国家标准。

第十八条 环境保护、城管执法、农业等行政主管部门应当加强对落叶和秸秆焚烧的监管，推广秸秆综合利用。

第十九条 农业行政主管部门应当推进畜禽粪污综合治理利用，逐步扩大农家肥使用比例，减少化肥使用量。

第二十条 市和旗县区人民政府应当加强饮用水水源保护和管理，加快供水管网设施改造，建立健全供水设施维护改造的长效机制。

步扩大农村地区规模化集中供水，解决边远农村饮用水不达标问题，提高供水水质,达到国家规定的饮用水水质标准和卫生标准，保障饮用水安全。

第二十一条 城市环境卫生整治工作应当符合以下要求：

（一）主次干道和街巷路面平整、照明完善，卫生无死角，保持日常卫生干净整洁。无乱张贴、乱涂写、乱摆摊设点、乱扔垃圾、乱倒污水、随地吐痰现象，垃圾收集容器配置齐全；

（二）垃圾收集设备设施实现全面密闭化，运输体系完善，做到日产日清；

（三）公共厕所和垃圾转运站设置的数量满足需要、布局合理、管理规范；

（四）绿地应当定时进行养护，保持整洁美观，无垃圾杂物；

（五）河道、人工湖等水面清洁，岸坡整洁，无垃圾杂物；

（六）集贸市场卫生管理规范，环卫设施齐全，配备卫生管理和保洁人员，设立相对独立的经营区域，实行活禽定点隔离宰杀，严格执行检验检疫制度；

（七）建筑工地符合国家卫生标准和环保标准，待建工地管理到位，围挡规范；

（八）发挥数字化城管功能，对影响环境卫生的行为做到及时发现，妥善处置。

第二十二条 农村环境卫生整治工作应当符合以下要求：

（一）路边、河边、桥边等公共环境无暴露的生活垃圾和建筑废弃物；

（二）河道、水塘、水沟等水体无漂浮垃圾；

（三）墙壁、电线杆、门面、树木无乱贴乱画；

（四）村内家禽、牲畜实行圈养，无散养家禽、牲畜；

（五）主要道路两侧和农户门前屋后无乱搭建、乱堆放，砖瓦、石子、沙子等建筑材料堆放整齐；

（六）道路硬化，无土堆、粪堆以及污水坑。

第二十三条 市和旗县区人民政府应当发挥财政资金的引导作用，有效调动社会力量运用新技术参与农村改厕工作和后续管理服务，重点解决农村中小学、旅游景点和城镇集贸市场无害化卫生公厕建设，建立卫生厕所建、管、用并重的长效机制。

第三章 病媒生物预防控制

第二十四条 疾病预防控制机构负责病媒生物分布、侵害及密度的监测、药物敏感调查等工作，并及时将监测和调查结果报送同级爱国卫生工作机构。

爱国卫生工作机构负责开展病媒生物预防控制的无偿技术指导和专业培训工作。

第二十五条 乡镇人民政府、街道办事处应当组织辖区内居民和单位定期开展消杀活动，消除病媒生物孳生地，将本辖区内病媒生物侵害情况向旗县区爱国卫生工作机构报告。

第二十六条 医疗卫生机构、学校、食品生产及经营单位、机场、车站、宾馆、网吧、娱乐场所、废品收购站、公共厕所、垃圾场站、建筑工地、地下管网（井）、河道等容易孳生或者栖息病媒生物的场所，其环境卫生负责人应当按照当地爱国卫生工作机构的要求，设置病媒生物预防控制设施，进行经常性病媒生物消杀，病媒生物密度应当符合国家规定的标准。

第二十七条 病媒生物预防控制服务机构应当自取得营业执照之日起

十五日内，向市爱国卫生工作机构备案。市爱国卫生工作机构应当向社会公布病媒生物预防控制服务机构名单。

从事病媒生物预防控制服务的人员，应当经培训合格后方可上岗。

第二十八条 生产、销售病媒生物预防药品、器械，应当符合有关法律、法规的规定和技术规范要求，不得生产、配制、销售国家禁止使用的杀虫药剂和急性剧毒灭鼠药剂。

任何单位和个人开展病媒生物预防控制活动时，应当确保人、畜安全，不得使用国家禁止使用的杀虫药剂和急性剧毒灭鼠药剂。

第四章 健康教育与健康促进

第二十九条 市和旗县区人民政府应当充分利用互联网、移动客户端等媒体传播健康知识，组织发布科学预防知识，及时监测纠正虚假错误信息。

第三十条 市属新闻媒体应当安排一定时段与版面，无偿开展爱国卫生工作的公益宣传。

第三十一条 医疗卫生机构在提供诊疗服务时，应当对患者及其家属进行健康教育，推动重点人群改变不良生活习惯，形成健康生活方式。

第三十二条 中小学校应当对学生进行健康教育，组织学生在校期间每天至少参加一小时体育锻炼活动，不得以其他课程替代、挤占。

第三十三条 市和旗县区人民政府应当加强健康步道、健康主题公园等支持性环境建设、管理和维护，提高公共体育设施开放率和利用率，组织开展形式多样的社区健身活动，推广和规范传统养生健身活动。

进一步推行全民健身指导员制度，扩大服务范围，丰富服务内容，提高服务质量。

第三十四条 党政机关、企事业单位应当落实工间操制度，建立职工健身团队，开展符合人群特点的健身和竞赛活动。

第三十五条 本市所有室内公共场所、工作场所和公共交通工具全面禁烟，并有明显的禁烟标识。开展无烟学校、无烟机关、无烟医疗卫生机构等无烟场所建设。公职人员、教师、医护人员应当带头戒烟。

禁止向未成年人售烟，本行政区域内不得设置烟草广告。

第五章 卫生创建与监督考核

第三十六条 市和旗县区人民政府应当开展卫生单位、无烟单位、文明单位创建活动，未取得卫生单位称号的不得参加文明单位评选。

第三十七条 市和旗县区爱国卫生工作机构在开展卫生创建考核评选活动时，应当邀请群众代表参与，采取定期检查与随机抽查相结合、明查与暗访相结合的方式进行。

在考核评选过程中，应当将考核标准、申报单位向社会公开征求意见，公开征求意见的期限不得少于十日。对在有效期内提出异议的，爱国卫生工作机构应当认真调查核实，确有弄虚作假的，取消参选资格。

第三十八条 市和旗县区爱国卫生工作机构应当对创卫达标单位实行动态管理，完善退出机制，经查实卫生质量下降已不符合卫生单位标准的，由所在地旗县区爱国卫生工作机构提出整改建议，整改后符合标准的保留卫生单位荣誉称号，仍不合格的，取消卫生单位荣誉称号。

由上级机关授予卫生单位荣誉称号的，可以建议授予机关取消卫生单位荣誉称号。已经获得文明单位荣誉称号的，应当建议授予机关取消文明单位荣誉称号。

第三十九条 市和旗县区爱卫会应当加强对爱国卫生工作的考核,考核结果作为干部主管部门综合评价领导班子和有关领导干部的参考依据。

市和旗县区人民政府应当对在爱国卫生工作中表现突出的单位和个人进行表彰奖励，重点表彰奖励基层单位和一线工作人员。

第四十条 对于违反本条例规定的行为，任何单位和个人均有权劝阻、制止，并可以向爱国卫生工作机构或者有关行政管理部门举报。

第四十一条 市和旗县区爱国卫生工作机构应当设立公开投诉举报电话、电子信箱。属于爱国卫生工作职责范围内的投诉举报，应当及时办理；属于同级爱卫会成员单位工作职责范围内的，应当及时移交，并督促办理；实名投诉举报的，应当将办理结果反馈投诉举报人，并对举报人身份信息保密。

爱卫会成员单位应当及时办理同级爱国卫生工作机构移交的投诉举报，并于五日内反馈办理结果。

第四十二条 市和旗县区爱卫会应当通过专项检查、随机检查、受理举报投诉等方式，对同级爱卫会各成员单位的爱国卫生工作开展情况和制度落实情况进行监督考核。

爱卫会成员单位有下列情形之一的，由市和旗县区爱卫会进行通报批评，责令限期改正；逾期不改正的，由爱卫会提出行政处分建议，报送责任单位上级行政机关或者监察机关依法处理：

（一）未按照职责开展爱国卫生工作的；

（二）未按规定及时办理投诉举报事项的；

（三）爱国卫生工作不达标的；

（四）对爱国卫生工作重视不够、组织不力、行动迟缓的。

第六章 法律责任

第四十三条 违反本条例第二十六条规定，病媒生物密度不符合国家规定标准的，由爱国卫生工作机构责令限期改正；逾期不改正的，处 1000 元以上 3000 元以下罚款。

第四十四条 违反本条例第二十七条第二款规定，未经培训合格从事病媒生物预防控制服务活动的，由爱国卫生工作机构予以警告，责令限期改正；逾期不改正的，处 1000 元以上 5000 元以下罚款。

第四十五条 违反本条例第二十

八条第二款规定，单位和个人开展病媒生物预防控制活动时使用国家禁止使用的杀虫药剂和急性剧毒灭鼠药剂的，由爱国卫生工作机构没收违法所得和药品，并处违法所得一倍以上三倍以下罚款；没有违法所得的，对单位处5000元以上3万元以下罚款，对个人处1000元以上5000元以下罚款。

第四十六条 爱国卫生工作人员滥用职权、徇私舞弊、玩忽职守的，由其所在单位或者有关机关依法给予行政处分，构成犯罪的依法追究刑事责任。

第七章 附 则

第四十七条 本条例自2016年1月1日起施行。

呼和浩特市城市道路设施管理条例

（2015年9月10日呼和浩特市第十四届人民代表大会常务委员会第二十三次会议通过
2015年11月25日内蒙古自治区第十二届人民代表大会常务委员会第十九次会议批准）

第一条 为了加强城市道路设施的规划、建设和管理，充分发挥城市道路设施的功能，促进首府经济发展，根据国务院《城市道路管理条例》等有关法律、法规，结合本市实际，制定本条例。

第二条 本条例适用于城市规划区内城市道路设施的规划、建设和管理。

第三条 本条例所称城市道路设施包括：

（一）车行道、人行道、隔离带、侧石、规划道路用地及其附属设施；

（二）桥梁、立交桥、人行天桥、过街地下通道、涵洞、隧道及其附属设施；

（三）城市道路照明设施及其附属设备；

（四）停车场及其配套设施；

（五）交通标志、交通标线等交通安全设施；

（六）其他城市道路设施。

第四条 城市道路设施的建设和管理实行统一规划、合理布局、配套建设、分级分部门分单位管理相结合的原则。

市城乡建设行政主管部门是城市道路设施管理的行政主管部门。市市政设施管理部门受市城乡建设行政主管部门的委托，负责城市道路设施的具体管理工作。

各有关部门和单位应当在各自职责范围内配合做好城市道路设施管理工作。

第六条 市、区人民政府应当把城市道路设施建设作为城市建设的重要组成部分，纳入国民经济和社会发展计划。

市、区人民政府每年应当安排一定资金用于城市道路设施建设。城市道路设施的建设资金可以按照国家有关规定，采取政府投资、集资、国内外贷款、国有土地有偿使用收入、发行债券等多种渠道筹集，同时鼓励外资和社会资金投资。

第七条 任何单位和个人都有使用城市道路设施的权利和保护城市道路设施的义务，并有权对违反本条例的行为进行检举和控告。

第八条 市城乡建设行政主管部门应当根据城市总体规划会同市城市规划行政主管部门，编制城市道路设施专业规划，并据此编制城市道路设施建设规划和年度建设计划。

根据城市经济和社会发展需要，城市道路设施专业规划、城市道路设施建设规划和年度建设计划需要进行局部调整的，由原编制机关报请，经市人民政府批准后实施。

第九条 市市政设施管理部门应当建立科学的城市道路设施技术状况和养护运营水平评价体系。

第十条 城市公交、供水、排水、燃气、供热、供电、通信、消防、广告等设施的规划与建设依附于城市道路设施的，应当与城市道路设施建设规划和年度建设计划相协调。坚持先地下、后地上的施工原则，与城市道路同步建设。市城乡建设行政主管部门在制定城市道路设施建设规划和年度建设计划时应当征求有关单位意见。

第十一条 各开发区、住宅小区内的道路设施规划、建设应当与外部道路设施规划、建设衔接配套，并符合城市道路设施专业规划要求。

第十二条 城市道路设施及其附属设施的建设应当符合国家有关法律法规和技术规范、技术标准。

城市主干道的人行道，应当按照国家有关法律法规规定设置无障碍通道。

第十三条 城市道路设施建设单位在项目开工前，应当按国家有关规定到市城乡建设行政主管部门办理接收管理界定、登记手续。

第十四条 城市道路设施建设工程竣工后，由市城乡建设行政主管部门会同有关部门验收，合格后方可办理工程交接手续；不符合建设质量标准和建设内容的工程应当进行整改，重新验收合格后，方可由接收单位接收。未经验收合格的，不得交付使用。

城市道路设施建设工程竣工验收合格后，建设单位应当将城市道路设施建设工程的全部技术资料完整移交市城乡建设行政主管部门归档。

第十五条 市市政设施管理部门应当加强对城市道路设施的养护、维修和管理，建立巡查制度，及时养护维修，保障城市道路设施的功能完好和正常运行。城市道路设施发生故障和险情时，应当及时组织抢修、排险，尽快恢复正常使用。

第十六条 规划道路红线与建筑物外缘之间的开放式场地，其产权单位应当按照城市道路设施的标准进行养护和管理，并接受市市政设施管理部门的监督管理。

第十七条 城市规划道路用地未经法定程序不得改变使用性质。

征地单位对暂不实施建设的城市道路用地应当进行临时绿化或者硬化，待道路施工时，无偿提供给市城乡建设行政主管部门，并接受市城乡建设行政主管部门的监督管理。

第十八条 设在城市道路上的各类管线的检查井（箱）及其他附属设施，应当符合城市道路技术规范。因缺损或者沉降影响交通安全时，有关产权单位应当及时补缺或者修复。

第十九条 城市道路与铁路、公路平交道口的衔接应当平顺。

铁路、公路管辖范围以外路面由市市政设施管理部门负责管理、养护。

第二十条 在城市道路设施管理范围内禁止下列行为：

（一）擅自挖掘、占用城市道路的；

（二）擅自拆除、迁移城市道路设施的；

（三）擅自接用城市道路照明设施电源的；

（四）货车散装运输垃圾、沙石等物品以致运输品掉落、遗撒污损道路的；

（五）其他损坏城市道路设施的行为。

第二十一条 城市道路挖掘施工按照集中建设、减少扰民的原则,严格实行年度计划管理制度。

铺设供热、供电、供水、排水、燃气、通信等各类管线和设置公共交通设施需要挖掘城市道路的，建设单位应当在每年十月底前向市城乡建设行政主管部门书面提出下一年度实施计划，市城乡建设行政主管部门征求公安交通管理部门、城管执法部门意见后，结合城市道路改造维修情况编制下一年度道路挖掘施工计划。

下一年度道路挖掘施工计划确定后，市城乡建设行政主管部门负责组织相关地下管网建设单位集中施工。

新建、改建、扩建的城市道路竣工交付使用后五年内，大修的城市道路竣工交付使用后三年内不得开挖。因自然灾害、国家政策调整等特殊情况需要挖掘的，市城乡建设行政主管部门应当将下一年度城市道路挖掘施工计划报市人民政府批准。

开挖施工时间集中在每年四月一日至六月三十日。

第二十二条 列入年度城市道路挖掘施工计划的，建设单位应当填写《城市道路挖掘申请书》，并向市市政设施管理部门提交以下资料：

（一）规划设计条件或者管线路径批复文件；

（二）施工图纸、施工方案和进度安排；

（三）施工现场平面布置图、安全保障设施；

（四）交通组织方案；

（五）道路恢复协议。

市市政设施管理部门应当对上述材料进行初审，并组织规划以及相关管网单位进行实地勘测，具备挖掘施工条件的，报市城乡建设行政主管部门审核。市城乡建设行政主管部门征求市公安交通管理部门和城管执法部门意见后批准实施。

经批准挖掘城市道路的，建设单位应当向市市政设施管理部门缴纳道路挖掘修复费。

施工单位应当严格执行城市道路挖掘施工年度计划，合理安排施工时序，加快施工进度，采取分段施工、错峰施工、夜间施工等方式，降低对道路通行、市容环境和市民生活的影响。

第二十三条 经批准挖掘城市道路的，应当按照下列规定施工：

(一)按批准的地域、范围、时间和要求进行施工，对线路较长的应当分段进行，工程量较小的应当在夜间施工；

(二)在主干道路上进行横穿道路施工的,优先采用顶管等不破坏路面的先进技术；

(三)挖掘现场应当设置交通安全护栏和警示标志,确保现场安全；

(四)工程竣工时,应当将回填土分层夯实,并及时清理余土废料；

(五)挖掘形成的地下设施检查井盖应当与路面保持平整；

(六)施工结束后,应当及时通知市市政设施管理部门验收。

市市政设施管理部门应当对经批准挖掘城市道路的施工现场进行全程监管,施工结束经验收合格的，应当在三日内修复路面。

第二十四条 经批准实施封闭道路施工，或者占用、挖掘道路施工工期在三日以上的，市公安交通管理部门和公交公司应当于开工七日前在新闻媒体上刊登施工通告、交通疏导方案和相关公交线路临时调整方案，在封闭道路及相邻路段设置告知牌，公布道路封闭情况和封闭时间，建设单位负责向群众做好解释宣传工作。

第二十五条 需要临时占用城市道路的，应当经市城乡建设行政主管部门、公安交通管理部门和城管执法部门批准，在批准的范围、期限内使用。临时占用期满后，占用单位要及时清理现场，恢复道路功能，并及时通知市市政设施管理部门验收；确需延长期限的，应当办理延期手续。

第二十六条 城市供水、排水、燃气、供热、供电、通信等部门因紧急抢修未能事先办理城市道路挖掘批准手续的，应当在抢修的同时通知市市政设施管理部门和公安交通管理部门，并于故障发生后的两个工作日内办理城市道路挖掘批准手续。

第二十七条 城市道路照明设施应当保持经常性完好率，建立严格的检查和考核制度，使亮灯率不低于百分之九十五。因工程建设和其他原因需要拆除、迁移、占用城市道路照明设施或者接用路灯电源的，应当经市城乡建设行政主管部门批准，并缴纳有关费用。

城市道路照明设施发生故障，市城乡建设行政主管部门应当及时抢修，恢复照明。

第二十八条 在已建成的城市道路设施上增设、迁移交通设施、管线等各种公共设施，应当经市市政设施管理部门批准，并在城市道路扩建、改建、维修时无条件及时拆除、迁移。

第二十九条 履带车、铁轮车和超限车辆及其他对城市道路、桥涵有损害的车辆需要通过城市道路、桥涵的，应当经市城乡建设行政主管部门批准，并按照公安交通管理部门指定的时间、路线、速度行驶。车辆所有者或者经营者应当按市市政设施管理部门的要求采取相应的保护措施，并承担由此所发生的费用；造成损失的，应当承担修复所需费用。

城市快速路禁止大货车通行，禁止使用融雪剂。

第三十条 确需超过原设计标准使用城市道路设施的，有关单位或者部门应当组织论证，并经市城乡建设行政主管部门批准。

第三十一条 违反本条例规定，开发区、住宅小区内道路设施规划、建设与城市道路设施专业规划要求不符的，由市城乡建设行政主管部门责令限期改正，可以并处一千元以上五千元以下罚款。

第三十二条 违反本条例规定，未依照法定程序办理工程竣工交接手续的，由市城乡建设行政主管部门责令限期改正，可以并处一千元以上工程造价的百分之二以下的罚款。

未经验收合格擅自交付使用造成损害的，建设单位要承担相应的责任。

第三十三条 违反本条例规定，由于城市道路设施养护维修不及时，给他人造成人身伤害或者财产损失的，市市政设施管理部门应当依法承担赔偿责任。

第三十四条 违反本条例规定，未按标准对规划道路红线与建筑物外缘之间的开放式场地进行养护与管理的，由市城乡建设行政主管部门责令限期改正，可以并处二千元以上一万元以下罚款。

第三十五条 违反本条例规定，设在城市道路上的各类管线检查井（箱）及其附属设施，因缺损或沉降影响交通安全时，有关产权单位未及时补缺或修复，对他人造成人身伤害或者财产损失的，产权单位应当依法给予赔偿。

第三十六条 违反本条例规定,未经批准挖掘或者占用城市道路设施的,由市城乡建设行政主管部门责令限期改正,恢复原状,赔偿损失,并补缴道路挖掘修复费,可以并处二千元以上一万元以下罚款。

第三十七条 违反本条例规定，有下列行为之一的，由市城乡建设行政主管部门责令限期改正，并处一千元以上二千元以下罚款；

对城市道路设施造成损害的，承担赔偿责任：

（一）擅自拆除、迁移城市道路设施的；

（二）擅自接用城市道路照明设施电源的；

（三）货车散装运输垃圾、沙石等物品以致运输品掉落、遗撒污损道路的；

（四）其他损坏城市道路设施的行为。

第三十八条 违反本条例规定，有下列行为之一的，由市城乡建设行政主管部门责令限期改正，可以处以两万元以下罚款；对他人造成人身伤害或者财产损失的，由挖掘、占用城市道路方承担赔偿责任；造成严重后果的应当追究刑事责任。

（一）超范围、超期限挖掘或者占用城市道路设施的；

（二）挖掘或者占用城市道路设施未按规定设置交通安全护栏和警示标志的；

（三）挖掘完工后未按规定回填的；

（四）挖掘、占用结束后未及时清理现场、拆除临时设施的。

第三十九条 违反本条例规定，城市地下管线产权单位未补办批准手续的，由市城乡建设行政主管部门责令改正，可以处以两万元以下罚款。

第四十条 违反本条例规定，擅自超过原设计标准使用城市道路设施的，由市城乡建设行政主管部门责令改正，可以并处二千元以上一万元以下罚款；造成城市道路设施损坏的，承担赔偿责任。

第四十一条 市城乡建设行政主管部门工作人员以及其他相关单位工作人员违反本条例规定，在道路设施管理活动中有下列行为之一的，依法给予行政处分；造成损失的，依法承担赔偿责任；构成犯罪的，依法追究刑事责任：

（一）未根据城市总体规划会同市城市规划行政主管部门编制城市道路设施专业规划的，以及未编制城市道路设施建设规划和年度建设计划的；

（二）未按道路年度建设计划实施，违法审核同意占用、挖掘城市道路申请的；

（三）未按规定收取或者违法挪用挖掘道路修复费的；

（四）在挖掘道路施工结束后未及时修复道路的；

（五）未按规定在新闻媒体上刊登施工通告、交通疏导方案和相关公交线路临时调整方案；

（六）未按规定对占用、挖掘道路行为实施监管的；

（七）有其他玩忽职守、滥用职权以及徇私舞弊行为的。

第四十二条 各旗、县建制镇的城市道路设施规划、建设和管理参照本条例执行。

第四十三条 本条例自2006年6月1日起施行。

呼和浩特市民办教育促进条例

第一章 总 则

第一条 为促进民办教育持续健康发展，根据《中华人民共和国民办教育促进法》、《中华人民共和国民办教育促进法实施条例》和《内蒙古自治区实施〈中华人民共和国民办教育促进法〉办法》等有关法律法规，结合本市实际，制定本条例。

第二条 国家机构以外的社会组织或者个人，利用非国家财政性经费，在本市行政区域内，面向社会举办的学校、幼儿园以及其他教育机构（以下简称民办学校）的活动，适用本条例。

第三条 民办教育是社会主义教育事业的组成部分。各级人民政府要对民办学校实行积极鼓励、大力支持、正确引导、依法管理的方针，依法保障民办学校及其教师、受教育者的合法权益，促进民办教育事业健康发展。

民办教育属于公益性事业，民办学校与公办学校具有同等的法律地位。

第四条 市和旗、县、区教育行政部门，主管本行政区域内的民办教育工作，负责民办教育的统筹规划、综合协调和宏观管理。

市和旗、县、区人力资源和社会保障行政部门，按照本条例规定负责其职责范围内的民办教育工作。

其他有关部门在各自的职责范围内，协助做好民办教育工作。

第五条 民办学校应当遵守国家的法律、法规，依法办学，诚实守信，公平竞争。

民办学校应当自觉维护教职工和学生的合法权益，加强民办学校安全管理，确保师生安全。

第二章 民办学校的设立

第六条 市和旗、县、区人民政府应当引导民办学校的举办者重点举办学前教育、职业教育、成人教育和高级中等教育。

第七条 设立民办学校应当符合国家、自治区的有关规定，并具备下列条件：

（一）单位或者团体应当具有法人资格，公民个人应当具有政治权利和完全民事行为能力；

（二）有明确的办学宗旨、培养目标、教学大纲、专业设置及课程计划；

（三）有组织机构、章程及相关的管理制度；

（四）有具备任职条件的专职校长或者行政负责人，有合格的教师及必要的管理人员；

（五）有符合规定标准的教学场所及设施、设备等；

（六）有符合规定的办学资金和稳定的经费来源；

（七）招收住宿生应当具备符合规定的食宿、医疗和卫生等条件。

第八条 民办学校的设立包括筹备设立和正式设立。民办学校在筹备设立期内不具备招生资格。

第九条 设立中等及中等以下层次民办学校的，应当按照下列规定审批：

（一）举办实施高中阶段教育的高级中学、完全中学和中等职业民办学校的，由市人民政府教育行政部门审批；举办中级职业资格培训、职业技能培训民办学校的，由市人民政府人力资源和社会保障行政部门审批。

（二）举办幼儿教育、义务教育及其他文化教育民办学校的，由旗、县、区人民政府教育行政部门审批，报市人民政府教育行政部门备案；举办初级职业资格培训、职业技能培训的民办学校，由旗、县、区人民政府人力资源和社会保障行政部门审批。

人力资源和社会保障行政部门审批民办学校后，应当于三个月内抄送同级教育行政部门备案。

第十条 审批机关对批准设立的民办学校发给《办学许可证》，并予以公告。

民办学校应当依照有关法律、法规的规定向登记机关办理登记手续，登记机关凭民办学校提交的登记申请书、《办学许可证》、拟任法定代表人的身份证明和民办学校章程，在五个工作日内完成登记。

第十一条 自学考试、职业资格考试、技术等级考试等国家考试机构，不得举办或者批准举办与其考试业务相关的民办学校。

承担职业资格、技术等级考试任务的民办学校，不得举办与其主考业务相关的教学活动。

审核、审批机关不得直接或者间接举办与其业务相关的民办学校。

第十二条 民办学校的名称应当符合有关法律法规的规定并与民办学校的审批级别、教育类别、办学层次及办学范围相适应。

（一）实施学历教育的民办学校称为学校；

（二）实施非学历教育的称为学校或者培训中心，称学校的应当在学校前加补习、专修、进修、培训等字样；

（三）实施职业资格培训、职业技能培训的民办学校，称为职业培训学校、职业技术学校或者培训中心；

（四）实施学前教育的民办学校称为幼儿（稚）园。

第三章 民办学校的教学和管理

第十三条 民办学校应当建立健全内部决策机构和监督管理制度。民办学校应当设立理事会、董事会或者其他形式的决策机构。

第十四条 理事会、董事会或者其他形式决策机构由五人以上单数组成，其中具有五年以上教育、教学经验的理事或者董事应当不少于三分之一。

其职责是:

（一）根据国家法律法规和方针政策，研究决定民办学校办学方针、宗旨和指导思想；

（二）制定民办学校发展规划，审定批准民办学校年度工作计划；

（三）审议批准民办学校年度预算、决算方案，并监督方案的执行；

（四）筹集民办学校办学发展资金，改善办学条件；

（五）决定民办学校内部组织职能及编制、聘任、解聘民办学校校长或者行政负责人；

（六）监督民办学校教育教学活动。

理事会、董事会或者其他决策机构应当严格依照章程办事，不得在章程规定的权限之外干预民办学校的内部管理和教学活动。

第十五条 民办学校的校长或者行政负责人由民办学校决策机构聘任。

其主要职责是:

（一）贯彻国家教育法律法规和方针政策；

（二）根据民办学校发展规划制定和实施年度计划；

（三）按照章程管理民办学校，提出内部机构设置和职工工资福利方案，聘任、辞退教师和管理人员；

（四）编制预算、决算方案，管理民办学校资产；

（五）负责向审批机关、民办学校决策机构报告重大事项；

（六）履行法律法规和民办学校章程规定的相关职责。

第十六条 民办学校聘任的教师应当具备《中华人民共和国教师法》和有关行政法规规定的教师资格和任职条件。民办学校应当有一定数量的专职教师；其中，实施学历教育的民办学校聘任的专职教师数量应当不少于其教师总数的三分之一。

第十七条 民办学校及其教师、职员、受教育者申请国家设立的有关科研项目、课题等，享有与公办学校及其教师、职员、受教育者同等的权利。

第十八条 民办学校应当按照国家有关规定与教师和管理人员签订聘任合同。聘任外籍教师的，按照国家有关规定办理。

第十九条 民办学校应当按照国家有关规定建立并执行学籍和教学管理制度。

实施中等职业技术学历教育的民办学校，可以按照办学宗旨和培养目标，自行设置专业，开设课程，自主选用教材。其所设置的专业、开设课程、选用教材应当报审批机关备案。

实施普通高中教育、义务教育的民办学校，可以自主开展教育教学活动。其教育教学活动应当达到国家制定的课程标准，所选用的教材应当依法审定。

实施学前教育的民办学校可以依法自主开展教育教学活动。

实施以职业技能为主的职业资格培训、职业技能培训的民办学校，可以按照国家职业标准的要求开展培训活动。

第二十条 民办学校享有与同级同类公办学校同等的招生权，可以自主确定招生的范围、标准和方式。

民办学校的招生简章和招生广告应当报审批机关备案。 民办学校招收港、澳、台及国外学生按照国家有关规定办理。

第二十一条 实施学历教育民办学校的学生，完成学业经考试合格的，国家承认其学历。实施非学历教育民办学校的学生，完成学业，由所在民办学校按照国家有关规定发给学业证书，并注明所学课程和考试成绩。

第二十二条 民办学校刻制印章，应当持《办学许可证》、审批机关出具的证明和民办学校法定代表人的身份证明，向所在地县级以上公安机关办理审批手续；刻制的印章报审批机关和公安机关备案。

第二十三条 民办学校可以依法成立行业协会，规范行业行为，强化行业自律，开展民办教育咨询、培训、交流、研究等业务。

第四章 民办学校的财产和财务管理

第二十四条 民办学校应当依法建立财务、会计制度和资产管理制度，并按照国家有关规定设置会计账簿，依照《中华人民共和国会计法》和国家统一的会计制度进行会计核算。

民办学校应当按规定设置财务管理部门或者配备专职财务管理人员，在校长或者行政负责人的领导下，统一管理民办学校的财务工作。

第二十五条 民办学校依法管理和使用的财产，属于民办学校所有，依法享有法人财产权。任何单位和个人不得侵占、挪用和私分民办学校的财产。

民办学校中的国有资产、举办者投入的资产和接受的社会捐赠以及办学积累，分别登记建账，不得混淆各类资产性质。

第二十六条 民办学校出资人可以依法取得合理回报。民办学校在扣除办学成本、预留发展基金以及按照国家的有关规定提取其他必需的费用后，出资人可以从办学结余中取得合理回报。取得合理回报的办法和数额按国家有关规定执行。

第二十七条 民办学校可以根据核算的办学成本和市场供求状况确定收费项目和标准。属学历教育的，报经审批机关审核同意，由物价行政主管部门批准后执行。属非学历教育的，由民办学校自定收费项目、收费标准，报审批机关和物价行政部门备案后执行。

第二十八条 民办学校收取的费用应当主要用于教育教学活动和改善办学条件。民办学校在设立和存续期间，可以设立风险保证金，用于民办学校发生意外事故和民办学校终止后善后事宜的处理。

第二十九条 民办学校举办的学习期限不满一年的教学班，按学习期限收费；举办一年以上的教学班，按学期或者学年收费，不得跨学年预收费用。

学生因正当理由转学、退学的，民办学校应当按有关规定退还费用。

第三十条 民办学校接受的捐赠应当纳入积累资金管理，只能用于改善办学条件，不得在账外支出。

第三十一条 民办学校应当在每一会计年度结束后一个月内向审批机关提交财务会计报告和社会审计机构的审计报告。

第五章 保障与扶持

第三十二条 为扶持民办教育发展，市和旗、县、区人民政府应当设立民办教育发展专项资金，用于资助民办学校发展，表彰和奖励有突出贡献的集体、个人。民办教育发展专项资金应当随着本地区经济社会发展需要逐步提高。

市和旗、县、区人民政府及其有关部门应当对使用少数民族语言教学的民办民族学校给予重点扶持和特殊优惠政策。

第三十三条 鼓励港、澳、台同胞、海外侨胞在本市捐资办学。

第三十四条 市和旗、县、区人民政府可以采取经费资助的措施对民办学校予以扶持。经国有资产行政部门批准，允许将闲置的国有资产出租、转让给民办学校。

第三十五条 新建、扩建民办学校，县级以上人民政府按照公益事业用地的有关规定给予优惠。对民办学校取得的公益事业用地，不得挪作他用或者改变教育用地性质。民办学校的校舍建设享受同级同类公办学校基本建设优惠政策。

民办学校的水、电、暖、燃气等供给价格与公办学校实行统一价格。

第三十六条 捐资举办的民办学校和出资人不要求取得合理回报的民办学校，依法享受与公办学校同等的税收以及其他优惠政策。

出资人要求取得合理回报的民办学校，按照国家有关规定享受税收优惠政策。

第三十七条 民办学校教职工在业务培训、职务聘任、教龄和工龄计算、表彰奖励、社会活动等方面依法享受与公办学校教职工同等权利。

市人民政府应当建立、完善有关制度，保证教师在公办学校和民办学校之间的合理流动。

民办学校教师和管理人员的工资、社会保险和福利，由举办者和民办学校依法予以保障。

第三十八条 旗、县、区人民政府委托民办学校承担义务教育任务的，应当根据接受义务教育的学生数量和当地实施义务教育的公办学校的生均教育经费标准拨付相应的教育经费。

第三十九条 民办学校的学生，在升学、就业、表彰奖励、助学贷款及其他社会优待等方面，享有与同级同类公办学校学生同等的权利。

第六章 民办学校的变更与终止

第四十条 民办学校变更名称、层次、类别的，应当报审批机关批准。民办学校在审批机关批准区域内变更办学地址或者增设教学点的，应当报审批机关备案；在批准区域外办学或者增设教学点的应当重新办理审批和登记手续。

第四十一条 民办学校分立、合并，由民办学校决策机构提出申请，根据合并后的办学性质和层次，按照有关审批管理权限，报相关审批机关批准。

民办学校分立、合并，要进行财务清算，并妥善安置原在校学生。

第四十二条 民办学校有下列情形之一的，应当终止：

（一）民办学校的决策机构或者举办者根据民办学校的章程规定要求终止的；

（二）民办学校无法开展正常的教育、教学活动的；

（三）被吊销《办学许可证》的。

第四十三条 民办学校终止，应当妥善安置在校学生。接受义务教育的学生，审批机关应当协助安排学生继续就学。

第四十四条 民办学校自行终止，应当提前六个月告知审批机关。经审批机关批准终止的民办学校，应当按有关规定对财产进行清算。财产清算应当首先支付应退学生学费、杂费、其他费用和所欠缴职工工资及社会保险费用；其次返还举办者投入，剩余部分由审批机关统筹安排，用于发展民办教育事业。

第四十五条 审批机关对依法终止的民办学校予以公告，并收回《办学许可证》及民办学校印章。

第七章 法律责任

第四十六条 未经批准举办民办学校的，由教育行政主管部门责令其停止违法办学活动，有违法所得的没收其违法所得。

第四十七条 民办学校违反本条例规定，有下列行为之一的，由审批机关或者其他有关部门责令限期改正，并予以警告；有违法所得的，退还所收费用后没收违法所得；情节严重的，责令停止招生，并吊销《办学许可证》。

（一）擅自分立、合并民办学校的；

（二）擅自改变民办学校名称、层次、类别和举办者；

（三）发布虚假招生简章或者广告，骗取钱财的；

（四）非法颁发或者伪造学历证书、结业证书、培训证书、职业资格证书的；

（五）管理混乱，严重影响教育教学，产生恶劣社会影响的；

（六）提交虚假证明文件或者采取其他欺诈手段隐瞒重要事实骗取《办学许可证》的；

（七）伪造、变造、买卖、出租、出借《办学许可证》的；

（八）抽逃资金或者挪用办学经费的。

第四十八条 民办学校对教育用地挪作他用或者改变用途的，依照《中华人民共和国土地管理法》及相关法律法规予以处罚。

第四十九条 民办学校违反本条例规定，自行终止六个月前未告知审批机关，造成在校学生未及时妥善安置的，由审批机关处以五万元以上十万元以下的罚款。

第五十条 民办学校跨学年预收费用的，由审批机关责令限期退还预收的费用。

第五十一条 审批机关和有关部门有下列行为之一的，由上级机关责令其改正；情节严重的，对直接负责的主管人员和其他直接责任人员，依法给予行政处分；造成经济损失的，依法承担赔偿责任；构成犯罪的，依法追究刑事责任：

（一）已受理设立申请，逾期不予答复的；

（二）批准不符合本条例规定条件申请的；

（三）疏于管理，造成严重后果的；

（四）违反国家有关规定收取费用的；

（五）侵犯民办学校合法权益的；

（六）其他滥用职权、徇私舞弊的。

第八章 附 则

第五十二条 港、澳、台及国外的组织和个人在本市行政区域内办学或者合作办学的，按国家有关规定执行。

第五十三条 在工商行政主管部门登记注册的经营性民办培训机构不适用本条例。

第五十四条 本条例自公布之日起施行。《呼和浩特市社会力量办学管理办法》同时废止。

呼和浩特市牛的人工授精管理办法

（2002年4月26日呼和浩特市第十一届人民代表大会常务委员会第二十八次会议通过 2002年5月25日内蒙古自治区第九届人民代表大会常务委员会第三十次会议批准 根据2010年12月2日内蒙古自治区第十一届人民代表大会常务委员会第十九次会议关于批准《呼和浩特市人大常委会关于修改部分地方性法规的决定（一）》的决议第一次修正 根据2016年3月30日内蒙古自治区第十二届人民代表大会常务委员会第二十一次会议关于批准《呼和浩特市人民代表大会常务委员会关于修改部分地方性法规的决定》的决议第二次修正）

第一条 为加强本市牛的人工授精管理，维护牛冷冻精液等遗传材料的正常生产经营秩序，提高牛的品种质量，促进养牛业发展，根据国家和自治区《种畜禽管理条例》，结合本市实际，制定本办法。

第二条 本市行政区域内从事牛的繁育和配种及生产经营牛冷冻精液等遗传材料的单位和个人，必须遵守本办法。

第三条 市畜牧行政管理部门对本市牛的人工授精和冷冻精液等遗传材料生产、经营进行监督管理，并负责本办法的组织实施。

旗县区畜牧行政管理部门对本行政区域内牛的人工授精和冷冻精液等遗传材料经营进行监督管理。

市和旗县区畜牧行政管理部门所属的种畜禽监督管理机构具体负责日常的监督管理工作。

第四条 本市行政区域内牛的繁殖，应当实行人工授精。

第五条 从事牛冷冻精液等遗传材料生产、经营的单位和个人，必须报市畜牧行政管理部门审核同意，报自治区畜牧行政管理部门批准，领取《种畜禽生产经营许可证》。

第六条 申请生产牛冷冻精液等遗传材料的单位和个人，必须具备下列条件：

（一）种牛品种设置符合自治区家畜家禽改良方向区域规划和良种繁育体系规划；

（二）种公牛必须来源于国家确认的国内外原种；

（三）具备生产必需的基础设施和技术装备，完整的引种、育种记录；

（四）有科学、先进的繁育、饲养技术，健全的生产管理制度及完整的繁殖生产性能测试记录等档案技术资料；

（五）有健全的动物卫生防疫制度、设施和环境卫生保护措施；

（六）有一定数量具备相应技术职称的专业技术人员。

第七条 从事牛冷冻精液等遗传材料经营的单位和个人，必须具备下列条件：

（一）必要的设备和相应的基础设施；

（二）翔实的经营记录和健全的管理制度；

（三）至少有两名中级以上职称的专业技术人员。

第八条 生产、引进、销售和推广使用的冷冻精液等遗传材料，必须符合国家有关质量标准及本市牛改良育种规划，并附有种畜系谱和种畜禽监督管理机构核发的《种畜禽合格证》，以及动物防疫检疫机构出具的《种畜禽健康合格证》。

第九条 引进牛冷冻精液等遗传材料，必须经市畜牧行政管理部门批准，市畜牧行政管理部门接到引进申请后，应当在5个工作日内审批。

第十条 市和旗县区畜牧行政管理部门，必须加强对种用公牛登记、鉴定、检测等方面的严格管理。未经检测鉴定或者检测鉴定不合格的公牛，不得作为种用。

对不合格的种用公牛，种畜禽监督管理机构可以对其强制去势。

第十一条 从事牛人工授精的人员必须经过专业技术培训，经旗县区畜牧行政管理部门考核，取得合格证书后，方可从事人工授精工作。

外来人工授精员应当到当地畜牧行政管理部门注册登记后，方可从业。

人工授精员合格证书实行年度审验制度，未经审验或者审验不合格的不得上岗从事人工授精工作。

第十二条 人工授精活动应当订立合同，规定双方的权利、义务。

第十三条 违反本办法规定，未取得《种畜禽生产经营许可证》而生产经营冷冻精液等遗传材料的，没收违法所得及经营物品，并处违法所得一至二倍的罚款。

第十四条 生产、引进、经营不符合本办法规定的冷冻精液等遗传材料的，责令改正，没收违法所得，并处违法所得一至二倍罚款；情节严重的，吊销《种畜禽生产经营许可证》；造成损失的，依法承担赔偿责任。

第十五条 人工授精员擅自推广使用不符合本办法规定的冷冻精液等遗传材料的，责令改正，没收冷冻精液等遗传材料及器械，情节严重的，吊销人工授精员合格证书；造成损失的，依法承担赔偿责任。

第十六条 未经批准擅自引进冷冻精液等遗传材料的，没收违法所得和引进的冷冻精液等遗传材料，并处违法所得一至二倍的罚款。

第十七条 违反本办法规定，未取得人工授精员合格证，或者合格证未经年度审验，或者审验不合格，而从事人工授精的，没收违法所得及配种器具，并处500元以上2000元以下罚款。

第十八条 拒绝、阻碍种畜禽监督管理人员依法执行公务的，由公安机关依照《中华人民共和国治安管理处罚法》予以处罚；情节严重构成犯罪的，依法追究刑事责任。

第十九条 对畜牧行政管理部门和种畜禽监督管理机构的人员在工作中滥用职权、玩忽职守、徇私舞弊的，依法给予行政处分；构成犯罪的，依法追究刑事责任。

第二十条 本办法自2002年8月1日起施行。

呼和浩特市旅游管理条例

(2004年8月27日呼和浩特市第十二届人民代表大会常务委员会第三次会议通过　2004年11月26日内蒙古自治区第十届人民代表大会常务委员会第十二次会议批准　根据2016年3月30日内蒙古自治区第十二届人民代表大会常务委员会第二十一次会议关于批准《呼和浩特市人民代表大会常务委员会关于修改部分地方性法规的决定》的决议修正)

第一章　总　则

第一条　为了加强旅游业管理，合理开发、利用和保护旅游资源，规范旅游市场秩序，维护旅游者和旅游经营者的合法权益，促进旅游业发展，根据有关法律、法规，结合本市实际，制定本条例。

第二条　在本市行政区域内开发旅游资源，经营旅游业务，从事旅游业管理，进行旅游活动，适用本条例。

第三条　发展旅游业应当遵循旅游资源开发、利用与保护并重，社会效益、经济效益、环境效益相统一的原则，发挥旅游资源的区位优势，突出民族特色和地方特点。

第四条　市人民政府旅游行政主管部门负责全市旅游监督管理工作。旗县区人民政府旅游行政主管部门负责本行政区域内旅游监督管理工作。市、旗县区人民政府有关部门按照各自职责，做好有关的旅游监督管理工作。

第二章　旅游规划与发展

第五条　市、旗县区人民政府应当把旅游业的发展纳入本地区国民经济和社会发展计划，制定优惠政策，鼓励国内外组织和个人投资开发旅游资源，经营旅游业务。

第六条　市、旗县区人民政府应当设立旅游发展专项资金，列入年度财政预算，并逐年增加，专项用于旅游宣传促销、旅游规划的编制和旅游基础设施的建设。

第七条　旅游发展规划应当与土地利用总体规划、生态保护规划、城市建设总体规划和文化产业等相关产业发展规划相协调。

市旅游发展规划，由市人民政府发展改革行政主管部门和旅游行政主管部门会同有关部门，根据自治区旅游发展规划编制，报市人民政府批准后实施。旗县区人民政府旅游行政主管部门根据市旅游发展规划，编制本地区旅游发展规划，并征求市人民政府旅游行政主管部门意见后，报同级人民政府批准实施。

第八条　市、旗县区人民政府旅游行政主管部门负责本行政区域内旅游资源的普查、评估，建立旅游资源档案，指导旅游资源的开发、建设和保护。

第九条　制定公共客运规划、安排公共客运线路和设置站点，应当有利于旅游业发展。旅游线路应当纳入城市交通线网规划。

第三章　旅游经营与管理

第十条　旅游经营者，应当依法取得经营资格。

旅游从业人员应当经有资质的部门进行业务培训，取得培训合格证书后，持证上岗。

国家规定必须具有岗位资格或者职业资格的，应当取得相应资格证书后，持证上岗。

第十一条　旅游经营者应当建立内部管理制度，完整保存业务档案，并按照有关法律法规的规定向旅游行政主管部门和有关部门如实报送财务、统计报表。

第十二条　旅游经营者应当与从业人员签订劳动合同，对从业人员进行职业道德教育，并配合有关部门组织从业人员参加旅游业务技能培训。

第十三条　旅游经营者可以依法成立或者加入旅游行业协会。行业协会应当制定行业服务规范，加强行业自律，为会员提供服务，组织市场拓展、参与旅游促销、发布市场信息、推介旅游产品、进行行业培训和交流等活动，促进旅游业的发展。

第十四条　对旅游区(点)实行A级评定和复核制度。

评定A级的旅游区(点)，应当按照国家标准提供服务。

未评定A级的旅游区(点)，不得使用A级称谓或者标志进行宣传、经营。

第十五条　尚未纳入市、旗县区旅游发展规划，本条例颁布实施之前已经接待旅游者的旅游区(点)，应当接受旅游行政主管部门审查，并达到下列标准：

(一)停车场设置合理，各种标志规范、清晰；

(二)设有咨询、投诉接待室和投诉、救援电话；

(三)配备与接待量相适应的环卫设施和清洁人员，垃圾箱标识明显，与环境相协调，厕所设置合理，内部清洁；

(四)购物场所布局与环境相协调，

旅游商品有本景区(点)、本地区特色，经营规范，管理有序；

(五)餐饮卫生符合国家规定；

(六)讲解员人数及语种能够满足旅游者需要，讲解词科学、准确、文明；

(七)空气、噪声、水等环境质量达到国家标准。

第十六条 在旅游区(点)及其规划控制区内禁止下列行为：

(一)随意摆摊设点，乱堆杂物；

(二)倾倒垃圾、污水，超标准排放污染物；

(三)采石、开矿、挖沙、毁林、烧荒、捕猎、放牧、筑坟；

(四)其他破坏旅游资源和生态环境的行为。

第十七条 开办旅行社，应当向市人民政府旅游行政主管部门提出申请，经审批取得《旅行社业务经营许可证》，并经工商行政管理部门核准登记，领取营业执照。未取得《旅行社业务经营许可证》的，不得经营旅行社业务或者变相经营旅行社业务。

第十八条 旅行社应当按照《旅行社业务经营许可证》核定的经营范围开展经营活动，不得超范围经营。

第十九条 旅行社组织旅游活动，应当与旅游者签订书面合同，明确旅游行程安排、服务项目、收费标准、违约责任等事项。旅游者有特殊需求的，可以与旅行社特别约定。

未经旅游者同意，旅行社不得擅自改变旅游计划、增加或者减少服务项目。

旅行社不得擅自将已经签订合同的旅游者转给其他旅行社接待;因特殊情况需要转团的，应当征得旅游者书面同意，并承担相应增加的旅游费用或者返还减少支出的旅游费用。

第二十条 具备旅游业务经营条件的饭店、商场、度假村、游乐场等，可以向市人民政府旅游行政主管部门提出申请，取得旅游接待标志。

旅行社应当优先在具有旅游接待标志的饭店、商场、度假村和游乐场，安排旅游团队的住宿、就餐、购物和游乐活动。

第二十一条 导游人员应当取得国家导游资格证书，与旅行社签订合同，并向市人民政府旅游行政主管部门申请取得导游证后，持接待旅游团队计划，佩戴导游证上岗。

旅行社不得委派未取得导游证的人员从事导游业务。

导游人员应当向旅游者提供规范化的服务，不得超出合同约定强行安排有偿服务活动或者收受回扣。

第二十二条 旅游饭店(宾馆)实行星级评定和复核制度。

星级饭店(宾馆)应当按照国家标准提供服务。

非星级饭店(宾馆)不得使用星级称谓和标志进行宣传、经营。

第二十三条 具备旅游汽车出租条件的经营者，可以向市人民政府旅游行政主管部门申请，取得旅游车辆标志牌。

旅行社接待旅游团队，应当优先租赁和使用有旅游车辆标志牌的汽车。

第二十四条 承揽旅游出租汽车业务的司机，应当遵守“旅游出租汽车服务规范”。“旅游出租汽车服务规范”由市人民政府旅游行政主管部门会同交通行政主管部门制定。

第二十五条 旅游经营者应当建立安全管理责任制，提高从业人员的安全意识和事故防范技能，配备必要的设备设施，定期检查、维护。

旅游经营者对旅游活动中可能危及旅游者人身、财产安全的情况，应当向旅游者作出说明和明确警示，并采取必要措施，防止危害的发生。

第二十六条 经营涉及旅游者人身安全的客运索道、缆车、船艇、游乐设施等特种旅游项目，其设备设施应当经国家指定的检测部门检测合格，取得安全许可证后，方可运营。

第二十七条 发生旅游安全事故时，旅游经营者应当立即采取救护措施，并及时向事故所在地的人民政府及旅游、公安、卫生等有关部门报告。有关部门应当积极协助，为紧急救援提供便利。

第二十八条 旅游行政主管部门对旅游区(点)质量等级、旅行社类别、旅游饭店(宾馆)星级实行公告制度。

第二十九条 旅游行政主管部门及其工作人员应当依法履行职责，对旅游经营办证申请及其他申办事项，法律、法规有规定期限的，应当在规定期限内予以答复;没有规定期限的，应当在三十个工作日内予以答复。

第三十条 旅游行政主管部门应当建立健全旅游投诉受理制度，公布旅游投诉电话，认真处理旅游投诉。

旅游行政主管部门接到旅游投诉后，应当在二十四小时内作出是否受理的书面答复。经审查决定受理的，应当在四十五日内作出处理决定，并书面答复投诉者;对不属于本部门管理的，应当在五个工作日内转交有关部门处理，并告知投诉者。

第四章 旅游者和旅游经营者的权利和义务

第三十一条 旅游者在旅游活动中享有下列权利：

(一)了解旅游经营者提供服务的内容、标准、费用等方面的真实情况；

(二)自主选择旅游经营者及其提供服务的方式和内容；

(三)按照旅游合同获得质价相符的服务，拒绝旅游经营者的强制交易行为和合同以外的收费服务；

(四)获得符合保障人身、财产安全的服务；

(五)人格尊严、宗教信仰和民族风俗习惯受到尊重；

(六)合法权益受到损害时，获得相应赔偿；

(七)法律、法规规定的其他权利。

第三十二条 旅游者在旅游活动中应当履行下列义务：

(一)遵守法律、法规和社会公德，尊重旅游经营者的合法经营权利和旅游从业人员的人格尊严；

(二)保护旅游资源、生态环境和文物古迹，爱护旅游设施；

(三)尊重旅游地的民族风俗习惯和宗教信仰；

(四)维护旅游秩序，遵守旅游安全和卫生规定；

(五)履行旅游合同，不向旅游从业人员提出违反其职业道德的要求；

(六)法律、法规规定的其他义务。

第三十三条 旅游经营者在旅游活动中享有下列权利：

(一)拒绝任何单位和个人强行推销的商品、强行安置的人员和设置与旅游经营业务无关的项目的要求，拒绝违规的收费、罚款和摊派；

(二)拒绝向不遵守法律、法规和社会公德，且不听从劝诫的旅游者提供服务；

(三)拒绝旅游行政执法人员未出示证件实施检查；

(四)法律、法规规定的其他权利。

第三十四条 旅游经营者在旅游活动中应当履行下列义务：

(一)遵守法律、法规和职业道德，遵循自愿、平等、公平、诚实信用的原则；

(二)公开服务项目和收费标准，不以任何手段欺骗或者误导旅游者，不经营国家明令禁止的服务项目；

(三)保护旅游者生命财产安全，配合国家有关部门，做好旅游接待工作中的国家安全和保密工作；

(四)法律、法规规定的其他义务。

第五章　法律责任

第三十五条 旅游区(点)未编制建设规划，或者旅游建设规划未经旅游行政主管部门和有关行政主管部门审核通过的，由旅游行政主管部门会同有关行政管理部门责令限期改正，并给予警告。

第三十六条 违反本条例规定，有下列情形之一的，由旅游行政主管部门会同有关部门予以处罚：

(一)在旅游区(点)及其规划控制区内倾倒垃圾、污水，烧荒、捕猎、放牧、筑坟的，给予警告，责令限期恢复，可以并处300元以上5000元以下的罚款；

(二)在旅游区(点)及其规划控制区内采石、开矿、挖沙、毁林或者超标准排放污染物，造成旅游区(点)生态环境、旅游景观和旅游资源破坏的，给予警告，责令限期恢复，可以并处2000元以上2万元以下的罚款，情节严重的，处以2万元以上5万元以下的罚款；

(三)未取得《旅行社经营许可证》从事旅游经营的，有违法所得的，没收违法所得，可以并处1万元以上5万元以下的罚款；

(四)经营特种旅游项目未取得安全许可证的，责令限期改正，有违法所得的，没收违法所得，可以并处1万元以上2万元以下的罚款。

第三十七条 违反本条例规定，有下列行为之一的，由旅游行政主管部门给予警告，责令限期改正；逾期不改正的，可以并处200元以上2000元以下的罚款：

(一)未依照有关法律、法规的规定向旅游行政主管部门和有关部门如实报送财务、统计报表，或者不接受、不配合监督检查的；

(二)未评定A级的旅游区(点)使用A级称谓或者标志进行宣传、经营的；

(三)非星级饭店(宾馆)使用星级称谓或者标志进行宣传、经营的。

第三十八条 旅行社有下列行为之一的，由旅游行政主管部门责令限期改正，有违法所得的，没收违法所得，可以并处1000元以上5000元以下的罚款：

(一)超出核定范围经营的；

(二)擅自改变旅游计划，增加或者减少旅游项目的；

(三)未经旅游者书面同意，擅自将已经签订合同的旅游者转给其他旅行社接待的；

(四)委派未取得导游证的人员从事导游业务的。

第三十九条 未取得导游证或者未取得接待旅游团队计划，从事导游业务的，由旅游行政主管部门责令改正，有违法所得的，没收违法所得，可以并处2000元以上4000元以下的罚款。

第四十条 旅游经营者对旅游活动中可能危及旅游者人身、财产安全的情况，未向旅游者作出说明和明确警示或者未采取防护措施的，由旅游行政主管部门会同有关部门，给予警告，并责令限期改正；拒不改正的，责令停业整顿；造成旅游者人身伤害或者财产损失的，依法承担民事责任；构成犯罪的，依法追究刑事责任。

第四十一条 当事人对行政处罚决定不服的，可以依法申请复议或者提起诉讼；逾期既不申请复议，又不提起诉讼，也不履行处罚决定的，作出处罚决定的机关可以申请人民法院强制执行。

第四十二条 国家机关工作人员在旅游业管理和监督检查中玩忽职守、滥用职权、徇私舞弊，依法给予行政处分；构成犯罪的，依法追究刑事责任。

第六章　附　则

第四十三条 本条例自2005年1月1日起施行。

第四部分　社会经济大事记

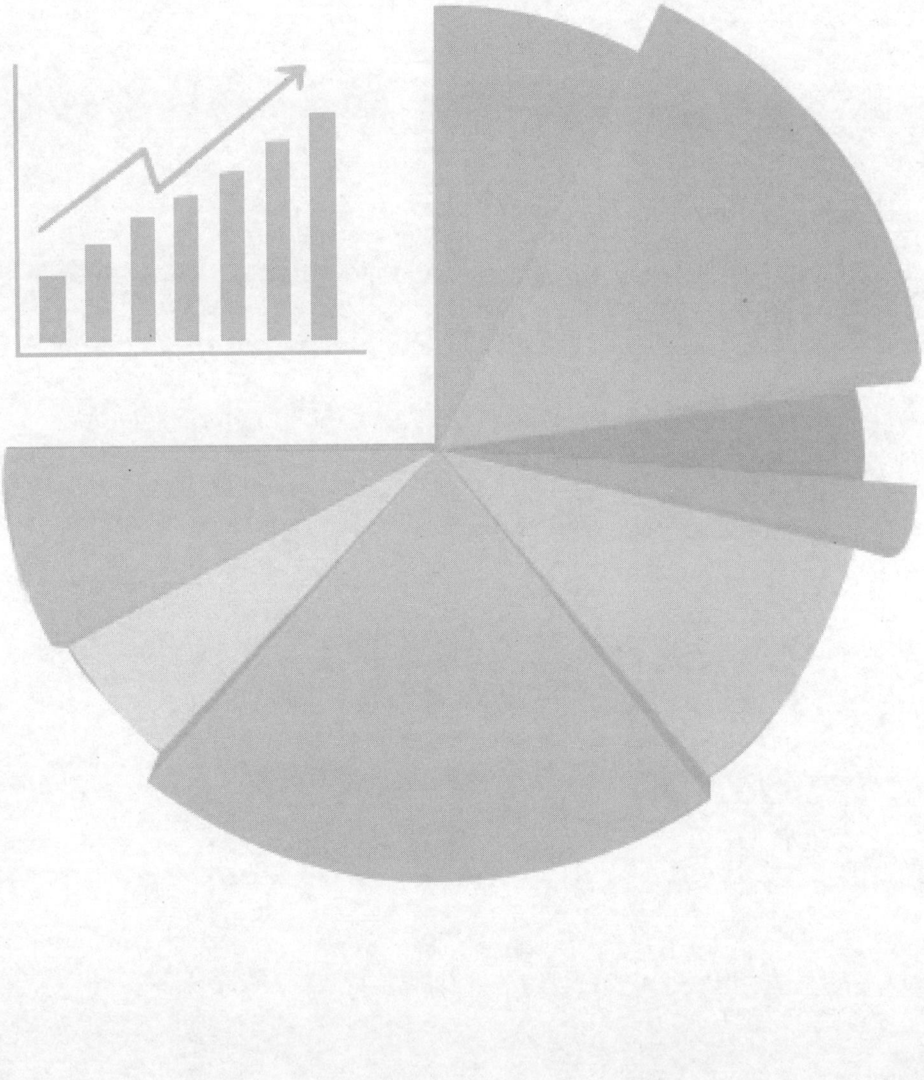

呼和浩特 2015 年大事记

1月

4 日　孙建华副市长主持召开全市国土资源执法监察警示约谈会议。

▲ 赵云辉副市长陪同自治区政府马明副主席视察我市公共安全保卫工作情况。

▲ 2014 年，我市公共财政预算收入累计完成 211.54 亿元，同比增加 29.52 亿元、增长 16.22%。公共财政预算支出累计 310.79 亿元，同比增加 17.9 亿元、增长 6.11%。

▲ 我市元旦期间社会治安平稳。

5 日　孙建华副市长赴包头市参加全区房地产市场形势座谈会。

▲ 2014 年，我市累计用电量 190.76 亿千瓦时，同比增长 16.55%。

▲ 2014 年，我市社保中心共为市本级离退休人员发放养老金 36.9 亿元。

▲ 据国家统计局呼和浩特市调查队统计资料显示：12 月份我市金锭出厂价格环比上涨 4.0%，银锭出厂价格环比上涨 1.89%，金首饰出厂价格环比上涨 4.4%。

6 日　狄瑞明副市长听取市审计局、国资委工作情况汇报。

▲ 孙建华副市长会见万泽集团林伟光董事长一行，双方就万泽集团双奇高科技生物大厦选址事宜进行交流。

▲ 王恒俊副市长参加自治区足球工作领导小组会议，汇报引进中优足球俱乐部和国家北方足球训练基地建设推进情况。

▲ 刚布和副市长参加中俄蒙合作内部协调会，并与相关省市交流讨论对俄蒙开放合作有关事宜。

7 日　上午，秦义市长主持召开专题会议，研究我市消防基础设施建设，重点对我市消防栓的安装使用、维护保养等相关事宜进行了研究。秦义市长强调，消防栓的建设使用管理是我市城市基础建设的重中之重，应该高度重视，近三年以来，我市投入一个多亿用于消防设施建设，建委要负起总责，供排水与消防支队要配合，一是要做好消防栓设置总体规划，限期完成。二是要全面排查我市消防栓的数量和质量，要立行立改，近期完成维修保养。三是消防设施建设要与城市基础建设同步规划建设，避免二次建设造成的破路等问题。副市长赵云辉，建委、供排水、消防支队负责人参加了会议。下午，主持召开会议，专题研究玉泉区河道治理遗留问题相关事宜，副市长孙建华，玉泉区区长王继平和市有关部门负责人参加了会议。

▲ 上午，狄瑞明副市长主持召开会议，听取新城区重点项目情况汇报，研究推动重点项目落地建设相关事宜。会议听取了新城区关于推进渤海交易所内蒙古交易中心、洛可可创意云、东华惠民城市运营中心、未来国际等项目前期工作有关情况的汇报，对加快项目落地具体问题进行了研究，并提出相关要求。市发改委、财政局、商务局、金融办、金融投资集团等有关负责人参加了会议。下午，会见民生银行呼和浩特分行负责人。

8 日　秦义市长主持召开市长办公会议。听取市经信委关于国有关闭破产企业资产移交及企业遗留问题相关情况汇报；听取市人力资源和社会保障局关于企业欠缴养老保险费有关情况汇报。秦义市长指出：由市财政局负责筹集资金解决内蒙古海日毛纺织公司等三户关闭企业转制遗留问题；市国资委与市经信委对接并接收关闭企业国有资产，拿出资产处理方案。秦义市长强调：养老保险是社会保障的重要组成部分，要分析研究养老保险欠缴的原因。要着眼解决当前的问题，只要个人部分足额缴纳的，要尽快办理养老保险接续工作，正式发放养老金；同时要对欠缴原因认真梳理，加大清缴力度。副市长王恒俊、刘晶和市有关部门负责人参加了会议。秦义市长主持召开会议，与自治区商务厅孙炜东厅长一行就举办中蒙博览会和呼和浩特向北开放及口岸建设有关问题进行座谈，市委常委、副市长谢志斌，副市长刚布和及市有关部门负责人参加了会议。

▲ 孙建华副市长参加市人大常委会议。

▲ 刘晶副市长与内蒙古温州商会就小产业园落户我市经济技术开发区等事宜进行会谈。

▲ 2014 年，呼和浩特机场累计完成旅客吞吐量 646.96 万人次，货邮吞吐量 3.68 万吨，保障运输起降 6.52 万架次，同比分别增长 5.2%、12.7%和 4.5%。

9 日　秦义市长主持召开市长办公会议，就老牛湾国家地质公园、哈素海旅游区、哈达门高山牧场三个区域的旅游宣传工作进行安排部署。秦义市长指出：市旅游局、市电视台在春节前后，迅速开展老牛湾国家地质公园、哈素海旅游区、哈达门高山牧场三个区域的旅游宣传工作，要确立宣传主题，增强旅游宣传吸引力和冲击力，集中力量在市电视台、自治区电视台做好宣传工作，掀起一个旅游宣传攻势，为我市旅游业的发展创造良好的舆论氛围。市政府党组成员刘敏和市有关部门负责人参加了会议。

▲ 2014年，市地税局共组织各项税费收入完成250.98亿元，绝对额增加27.63亿元，同比增长12.37%。

▲ 2014年，我市二手房（包括住宅、办公、商业、仓储）交易8628套，同比下降24.39%，成交总面积78.25万m2，同比下降22.27%，成交金额33.9亿元，同比下降21.6%。

12日　上午，秦义市长主持召开会议，就我市房地产遗留问题及回迁房安置问题相关事宜进行专题研究。秦义市长指出：各部门要充分重视和着力解决城市建设过程中发生的遗留问题，各部门要立足解决问题，既要研究促进投资、促进经济发展政策，也要关心关注事关老百姓切身利益问题的解决，要不断提高市民对市委、政府的认同感，提升城市发展的内在动力。要进一步明确有关政策，进一步梳理执行过程中存在的问题，要本着历史问题、历史对待，继续加大力度，解决遗留问题。副市长孙建华及市有关部门负责同志参加了会议。下午，主持召开会议，就支持和促进乳业发展召开座谈会。听取了伊利、蒙牛集团和犇腾牧场等养殖企业就奶牛养殖和牛奶收购情况、存在问题及建议的汇报。秦义市长指出：要正确看待呼市作为“中国乳都”的社会地位，要正确处理养殖企业与乳品生产企业利益机制。伊利和蒙牛集团要保证牛奶收购的数量和价格，不能出现倒奶事件，要采取有效措施确保呼市乳业健康发展。副市长康存耀、刘晶及市有关部门负责同志参加了会议。

▲ 狄瑞明副市长听取经济技术开发区关于空港经济区规划的汇报。

▲ 上午，王恒俊副市长主持召开全市机关事业单位“吃空饷”集中治理工作会议;下午，主持召开市教育局领导班子成员专门会议，安排部署近期教育工作。

▲ 刘晶副市长参加全区工业和信息化暨安全生产和能源工作会议。

13日　秦义市长主持召开会议，就我市政府机构改革督查工作向自治区编办主任杨再明一行进行工作汇报。杨再明主任充分肯定了我市政府机构改革工作，他指出：呼市的政府机构改革工作走在了全区的前列，工作细致、扎实、规范，进展较快，体现了首府的工作水平，为其它盟市机构改革做出了榜样。杨再明主任强调：要加快政府职能转变工作，想方设法盘活机构编制存量，加快推进政府购买服务工作，尽快建立政府职能部门权力清单和责任清单。副市长王恒俊和市编办、部分旗县区编办主任及市有关部门负责人参加了会议。

▲ 上午，刘晶副市长与京能盛乐和林热电厂客人会谈。下午召集市发改委、经信委等部门就杭州锦江集团粉煤灰提取氧化铝项目建设等相关事宜进行研究。另外，与创维集团彩电事业部副总裁、制造总部总经理王德辉一行会谈。

▲ 2014年，我市保障城市低保对象2.36万户、4.22万人，占全市非农业人口的3.62%，月人均补助水平400.8元，全年累计发放城市低保金2.16亿元。

14日　秦义市长主持召开市政府第1次常务会议，听取29宗违法用地整改落实情况汇报；审议《关于呼和浩特市加快文化产业发展的若干政策意见（草案）》；审议《呼和浩特市人民政府关于加快发展服务业的实施意见（审议稿）》；讨论《呼和浩特市国民经济社会发展“十三五”规划编制工作方案（讨论稿）》；审议《呼和浩特市人民政府关于进一步加强和改进工业招商引资工作的实施意见（审议稿）》。呼和浩特警备区党委书记、政委李峰，副市长狄瑞明、孙建华、谢志斌，市人大常委会副主任鲁剑钧，副市长白金祥、王恒俊、刚布和、康存耀，市政协副主席陈曼莉，市政府党组成员刘敏，市政府秘书长罗琳和市有关部门负责人出席了会议。主持召开市政府党组第一次会议，学习贯彻中共呼和浩特市十一届七次全委（扩大）会议暨全市经济工作会议精神，并就市政府党组2015年工作进行安排部署。

▲ 狄瑞明副市长主持召开“总书记考察这一年”系列专题采访媒体座谈会，并就有关事项接受媒体记者采访。

▲ 上午，王恒俊副市长参加2015年自治区残疾人工作电视电话会议。下午，赴自治区环保厅对接工作。

▲ 刘晶副市长，参加全区交通运输工作会议。

▲ 2014年，我市国控重点污染源自动监测设备数据传输有效率为96.28%，超额完成减排监测体系考核指标，在自治区排名第三位。

▲ 2014年，我市新建商品房销售平均价格6934元/m 2，同比下降2.8%。

16日　孙建华副市长参加全区住房城乡建设工作会议。

▲ 康存耀副市长参加自治区党委农村牧区工作会议。

18日　天津渤海商品交易所股份有限公司与市政府举行战略合作签约仪式。签约仪式前，秦义市长与天津渤海商品交易所党委书记、董事长阎东升一行进行座谈。秦义市长首先介绍了我市的区位、交通等综合优势。呼和浩特是内蒙古的政治、经济、文化、科技和金融中心，是西北地区经济枢纽，“呼包银榆”城市群核心城市，“呼包鄂”城市群中心城市。希望双方携手合作，在呼和浩特全力打造全新的现货商品交易平台，集中内蒙古综合优势，实现区域经济合作。自治区商务厅厅长孙炜东，副市长狄瑞明、谢志斌参加座谈和签约仪式。

20日　孙建华副市长参加全国棚户区改造经验交流现场会。

▲ 刚布和副市长主持召开会议，研究我市上海自贸试验区可复制改革试点推广工作。

21 日　狄瑞明副市长主持召开建设项目并联审批工作协调会议。

▲ 王恒俊副市长参加自治区人力资源和社会保障工作会议；赴北京四中呼和浩特分校调研。

22 日　孙建华副市长参加《呼和浩特市城市轨道交通线网规划》和《呼和浩特市城市轨道交通近期建设规划（2015-2020 年）》专家技术审查会。

▲ 刚布和副市长参加市委、政府向自治区保密局汇报工作会议。

23 日　秦义市长主持召开会议，就我市 29 宗违法用地处理情况向国家土地督察北京局副局长牛继宝一行进行汇报。牛继宝副局长指出：自治区、呼市和旗县区三级政府高度重视，主动沟通对接，制定了相应的加强土地管理的规章制度，对违法用地的处理不隐瞒，不护短，整改取得了积极成效。牛继宝副局长强调：要有针对性地制定规范性的制度文件，为今后土地管理工作奠定基础，同时要依法依规将未处理到位的项目尽快处理到位。自治区国土厅副厅长王富友、自治区国土厅执法监察局局长刘常华、副市长孙建华和市监察局、市国土局有关负责人参加了会议。

▲ 孙建华副市长参加《呼和浩特市城市轨道交通线网规划》和《呼和浩特市城市轨道交通近期建设规划（2015-2020 年）》专家技术审查会。

26 日　赵云辉副市长赴自治区“两会”现场指导检查安保工作；召集市公安局相关部门负责人研究召开全市公安工作会议相关事宜。

27 日　赵云辉副市长参加自治区公安厅党委民主生活会。

28 日　孙建华副市长主持召开会议，研究中央财政支持海绵城市建设试点工作有关事宜。

▲ 谢志斌副市长会见百盛餐饮集团有关领导。

▲ 王恒俊副市长赴经济技术开发区和环保局调研。

▲ 刚布和副市长赴蒙古对接中蒙博览会相关事宜。

▲ 赵云辉副市长召集市公安局相关部门负责人研究召开全市公安工作会议相关事宜；参加全区公安机关现役部队政治工作电视电话会议。

29 日　狄瑞明副市长主持召开机场推进工作协调会。

▲ 孙建华副市长视察全市市容环境卫生情况。

▲ 王恒俊副市长陪同民政部邹铭副部长慰问内蒙古福利养老机构。

▲ 赵云辉副市长主持召开市公安局党委 2015 年第 1 次党委会议。

▲ 刘晶副市长陪同自治区安委会第五考核督查组一行赴新城区鸿盛工业园区利诚食品有限责任公司和内蒙古呼运（集团）有限责任公司客运站检查工作。

▲ 我市被评为“2014 中国智慧城市惠民发展优秀城市”。

30 日　孙建华副市长主持召开呼和浩特市城市地下综合管廊、海绵城市实施方案审查会。

▲ 白金祥副市长主持召开 2015 年呼和浩特春节、元宵节群众文化活动和市场监管工作会议。

▲ 王恒俊副市长陪同民政部副部长邹铭赴市殡仪馆慰问调研；出席全市人力资源社会保障工作会议。

▲ 赵云辉副市长参加全市公安机关党的群众路线教育实践活动“回头看”整改情况通报会。

▲ 刘晶副市长陪同自治区安委会督查组对全市安全生产工作进行考核暨综合督查；参加自治区安委会督查组对全市安全生产工作意见交流会。

2月

2 日　秦义市长主持召开会议，就粉煤灰提取氧化铝和垃圾发电项目与杭州锦江集团董事长钭正刚一行举行会谈。自治区党委常委、市委书记那顺孟和指出：粉煤灰提取氧化铝和垃圾发电项目是践行科学发展的好项目，也是我市做好资源综合利用和循环经济发展的重要项目，市委、市政府要高度重视，确保两个项目在 2015 年如期开工。土左旗和托县要切实将土地问题解决好，各有关部门要将项目开工的前期工作做好，为项目开工打好基础；同时杭州锦江集团也要为审批应该具备的条件做好相关工作，为项目开工做好配合工作。市委常委、托县县委书记杜延峰，副市长刘晶，清水河县县委书记云霖琼，托县县长张国平和市有关部门负责人参加会议。

▲ 赵云辉副市长参加自治区公安厅处级干部培训班开班仪式；参加武警呼和浩特支队党委（扩大）会议。

▲ 康存耀副市长陪同自治区党委督察组赴土左旗考察我市“十个全覆盖”工程重点工作，并进行实地督查和考核。

3 日　秦义市长主持召开会议，与智天然集团、汾州金核桃董事长郭凯锐一行进行会谈。就智天然集团在和林县投资建设杏仁饮料项目有关事宜进行了洽谈和对接。秦义市长指出：智天然集团投资的杏仁饮料项目是一个涉农项目，符合国家产业政策，市政府将该项目做为我市 2015 年重点项目全力支持；智天然集团要细化方案，做好企业的投资、建设和运营工作，全力打造一个有影响的企业和品牌。中央电视台品牌顾问李光斗、自治区统战部副部长、工商联党组书记向东，市政协副主席、工商联主席李岳清，市政府秘书长罗琳和和林县及市有关部门负责同志参加了会议。

▲ 狄瑞明副市长参加全区依法行政工作会议；参加全区国有资产监督管理工作会议。

▲ 孙建华副市长参加自治区国土资源工作会议。

▲ 刚布和副市长赴玉泉区、赛罕区慰问低保户、归国华侨、少数民族生活困难群众。

▲ 赵云辉副市长参加 2015 年全

市公安工作会议。

▲ 康存耀副市长陪同自治区党委“十个全覆盖”工程重点工作督察组赴清水河县进行实地督查和考核。

4 日　孙建华副市长参加内蒙古美术馆建设项目协调会；参加全市金融工作座谈会。

▲ 白金祥副市长陪同国家卫计委领导调研。

▲ 王恒俊副市长参加全区科技工作会议；参加全区教育工作会议。

▲ 康存耀副市长陪同自治区党委“十个全覆盖”工程等重点工作督察组赴和林县进行实地督查和考核。

5 日　秦义市长主持召开办公会议，研究政府投资项目行政审批补充规定、海绵城市建设方案比选、快速路建设相关事宜。副市长狄瑞明、孙建华、康存耀及有关部门负责人参加了会议。

▲ 王恒俊副市长参加 2015 年全市环境保护工作会议。

▲ 刘晶副市长主持召开全市交通运输工作会议。

6 日　秦义市长主持召开会议，专题研究 2014 年新开工项目违法用地整改工作。

▲ 孙建华副市长参加市委中心组（扩大）学习会议；参加市委常委会议。

▲ 白金祥副市长参加全市工商行政管理工作暨党风廉政建设工作会议。

▲ 赵云辉副市长陪同公安部慰问组走访我市公安机关英模代表、烈士、因公牺牲民警遗属及基层所队，开展春节前慰问；参加市实绩考核组对市公安局班子考核会议；参加自治区实绩考核组对自治区公安厅班子考核会。

8 日　秦义市长在市人大常委会主任云公和的陪同下，看望了我市老领导乌尔吉朗，送上了新春的问候。

9 日　赵云辉副市长参加自治区党委政法工作会议；参加自治区公安系统“最美警察家庭暨首届十佳业务标兵”颁奖仪式。

10 日　孙建华副市长参加国土资源管理暨党风廉政建设工作会议；赴林业厅协调林科院有关事宜；主持召开会议，研究国开行贷款资金使用有关事宜。

▲ 白金祥副市长主持召开 2015 年全市食品药品监督管理暨党风廉政建设工作会议。

▲ 赵云辉副市长参加自治区消防工作电视电话会议。

▲ 康存耀副市长赴赛罕区和新城区检查森林草原防火工作。

▲ 刘晶副市长赴武川县进行基层慰问活动。

11 日　秦义市长、孙建华副市长在北京向国土督查北京局汇报违法用地项目整改情况。

▲ 刚布和副市长参加自治区美术馆迁建项目协调工作会议。

▲ 康存耀副市长参加新城区林下经济工作会议；赴武警内蒙古森林总队直属大队慰问。

▲ 刘晶副市长赴赛罕区蒙联化工、玉泉区美通烟花爆竹销售点、土左旗三联化工等企业进行春节前安全生产工作大检查。

12 日　秦义市长主持召开财政管理委员会会议，研究重大资金调度管理、污水处理费补贴、解决拖欠农民工工资问题等事宜。

▲ 狄瑞明副市长陪同中国科学院王会军院士、中国科学院大气物理研究所程新金副所长、中国科学院计算所隋雪青副所长等一行，对我市云计算发展、大数据应用进行参观考察。考察团参观了新城区智慧城区指挥中心、联通西北基地、大学科技园碳汇演示大厅，并进行了座谈。市发改委、经信委、环保局、新城区有关负责人参加了考察活动。

▲ 孙建华副市长参加全市干部大会；主持召开会议，研究国开行贷款和回迁房安置有关事宜；参加财委会议。

▲ 谢志斌副市长参加白塔航空口岸国际快件开通座谈会。

13 日　孙建华副市长陪同自治区国土厅李世镕厅长赴和林县调研土地制度改革有关事宜。

▲ 王恒俊副市长赴市四区调研全民健身中心体育馆、小黑河沿线在建拟建体育设施、各公园体育设施和市游泳跳水馆、体育馆、市体校等建设项目。

▲ 刚布和副市长主持召开全市商务、粮食、民族、外事、金融工作会议，要求相关部门适应新常态，增强工作积极性和主动性，努力做好 2015 年的工作。

15 日　白金祥副市长陪同自治区常军政副主席检查节前质监、工商市场安全工作；陪同自治区刘新乐副主席检查节前文化市场安全工作。

▲ 王恒俊副市长参加全市民政工作会议；主持召开全市清欠农民工工资专题会议。

16 日　秦义市长赴市供排水有限公司兴安加压站和邮政局东门外邮政支行，慰问一线职工。市人大副主任、市总工会主席斯钦毕力格，市政府秘书长罗琳，市政府办公厅和总工会相关同志陪同慰问；赴大召区块进行春节前安全检查。玉泉区政府、市公安局、交警支队、公安消防支队、公安局治安支队相关同志陪同检查。

▲ 刘晶副市长赴和林县盛乐镇内蒙古土产供销社烟花爆竹存储仓库检查安全生产工作。

25 日　秦义市长参加市委书记那顺孟和主持召开的书记办公会。主持召开市政府全体会议暨廉政工作会议并作重要讲话。主持召开市政府党组会议，传达学习自治区两会精神和自治区党委王君书记讲话。主持召开市政府常务会议。审议通过了《呼和浩特市土地储备实施办法草案》。主持召开市长办公会议，听取我市农村“十个全覆盖”相关情况汇报。秦义市长指出：要按照自治区要求，按照不低于80%标准实施“十个全覆盖”工程，在338个村的基础上进行调整补充。各部门要明确职责定位，在资金比例分配、建设标准等各项工作上搞好配合，市级部门要承上启下搞好对接，确保“十个全覆盖”建设项目按期开工，确保“十个全覆盖”建设任务当年完成。市委要牵头组织专门力量，做好已经完成的“十个全覆盖”后续管理和配套服务各项工作。市委副书记、政法委书记常志刚，副市长康存耀，市政府秘书长罗琳，市委副秘书长、党建办主任赵永刚，市委宣传部副部长、市政府副秘书长、市委市政府新闻发言人李红及市有关部门负责同志参加了会议。

26 日　王恒俊副市长主持召开全市教育工作会议。

3月

1 日　秦义市长赴二环快速路及出城口调研。秦义市长就影响二环快速路及出城口施工的问题逐一察看，并就解决方案与市四区和有关部门负责人进行了安排部署。秦义市长指出：二环快速路是我市2015年城市建设重中之重的工作，市四区和有关部门要把二环快速路作为“攻坚克难、勇于担当”的重要工作抓紧抓好，市四区和有关部门要在3月底前完成确定的工作任务。要成立以市委常委、副市长孙建华为组长的“攻坚克难、勇于担当”领导小组，主要就二环快速路、出城口影响施工的征地拆迁问题解决好，确保3月底前二环快速路和出城口全部具备开工条件。同时安排市财政和市土地收储中心负责筹备5.7亿元资金用于二环快速路和出城口建设。副市长孙建华、市政府秘书长罗琳、市四区区长和市有关部门负责人参加了调研。

2 日　谢志斌副市长接待国家发改委有关领导和专家到我市指导信息惠民工作并主持召开座谈会。

▲ 王恒俊副市长陪同自治区副主席白向群赴回民区五幼参加校园足球日活动。

▲ 赵云辉副市长主持召开市公安局2015年第2次党委会议。

▲ 我市投入1700万元建设中小学足球基地。

3 日　孙建华副市长研究国开行贷款资金使用情况有关事宜;研究中海、永泰城、海亮广场二期项目建设有关事宜。

▲ 王恒俊副市长参加全区嘎查村“两委”换届选举工作电视电话会议。

▲ 赵云辉副市长参加内蒙古赴新疆轮训公安特警队出征仪式。

▲ 康存耀副市长陪同黄河防总防凌检查组赴托县黄河防凌一线检查工作。

▲ 我市将在自治区率先推行网络新闻发布。

▲ 我市被授予第四届“全国文明城市提名城市”荣誉称号。

4 日　王恒俊副市长赴体育局调研，听取全市体育工作汇报，研究部署近一个时期体育和足球工作。

▲ 康存耀副市长陪同自治区水利厅戈锋厅长赴清水河县检查工作；参加全市“十个全覆盖”工程领导小组会议。

▲ 刘晶副市长听取全市工业经济运行、重大项目进展和转制破产企业情况汇报。

▲ 1—2月份，我市一般公共财政预算收入完成53.53亿元，同比增加10.97亿元、增长25.76%。全市一般公共财政预算支出44.73亿元，同比增加5.43亿元、增长13.82%。

5 日　刘晶副市长与伊利集团执行总裁张剑秋会谈；与内蒙古电力集团副总经理、总工程师侯生明就呼市地区电力服务、市场管理、重大项目及民用电配网等事宜进行会谈。

6 日　王恒俊副市长召开全市足球运动改革发展推进会议，研究部署全市足球工作；陪同白向群副主席参加赛罕区推进足球运动暨区长杯校园足球联赛启动仪式，调研笼式足球等足球场地建设情况。

▲ 赵云辉副市长参加全市公安机关反腐倡廉电视电话会议。

▲ 康存耀副市长主持召开实行最严格水资源管理制度考核工作会议；参加“三八”国际妇女节105周年纪念大会。

▲ 神舟硅业中环光伏通过自治区清洁生产评估验收。

9 日　刚布和副市长参加自治区2015年商务和口岸工作会议。

▲ 康存耀副市长参加自治区森林草原防火工作会议。

▲ 谢志斌副市长参加全市统战工作会议。

▲ 刚布和副市长参加自治区金融工作会议。

10 日　康存耀副市长参加全区金融扶贫工作电视电话会议。

▲ 第一届中国（呼和浩特）北方马铃薯供应链电商交易暨中国移动商务应用联盟特色内蒙古专委会成立大会在我市召开。

11 日　谢志斌副市长陪同自治区政府办公厅副主任张瑞怀会见蒙古国国会议员首席顾问呢·新巴雅尔商谈中蒙博览会举办有关事宜。

▲ 康存耀副市长出席全市防凌工作会议。

13 日　王恒俊副市长参加自治区组织部关于村两委换届工作调研座谈会。

16 日　秦义市长主持召开市长办公会议，专题研究鹰翔水泥厂企业转制及北方足球训练基地建设事宜。秦义市长指出：要成立鹰翔水泥厂企业转制及北方足球训练基地建设协调推进领导小组，尽快实施依法关闭破产程序。市各有关部门要派专人进入工作组，各负其责，各司其职，加快推进北方足球训练基地建设速度。

▲ 刚布和副市长与工商银行内

蒙古分行副行长涂晓光一行就加强双方金融合作进行座谈。

17 日　秦义市长主持召开市长办公会议，听取市金融办关于目前处置非法集资工作总体情况及面临形势相关情况汇报；听取市公安局关于非法集资案件侦破进展情况汇报。秦义市长指出：要提升金融工作的管理能力和服务水平，既要服务和支持各个领域的发展，同时也要防范非法集资等案件的发生，各有关部门要加强监管，不能使我市成为非法集资案件的多发地；要努力做到经济秩序和社会秩序井然有序，不能使我市成为非法集资参与者的集中地。秦义市长强调：一是市处非办要本着统筹、规范、综合的原则，将日常监管和专项监管相结合。二是要充实和加强力量。市编办要在编制总量内给处非办调剂 5 个编制，同时市工商、房管和商务要各派 1–2 名工作人员（作为各单位派出机构）到处非办工作。三是要完善预防和监管制度，尽最大可能减少非法集资案件发生。四是要加大宣传力度，提高公民自我防范意识。五是要完善打击和处置工作制度，确保我市打非工作取得良好效果。副市长狄瑞明、刚布和、赵云辉和市有关部门负责人参加了会议。

▲ 秦义市长主持召开会议，专题研究会展中心改造和“一会两节”及中蒙博览会相关事宜。市委常委、宣传部部长王雪峰，副市长白金祥、刚布和，市政府秘书长罗琳及市有关部门负责人参加了会议。

▲ 狄瑞明副市长、刚布和副市长召集相关部门专题研究奈伦企业债务有关问题。

▲ 孙建华副市长会见嘉里控股公司负责人，洽谈城市投资建设有关事宜。

▲ 孙建华副市长参加自治区政府专题会议，汇报我市规划建设管理工作。

▲ 谢志斌副市长参加市政协第十二届十一次常委会。

▲ 王恒俊副市长陪同自治区政府副主席白向群出席新城区“区长杯”足球赛启动仪式并视察部分学校。

▲ 康存耀副市长主持召开我市森林草原防火工作会议；参加全国国有林场和国有林区改革工作电视电话会议。

▲ 康存耀副市长赴自治区政府汇报我市“十个全覆盖”工程工作进展情况。

18 日　刚布和副市长参加全国打击侵权假冒工作电视电话会议。

▲ 刘晶副市长赴经济技术开发区沙尔沁工业园区调研并召开现场办公会，对金宇保灵、科林埃尔（晟纳吉）、坤瑞玻璃等六家企业目前项目所存在的手续完善办理、供电配套等开复工建设问题实地进行研究解决，经信委、国土局、规划局等部门负责人参加。

19 日　秦义市长主持召开市土地管理委员会议。研究关于加快推进项目并联审批事宜；听取市住房和保障管理局关于国开行贷款使用情况汇报；研究解决重点项目审批及手续办理有关事宜。秦义市长指出：各有关部门和责任单位要加大工作力度，既要解决遗留问题，又要加快手续办理进度，确保重点项目按期开工。副市长孙建华、王恒俊，市政府秘书长罗琳和市有关部门负责人参加会议。

▲ 狄瑞明副市长主持召开全市信访工作会议。

▲ 白金祥副市长研究组建文化投资有限公司有关事宜。

▲ 白金祥副市长主持召开会议，研究扶持私立医院发展政策。

▲ 王恒俊副市长参加全市村“两委”换届选举工作动员部署暨业务骨干培训会议。

▲ 赵云辉副市长参加市委政法工作会议。

▲ 康存耀副市长参加农牧业厅关于农畜产品安全工作推进座谈会。

▲ 刘晶副市长研究中燃公司关停焦化甲醇项目相关事宜。

▲ 刘晶副市长与齐鲁制药有限公司李伯涛董事长一行就齐鲁制药内蒙古公司四期项目建设、供电设施配套、环保升级改造、土地挂牌等事宜进行会谈。

20 日　秦义市长主持召开主要经济指标完成情况调度会。秦义市长强调：各旗县区和各有关部门要加大工作力度，扎实工作，确保我市一季度主要经济指标实现开门红。副市长狄瑞明、刘晶，经济技术开发区管委会主任吴志强，市政府秘书长罗琳，各旗县区和市有关部门负责人参加了会议。

▲ 秦义市长主持召开审计工作会议。副市长狄瑞明，市政府秘书长罗琳和相关部门负责人参加了会议。

▲ 我市 2015 年市区供排水管网改造工程在滨河北路开工，滨河北路至大黑河段污水管网建设工程正式启动。

23 日　秦义市长主持召开市政府党组第三次会议。传达学习了李克强总理在第十二届人民代表大会第三次会议上所作的《政府工作报告》，并就市政府党组贯彻落实“勇于担当、攻坚克难”主题活动有关工作进行安排部署。秦义市长指出：一是市政府党组各成员在自身学习的同时要认真组织好分管部门学习《政府工作报告》，准确把握报告的精神实质、思想内涵以及贯穿其中的新思想、新观点、新举措，不断增强责任感和使命感。要主动认识新常态、适应新常态、引领新常态。二是扎实开展“勇于担当、攻坚克难”主题活动。突出抓好列入市委政府“勇于担当、攻坚克难”所承担的重点难点工作任务，要把市委、政府确定的重点工作抓在手上、扛在肩上、放在心上，扎扎实实抓紧抓好、抓出成效。三是加大行政审批制度改革力度。重点要承接好国家、自治区下放的行政审批制度事项，市政务服务中心要对行政审批流程进一步优化，尽快完善并联审批制度。市法制办要在四月中旬完成我市“政府权力清单”起草工作，报请市政府有关会议研究确定。四是大力促进就业工作。围绕电子商务、互联网、云计算、智慧城市等带来的新机遇，在科技创新，促进就业方面加大工作力度，为“大众创业、万众创新”工作营造良好氛围。

▲ 秦义市长率领市政府党组及班子成员与市政协党组及主席会议成员相互通报2015年重点工作并就协商议政召开座谈会。市政协党组书记、主席贾英祥，副市长狄瑞明、孙建华、刚布和、刘晶，市政协副主席李岳清、银孝、陈曼莉、李宏、张海生、薛燕群、孙清宾，市政府党组成员刘敏，市政府秘书长罗琳，市政协秘书长董赛力和市政协各专委会主任参加了会议。

24 日　秦义市长与烟台振华集团公司董事长刘跃华一行就项目进展存在的问题进行会谈。回民区区委书记赛青克和市有关部门负责人参加了会议。

25 日　孙建华副市长陪同国土资源部副部长胡存智一行调研我市国土资源工作。

▲ 白金祥副市长参加人大常委会听取市政府“红十字会法”落实情况汇报。

▲ 王恒俊副市长陪同团中央书记处书记傅振邦在呼市二中调研。

▲ 王恒俊副市长赴清水河县、托县督查调研环保工作。

▲ 刚布和副市长听取出口加工区整改工作汇报。

26 日　秦义市长主持召开市长办公会议，专题研究我市污水处理厂提标改造事宜。秦义市长指出：各有关部门要迅速完成污水处理厂提标改造所需的各项手续，春华水务集团公司要依法尽快完成招投标程序，各有关部门要通力合作，确保年底前完成我市污水处理厂提标改造任务。副市长孙建华，北京首创股份公司和市有关部门负责人参加了会议。

▲ 王恒俊副市长陪同环保部考核组核查我市大气污染防治计划 2014 年度实施情况。

▲ 刚布和副市长赴商务部协调中蒙博览会事宜。

▲ 刘晶副市长主持召开全市工业经济运行调度会，听取经济技术开发区、各旗县区工业经济运行情况汇报，并安排部署相关工作。

▲ 第九届内蒙古乳业博览会在我市开幕，205 家奶业相关企业参展，博览会展期为 3 天。

27 日　孙建华副市长参加2015年海绵城市建设试点城市竞争性评审工作会议。

▲ 王恒俊副市长陪同自治区人大常委会调研考察组视察我市科技创新工作。

▲ 刘晶副市长主持召开全市新建在建和即将投产重点项目协调会。

29 日　秦义市长主持召开市长办公会议，专题研究武川县哈达门高山牧场旅游景区的规划设计工作。秦义市长指出：要把哈达门高山牧场作为我市发展旅游业和自治区 70 周年大庆重点项目；各有关部门和设计单位要进一步深化、细化设计方案，完善旅游功能，要依法合规加快建设步伐，力争在自治区 70 周年大庆前将哈达门高山牧场打造成我市的高端旅游景区。市政府党组成员刘敏、武川县政府、设计单位和市有关部门负责人参加了会议。

▲ 秦义市长主持召开市长办公会议，专题研究出城口及快速路征拆建设相关事宜。秦义市长指出：要继续加大工作力度，把和计划时间有冲突的 10 个重要节点作为“勇于担当、攻坚克难”重中之重的工作逐一攻克，为快速路按期通车做好前期保障工作。同时市财政要加大资金保障力度，在 4 月初要给市建委拨付不少于 3 亿元的项目复工启动资金。各有关区政府要采取措施，保障快速路和重点项目建设，特别是针对施工现场要明确专人负责，确保快速路和重点项目施工不受影响。市城管局要加大对 209 国道和城乡结合部的市容市貌管理工作，切实提高我市环境卫生管理工作水平。市政府秘书长罗琳、市四区主要负责人和市有关部门负责人参加了会议。

▲ 康存耀副市长在武川县主持召开全市推进“十个全覆盖”工程现场观摩会。

31 日　狄瑞明副市长赴信访局调研网上信访信息系统建设情况。

▲ 孙建华副市长主持召开会议，安排部署中央电视台采访我市解决房地产遗留问题有关事宜。

▲ 谢志斌副市长赴北京参加中国国际云计算技术和应用展览会暨论坛并代表我市致推介词。

▲ 王恒俊副市长参加回民区“区长杯”足球联赛启动仪式。

▲ 王恒俊副市长参加自治区研究足球工作专题会议。

▲ 康存耀副市长赴回民区、新城区和赛罕区检查森林草原防火工作。

▲ 刘晶副市长参加自治区第一季度安全生产调度会。

4 月

1 日　狄瑞明副市长拜访内蒙古军区有关领导。

▲ 狄瑞明副市长赴武川县白力木兔村调研“十个全覆盖”建设情况。

▲ 孙建华副市长参加自治区人防办赵江涛主任调研我市人防工作座谈会。

▲ 孙建华副市长主持召开城建项目协调会。

▲ 刘晶副市长主持召开会议，听取市安监局近期工作汇报，并对全市工矿企业开复工高峰期的生产安全及其它安全生产监管工作进行了安排部署。

▲ 刘晶副市长与乌兰察布市王国相副市长就省道 102 线黄合少（呼乌界）至新飞机场段公路建设事宜进行会谈。

2 日　狄瑞明副市长主持召开智慧呼和浩特启动及信息惠民评估工作会议。

▲ 狄瑞明副市长主持召开全市财税工作会议。

▲ 王恒俊副市长与市政协银孝副主席召开政治协商座谈会。

▲ 赵云辉副市长主持召开市公安局 2015 年第 3 次党委会议。

▲ 康存耀副市长参加全国贯彻落实《中共中央国务院关于深化供销合作社综合改革的决定》电视电话会议。

▲ 刘晶副市长听取全市工业经济运行工作汇报。

3 日　孙建华副市长主持召开城建项目协调会。

▲ 白金祥副市长接待巴彦淖尔市政府代表团就卫生系统融资、租赁等事宜进行座谈。

▲ 王恒俊副市长参加共青团呼市十六届二次全委会议暨少工委五届五次全委会议。

▲ 刚布和副市长参加首届中国电子商务园区高峰论坛。

7 日　孙建华副市长主持召开城建项目协调会。

▲ 刘晶副市长主持召开全市一季度工业重点项目建设调度会。

8 日　李杰翔代市长听取市发改委、财政局、国税局工作情况汇报。李杰翔代市长指出：市发改委要做好我市经济发展形势的研判分析工作，要研究我市经济发展存在的问题及原因，为政府解决问题提出高质量的意见和建议；要建立重大项目的考核机制，切实发挥项目调度的作用，同时要做好企业债券、政府债券的发行工作，为政府融资拓宽渠道。李杰翔代市长强调：财政一要保收入，在保证税收增长的同时，要逐步降低非税收入的比例。二要保运转，在确保市本级和重大项目运转的同时，要保证旗县区特别是贫困旗县区工资的正常发放和运转。三要保重点，在确保存量债争取工作的同时要高度重视增量债的争取，要加强国有公司与财政在融资工作方面的紧密配合，要将短贷变长贷、高利息变成低利息工作抓紧抓好，抓出成效。副市长狄瑞明，市政府秘书长罗琳，市发改委、财政局、国税局主要负责人参加了会议。

9 日　谢志斌副市长带领金山开发区管委会赴商务部为国家级电子商务产业园区申报现场答辩。

▲ 王恒俊副市长主持召开全市环境保护重点工作座谈会，研究部署那顺孟和书记批示六项环保专项整治工作。

10 日　王恒俊副市长听取和林县足球工作汇报和新城区矿业研究院汇报。

13 日　李杰翔代市长主持召开市政府第 3 次常务会议。会议审议了《呼和浩特市全民义务植树条例修正案（草案）》；审议了《呼和浩特市城乡规划条例修正案（草案）》；审议了《呼和浩特市餐厨垃圾无害化处置管理办法修正案（草案）》；听取市发改委重大项目推进情况汇报。李杰翔代市长指出：各旗县区和有关部门要高度重视重大项目的推进工作，市发改委要加强项目调度工作，要形成一个科学的项目管理和考核办法；市纪检监察、政府办公厅要针对不作为的行为加大督查力度；建议市人大、政协对我市重大项目工作进展情况尽快开展分组视察工作。副市长狄瑞明、孙建华、谢志斌，市人大常委会副主任鲁剑钧，副市长白金祥、王恒俊、刚布和、康存耀、刘晶，市政协副主席白云，市政府秘书长罗琳及九个旗县区政府主要负责人和市有关委办局主要负责人参加了会议。

▲ 李杰翔代市长主持召开市长办公会议，专题研究鹰翔水泥厂企业转制及北方足球训练基地建设事宜。李杰翔代市长指出：市国资委要抓紧进行国有资产处置工作；市人社局要依法提出企业进入破产程序，同时市经信委要做好与企业职工的沟通工作，积极争取企业职工申请依法破产工作，要合理、适当提高职工安置补偿标准；要成立一个协调推进领导小组，确保职工安置工作顺利推进。新城区政府要尽快拿出企业厂房和职工住宅拆迁方案。加快土地征收步伐，要一次性规划到位，分步实施；市有关部门要积极做好争取国家政策支持工作，要成立一个拆迁征收工作推进小组，要加快拆迁工作进度，切实做到两个小组协调推进，确保拆迁和职工安置及依法破产工作有序进行。副市长王恒俊、刘晶，市政府秘书长罗琳和市有关部门负责人参加了会议。

14 日　李杰翔代市长出席呼和浩特市“市长杯”足球联赛启动仪式，并为比赛开球。

▲ 李杰翔代市长主持召开市长办公会议，听取市文新广局、市卫计委、市工商局、市质监局、市食药局等部门工作情况汇报，并就成立呼和浩特文化旅游投资公司相关事宜进行安排部署，副市长白金祥和市有关部门负责人参加了会议。

▲ 孙建华副市长主持召开会议研究推进自治区高院住宅区“吉祥苑东区”办理建设审批手续有关事宜。

▲ 王恒俊副市长参加自治区足球改革发展试点工作现场会，组织观摩我市足球场馆建设情况和足球运动开展情况。

▲ 刚布和副市长主持召开会议研究推动“俄蒙通”项目事宜。

▲ 刘晶副市长参加自治区一季度工业经济形势分析会。

15 日　那顺孟和书记、李杰翔代市长赴经济技术开发区考察调研。那顺孟和书记一行走访了金川工业园区驻区企业内蒙古阜丰生物科技有限公司、齐鲁制药（内蒙古）有限公司、内蒙古电商大厦、内蒙古精诚高压绝缘子有限责任公司等四家企业，调研中各企业负责人就企业发展的现状作了简要汇报，重点讲了制约企业发展的困难，提出了亟待市委、市政府给予大力支持解决的问题。那顺孟和书记、李杰翔代市长表示，全力支持各企业发展，对各企业提出的问题根据实际情况尽力给予解决，并鼓励各企业要抢抓发展机遇，克服困难，锐意创新，打造出内蒙古乃至中国一流品牌。副市长孙建华、康存耀、刘晶及市有关部门主要负责人一同参加。

▲ 那顺孟和书记、李杰翔代市长会见中国铁建股份有限公司总裁张宗言一行。副市长孙建华，市委秘书长刘文玉、副市长刘晶及市有关部门负责人参加了会见。

▲ 李杰翔代市长出席全市环保大排查大整治工作专项行动动员大会并作重要讲话，王恒俊副市长参加了会议。

▲ 狄瑞明副市长参加自治区涉企收费管理减轻企业负担督查座谈会。

▲ 狄瑞明副市长主持召开4月份拟开工未开工重点项目调度会。

▲ 谢志斌副市长参加金海电子商务文化创意园区项目规划论证会。

▲ 刚布和副市长参加金海电子商务文化创意园区项目规划论证会。

16 日　李杰翔代市长主持召开市长办公会议，听取市城乡建设委、市住房保障和房屋管理局、市园林局工作情况汇报。李杰翔代市长指出：市城建委要采取切实可行措施提高道路、桥梁的完工率和通行率，要切实做到资金到位、拆迁到位，逐个解决难题，不找借口和理由，确保快速路7月底顺利通车；市住房保障房屋管理局要认真做好国家新出台房地产政策的宣传工作，为我市房地产健康发展创造良好舆论氛围；要尽快出台我市回购商品房的政策和方案，为我市房地产良性运行奠定坚实基础；要加大盯办力度，充分将国开行的贷款和使用问题解决到位；要真正实现城市管理“横向到边、纵向到底、不留空白、不留死角”的问题。副市长孙建华，市政府秘书长罗琳和市有关部门负责人参加了会议。

▲ 李杰翔代市长会见大连万达商业地产公司总裁齐界一行。副市长孙建华，市政府秘书长罗琳和市有关部门负责人参加了会议。

▲ 狄瑞明副市长听取我市总部经济建设相关情况汇报。

▲ 王恒俊副市长研究公务员事业单位工作人员工资调整事宜。

▲ 王恒俊副市长参加内蒙古体育发展基金会成立大会。

▲ 王恒俊副市长听取分管部门工作汇报。

▲ 赵云辉副市长参加全区禁毒工作会议，代表市政府做表态发言。

17 日　那顺孟和书记、李杰翔代市长赴新城区调研并现场办公，了解新城区经济发展和重点项目建设情况，对大青山前坡生态绿化、村庄改造和“十个全覆盖”等工作中存在的具体问题进行研究并制定具体措施加以解决。那顺孟和书记强调，新城区在改革发展中要勇于担当、攻坚克难，尤其在大青山前坡综合治理中要抓住重点，突破难点，努力把大青山前坡打造成为首府的后花园。

▲ 王恒俊副市长赴清水河县参加“县长杯”足球联赛启动仪式，并调研教育、科技发展情况。

18 日　李杰翔代市长就我市快速路（出城口）及文化旅游项目建设情况进行调研并召开市长办公会议。李杰翔代市长指出：快速路建设作为一项关乎民生的民心工程、公益性工程，意义深远。市四区政府和市有关部门要进一步增强责任感和使命感，勇于担当、攻坚克难，提振信心、全力以赴、合力大干 100 天，确保按期建成快速路。李杰翔代市长强调：昭君博物院作为民族团结、守望相助的象征，要围绕文化旅游发展，明确景区功能定位，使民族团结与草原文化的精神内涵上一个层次，要将昭君博物院与蒙古风情园有效连接、合理过渡，确保一张蓝图绘到底。副市长孙建华，市政府党组成员刘敏，市政府秘书长罗琳，市四区区长及市有关部门负责人陪同调研。

19 日　李杰翔代市长赴托县就工业园区重点项目建设情况进行调研。李杰翔代市长强调，要把项目建设作为区域经济发展的重要载体和手段，紧紧抓住当前的有利时机，攻坚克难，勇于担当，强化落实，努力为企业营造良好的环境，确保项目早日建成、早日投产、早日见效。在调研座谈会上，李杰翔代市长对托县在全市工业产业建设发展方面所做的贡献给予充分肯定，并对下一步发展提出要求。李杰翔代市长指出，当前正值项目建设的黄金时期，各级各部门要进一步提高对项目建设的重视程度，努力创造良好环境和条件，进一步加大项目的建设力度和协调力度，细化方案，加快推进，积极化解各种不利因素，确保项目按计划稳步推进。要进一步加强组织领导，抢抓时间，责任到人，准确把握国家政策导向，立足我市资源优势和产业基础，打好招商引资政策的“组合拳”，让服务成为开门迎客的“金钥匙”，全力打造一流的产业环境、政务环境、人文环境，特别是针对庆华煤基清洁能源多联产这样规模大、投资大、影响大的重点项目，要抓住国家发改委办公厅同意该项目开展前期工作批复的有利时机，开展好项目的可研、环评、能评、土地整理等工作，进一步加快项目的核准进度，确保项目建设顺利推进，为全市经济平稳较快增长提供有力支撑。

20 日　李杰翔代市长主持召开市政府第 4 次常务会议，研究庆华能源集团关于内蒙古中科煤基清洁能源多联产项目工作推进等相关事宜，安排部署当前市政府重点工作。副市长狄瑞明、呼和浩特市警备区政委李峰，副市长孙建华、谢志斌、市人大常委会副主任付东海，副市长王恒俊、赵云辉、康存耀、刘晶，市政府秘书长罗琳、九个旗县区主要负责人及市有关部门负责人参加了会议。

▲ 王恒俊副市长主持召开专题会议，研究部署自治区2015年考录公务员和参公人员呼市地区笔试考务会议和中甲联赛呼和浩特中优足球队首场主场比赛赛事保障工作。

▲ 赵云辉副市长主持召开公安局党委会议，研究一季度工作推进相关事宜。

21日　那顺孟和书记、李杰翔代市长赴玉泉区调研并现场办公，了解玉泉区经济发展和重点项目建设情况，对玉泉区在大召文化产业群落项目建设、回迁房建设审批等工作中存在的问题进行研究并制定解决方案。调研中，那顺孟和书记指出，玉泉区要以勇于担当、攻坚克难的勇气和决心，积极主动按照市委、市政府的部署，立说立行、强化落实，以精品历史街区建设为抓手，努力擦亮历史文化名城这块金字招牌。

▲ 那顺孟和书记、李杰翔代市长赴赛罕区调研并现场办公，了解赛罕区经济发展和重点项目建设情况，协调各相关部门解决工作中需要解决的问题。那顺孟和书记强调，赛罕区要在首府经济社会发展中起到排头兵和主战场的作用，要勇于担当、攻坚克难，努力为首府经济发展作出更大的贡献。副市长孙建华、刘晶及相关部门负责人陪同调研。

▲ 狄瑞明副市长主持召开市级行政权力清单专家论证会议。

▲ 狄瑞明副市长陪同青海省海南藏族自治州考察团考察工作。

▲ 谢志斌副市长参加全市民族团结进步创建活动工作会议。

▲ 谢志斌副市长赴航天科工集团考察航天工业网建设情况。

▲ 王恒俊副市长参加自治区防震减灾应急准备工作电视电话会议。

▲ 王恒俊副市长赴回民区、新城区调研体育和重点项目建设事宜。

▲ 赵云辉副市长主持召开呼和浩特市2015年禁毒、消防、道路交通安全工作会议。

▲ 康存耀副市长陪同全国妇联书记处书记谭琳及全国妇联维权工作研讨班成员一行参观赛罕区市民服务中心和新城区政府网格化管理指挥中心。

▲ 刘晶副市长主持召开会议研究中国庆华能源集团内蒙古中科煤基清洁能源多联产项目选址事宜。

22日　李杰翔代市长会见浙江晶盛机电股份有限公司曹建伟总经理一行。副市长刘晶，赛罕区委、政府主要负责人及市有关部门负责人参加了会见。

▲ 狄瑞明副市长陪同浪潮集团董事长孙丕恕考察。

▲ 狄瑞明副市长主持召开全市依法行政暨深化行政审批制度改革工作会议。

▲ 孙建华副市长赴财政厅协调城市建设重点项目融资贷款有关事宜。

▲ 谢志斌副市长参加自治区互联网+金融工作会议。

▲ 白金祥副市长陪同自治区人大对我市传染病防治法进行执法调研。

▲ 王恒俊副市长陪同自治区政府副主席白向群考察足球场馆选址事宜。

▲ 赵云辉副市长主持召开市公安局2015年第一次局务扩大会议，总结2015年第一季度全市公安工作，并就今后工作进行安排部署。

23日　李杰翔代市长赴国家开发银行内蒙古分行就贷款使用有关事宜进行会谈。市政府副秘书长、机铁办主任于文玉和市有关部门负责人参加了会谈。

▲ 李杰翔代市长赴回民区调研新华西街改造设计方案和金海电子商务产业园区建设情况。李杰翔代市长指出：新华西街改造是民生问题，是事关老百姓生活质量改善的问题，回民区和市有关部门要高度重视，要注意街道、景观的衔接，在前期设计上下足功夫，景观节点要精，要体现文化内涵，同时要扎扎实实解决好地下管网改造工作，赢得老百姓的认同。金海工业园区要找准产业定位，同时要积极做好招商工作，要与地铁统筹考虑、规划设计一次到位。市建委、规划、国土等有关部门负责人参加了调研。

▲ 李杰翔代市长会见中国交通建设股份有限公司副总裁陈云一行。副市长狄瑞明，市政府秘书长罗琳及市有关部门负责人参加了会见。

▲ 王恒俊副市长参加全市关心下一代工作推进会。

▲ 王恒俊副市长赴自治区人社厅对接工作。

24日　孙建华副市长主持召开会议，研究市政基础设施建设有关事宜。

▲ 孙建华副市长研究呼张客专、呼准鄂铁路呼市段征拆工作有关事宜。

▲ 王恒俊副市长参加自治区劳动模范和先进工作者表彰大会。

▲ 王恒俊副市长赴市体育场调研，部署呼和浩特中优足球队主场首场比赛安保工作。

▲ 王恒俊副市长视察全区公务员和参公人员笔试呼市考场考务工作。

▲ 刚布和副市长4月20–24日参加国家行政学院组织的“商事制度改革研讨班”学习。

27日　狄瑞明副市长参加国办投资项目核准权限下放情况督查调研汇报会。

▲ 刚布和副市长主持召开“俄蒙通”项目推进协调会。

28日　李杰翔代市长调研出城口及快速路征拆进展情况，并就建设工程进度进行安排部署。副市长孙建华，市政府秘书长罗琳，市四区区长及市有关部门负责人参加了调研。

29 日　孙建华副市长主持召开城建项目协调会。

▲ 孙建华副市长赴新城区调研面铺窑村、甲兰板村村庄改造有关事宜。

▲ 刚布和副市长与交通银行内蒙古分行副行长尚世俨一行就加强双方金融合作举行座谈。

▲ 刚布和副市长听取云峰集团物流项目情况的汇报。

▲ 赵云辉副市长参加公安部反恐工作电视电话会议。

30 日　李杰翔代市长主持召开市长办公会议，听取玉泉区回迁房建设情况汇报；听取春华水务公司关于污水处理厂提标改造工作汇报。李杰翔代市长强调：回迁房安置是我市四市区的一个共性问题，事关老百姓的切身利益，市各有关部门和玉泉区要高度重视。玉泉区要尽快拿出切实可行的解决办法，要摸清底数，制定分类解决方案；市政府要尽快出台我市支持回迁房建设的政策，加快棚户区改造工作进展，切实维护社会稳定工作。同时，市政府和玉泉区政府要分别成立回迁房安置领导小组，要加强组织领导，加快回迁房建设速度，想方设法解决老百姓的回迁安置问题。李杰翔代市长指出：污水处理厂提标改造工作事关我市经济社会可持续发展，事关老百姓生活质量的提高。春华水务公司要建立长效机制，确保城市居民正常供水，同时要加大工业和生态中水使用力度，要加快污水处理厂提标改造工作推进速度，确保年底前完成提标改造任务。副市长孙建华，市政府秘书长罗琳和市有关部门负责人参加了会议。

▲ 孙建华副市长出席全市人民防空工作会议。

▲ 孙建华副市长主持召开会议，听取市城发公司 2015 年工作情况汇报。

▲ 王恒俊副市长陪同自治区政府副主席白向群赴人社部汇报工作。

▲ 赵云辉副市长主持召开市公安局党委 2015 年第 6 次会议，迅速贯彻落实公安部和自治区公安厅关于“五一”节期间反恐和维稳工作视频会议精神，部署“五一”节期间首府社会各项安保工作。

5月

5 日　李杰翔代市长主持召开市长办公会议，听取经济技术开发区、市交通运输局、市安监局工作情况汇报。李杰翔代市长指出：一是我市工业经济结构相对合理，效益较好，提升空间很大，但也存在工业规模小、产业链短、竞争力不强的问题，市有关部门要进一步加强对工业项目的支持力度，为我市工业经济的发展奠定坚实基础。二是要加大对小微企业扶持力度，强化融资平台建设工作，为小微企业的发展创造良好的金融环境。三是市环保、林业等有关部门要加强我市重大项目建设的相关手续的办理工作，为推动项目开工创造良好条件。四是各旗县区要建立项目前期工作队伍，做为“攻坚克难”任务的一部分，加快项目开工建设步伐。五是要高度重视安监工作，明确职责，严防死守。要建立安监专业队伍，加强对新型行业的监管工作，为我市安全生产奠定坚实基础。六是要做好我市“十三五”大交通规划，做好机场、地铁大交通的无缝链接。副市长刘晶，经济技术开发区党工委书记李建平、主任吴志强及市有关部门负责人参加了会议。

▲ 孙建华副市长主持召开会议，研究自治区及我市卫生重点项目办理审批手续事宜。

▲ 刘晶副市长召开庆华项目指挥部第一次调度会议。

6 日　李杰翔代市长会见内蒙古电力集团公司总经理于立新一行。副市长孙建华，市政府秘书长罗琳及市有关部门负责人参加了会议。

▲ 狄瑞明副市长听取呼和浩特市服务业发展规划编制汇报。

▲ 孙建华副市长陪同国开行总行副行长赵晓宇视察棚户区改造情况。

▲ 孙建华副市长陪同国开行总行副行长赵晓宇赴和林县调研。

▲ 王恒俊副市长主持召开草原马汇少数民族运动中心项目建设专题会议。

▲ 刚布和副市长赴商务部协调中蒙博览会有关事宜。

▲ 赵云辉副市长参加自治区党委政法委工作会议，专题研究全区 5 月份敏感期维稳和信访工作，研究解决几个诉求群体相关问题。

7 日　李杰翔代市长实地查看乌兰夫主题公园改造工程、环城水系景观建设玉泉区段、环城水系景观建设赛罕区段、高压走廊绿地改造工程、环城水系景观建设新城区段、火车东站规划等园林改造建设项目进展情况。李杰翔代市长指出：一是公园绿地建设要形成开放的空间，“断头桥”、“断头路”要尽快接通，对公园绿地的日常管护要加强，损坏的设施要尽快维修。二是对完成的园林建设项目，要尽快移交，要有专人管护，避免造成损失。三是要加快推进环城水系建设，各相关部门要积极支持项目建设，对重点难点问题要采取切实可行的办法。副市长孙建华，市政府秘书长罗琳及市有关部门负责人参加。

▲ 李杰翔代市长主持召开市政府第 5 次常务会议，听取了市政府法制办关于市级行政权力清单制度建设工作情况汇报；审议并原则通过了《和林格尔县全国农村土地征收制度改革试点实施方案》、《呼和浩特市安全生产“党政同责、一岗双责”实施细则》。李杰翔代市长指出：一是要高度重视行政权力清单制度建设，行政审批事项审批前要宽，过程监督要严，违法

处罚要重，提高项目违法成本。三项清单要相互衔接，特别是流程要合理、合法。二是农村土地征收制度改革导向要清楚，征收程序要严格，要进一步完善农村流转土地收益问题。三是安全责任要落实，要有专业队伍检查安全生产。副市长狄瑞明、孙建华、白金祥、王恒俊、刚布和、刘晶，市政府党组成员刘敏，经济技术开发区管委会主任吴志强，市政府秘书长罗琳、九个旗县区主要负责人及市有关部门负责人参加了会议。

▲ 狄瑞明副市长会见腾讯集团门户网总裁舒展。

▲ 狄瑞明副市长主持召开小微企业创业创新基地城市示范会议。

▲ 白金祥副市长陪同自治区医改办领导小组调研。

▲ 白金祥副市长主持召开工商、质监、税务“三证合一”工作会议。

▲ 王恒俊副市长陪同自治区政府副主席常军政赴托县调研。

11 日　孙建华副市长主持召开呼和浩特市住房公积金委员会工作会议。

▲ 白金祥副市长陪同自治区政府副主席刘新乐视察自治区卫生重点项目。

▲ 刚布和副市长听取市金融办关于组织全市小微企业风险补偿机制启动仪式相关工作汇报。

▲ 赵云辉副市长参加 2015 年国家禁毒委全体会议暨部署全国禁毒工作电视电话会议。

12 日　李杰翔代市长主持召开办公会议，专题研究经济技术开发区封闭管理有关事宜。李杰翔代市长指出：市国土、规划、土左旗与经济技术开发区和经济技术开发区有关职能部门签订“一总三分”委托书；审批流程按有关法律规定执行；近期要召开市编委会议，研究市国土局执法人员、土地综合利用中心和经济技术开发区国土分局工作人员编制问题。市政府秘书长罗琳，经济技术开发区管委会党工委书记李建平、主任吴志强，市国土、规划、土左旗政府主要负责人参加了会议。

▲ 白金祥副市长参加创建爱国卫生城市知识竞赛。

▲ 王恒俊副市长陪同环保部华北督查中心副主任黄滨辉检查我市环保工作。

▲ 刚布和副市长参加自治区向北开放领导小组工作会议。

▲ 赵云辉副市长参加自治区公安机关“三严三实”专题教育部署暨党课报告会。

13 日　狄瑞明副市长会见中国建筑集团基础设施部执行总经理李加彬一行。

▲ 谢志斌副市长陪同市人大主任云公和一行视察我市快速路建设情况。

▲ 王恒俊副市长陪同自治区政府副主席白向群赴职业学院调研。

▲ 赵云辉副市长参加自治区公安机关深化执法规范化建设全面建设法治公安电视电话会议。

▲ 赵云辉副市长参加全市公安机关“唯一必争唯旗力夺爱岗为民奉献青春”主题演讲比赛。

▲ 刘晶副市长听取蒙昆卷烟厂工作情况汇报。

▲ 刘晶副市长听取庆华集团项目情况汇报。

14 日　李杰翔代市长会见广州产业投资基金管理有限公司总裁韩颖一行。副市长狄瑞明和市有关部门负责人参加了会见。

▲ 李杰翔代市长会见内蒙古机场集团邱蕴琦总经理一行。李杰翔代市长指出：一要优化航线，尤其呼市-北京等热门航线要千方百计优化到位；二要调整补贴，要以航线的吞吐量作为补贴的重要依据；三要切实加强机场安全保障工作；四要成立一个领导小组，集中精力、合力推进俄蒙通项目顺利进行。副市长狄瑞明、刚布和和市有关部门负责人参加了会见。

▲ 李杰翔代市长主持召开市长办公会议，听取市教育局、科技局、民政局工作情况汇报。李杰翔代市长指出：教师招考问题近期由市编委会研究解决；儿童探索博物馆项目开工前准备工作由王恒俊副市长尽快协调解决；金山国家高新技术开发区要按照国家有关部门的考核要求查漏补缺，切实做好相关工作；要按照创业推动创新，创新促进创业的思路，做好支持小微企业创新发展工作；赛罕区要全力做好市殡仪馆项目的土地征拆有关工作；市国土局要加大工作力度，加快示范性养老基地和市殡仪馆项目土地报批相关工作。副市长王恒俊和市有关部门负责人参加会议。

▲ 谢志斌副市长参加全市妇女儿童工作委员会工作会议。

▲ 赵云辉副市长参加自治区公安机关立案突出问题专项治理动员部署电视电话会议。

▲ 康存耀副市长陪同自治区政协主席任亚平调研。

▲ 刘晶副市长主持召开庆华项目指挥部第二次调度会议。

15 日　李杰翔代市长调研快速路建设情况并召开市长办公会议，专题研究快速路建设有关事宜。李杰翔代市长指出：快速路建设进展总体上看是不错的，目前各标段形象进度基本上完成了 80%以上。市城建委要与各标段进一步细化每一个环节和每一道工序，在确保工程质量和安全的前提下，想方设法、千方百计确保 7 月底快速路顺利开通。市城建委和各标段要在 5 月 18 日前向市政府上报工程完工倒排工期表。市安监局、市质监站要进一步加强质量监督和安全教育工作，要实现安全工作全覆盖，要采取有力措施确保不再发生安全生产事故。参与快速路建设的 11 个标段项目经理做了表态发言。市政府秘书长罗琳，市城建委、市安监局、市政局和快速路建设 11 个标段的负责人参加了会议。

▲ 李杰翔代市长主持召开市政府全体会议暨经济工作调度会议。

▲ 李杰翔代市长主持召开市政府党组“三严三实”专题教育工作部署暨专题党课报告会议。李杰翔代市长对我市“三严三实”教育进行安排部署并做了专题党课讲座。副市长狄瑞明、谢志斌、赵云辉、康存耀、刘晶，市政府秘书长罗琳和旗县区、委办局，市国有企业负责人参加了会议。

▲ 王恒俊副市长赴呼市快乐星孤独症儿童训练中心慰问孤独症儿童。

▲ 王恒俊副市长参加全区高考招生工作会议并与自治区签订责任状。

22日 狄瑞明副市长5月22日上午主持召开经济体制和生态文明改革进展情况汇报会。下午赴和林县调研。

▲ 谢志斌副市长5月22–23日，带队赴西安参加西洽会，考察西安国际港务区，组织召开呼和浩特投资环境暨项目推介会。

▲ 王恒俊副市长5月22日上午，主持召开信访工作专题会议。

▲ 赵云辉副市长5月22日上午，参加自治区公安厅2015年第12次党委会。

▲ 康存耀副市长5月22日上午，参加“推动我市设施蔬菜产业发展”对口协商会议。

25日 李杰翔代市长5月25日上午主持召开市长办公会议，听取民航规划设计院关于呼和浩特新机场航空业务量预测、平面构型图调整情况和华北空管局飞行程序设计室关于空域情况的汇报；听取机铁办关于地铁建设、高铁征拆情况及十三五铁路交通规划相关情况汇报；听取民航东北分公司关于清水河县老牛湾通用机场选址情况和华北空管局飞行程序设计室关于空域情况的汇报。李杰翔代市长指出：呼和浩特新机场航空业务量和平面构型要维持原方案不变，要想方设法在年底前完成批复任务；清水河县通用机场要围绕老牛湾景区选址，为老牛湾景区长远发展奠定基础，市各有关部门要加快办理地铁开工手续的办理工作，确保8月底前地铁试验段正式开工，同时要加快3、4、5号线启动前的控规工作。副市长狄瑞明、孙建华，内蒙古民航机场集团公司副总经理姜春阳、民航内蒙古监管局副局长周凤鸣、民航内蒙古空管局局长刘洪涛，经济技术开发区管委会主任吴志强，市政府秘书长罗琳和市有关部门负责人参加了会议。下午1、主持召开市长办公会议，听取玉泉区回迁安置房建设情况、赛罕区铁骑集团宿舍征拆情况汇报。李杰翔代市长指出：影响玉泉区回迁房建设手续的问题，由玉泉区政府和市回迁房安置领导小组办公室在6月1日前彻底摸清底数，由孙建华副市长在6月1日召开会议研究解决；因基础设施影响回迁房建设的问题，由市财政解决1亿元缓解玉泉区目前困难，年底前归还市财政；同时要加快回购存量房的进度，尽快解决长时间无法回迁老百姓的居住问题；铁骑集团公产房变私产房问题由赛罕区政府通过评估机构评估解决，要加快拆迁进度，确保快速路建设顺利进行。副市长孙建华，市政协副主席、公共资源交易中心主任张海生，市政府秘书长罗琳，市四区主要负责人和市有关部门负责人参加了会议。2、主持召开市长办公会议，听取市旅游局品牌景区创建和开展“旅游厕所革命”工作情况汇报。李杰翔代市长指出：品牌景区创建方案要进一步深化，主题要突出，改造与升级要同时进行，要统筹规划、一次到位。核心区拆迁由玉泉区政府负责，尽快完成；市规划局负责南湖湿地公园、蒙古风情园和昭君博物院节点连通规划工作，道路改造由玉泉区政府负责方案设计；大、小黑河景观改造方案由市园林局负责；昭君博物院和蒙古风情园的合作事宜由市文化旅游公司负责；要在一个月内完成上述确定事宜，确保2017年完成景区升级改造工作。李杰翔代市长强调：市旅游局要按照确定的目标在6月15日前完成“厕所革命”任务，同时要出台旅游景区厕所管理办法，要按照以奖代补的方式加大对景区升级改造的支持力度，同时要加大我市旅游宣传力度。副市长孙建华，市政府党组成员刘敏，市政府秘书长罗琳，中科院地理科学与资源研究所研究员、国家旅游标准化专业委员会委员牛亚菲及市有关部门负责人参加了会议。

▲ 谢志斌副市长5月25日，参加自治区对我市的“十三五”规划专题调研座谈会。

▲ 王恒俊副市长5月25日上午代表市政府向国家发改委视频汇报信息惠民国家试点城市工作情况。下午向国家卫计委医改调研组汇报我市医改工作。

▲ 刚布和副市长5月25日，主持召开会议研究全市商贸流通业运行情况。

▲ 康存耀副市长5月25日上午，参加自治区土地确权工作电视电话会议。

▲ 刘晶副市长5月25日上午，主持召开会议听取市经信委关于全市重点项目进展情况及转制破产企业等相关工作的汇报。

26日 李杰翔代市长5月26日上午1、会见农发行内蒙古分行副行长王宝库一行。李杰翔代市长强调：市土地收储中心、市保障性住房公司要做好与农发行内蒙古分行的对接工作，市财政局要尽快筹建城乡建设基础设施投资公司，为城中村改造、十个全覆盖工程做好资金保障。副市长孙建华及市有关部门负责人参加了会见。2、赴规划展览馆改扩建项目、乌兰酒店办公大楼、自治区供销社办公大楼、经济技术开发区留创园、科技孵化器、市乳肉检测中心调研。副市长王恒俊，市政协副主席、公共资源交易中心主任张海生，市政府秘书长罗琳及市有关部门负责人参加了调研。

▲ 狄瑞明副市长 5 月 26 日上午陪同自治区发改委主任包满达调研。下午陪同中办督查组督查。

▲ 孙建华副市长 5 月 26 日上午参加全国加强耕地保护改进耕地占补平衡规范农村土地流转工作视频会议。下午主持召开会议，研究农发行城中村改造贷款及城建项目有关事宜。

▲ 王恒俊副市长 5 月 26 日上午研究机关事业单位工作人员工资调整事宜。下午主持召开市政府向市人大常委会关于科技进步法“一法两条例”执法检查汇报会。

▲ 赵云辉副市长 5 月 26 日上午 1、参加自治区公安厅机关应急处突演练活动。2、出席全区公安局政委、政治部主任培训班开班仪式。

▲ 康存耀副市长 5 月 26 日，参加土左旗推动农村“十个全覆盖”工程现场办公会议。

▲ 刘晶副市长 5 月 26 日上午，主持召开鹰翔水泥节能减排淘汰落后产能职工安置协调会议。

27 日　孙建华副市长 5 月 27 日上午参加创建全国文明城市推进会议。下午参加住建部关于“海绵城市”培训会议。

▲ 谢志斌、刚布和副市长 5 月 27 日，带队赴托县调研农村电子商务建设情况。

▲ 白金祥副市长 5 月 27 日上午，参加创建全国文明城市推进会议。

▲ 王恒俊副市长 5 月 27 日上午赴自治区政府参加足球工作专题会议。下午主持召开全市高考招生工作会议暨学校安全工作会议。

▲ 康存耀副市长 5 月 27 日上午，主持召开会议专题研究解决土左旗大岱乡和兵州亥乡部分村民上访事宜。

6 月

1 日　狄瑞明副市长主持召开保华集团项目协调会议。

▲ 白金祥副市长参加宣传部文化体制改革工作会议。

▲ 白金祥副市长研究民营医院合作事宜。

▲ 刚布和副市长主持召开俄蒙通项目协调会议。

2 日　狄瑞明副市长主持召开全市银企对接会议。

▲ 狄瑞明副市长参加自治区信访和维稳督查汇报会议。

▲ 孙建华副市长陪同自治区党委常委、市委书记那顺孟和调研城建绿化工作。

▲ 孙建华副市长研究关于内蒙古黄河防洪工程（呼和浩特市段）占耕补耕有关事宜。

▲ 孙建华副市长主持召开会议，研究玉泉区棚户区改造回迁房建设及房地产项目建设有关事宜。

▲ 白金祥副市长赴回民区调研。

▲ 王恒俊副市长参加自治区人才强区工程电视电话会议。

▲ 刚布和副市长主持召开我市 2015 年金融支持重点项目、重点工作会议。

▲ 刚布和副市长召集市四区研究我市商贸流通业运行情况。

3 日　狄瑞明副市长主持召开分管部门“三严三实”专题党课报告会。

▲ 狄瑞明副市长参加自治区督查组汇报会。

▲ 谢志斌副市长参加自治区督查组汇报会。

▲ 王恒俊副市长陪同自治区教育厅厅长侯元赴武川县、土左旗调研我市教育工作。

▲ 赵云辉副市长陪同公安部党委委员、纪委书记邓卫平赴我市新城区公安分局执法办案场所、市公安交管支队车管所调研。

▲ 赵云辉副市长参加自治区公安厅党委会议。

4 日　狄瑞明副市长、谢志斌副市长陪同自治区督查组在我市调研。

▲ 孙建华副市长调研快速路北出城口内蒙古高路公司房屋征收补偿等城建项目有关情况。

▲ 孙建华副市长主持召开会议，研究空军建设项目选址、呼和浩特铁路局住房公积金有关事宜。

▲ 刚布和副市长邀请自治区出入境检验检疫局、呼和浩特海关、内蒙古民航机场集团研究俄蒙通综合物流项目方案。

5 日　狄瑞明副市长赴市地税局调研。

▲ 狄瑞明副市长参加自治区督查组反馈意见会。

▲ 谢志斌副市长参加自治区督查组反馈意见会。

▲ 王恒俊副市长参加 2015 年老年人广场舞大赛活动。

▲ 王恒俊副市长调研市区高考考点。

8 日　孙建华副市长调研快速路征地拆迁及建设进展情况。

▲ 谢志斌副市长主持召开 PPP 项目投融资办公会议。

▲ 王恒俊副市长参加自治区环保厅约谈我市水源地保护存在的突出问题座谈会。

▲ 刚布和副市长 8 日–11 日随自治区团组赴蒙古国参加中国内蒙古·蒙古国投资贸易合作洽谈会，向蒙方重点推介我市优秀企业和项目。

9 日　李杰翔代市长会见长江精工钢结构（集团）有限公司总裁孙关富一行，就我市经济运行发展情况进行沟通和对接。副市长孙建华、王恒俊、刘晶，经济技术开发区管委会主任吴志强和市有关部门负责人参加了会见。

▲ 李杰翔代市长会见自治区水利厅戈锋厅长一行，就庆华集团煤基清洁能源项目用水指标和城市防洪及河流治理项目有关问题进行了沟通和对接。副市长康存耀、刘晶，市政府秘书长罗琳及市有关部门负责人参加了会见。

▲ 李杰翔代市长会见天津中环集团党委书记、董事长张旭光一行，就我市光伏产业发展相关事宜进行沟通和对接。副市长刘晶，市政府秘书长罗琳，武川县、赛罕区主要领导及市相关部门主要负责人参加了会见。

▲ 李杰翔代市长赴中石油呼和浩特石化公司和蒙昆卷烟厂调研企业经济运行情况。李杰翔代市长指出，在经济下行压力大的复杂形势下，广大企业要正视困难，坚定信心，积极采取有效措施及时调整产品结构和营销策略，切实提升企业竞争力；各职能部门要深入分析研判当前经济形势，进一步优化服务，采取切实有效措施努力提升服务保障水平，为全市工业经济发展创造良好的环境，推动企业平稳健康发展。副市长刘晶陪同调研。

▲ 李杰翔代市长调研引黄入呼二期工程建设以及污水处理厂建设情况。李杰翔代市长指出，城市供水和污水处理是事关民生和城市发展的大事，各级各部门要始终把解决水的问题作为保障和改善民生、促进经济社会健康快速发展的头等大事，进一步统一思想认识，细化方案、突出重点、科学配置、协同运作，以勇于担当、攻坚克难的决心与动力，进一步提高水资源利用效益，为全市经济社会发展提供有力支撑。

▲ 谢志斌副市长参加自治区政协在我市的行政执法监督工作调研座谈会。

▲ 白金祥副市长主持召开“两节”筹备工作会议，参加全区地方志工作电视电话会议。

▲ 王恒俊副市长陪同长江精工钢结构（集团）有限公司总裁孙关富一行赴国家北方足球训练基地、少数民族运动中心考察。

▲ 王恒俊副市长研究环保厅对我市水源地保护存在问题约谈会整改方案和全国人大关于水污染防治法执法检查筹备工作。

10 日　李杰翔代市长主持召开市长办公会议，听取市统计局分析 1–5 月份经济运行指标、市财政局分析 1–5 月份财税收入指标的情况汇报。副市长刘晶、9 个旗县区主要负责人和市有关部门负责人参加了会议。

▲ 王恒俊副市长参加自治区政府副主席白向群主持召开的足球工作、老年养护院建设专题会议。

▲ 王恒俊副市长为分管部门领导班子讲“三严三实”专题党课。

11 日　李杰翔代市长陪同自治区政协主席任亚平调研旧城区改造情况。副市长孙建华、白金祥陪同调研。

▲ 孙建华副市长赴中信银行洽谈轨道交通建设发行基金有关事宜。

▲ 孙建华副市长参加自治区政协座谈会，研究自治区政协办公用房和住宅审批手续办理事宜。

▲ 白金祥副市长参加全国食品安全电视电话会议。

▲ 王恒俊副市长参加自治区示范性老年养护院专题会议。

▲ 王恒俊副市长赴白庙子村调研新农村建设。

▲ 赵云辉副市长参加自治区公安厅相关工作会议。

▲ 赵云辉副市长参加自治区公安厅党委会议。

▲ 刘晶副市长听取经信委工作汇报研究稳增长、调结构、促改革、惠民生相关政策落实并安排时间过半任务过半相关责任工作落实。

▲ 据国家环保部环境空气质量报告数据显示，2015 年 4 月份，我市优良天数合计 28 天，AQI 指数 4.38，在北方 15 个省会城市位列第 1 名，在全国 31 个省会空气质量排名第 4 名。在全国 74 个城市环境空气质量排名第 15 名。

12 日　李杰翔代市长主持召开市长办公会议，听取市住房保障和房屋管理局、9 个旗县区国开行贷款项目进展情况。李杰翔代市长指出：一是各旗县区要把国开行发放到位的资金用足用好，实现时间过半任务过半的总目标。二是按照自治区政府 58 号文件要求，拆迁补偿原则上以货币补偿为主，尽快完成棚户区改造拆迁工作。三是各旗县区 6 月底之前，一次性解决现有回迁安置的问题。四是城区建设形成的断头路要重点解决，根据任务数，制定时间倒排表，如期完成。五是办公厅牵头制定相关奖励办法，对按期完成工作任务的地区和部门进行奖励。六是加强工作调度，各旗县区从下周开始，每周上报工作进展情况。副市长孙建华，市住房保障和房屋管理局、9 个旗县区和市有关部门负责人参加了会议。

▲ 李杰翔代市长参加国务院第十一督查组深入我市督查国务院重大政策情况汇报会。督查组通过召开汇报会、座谈交流会以及实地查看走访等形式，进行为期两天的督查指导，李杰翔代市长做工作情况汇报并陪同督查。副市长狄瑞明、孙建华、谢志斌、白金祥、王恒俊、刚布和、赵云辉、康存耀、刘晶，市政府党组成员刘敏参加会议。

▲ 刚布和副市长召集市统计局、商务局研究我市上半年商贸流通业情况。

▲ 刘晶副市长听取市经信委工作情况汇报并安排部署近期工作。

15 日　狄瑞明副市长听取公共资源交易中心工作情况汇报。

▲ 孙建华副市长陪同广州富力集团参观市规划展览馆。

▲ 孙建华副市长主持召开专题会议，研究国开行棚户区贷款使用工作。

▲ 王恒俊副市长赴医科大学主持召开自治区示范性老年公寓建设专题会议。

▲ 康存耀副市长赴经济技术开发区调研农村“十个全覆盖”建设情况。

▲ 刘晶副市长主持召开会议，研究国道 G209 武川至呼市段、国道 G110

呼市至毕克齐段及国道G110毕克齐至协力气段公路项目工作相关事宜。

16日　李杰翔代市长主持召开市长办公会议，听取市城乡建设委关于断头路、二环高压走廊征拆情况，听取保华项目建设工作推进情况和西部控股内蒙古电影集团关于国际文化产业新城项目进展情况汇报。李杰翔代市长指出：一是断头路打通事关城市交通的微循环，事关老百姓方便出行，市城建委和市四区要加大工作力度，确保市政府确定的2015年断头路修建计划顺利完成。二是赛罕区要加快二环高压走廊征拆工作进度；市城建委要在7月底前完成地下管网铺设工作；市园林局要尽快完善公园设计方案；市供电局要在年底前力争完成高压线入地工作。三是市各有关部门要扎实做好保华项目前期工作，要进一步与保华集团就项目投资、用地性质等做好沟通和对接工作，力争项目尽快开工建设。四是玉泉区要组织一个团队做好与西部控股内蒙古电影集团项目的沟通和衔接工作，市规划局要积极跟进，为项目开工建设做好相关工作。副市长狄瑞明、孙建华、市四区政府主要负责人和市有关部门负责人参加了会议。

▲ 李杰翔代市长会见蒙牛集团总裁孙伊萍一行。副市长刘晶，和林县委、政府主要负责人和市有关部门负责人参加了会见。

▲ 狄瑞明副市长主持召开税收任务工作协调会议。

▲ 孙建华副市长调研赛罕区市政道路、环城水系等项目建设情况。

▲ 白金祥副市长参加自治区食品安全周启动仪式。

▲ 白金祥副市长主持召开工商商事制度改革工作会议。

▲ 王恒俊副市长陪同全国人大常委会检查组检查中海油天野化工再生水利用项目、大青山前坡治理项目。

▲ 王恒俊副市长主持召开少数民族运动中心项目建设专题会议，研究办理开工前相关手续。

▲ 康存耀副市长赴新城区调研农村“十个全覆盖”建设情况。

17日　李杰翔代市长会见苏宁置业集团有限公司总裁助理陈艳一行。市委常委、统战部部长云建东，副市长孙建华，市政府秘书长罗琳、回民区和市有关部门主要负责人参加会见。

▲ 孙建华副市长会见中冶集团董事长张培义一行，洽谈城市投融资有关事宜。

▲ 王恒俊副市长主持召开会议研究新建殡仪馆开工事宜。

▲ 康存耀副市长赴赛罕区调研农村“十个全覆盖”建设情况。

18日　李杰翔代市长主持召开市政府第8次常务会议。审议《呼和浩特市爱国卫生工作条例（草案）》、《呼和浩特市公园管理办法（草案）》、《呼和浩特市绿线管理办法（草案）》、《呼和浩特市古树名木和古树后续资源保护管理办法（草案）》；研究公主府、辛辛板、章盖营污水处理厂出水达到国家考核大、小黑河功能区标准事宜；审议《呼和浩特市工业转型升级引导办法》；研究关于落实《内蒙古自治区人民政府关于进一步扶持小型微型企业加快发展八条措施的通知》的实施意见；研究《呼和浩特市2014年度科学技术获奖人员、获奖成果及等级》；审议《呼和浩特市政府向社会力量购买服务实施意见》等三个文件；审议《呼和浩特市电子商务发展专项资金管理暂行办法》；审议《呼和浩特市人民政府关于全面推进依法行政加快建设法治政府的实施意见》。李杰翔代市长指出：公园、绿地建设和管理对城市发展非常重要，市民对公园、绿地的建设和管理要求越来越高，市园林局要制定新建公园、绿地的标准，同时要对已建成的公园、绿地加强管理、规范到位，要建立公园、绿地退出机制。李杰翔代市长强调：春华水务公司要加快污水处理厂提标改造工作进度，要想方设法确保年底前完成提标改造任务，使大、小黑河功能区域水质达到国家五类水标准；市财政局要尽快成立一个创投基金，为小微企业、上市公司、纳税大户、电子商务等企业发展进行贴息扶持，为我市经济发展奠定坚实基础。副市长狄瑞明、谢志斌，市人大常委会副主任付东海，副市长王恒俊、刚布和、赵云辉、康存耀、刘晶，市政府党组成员刘敏、秘书长罗琳及市有关部门负责人参加了会议。

▲ 李杰翔代市长主持召开市长办公会议，研究我市上半年经济运行情况。李杰翔代市长指出：各旗县区和市有关部门要加大工作力度，采取有力措施，确保我市经济指标时间过半、任务过半;市发改委要着手起草“十三五”规划，9月底要拿出方案，对重大工程、重大项目和重大政策要做好基础性工作，各旗县区要同步做好“十三五”规划的起草工作；自治区科学发展观观摩线路图已经确定，涉及的旗县区和有关部门，要加快工作进度，确保每个观摩点和观摩线路的景观绿化工作如期完成。副市长狄瑞明、刘晶，经济技术开发区管委会主任吴志强，市政府秘书长罗琳、九个旗县区政府主要负责人和市有关部门负责人参加了会议。

▲ 孙建华副市长陪同自治区政府副主席王波检查我市安全生产工作。

▲ 刚布和副市长参加自治区外事工作会议，向自治区政府建议支持呼和浩特建设中俄蒙自贸区和设立中俄蒙通网络银行。

19日　李杰翔代市长主持召开市长办公会议，研究轨道交通1、2号线工程可行性研究方案和试验段开工有关情况。李杰翔代市长指出：轨道交通是我市的重大工程，也是民心工程，各有关部门要主动作为，加强配合，推动轨道交通有序开展。轨道交通的前期工作由市机铁办负责，融资和施工工作由市交投公司负责，同时要明确近期主要工作任务和目录及时间进度节点；市发改委要就轨道交通首开段尽快予以批复。副市长狄瑞明、孙建华，中铁一院副院长李金诚、中铁三院副院长胡建明，有关旗县区和市有关部门负责人参加了会议。

▲ 孙建华副市长会见中轨金控有限公司副总裁孔凡超一行，洽谈轨道交通PPP合作有关事宜。

▲ 王恒俊副市长与市政协对接专题协商工作。

▲ 王恒俊副市长主持召开2015年教师招考领导小组会议。

▲ 康存耀副市长赴回民区调研农村“十个全覆盖”建设情况。

▲ 刘晶副市长参加托克托-清水河工业集中区总体规划论证协调会议。

23日　李杰翔代市长主持召开市长办公会议，研究中蒙论坛、金海电子文化创意产业园区、昭君博物院品牌景区创建规划设计方案。会议听取了信中利资本投资有限公司副董事长、合伙人何炎辉，阳光媒体集团北京阳光新瑞文化发展公司副总裁董勇，中国建筑设计院总规划师余雷、总建筑师曹晓昕等专家关于中蒙论坛、金海电子文化创意产业园区、昭君博物院品牌景区创建规划设计方案汇报。李杰翔代市长指出：昭君博物院的规划设计和建设工作时间紧迫、刻不容缓，设计单位要加快深化设计进度，重点节点和建筑的设计要一步到位；玉泉区要在8月底前将昭君博物院380亩用地征拆到位，确保昭君博物院建设工作顺利推进；回民区要尽快研究出台金海电子文化创意产业园区的优惠政策，推动金海电子文化创意产业园区建设快速发展；同时要尽快完善新华西街改造设计方案，完善城市功能，为打造自治区第一街奠定基础；市商务局要尽快制定中蒙论坛工作方案，为中蒙博览会的如期举行创造良好条件。副市长白金祥，市政府党组成员刘敏，市政府秘书长罗琳，回民区、玉泉区政府主要领导和市有关部门负责人参加了会议。

▲ 狄瑞明副市长参加涉农基金专项整治工作汇报会议。

▲ 孙建华副市长主持召开会议，研究轨道交通1、2号线东站设计方案及东客站北广场地下综合体与东客站主站房及南广场地下通道连接事宜。

▲ 王恒俊副市长参加自治区征兵工作会议。

24日　李杰翔代市长主持召开市长办公会议，听取关于快速路工程按期完工施工企业奖励办法汇报；国开行棚户区改造贷款还本付息实施管理办法；听取历史文化名城及非物质文化遗产保护中心项目工作进展情况汇报；研究关于调整我市机关事业单位工作人员基本工资标准和增加机关事业单位离退休人员离退休费的三个实施方案；听取市殡仪馆新建项目、示范性老年公寓项目、儿童探索博物馆项目、内蒙古少数民族群众文化体育运动中心项目工作进展情况汇报；听取市鹰翔水泥厂关闭破产进展情况汇报；听取市四区断头路征拆情况汇报。李杰翔代市长指出：一、快速路工程按期完工施工企业奖励办法是体现保证质量和工期的前提下，对提前完工企业的奖励措施，市财政、审计和建委要进一步细化奖励方案，按照提前完工的时间段奖励项目标段负责人，以今后项目招标分数奖励和荣誉奖励为主，项目标段负责人奖励上限不超过30万元。二、坚定不移地把棚户区改造工作做实做好，国开行三年贷款宽限期的利息由市财政统筹协调解决。三年后由各融资平台，市、区政府财政共同解决，市财政要抓紧测算和统筹棚户区改造土地和资金有关事宜。三、由孙建华副市长尽快将断头路打通分阶段拆迁的任务数和资金数摸底调查清楚，报市政府研究。四、要不折不扣执行国家、自治区关于调整机关事业单位工作人员基本工资标准和增加事业单位离退休人员离退休费标准，目前要先行启动调整机关事业单位工作人员基本工资标准和增加机关事业单位离退休人员离退休费工作；同时市人社局要按照自治区政府要求的标准抓紧测算津补贴执行的有关情况，王恒俊副市长要尽快向市委汇报有关情况并向自治区政府和国家人社部进行沟通和协调。五、儿童探索博物馆开工前的前期手续已办理完毕，7月20日要按期开工建设，市建委要按照自治区70周年大庆献礼项目要求倒排工期和资金到位进度安排，确保项目按期完工；示范性老年公寓和殡仪馆要在6月30日前进场施工；国家北方足球训练基地项目，由新城区尽快完成拆迁工作，确保项目顺利推进；内蒙古少数民族群众文化体育运动中心项目，6月24日市发改委已立项，10月1日前完善前期手续相关工作。六、鹰翔水泥厂关闭破产资产清算工作已全面启动，已有184名职工签订解除劳动关系合同，市经信委要进一步加快此项工作进度，确保破产工作顺利推进，未进入社保系统的临时工，由刘晶副市长牵头，协调自治区人社厅争取尽快进入自治区社保系统，为妥善解决鹰翔水泥厂临时工社保问题做好相关工作。副市长狄瑞明、孙建华、王恒俊、刘晶，市政府重大建设项目办主任赛青克，市政府秘书长罗琳，市四区政府主要负责人和市有关部门负责人参加了会议。

▲ 狄瑞明副市长参加自治区政府与中国电信、中国联通“互联网+”签约新闻发布会。

▲ 孙建华副市长会见中信银行呼和浩特分行副行长曹黛英一行，洽谈轨道交通融资贷款事宜。

▲ 孙建华副市长主持召开会议，研究城中村棚户区改造农发行贷款有关事宜。

▲ 白金祥副市长参加中国城市电视台技术协会年会。

▲ 白金祥副市长参加“一照一

码”登记制度改革启动仪式。

▲ 白金祥副市长参加自治区食品药品安全工作电视电话会议。

▲ 刚布和副市长赴北京参加《一带一路新媒体与云计算创新产业先行示范区项目可行性研究报告》预评审会。

▲ 赵云辉副市长主持召开市公安局党委会议。

▲ 康存耀副市长赴包头市参加自治区绿化现场会。

▲ 刘晶副市长赴土左旗调研 110 国道公路建设项目选址。

25 日　狄瑞明副市长参加自治区政府副主席符太增专题会议。

▲ 狄瑞明副市长会见太平投资控股公司总经理吴松一行。

▲ 狄瑞明副市长、刚布和副市长主持召开全市商贸流通业经济运行分析会议。

▲ 孙建华副市长陪同住建部副部长陈大卫一行巡查我市棚户区改造、公租房项目建设情况。

▲ 谢志斌副市长赴交通运输部参加深化出租车行业改革座谈会。

▲ 王恒俊副市长主持召开会议专题研究机关事业单位工资调整事宜。

▲ 王恒俊副市长参加市政协十二届十二次常委会议暨专题协商会议。

▲ 刚布和副市长参加“中蒙友谊林”纪念碑揭幕仪式。

▲ 赵云辉副市长参加全国禁毒先进集体、先进个人表彰电视电话会议。

▲ 康存耀副市长陪同自治区党委副书记、政法委书记李佳调研农村“十个全覆盖”工程。

▲ 刘晶副市长赴企业实地调研工作。

▲ 刘晶副市长主持召开会议研究阜丰、齐鲁、中环等企业政策兑现相关事宜。

▲ 市政府重大建设项目办主任赛青克参加市十四届人大常委会第二十二次会议。

26 日　狄瑞明副市长主持召开会议研究土左旗腾达花炮制造有限公司起诉市政府、土左旗、市安监局行政补偿相关事宜，刘晶副市长参加会议。

▲ 狄瑞明副市长听取民航设计院新机场预可研汇报。

▲ 孙建华副市长与农发行总行客户三部副总经理何刚召开座谈会，洽谈棚户区改造项目贷款事宜。

▲ 孙建华副市长主持召开 2014 年度土地矿产卫片执法检查警示约谈会。

白金祥副市长参加昭君博物院展陈提升及拟建博物馆形式设计方案汇报会。

▲ 刚布和副市长参加佛教协会第三次代表会议。

▲ 赵云辉副市长深入市四区参加“6.26”国际禁毒日宣传活动。

▲ 康存耀副市长参加自治区县域经济工作领导小组会议。

▲ 刘晶副市长与北车集团客人会谈。

▲ 刘晶副市长赴企业实地调研工作。

29 日　李杰翔代市长主持召开市长办公会议，听取全市国开行贷款棚户区改造资金使用情况、上半年全市拆迁完成情况、老旧小区改造情况及断头路基本情况；研究审议市财政局关于自治区财政集团为我市重点项目融资有关事宜、关于向内蒙古金融资产管理公司注入资本金有关事宜、关于组建呼和浩特城乡建设投资有限责任公司相关事宜；听取金融投资集团关于帮助解决“奈伦 08 企业债”的工作情况汇报；研究审议呼和浩特市城市公立医院改革方案。副市长狄瑞明、孙建华、白金祥、刚布和，市政府重大建设项目办主任赛青克，市政府秘书长罗琳，市四区政府主要负责人和市有关部门负责人参加了会议。

▲ 狄瑞明副市长接待国家发改委西部开发司原司长秦玉才一行。

▲ 孙建华副市长、刘晶副市长主持召开会议，研究收购众环公司企业土地和解决企业职工安置遗留问题等相关事宜。

▲ 谢志斌副市长参加自治区政府和社会资本合作项目推介会。

▲ 谢志斌副市长主持召开会议，研究组建北方网络银行相关事宜。

▲ 王恒俊副市长参加市政协民办学前教育专题调研座谈会。

▲ 刚布和副市长主持召开全市小微企业贷款风险补偿机制启动仪式。

▲ 赵云辉副市长主持召开市公安局“三严三实”专题教育研讨会。

▲ 赵云辉副市长参加自治区公安厅庆祝中国共产党成立 94 周年暨“七一”表彰大会。

30 日　李杰翔代市长赴清水河县一间房村、前梁村、聚宝村、单台子村等地，调研“十个全覆盖”工程建设情况。李杰翔代市长调研时强调，“十个全覆盖”作为一项统筹城乡发展的民心工程建设意义重大，各级各部门要将其作为民生工作的重中之重抓实抓好，进一步加快危房改造、道路兴建、院落修缮、村庄绿化、环境美化等工程建设进度，力争让村容村貌的变换促进村民精神风貌的改变。康存耀副市长陪同调研。

▲ 狄瑞明副市长参加自治区人大对我市上半年经济社会发展情况和预算执行情况调研汇报会。

▲ 孙建华副市长调研城市绿化重点项目建设工程。

▲ 白金祥副市长参加自治区卫计委对我市公立医院改革督查汇报会。

▲ 王恒俊副市长参加第二届全国社会体育指导员素质大赛。

▲ 王恒俊副市长赴示范性老年公寓、殡仪馆检查开工情况。

▲ 赵云辉副市长参加自治区公安厅党委会议。

7月

1日　李杰翔代市长赴武川县调研大青山乡二道洼村、五道沟村、下营盘村和可镇天力木兔村“十个全覆盖”工程改造建设情况，同时深入武川县丰鑫种植农民专业合作社、金三角园区蒙健氨基酸口服液及牧源冰淇淋等项目生产区域，了解建设运行发展情况。李杰翔代市长指出：“十个全覆盖”作为一项重要的民生工程，其建设意义深远。各级各部门要进一步增强责任感和使命感，把农村牧区危房改造和村容村貌整治工作放在统筹城乡发展的高度，以科学严谨的态度和求真务实的作风扎实工作，确保如期完成建设任务；要进一步加强乡村文明建设，建立村落环境整治问题长效常态化机制，形成讲文明、讲诚信的淳朴风尚；要将新农村建设与产业发展相结合，围绕区域优势发展好特色经济，积极引进龙头企业，促进村民增收、带动农民致富。副市长康存耀及市相关部门负责人参加调研。

▲ 狄瑞明副市长参加自治区重大项目调度会议。

▲ 孙建华副市长陪同那顺孟和书记调研快速路建设情况。

▲ 王恒俊副市长主持召开全市征兵工作会议。

▲ 赵云辉副市长参加全市公安机关庆祝中国共产党成立 94 周年七·一表彰大会。

▲ 刘晶副市长研究全市上半年工业经济运行情况，并听取市经信委赴旗县区调研工业企业情况汇报。

▲ 刘晶副市长听取内蒙古天野化工集团负责人关于企业生产经营情况的工作汇报。

▲ 市政府重大建设项目办主任赛青克赴市城管执法局调研。

▲ 市政府重大建设项目办主任赛青克主持召开会议研究城中村（棚户区）改造事宜。

▲ 市政府重大建设项目办主任赛青克赴新城区调研大青山前坡村庄改造。

2日　李杰翔代市长主持召开市长办公会议，听取并研究全市棚户区（城中村）改造和基础设施配套工程实施方案及农发行贷款融资情况。李杰翔代市长指出：国务院近日出台的《国务院关于进一步做好城镇棚户区和城乡危房改造及配套基础设施建设有关工作的意见》文件，是“稳增长、促发展、调结构、惠民生”的需要，是促进我市经济社会发展的重要机遇，各地区和各有关部门要深刻领会国务院的文件精神，进一步增强责任感和使命感，力争在两年内完成 2000 万 m2 的拆迁任务（包括农村）；要进一步补充和完善棚户区（城中村、农村危房）基础设施配套工程用地征拆改造工作领导小组，要深化和细化实施方案，同时要做好舆论宣传和引导工作；要合理安排拆迁顺序，要把打通断头路作为第一拆迁顺序加快推进，快速路周边村征拆工作做为第二顺序，城中村和棚户区改造工作做为第三顺序依次推进；要拆改并举，在 2016 年底前完成老旧小区改造任务；市四区要在 7 月 5 日前将 2015 年征拆任务上报市政府；领导小组要做好项目打包和前期手续审批工作，同时要制定市四区的奖励办法；市财政、市住房保障公司和市房管局要做好融资相关工作；市四区要在 7 月底前将国开行已到位的 36 亿元棚户区改造的贷款资金使用完毕；市规划部门要对列入改造的棚户区和城中村提前做好规划工作；市城管部门要进一步加强拆临拆违工作；市土地收储部门要确保拆一片、收一片，为项目打包融资做实做细相关工作；领导小组要将征拆政策标准尽快调整到位，为征拆工作的顺利推进奠定坚实基础。副市长孙建华、王恒俊、刘晶，市政府重大建设项目办主任赛青克，市政府秘书长罗琳、市四区区长和市有关部门负责人参加了会议。

▲ 狄瑞明副市长参加盟市厅局级领导干部（法治政府建设）专题研讨班。

▲ 狄瑞明副市长主持召开固定资产投资及重大项目调度会议。刘晶副市长参加会议。

▲ 白金祥副市长参加全市食品药品安全委员会第二次全体会议。

▲ 刚布和副市长赴呼和浩特海关协调俄蒙通项目有关事宜。

▲ 刚布和副市长与呼包银榆经济区市长联席会榆林市工作组座谈。

▲ 康存耀副市长陪同那顺孟和书记赴托县调研。

3日　狄瑞明副市长参加盟市厅局级领导干部（法治政府建设）专题研讨班。

▲ 王恒俊副市长带队赴电信、浪潮公司考察教育信息化工作。

▲ 王恒俊副市长主持召开专题会议，研究解决部分中考考生家长反映的问题。

▲ 赵云辉副市长参加全市公安机关应急拉动演练。

▲ 康存耀副市长主持召开全市防汛抗旱工作会议。

▲ 刘晶副市长研究落实稳增长、促改革、调结构、惠民生相关政策措施。

▲ 刘晶副市长参加自治区第二季度安全生产工作调度电视电话会议。

▲ 市政府重大建设项目办主任赛青克参加自治区土地矿产卫片执法检查工作汇报会。

6日　狄瑞明副市长参加盟市厅局领导干部（法治政府城市）专题研讨班。

▲ 孙建华副市长向自治区政府副主席王波汇报关于迎接自治区 70 周年大庆，加快首府城市建设相关工作。

▲ 孙建华副市长会见绿地集团副总裁陈军一行，洽谈项目建设事宜。

▲ 市政府重大建设项目办主任赛青克参加自治区首府规划委员会会

议。

▲ 市政府重大建设项目办主任赛青克参加自治区土地矿产卫片执法检查意见反馈会。

7 日　李杰翔代市长主持召开会议，听取内蒙古新华发行集团文化产品物流基地等项目进展情况、内蒙古（国际）文化产业新城项目进展情况以及保华集团东河项目拟用地情况汇报。副市长狄瑞明、孙建华，新城区、玉泉区、赛罕区区长及市有关部门负责人参加了会议。

▲ 狄瑞明副市长参加盟市厅局级领导干部（法治政府建设）专题研讨班。

▲ 谢志斌副市长参加全市上半年经济运行情况汇报会。

▲ 刚布和副市长赴自治区统计局拜会有关领导，汇报衔接商务运行工作。

▲ 康存耀副市长赴土左旗调研农村“十个全覆盖”建设情况。

▲ 刘晶副市长陪同云南省政府副省长丁绍祥一行赴蒙昆卷烟厂调研并参加内蒙古自治区政府与云南省政府深化烟草产业合作框架签约仪式。

▲ 刘晶副市长参加自治区上半年工业经济形势分析会议。

8 日　李杰翔代市长主持召开市长办公会议，研究阜丰、齐鲁、天浩三家企业耕地占用税及土地出让金相关事宜；研究中环、晶环、华夏聚光等企业招商协议兑现相关事宜；研究联通云计算基地土地使用相关事宜；研究众环集团公司拖欠职工医保、养老费相关问题。李杰翔代市长指出：阜丰、齐鲁、天浩土地占用税和滞纳金由金川开发区上交市财政、再由市财政返还金川开发区。未批先建问题由市城管局、市经信委按照市政府有关文件尽快办理；阜丰三期项目用地由经济技术开发区与阜丰签订协议办理；华夏聚光、晶环、中环的土地和税收优惠政策以环保和科技扶持资金予以解决；联通云计算基地二期建设项目用地由和林县负责解决；由刘晶副市长牵头、市经信委负责尽快出台众环集团公司一步到位的改制方案，改制方案要与企业土地利用和引进企业资金统筹考虑，妥善安排企业到龄退休职工的医保和养老保险问题及企业后续发展问题。副市长狄瑞明、孙建华、刘晶，经济技术开发区管委会党工委书记李建平、主任吴志强，市政府秘书长罗琳，玉泉区、赛罕区、新城区政府主要负责人及市有关部门负责人参加了会议。

▲ 狄瑞明副市长参加盟市厅局级领导干部（法治政府建设）专题研讨班。

▲ 白金祥副市长参加全市食品药品安全应急演练。

9 日　狄瑞明副市长参加审计署太原特派办廉洁回访调研座谈会。

▲ 孙建华副市长视察城市快速路建设项目进展情况。

▲ 王恒俊副市长参加自治区党委副书记李佳专题会议。

▲ 王恒俊副市长主持召开中考招生工作调度会议。

▲ 刚布和副市长赴玉泉区小黑河镇达赖庄村指导农村“十个全覆盖”工程建设工作。

▲ 刚布和副市长赴国际会展中心视察 2015 第七届呼和浩特国际汽车展览会举办情况。

▲ 刘晶副市长主持召开全市第二季度安全生产情况通报会。

▲ 市政府重大建设项目办主任赛青克赴春华水务公司调研。

10 日　李杰翔代市长主持召开市政府第 9 次常务会议，审议《呼和浩特市加快推进棚户区（城中村）、城乡危房改造、老旧小区综合整治和配套基础设施建设三年行动实施方案》；研究关于国开行贷款项目推进情况；听取 2012、2013 年老旧住宅小区综合整治改造项目存在问题的情况汇报；研究关于发行“呼和浩特交通产业投资基金”和“呼和浩特市交通投资建设发展基金”有关事宜；审议《呼和浩特市“绿色图章”管理制度实施办法》。副市长狄瑞明、孙建华、谢志斌，市人大常委会副主任张红霞，副市长王恒俊、刚布和、康存耀、刘晶，市政协副主席薛燕群，市政府党组成员刘敏，市政府重大建设项目办主任赛青克，市政府秘书长罗琳，九个旗县区政府主要负责人和市有关部门负责人参加了会议。

▲ 狄瑞明副市长参加国家统计局调研活动。

▲ 孙建华副市长视察快速路项目建设进展情况。

▲ 白金祥副市长赴清水河县调研。

▲ 王恒俊副市长主持召开 2015 年教师招考专题会议。

▲ 王恒俊副市长参加自治区政府副主席白向群主持召开的足球专题会议。

▲ 刘晶副市长研究制定众环集团转制方案相关工作。

▲ 市政府重大建设项目办主任赛青克赴市水务局调研。

13 日　李杰翔代市长实地调研新城区团结小区、回民区金海小区老旧小区改造和塞外安康新居公租房项目建设进展情况，副市长孙建华参加调研。

▲ 李杰翔代市长调研城市道路施工安全工作，要求各相关部门强化责任意识，全面排查地下管网，切实加强施工安全管理，副市长孙建华、刘晶参加调研。

▲ 狄瑞明副市长陪同国家发改委能源局副局长张玉清一行调研。

▲ 孙建华副市长会见中房集团张文清一行，研究团结小区改造事宜。

▲ 刚布和副市长与韩国中小企业厅中国事务官权大洙一行就韩流生活馆项目，吸引韩国企业到我市投资等事宜进行座谈。

▲ 刘晶副市长陪同参加两岸可再生能源产业合作及交流会议客人一

行调研。

14 日　李杰翔代市长主持召开与小微企业代表座谈会。李杰翔代市长指出：一要进一步完善支持小微企业发展的政策；二要进一步创新支持小微企业发展的政策；三要尽快出台支持小微企业发展的实施细则；四要整合各部门资金，尽快成立创投基金，为小微企业助保、担保、贴息提供资金支持；五要尽快完善我市中小企业服务平台建设工作，为小微企业发展奠定坚实基础。副市长刚布和、刘晶，市政府秘书长罗琳，市有关部门负责人和银行代表、小微企业代表参加座谈会。

▲ 谢志斌副市长在北京会见涛石基金董事长李山一行，双方就深入合作交换了意见。

▲ 白金祥副市长主持召开全市公立医院融资管理监督小组会议。

▲ 王恒俊副市长参加自治区政府副主席白向群关于足球工作专题会议。

▲ 王恒俊副市长主持召开专题会议，研究我市中考招生和幼升小工作。

▲ 刘晶副市长主持召开会议落实李杰翔代市长 7 月 8 日市长办公会议精神，研究相关企业历史遗留问题及招商优惠政策兑现落实事宜。

15 日　李杰翔代市长主持召开市长办公会议，专题研究昭君文化旅游区规划建设方案有关事宜。李杰翔代市长指出：昭君文化旅游区规划建设方案重点突出“和亲”主题，要深化“和”文化的内涵；市规划局要尽快完成大召区块、湿地公园、蒙古风情园和昭君文化旅游区的道路规划设计工作；旅游局要抓紧完成我市大旅游规划设计工作；文化部门要切实做好昭君文化旅游区规划设计单位文化方面的配合工作。副市长白金祥，市政府党组成员刘敏，市政府秘书长罗琳，中国建筑设计院总设计师曹晓昕、建筑师梁力、规划师范佳，玉泉区政府主要负责人和市有关部门负责人参加了会议。

▲ 李杰翔代市长赴自治区大学生科技园召开座谈会。李杰翔代市长指出：市各有关部门要尽快解决扶持小微企业政策散和乱的问题、服务不到位的问题；要做好整合政府政策、资金和平台工作；建立健全政策、金融和服务体系，为我市小微企业发展创造良好氛围。副市长王恒俊、刚布和、刘晶，市政府秘书长罗琳，新城区区委书记张锐及市有关部门负责人参加了座谈会。

▲ 狄瑞明副市长陪同国家能源局新能源司副司长梁志鹏调研。

▲ 刚布和副市长参加自治区向北开放领导小组工作会议。

▲ 刚布和副市长主持召开会议，研究全市商贸流通业运行情况。

▲ 赵云辉副市长参加自治区政法机关“严纪律守规矩、转作风敢担当、重实干树形象”专项活动部署会议。

▲ 市政府重大建设项目办主任赛青克赴回民区调研城市管理和市容市貌。

▲ 市政府重大建设项目办主任赛青克会见中国二十二冶集团党委委员兼第一建设公司总经理慈国强一行，洽谈 PPP 合作事宜。

▲ 市政府重大建设项目办主任赛青克会见内蒙古鑫通集团总裁白金。

16 日　李杰翔代市长在玉泉区主持召开全市回迁房建设现场会。李杰翔代市长指出，回迁房建设关乎民生、民心，关乎企业生存发展，更关乎政府的诚信。各级各部门要站在讲政治、保稳定、惠民生的高度，进一步增强责任感和紧迫感，强化举措、集中攻坚、全力推进，切实把回迁房建设这件好事办实、实事办好，确保动迁群众如期回迁、满意回迁。副市长孙建华，市政府重大建设项目办主任赛青克及市四区政府、相关部门负责人参加现场会。

▲ 刚布和副市长听取市民委工作情况汇报。

▲ 刚布和副市长主持召开会议，研究全市商贸流通业运行情况。

▲ 赵云辉副市长参加民主法制改革专项工作会议。

▲ 刘晶副市长参加工业和信息化部产业政策司调研组一行调研呼和浩特市产业园区 PPP 模式建设情况的汇报座谈会。

17 日　狄瑞明副市长主持召开智慧城市和政务云建设调度会议。

▲ 孙建华副市长会见富力集团西北区总裁助理元强国一行，洽谈项目选址事宜。

▲ 孙建华副市长主持召开呼和浩特市创建国家园林城市推进会议。

▲ 孙建华副市长主持召开轨道交通管线迁改协调会议。

▲ 孙建华副市长主持召开会议，研究国开行贷款有关事宜。

▲ 孙建华副市长陪同富力集团西北区总裁助理元强国一行调研项目选址事宜。

▲ 白金祥副市长参加“两节”新闻发布会。

▲ 王恒俊副市长主持召开教育工作专题会议。

▲ 刚布和副市长参加自治区中蒙博览会协调会议。

▲ 市政府重大建设项目办主任赛青克赴玉泉区调研城市管理工作。

▲ 市政府重大建设项目办主任赛青克赴自治区林业厅对接工作。

20 日　孙建华副市长赴呼伦贝尔市参加自治区小城镇建设现场会。

▲ 王恒俊副市长主持召开会议研究调整工资标准事宜。

▲ 王恒俊副市长赴市二中观摩西班牙少年足球队与我市少年足球队友谊赛。

▲ 赵云辉副市长参加全区公安机关“严纪律守规矩、转作风敢担当、重实干树形象”专项活动部署会议。

▲ 刘晶副市长主持召开会议研究 110 国道毫沁营大桥破损影响道路行车安全等事宜。

▲ 市政府重大建设项目办主任赛青克赴赛罕区调研城市管理和市容市貌。

21 日 李杰翔代市长主持召开市长办公会议，研究棚户区国开行贷款有关事宜。副市长康存耀，市政府重大建设项目办主任赛青克，市四区区长和市有关部门负责人参加会议。

▲ 李杰翔代市长会见深圳华强集团董事、执行总裁李明一行。市政府党组成员刘敏，市政府秘书长罗琳及市有关部门负责人参加会见。

▲ 李杰翔代市长参加与中兴通讯股份有限公司、中兴能源有限公司战略合作协议签约仪式。副市长狄瑞明代表市政府与中兴通讯股份有限公司签订了关于云计算、大数据和智慧城市等方面的战略合作协议，副市长刘晶代表市政府与中兴能源有限公司、中兴新能源汽车有限公司签订了关于光伏产业、智能微电网及新能源无线充电公交战略合作协议。

▲ 狄瑞明副市长主持召开新机场土地保障有关问题协调会。

▲ 孙建华副市长赴呼伦贝尔市参加全区小城镇建设现场会。

▲ 刚布和副市长参加自治区向北开放领导小组工作会议。

▲ 市政府重大建设项目办主任赛青克参加推进棚户区（城中村）改造三年行动计划新闻发布会。

22 日 孙建华副市长赴呼伦贝尔市参加自治区小城镇建设现场会。

▲ 王恒俊副市长赴新城区召开棚户区（城中村）改造办公会议。

▲ 王恒俊副市长主持召开全市机关事业单位调整工资的专题会议。

▲ 刚布和副市长参加自治区中蒙博览会协调会。

▲ 市政府重大建设项目办主任赛青克赴回民区召开棚户区（城中村）改造办公会议，研究城市周边永久基本农田划定核实举证工作。

23 日 李杰翔代市长会见利乐大中华区总裁殷长勋一行。副市长狄瑞明、刘晶，经济技术开发区管委会主任吴志强，市政府秘书长罗琳及市有关部门负责人参加会见。

▲ 孙建华副市长主持召开会议研究部分新建桥梁及快速路命名等城建方面有关事宜。

24 日 李杰翔代市长主持召开房地产企业座谈会。李杰翔代市长指出：市政府办公厅要进一步完善、促进房地产市场平稳健康发展的实施意见；一方面要通过政策使历史遗留问题尽快得到解决；另一方面要加大征拆力度，引导拆迁户购买存量房努力消化存量，为房地产市场健康发展创造宽松环境。副市长孙建华和内蒙古兴泰房地产开发有限责任公司等 15 家房地产开发企业参加座谈会。

▲ 李杰翔代市长主持召开市政府第 10 次常务会议，审议《呼和浩特市人民政府关于进一步促进房地产市场平稳健康发展的实施意见》；研究《呼和浩特市加快推进棚户区（城中村）、城乡危房改造、老旧小区综合整治和配套基础设施建设考核评价办法》；审议《呼和浩特市城市道路设施管理条例修正案（草案）》；研究解决香河家具城项目遗留问题有关事宜；研究兴安南路以东、南二环以北地块内蒙古港湾房地产公司土地征收补偿有关事宜。李杰翔代市长指出：一是要解决没有容积率的土地证问题，市有关部门要严格贯彻落实自治区政府 58 号文件精神，为我市房地产市场健康发展创造宽松环境；二是要进一步完善《加快推进棚户区（城中村）、城乡危房改造、老棚户区综合整治和配套基础设施考核评价办法》，考核要按年度执行，考核好的区政府奖励 3 亿元，完成任务的区政府奖励 1 亿元；完成好的旗县最高奖励 2 亿元，最低奖励 5000 万元；三是要设定开挖道路的门槛，同时要解决道路建设过程中新增断头路的问题；要加大道路开挖处罚力度，市城建委在 8 月底前要打通万通路南段，园林、市政、交通部门要加强协调配合，共同做好道路管理工作。副市长狄瑞明，呼和浩特警备区政委李峰，副市长孙建华、谢志斌，市人大常委会副主任张红霞，副市长刚布和、赵云辉、康存耀、刘晶，市政协副主席陈曼莉，市政府党组成员刘敏，市政府秘书长罗琳及市有关部门负责人参加会议。

▲ 狄瑞明副市长陪同自治区统计局局长胡敏谦赴托县调研。

▲ 王恒俊副市长参加市儿童探索博物馆开工仪式。

▲ 王恒俊副市长陪同自治区政府副主席云光中接待上海市、安徽省考察团。

▲ 王恒俊副市长陪同自治区政府副主席云光中赴和林县调研。

▲ 刚布和副市长、刘晶副市长参加市政协中小微企业加快发展专题协商会议。

▲ 赵云辉副市长参加自治区深化公安改革大力推进公安"四项建设"推进会。

▲ 市政府重大建设项目办主任赛青克赴宁夏参加全国城市环卫保洁工作现场会。

27 日 狄瑞明副市长主持召开建设项目并联审批协调会。

▲ 孙建华副市长视察快速路南线及内蒙古党校周边市政基础设施建设情况。

▲ 刚布和副市长参加自治区政府副主席符太增会见蒙古国百名师生夏令营代表团活动。

▲ 刚布和副市长参加自治区万亩草场中蒙博览会分会场建设工作会议。

▲ 赵云辉副市长赴回民区新华广场检查"内蒙古大商城业主网络邀约聚集维权"舆情预警工作部署情况。

▲ 市政府重大建设项目办主任赛青克赴外地考察学习城市和交通管

理。

28 日　狄瑞明副市长听取市政府办公厅关于我市有关部门购买特种工作用车的汇报。

▲ 孙建华副市长参加住建部副司长刘贺明主持召开的会议，研究关于城市地下管线普查检查工作。

▲ 孙建华副市长赴现场协调大青山建设项目事宜。

▲ 白金祥副市长主持召开“两节”工作例会。

▲ 王恒俊副市长参加首府双拥杯羽毛球、足球比赛开幕式。

▲ 王恒俊副市长参加自治区大气污染防治工作电视电话会议。

▲ 刚布和副市长接待乌兰巴托访问团。

▲ 刚布和副市长赴自治区汇报衔接万亩草场中蒙博览会分会场建设工作。

▲ 赵云辉副市长参加全市政法机关“严纪律守规矩、转作风敢担当、重实干树形象”专题活动动员大会。

▲ 康存耀副市长赴清水河县调研农村“十个全覆盖”建设情况。

▲ 市政府重大建设项目办主任赛青克赴外地考察学习城市和交通管理。

29 日　狄瑞明副市长听取云计算办公室、浪潮集团关于政务云建设进展情况汇报。

▲ 狄瑞明副市长调研我市电子商务发展情况。

▲ 孙建华副市长陪同那顺孟和书记赴呼铁局调研。

▲ 王恒俊副市长赴职业学院、少数民族运动中心、国足训练基地和足球生态公园建设现场调研。

▲ 刚布和副市长主持召开全市商贸流通业工作协调会。

▲ 赵云辉副市长主持召开全市公安机关上半年工作总结和下半年工作推进会议。

▲ 康存耀副市长赴武川县调研农村“十个全覆盖”工程建设情况。

▲ 市政府重大建设项目办主任赛青克赴外地考察学习城市和交通管理。

30 日　狄瑞明副市长听取市发改委关于参加第三届呼包银榆经济区市长联席会议参会情况汇报。

▲ 白金祥副市长主持召开会议研究乳肉检测中心移交事宜。

▲ 王恒俊副市长与自治区人社厅对接引进足球外教事宜。

▲ 王恒俊副市长赴自治区环保厅参加落实国办发〔2014〕56 号文件精神座谈会。

▲ 赵云辉副市长与呼和浩特市公安局警卫处、市公安消防支队、武警呼和浩特支队、武警一支队、二支队现役武警官兵座谈，开展慰问，发放慰问金。

▲ 市政府重大建设项目办主任赛青克赴外地考察学习城市和交通管理。

31 日　李杰翔代市长主持召开市长办公会议，专题研究第十六届中国·呼和浩特昭君文化节和第五届中国·呼和浩特少数民族文化旅游艺术活动第二次工作例会。李杰翔代市长强调：一要高度重视，要明确责任、各负其职，兜住底线，不出问题，不出意外事件，各部门要有大局意识，加强沟通和配合，做好应急预案，确保万无一失。二要有高质量的活动，内容要健康、向上、丰富多彩，重点活动要突出，要精心安排，不能出现纰漏。三要精心组织，全面协调，不留死角。四要按规矩接待，不超规格，同时要符合各民族风俗习惯，要做到无缝对接。五要强化保障工作，确保一节一活动顺利进行，同时要进一步做好中蒙博览会相关筹备工作。副市长狄瑞明、孙建华，市委常委、宣传部部长王雪峰，市委常委、秘书长刘文玉，副市长白金祥、王恒俊、刚布和、赵云辉，市政府党组成员刘敏，市人大副秘书长蓝兴东、市政府秘书长罗琳、市政协秘书长董赛力和市有关部门负责人参加会议。

▲ 孙建华副市长与市委宣传部部长王雪峰带领各级新闻媒体记者视察快速路通车情况。

▲ 孙建华副市长主持召开会议，研究呼张客专、呼准鄂铁路项目和沙良货场道路建设有关事宜。

▲ 白金祥副市长筹备“两节”相关工作。

▲ 赵云辉副市长主持召开全市公安机关深化公安改革、推动“四项建设”推进会。

▲ 康存耀副市长主持召开自治区党委、政府关于对加大改革创新力度，加快农牧业现代化建设情况开展实地督查的汇报座谈会。

8月

1 日　李杰翔代市长深入防汛第一线，现场检查指导、安排部署全市防汛工作。李杰翔代市长强调，根据气象信息分析预测，近期全市将有较强降水来临，防汛形势较为严峻，全市各级各部门要高度重视、严阵以待，切实做好各项应急准备工作。李杰翔代市长指出，要“防”、“治”结合，扎实做好当前及未来城市防汛工作。当前要以“防”为主，把城区北侧大青山 9 条河沟、大黑河和小黑河河道以及城区部分低洼地段做为防汛重点，立即启动防汛预案，落实各项责任，严防死守。对于侵占河道的建筑物要及时清除；对于洪水有可能淹没的村庄要制定撤离计划。要加强对气象信息和上游水情的监测，一旦发现险情，及时启动应急撤离预案。要加强防汛工作的宣传，通过新闻媒体、张贴告示等形式，让防汛重点区域群众熟悉防汛警示和撤离信号。要强化抗洪抢险人员、物资和装备的保障，一旦出现险情，立即组织到位。未来防汛工作要以“治”为主，利用三年时间，尽快落实各项防洪规划，启动实施红吉水库和城区北侧河沟上游水库的建设工作，同时要通过建设截洪沟、河道改道等方式疏通泄洪通道。要尽快启动大黑河城区段和小黑河下游段治理工程，确保防洪防汛长治久安。李杰翔代市长同时调研了城建重点项目万亩草场建设情况。副市长孙建华、刚布和，市政府秘书长罗琳参加了调研。

3 日　李杰翔代市长参加环保部大气和水环境治理督查反馈意见会议。李杰翔代市长做表态发言：对于督查组发现的问题，诚恳接受、全面认领；对提出的整改要求将认真梳理、全面落实；对全市环保事业的发展，将举一反三、标本兼治；对环保监管能力建设，将加大投入、全面保障；对下一步环保工作的开展，将进一步加强组织领导、强化责任落实。市委常委、宣传部部长王雪峰，副市长王恒俊，经济技术开发区管委会主任吴志强，市政府秘书长罗琳、9 个旗县区主要负责人和市有关部门负责人参加了会议。

▲ 主持召开市政府第 11 次常务会议，会议包括两项内容，一是通报环保部华北督查中心反馈综合督查意见；二是安排部署我市环保整改工作任务。李杰翔代市长对我市下一步环保整改工作提出具体要求：一是要按照党中央、国务院制定的《环境保护法》、自治区党委书记王君对环保工作的指示要求和对照我市的环保工作，特别是督查组督查报告中提出的问题，每位领导干部都要认真对待，从主观上、从思想上查找问题存在的原因。二是要吸取腾格里工业园区污染问题的经验教训，把我市环境保护工作做为“三严三实”专题教育的整改内容，对照检查整改，特别是通报中涉及的地区和部门要深刻剖析问题存在的症结，一周之内把整改报告上报市政府办公厅，汇编成册。三是由市政府负责起草编制我市大气和水环境治理整改方案，该项工作由副市长王恒俊负责，本周内完成初稿，避免退稿。四是对督查报告中提出的具体问题，要迅速提出整改方案和措施，做到立行立改、立查立改，该查处的必须查处，决不姑息。五是加强领导，明确责任，做到责任到位，整治到位，达到标本兼治。成立由李杰翔代市长为组长，其它副市长为副组长的环境保护整改工作领导小组，对我市环境保护工作中存在的问题进行整改，要把这项工作做为当前和今后工作的一项重要内容，扎扎实实地开展下去，确保我市环保工作彻底改观。呼和浩特警备区政委李峰，副市长孙建华，市人大常委会副主任张红霞，副市长白金祥、王恒俊、刘晶，市政协副主席陈曼莉，市政府党组成员刘敏，市政府重大建设项目办主任赛青克，经济技术开发区管委会主任吴志强，市政府秘书长罗琳，9 个旗县区主要负责人和市有关部门负责人参加了会议。

▲ 狄瑞明副市长赴榆林市参加第三届呼包银榆经济区市长联席会议。

▲ 白金祥副市长筹备“两节”相关工作。

▲ 王恒俊副市长陪同环保部华北督查中心主任刘长根一行赴章盖营污水处理厂、辛辛板污水处理厂和大青山前坡综合治理工程调研。

4 日　狄瑞明副市长赴榆林市参加第三届呼包银榆经济区市长联席会议。

▲ 孙建华副市长、王恒俊副市长陪同全国人大常委会原副委员长乌云其木格一行视察快速路建设及河道绿化情况。

▲ 白金祥副市长筹备“两节”相关工作。

▲ 刚布和副市长参加全国蒙商助推内蒙古经济社会发展乡情恳谈会。

▲ 康存耀副市长参加自治区党委、政府 1 号文件督查意见反馈会。

▲ 刘晶副市长落实 8 月 3 日市政府第 11 次常务会议精神，赴武川县调研淘汰落后产能工业项目，并召开现场办公会安排部署下一阶段工业经济运行相关工作。

▲ 市政府重大建设项目办主任赛青克主持召开会议，落实 8 月 3 日市政府第 11 次常务会议精神，安排部署环保整改工作任务；研究市容市貌、水务、交通秩序综合整治三年行动计划方案；安排部署城区防汛工作。

5 日　李杰翔代市长参加第十六届中国・呼和浩特昭君文化节与第五届中国・呼和浩特少数民族文化旅游艺术活动开幕式。

▲ 狄瑞明副市长陪同全国人大常委会原副委员长乌云其木格调研。

▲ 狄瑞明副市长参加“两节”相关活动。

▲ 孙建华副市长陪同住建部创建国家园林城市专家组对我市进行实地考察。

▲ 白金祥副市长参加“两节”相关活动。

▲ 刚布和副市长参加全国蒙商助推内蒙古经济社会发展招商引资项目推介会。

▲ 刚布和副市长接待香港新益物流集团负责人。

▲ 赵云辉副市长检查指导“两节”安保工作。

▲ 刘晶副市长带领市经信委、安监局、春华水务等相关部门赴赛罕区调研蒙联化工、内蒙古中环三期、晶环蓝宝石等项目，并召开现场办公会，解决企业存在的相关问题，安排部署近期工业经济运行，少数民族运动会期间安全生产监管和淘汰落后产能等相关工作。

▲ 市政府重大建设项目办主任赛青克主持召开会议研究各旗县区棚户区改造三年行动征拆和国开行贷款进展情况。

6 日　狄瑞明副市长参加中国・内蒙古绿色农畜产品博览会。

▲ 孙建华副市长参加创建国家园林城市工作汇报会并陪同国家住建部专家组实地察看项目情况。

▲ 白金祥副市长参加“两节”相关活动。

▲ 赵云辉副市长参加中国·内蒙古绿色农畜产品博览会。

▲ 赵云辉副市长检查指导“两节”安保工作。

▲ 康存耀副市长参加中国·内蒙古绿色农畜产品博览会。

▲ 康存耀副市长参加自治区重大水利工程建设工作推进会。

▲ 刘晶副市长带领市经信委、安监局、林业局等相关部门负责人赴托县和清水河县调研托电五期、日盛沸石和蒙鑫冶金等十个项目，召开现场办公会解决企业所面临的实际问题，并安排部署近期工业经济运行、安全生产监管和淘汰落后产能等相关工作。

▲ 市政府重大建设项目办主任赛青克研究小黑河沿岸房屋遗留问题。

7 日　狄瑞明副市长会见雍和资本董事长孙横一行。下午，会见阿里巴巴副总裁孙利军一行。

▲ 孙建华副市长陪同国家住建部专家组实地察看项目情况。

▲ 白金祥副市长参加“两节”相关活动。

▲ 刚布和副市长赴锡林浩特市参加自治区资本市场工作会议。

▲ 赵云辉副市长主持召开全市公安机关开展“严纪律守规矩、转作风敢担当、重实干树形象”专项活动动员大会。

▲ 刘晶副市长带领市经信委、安监局等有关部门负责人赴托县、和林县调研京能盛乐热电、桃李食品等 5 个项目，召开现场办公会解决企业所面临的实际问题，并安排部署近期工业经济运行、安全生产监管和淘汰落后产能等相关工作。

▲ 刘晶副市长会见浙江晶盛集团董事长邱敏秀一行。

8-9 日　李杰翔代市长赴托县、土左旗调研我市农村“十个全覆盖”工程进展情况。

10 日　李杰翔代市长主持召开市长办公会议，研究国开行棚改资金使用相关事宜。副市长孙建华，市政府重大建设项目办主任赛青克，市政府秘书长罗琳、市四区区长和市有关部门负责人参加了会议。

▲ 王恒俊副市长主持召开有关学校公交路线通勤工作协调会。

▲ 王恒俊副市长赴玉泉区调研教育和环保工作。

▲ 王恒俊副市长、刘晶副市长主持召开会议研究加快推进鹰翔水泥厂破产清算及职工安置相关事宜。

▲ 康存耀副市长赴包头市参加自治区“十个全覆盖”现场会。

▲ 刘晶副市长与山东天岳公司总经理张志海一行会谈，就碳化硅晶圆项目落户我市进行洽谈对接。

11 日　李杰翔代市长调研我市快速路建设情况。副市长孙建华、王恒俊，市政府重大建设项目办主任赛青克，市政府秘书长罗琳参加调研。

▲ 狄瑞明副市长听取市财政局等有关部门贯彻落实国务院〔2014〕62 号、〔2015〕25 号文件精神进展情况的汇报。

▲ 孙建华副市长会见包商银行行长助理杨俊杰一行，洽谈融资贷款事宜。

▲ 孙建华副市长陪同自治区政府副主席王波、自治区住建厅厅长秦义调研清水河县棚户区改造情况。

▲ 白金祥副市长主持召开创建全国卫生城市工作会议。

▲ 王恒俊副市长陪同北京军区、内蒙古军区首长调研我市征兵工作。

▲ 王恒俊副市长赴自治区环保厅汇报环保综合督查整改方案。

▲ 刚布和副市长陪同辽宁省副省长江瑞一行在我市考察。

▲ 刘晶副市长主持召开全市金属非金属矿产资源开采全面清理整顿工作会议。

▲ 市政府重大建设项目办主任赛青克主持召开会议研究解决城管执法和水务工作相关事宜。

12 日　狄瑞明副市长赴国家统计局呼和浩特调查队调研。

▲ 狄瑞明副市长主持召开新机场预可研评审会专题协调推进会。

▲ 孙建华副市长会见广州富力集团西北区总裁助理元强国一行，洽谈城建项目有关事宜。

▲ 孙建华副市长调研快速路和地铁试验段项目情况。

▲ 孙建华副市长主持召开会议，研究地铁项目建设有关事宜。

▲ 白金祥副市长赴旗县区调研。

▲ 刚布和副市长陪同自治区政府副主席云光中会见加拿大驻华大使赵朴一行。

▲ 赵云辉副市长参加自治区普法志愿者队伍成立大会暨送法下乡活动。

▲ 赵云辉副市长赴武川县可镇派出所调研指导工作。

▲ 康存耀副市长赴和林县调研“十个全覆盖”和重点水利工程建设项目。

▲ 刘晶副市长带领市经信委、国土局、供电局等相关部门负责人赴土左旗和经济技术开发区沙尔沁园区调研嘉盛新能源、金宇保灵和科林埃尔等 7 个项目，召开现场办公会，解决企业所面临的实际问题并安排部署近期工业经济运行、安全生产监管和项目土地环评等相关工作。

13 日　8 月 11-13 日，李杰翔代市长先后赴回民区、玉泉区、新城区、赛罕区，对我市棚户区（城中村）改造、城乡危房改造、老旧小区综合整治及配套基础设施建设三年行动计划开展情况进行实地调研，并分别召开现场办公会议，研究解决各地目前存在的具体问题。李杰翔代市长强调，三年行动计划第一是棚改及基础设施建设行动计划，第二是市容、水务、交通综合管理行动计划，第三是产业升级转型行动计划，我们要紧紧抓住国家政策机遇，打好棚改战役攻坚战，让老城区脱胎换骨，让新城区提档升级，争取到2017年自治区成立70周年大庆时，使首府面貌实现大变样。

▲ 狄瑞明副市长会见赛伯乐投资集团华北区总经理姜川一行。

▲ 狄瑞明副市长赴市国税局调研。

▲ 白金祥副市长听取“昭君文化旅游区”深化设计方案汇报。

▲ 刚布和副市长陪同全国政协副主席王钦敏一行调研。

▲ 康存耀副市长赴托县调研“十个全覆盖”和重点水利工程建设项目。

14 日　狄瑞明副市长赴市地税局调研。

▲ 狄瑞明副市长陪同自治区国资委主任魏栓师调研。

▲ 孙建华副市长主持召开会议研究内蒙古电力生产调度指挥中心项目及博尔顿广场项目手续办理有关事宜。

▲ 孙建华副市长赴自治区发改委协调建设项目事宜。

▲ 白金祥副市长赴市文新广电局调研。

▲ 白金祥副市长陪同国家新闻出版广电总局副局长孙寿山调研。

▲ 白金祥副市长主持召开爱卫办专家指导意见反馈会。

▲ 康存耀副市长主持召开“十个全覆盖”领导小组工作会议。

▲ 康存耀副市长赴玉泉区主持召开棚户区改造建设推动会。

▲ 市政府重大建设项目办主任赛青克赴新城区研究鹰翔水泥厂拆除相关事宜。

17 日　孙建华副市长会见浙江华侨基金公司执行总裁杨宇潇一行商谈成立城市发展基金公司有关事宜。

▲ 王恒俊副市长赴班定营污水处理厂，阜丰、齐鲁、天浩 3 家企业督查环保问题整改情况。下午，陪同人社部农保司副司长董英申一行调研农民社会保障和城乡居民养老保险工作。

▲ 刚布和副市长参加自治区与蒙古国工作组关于推进中蒙博览会有关事宜的工作对接会。

▲ 康存耀副市长赴玉泉区调研棚户区改造工作。

▲ 刘晶副市长主持召开全市安全生产工作会议，会上传达了党和国家领导人关于天津“8·12事故”的批示精神和8月15日国务院、自治区安全生产电视电话会议精神，并安排部署我市安全生产大检查、大排查、大整治相关工作。

18 日　李杰翔代市长主持召开市长办公会议，听取机铁办汇报地铁项目预可研进展情况及下一步需要配合的事项。李杰翔代市长要求：市机铁办、市规划局、市环保局、市国土资源局、市水务局等有关部门要各负其责、倒排工期确保 9 月底前做完轨道交通 1、2 号线（一期）工程可行性研究报告主报告和相关支撑性报告。土左旗、新城区、回民区、玉泉区、赛罕区主要负责人和市有关部门负责人参加了会议。下午，主持召开市政府第12次常务会议，研究《关于大气和水环境治理综合督查整改方案》和研究全市安全生产工作事宜。李杰翔代市长传达了自治区政府安全生产专题会议精神，对我市下一步开展安全生产大检查、大排查、大整治工作提出具体要求，各地区、各部门要高度重视安全生产工作，吸取天津“8·12”爆炸事故教训，做好我市安全生产大检查、大排查、大整治工作。要求检查组立即行动，当天检查、当天总结，做好台帐，立即下整改通知，涉及整改的各地区、各部门、各企业必须做到立行立改。对在检查中发现的危险隐患，必须立即停产整顿。副市长孙建华，呼和浩特警备区政委李峰，市人大常委会副主任张红霞，副市长王恒俊、刚布和、康存耀、刘晶，市政协副主席白云，市政府党组成员刘敏，市政府重大建设项目办主任赛青克，市政府秘书长罗琳、9个旗县区主要负责人和市有关部门负责人参加了会议。

▲ 狄瑞明副市长陪同国家有关部委领导和专家组对新机场预选场址进行踏勘。

▲ 王恒俊副市长参加全国行业协会商会与行政机关脱钩全国电视电话会议。下午，主持召开纪念抗战暨世界反法西斯战争胜利70周年纪念活动空气质量保障工作专题会议。

▲ 康存耀副市长陪同国家供销总社理事会副主任骆琳调研。

▲ 刘晶副市长带领市经信委、安监局等有关部门负责人赴赛罕区金桥开发区中石油呼和浩特石化分公司、中海油天野化工和中石油八拜油库等危化品生产经营重点企业进行实地调研，对企业的生产经营和安全生产等方面工作做了安排部署，刘晶副市长特别强调企业在危化品的生产、运输、储存和罐体安全等多个环节一定要加强安全生产监管力度。

▲ 市政府重大建设项目办主任赛青克参加环卫工人节暨环卫保洁整治三年行动动员大会。

▲ 全国医药保健品交易会8月18日在我市举行。

19 日　狄瑞明副市长参加呼和浩特新机场预可行性研究报告评估会。

▲ 王恒俊副市长参加国家督查组纪念抗战胜利70周年活动空气保障汇报会。

▲ 康存耀副市长赴武川县参加自治区农牧民工入会集中行动现场推进会并调研重点水利工程建设情况；赴土左旗和玉泉区调研重点水利工程建设情况。

▲ 市政府重大建设项目办主任赛青克主持召开专题会议，研究污水处理厂提标扩建工程有关事宜，布置水务三年行动工作；调研市国土资源管理工作。

▲ 总投资 274 亿元的保华集团“一带一路”国家新媒体与云计算产

业先行示范区项目落户新城区。

20 日　李杰翔代市长主持召开市长办公会议，听取我市经济体制和生态文明体制改革试点工作和重点工作进展情况汇报，安排部署推进下一步改革工作。一是听取土左旗农村“三资”管理试点、龙头企业与农民利益联结机制试点改革进展情况汇报。二是听取托县环境污染第三方治理试点进展情况汇报。三是听取和林县土地征收试点、龙头企业与农民利益联结机制试点改革进展情况汇报。四是听取清水河县编制自然资源资产负债表试点、开展对领导干部实行自然资源资产离任审计试点、探索建立领导干部损害生态环境终身责任追究制度试点改革进展情况汇报。五是听取武川县土地确权登记试点进展情况汇报。六是听取农牧业局转移农民市民化试点、农村宅基地、土地承包经营权及其他农村资产（物权）抵押贷款试点改革进展情况汇报。七是听取市园林局园林绿化市场化养护管理试点进展情况汇报。八是听取白塔空港物流园区争取国家西北自贸区项目试点进展情况汇报。副市长狄瑞明、孙建华、王恒俊、刚布和、赵云辉、康存耀、刘晶，市政府党组成员刘敏，市政府重大建设项目办主任赛青克，市政协副主席、公共资源交易中心主任张海生，经济技术开发区管委会主任吴志强，市政府秘书长罗琳，9 个旗县区主要负责人和市有关部门负责人参加了会议。

▲ 孙建华副市长陪同自治区政府副主席符太增一行视察快速路，参加呼和浩特快速路试通车暨地铁 1、2 号线开工仪式。

21 日　狄瑞明副市长主持召开创建“宽带中国”示范城市调度会；参加呼和浩特新机场预可行性研究报告意见反馈会。

▲ 王恒俊副市长参加纪念抗战胜利 70 周年活动空气保障工作视频会议；参加自治区对我市双拥模范城市创建考评会议。

▲ 刚布和副市长带队赴中石油八拜油库、大台加油站检查我市成品油市场销售、安全生产及加油站油气回收工作。

▲ 康存耀副市长参加全市“十个全覆盖”工程建设现场观摩暨表彰大会。

▲ 刘晶副市长参加创建“宽带中国”示范城市调度会。

▲ 市政府重大建设项目办主任赛青克专题研究国土资源管理工作有关事宜。

▲ 我市 1–7 月份进出口总值完成 12.87 亿美元，占自治区比重为 16.8%；同比增长 10.8%。

24 日　狄瑞明副市长参加自治区油气管道安全检查座谈会。

▲ 白金祥副市长参加我市文化体制改革工作会议。

▲ 王恒俊副市长参加自治区军转干部安置工作电视电话会议。

▲ 市政府重大建设项目办主任赛青克主持召开会议，专题研究城市管理工作。

25 日　李杰翔代市长会见北大青鸟集团徐柱良总裁和天创国际演艺公司曹晓宁总经理一行，副市长白金祥，市政府副秘书长、办公厅主任刘月平，玉泉区、新城区政府和市有关部门负责人参加了会见。

▲ 白金祥副市长陪同北大青鸟集团徐柱良总裁一行考察文化产业项目。

▲ 王恒俊副市长赴环保部华北督查中心汇报环保整改方案。

▲ 刚布和副市长参加市政府与广东省异地商会联合会项目合作座谈会。

26 日　李杰翔代市长会见华强文化科技集团总裁刘道强一行，副市长白金祥，市政府副秘书长、办公厅主任刘月平，新城区、赛罕区政府和市有关部门负责人参加了会见。

▲ 狄瑞明副市长会见天津航空公司负责人。

▲ 白金祥副市长陪同华强文化科技集团总裁刘道强一行赴赛罕区金河镇就文化主题公园项目建设用地进行考察并召开座谈会。

▲ 刚布和副市长参加兰州市政府在我市举办的中国（兰州）电商物流大会推介活动。

▲ 赵云辉副市长赴乌兰察布市参加“9·3 阅兵”安保誓师大会。

▲ 我市 1–7 月份 3 个工业类小企业创业示范基地工业总产值实现 25.22 亿元，同比增长 10.02%。

27 日　李杰翔代市长会见国家电投蒙西能源公司总经理、党组副书记王进国一行，副市长刘晶，市政府秘书长罗琳和市有关部门负责人参加了会见。

▲ 王恒俊副市长参加自治区督导评估组对我市赛罕区、和林县义务教育均衡发展评估验收反馈会。

▲ 刚布和副市长陪同韩国前总理李寿成考察伊利液态奶生产线。

▲ 赵云辉副市长参加自治区公安厅党委中心组三严三实学习会议。

28 日　狄瑞明副市长陪同农业部常务副部长余欣荣赴土左旗调研。

▲ 孙建华副市长主持召开会议，研究轨道交通新华广场、火车站站点设计方案；赴京城固体废物处置有限公司调研，并召开现场会，研究解决生活垃圾渗滤液处理等有关问题。

▲ 王恒俊副市长参加自治区创建双拥模范城检查考评组反馈意见会；赴市航天学校、十二中、金山学校调研入学准备工作。

▲ 刚布和副市长赴广州参加第二十三届广州博览会。

▲ 市政府重大建设项目办主任赛青克主持召开会议，研究呼和浩特市鹰翔水泥厂转制、拆迁推进工作。

29 日　李杰翔代市长深入清水河县喇嘛湾镇、窑沟乡、单台子乡、北堡乡、韭菜庄乡、城关镇、宏河镇视察“十个全覆盖”工程进展情况。李杰翔代市长指出：一是清水河县要全力保证完成年初确定的各项工作任务。二是按照因地制宜、实事求是的原则，进一步加快“十个全覆盖”工程进度，着力在精、细和群众精神面貌等方面下功夫。三是加快制定全县20户以下村庄移民工作规划，并统筹好移民地的产业发展、土地流转和群众的就业谋生工作。四是进一步明确细化沿交通干线、沿黄河乡镇的产业发展定位和规划。五是全力做好抗旱救灾工作，根据季节特点，当前应把工作重心放在救灾上。

▲ 伊利集团上半年实现营收301.51亿元，同比增长9.76%；实现利润总额31.88亿元，同比增长18.76%。

31日　狄瑞明副市长听取金融集团关于奈伦企业债工作方案汇报；陪同财政部副部长史耀斌调研。

▲ 孙建华副市长赴大青山前坡召开现场会，研究市政基础设施配套事宜。

▲ 刘晶副市长赴炼油厂、蒙昆卷烟厂、华夏聚光调研企业经济运行情况。

▲ 刘敏市政府党组成员参加“全国红色旅游万里行主题活动内蒙古启动仪式”并检查武川红色旅游及安全生产情况。

▲ 市政府重大建设项目办主任赛青克参加全市环保问题整改工作动员大会。

▲ 呼和浩特机场集团旅客吞吐量突破500万人次　截至8月26日，呼和浩特机场旅客吞吐量达到588.5万人次。

▲ 2015呼和浩特第17届房展会圆满闭幕，意向成交面积21.46万平方米，意向成交套数2080套，意向成交金额17亿元。

9月

1日　李杰翔代市长主持召开市长办公会议，听取市四区拆迁进展情况汇报；腾飞路建设提升方案及啤酒厂建设方案汇报；研究小黑河两岸违建处置有关事宜。李杰翔代市长强调：市住房保障公司要进一步做好与国开行、农发行贷款的对接工作，为拆迁工作顺利推进做好资金保障工作；为加快打通断头路进度，市财政在9月6日前分别给回民区、新城区、赛罕区拨付2亿元，玉泉区拨付3亿元资金，确保断头路工作顺利推进；腾飞路两侧、火车东站站前广场的绿化要进一步提升改造；啤酒厂要由开发区尽快完成征收工作，开发区四至范围由开发区根据功能区划，尽快拿出具体方案，报市政府研究确定；拆迁奖励政策可延续（呼政发〔2010〕78号）文件精神，加快推进如意总部基地建设。副市长孙建华、市重大建设项目办主任赛青克，经济技术开发区党工委书记李建平、主任吴志强，市政府秘书长罗琳，市四区政府主要负责人及市有关部门负责人参加了会议。

▲ 狄瑞明副市长陪同财政部史耀武副部长调研。

▲ 孙建华副市长主持召开城建项目协调会。

▲ 王恒俊副市长赴包头参加自治区传达学习全国民族教育和足球改革发展工作会议精神暨2015年足球改革发展工作电视电话会议。

▲ 刘敏市政府党组成员赴清水河县参加自治区人大关于农村牧区扶贫开发条例执法检查活动。

▲ 市政府重大建设项目办主任赛青克视察“黑臭水体”治理工程。

2日　李杰翔代市长主持召开市长办公会议，听取市水务局水务三年行动方案汇报；春华水务三年行动方案汇报；市城管执法局三年行动方案汇报；交警支队三年行动方案汇报。李杰翔代市长要求：要认真对待水的问题，重点是城市供水、水源地建设、地下水开采三年行动方案要明确，要加快我市分质分类供水建设进度，达到居民饮用地下水、企业全部使用地表水。李杰翔代市长指出：城市建设和管理是城市发展的永恒主题，也是城市综合管理水平的体现，城管执法部门要整合力量，互相配合，实现综合执法网络化管理，要实现网格化全覆盖，全面提升城市管理综合执法水平。李杰翔代市长强调：城市交通要有人管、综合管，要合理施划交通标识标线工作；要科学规划加快人行天桥建设步伐，缓解交通压力；要按政策加强三轮车管理工作，提高交通安全和管理水平；要加快智慧交通和智慧城管整合步伐，使城市综合管理水平不断提升，为创建文明城市奠定坚实基础。副市长孙建华，市重大建设项目办主任赛青克，市政府秘书长罗琳，市四区政府主要负责人及市有关部门负责人参加了会议；会见中冶科工集团总经理张兆祥一行，并与中冶科工集团签订战略合作协议。副市长孙建华及有关部门负责人参加了会见。

▲ 王恒俊副市长听取市教育局工作汇报。

▲ 刘晶副市长赴企业调研经济运行情况。

▲ 我市1-8月份一般公共预算收入累计完成182.3亿元，同比增加25.58亿元、增长16.32%。全市一般公共预算支出累计199.66亿元，同比增加21.38亿元、增长12%。

6日　王恒俊副市长接待德国足协校园足球访问团。

▲ 康存耀副市长参加全市千名干部下乡驻村“推进‘四个全面’、加强重点工作落实”动员大会。

▲ 刘晶副市长安排部署全市工业经济运行相关工作。下午，参加天岳集团碳化硅入驻金桥开发区项目签约仪式。

▲ 市政府重大建设项目办主任赛青克研究渣土清运综合整治工作；研究确定新城区辖区断头路、大青山前坡拆迁项目及资金安排；参加市政协专项民主评议通报会。

7日　狄瑞明副市长、刚布和副市长参加市十四届人大常委会第二十三次会议。

▲ 孙建华副市长主持召开会议，研究全市供热问题有关事宜；研究国开行资金使用情况；调研海东路东延伸段、东河东侧地块项目规划设计有关事宜。

▲ 白金祥副市长陪同内蒙古君正集团广东卫伦生物制药公司董事长兼总经理王辉一行调研。

▲ 王恒俊副市长主持召开军转干部安置专题会议；陪同中华全国体育基金会理事长吴齐一行调研。

▲ 康存耀副市长参加审计厅水利资金管理跟踪专项审计汇报会。

▲ 市政府重大建设项目办主任赛青克研究确定回民区、玉泉区断头路、城中村改造项目安排和资金计划汇报。

8日　狄瑞明副市长主持召开全市三季度主要经济指标完成情况调度会。

▲ 狄瑞明副市长、王恒俊副市长参加内蒙古“草原英才”高层次人才交流会暨呼包鄂人才创新创业周活动。

▲ 白金祥副市长陪同内蒙古君正集团广东卫伦生物制药公司董事长兼总经理王辉一行调研。

▲ 刚布和副市长参加自治区中蒙博览会筹备会议。

▲ 赵云辉副市长主持召开全市公安机关党员干部“三严三实”学习教育“严于律己”专题研讨会。

▲ 市政府重大建设项目办主任赛青克主持召开大黑河城市段防洪工程及景观工程方案论证会；主持召开会议，研究建筑垃圾清运、运输车辆管理等事宜。

▲ 我市1-8月份共接待国内外游客2113.8万人次，同比增长20.93%；实现旅游收入348.04亿元，同比增长25.31%。

▲ 我市1-8月份新建商品房成交面积257.12万m2，同比上涨69.77%；成交套数21034套，同比上涨63.97%；成交金额177.39亿元，同比上涨63.36%；成交均价6899元/m2，同比下降3.78%。

▲ 全球乳业10强伊利集团和全球最大的中文媒体平台百度公司达成战略协议，共同推进乳业全球产业链的全景化和智能化，消费者的互动模式也全面升级。

9日　狄瑞明副市长赴和林县调研；会见东华软件公司总裁吕波一行。

▲ 孙建华副市长参加轨道交通1、2号线工程可研报告评估现场会；主持召开会议，研究富力集团参与我市城中村棚户区改造有关事宜。

▲ 白金祥副市长听取市文广局工作汇报并研究文化产业发展事宜；主持召开卫生项目推进会。

▲ 王恒俊副市长参加自治区“草原英才”高层次人才交流会暨呼包鄂人才创新创业周活动；陪同自治区政府副主席白向群赴十四中调研。

▲ 刚布和副市长赴自治区对接中蒙博览会有关事宜；主持召开会议，研究全市社会消费品零售总额相关指标。

▲ 赵云辉副市长赴二连浩特参加雄鹰2015中蒙边境反恐联合演习。

▲ 赛青克市政府重大建设项目办主任参加自治区部署国务院大督查核查问责工作。

10日　狄瑞明副市长主持召开内蒙古大商城项目协调会；参加市政府与银企投资合作签约仪式。

▲ 孙建华副市长参加呼张客专、呼准鄂铁路建设项目征地拆迁跟踪审计和审计调查进点会；参加市政府与银企投资合作签约仪式。

▲ 王恒俊副市长参加呼和浩特市2015年庆祝教师节表彰大会；参加全国政协委员视察团在呼和浩特市特殊教育学校座谈会。

▲ 刚布和副市长参加市十四届人大常委会第二十三次会议闭幕式。

▲ 康存耀副市长陪同国家林业总局副局长刘东生一行赴新城区、回民区调研。

▲ 刘晶副市长听取“勇于担当、攻坚克难”工业项目进展情况和存在问题的汇报。

▲ 市政府重大建设项目办主任赛青克组织市土地局、城建委、园林局、收储中心、春华水务集团公司研究内蒙古张仕制衣有限公司土地相关事宜。

▲ 市政府与银企投资合作签约仪式共签署10项合作协议，发起设立4支基金，累计签约金额1190亿元。

▲ 市公共资源交易平台累计节约资金38.53亿元。

11日　狄瑞明副市长听取全市总部经济建设情况工作汇报。

▲ 孙建华副市长参加轨道交通1、2号线评审交流会；陪同自治区政府副主席云光中视察大青山前坡万亩草场项目进展情况；主持召开现场会议，研究G6高速公路两侧征地拆迁有关事宜。

▲ 王恒俊副市长参加第三届内蒙古“草原英才”高层次人才交流会暨三社联动推进会；参加环保督查工作会议。

▲ 赵云辉副市长参加二连浩特雄鹰2015中蒙边境反恐联合演习。

▲ 市政府党组成员刘敏参加自治区长城保护工作会议。

14日　孙建华副市长视察万通路施工进展情况；听取各部门“9.7”抢车事件侦破进展情况并安排部署下一步工作。

▲ 赵云辉副市长参加内蒙古环首府及友邻地区警务协作会议第五届年会活动。山西省大同市、朔州市、忻州市公安局，河北省石家庄市公安局，陕西省榆林市公安局，我区包头市、鄂尔多斯市、巴彦淖尔市、乌兰察布市、乌海市、阿拉善盟公安局参加本次年会活动，我市是本届年会轮值主办地。

▲ 康存耀副市长主持召开全市林下经济现场会。

▲ 市政府党组成员刘敏主持召开昭君文化旅游区建设指挥部工作会议。

▲ 市政府重大建设项目办主任赛青克研究赛罕区城中村（棚户区）断头路、征拆项目及资金安排；安排部署污水管网铺设征地拆迁工作；听取“9.7”专案组工作汇报。

15 日　李杰翔代市长会见 QEV 集团恩里克董事长一行，就电动汽车 F1 方程式赛事等有关事宜进行了洽谈，副市长王恒俊和市有关部门负责人参加了会见；主持召开市政府第 13 次常务会议，听取断头路拆迁资金使用情况汇报；研究留创园 C 座（3 期）整体划转为市科技创业服务中心相关事宜；研究中国平安保险和市交投公司共同对我市二环快速路利用保险资金发行债券计划事宜；听取奈伦债处置资产情况汇报；研究不动产统一登记职责整合和机构建设事宜；审议《呼和浩特市宅基地管理办法》；审议《呼和浩特市供水用水条例》；听取大黑河、小黑河、乌里沙河改造情况汇报；听取回迁房进展情况汇报；听取老旧小区改造情况汇报；听取水岸小镇回收情况汇报；听取土地收储欠缴土地费用情况汇报；研究组建呼和浩特市粮油集团公司的相关事宜。李杰翔代市长要求：要加大与国开行的沟通和协调力度，力争年底前解决 100 亿元以上国开行贷款；同时要加快打通断头路的拆迁进度，确保在 10 月底前 48 条断头路征拆工作全部完成；由经济技术开发区负责留创园 C 座楼的外部装修，科技局负责内部装修，尽快启用留创园 C 座楼；加快与中国平安保险公司的沟通与协调，利用快速路保险资金发行债券，力争解决 100 亿元贷款；要抓紧落实奈伦集团采矿权相关事宜，做细、做实相关工作，不能悬空。李杰翔代市长指出：市编委办要尽快向自治区争取不动产登记管理局副处级机构，办公地点设在市房管局，按照三定原则尽快完成职能划分，登记职能和执法职能以截止今天为止，登记执法人员不能变动；城市规划范围内和旗县所在地范围内不再审批宅基地，要明确村级规划标准；春华水务公司要尽快完善供水管理到入户方案；市建委要在修建道路时一并将老旧小区的供水管网完成改造；市发改委要抓紧制定组建市粮油集团公司方案，报市委常委会研究；市四区和各有关部门要高度重视回迁房安置工作，要加大筹措资金力度，尽快解决回迁房安置问题；市房管局要加快工作进度，确保老旧小区改造工作按计划完成；要加大招商引资力度，大、小黑河和乌里沙河改造工作尽快开工，2017 年上半年必须全线贯通。副市长狄瑞明、孙建华、市人大常委会副主任张红霞，副市长白金祥、王恒俊、刚布和、赵云辉、康存耀、刘晶、市政府党组成员刘敏，市政府重大建设项目办主任赛青克及市有关部门负责人参加了会议。

▲ 狄瑞明副市长参加自治区政协提案办理情况交流会。

▲ 孙建华副市长主持召开城建项目协调会，研究公交总公司职工社会保险缴纳等有关事宜。

▲ 白金祥副市长陪同中央国家机关联合督查组第四组进行调研。

▲ 刚布和副市长 9 月 15 日上午，陪同市人大视察组视察城市社区民族工作。

▲ 康存耀副市长赴玉泉区主持召开现场会，协调推进玉泉区“十个全覆盖”工作和棚户区拆迁改造工作。

▲ 刘晶副市长研究庆华煤基清洁能源煤炭资源配置、水资源、区域规划环评等事项。

▲ 市政府党组成员刘敏听取所承担攻坚克难任务完成情况汇报。

▲ 市政府重大建设项目办主任赛青克视察新城区断头路、鹰翔水泥厂征拆工作。

▲ 我市 1–8 月份完成固定资产投资 976.17 亿元，同比增长 12.8%。

16 日　狄瑞明副市长主持召开推进政府职能转变领导小组工作协调会；主持召开建设项目并联审批协调会；听取市公共资源交易中心制度建设推进情况汇报。

▲ 孙建华副市长参加自治区项目建设协调会；实地视察大青山前坡赛马场项目建设情况。

▲ 白金祥副市长主持召开与西部控股集团项目座谈会；主持召开国际文化产业新城项目座谈会；主持召开文化旅游产业项目工作会议。

▲ 王恒俊副市长主持召开全市科技进步奖励大会。

▲ 赵云辉副市长参加市公安局外国人服务管理进社区入院校试点现场会。

▲ 刚布和副市长召集市四区分管领导，研究商贸流通业运行情况；赴自治区政府参加中蒙博览会前期工作调度会。

▲ 康存耀副市长、市政府重大建设项目办主任赛青克参加玉泉区棚户区拆迁改造现场推进会。

▲ 市政府党组成员刘敏安排部署推进昭君文化旅游区建设指挥部筹备工作及景区建设相关事宜。

17 日　孙建华副市长实地视察快速路道路标识及隔音板安装情况，并布置下一阶段工作任务。

▲ 王恒俊副市长赴清水河县调研十个全覆盖、环保问题整改、整村推进扶贫、互助幸福院和学校建设等项目推进情况。

▲ 刚布和副市长主持召开会议，研究中蒙博览会有关事宜。

▲ 康存耀副市长陪同自治区督导组赴赛罕区、新城区督查“十个全覆盖”工作。

▲ 市政府重大建设项目办主任赛青克赴新城区协调宏发土厂、天娇路周边沙石场整治工作；安排部署迎国庆市容市貌综合整治工作；安排部署城市道路交通标志和公交信息图形标志标准整改工作；听取分管部门 9、

10月份工作安排。

18 日 白金祥副市长参加“新家庭计划—新家庭发展能力建设”现场交流会议；主持召开文化旅游景区提升改造工作会议。

▲ 王恒俊副市长会见中国联通呼和浩特市负责人对接教育信息化工作；赴土左旗金山学校调研开学情况。

21 日 李杰翔代市长调研城区重点建设项目、棚户区改造、断头路征拆及“十个全覆盖”工程进展情况。上午，调研沙良物流园区、自治区网信办、自治区美术馆、呼和浩特市历史文化名城暨非物质文化遗产保护中心、万通路工程建设进展情况；调研国足基地项目征拆、中蒙博览会万亩草场分会场建设进展情况，赴新城区乌兰不浪村、榆树沟村、姚家湾村、古路板村及赛罕区茂盛营村、曙光村、后本滩村调研“十个全覆盖”工程建设进展情况。呼和浩特铁路局局长费东斌，市委常委、副市长孙建华，市四区政府及有关部门主要负责人陪同调研；会见中国光彩集团董事会主席、党组书记金勇一行。市重大建设项目办主任赛青克及市有关部门负责人陪同会见。

▲ 王恒俊副市长主持召开会议，专题研究市殡仪馆项目建设推进工作；赴自治区林业厅对接殡仪馆项目手续办理事宜。

▲ 刚布和副市长研究成立组建民营银行申报事宜。

▲ 赵云辉副市长主持召开市公安局党委会议。

▲ 康存耀副市长赴玉泉区、新城区、武川县督促检查“十个全覆盖”工程；赴玉泉区东二道河村督促检查棚户区改造工作。

▲ 刘晶副市长研究经济技术开发区、赛罕区相关企业优惠政策兑现事宜。

22 日 狄瑞明副市长调研供热企业收费及价格问题。

▲ 孙建华副市长召开关于大青山前坡万亩草场及哈拉沁生态公园现场会；主持召开会议，研究内蒙古艺术学院校园建设用地选址，自治区妇幼保健院、海亮及金桥 102 省道两侧居民供暖等有关事宜。

▲ 王恒俊副市长主持召开专题会议，研究解决 2014 年引进优秀教育人才聘任岗位问题；赴新城区调研国家足球训练基地项目建设情况。

▲ 刚布和副市长参加全市民族团结进步经验交流现场会。

▲ 康存耀副市长赴经济技术开发区督促检查“十个全覆盖”工作建设情况和 209 国道两侧环境整治情况。

▲ 刘晶副市长主持召开庆华项目领导小组第四次推进协调会议，听取项目水资源论证、环评报告编制进展情况汇报。

▲ 刘晶副市长、市政府重大建设项目办主任赛青克召开现场办公会实地推进炼油厂棚户区改造一期安全距离拆迁工作。

▲ 市政府重大建设项目办主任赛青克召开现场办公会实地推进金桥开发区污水管网铺设工作。

23 日 狄瑞明副市长赴武川县调研“十个全覆盖”建设情况。

▲ 王恒俊副市长陪同市人大常委会视察组视察我市示范高中和民办学校；参加国务院足球改革发展部际联席会议办公室来自治区的调研座谈会。

▲ 刚布和副市长研究中蒙博览会呼市承担任务相关事宜。

▲ 市政府党组成员刘敏推进昭君文化旅游区建设有关事宜。

24 日 狄瑞明副市长参加自治区企业国有产权历史沿革确权联席会议。

▲ 孙建华副市长会见中信证券（浙江）有限责任公司投资银行部执行总监江启中一行，洽谈市政基础设施、棚户区改造项目融资情况；听取地铁新华广场、火车站区块设计方案汇报；赴武汉出差，参加第十届中国（武汉）国际园林博览会。

▲ 王恒俊副市长陪同自治区政府副主席刘新乐检查中秋国庆“两节”期间食品安全保障工作。

▲ 刚布和副市长主持召开会议，研究部署首届中蒙博览会暨第九届中国民族商品交易会我市相关单位承担的任务和工作。

▲ 市政府党组成员刘敏参加自治区乡村旅游提升与旅游扶贫推进会议。

▲ 市政府重大建设项目办主任赛青克主持召开三年棚户区改造工作调度会；主持召开鹰翔水泥厂企业转制拆迁工作调度会。

25 日 狄瑞明副市长参加全市信访联席会议。下午，赴和林县会见中管院等企业有关单位负责人。

▲ 孙建华副市长参加第十届中国（武汉）国际园林博览会。

▲ 王恒俊副市长赴职业学院召开专题会议，研究落实职业学院西校区搬迁、东校区建设、公共实训基地、国家北方足球训练基地、少数民族运动中心项目推进情况。

▲ 刚布和副市长参加自治区云光中副主席主持召开的中蒙博览会现场工作会。

▲ 刘晶副市长召开全市三季度工业经济运行分析调度会；召开全市安全生产工作调度会；主持召开会议，研究炼油厂安全卫生距离拆迁及炼油厂恢复生产相关工作。

▲ 市政府重大建设项目办主任赛青克参加市人大常委会会议；迎接自治区国土资源厅不动产登记工作督查。

28 日 李杰翔代市长主持召开市长办公会议，部署环境卫生及河道清理治理事宜；听取“9.7”专案组工作进展情况汇报。李杰翔代市长指出：要提高城市管理水平，城市管理在一定程度上要比城市建设重要，一个好的城市，卫生问题解决不了，影响整个城市的形象，要提高首府城市意识，要真正“首”起来。在环境卫生问题整治上，资金和设备要到位，管理范围要全覆盖，要创新管理制度，建立常效机制。要提高认识，高度重视环卫工作，要有强烈的荣誉感。要加大财政投入，提高一线环卫工人待遇，对城中村、小街巷、河道等重点区域要常抓不懈。李杰翔代市长强调：“9.7”专案事件市委、市政府态度明确，各有关部门要统一思想，提高认识，坚决依法打击和处理，办成铁案，不能半途而废；检查机关需要补充完善的七条意见，各部门要密切配合，给予支持；法、检部门要提前介入，法制办要全程参与，由赵云辉副市长牵头落实；市监察局要加大工作力度，进一步强化措施，坚决查处不作为的单位和个人。副市长孙建华、赵云辉，市政府重大建设项目办主任赛青克，市政府秘书长罗琳，市四区政府主要负责人及市有关部门负责人参加了会议。

▲ 狄瑞明副市长赴有关重点企业调研税收完成情况。

▲ 孙建华副市长陪同自治区党委常委、市委书记那顺孟和调研城建工作。

▲ 白金祥副市长参加市人大公共服务体系视察组汇报会；参加创建全国文明城市和国家卫生城市现场观摩推进会。

▲ 刚布和副市长召集市发展改革委、商务局、经济技术开发区和各旗县区政府分管领导研究、部署中蒙博览会我市负责的论坛、洽谈和展览、展示活动。

▲ 赵云辉副市长主持召开会议，听取市公安局汇报自治区社会治安防控体系现场会筹备情况。

▲ 刘晶副市长听取市安监局、春华水务关于万通路地下通道道路施工安全生产事故情况的汇报。

▲ 市政府党组成员刘敏参加市政协关于旅游品牌建设调研；参加市政协常委会议。

29 日　李杰翔代市长主持召开市政府第 14 次常务会议。研究农发行贷款事宜；听取“十个全覆盖”工程工作汇报；听取中蒙博览会筹备情况汇报；研究深圳华强、北大青鸟、康臣药业、卫伦生物制药相关事宜；安排部署十月份重点工作；听取大黑河、乌素图河规划方案汇报；听取小黑河两岸违章建筑收回事宜汇报。李杰翔代市长要求：市有关部门要在 9 月 30 日前出具农发行贷款要求的相关文件，各旗县区和市有关部门要尽快备齐需要抵押的资产；各旗县区和市有关部门要深刻领会自治区党委书记王君关于“十个全覆盖”的六个方面的指示精神，要解放思想，提高认识，广泛动员广大群众参与“十个全覆盖”工程建设；旗县区和有关部门国庆期间不休息，加快工作进度，扎扎实实做好“十个全覆盖”工作。各扶贫单位要在国庆期间深入扶贫点督促检查“十个全覆盖”工程完成情况，市农工委要着手安排 2016 年“十个全覆盖”工作；市各有关单位要高度重视中蒙博览会筹备工作，各司其职做好相关工作，确保中蒙博览会精彩、顺利进行；要加快与深圳华强、北大青鸟、康臣药业、卫伦生物制药企业的谈判进度，确保在 10 月中旬顺利签约。李杰翔代市长就十月份的重点工作强调指出：1、快速路未完成的立交桥、指挥系统、标识标线和电气系统要在 11 月底前完成；48 条断头路要在 11 月底前全部完成拆迁；万通路南段要在 9 月 30 日实现通车。2、乌素图河治理方案和招标工作要在年底前完成；大黑河要尽快完成招标工作，实现年内开工；扎达盖河和小黑河要加快拆迁进度，确保 2017 年自治区成立 70 周年大庆前实现水系贯通；11 月底前要实现污水全部入厂处理；9 月 30 日前市水务局要拿出中水分配方案；2016 年 5 月底前要将提标改造后的中水注入环城水系；同时要加快直饮水工程建设步伐；要在 10 月底前完善我市水价体系调整工作。3、市建委等有关部门要加快供热管网铺设进度，确保最大限度让市民温暖过冬。4、各旗县区要加快回迁房建设步伐，确保回迁房建设不能出现大面积上访问题；市房管局要确保在 10 月底前保质保量完成老旧小区改造任务，同时要安排部署 2016 年老旧小区招标工作。5、要加快十大建筑建设进度。少数民族运动中心要尽快完成招标工作，年底前要进行基础建设相关工作；北方足球训练中心要在国庆前完成道路东侧拆迁工作，11 月底前完成道路西侧拆迁工作；草原丝绸之路主题公园要尽快完成土地征收工作，管道走廊要在 10 月底前完成建设工作，2016 年上半年全面完成公园建设相关工作；昭君公园和青鸟公园要加快相关工作进度。6、地铁要加快招标相关工作；新机场资金筹备方案要加快与自治区政府沟通和协调，力争年底前完成新机场审批工作。7、要加快融资步伐和进度，确保近期内完成 300 亿元融资任务。8、各有关部门要高度重视中蒙博览会筹备工作。9、深化改革领导小组要加快工作进度，确保各项改革工作顺利推进。10、要切实抓好“三严三实”相关工作，为我市各项工作顺利开展奠定坚实基础。副市长狄瑞明，呼和浩特警备区政委李峰，市人大常委会副主任鲁剑钧，副市长白金祥、王恒俊、康存耀、刘晶，市政府重大项目办主任赛青克，市政协副主席陈曼莉，市政府秘书长罗琳，九个旗县区政府主要负责人和市有关部门负责人参加了会议。

▲ 狄瑞明副市长陪同自治区发改委副主任魏晓明调研服务业集聚区建设情况。

▲ 狄瑞明副市长、孙建华副市长参加哈拉沁生态公园开园仪式。

▲ 孙建华副市长陪同自治区人大调研环城水系、快速路等城建项目情况。

▲ 白金祥副市长参加创建全国

文明城市和国家卫生城市现场观摩会推进会；主持召开与西部控股集团关于国际文化产业新城项目座谈会。

▲ 王恒俊副市长参加新城区保合少中心小学少先队“高凤英中队”创建仪式。

▲ 刚布和副市长赴包头市参加自治区金融支持农村“十个全覆盖”工作会议。

▲ 赵云辉副市长参加自治区公安机关电视电话会议，传达贯彻全国社会治安防控体系建设工作座谈会和全国公安厅（局）长座谈会精神；参加自治区公安厅党委会议。

▲ 刘晶副市长主持召开会议，研究呼市第二砖瓦厂遗留问题；参加自治区第三季度安全生产暨安全生产大检查工作调度电视电话会议。

▲ 市政府重大建设项目办主任赛青克参加自治区棚户区改造推进会议；参加创建全国文明城市和国家卫生城市工作推进会议。

30 日　李杰翔代市长主持召开市长办公会议，听取国开行贷款使用情况。李杰翔代市长要求：市四区政府和市有关部门要统一思想，提高认识，加大工作力度，确保 10 月底前断头路全部拆完；要成立前期手续办理机构，加快贷款前期手续准备工作，为各融资平台贷款工作顺利推进奠定坚实基础；确保年底前完成 600 万㎡拆迁任务；财政部门要统筹各融资公司贷款资金的使用，不能出现签订拆迁协议兑现不了资金的问题。市重大项目办主任赛青克，市四区党委、政府主要负责人和市有关部门负责人参加了会议。

▲ 狄瑞明副市长主持召开加快预算支出进度专题会议。

▲ 孙建华副市长主持召开会议，研究妇幼保健院供热有关事宜。

▲ 白金祥副市长陪同西部控股集团调研文化产业项目；参加自治区医改工作电视电话会议。

▲ 刚布和副市长召开会议研究全市社会消费品零售总额运行情况；召集市发展改革委研究中蒙博览会呼和浩特综合展区设计方案。

▲ 康存耀副市长陪同自治区督导组赴和林县检查“十全全覆盖”工程建设情况。

10月

8 日　孙建华副市长实地视察中蒙博览会万亩草场会场建设情况。

▲ 孙建华副市长、刘晶副市长召开蒙昆卷烟厂土地置换工作会议。

▲ 刚布和副市长筹备中蒙博览会相关工作。

▲ 刘晶副市长听取市安监局关于全市定期安全生产工作汇报；听取全市工业经济运行情况汇报。

▲ 我市 1–9 月份共接待国内外游客 2494.47 万人次，同比增长 20.69%；实现旅游收入 415.41 亿元，同比增长 24.95%。

9 日　狄瑞明副市长主持召开有关项目资金拨付进度专项协调会。

▲ 孙建华副市长主持召开座谈会，安排部署中蒙博览会宣传工作有关事宜；主持召开会议，研究保障性住房、棚户区改造进展情况及存在问题；主持召开会议，研究全市供热问题有关事宜。

▲ 白金祥副市长研究国家公共文化服务体系示范区建设事宜。

▲ 王恒俊副市长研究教育信息化建设事宜；研究少数民族运动中心建设事宜；主持召开会议研究落实科技孵化器建设推进事宜。

▲ 赵云辉副市长赴包头市参加全国公安机关西北片区警备协作会。

▲ 康存耀副市长督促检查“十个全覆盖”工程。

▲ 刘晶副市长研究解决众环集团生产经营困难问题；主持召开炼油厂环保安全距离范围内棚户区改造协调会。

▲ 市政府重大建设项目办主任赛青克主持召开 2015 至 2016 年棚改工作三项推进会。

10 日　狄瑞明副市长赴市地税局和纳税大户调研税收完成情况；与自治区经信委副主任荆玉玲对接有关工作。

▲ 孙建华副市长实地察看团结小区老旧小区改造及供热情况；视察中蒙博览会会址建设情况。

▲ 王恒俊副市长参加 2015 年大青山步道全国登山赛暨呼和浩特市第十一届万人登山大会和户外帐篷音乐节开幕式；主持召开全市环境保护自查工作动员大会。

▲ 刘晶副市长与内蒙古中环、晶环集团负责人会谈。

▲ “传化公路港”物流项目正式落户回民区。

▲ 呼和浩特白塔机场 1–9 月份运输生产各项指标增长迅速，旅客吞吐量累计达到 580.32 万人次，运输起降 5.65 万架次，货邮吞吐量 2.67 万吨，与去年同期相比分别增长 17.6%、15.3%、1.8%。

12 日　李杰翔代市长主持召开市长办公会议，听取市交投公司关于地铁 1、2 号线 PPP 实施方案及新华广场、旧火车站改造情况汇报；听取市土地收储中心 2015 年第一批工业用地及商住用地招拍挂出让土地前期成本及地价测算情况汇报。李杰翔代市长要求：要充分发挥市场作用，利用社会资本减少政府压力，统筹安排，有效降低运营成本；新华广场和旧火车站改造方案要根据实际需要挖、改、拆并举，要充分考虑交通和公共功能的原则，利用地铁建设的机会，不断完善功能，提升品位，规划设计单位要继续细化、深化方案；内蒙科协大楼和铁路医院大楼要在 2016 年完成拆迁工作。副市长孙建华、市政府重大建设项目办主任赛青克、市四区政府主要负责人及市有关部门负责人参加了会议。

▲ 狄瑞明副市长陪同赤峰市副市长杨万涛考察我市智慧城市建设情况；听取中咨公司、开锐公司关于临

空经济区总体规划、产业布局规划汇报。

▲ 王恒俊副市长研究环保督查相关事宜；参加自治区水污染防治电视电话会议。

▲ 刚布和副市长研究社会消费品零售总额指标运行工作；陪同自治区政府副主席云光中视察中蒙博览会会场情况。

▲ 康存耀副市长陪同兴安盟党政代表团调研“十个全覆盖”工程。

▲ 刘晶副市长赴上海市参加适应经济新常态，加快产业转型升级专题培训班。

13 日 狄瑞明副市长参加自治区发改委组织的呼包鄂协同发展规划专家座谈会；听取乳业大数据平台新闻发布筹备会汇报。

▲ 孙建华副市长主持召开会议，研究拟出让地块前期成本地价测算等有关事宜；会见中国二十二冶集团总经理王建一行；会见葛洲坝集团总经理邓其国一行；赴自治区住建厅汇报保障性住房建设工作进展情况。

▲ 白金祥副市长参加呼和浩特市红十字会第五次会员代表大会；陪同国家食药监总局食品安全总监郭文奇检查食品安全工作。

▲ 王恒俊副市长赴土默特学校调研，参加庆祝少先队建队 66 周年暨五名烈士中队授旗仪式。

▲ 赵云辉副市长主持召开市公安局党委（扩大）会议，专题研究首届中国·蒙古国博览会暨第九届中国民族商品交易会安保维稳工作。

▲ 市政府重大建设项目办主任赛青克参加土地挂牌会议；主持召开河道改造及周边道路景观建设推进会。

14 日 狄瑞明副市长赴毕克齐机场慰问驻场部队；参加新机场迁建空域论证会。

▲ 孙建华副市长视察中蒙博览会会址建设情况。

▲ 孙建华副市长、赛青克市政府重大建设项目办主任参加住建部督查组关于城镇棚户区和城乡危旧房改造及城市基础设施建设会议，并向督查组汇报我市棚户区、农村危旧房改造等有关情况；会见光大银行总行副行长张华宇一行。

▲ 王恒俊副市长赴新城区、回民区督查督办重点环保问题、清欠农民工工资等重点信访问题；视察大青山前坡公墓绿化改造推进情况。

▲ 赵云辉副市长出席首届中国·蒙古国博览会暨第九届中国民族商品交易会、2015 年冬季严打整治专项行动动员部署会议。

▲ 我市列入自治区重大项目共计 126 个，目前已开复工 122 项，开复工率 97%，已完成投资 416.8 亿元，完成年度计划的 63.6%。

15 日 狄瑞明副市长、刚布和副市长与自治区党委副秘书长、办公厅主任包广林对接中蒙博览会相关事宜。

▲ 孙建华副市长陪同住建部督查组实地视察我市棚户区和城乡危旧房改造及城市基础设施建设情况；视察我市大青山前坡中蒙博览会会址建设情况；会见恒大集团常务副总裁梁伟康一行。

▲ 王恒俊副市长赴赛罕区、玉泉区督查督办重点环保和清欠农民工工资等重点信访问题。

▲ 赵云辉副市长参加自治区公安厅安排部署中蒙博览会安保工作专题会议。

▲ 市政府党组成员刘敏主持召开会议研究推进昭君文化旅游区建设相关事宜。

▲ 市政府重大建设项目办主任赛青克陪同住建部督查组赴武川县督查。

▲ 我市 1–9 月份房地产开发完成投资 132.59 亿元，同比下降 10.27%。

16 日 狄瑞明副市长赴和林县调研高新技术产业；与自治区发改委副主任魏晓明对接云计算有关工作；听取市城管局关于智慧城市骨干工程有关情况汇报；听取新城区关于中科院云计算中心签约仪式工作汇报。

▲ 孙建华副市长参加住建部派驻呼和浩特市督查组组长杜建和通报上半年在沈阳召开的督查工作会议精神和我市违法图斑等问题的会议。

▲ 白金祥副市长陪同国家卫计委副主席王国兴调研。

▲ 刚布和副市长参加自治区中蒙博览会新闻发布会。

▲ 市政府重大建设项目办主任赛青克参加住建部督查组工作会议；调研中蒙博览会代表沿线驻地、主要场馆、交通场站周边市容市貌；主持召开呼和浩特鹰翔水泥厂转制拆迁现场工作会。

19 日 李杰翔代市长主持召开市政府第 15 次常务会议，研究《2016 年呼和浩特市十个全覆盖实施方案》；研究《内蒙古自治区与呼和浩特市共建“区市合一”的公共资源交易平台实施方案》；审议《关于贯彻落实国土资源厅稳增长促发展重要部署的二十三条实施意见》；审议《呼和浩特市政府法律顾问工作规定（草案）》；研究关于解决乡镇（公社）老放映员历史遗留问题相关事宜；研究关于呼市电影公司职工转制遗留相关问题。李杰翔代市长要求：市农工委要进一步明确 2016 年“十个全覆盖”的任务数、资金数和完成任务的时间段，380 个路边村和移民村从现在起要开工建设；市本级补贴比例不变，各旗县区要在 2015 年底前把摸底、规划和招投标等工作全部准备就绪。2016 年 10 月底前我市“十个全覆盖村”要全面完成，2017 年上半年要整体提升。李杰翔代市长指出：一要更加注重规划，要注重建设方案、产业发展方案和基层组织建设方案的统筹规划；二要更加注重村容村貌的提升和管理；三要更加注重市场资金运作，确保“十个全覆盖”资金保障；四要更加注重因地制宜、就地取材，拉动当地经济发展，向管理要效益、要水平；五要更加注重发动群众，充分调动群众参与“十个全覆盖”工程的积极性；六要更加注重积极争取金融机构政策性贷款，同时要捆绑政府注农资金，确保“十个全覆盖”工作顺利有序推进、按期完成。李杰翔代市长强调：整合“区市合一”公共资源交易平台，要尽快成立一个领导小组，由狄瑞明副市长统筹协调，尽快推动“区市合一”公共资源交易平台工作顺利推进；腾退出的农村宅基地要与城市建设用地增减挂钩，为城市发展用地创造宽松环境；经市政府批准的文化产业用地可以比照工业用地标准执行。副市长狄瑞明、呼和浩特警备区政委李峰，市人大常委会副主任孙建国，副市长白金祥、刚布和、康存耀，市政府党组成员刘敏，市政府重大建设项目办主任赛青克，市政协副主席、公共资源交易中心主任张海生，市政府秘书长罗琳、九个旗县区政府主要负责人及市有关部门负责人参加了会议。

▲ 孙建华副市长实地视察大青山前坡万亩草场中蒙博览会会址建设情况。

▲ 王恒俊副市长率我市代表团参加在福州举行的全国青运会。

▲ 赵云辉副市长赴会场及沿线检查指导 2015 年首届中国–蒙古国博览会暨第九届民族商品交易会安全保卫维稳工作。

▲ 国内首个智慧旅游产业产学研孵化基地落户我市。

20 日　狄瑞明副市长参加自治区人大财经委调研我市国有资产监督管理座谈会；参加中蒙自贸区、空港经济区规划编制研讨会；安排部署中蒙博览会有关事宜。

▲ 孙建华副市长实地视察大青山前坡万亩草场中蒙博览会会址建设情况。

▲ 王恒俊副市长赴杭州市与长江精工集团对接少数民族运动中心钢结构施工方案等事宜。

▲ 赵云辉副市长陪同自治区领导视察中蒙博览会会场；参加自治区冬春火灾防控工作电视电话会议。

▲ 康存耀副市长研究 2016 年呼和浩特市“十个全覆盖”实施方案；参加自治区水利厅督查重点水利工程建设进展情况汇报会。

▲ 刘晶副市长听取赴山东考察威达集团解决内蒙古众环集团生产经营困难问题汇报；听取炼油厂环保安全距离范围内棚户区改造进展情况汇报。

▲ 市政府党组成员刘敏研究全市 A 级景区整治工作。

▲ 市政府重大建设项目办主任赛青克主持召开老旧小区泵房选址及供排水管网改造工程建设协调会；主持召开分管领域执法工作安排部署会；召开市容市貌综合整治三年行动工作情况汇报会。

▲ 我市 1–9 月份进出口总值完成 16.84 亿美元，其中：出口完成 10.25 亿美元，同比增长 31.2%；进口完成 6.59 亿美元，同比下降 12.5%；贸易顺差 3.66 亿美元。

21 日　李杰翔代市长主持召开市长办公会议，听取市有关部门各自承担中蒙博览会保障任务工作情况汇报。李杰翔代市长要求：市各有关部门要深刻领会自治区党委书记王君，自治区党委常委、市委书记那顺孟和关于办好中蒙博览会的指示精神，要认真、细致做好各方面的保障工作，确保万无一失；各有关部门不仅要重视重要节点、场馆等场所的保障工作，同时要将各自负责的社会层面的工作做实、做好，要举一反三，查找问题，切实做到无死角、全覆盖；市食药局、水务局等有关部门要针对目前存在的问题，切实做好备用方案，同时要积极与自治区对口单位沟通和对接，向自治区中蒙博览会组委会说明情况，各分管副市长要牵头，出面协调解决；市接待办要高度重视接待工作，方案要做细、做实，确保不出现任何纰漏。副市长白金祥、刚布和、赵云辉，市政府秘书长罗琳和市有关部门负责人参加了会议。

▲ 孙建华副市长陪同自治区党委常委、市委书记那顺孟和视察大青山前坡万亩草场中蒙博览会会址建设情况；主持召开会议，研究房地产违法项目有关事宜；陪同中信银行行长李庆萍一行视察蒙草抗旱项目。

▲ 白金祥副市长陪同国家质监总局监督司领导调研；陪同自治区地税局局长张恩惠赴土左旗观摩我市“十个全覆盖”工程。

▲ 王恒俊副市长研究部分事业单位招考工作人员事宜；陪同青海省海西州代表团观摩我市“十个全覆盖”工程。

▲ 市政府党组成员刘敏参加老牛湾国家地质公园揭碑开园仪式。

▲ 我市 1–9 月份 GDP 增长 8%，规模以上工业增加值增长 9.7%，固定资产投资完成 1222.8 亿元。

22 日　狄瑞明副市长参加自治区审计厅审计进驻会；参加自治区中蒙博览会筹备会和主持召开我市中蒙博览会筹备会。

▲ 孙建华副市长实地视察中蒙博览会会址建设情况。

▲ 王恒俊副市长陪同青海省河西州代表团观摩我市“十个全覆盖”工程。

▲ 赵云辉副市长实地检查指导中蒙博览会安保维稳工作落实情况；陪同自治区政府副主席马明赴呼和塔拉会场检查指导安保工作。

▲ 康存耀副市长主持召开水利专项资金审计反馈意见会。

▲ 市政府重大建设项目办主任赛青克调研玉泉区棚户区改造及回迁房建设情况。

23 日　狄瑞明副市长参加中蒙投资环境与重点项目推介会；参加中蒙俄经济走廊中蒙合作论坛。

▲ 白金祥副市长安排创建国家公共文化服务示范区建设事宜；安排

社区电影院建设有关工作。

▲ 王恒俊副市长参加中蒙技术转移暨创新合作大会。

▲ 康存耀副市长参加全国打击非法集资专项工作电视电话会议；参加中蒙博览会国际马业论坛。

▲ 刘晶副市长陪同商务部副部长高燕考察。

26 日　狄瑞明副市长、孙建华副市长陪同自治区住建厅厅长秦义视察我市城建项目。

▲ 王恒俊副市长研究少数民族运动中心、儿童探索博物馆项目建设事宜；研究国家足球北方训练基地建设推进事宜。

▲ 刘晶副市长主持召开工业经济运行调度会并安排部署近期工作。

▲ 市政府重大建设项目办主任赛青克主持召开内蒙古大商城项目信访工作会；主持召开断头路、棚户区改造调度会。

▲ 我市在自治区率先开展企业简易注销登记改革试点工作实现市场主体退出便利化。

27 日　李杰翔代市长主持召开市长办公会议，听取公共资源交易中心大楼选址工作进展情况；听取市殡仪馆新建项目进展情况；听取儿童探索博物馆项目进展情况；听取国家足球训练基地项目进展情况；听取少数民族运动中心项目进展情况；听取市历史文化名城暨非物质文化遗产保护中心建设进展情况；听取草原丝绸之路公园征拆进展情况和建设情况；听取昭君博物院改扩建项目进展情况；听取深圳华强、北大青鸟文化项目进展情况；听取将军衙署建设提升方案。李杰翔代市长要求：市殡仪馆项目涉及二级水源地问题由市环保局牵头启动调整二级水源地程序，同时赛罕区政府要加快审批进度，确保该项目顺利推进；儿童探索博物馆要尽快启动国有资产审计程序，儿童探索博物馆的制作部分由王恒俊副市长尽快召开论证会报市政府审定；鹰翔水泥厂的破产和职工安置工作要加快进度，国家足球训练基地一期项目用地要在十月底前完成拆迁工作，二期项目用地要在十二月初完成拆迁任务；市财政要在近期拨付新城区政府 2 亿元资金，确保拆迁工作顺利推进。李杰翔代市长强调：少数民族运动中心项目的全部工作要按照自治区成立 70 周年大庆主会场要求做好各项工作，能快不要慢，赛马场馆要按国际标准建设；历史文化名城暨非物质文化遗产保护中心项目要抓进度和质量，布展工作要同步进行；解说员的招聘工作要尽快启动，要招聘既懂英语、又懂蒙语的高质量人才；草原丝绸之路公园要继续深化、细化方案，要突出“丝路”主题，进一步完善休闲功能，要充分考虑关键节点的处理与过渡，既要美观大方又要浑然一体；市财政要在近期拨付市建委 1.1 亿元，拨付赛罕区政府 1.4 亿元资金，确保草原丝绸之路公园顺利推进；昭君博物院的方案设计要履行招投标程序，招投标工作由市规划局牵头加快推进；玉泉区政府要加快推进土地征收工作；由白金祥副市长负责尽快确定与深圳华强集团公司 11 月初签约的具体时间，要确保 2016 年按期开工建设。副市长狄瑞明、孙建华、王恒俊、刘晶、市政府党组成员刘敏、市政府重大建设项目办主任赛青克、市政府秘书长罗琳、新城区、赛罕区政府负责人及市有关部门负责人参加会议。

▲ 白金祥副市长陪同自治区政府副主席刘新乐视察自治区医疗卫生项目。

▲ 刚布和副市长赴上海参加金融领导干部培训班。

▲ 我市获 2015 中国智慧城市最具投资价值潜力奖。

▲ 中蒙博览会我市共签订投资项目合作协议 12 项，签约总金额近 39 亿元。

28 日　狄瑞明副市长研究有关攻坚克难任务。

▲ 孙建华副市长主持召开会议，研究公租房分配及租赁补贴存在问题等有关事宜。

▲ 白金祥副市长参加自治区质量工作会议；主持召开全市计划生育工作专题会议。

▲ 王恒俊副市长赴环保部汇报环保整改工作。

▲ 赵云辉副市长实地查看 2015 年自治区社区治安防控体系现场会观摩点准备情况。

▲ 刘晶副市长听取呼和浩特铁塔公司总经理邬鹏关于“宽带中国”示范城市创建相关工作的汇报；听取土左旗元亨石墨项目情况汇报。

▲ 市政府党组成员刘敏主持召开会议，研究推进昭君文化旅游区建设有关事宜。

▲ 市政府重大建设项目办主任赛青克主持召开内蒙古大商城项目信访工作会。

29 日　李杰翔代市长赴玉泉区、回民区调研断头路、回迁房等工作进展情况。市政府重大建设项目办主任赛青克参加。

▲ 狄瑞明副市长参加自治区呼包鄂协同发展规划纲要征求意见会；听取智慧城市骨干工程整合实施方案的汇报。

▲ 孙建华副市长陪同温州市考察团对我市园林绿化生态综合治理情况、快速路建设工程等项目进行实地考察。

▲ 赵云辉副市长参加自治区公安厅相关工作会议。

▲ 刘晶副市长与沃特玛新能源汽车公司负责人会谈；研究炼油厂棚户区改造相关工作；赴赛罕区“十个全覆盖”包联村实地调研。

▲ 市政府党组成员刘敏协调昭君博物院改造提升项目建设有关事宜。

▲ 市政府重大建设项目办主任赛青克参加国土督查北京局督查不动产登记、闲置土地处置督查汇报会。

30 日 李杰翔代市长主持召开市政府第 16 次常务会议。研究建设项目并联审批流程再造相关事宜；研究《呼和浩特市行政事业单位国有资产处置实行进场交易管理的通知》等三个文件；研究《关于企业以现有土地或资产抵顶解决企业拖欠政府费用的建议》；听取关于做好滨河路两侧违规项目处置工作建议的汇报；审议《呼和浩特市农村“十个全覆盖”工程财政专项资金管理办法（试行）》；听取前三季度经济运行分析汇报；研究关于国有关闭破产企业资产移交等遗留问题；听取攻坚克难和改革进展情况汇报；安排部署十一月份重点工作。李杰翔代市长指出：政府审批是一个顽症，各有关部门一定要在减少项目审批环节和时间上下功夫；要加大权力下放的工作步伐，进一步提高审批效率；同时要加大追责力度，加强对中介机构的监督与管理。小额工程施工招投标一般性项目 1000 万元，特殊性项目可以放宽到 3000 万元实行最低价中标，加快项目建设步伐；“十个全覆盖”工程由旗县区自行确定招投标形式，加快推进“十个全覆盖”建设进度。企业拖欠政府费用的问题；各有关部门要统一认识、采取措施加快解决；各旗县区要尽快摸清底数，该评估的评估，该谈判的加快谈判，以收支两条线的方式尽快解决，防止国有资产流失；市政府要尽快成立一个领导小组，办公室设在市遗留办。各分管副市长未完成的攻坚克难任务，要加快进度，年底前确保完成任务。市住房保障和房屋管理局要加快老旧小区改造步伐，确保年初确定任务顺利完成。新机场的大路条要在年底前落实到位；市水务局和经信委要加大庆华项目的协调力度，年底前要有结论；各旗县区和有关部门要加快 2016 年开工项目的手续办理工作，确保 2016 年 3 月份按期开工；中信银行的 40 亿元贷款要抓紧协调落实；轨道交通已到位的 12 亿元资金在年底前要完成建设任务；平安银行的 60 亿元贷款在年底前要落实到位。副市长狄瑞明、呼和浩特警备区政委李峰，市人大常委会副主任李博宏，副市长白金祥、刘晶，市政府党组成员刘敏，市政协副主席、公共资源交易中心主任张海生，市政府秘书长罗琳，九个旗县区政府主要负责人和市有关部门负责人参加了会议。

▲ 赵云辉副市长参加自治区政府马明副主席主持召开的自治区公安厅党委会议；参加自治区公安厅相关工作会议。

▲ 市政府重大建设项目办主任赛青克主持召开三轮车专项整治及停车场建设协调会。

▲ 国家发改委依据政府核准的投资项目目录和玉米深加工政策，决定将玉米深加工项目由国家发改委核准调整为由省、自治区、直辖市级发改委备案。

▲ 我市内蒙古香岛新能源发展有限公司、内蒙古三主粮天然燕麦产业股份有限公司、内蒙古中拓铝业股份有限公司、内蒙古华唐伟业再生资源有限公司、内蒙古呼和浩特抽水蓄能发电有限责任公司和内蒙古蒙锐牧兴饲料有限公司六家企业增加为规模以上工业企业。

11月

2 日 李杰翔代市长主持召开市长办公会议，安排部署全市安全生产工作有关事宜。会议听取了 11 月 1 日北垣东街北二安居小区居民楼三单元六楼西户天燃气泄漏爆炸起火情况汇报。李杰翔代市长就燃气泄漏事件和全市安全生产工作进行了安排部署。李杰翔代市长指出：一、由刘晶副市长、赵云辉副市长负责尽快进行现场勘查，查明事件原因，给家属和社会一个交待。二、由孙建华副市长负责燃气泄漏整幢楼的安全鉴定工作；新城区政府负责做好死者家属和其他居民的安抚工作。三、新闻媒体要及时跟踪，真实报道事件动态，并及时向社会公布相关情况，各有关部门要各司其职做好相关工作。李杰翔代市长就近期全市安全生产工作进行了安排部署：一、由刘晶副市长负责立即对全市安全生产进行大排查，各部门要分工负责，市、区、乡镇（街道办事处）三级政府机构联动，相关部门参与进行地毯式排查；由孙建华副市长负责对全市 56 万户燃气用户进行安全大排查，各区分管区长、街道社区居委会有关人员参加，要检查到位，整改到位。二、由孙建华副市长就燃气问题厘清责任，要责任到人，以政府令明确相关责任主体尽快发布立即执行。三、由市规划局牵头尽快摸清地下管网的底数，年底前要完成重点区域的普查工作。四、对排查出的隐患要逐一整改处理到位。五、开挖道路要建立城建、规划、交通和孙建华副市长四级审批机制，不得随意开挖道路。六、市政府新闻办和市公用局要尽快制定宣传方案，要加大力度，宣传到位。七、不符合安全距离的液化气加气站要尽快完成搬迁任务；八、各区政府要在年底前将违规占压燃气管道的建筑全部处理到位。九、要进一步加强信息化建设步伐，新建小区要安装燃气报警装置，明年老旧小区改造的房屋全部安装燃气报警装置。十、由孙建华副市长牵头抓紧落实中燃公司深化改革问题，理顺管理体制。十一、市公用局要尽快研究燃气执法问题，报市政府审定。十二、由狄瑞明副市长负责建立平安首府、完善应急机制。十三、由市安监局在十五日内就燃气泄漏事件拿出处理意见；由中燃公司尽快完成管网改造计划；管网普查由市规划局负责落实；宣传经费和各部门的检查经费由市财政承担；由市政府办公厅就 11 月 1 日燃气泄漏爆炸事故情况及追责情况及时上报自治区党委、政府。副市长孙建华、赵云辉、刘晶；经济技术开发区管委会主任吴志强，市政府秘书长罗琳，市四区政府主要负责人及市有关部门负责人参加了会议。

▲ 狄瑞明副市长参加自治区政府副主席符太增专题会议。

▲ 孙建华副市长参加中信集团内蒙古地区业务协同联席会议。

▲ 刚布和副市长参加全国推进商贸流通现代化电视电话会议。

▲ 赵云辉副市长参加自治区公安机关深化公安改革、推进“四项建设”研讨班。

▲ 刘晶副市长参加京蒙合作跨区域碳排放权交易试点工作推进会。

▲ 市政府重大建设项目办主任赛青克主持召开鹰翔水泥厂转制征拆调度会。

3 日　李杰翔代市长主持召开市长办公会议，听取“十三五”规划编制情况汇报。李杰翔代市长指出：我市“十三五”规划编制报告要紧扣全面实现小康社会的总目标，根据各有关部门提出的建议，认真修改，尽快完善；“十三五”规划要体现 2020 年在 2010 年的基础上实现两个翻番，在现有基础上到“十三五”实现全面脱贫；我市“十三五”规划要亮点突出、特色鲜明。市委副书记、政法委书记于立新，副市长狄瑞明，市人大副主任鲁剑钧，副市长刚布和，市政协副主席、市公共资源交易中心主任张海生，经济技术开发区主任吴志强，市政府秘书长罗琳和市有关部门负责人参加了会议。

▲ 狄瑞明副市长研究中国电信双路供水有关事宜。

▲ 孙建华副市长主持召开会议，研究自治区发改委发展小区办理房产证；向金谷银行申请公租房项目贷款；建筑职工教育中心注销固定资产回迁解决办公用房；研究海亮广场历史遗留问题；研究富邦综合楼消防验收有关事宜。

▲ 孙建华副市长主持召开会议，研究拆除占压燃气管道建筑物、构筑物有关事宜及部署轨道交通建设项目近期工作任务。

▲ 白金祥副市长赴玉泉区调研公共文化服务示范区建设情况。

▲ 王恒俊副市长督查市区污水处理厂提标改造进展情况。

▲ 王恒俊副市长陪同自治区政府副主席白向群调研足球训练基地建设情况。

▲ 王恒俊副市长赴武川县督查大气和水环境整改情况，调研部分学校标准化建设。

▲ 刚布和副市长分别召集玉泉区、赛罕区研究我市重点商贸流通企业纳入限上企业库事宜。

▲ 赵云辉副市长参加全区公安机关深化公安改革、推进“四项建设”专题研讨班学习。

▲ 刘晶副市长主持召开会议，落实李杰翔代市长 11 月 2 日上午市长办公会议精神，成立“11・1”新城区北二安居小区居民楼爆炸起火事故调查组并安排部署安全生产工作。

▲ 市政府党组成员刘敏赴上海市参加推进西部大开发专题培训班。

▲ 市政府重大建设项目办主任赛青克赴国土资源厅协调基本农田划定工作。

▲ 市政府重大建设项目办主任赛青克研究“五河两库”及黑臭水体治理、公主府污水处理厂征拆工作，安排部署建立重大项目库、PPP 项目库工作。

4 日　狄瑞明副市长研究国家审计署审计报告整改事宜。

▲ 孙建华副市长主持召开会议，听取城建系统“勇于担当、攻坚克难”各项工作进展情况汇报。

▲ 白金祥副市长赴新城区调研公共文化服务示范区建设情况。

▲ 王恒俊副市长研究儿童探索博物馆、少数民族运动中心建设事宜。

▲ 王恒俊副市长参加德国足协考察团足球工作座谈会。

▲ 刚布和副市长分别召集新城区、回民区研究我市重点商贸流通企业纳入限上企业库事宜。

▲ 赵云辉副市长参加自治区公安机关深化公安改革、推进四项建设研讨班。

▲ 刘晶副市长听取新城区安全生产工作汇报。

▲ 刘晶副市长主持召开工业经济运行调度会。

▲ 刘晶副市长听取有关部门燃气爆炸起火事故调查情况并安排部署相关工作。

▲ 市政府重大建设项目办主任赛青克主持召开内蒙古大商城项目协调会。

5 日　孙建华副市长会见光大银行呼和浩特分行副行长李建利一行，洽谈项目建设事宜。

▲ 孙建华副市长主持召开会议，研究回购新华大街广播电视大院、解决青山乳品厂改造项目遗留问题、建设工程交易项目招标资格审查继续实行资格后审的方式等有关事宜。

▲ 白金祥副市长赴玉泉区、武川县调研公共文化服务体系建设任务完成情况。

▲ 王恒俊副市长参加市人大常委会对全市城镇职工基本医疗保险工作专项评议调查动员大会。

▲ 王恒俊副市长赴赛罕区调研足球学校建设工作。

▲ 刚布和副市长与自治区证监局局长苏虎超一行就推进我市资本市场健康发展进行座谈。

▲ 赵云辉副市长参加自治区公安机关立体化社会治安防控体系建设现场观摩会。

▲ 刘晶副市长赴赛罕区检查气瓶充装点安全生产工作并召开现场办公会议。

▲ 刘晶副市长与中电投蒙西能源公司副总经理王明策会谈。

6 日　狄瑞明副市长参加市四区、经济技术开发区“十个全覆盖”工程建设暨农村产业发展观摩推进会。

▲ 孙建华副市长主持召开会议，

研究减免自治区自然博物馆项目城市建设配套费、湿地公园北路征拆、呼准鄂铁路立交雨水泵站迁改和土地征收、裕隆工业园区市政基础设施移交相关事宜。

▲ 王恒俊副市长参加自治区水污染防治行动计划工作调度电视电话会议。

▲ 刚布和副市长主持召开会议，与内蒙古民航集团领导研究共同推进保税仓库建设事宜。

▲ 赵云辉副市长参加自治区“六五普法”检查验收组意见交换会。

9 日　狄瑞明副市长研究国有企业遗留资产有关事宜。

▲ 狄瑞明副市长与内蒙古军区对接军用机场事宜。

▲ 白金祥副市长参加自治区综合治理严厉打击非法境外电视网络接收设备专项整治行动电视电话会议。

▲ 刚布和副市长参加自治区对外友协第六届理事会议。

10 日　孙建华副市长参加城发公司亚行贷款座谈会。

▲ 白金祥副市长主持召开市食安委联席会议。

▲ 王恒俊副市长赴土左旗白庙子村、碱房村调研“十个全覆盖”建设情况。

11 日　李杰翔代市长、王恒俊副市长参加金宇国际生物科技产业园开工奠基仪式。

▲ 孙建华副市长主持召开会议研究光大银行融资、富泰热力历史陈旧债务等有关事宜。

▲ 白金祥副市长陪同国家质监总局副局长吴清海对我市质量工作进行考核。

▲ 市政府重大建设项目办主任赛青克主持召开会议，听取三轮车整治工作进展情况汇报。

12 日　李杰翔代市长、王恒俊副市长对回民区寅龙供热企业、回民区奈林尚苑工地、金川南区雨污分流及周边企业污水接入、班定营污水处理厂、金山电厂至章盖营污水处理厂再生水管网未接通处及小黑河污水排放、章盖营污水处理厂、辛辛板污水处理厂、盛乐园区污水处理厂等相关情况进行实地调研，市政府办公厅、城乡建设委、环保局、水务局、城管执法局、经济技术开发区、金川开发区、回民区、玉泉区、和林县、春华水务公司等相关部门负责同志参与调研。

▲ 狄瑞明副市长陪同自治区统计局胡敏谦局长调研。

▲ 狄瑞明副市长听取市发改委 2016 年重点项目情况汇报。

▲ 孙建华副市长赴新城区保和少镇调研“十个全覆盖”工程。

▲ 孙建华副市长听取轨道交通 1、2 号线前期工作开展情况及 42 个站口地上征拆范围等有关事宜。

▲ 白金祥副市长赴包扶村扶贫点调研。

▲ 市政府重大建设项目办主任赛青克与新加坡 CPG 集团有关专家座谈讨论智慧城市交通综合治理工作。

▲ 市政府重大建设项目办主任赛青克参加全市秋冬季森林草原防火工作会议。

13 日　李杰翔代市长主持召开市长办公会议，专题研究全市物流配送和快递业发展有关事宜。会议听取了市商务局、城管执法局、交警支队关于全市物流配送、占道经营专项整治和非法运营三轮车专项整治进展情况的汇报，听取了呼和浩特铁路局、内蒙古食全食美集团关于各自物流配送运营情况的汇报，并对当前全市物流配送和快递业发展中存在的问题进行了深入探讨，对下一步工作进行了研究部署。会议指出，违法违章渣土车辆、违法运营三轮车严重影响正常的交通秩序，易引发道路交通事故、对人民群众生命财产安全造成了重大威胁。市委、市政府开展对违法违章车辆的专项整治，是一项体民情、顺民意，为群众创建安全出行环境的民生工程，是全面推进依法治市、依法规范道路交通秩序的重要举措。会议认为，物流业作为我市服务业的重要组成部分，市委、市政府始终把支持物流配送和快递业发展作为重要工作来抓。随着物流配送和快递业的快速发展，在繁荣市场经济、为人民群众生活带来便利的同时，诸如配送车辆无牌照运营、配送人员无证驾驶引发交通事故等问题时有发生，加强对物流配送和快递业发展的规范管理刻不容缓。全市各级各部门要进一步统一思想、坚定信心，敢于担当，勇于攻坚，对于影响城市交通秩序的违法运营行为要常抓不懈、依法打击，对于当前物流配送和快递业发展存在的问题要深入研究，妥善解决。会议要求，一是对全市物流配送行业进行深入调研。市商务局牵头，市邮政管理局、发展改革委、工商局等相关部门参与，组成联合调研组，深入全市各物流企业，进一步摸清现有物流企业配送网点布局、物流配送车辆类型及数量、企业运营模式及经营项目等具体情况，找准制约行业发展的问题根源，提出具体解决措施。二是进一步建立商贸物流业规范管理的长效机制。市商务局要结合调研成果，研究制定鼓励支持商贸物流业及快递业健康有序发展的相关政策和实施意见。市商务局要协调呼和浩特海关，采取有效措施，进一步规范和促进跨境商贸物流业发展。市邮政管理局要从行业监管职能出发，根据快递业长远发展和行业生产安全的要求，尽快制定全市快递业配送车辆合法运营的具体管理办法。三是加强对快递业从业人员的培训。市邮政管理局牵头，市各快递企业参与，尽快制定快递工作人员从业标准，及时组织工作人员进行专业培训，强化从业人员专业水平。四是加大对占道经营行为的整治。市城管执法局要加强人员力量，进一步加大对占道经营行为的清理整治力度。同时，要积极引导占道经营商贩进入便民市场开展经营活动。市重大建设项目办主任赛青克，呼和浩特铁路局、中国邮政集团公司呼和浩特分公司、内蒙古食全食美集团等部分企业负责人和我市有关部门负责人参加了会议。

▲ 狄瑞明副市长参加全市“十个全覆盖”工程考核工作部署会。

▲ 孙建华副市长视察东客站区域万通路等市政基础建设有关工作。

▲ 白金祥副市长听取分管口工作总结和工作安排。

▲ 白金祥副市长主持召开创卫工作会议，协调国药融资有关工作。

▲ 王恒俊副市长主持召开全市人事考试考务领导小组工作会议。

▲ 刚布和副市长带队赴杭州学习考察城市配送和快递管理的模式和方法，并与杭州市政府、发改委、商务委、经信委等有关部门座谈。

▲ 市政府重大建设项目办主任赛青克听取分管口2015年承担任务完成情况及2016年工作安排汇报。

16 日　狄瑞明副市长研究国有资产划转有关事宜。

▲ 孙建华副市长听取新城区19中西巷燃气泄露事故的情况汇报，部署全市燃气使用安全大排查、大整治行动。

▲ 王恒俊副市长赴北京参加赛科星集团挂牌上市仪式。

▲ 刚布和副市长出席淘宝网“中国质造”呼和浩特羊绒产业带实力企业见面会。

▲ 赵云辉副市长主持召开全市公安机关“三严三实”专题教育和“严以用权”专题研讨会议。参加自治区公安厅工作会议。

▲ 刘晶副市长主持召开安全生产工作会议。

刘晶副市长带领经信、国土、供电等相关部门赴土左旗金山开发区调研深圳沃特玛新能源汽车电池组件项目选址。

刘晶副市长带领安监局、土左旗相关领导对长庆输汽管线土左旗境内管线占压情况进行调研并对安全生产等相关工作进行安排部署。

市政府重大建设项目办主任赛青克安排部署国土工作协调会。

18 日　狄瑞明副市长主持召开2015年主要经济指标及2016年重点建设项目专题会议。

狄瑞明副市长、刚布和副市长主持召开会议研究推进我市跨境电子商务工作有关事宜。

孙建华副市长主持召开会议研究轨道交通建设有关事宜。下午，1、主持召开会议听取轨道交通第二轮建设规划方案比选汇报。2、主持召开会议研究部署申请国开行专项基金有关事宜。

赵云辉副市长检查指导自治区党委全委会议安保工作落实情况。

刘晶副市长参加2015年主要经济指标及2016年重点建设项目专题会议。

市政府重大建设项目办主任赛青克听取分管口2015年承担任务完成情况及2016年工作安排汇报。

12 月

1 日　李杰翔代市长主持召开市长办公会议，听取昭君博物院品牌景区提升改造进展情况汇报。李杰翔代市长指出：要尽快成立由李杰翔代市长为组长，副市长白金祥、市政府党组成员刘敏为副组长的昭君博物院品牌景区提升改造领导小组，领导小组办公室设在昭君文化旅游区建设指挥部；涉及文化、文物、供电、土地征拆及资金运作方面的工作由白金祥副市长负责，其它工作由市政府党组成员刘敏负责；所有设计工作要在春节前完成，所有开工前手续办理工作由指挥部在开工前完成，同时要倒排工期、明确责任人；规划局要控制昭君博物院景区周边建筑的产业功能；各有关部门要高度重视、通力配合，确保在2017年5月1日前投入使用。副市长白金祥，市政府党组成员刘敏和市有关部门负责人参加了会议。参加敕勒川文化研究会赠书仪式，敕勒川文化研究会会长伏来旺，市委常委、市委宣传部长王雪峰，市人大副主任付东海，副市长白金祥，市政协副主席孙清宾，市政府办公厅主任刘月平及市有关部门负责人参加。

▲ 狄瑞明副市长参加全国易地扶贫搬迁工作电视电话会议。

▲ 孙建华副市长赴自治区参加关于国务院大督查复核会议；主持召开会议，研究安排部署轨道交通1、2号线征拆工作；听取轨道交通1、2号线一期工程初步设计工作汇报。

▲ 王恒俊副市长研究部署我市重污染天气应急响应工作。

▲ 刘晶副市长主持召开内蒙古矿业集团冠禹稀贵金属材料项目协调会。

2 日　狄瑞明副市长赴自治区统计局、调查队对接相关工作。

▲ 孙建华副市长实地调研快速路两侧渣土堆绿化改造有关事宜。

▲ 白金祥副市长赴市广播电视台调研。

▲ 赵云辉副市长参加全市“12·2”道路交通安全日宣传活动。

▲ 刘晶副市长与阜丰集团总裁王龙祥就内蒙古阜丰公司2016年升级改造项目及企业发展状况进行会谈；赴自治区交通厅对接工作。

▲ 市发改委累计争取国家专项建设资金15.82亿元，共涉及18个项目，资金分三批已下达。

3 日　李杰翔代市长主持召开市长办公会议，研究“十个全覆盖”工程和扶贫工作相关事宜。李杰翔代市长指出：各旗县区和市有关部门要明确2016年3月份前需要完成的各项前期工作任务，要倒排工期，落实到位；各旗县区要把“十个全覆盖”与全面实现小康社会紧密结合起来，统筹安排，合理调度，确保全面完成任务；各旗县区要在充分考虑“十个全覆盖”农村产业发展的基础上，进一步加强农村基层组织建设工作；各旗县区要尽快制定扶贫工作方案，报市政府审定，同时要尽快成立扶贫开发公司，为“十个全覆盖”和扶贫工作奠定坚实基础；市农委要尽快明确城区与农区的界线，明确各自的管理范围。市委副书记、政法委书记于立新，副市长狄瑞明，内蒙农发行呼市营业部总经理张眉，市政府秘书长罗琳，九个旗县区政府主要负责人和市有关部门负责人参加了会议。

▲ 狄瑞明副市长听取十三五规划编制情况汇报。

▲ 孙建华副市长主持召开会议，研究国际蒙医院项目进展情况、爱民街城北环卫作业场站建设项目成本、尖峰房地产公司“燕莎玫瑰园二期”土地挂牌手续、拨付东二环高压线走廊带（一家村段）征地款等有关事宜；主持召开城建项目协调会，听取地下空间综合利用方案、城市地下管网综合管理解决方案、地下管线普查工作情况、东客站北广场设计方案等汇报并就海亮广场历史遗留问题进行了专题研究。

▲ 王恒俊副市长赴锡林浩特市参加自治区民族教育工作会议。

▲ 刚布和副市长赴通辽市参加自治区推进商贸流通现代化暨农村牧区电子商务工作现场会。

▲ 刘晶副市长参加我市2013–2015年金属非金属矿山整顿关闭工作总结汇报会；赴自治区环保厅对接工业项目环评审批相关工作；听取2016年工业重点项目情况汇报。

▲ 我市一般公共预算收入累计完成213.07亿元，同比增加21.08亿元、增长10.98%。

▲ 我市交通运输“十三五”规划计划投资283亿元，建设客运场站6个，其中市区内2个，各旗县4个，建设货运场站2个，水运码头1个，以及其他惠及民生的交通建设若干。

4日　李杰翔代市长主持召开市政府党组第十一次党组（扩大）会议。会议听取了自治区纪委案件审理室方瑛关于《中国共产党廉政准则和处分条例》的讲解；副市长孙建华、王恒俊、刘晶，市政府党组成员刘敏就“严以用权”进行了专题研讨发言。李杰翔代市长就“三严三实”民主生活会等相关工作进行了安排部署。李杰翔代市长指出：各旗县区、委办局负责人要在年底前，认真履行财经纪律，不得违反财经纪律；市编办、人事、财政部门要就吃空晌问题认真检查，及时纠正存在的问题。除政府统一购买公共服务外，各单位没有履行正式手续雇佣的临时工要一律清退，财政不予拨款；各单位要尽快主动申报，不申报或隐瞒不报的要从严处理。财政部门要根据2015年预算执行情况认真核算2016年预算，所有引导性资金由引导资金转为基金，各部门的基金要由政府统筹管理；审计部门要对政府重大支出项目及时跟踪审计，发现问题要及时纠正、处理，要尽快制定2016年审计工作计划报市政府常务会审定；各旗县区和市属委办局要认真对照检查2015年未完成的各项工作，要加快工作进度，确保全面完成任务。副市长孙建华、王恒俊、刘晶，市政府党组成员刘敏，市政协副主席、市公共资源交易中心主任张海生，市政府秘书长罗琳，九个旗县区政府主要负责人及市政府组成部门负责人参加了会议。

▲ 白金祥副市长赴文化部、民委协调少数民族旅游艺术节有关事宜。

▲ 刚布和副市长参加自治区中蒙博览会总结工作会议。

7日　狄瑞明副市长参加云计算发展媒体见面会。

▲ 王恒俊副市长参加自治区教育厅对我市教育领域重要指标和任务完成情况督查汇报会；主持召开专题会议，研究部署清理“吃空饷”和“临时工”以及近年招考教师遗留问题。

▲ 康存耀副市长参加自治区党委扶贫开发工作会议。

▲ 刘晶副市长听取庆华内蒙古中科煤基清洁能源多联产项目前期工作汇报。

▲ 全自治区新三板挂牌企业共计20家，我市占比50%，挂牌企业数量位居自治区首位。

8日　李杰翔代市长主持召开市长碰头会，安排部署12月份重点工作。李杰翔代市长指出：市政府办公厅和发改委要按照2016年人代会召开的时间节点要求，《政府工作报告》和《十三五规划纲要》要在12月底前完成，报政府常务会审定；由市农工委和发改委牵头在12月底前完成扶贫攻坚实施方案和易地扶贫搬迁方案，方案要明确呼市在全区率先脱贫，2017年全面完成农村贫困人口脱贫工作，2018–2020年巩固提高、稳定脱贫达小康；棚户区改造、打通断头路、老旧小区改造、大黑河改造、地铁、机场搬迁、地下综合管廊等城市建设工作，各有关部门要尽快完善2016年开工前期各项手续办理工作，市政府各分管副市长要每月调度一次，要倒排工期，加快推进；2015年各项任务指标要退出后三名，各项指标要进入第一序列。副市长狄瑞明、孙建华、白金祥、刚布和、刘晶，市政府党组成员刘敏，市政府秘书长罗琳及市有关部门负责人参加了会议。

▲ 狄瑞明副市长研究平安呼和浩特方案；会见内蒙古浪潮集团董事长宫明祥一行；赴国资委调研。

▲ 孙建华副市长接待国家土地督查北京局副巡视员张军民一行，并汇报我市不动产职责机构整合、闲置用地整改情况。

▲ 王恒俊副市长赴海南省参加自治区足球工作会议。

▲ 白金祥副市长参加全市食品生产企业质量安全暨食品加工小作坊食品摊贩监管工作推进会。

▲ 康存耀副市长参加自治区党委扶贫开发工作会议。

▲ 刘晶副市长研究碳化硅项目

落户我市相关事宜。

9 日　狄瑞明副市长参加市委网络安全和信息化领导小组会议。

▲ 孙建华副市长主持召开城建项目协调会，研究内蒙古科技大厦项目规划验收、玉锦轩项目土地问题、师范大学鸿德学院建设塔利新校区和足球训练基地选址等有关事宜。

▲ 白金祥副市长参加自治区标准化工作考核组汇报会；陪同自治区标准化工作考核组视察。

▲ 刚布和副市长赴自治区政府汇报宗教有关工作。

▲ 市招标办共完成各类建设项目招投标监督备案 599 项(标段)，中标造价 104.88 亿元，建筑面积 473.3 万㎡。

▲ 2015 年，我市科技计划项目网上申报共计注册申报企业 690 家，申报项目 362 项，其中，重大专项 122 项、应用技术研发项目 220 项、协同创新项目 20 项。

10 日　狄瑞明副市长陪同国家质检总局副局长、国家认监委主任孙大伟一行调研考察。

▲ 孙建华副市长听取大青山前坡园林绿化工作情况和 2016 年工作安排情况汇报。

▲ 孙建华副市长、市政府重大建设项目办主任赛青克主持召开 2015 年第四批土地挂牌事宜。

▲ 白金祥副市长参加自治区标准化工作考核组意见反馈会。

▲ 市政府党组成员刘敏赴北京对接昭君文化旅游区规划设计事宜。

▲ 自治区共五家企业获得国家级技术创新示范企业认定，其中三家为我市企业。

11 日　狄瑞明副市长听取研究购买新城宾馆商业楼改变用于市政务中心、公共资源交易中心有关事宜。

▲ 狄瑞明副市长、刚布和副市长听取电子商务示范城市建设情况汇报。

▲ 孙建华副市长参加市委、市政府与中国农业发展银行副行长鲍建安一行召开座谈会，洽谈项目融资贷款事宜。

▲ 王恒俊副市长主持召开分管部门工作调度会，研究今冬明春的重点工作。

▲ 市政府重大建设项目办主任赛青克参加全市创建全国文明城市工作部署会，参加中国农发行副行长鲍建安调研座谈会。

▲ 2015 年，我市已获得自治区批准水利工程用地共计 2343.0356 公顷。

▲ 我市拟实施风电供暖面积 60.6 万㎡，配套新增风电装机 30 万千瓦，分别占自治区的 23.1%和 23.2%。

▲ 自治区下达我市 2015 年战略性新兴产业发展专项资金 1800 万元，我市争取资金数占自治区资金总额 10%。

14 日　孙建华副市长主持召开会议，听取 2016 年道路、桥梁、市政基础设施工作安排及研究公租房项目完善配套基础设施有关事宜。

▲ 王恒俊副市长参加自治区对我市安全生产考核汇报会。

▲ 刚布和副市长与海关对接项目。

▲ 刘晶副市长陪同自治区领导赴中车集团拜访。

▲ 市政府重大建设项目办主任赛青克主持召开鹰翔水泥厂征拆转制调度会。

▲ 我市列入自治区 126 个重大项目开复工 122 项，开复工率 97%，完成投资 530.30 亿元，完成年度计划的 81%。

15 日　白金祥副市长参加新年音乐会工作协调会；主持召开严厉打击非法境外电视网络接收设备专项整治行动会议。

▲ 王恒俊副市长参加大学生创业园高校创新创业促进会暨创业联盟启动仪式。

▲ 刚布和副市长研究城市配送实施意见；研究社会消费指标运行分析工作。

▲ 刘晶副市长赴北京参加自治区能源、铁路重大项目调度会。

▲ 我市完成固定资产投资 1617.6 亿元，同比增长 15.7%。

▲ 国道 209 线武川至呼和浩特段公路大青山隧道及引线开工建设，全线采用一级公路标准建设，项目全长约 26 公里，总投资 9.64 亿元。

▲ 市国税局组织各项税收收入 211.68 亿元，同比增收 40.69 亿元，增幅为 23.8%，比上年同期增速上升 16.7 个百分点。

16 日　狄瑞明副市长、市政府党组成员刘敏参加市委党的群团工作会议。

▲ 孙建华副市长陪同全国和自治区十二届人大代表视察我市快速路建设、大盛魁、大召塞上老街、昭君博物院景区改造等项目情况。

▲ 白金祥副市长参加自治区政府巴特尔主席办公会议。

▲ 王恒俊副市长参加全区机关事业单位养老保险制度改革工作电视电话会议；参加自治区对我市农民工工资支付专项检查汇报会。

▲ 刚布和副市长研究社消零有关工作；研究打击侵犯知识产权和销售假冒伪劣产品事宜。

▲ 刘晶副市长主持召开中车项目工作推进会。

▲ 市政府重大建设项目办主任赛青克主持召开三轮车专项整治协调会。

▲ 全市 429 个亿元以上（房地产 5 亿元以上）项目已开复工项目 364 个，开复工率 85%，完成投资 893.1 亿元。

▲ “十二五”期间，我市新增高新技术企业 44 家达到 88 家，超出“十一五”期间 176%，比例位居全区之首。

17 日　狄瑞明副市长参加市政协围绕我市制定“十三五”规划建言献策专题议政会；参加 2015 年旗县区、开发区党委（党工委）书记抓党建述职评议会议。

▲ 孙建华副市长参加全国和自

治区十二届人大代表意见反馈会。

▲ 孙建华副市长、市政府重大建设项目办主任赛青克听取各融资平台公司2015年融资情况、2016年融资计划的汇报。

▲ 白金祥副市长参加自治区卫计委检查组考核工作汇报会；主持召开我市国家公共文化服务体系示范区创建及长城保护工作会议。

▲ 王恒俊副市长赴新城区、回民区、市联通公司调研教育信息化工作。

▲ 刚布和副市长召集市四区研究社会消费品零售总额工作指标事宜。

▲ 刘晶副市长听取2016年全市工业重点项目汇报。

▲ 市政府党组成员刘敏陪同在我市的全国、自治区人大代表视察。

▲ 国家发改委获准内蒙古金隆工业园区开发有限公司发行2015年公司债券，共计发行债券6亿元，期限7年，采用固定利率形式，单利按年计息。

18日　孙建华副市长主持召开2016年城建重点项目协调会。

▲ 刚布和副市长会见蒙古国色楞格省办公厅主任苏布达一行。

▲ 全市规模以上工业增加值同比增长9.8%，增速较上半年和前三季度分别提高0.6个和0.1个百分点，高于自治区1.2个百分点，居自治区第二位（兴安盟10%）。

21日　刘晶副市长主持召开会议，研究完善工业转型升级引导办法。

▲ 刘敏市政府党组成员参加昭君文化旅游区规划方案设计论证会。

▲ 2015年，我市计划实施工业项目88项，总投资887.1亿元，年内计划完成投资268.5亿元；其中亿元以上项目67项，10亿元以上项目20项。

▲ 我市两家软件公司华腾科技和宝亮股份在新三板挂牌上市。

▲ 12月14日，在人民网人民微博“对话官微”推出的《全国政务微博办实事排行榜》第70期榜单中，“@呼和浩特发布”政务微博获得最佳回复账号季军。

▲ 我市固定资产投资累计完成1617.6亿元，同比增长15.7%。地方单位投资1513.3亿元，同比增长16.4%，占全部固定资产投资额的93.6%。

22日　李杰翔代市长主持召开市长办公会议，专题研究大气和水环境问题整改工作相关事宜。会议听取了市环保局通报大气和水环境问题整改情况；听取市国土资源局、城乡建设委、水务局、城管执法局、交警支队、春华水务公司关于大气和水环境重点工作汇报。李杰翔代市长要求：各旗县区和市有关部门要加大工作力度，采取有效措施，确保今年确定的各项环保工作任务全面完成；市环保局要就近期雾霾治理工作加大检查力度，建立雾霾治理工作应急机制，确保雾霾治理工作取得新的进展；玉泉区政府要加大征地拆迁工作力度，确保春华水务公司在2016年1月3日前完成污水管道的铺设工作；市环保局和城乡建设委要加大对京城固废公司的监管力度，加强渗滤液处理工作力度，确保不出问题；市环保局要尽快制定10蒸吨以下锅炉整改工作方案，报市政府审定；各旗县区政府和市有关部门，要对照国家环保部华北督查局检查内容，加快工作进度，做好迎检的各项相关工作。副市长孙建华、王恒俊、市政府重大建设项目办主任赛青克、经济技术开发区主任吴志强、九个旗县区政府主要负责人和市有关委办局主要负责人参加了会议。听取建设蒙元世界草原文化产业园工作汇报。副市长孙建华、白金祥、市政府党组成员刘敏一同参加。调研便民市场及环卫工作，市政府重大建设项目办主任赛青克一同参加。

▲ 狄瑞明副市长参加全市各民主党派调研成果交流会；主持召开全市易地扶贫搬迁工作协调会。

▲ 孙建华副市长主持召开会议，研究回迁房、公租房、经适房项目基础设施配套相关事宜；断头路立项审批事宜；听取公租房项目手续办理及全市房地产开发项目基本情况的汇报。

▲ 白金祥副市长参加市党外知识分子联谊会换届预备会。

▲ 王恒俊副市长研究中小学、幼儿园建设工作。

▲ 刘晶副市长主持召开会议，研究武川县、清水河县光伏发电站项目规划建设工作；与中国石油天然气管道局赵玉建局长一行会谈；陪同那顺孟和书记与内蒙古电力集团王玉成董事长一行会谈。

▲ 市政府重大建设项目办主任赛青克安排部署国家土地督察局北京局节约集约用地专项督查工作。

▲ 我市启动重污染天气蓝色（Ⅳ级）预警。

23日　狄瑞明副市长主持召开重点信访事项工作会议，研究“e租宝”等重点信访事项；主持召开会议，研究全市防范金融风险事宜，刚布和副市长一同参加。

▲ 白金祥副市长参加市党外知识分子联谊会换届会。

▲ 王恒俊副市长主持召开全市军转干部安置工作会议；主持召开专题会议，研究市科创中心建设事宜。

▲ 刘晶副市长赴环保厅协调国道110线环评审评工作；赴住建厅协调托清工业园区规划等事宜；主持召开会议研究讨论全市列入自治区“十三五”规划的重点工业、交通和能源项目。

▲ 市政府重大建设项目办主任赛青克主持召开大黑河综合整治工作调度会。

▲ 内蒙古京能盛乐1号机组350MW试运行成功正式投产发电。

▲ 如意总部基地共计注册企业211家，注册资本金累计达54.3亿元。

24日　狄瑞明副市长听取财政等部门工作汇报；赴自治区发展改革委对接工作。

▲ 白金祥副市长听取 2016 年呼和浩特新年音乐会和 2016 年元宵节文化活动安排情况汇报。

▲ 王恒俊副市长参加市十四届人大常委会第 26 次会议。

▲ 刚布和副市长研究防范金融风险相关工作。

▲ 刘晶副市长主持召开会议，安排部署全市两节期间安全生产工作并通报 2015 年第四季度安全生产工作情况。

▲ 市政府重大建设项目办主任赛青克向国家土地督察局北京局节约集约用地专项督查组汇报闲置土地整改工作进展情况。

▲ 国家发改委发出《关于完善陆上风电光伏发电上网标杆电价政策的通知》，适当降低新建陆上风电和光伏发电上网标杆电价。

▲ 我市规模以上工业增长 9.8%，环比提高 0.1 个百分点，高于自治区平均水平 1.2 个百分点，位居全区第二。

▲ 我市三家企业获自治区 2015 年工业转型升级(互联网+)专项资金支持。

▲ 我市蒙羊牧业、中环光伏材料、吉宏印刷包装等 3 家企业被选为自治区两化融合贯标试点企业。

27 日　李杰翔代市长参加自治区派驻呼和浩特市调研督导组与市委、市政府联席会议。会议听取了自治区派驻呼和浩特市调研督导组关于我市三项重点工作推进情况、存在问题及建议的通报。李杰翔代市长就进一步做好我市三项重点工作指出：一要进一步强化对三项重点工作的认识，自觉将认识统一到三项重点工作上来；二要高度重视，认真研究督导组提出的问题和建议，各旗县和市有关部门要举一返三，落实到位；三要高度重视规划工作，由市规划局牵头、市农工委和林业局等部门参与，进一步加强“三化合一”规划工作；四要与我市龙头企业尽快召开座谈会，就农村产业发展深入研究，制定切实可行方案，推进农村产业稳步向前发展；五要进一步加强对第一书记的管理与考核工作，由市委组织部牵头抓好落实工作；六是市委宣传部要尽快制定“十个全覆盖”的宣传方案，为“十个全覆盖”营造良好舆论氛围；七是各旗县区要在春节前制定和完善农村环境卫生管理办法，为“十个全覆盖”后续管理奠定坚实基础；八要进一步加强工程质量的监督管理工作，把好事办好、办实；九是市农工委近期要对各旗县区今冬明春“十个全覆盖”工作准备情况进行深入考核，为 2016 年“十个全覆盖”工作奠定坚实基础。副市长狄瑞明、市委组织部部长张平江、九个旗县区政府主要负责人和市有关部门负责人参加了会议。由鸿蒙公司研发，被业界称作首个云计算应用网络平台落户内蒙古仪式在金川工业园区内蒙古电商大厦举行，这标志着我市乃至自治区的“互联网+”事业迈上了新台阶。

▲ 内蒙古首个云计算应用网络平台在金川启动。

▲ 伊利集团发起的儿童安全公益项目“伊利方舟”荣获“2015 年度中国社会责任公益典范奖”。

28 日　李杰翔代市长主持召开市政府第 18 次常务会议，一是听取 2016 年主要指标安排情况汇报；二是安排部署近期重点工作。1、安排部署“勇于担当，攻坚克难”工作任务。2、围绕中央经济工作会议五大任务要求，制定去产能、去库存等一系列专项实施方案。3、全委扩大会议前需听取相关工作汇报；三是研究深化国有企业改革方案、分类统一监管、薪酬制度改革方案和经营业绩考核办法；四是审议《呼和浩特市城镇燃气安全管理办法》；五是审议《呼和浩特市永久性基本农田划定方案》；六是审议《呼和浩特市棚户区（城中村）改造专项贷款还本付息实施办法》；七是审议《呼和浩特市重大行政决策程序规定（草案）》。副市长狄瑞明、白金祥、王恒俊、刚布和、刘晶、李志斌，市政府党组成员刘敏、市政府重大建设项目办主任赛青克、市政府秘书长罗琳、旗县区及相关部门负责人参加了会议。

▲ 狄瑞明副市长主持召开财税工作协调会。

▲ 孙建华副市长赴北京参加全国住房城乡建设工作会议。

▲ 刚布和副市长参加自治区统战考核组工作汇报会。

▲ 刘晶副市长研究制定全市工业企业去产能，降成本实施方案相关事宜。

▲ 市政府重大建设项目办主任赛青克赴市城管执法局调研。

▲ 我市不动产登记职责机构整合工作顺利完成。

▲ 我市 2015 年度专利申请量已达 2239 件，比去年同期增长 666 件，增幅达 42.3%。

29 日　狄瑞明副市长赴自治区统计局对接工作；听取分管部门 2016 年重点工作汇报。

▲ 王恒俊副市长现场指挥市二中西校区氰化银药剂瓶破碎泄露处置工作；主持召开分管部门 2016 年重点工作和重点项目汇报会。

▲ 刘晶副市长研究我市新能源汽车推广应用推动方案；与庆华集团内蒙古公司负责人就设立能源基金事宜进行会谈。

▲ 李志斌副市长主持召开市公安局每周工作例会和党委会议，听取市公安局 2016 年重点工作安排、“勇于担当、攻坚克难”项目安排情况汇报，研究市公安局保安公司转制、特警营房建设、城东和腾飞路派出所增加协警力量、谋划自治区成立 70 周年大庆安保相关事宜；听取市司法局 2016 年重点工作安排和“勇于担当、攻坚克难”项目安排情况汇报。

▲ 市政府党组成员刘敏听取旅游局 2016 年重点工作和攻坚克难任务汇报。

▲ 市政府重大建设项目办主任赛青克赴市城管执法局调研。

▲ 自治区筹划出台粉煤灰综合利用政策，自治区发改委就推进我市托克托县大唐粉煤灰综合利用项目等工作进行了安排部署。

▲ 呼和浩特机场迁建项目签署军地协议。

▲ 市国土资源局突出重点严守红线节约集约取得了新进展，“十二五”期间实现耕地保有量56.65万公顷，占全市面积的32.89%，基本农田保护面积46.8万公顷，占耕地保有量的82.61%。耕地质量和数量得到了双提升。

▲ 北方物流总部基地目前建筑面积8万m2的物流商品交易大厅已投入运营，年交易额达到8500万元，实现年税收500万元。

▲ 2016年赛罕区预计投资50亿元对大黑河和哈拉更沟进行综合整治。

30日　狄瑞明副市长赴市发改委调研，研究服务业3年行动计划和重大项目情况。

▲ 孙建华副市长陪同中国农业发展银行副行长林立调研，市政府重大建设项目办主任赛青克一同参加。

▲ 白金祥副市长参加马头琴博物馆开馆仪式；参加自治区医疗服务价格规范调整工作调度会。

▲ 王恒俊副市长研究国家考核我市重点环保工作。

▲ 刚布和副市长听取商务局关于现代物流、商贸流通、电子商务等工作汇报。

▲ 刘晶副市长听取分管部门2016年“勇于担当，攻坚克难”重点工作任务汇报。

▲ 李志斌副市长参加公安部元旦安保工作部署电视电话会议；参加自治区公安厅公安“十三五”规划编制征求意见座谈会。

▲ 市政府重大建设项目办主任赛青克赴市城管执法局调研。

▲ 我市新增6家自治区级服务业集聚区总数达16家位居自治区第一。

▲ 国家发改委、住建部、财政部等三部委在北京召开评审会，托县获评国家循环经济示范城市（县）。

▲ 2015年我市选派500名科技特派员受到自治区表彰。

31日　狄瑞明副市长赴市财政局、国税局和地税局调研。

▲ 孙建华副市长参加自治区城市工作会议。

▲ 王恒俊副市长主持召开全市清理拖欠农民工工资专题会议，进一步研究部署农民工工资清欠工作，确保春节前农民工工资基本无拖欠。

▲ 李志斌副市长落实公安部会议精神，安排部署我市元旦期间安全保卫工作；陪同自治区政府马明副主席赴大召寺等地视察我市元旦假期安全保卫工作落实情况。

▲ 市政府重大建设项目办主任赛青克听取分管部门2016年重点工作汇报。

▲ 市供销社系统农资日用品配送中心建设全部完成。